De babyfluisteraar lost alle problemen op

Tracy Hogg en Melinda Blau

De babyfluisteraar
lost alle problemen op

2006 – Forum – Amsterdam

Oorspronkelijke titel: The Baby Whisperer Solves All Your Problems
Oorspronkelijke uitgever: Atria Books, New York, London, Toronto,
Sydney
Nederlandse vertaling: Saskia Peterzon-Kotte
Omslagontwerp: HildenDesign, München
Omslagfoto: © STOCK IMAGE/PIXLAND/Alamy

ISBN 90 225 4353 6

Voor Sara en Sophie, mijn liefhebbende dochters (TH), en

voor Henry, mijn lieve kleinzoon (MB), en

voor alle andere baby's en peuters van wie we mogen houden

en die het prima vinden dat we niet perfect zijn

Dankbetuigingen

Allereerst wil ik de ouders van al 'mijn' baby's en peuters bedanken voor hun verhalen, hun medewerking en hun voortdurende inbreng op mijn website.

Mijn dank gaat vooral uit naar Melinda Blau en naar Henry, die niet alleen een engelachtige baby blijkt te zijn, maar ook onze speciale mascotte is. Laat niemand zeggen dat hij ons proefkonijn was.

Tot slot bedank ik mijn familie en toegewijde vrienden, en in het bijzonder mijn oma, die me elke dag weet te verbazen met haar liefde, wijze raad en kracht.

– Tracy Hogg
Los Angeles, Californië

Toen ik in de herfst van 1999 in Los Angeles uit het vliegtuig stapte voor mijn eerste ontmoeting met Tracy Hogg, reed ik met haar mee naar een leuk huisje in de Valley, waar de deur werd opengedaan door een jonge moeder die er belabberd uitzag. Ze drukte Tracy letterlijk een baby van drie weken oud in de armen. 'Mijn tepels doen zó'n pijn, ik weet niet meer wat ik moet doen,' zei ze, terwijl de tranen over haar wangen liepen. 'Hij wil om de een à twee uur borstvoeding.' Tracy hield de baby dicht tegen haar wang aan, zei sussend: 'Shh... shh... shh,' in zijn oortje, en binnen een paar seconden was hij stil. Daarna wendde ze zich tot de jonge vrouw en zei: 'Goed, dit wil je baby je dus vertellen.'

De afgelopen vijf jaar ben ik getuige geweest van tientallen soortgelijke tafereeltjes: Tracy wervelt een gezin binnen, houdt zich bezig met de baby of de peuter en weet telkens meteen tot de kern van het probleem te komen. Het is een genoegen en een constante bron van verbazing geweest om Tracy aan het werk te zien, te analyseren hoe ik het allemaal op papier zou zetten en haar intussen te leren kennen. Tracy, dank je wel dat je me hebt toegelaten in jouw wereld en dat ik je stem heb mogen zijn. Nu, drie boeken later, zijn we vriendinnen geworden en ben ik zelf een behoorlijk vakkundige 'babyfluisteraar' geworden; net op tijd om het op Henry uit te proberen.

Dit boek zou er niet zijn geweest zonder het gezonde verstand en de wijsheid van Eileen Cope van Lowenstein Literary Associates, onze onverschrokken agent die ons ook dit keer heeft begeleid van het eerste concept tot het uiteindelijke boek, en Barbara Lowenstein, die altijd op de achtergrond aanwezig is om ons te begeleiden, bij te sturen en soms te pushen om het allemaal nog beter te doen.

Ook ben ik dank verschuldigd aan onze uitgever Tracy Behar van Atria Books, die dezelfde visie op dit boek had als wij en heeft gezorgd dat het nog beter werd, en aan Wendy Walker en Brooke Stetson, die ons op de juiste weg hielden.

En lest best: ik wil mijn waardering uitspreken voor mijn vrienden en kennissen die altijd voor me klaarstaan. Jullie weten zelf wel wie ik bedoel.

– Melinda Blau
Northampton, Massachussetts

Inhoud

Inleiding

Van babyfluisteraar tot probleemoplosser

Mijn grootste geheim

Hoe ik mevrouw de Probleemoplosser werd

Beste moeders en vaders, baby's en peuters, met een mengeling van vreugde en bescheidenheid bied ik jullie hierbij iets aan wat in vele opzichten mijn grootste geheim als 'babyfluisteraar' is: het oplossen van elk probleem. Ik ben er altijd trots op geweest dat ik ouders kon leren hun jonge kinderen te begrijpen en voor hen te zorgen, en voel me altijd weer vereerd als een gezin me in hun leven toelaat. Dat is telkens weer een heel intieme ervaring die me veel voldoening geeft. Daarnaast ben ik, dankzij mijn boeken, een publiek figuur geworden. Toen in 2001 en 2002 mijn eerste twee boeken uitkwamen, heb ik verrassende avonturen beleefd waar ik als meisje in Yorkshire nooit van had durven dromen. Naast mijn normale privéconsulten verscheen ik ook op de radio en de tv. Ik heb het hele land doorgereisd en de hele wereld gezien, en heb fantastische ouders en kinderen ontmoet, die me met open armen ontvingen. Via mijn website heb ik er nog veel meer gesproken, en ik heb met hen gee-maild en gechat.

Maar maak je geen zorgen. Al ben ik nu ineens een vrouw van de wereld, ik ben nog altijd dezelfde gebleven en sta nog steeds met beide benen op de grond. In zekere zin ben ik echter toch een beetje veranderd: ik ben niet meer alleen de babyfluisteraar, maar ook mevrouw de Probleemoplosser. En dat komt allemaal door jullie.

Tijdens mijn reizen, op mijn website en in mijn mailbox heb ik vele bedankbrieven gekregen van moeders en vaders die mijn adviezen hebben opgevolgd. Ik ben echter ook bedolven onder verzoeken om hulp van mensen die mijn eerste boek te laat hebben gekocht. Misschien probeer je je baby een gestructureerde routine te geven, zoals ik aanraad, maar weet je niet of voor je baby van acht maanden dezelfde principes gelden als voor een pasgeborene. Of misschien maak je je zorgen omdat jouw kind niet doet wat andere kinderen doen. Het kan ook zijn dat je te maken hebt met slaap-, eet- of gedragsproblemen van je kind, of – en dat hoop ik niet voor je – misschien wel met alle drie. Voor welk dilemma je ook staat, het is vrijwel altijd hetzelfde liedje: 'Waar moet ik beginnen, Tracy? Wat moet ik als eerste doen?' Je vraagt je ook af waarom sommige van de door mij voorgestelde strategieën bij jóuw baby niet werken (zie pagina 19-24).

Ik krijg dit soort vragen nu al jaren en heb de allermoeilijkste gevallen meegemaakt: een drie maanden oude tweeling die zo'n last had van reflux dat ze nauwelijks eten binnen konden houden en nooit langer dan twintig minuten sliepen, zowel overdag als 's nachts; een kind van negentien maanden dat geen vast voedsel wilde eten omdat ze bijna elk uur borstvoeding kreeg; een negen maanden oude baby die zo'n last had van scheidingsangst dat haar moeder haar letterlijk niet neer kon leggen; een heethoofd van twee die zulke hevige driftbuien had dat zijn ouders het huis niet durfden te verlaten. Doordat ik dergelijke problemen op wist te lossen, raakte ik bekend als mevrouw de Probleemoplosser en weet ik nu ook dat ik je verder moet helpen dan met alleen de basisstrategieën die ik in mijn vorige boeken uit de doeken heb gedaan.

In dit boek wil ik je bij de hand nemen, je geruststellen en je laten zien hoe je een sterkere ouder kunt worden. Ik wil je leren wat ik in mijn leven als babyfluisteraar heb geleerd en de vragen beantwoorden die me gesteld zijn. Ik wil je leren hoe je kunt denken zoals ik. Al doe ik mijn best om alle problemen waar je op kunt stuiten op te sommen, natuurlijk is elk kind en elk gezin weer net even anders. Als ouders me om raad vragen, wil ik dan ook altijd te weten komen wat er nu echt aan de hand is in dat gezin, met die baby of peuter, en stel ik minstens één, maar meestal een hele reeks vragen over het kind en wil ik weten wat de ouders tot dan toe hebben gedaan om de situatie te verbeteren. Daarna kan ik met het juiste actieplan op de proppen komen. Mijn doel is je inzicht te geven in mijn denkproces en te zorgen dat je voortaan zelf vragen kunt stellen. Na verloop van tijd zul je niet alleen zelf babyfluisteraar worden, maar ook de beste mevrouw of meneer de Probleemoplosser. Houd tijdens het lezen het volgende, heel belangrijke punt in gedachten:

> **Een probleem is niets anders dan een geval dat moet worden bekeken of een situatie die om een creatieve oplossing vraagt. Stel de juiste vragen, dan komt het juiste antwoord vanzelf.**

Je inleven

Als je mijn vorige boeken gelezen hebt, weet je al dat babyfluisteren begint met het observeren en respecteren van je baby, en dat je met hem moet communiceren. Dat betekent dat je je kind ziet zoals het wérkelijk is – met zijn persoonlijkheid en zijn eigenaardigheden (dat bedoel ik niet beledigend hoor, die hebben we nu eenmaal allemaal) – en dat je daar je opvoedstrategieën aan aanpast.

Mensen zeggen wel eens dat ik een van de weinige babydeskundigen ben die van het kind uitgaat. Nou, íemand zal dat toch moeten doen, vind je ook niet? Sommige kersverse ouders kijken me aan alsof ik gek ben als ik me voorstel aan hun baby van vier dagen oud. En ouders van iets oudere kinderen gapen me aan als ik het verdrietige gehuil 'vertaal' van hun acht maanden oude baby, die plotseling uit het ouderlijk bed is verbannen omdat zíj – zijn ouders – opeens besloten hebben dat het nu welletjes is: 'Hé, papa en mama, dit was jullie eigen idee, hoor. Ik huil nu omdat ik niet eens weet wat een wieg is, laat staan dat ik in slaap kan vallen zonder twee grote, warme lijven naast me.'

Ook vertaal ik babytaal voor ouders omdat ze zich er dan weer van bewust worden dat het hummeltje dat ze in hun armen houden, of de peuter die in de kamer rondkruipt, ook gevoelens en ideeën heeft. Met andere woorden, het gaat er niet alleen om wat wij grote mensen willen. Van tafereeltjes zoals het nu volgende ben ik al heel vaak getuige geweest. Een moeder zegt tegen haar zoontje: 'Nee, Billy, je wilt Adams vrachtwagen niet hebben.' Die arme kleine Billy kan nog niet praten, maar als hij het kon, durf ik te wedden dat hij zou zeggen: 'Jawel hoor, mam. Waarom denk je anders dat ik dat ding van Adam heb afgepakt?' Maar mama luistert niet naar hem. Of ze trekt de vrachtwagen uit Billy's handen, óf ze probeert hem over te halen het ding vrijwillig af te staan. 'Wees eens een brave jongen en geef hem terug.' Nou, op dat moment kan ik bijna de seconden aftellen tot de bom barst!

Begrijp me niet verkeerd; ik zeg niet dat Billy Adam zomaar mag intimideren omdat hij die vrachtwagen wil hebben, integendeel. Ik haat pestkoppen, maar geloof me, het is niet Billy's schuld als hij er een wordt (meer daarover in hoofdstuk 8). Ik bedoel alleen dat we naar onze kinderen moeten luisteren, *ook als ze dingen zeggen die we niet willen horen.*

De vaardigheden die ik ouders van jonge kinderen leer – lichaamstaal observeren, luisteren als ze schreeuwen, even gas terugnemen zodat je erachter kunt komen wat er nu echt aan de hand is – zijn net zo belangrijk voor je baby als voor je peuter en oudere kinderen. (Laten we niet vergeten dat tieners eigenlijk peuters in een groot lichaam zijn en dat we ons lesje dus beter vroeg kunnen leren.) Door dit hele boek heen zal ik je aan enkele technieken herinneren die ik heb ontwikkeld om je te helpen je in te leven en de tijd te nemen. Als je me al kent, herinner je je ongetwijfeld mijn voorliefde voor acroniemen als FIJN (**F**les-, borst- of andere voeding, **I**n actie komen, **J**ij gaat nu slapen en **N**u ben ik aan de beurt) en KALM (**K**ijk, **A**andachtig, **L**uister en **M**eet je reactie af) uit het eerste boek, en HELP (**H**oud je op de achtergrond, **E**ropuit om de wereld te ontdekken, **L**aat zien waar de grenzen liggen en **P**rijs je kind) uit het tweede, om er maar een paar te noemen.

Ik kom niet met die dingen aanzetten omdat ik de slimme tante wil uithangen. Evenmin denk ik dat het grootbrengen van kinderen een makkie is dankzij een paar kreten of acroniemen. Ik weet uit eigen ervaring dat opvoeden lang niet altijd even 'FIJN' is. Vooral voor nieuwbakken ouders valt het niet mee om te weten waar ze aan toe zijn, en zeker niet voor jonge moeders met slaapgebrek, maar alle ouders kunnen wel wat hulp gebruiken. Ik wil je alleen maar een paar hulpmiddelen bieden voor als je het even niet meer weet. Zo helpt het acroniem FIJN (waar hoofdstuk 1 over gaat) je de volgorde van een dagelijkse, gestructureerde routine te onthouden.

Ik weet ook maar al te goed dat het leven er alleen maar gecompliceerder op wordt zodra baby's peuters worden en wanneer het gezin groter wordt. Het is mijn doel je baby op de juiste koers te houden en je eigen leven in balans te krijgen, of op zijn minst zo evenwichtig als mogelijk is met jonge kinderen om je heen. Als je midden in een strijd met je kind of je kinderen verwikkeld bent, vergeet je goede adviezen maar al te gemakkelijk en verval je snel in je oude patronen. Ik bedoel, hoe kun je het hoofd koel houden terwijl je baby zo hard als ze kan aan het krijsen is omdat haar twee jaar oude broertje, die triomfantelijk staat te lachen, heeft bedacht dat het hoofdje van zijn babyzusje prima geschikt is om zijn nieuwe viltstiften op uit te proberen? Ik kan niet persoonlijk bij iedereen thuis komen, maar als je mijn handige acroniemen in je hoofd hebt, lijkt het misschien net alsof ik naast je sta en je help herinneren wat je moet doen.

Talloze ouders hebben me verteld dat mijn acroniemen hen inderdaad helpen op de juiste koers te blijven en diverse babyfluisterstrategieën te onthouden, tenminste in de meeste situaties. Hier is er nog een voor je verzameling opvoedtrucjes: 'G.B.'

Een 'G.B.'-ouder zijn

Nee, ik heb het hier niet over Groot-Brittannië (de technieken van de babyfluisteraar werken overal!). Een G.B.-ouder is *geduldig* en *bewust*, twee eigenschappen die je van pas zullen komen, ongeacht de leeftijd van je kind. Altijd als ik ouders ontmoet die met een bepaald probleem te kampen hebben, meestal een van de Grote Drie – slapen, eten of gedrag – omvat mijn recept een van deze elementen, zo niet beide. G.B.-ouderschap is echter niet alleen vereist bij problemen, maar ook bij de dagelijkse interactie. Spelen, naar de supermarkt gaan, tijd doorbrengen met andere kinderen en nog veel meer dagelijks terugkerende situaties worden een stuk leuker als mama of papa er op een G.B.-manier mee omgaat.

Geen enkele ouder is de hele tijd G.B., maar hoe vaker we het toepassen, hoe meer het een natuurlijke manier van doen wordt. Oefening baart kunst. Door het hele boek heen zal ik je helpen onthouden dat je een G.B. moet zijn, maar eerst zal ik beide letters verklaren.

Geduld. Het vergt geduld om een goede opvoeder te zijn, omdat het een zwaar, schijnbaar eindeloos traject is dat vraagt om een langetermijnvisie. Over een maand zijn we het 'grote probleem' van vandaag allang vergeten, maar dat beseffen we niet op het moment dat we ermee geconfronteerd worden. Ik zie het elke keer opnieuw: ouders die in het heetst van de strijd de weg kiezen die op dat moment het gemakkelijkst lijkt, om er later achter te komen dat het een doodlopende straat is. Zo begint 'opvoeden tegen wil en dank' (meer daarover later). Ik werkte onlangs bijvoorbeeld met een moeder die haar baby maar bleef troosten met borstvoeding, om er na vijftien maanden achter te komen dat het kind geen flauw benul had hoe ze uit zichzelf in slaap moest komen en vier tot zes keer per nacht om mama's borst vroeg. Die arme, lieve, volkomen uitgeputte moeder beweerde dat ze er klaar voor was om haar baby te spenen, maar iets willen is niet genoeg. Je moet het geduld opbrengen om de overgangsperiode te overbruggen.

Een kind hebben kan ook voor rommel en wanorde zorgen. Er is dan ook geduld (en innerlijke kracht) voor nodig om op zijn minst rotzooi, vlekken en vingerafdrukken te kunnen tolereren. Ouders die dat niet kunnen, zullen veel meer moeite hebben om door de eerste jaren heen te komen. Welke peuter kan nu uit een beker drinken zonder eerst liters vloeistof op de vloer te morsen? Na een tijdje loopt er alleen nog maar een klein straaltje langs zijn mondhoek, en uiteindelijk krijgt hij het meeste wel binnen, maar dat gebeurt niet van de ene dag op de andere, en in de tussentijd zal het nog heel wat keren misgaan. Je kind tafelmanieren bijbrengen, het leren zelf iets in te schenken of zichzelf te wassen, het in een woonkamer vol verboden schatten te laten rondlopen: daarvoor is het geduld van ouders nodig.

Ouders die deze belangrijke eigenschap niet hebben, kunnen onbewust zelfs al bij heel jonge kinderen obsessief gedrag veroorzaken. Tara, een meisje van twee dat ik op een van mijn reizen heb ontmoet, had duidelijk heel veel geleerd van haar supernette moeder Cynthia. Als je het huis van haar moeder binnenging, zou je niet zeggen dat er een peuter woonde. En dat was geen wonder. Cynthia liep constant achter haar dochter aan met een vochtig doekje waarmee ze haar gezicht afveegde en alles wat ze morste opveegde, en ze ruimde het speelgoed dat Tara liet vallen onmiddellijk weer op. Tara begon al aardig op haar moeder te lijken: 'shoon' was een van haar eerste woordjes. Dat was misschien schattig geweest als Tara niet altijd bang was om iets in haar eentje te doen en als ze niet huilde als andere kinderen haar aanraakten. Een extreem geval, zou je zeggen. Misschien wel, maar we doen onze kleintjes onrecht aan als we ze niet laten doen wat kinderen nu eenmaal doen: lekker vies worden en af en toe een beetje ondeugend zijn. Een geweldige G.B.-moeder vertelde me eens dat ze regelmatig een 'varkensavondje' had met haar kinderen, dat wil zeggen eten zonder bestek. En ironisch genoeg is het zo dat als we onze kinderen toestemming geven om helemaal los te gaan, ze vaak helemaal niet zo ver gaan als wij denken.

Geduld is vooral van belang als je slechte gewoontes wilt afleren. Uiteraard geldt hier dat dit langer duurt naarmate het kind ouder is. Ongeacht de leeftijd moet je echter accepteren dat verandering tijd kost en dat je het proces niet moet overhaasten. Maar ik kan je wel vertellen: het is eenvoudiger om nu geduldig te zijn en de tijd te nemen om je kinderen dingen te leren en hun te vertellen wat je wilt. Want wie wil je nu liever vragen zijn troep achter zich op te ruimen, een kind van twee of een puber? **Bewustzijn.** Je bewust zijn van wie je kind is, moet al beginnen op het moment dat het voor het eerst ademhaalt na de geboorte. Denk altijd vanuit het perspectief van *je kind*. Dat bedoel ik niet alleen figuurlijk, maar ook letterlijk: hurk neer tot ooghoogte van je kind. Kijk hoe de wereld eruitziet vanuit zijn invalshoek. Stel dat je je kind voor het eerst meeneemt naar de kerk. Kniel neer en stel je voor hoe alles eruitziet vanuit de wandelwagen. Snuif de geur op. Stel je voor hoe de gevoelige neus van je baby wierook of kaarsen ruikt. Luister. Hoe hard klinkt het geroezemoes van de menigte, het gezang van het koor, het geluid van het orgel? Is het misschien wat te veel voor de oren van de baby? Ik zeg niet dat je nooit naar nieuwe plekken moet gaan. Integendeel, het is alleen maar goed om kinderen kennis te laten maken met nieuwe dingen, klanken en mensen. Maar als je kind steeds weer huilt op onbekende plekken, weet je als bewuste ouder dat hij je vertelt: 'Het wordt me te veel. Doe het alsjeblieft rustiger aan,' of: 'Probeer dit over een maand of wat nog maar eens.' Bewustzijn zorgt ervoor dat je je inleeft en dat je je kind na verloop van tijd leert kennen, waardoor je op je instinct durft te vertrouwen.

Bewustzijn is ook een kwestie van nadenken en plannen voordat je iets doet. Wacht niet tot het noodlot toeslaat, vooral niet als je het al eerder hebt meegemaakt. Als je na verschillende speelafspraken ziet dat jouw kind en het kind van je beste vriendin elkaar constant in de haren vliegen en de ochtend altijd in tranen eindigt, regel dan een speelafspraak met een ander kind, ook al kun je veel minder goed opschieten met die moeder. Een speelafspraak is een *speel*afspraak. Als je een keer wilt bijkletsen met je vriendin, regel dan een oppas, maar dwing je kind niet om tijd door te brengen met een leeftijdsgenootje dat hij niet zo leuk vindt.

Bewustzijn betekent dat je aandacht schenkt aan de dingen die je tegen je kind zegt en wat je met hem doet, en dat je daar consequent in bent. Kinderen raken in de war als je niet consequent bent. Dus als je de ene dag zegt: 'Niet eten in de woonkamer', en je er de volgende dag niets van zegt als je zoon op de bank een zak chips zit leeg te eten, verliezen je woorden uiteindelijk hun betekenis. Hij zal zich niets meer van je aantrekken, en dat kun je hem niet kwalijk nemen.

Het woord zegt het al: bewustzijn betekent alert zijn en er zijn voor je kind. Het doet me pijn als ik zie dat een huilende baby of een huilend jong kind wordt genegeerd. Huilen is de eerste taal die kinderen spreken. Als we hun de rug toekeren, zeggen we eigenlijk: 'Jij bent onbelangrijk.' Baby's op wie niet wordt gelet, houden uiteindelijk op met huilen, maar bloeien ook niet op. Ik heb vaak genoeg meegemaakt dat ouders hun kinderen lieten huilen onder het mom van 'daar wordt hij sterk van' ('Ik wil hem niet verwennen,' of: 'Even huilen is goed voor hem'). En ik heb ook gezien hoe moeders hun handen in de lucht staken en zeiden: 'Haar zusje heeft me nodig; ze moet maar even wachten.' Maar daarna moest de baby steeds maar blíjven wachten. *Er bestaat geen goede reden om een kind te negeren.*

We moeten er voor onze kinderen zijn, en we moeten sterk en wijs voor hen zijn, om hun te leren hoe het allemaal moet. Wij zijn hun beste leraren, en de eerste drie jaar ook hun énige leraren. We zijn het hun verplicht om G.B.-ouders te zijn, zodat het beste in hen naar boven komt.

Maar waarom werkt het niet?

'Waarom werkt het niet?' is veruit een van de door ouders meest gestelde vragen. Of een moeder nu probeert haar kind langer dan twee uur achter elkaar te laten slapen, haar baby van zeven maanden vast voedsel te laten eten, of te zorgen dat haar peuter ophoudt met andere kinderen slaan, ik hoor heel vaak het bekende 'Ja, maar...'. 'Ja, ik weet dat je hebt gezegd dat ik haar overdag wakker moet maken om te zorgen dat ze 's nachts slaapt, maar...', 'Ja, ik weet dat je hebt gezegd dat het tijd zou kosten, maar...', 'Ja, ik weet dat je hebt gezegd dat ik hem de kamer uit moet sturen zodra hij agressief begint te worden, maar...'. Je begrijpt wel wat ik bedoel.

Mijn babyfluistertechnieken werken wél. Ik heb ze zelf toegepast op duizenden baby's en ze aan ouders over de hele wereld geleerd. Ik verricht geen wonderen. Ik weet gewoon waar ik het over heb, en de ervaring leert dat het klopt. Ik geef toe dat sommige baby's moeilijker zijn dan andere, maar dat geldt ook voor volwassenen. Ook kunnen bepaalde periodes in de ontwikkeling, zoals wanneer de tandjes doorkomen of rond het tweede jaar, behoorlijk zwaar zijn voor ouders, net als onverwacht ziek zijn (jijzelf of je kind). Maar vrijwel elk probleem kan worden opgelost door terug te gaan naar de basis. Als problemen aanhouden, komt dat meestal door iets wat de ouders hebben gedaan of door hun houding. Dat klinkt misschien hard, maar vergeet niet dat ik de advocaat van je báby ben. Dus als je dit boek leest omdat je een verkeerd patroon wilt veranderen of de harmonie in je gezin wilt herstellen, en niets lijkt te werken – zelfs mijn suggesties niet – vraag je dan eens eerlijk af of een van de volgende kenmerken op jou van toepassing is. Herken je jezelf in onderstaande beweringen, dan zul je jóúw gedrag of instelling moeten veranderen als je mijn babyfluistertechnieken wilt gebruiken.

Je volgt je kind in plaats van een routine in te stellen. Als je mijn eerste boek gelezen hebt, weet je dat ik heilig geloof in een gestructureerde routine. (Als je het niet hebt gelezen, praat ik je snel bij in het eerste hoofdstuk, dat helemaal over FIJN gaat.) Het zou ideaal zijn als je al op dag één zou beginnen, vanaf het moment dat je dat kleine bundeltje thuis hebt. Maar als je toen niet meteen bent begonnen, kun je ook met acht weken, drie maanden of nog later een routine bepalen. Veel ouders hebben daar echter moeite mee, en hoe ouder de baby, hoe meer moeite het kost. En dan komen ze naar mij toe en krijg ik een wanhopig telefoontje of e-mailbericht, zoals dit:

> Ik ben pas moeder geworden van mijn eerste kind Sofia, nu achtenhalve week oud. Het kost me moeite een routine voor haar te bepalen, omdat ze zo inconsequent is. Ik maak me zorgen om haar grillige eet- en slaappatroon. Kun jij me advies geven?

Dat is een klassiek geval van de baby volgen. De kleine Sofia is niet inconsequent, ze is een baby. Wat weten baby's nou? Ze komen net kijken. Ik durf te wedden dat de moeder inconsequent is, omdat ze haar achtenhalve week oude baby volgt; en wat weet een kind nu van eten of slapen? Alleen wat wij hun leren. Deze moeder zegt dat ze een routine probeert in te stellen, maar ze neemt niet echt het heft in handen. (In hoofdstuk 1 leg ik uit wat ze moet doen.) Het handhaven van een routine is al net zo belangrijk bij oudere baby's en peuters. We zijn er om onze kinderen te leiden, niet om ze te volgen. Wij bepalen wanneer het tijd is om te eten of te slapen.

Je bent aan het opvoeden tegen wil en dank. Mijn oma zei het al: 'Ga van start zoals je van plan bent om door te gaan.' Helaas doen sommige ouders in het heetst van de strijd álles om te zorgen dat hun baby ophoudt met huilen of om hun peuter te kalmeren. Dat 'álles' ontaardt vaak in een slechte gewoonte die ze dan later weer moeten afleren, en dat is opvoeden tegen wil en dank. Een voorbeeld: Tommy van tien weken valt maar niet in slaap omdat zijn moeder zijn slaapvenster – het optimale tijdstip om hem in bed te leggen voor een dutje – heeft gemist. Nu gaat zijn moeder met hem heen en weer lopen en hem wiegen. En kijk eens aan: het werkt. Tommy valt in haar armen in slaap. Als hij de volgende dag in zijn ledikantje ligt te jengelen als het tijd is om te gaan slapen, pakt ze hem weer op om hem te sussen. Misschien voelt ze zich zelf ook wel prettig door dit ritueel; het is nu eenmaal heerlijk om dat kleine lijfje tegen haar borst te voelen. Maar drie maanden later, zo niet veel eerder, garandeer ik je dat Tommy's moeder zich wanhopig afvraagt waarom haar zoontje 'een hekel heeft aan zijn ledikantje' of 'alleen maar in slaap valt als ze hem wiegt'. En dat ligt niet aan Tommy. Zijn moeder heeft er tegen wil en dank voor gezorgd dat haar zoontje het wiegen en haar lichaamswarmte associeert met gaan slapen. Nu denkt hij dat dat normaal is. Hij kan alleen met haar hulp naar dromenland gaan, en hij vindt zijn ledikantje niet leuk omdat niemand hem geleerd heeft hoe hij daar lekker in kan liggen.

Je begrijpt niet wat je kind aangeeft. Een moeder belt me wanhopig op: 'Hij had altijd een vast schema, maar nu houdt hij zich daar niet meer aan. Hoe krijg ik hem weer op de juiste weg?' Als ik die zin hoor, in welke variant dan ook, 'het was eerst zo en nu niet meer', betekent dat niet alleen dat de ouders het de baby laten overnemen, maar meestal ook dat ze meer aandacht besteden aan de klok (of hun eigen behoeften) dan aan de baby zelf (meer daarover op pagina 35). Ze kijken niet naar zijn lichaamstaal, leven zich niet in hem in als hij huilt. Zelfs als baby's taal beginnen te ontwikkelen, is het belangrijk om ze te observeren. Bijvoorbeeld: een kind dat de neiging heeft om agressief te zijn, komt niet zomaar de kamer binnenlopen en begint zijn vriendjes te slaan. Hij wordt langzaam maar zeker steeds bozer en die woede komt uiteindelijk tot een uitbarsting. Een wijze ouder leert op de tekenen te letten en zijn energie om te leiden voordat het te laat is.

Je houdt er geen rekening mee dat jonge kinderen constant veranderen. Ik hoor de zin: 'Eerst was het altijd zo en nu niet meer' ook wanneer ouders zich niet realiseren dat het tijd is voor een aanpassing. Een baby van vier maanden die dezelfde routine blijft volgen als de eerste drie maanden (zie hoofdstuk 1), zal chagrijnig worden. Een stevig kind van zes maanden dat altijd een goede slaper was, kan ineens 's nachts wakker worden als zijn ouders hem geen vast voedsel geven. Verandering is nu eenmaal de enige constante factor in de opvoeding (meer hierover in hoofdstuk 10).

Je wilt een snelle oplossing. Hoe ouder het kind, des te moeilijker het wordt om een slechte gewoonte, die veroorzaakt is door opvoeden tegen wil en dank, te doorbreken. Het maakt niet uit of het nu gaat om 's nachts wakker worden en gevoed willen worden of om weigeren in de kinderstoel te zitten om te eten. Maar veel ouders verwachten een wonder. Een voorbeeld: Elaine had me om raad gevraagd omdat ze haar baby, die altijd borstvoeding had gekregen, de fles wilde gaan geven. Later hield ze echter vol dat mijn strategie niet gewerkt had. Het eerste wat ik dan altijd vraag, is: 'Hoe lang heb je het gedaan?' Elaine gaf toe: 'Ik heb het bij de ochtendvoeding geprobeerd, maar daarna heb ik het opgegeven.' Waarom was ze er zo snel mee opgehouden? Omdat ze direct resultaat verwachtte. Ik wees haar op de 'G' van G.B. Wees geduldig.

Je bent niet echt bereid om te veranderen. Het andere probleem met Elaine was dat ze niet bereid was om zo ver te gaan. 'Maar ik was bang dat Zed honger zou lijden als ik bleef doorgaan,' was haar excuus. Er zat echter een addertje onder het gras, zoals zo vaak het geval is: ze zei dat ze wilde dat haar man de vijf maanden oude Zed kon voeden, maar wilde in werkelijkheid die exclusieve handeling niet opgeven. Als je een probleem probeert op te lossen, moet je het wel op *willen* lossen, en ook vastberaden en volhardend genoeg zijn om het tot het eind toe vol te houden. Maak een plan, en *houd je daaraan.* Verval niet weer in je oude gewoontes en probeer niet steeds verschillende technieken uit. Als je je aan één oplossing houdt, zal die uiteindelijk écht werken... zolang je je er maar aan blijft houden. Hou vol. Ik kan het niet vaak genoeg zeggen: *Je moet even consistent zijn met de nieuwe manier als je met de oude was.* Natuurlijk hebben sommige kinderen een temperament dat ervoor zorgt dat ze zich meer dan anderen afzetten tegen veranderingen (zie hoofdstuk 2), maar vrijwel iedereen verzet zich als zijn routine ineens wordt veranderd (ook volwassenen!). Als we ons er echter aan houden en de regels niet telkens veranderen, raken kinderen gewend aan de nieuwe manier.

Ouders houden zichzelf soms voor de gek. Dan blijven ze maar volhouden dat ze een bepaalde techniek – laten we zeggen mijn methode van oppakken/neerleggen of O.P./N.L. (zie hoofdstuk 6) – twee weken hebben uitgeprobeerd, maar dat deze niet werkte. Ik weet dat dat niet waar kan zijn, want O.P./N.L. werkt na hooguit een week bij elke baby, ongeacht zijn temperament. En ja hoor, als ik doorvraag, blijkt dat ze O.P./N.L. inderdaad drie of vier dagen hebben geprobeerd en dat het ook werkte, maar dat ze zich een paar dagen later, toen de baby om 3 uur 's nachts wakker werd, niet aan het oorspronkelijke plan hielden. Geërgerd probeerden ze eens iets anders. 'We besloten hem maar te laten huilen, sommige mensen zeggen dat dat goed is.' Ik niet, de baby voelt zich dan in de steek gelaten. Dan raakt het arme kind niet alleen in de war omdat ze de regels hebben veranderd, maar wordt het nog doodsbang ook.

Als je iets niet vol kunt houden, begin er dan niet aan. Als je het niet in je eentje afkunt, zorg dan voor een achterban: je echtgenoot, je moeder, je schoonmoeder of een goede vriendin. Anders laat je je baby voor niets tranen met tuiten huilen, omdat je hem uiteindelijk toch weer bij je in bed neemt (meer hierover in hoofdstuk 5 t/m 7).

Je probeert iets uit wat niet bij je gezin of je persoonlijkheid past. Als ik een gestructureerde routine voorstel, of een van mijn andere strategieën om een slechte gewoonte te doorbreken, kan ik meestal al van tevoren zeggen of die beter zal werken voor de vader of de moeder; de een is gedisciplineerder en de ander een watje, of erger nog, het slachtoffer van het 'arme-baby-syndroom' (zie pagina 304). Sommige moeders (of vaders) laten zich in de kaart kijken door te zeggen: 'Ik wil niet dat ze huilt.' Ik ben er helemaal niet op uit om een baby te dwingen iets te doen of te zijn, en ik geloof er niet in om baby's maar te laten huilen. Ik geloof er ook niet in om peuters een tijdje weg te sturen, hoe kort ook. Kinderen hebben de hulp van volwassenen nodig en we moeten er voor hen zijn, en vooral als je de effecten van opvoeden tegen wil en dank teniet wilt doen, is het hard werken. Als je je niet prettig voelt bij een bepaalde techniek, doe het dan niet of probeer een manier te vinden om je te wapenen, door de sterkere ouder het even te laten overnemen of je moeder, schoonmoeder of vriendin te laten helpen.

Er is niets mis, en je hoeft dus ook eigenlijk niets te verhelpen. Pas geleden ontving ik een e-mail van de ouders van een baby van vier maanden: 'Mijn baby slaapt de hele nacht door, maar hij krijgt maar 680 ml per dag binnen. In jouw boek staat dat hij 900 tot 1050 ml per dag zou moeten krijgen. Hoe krijg ik dat extra eten bij hem naar binnen?' Er zijn heel wat moeders die een moord zouden doen voor een baby die de hele nacht doorslaapt! Haar zogenaamde probleem was dat haar baby niet in mijn omschrijvingen paste. Misschien was hij kleiner dan gemiddeld. We komen niet allemaal uit gezinnen met lange mensen! Als zijn gewicht volgens de arts op het consultatiebureau niet te laag is, zou ik haar adviseren om gewoon rustig aan te doen en haar zoon te observeren. Misschien zou hij na een paar weken wél 's nachts wakker worden, en dat zou een teken zijn dat ze hem overdag meer eten moest geven, maar op dit moment was er nog niets aan de hand.

Je hebt onrealistische verwachtingen. Er zijn ouders die niet realistisch denken over het hebben van een kind. Ze zijn vaak heel succesvol in hun werk en zijn goede leiders, slim en creatief, en zien de overgang naar het ouderschap als gewoon de zoveelste grote verandering in hun leven, wat het duidelijk is. Maar het is ook iets heel anders, omdat het een enorme verantwoordelijkheid met zich meebrengt: de zorg voor een ander mens. Zodra je vader of moeder wordt, kun je niet meer terug naar je oude leventje, alsof er niets veranderd is. Baby's hébben soms nu eenmaal nachtvoedingen nodig. Peuters kunnen niet efficiënt worden afgehandeld als een of ander project op je werk. Kinderen zijn geen machines die je kunt programmeren. Ze hebben zorg, constante waakzaamheid en heel veel liefde nodig. Zelfs als je hulp hebt, moet je je eigen kind leren kennen, en dat kost tijd en energie. Houd ook in gedachten dat elke fase waarin je kind zit – goed of slecht – altijd weer voorbijgaat. Sterker nog: net als je denkt dat je het snapt, verandert alles weer, zoals we in het laatste hoofdstuk zullen zien.

Over dit boek...
en de Olympische Spelen van de Ontwikkeling

Dit boek is het antwoord op jouw vragen. Je hebt me gevraagd om een nadere uitleg van de strategieën waar je niet zeker van bent en oplossingen voor allerlei problemen. Daarbij hebben veel mensen me gevraagd om specifieke richtlijnen voor bepaalde leeftijdsgroepen. Als je mijn andere boeken hebt gelezen, weet je dat ik geen voorstander ben van indelingen naar leeftijdscategorie; dat ben ik nooit geweest. De uitdagingen waar baby's ons voor plaatsen kunnen niet op nette stapeltjes worden gesorteerd. Natuurlijk is het zo dat baby's en peuters *over het algemeen* in een bepaalde periode een bepaalde mijlpaal bereiken, maar er is meestal niets mis met degenen die dat niet doen. Toch heb ik, als antwoord op de verzoeken om duidelijkheid en specifieke kenmerken, mijn eigen advies in de wind geslagen en verschillende technieken op maat gemaakt voor diverse leeftijdscategorieën: van de geboorte tot zes weken, van zes weken tot vier maanden, van vier tot zes maanden, van zes tot negen maanden, van negen maanden tot een jaar, van een tot twee jaar en van twee tot drie jaar. Het is mijn bedoeling om je beter te laten begrijpen hoe je kind denkt en hoe het de wereld ziet. Ik bespreek niet altijd elke leeftijdsgroep in elk hoofdstuk; het hangt er maar net vanaf waar het over gaat. In hoofdstuk 1, dat over FIJN gaat, bespreek ik bijvoorbeeld alleen de eerste vijf maanden, omdat ouders dan vragen hebben over de routine, terwijl ik in hoofdstuk 4, dat over eten bij peuters gaat, bij zes maanden begin, omdat we dan beginnen met vast voedsel geven.

Je zult merken dat de leeftijdscategorieën tamelijk ruim genomen zijn. Dat doe ik omdat er nogal wat verschillen bestaan tussen kinderen. Bovendien wil ik mijn lezers niet overleveren aan wat ik 'de Olympische Spelen van de Ontwikkeling' noem, waarbij de vooruitgang of de problemen van het ene kind worden vergeleken met die van het andere kind, en wil ik ook niet dat ze zich ongerust maken als hun zoontje of dochtertje niet binnen een bepaald leeftijdsprofiel past. Ik heb meer dan eens groepen moeders gezien met baby's die allemaal rond dezelfde tijd geboren zijn. Ze kennen elkaar meestal van de kraamafdeling of van zwangerschapsgym. Die moeders zitten dan te kletsen, maar als ik zie hoe ze elkaars baby's bekijken en vergelijken, weet ik dat ze zich van alles afvragen. Zelfs als een moeder iets niet hardop zégt, hoor ik haar denken: *Waarom is mijn dochter Claire, die maar twee weken jonger is dan Emmanuel, kleiner dan hij? En kijk eens hoe Emmanuel zich al probeert op te trekken; waarom doet Claire dat nog niet?* In de eerste plaats zijn twee weken heel wat in het leven van een drie maanden oude baby; dat is een zesde deel van zijn leven! Ten tweede stemmen ouders hun verwachtingen vaak af op leeftijds-

curven. Ten derde kunnen de kracht en vaardigheden van verschillende kinderen uiteenlopen. Claire gaat misschien later lopen dan Emmanuel (of niet; het is nog te vroeg om dat te zeggen),
maar het kan best zijn dat ze eerder gaat praten.

Ik adviseer je met klem om álle stadia te lezen, want vroege
problemen kunnen aanhouden; het komt vaak voor dat een probleem van twee maanden oud de kop opsteekt met vijf of zes
maanden. Daarnaast kan het zijn dat je kind op een bepaald gebied voorloopt, dus is het een goed idee om een indruk te krijgen
van wat je te wachten staat.

Ik geloof ook dat er 'primetime' bestaat: de beste leeftijd om
een bepaalde vaardigheid aan te leren, zoals 's nachts doorslapen,
of om een nieuw element te introduceren in het leven van je kind,
zoals de fles geven aan een kind dat borstvoeding krijgt, of het in
een kinderstoel laten zitten. Vooral als kinderen de peuterleeftijd
bereiken, kun je het beste op het optimale tijdstip met nieuwe
dingen beginnen, want anders raak je in een machtsstrijd verwikkeld. Je moet vooruit plannen. Als je niet ruim van tevoren een
spelletje of een leuke ervaring hebt gemaakt van peutertaken als
aankleden en zindelijkheidstraining, is de kans groter dat je kind
gaat dwarsliggen als je het ermee confronteert.

Hoe dit boek is opgebouwd

Er komen in dit boek zeer uiteenlopende onderwerpen aan bod,
omdat ik heb geprobeerd om al jullie struikelblokken te bespreken, waardoor de opzet niet eenduidig is.

Alle hoofdstukken draaien om problemen, maar elk hoofdstuk
is anders en wordt opgebouwd op een manier die je zal helpen
verder te gaan dan alleen de basis, zodat je begrijpt hoe ik tegen
diverse opvoedproblemen aan kijk.

In elk hoofdstuk vind je een heleboel extra's: mythen rondom
opvoeden, checklists, tabellen, kaders met belangrijke stukjes informatie, en waargebeurde verhalen (voorbeelden uit de praktijk). In alle praktijkvoorbeelden en overal waar ik e-mails en berichten van de website heb overgenomen, zijn de namen en
andere persoonlijke details veranderd. Ik heb geprobeerd in te
gaan op de meest voorkomende problemen waar ouders mee te
maken krijgen en laat zien welke vragen ik meestal stel om erachter te komen wat er werkelijk aan de hand is. Net als een trouble-

shooter die in een bedrijf gaat kijken waarom het niet goed loopt, moet ik bekijken wie de hoofdrolspelers zijn, hoe ze zich gedragen en wat er is gebeurd voordat de moeilijkheden zich voordeden. Daarna moet ik een andere manier voorstellen om de dingen te doen, die zal leiden tot een ander resultaat dan tot dan toe het geval is geweest. Doordat ik je laat zien hoe ík over baby's en peuters denk en hoe ík een plan bedenk, kun jij straks zelf de troubleshooter van je eigen gezin worden. Zoals ik al eerder heb gezegd is het mijn doel om je mijn manier van denken aan te leren zodat je zelf je problemen kunt oplossen.

In het hele boek worden de vragen die ik stel vet gedrukt – **op deze manier** – zodat je ze eenvoudig kunt terugvinden.

Ik heb geprobeerd om in dit boek evenveel jongens als meisjes aan bod te laten komen. Wat moeders en vaders betreft is dat echter niet gelukt, omdat de meeste e-mails, berichten op mijn website en telefoontjes afkomstig zijn van moeders, en die onbalans is terug te zien in de voorbeelden. Vaders die dit boek lezen: ik heb jullie niet met opzet buitengesloten. Ik weet dat veel vaders zich tegenwoordig (gelukkig) bezighouden met de opvoeding en dat zo'n 20 procent van jullie zelfs huisvader is. Ik hoop dat we dankzij jullie op een dag niet meer kunnen zeggen dat vaders geen opvoedboeken lezen!

Je kunt dit boek van voor naar achter lezen, maar ook het probleem dat jou bezighoudt opzoeken en vanaf daar verder lezen. Als je echter mijn vorige boeken niet hebt gelezen, raad ik je aan om ten minste de hoofdstukken 1 en 2 te lezen, waarin mijn basisfilosofie van kinderverzorging wordt beschreven en die je kunnen helpen te analyseren waarom bepaalde problemen zich op diverse leeftijden voordoen. In hoofdstuk 3 tot en met 10 wordt uitgebreid ingegaan op de drie gebieden die ouders de meeste zorgen baren: eten, slapen en gedrag.

Velen van jullie hebben me verteld dat jullie niet alleen mijn goede adviezen waarderen, maar vooral ook mijn gevoel voor humor. Ik beloof je dat je ook daarvan veel in dit boek zult terugvinden. Want tja, als we niet meer kunnen lachen en niet meer weten hoe we die speciale momenten van kalmte en verwantschap (zelfs als die maar vijf minuutjes duren) kunnen waarderen, dan is opvoeden – dat sowieso al moeilijk is – helemaal overweldigend. Misschien kijk je soms raar op van mijn suggesties en geloof je niet dat die zullen werken, maar ik geef je een heleboel voorbeelden om te laten zien dat ze in andere gezinnen met succes zijn toegepast. Dus waarom zou je ze niet proberen?

1

FIJN is niet altijd even fijn (maar het werkt wel!)

Een gestructureerde routine voor je baby

Een FIJN idee

Jij hebt waarschijnlijk een ochtendroutine. Je staat altijd ongeveer om dezelfde tijd op, en misschien ga je eerst douchen of koffiedrinken, of spring je meteen op de loopband of ga je een rondje hardlopen. Wat je ook doet, het is elke ochtend ongeveer hetzelfde. Als je routine om de een of andere reden wordt verstoord, kan je hele dag erdoor in de war worden geschopt. En ik weet zeker dat je ook de rest van de dag bepaalde routines hebt. Je eet 's avonds op een bepaald tijdstip. Ook aan het eind van de dag heb je waarschijnlijk je eigen rituelen, zoals tegen je lievelingskussen (of je partner!) aan kruipen als voorbereiding op een goede nachtrust. Maar stel je eens voor dat je etenstijd verandert of dat je een keer niet in je eigen bed slaapt. Dat is toch even wennen; je bent vaak gedesoriënteerd als je wakker wordt.

Natuurlijk heeft niet iedereen dezelfde mate van structuur nodig. Aan de ene kant heb je de mensen wier hele dag volledig voorspelbaar verloopt. Aan de andere kant zijn er de vrije vogels die rondfladderen zoals het op dat moment uitkomt. Maar zelfs die fladderaars hebben meestal wel bepaalde rituelen op een dag. Waarom? Omdat mensen het, net als de meeste dieren, prettig vinden om te weten hoe en wanneer hun behoeften bevredigd worden en te weten wat er gaat gebeuren. We hebben allemaal een bepaalde mate van zekerheid nodig.

Dat geldt ook voor baby's en jonge kinderen. Als een nieuwe moeder haar baby mee naar huis neemt – of al thuis is – stel ik meteen een gestructureerde routine voor. Ik noem dat FIJN, een acroniem dat voor een voorspelbare opeenvolging van gebeurtenissen staat, die redelijk overeenkomt met de dagindeling van volwassenen, maar dan in kortere stukjes: **F**les-, borst- of andere voeding, **I**n actie komen, **J**ij gaat slapen en **N**u ben ik aan de beurt. Het is géén rooster, want je kunt een baby niet op de klok afstemmen. Het is een routine waardoor de dag structuur krijgt en het gezinsleven consistent wordt, wat belangrijk is omdat wij allemaal – kinderen en volwassenen, baby's en peuters – behoefte hebben aan voorspelbaarheid. Iedereen heeft er profijt van: de baby weet wat er komen gaat; eventuele broertjes en zusjes krijgen meer tijd met papa en mama; en ook de ouders zelf zijn minder gestrest en hebben meer tijd voor zichzelf.

Ik dééd allang aan FIJN voordat ik het zo ging noemen. Toen ik ruim 20 jaar geleden begon met het zorgen voor pasgeborenen en jonge baby's, leek een gestructureerde routine me gewoon logisch. Wij moeten baby's laten zien hoe het moet. Leren is het meest effectief als het gepaard gaat met herhaling. Ik legde het belang van een gestructureerde routine ook uit aan de ouders voor wie ik werkte, zodat ze ermee door konden gaan als ik wegging. Ik waarschuwde hen altijd dat de baby na een voeding altijd eventjes actief moest zijn in plaats van meteen te gaan slapen, zodat de kleine eten niet met slapen associeerde. Omdat het leven van 'mijn' baby's zo kalm en voorspelbaar was, waren het meestal goede eters, leerden ze onafhankelijk en steeds langer achter elkaar te spelen, en konden ze uit zichzelf in slaap komen, zonder aan de borst of een fles te hoeven sabbelen en zonder gewiegd te worden door hun ouders. Toen de baby's uitgroeiden tot peuters en kleuters hield ik vaak contact met de ouders, die me lieten weten dat hun kinderen niet alleen veel baat hadden bij de dagelijkse routine, maar dat ze ook heel zelfverzekerd waren en erop vertrouwden dat hun ouders er waren als ze hen nodig hadden. De ouders zelf leerden van het begin af aan te reageren op wat hun kinderen aangaven, door goed naar hun lichaamstaal te kijken en te luisteren naar de verschillende manieren van huilen. Omdat ze aan hun kinderen konden aflezen wat er aan de hand was, waren ze beter in staat te reageren als er iets mis was.

Toen ik eraantoe was om mijn eerste boek te schrijven, bedachten mijn medeauteur en ik de term 'FIJN', een eenvoudig acroniem om ouders de volgorde van mijn gestructureerde routine te helpen onthouden. Eten, actief zijn en slapen – dat is een heel natuurlijke volgorde – en daarna, als bonus, tijd voor jou. Met FIJN volg je niet de baby, maar neem jíj de leiding. Je observeert hem goed en reageert op wat hij laat weten, maar jíj neemt de leiding en spoort hem zachtjes aan om dat te doen waarvan jij weet dat het goed voor hem is: eten, daarna een activiteit die bij hem past, en vervolgens lekker slapen. Jij bent de gids van je baby. Jij bepaalt het tempo.

FIJN geeft ouders, vooral als het hun eerste kind is, het vertrouwen dat ze hun baby begrijpen, omdat ze sneller leren de verschillende 'huiltjes' te onderscheiden. Een moeder schreef me: 'Mijn man en ik en onze zes maanden oude dochter Lily worden door mijn groepsgenoten van de opvoedcursus beschouwd als een mysterie, omdat onze baby zo goed slaapt en zo zoet is.' Ze vervolgt haar verhaal door te zeggen dat ze met FIJN zijn begonnen

Waarom is het FIJN?

FIJN is een logische manier om jou en je kind door de dag te helpen. Het bestaat uit terugkerende cycli van de letters F, I, J en N. De eerste drie hangen onderling samen: een verandering in de een heeft meestal invloed op de andere twee. Ook al verandert je kind door de maanden heen, de volgorde van de letters blijft altijd hetzelfde:

Fles-, borst- of andere voeding. De dag van je baby begint met een voeding: van volledige vloeibare voeding in het begin, tot een combinatie van vloeibaar en vast als hij zes maanden oud is. De kans dat je baby te veel of te weinig eten krijgt is minder groot als hij een bepaalde routine heeft.

In actie komen. Jonge baby's vermaken zich door naar hun verzorgers te kirren en te kraaien en naar de lijntjes van het behang te kijken. Maar naarmate je kind ouder wordt, zal het steeds meer met zijn omgeving gaan doen en in beweging komen. Een gestructureerde routine helpt voorkomen dat baby's overprikkeld raken.

Jij gaat slapen. Slapen is goed voor de groei van je baby. Bovendien zorgen goede dutjes overdag ervoor dat hij 's nachts langere periodes doorslaapt, want hij moet ontspannen zijn om goed te kunnen slapen.

Nu ben ik aan de beurt. Als je baby geen gestructureerde routine heeft, zal elke dag anders en onvoorspelbaar verlopen. Niet alleen voelt je baby zich ellendig, ook jij zult nauwelijks een moment voor jezelf hebben.

toen Lily tien weken was. Het resultaat is volgens de moeder: 'We begrijpen wat ze aangeeft en hebben een routine – geen rooster – waardoor ons leven voorspelbaar, goed hanteerbaar en leuk is.'

Ik heb het keer op keer gezien. Ouders die mijn FIJN-routine toepassen, zijn al snel beter in staat om erachter te komen wat hun baby op een bepaald tijdstip van de dag wil en nodig heeft. Stel dat je je kind de fles of de borst hebt gegeven (de F) en dat ze een kwartier heeft gespeeld (de I van in actie komen), waarna ze een beetje hangerig wordt. De kans is groot dat het tijd wordt dat ze naar bed gaat (de J). Of andersom, als ze een uur heeft geslapen (de J), terwijl jij hopelijk even tijd voor jezelf hebt genomen (de N), hoef je nergens naar te raden op het moment dat ze wakker wordt. Zelfs als ze niet huilt (wat ze hoogstwaarschijnlijk wél doet als ze jonger dan zes weken is), kun je er vrijwel zeker van zijn dat ze honger heeft. En dan begint de FIJN-cyclus weer van voor af aan.

Schrijf het op!

Ouders die de dag van hun baby in kaart brengen *door alles op te schrijven*, hebben er minder moeite mee zich aan een routine te houden of deze voor het eerst te bepalen. Ze zijn ook beter in observeren. Dingen opschrijven, al lijkt dat op dat moment vaak vervelend (je hebt immers nog meer te doen!) geeft je een beter inzicht. Je ziet sneller patronen en merkt hoe slapen, eten en activiteiten met elkaar samenhangen. Ik geef je op een briefje dat je baby op dagen dat hij beter eet, minder jengelt als hij wakker is, en ook beter slaapt.

Als FIJN moeilijk lijkt

Bij de voorbereidingen voor dit boek heb ik me verdiept in de dossiers van duizenden baby's met wie ik gewerkt heb, en in de vragen die ik telefonisch, per e-mail of via mijn website heb ontvangen. Ik wilde vaststellen wat de struikelblokken zijn waar goedbedoelende, toegewijde ouders op stuiten als ze een gestructureerde routine willen invoeren. De meeste vragen van ouders gaan niet over routine. Ze hebben meestal te maken met een van de letters van FIJN. Zo vragen ze bijvoorbeeld: 'Waarom duren de voedingen van mijn baby zo kort?' (de F), 'Waarom is hij hangerig en niet geïnteresseerd in zijn speelgoed?' (de I), of: 'Waarom wordt ze 's nachts meerdere keren wakker?' (de J). In dit boek ga ik in op heel veel van dit soort vragen en bied ik suggesties om specifieke problemen het hoofd te bieden: hoofdstuk 3 en 4 gaan helemaal over eten en hoofdstuk 5 tot en met 7 over slapen. Maar we moeten ook de *samenhang* tussen de drie probleemgebieden bekijken, en daar gaat dit hoofdstuk over. Eten heeft invloed op slapen en activiteiten; activiteiten hebben invloed op eten en slapen; slapen heeft invloed op activiteiten en eten; en alle drie hebben natuurlijk invloed op jou. Zonder voorspelbare routine kan alles in het leven van een baby in de war raken, soms van het ene moment op het andere. De oplossing is vrijwel altijd FIJN.

Ouders hebben me echter verteld dat FIJN lang niet altijd fijn en makkelijk verloopt. Hier volgt een fragment uit een brief van Cathy, de moeder van Carl van één maand en Natalie van tweeëntwintig maanden. De verwarring en de moeilijkheden die veel ouders lijken te ervaren, komen er duidelijk in naar voren:

Mijn oudste dochter Natalie slaapt heel goed (van zeven tot zeven, valt zelf in slaap, slaapt ook overdag goed). Ik weet niet meer hoe we dat voor elkaar hebben gekregen en heb behoefte aan wat voorbeeldroutines als leidraad voor Carl, om nu mee te beginnen en de komende paar maanden voort te kunnen. Hij krijgt borstvoeding en ik ben bang dat ik hem ongewild aan de borst houd totdat hij in slaap valt, en dat ik soms moeheid verwar met honger of darmkrampjes. Ik heb een vaste structuur nodig om te kunnen bijhouden wat hij op een bepaald moment nodig heeft, want zijn zus vraagt een hoop aandacht als ze wakker is. In Tracy's [eerste] boek wordt in algemene termen gesproken over de tijd die nodig is voor F, I en J, maar ik vind het moeilijk om te bepalen op welke tijdstippen ik dat overdag en 's nachts moet toepassen.

Cathy had op één punt een voorsprong. Ze besefte tenminste dat het probleem was dat ze inconsistent was en niet begreep wat Carl aangaf. Ze vermoedde terecht dat routine de oplossing is. En net als zo veel ouders die over FIJN gelezen hebben, had ze alleen bevestiging en duidelijkheid nodig. Nadat we erover gepraat hadden, kostte het haar niet veel tijd om op het juiste spoor te raken, omdat Carl pas één maand oud was, jong genoeg om zich snel aan te passen aan de nieuwe situatie. Toen ik hoorde dat hij bij zijn geboorte ruim zes pond woog, wist ik dat het geen probleem zou zijn als er tweeënhalf tot drie uur tussen de voedingen zou zitten (daarover later meer). Zodra Cathy FIJN op haar zoon toepaste, kon ze beter inspelen op zijn behoeften. (Zie pagina 41 voor een voorbeeldroutine van een baby van vier weken.)

Alle baby's hebben baat bij routine, maar sommige passen zich sneller en makkelijker aan dan andere, vanwege hun eigen temperament. Cathy's eerste baby, Natalie, die nu een peuter is, was extreem gemakkelijk en plooibaar: ik noem dat soort baby's *Engelachtig*. Dat verklaart ook waarom Natalie zo goed sliep en waarom Cathy zich niet kan herinneren hoe ze dat bereikt heeft. De kleine Carl was echter een heel ander type, het soort baby dat ik *Gevoelig* noem: zelfs toen hij pas een maand oud was, kon hij van slag raken door te fel licht of door het feit dat mama zijn hoofd tijdens het voeden een tikkeltje lager hield dan normaal. In hoofdstuk 2 beschrijf ik gedetailleerd hoe het temperament van een baby bepaalt op welke manier hij op vrijwel alles in zijn leven reageert. Sommige baby's hebben wat meer rust nodig tijdens het eten, of minder drukke activiteiten, of een donkerder slaapkamer. Anders raken ze overprikkeld en bieden ze weerstand aan routine.

Bij baby's die jonger zijn dan vier maanden kunnen er ook problemen ontstaan doordat ouders niet beseffen dat FIJN moet worden afgestemd op bijzondere omstandigheden bij de geboorte, zoals vroeggeboorte (zie kader op pagina 44) of geelzucht (zie kader op pagina 45), en op het gewicht van hun baby (zie pagina 44-47).

Sommige ouders begrijpen niet hoe ze FIJN moeten toepassen. Ze nemen 'om de drie uur' bijvoorbeeld letterlijk en vragen zich af hoe hun baby ooit 's nachts zal leren doorslapen als ze hem wakker moeten maken voor een voeding, en wat voor activiteiten ze in het holst van de nacht moeten doen. (Geen enkele; je laat je baby gewoon slapen; zie kader op pagina 36).

Ouders hebben ook problemen met FIJN als ze denken dat het een vast tijdsschema is en ze zich meer op de klok richten dan naar de signalen van hun baby kijken. Een gestructureerde routine is niét hetzelfde als een tijdsschema. Ik blijf erop hameren: *je kunt een baby niet op de klok afstemmen*. Probeer je dat toch, dan raken zowel moeder als kind gefrustreerd. Merle, een moeder uit Oklahoma, schreef me een wanhopige brief nadat ze 'zonder succes het FIJN-rooster had uitgeprobeerd'. Mijn haren stonden meteen recht overeind, want Merle had het woord 'rooster' gebruikt en dat doe ik zelf nooit. 'Het lijkt wel of we elke dag een ander tijdsschema hebben,' schreef ze. 'Ik weet dat ik iets verkeerd doe, maar wat?'

Een *gestructureerde routine* is niet hetzelfde als een tijdsschema. Een tijdsschema heeft vaste tijden, terwijl het er bij FIJN om gaat dat je steeds hetzelfde dagelijkse patroon van eten, activiteiten en slapen aanhoudt, en dat patroon elke dag herhaalt. We proberen kinderen niet in een keurslijf te dwingen, we begeléíden hen alleen. Mensen – en trouwens ook andere diersoorten – leren door iets telkens opnieuw te doen, en dat is nu net wat een gestructureerde routine versterkt.

Net als Merle begrijpen sommige ouders verkeerd wat ik met 'routine' bedoel, vaak omdat ze zelf leven volgens een vaste tijdsindeling. Als ik dan een voorbeeld opschrijf van een routine met een cyclus van drie uur voor een baby jonger dan vier maanden – laten we zeggen 7.00, 10.00, 13.00, 16.00, 19.00 en 22.00 uur – ziet een moeder die van vaste tijden houdt, deze tijdstippen als een vast gegeven. Ze raakt in paniek omdat haar baby de ene dag om 10.15 uur gaat slapen en de andere dag om 10.30 uur. Maar je

FIJN: je routine voor overdag

FIJN gaat 's nachts niet op. Zorg dat je baby na het badje en voordat je hem in bed stopt voldoende zinkzalf op zijn billetjes heeft. Maak je kind niet wakker voor activiteiten. Als hij wakker wordt van de honger, voed je hem, maar je laat hem daarna meteen weer slapen. Geef hem zelfs geen schone luier, tenzij je hem hebt horen poepen, of (als hij flesvoeding krijgt) rúíkt dat hij een poepluier heeft.

kunt een baby niet op de klok afstemmen, zeker de eerste zes weken niet. Er zijn dagen waarop alles op rolletjes loopt en dagen waarop dat niet zo is. Als je steeds alleen maar op de klok kijkt in plaats van naar je baby, zie je belangrijke signalen over het hoofd (zoals de eerste geeuw bij een baby van zes weken of het in de ogen wrijven van een baby van zes maanden, wat erop duidt dat de kleine slaap krijgt. Meer over het slaapvenster op pagina 226). Dan krijg je te maken met een oververmoeide baby die niet meer in slaap kan komen of weerstand biedt aan de routine, omdat die tegen zijn fysieke behoeften in gaat.

Het belangrijkste aspect van FIJN is het begrijpen van de signalen – van honger, vermoeidheid of overprikkeld zijn – die je kind afgeeft: die zijn belangrijker dan vaste tijdstippen. Als hij een keer iets eerder honger heeft, of moe lijkt te zijn voordat het 'tijd' is om naar bed te gaan, laat je dan niet leiden door de klok. Ga op je gezond verstand af. En geloof me, hoe beter je wordt in het interpreteren van de huiltjes en de lichaamstaal van je kind, des te beter zul je hem kunnen begeleiden en obstakels uit de weg kunnen ruimen.

Van start gaan: richtlijnen voor verschillende leeftijden

Hoe ouder de baby, hoe moeilijker het wordt om voor het eerst een routine in te stellen, vooral als je voor die tijd nog nóóit een vaste structuur hebt aangehouden. En omdat ik in mijn eerste boek de nadruk leg op de eerste vier maanden van FIJN, weten ouders van oudere kinderen soms niet hoe ze te werk moeten gaan. Minstens de helft van de vragen die ik krijg zijn van ouders die óf een andere, minder gestructureerde methode hebben uitgeprobeerd (zoals voeden 'op verzoek'), óf een ander soort routine heb-

Je FIJN-dagboek

Wanneer de baby net geboren is en ouders met FIJN beginnen, stel ik meestal voor dat ze een dagboek gaan bijhouden zoals je hieronder ziet (je kunt het ook downloaden van mijn website), zodat ze precies weten wat hun baby eet en doet, hoe lang hij slaapt en wat de moeder voor zichzelf doet. Voor baby's die ouder zijn dan vier maanden kun je de tabel aanpassen en de kolommen voor 'poepluiers' en 'plasluiers' schrappen.

| Hoe laat? | Fles- of borstvoeding | | | | | In actie komen | | Jij gaat slapen | Nu ben ik aan de beurt |
	Hoeveel (ml bij flesvoeding) of hoe lang (bij borstvoeding)?	Rechterborst	Linkerborst	Poepluiers	Plasluiers	Wat en hoe lang?	Bad ('s ochtends of 's avonds?)	Hoe lang?	*Rust? Boodschappen? Ideeën? Opmerkingen?*

ben gevolgd, die tekort schoot. Dan ontdekken ze FIJN en vragen ze zich af waar ze moeten beginnen.

FIJN ís ook anders met oudere baby's, en op pagina 58-66 heb ik een 'van dag-tot-dag'-plan gemaakt dat goed werkt bij baby's van vier maanden en ouder. Toegegeven, niet alle uitdagingen die baby's je geven vallen in keurige categorieën. Zoals ik in de inleiding al heb uitgelegd, heb ik gemerkt dat bepaalde problemen zich voor lijken te doen in specifieke leeftijdsgroepen. In dit overzicht van FIJN zal ik me concentreren op de volgende perioden:

Van de geboorte tot zes weken

Van zes weken tot vier maanden

Van vier tot zes maanden

Van zes tot negen maanden

Vanaf negen maanden

Voor elke leeftijdsgroep geef ik een algemene omschrijving plus een lijst van de meest voorkomende klachten en hun mogelijke oplossingen. Ook als de klachten zich lijken toe te spitsen op een eet- of slaapprobleem, is minstens een deel van de oplossing te vinden in het instellen van een gestructureerde routine, als je die nog niet hebt, of het ombuigen van de routine die je baby al heeft. De getallen tussen haakjes in de kolom 'mogelijke oorzaak' zijn verwijzingen naar de pagina's in andere hoofdstukken, waar je een gedetailleerde uitleg vindt van wat je moet doen (zodat ik niet alles hoef te herhalen).

Hoe oud je baby ook is, het is een goed idee om alle categorieën door te lezen, want ik kan niet genoeg benadrukken dat je *je strategie niet uitsluitend op basis van leeftijd kunt bepalen*. Net als volwassenen zijn ook kinderen *individuen*. Soms zien we bij een baby van zes maanden dezelfde problemen opduiken als bij een baby van drie maanden, vooral als het kind nog nooit een routine heeft gehad. (Trouwens, als ik dit niet constant herhaal, krijg ik straks brieven van ouders die zeggen: 'Maar mijn baby is vier maanden en doet niet wat jij beschrijft…')

De eerste zes weken: periode van aanpassing

De eerste zes weken zijn de ideale periode om met FIJN te beginnen, dat meestal bestaat uit cycli van drie uur. Je baby eet, speelt na de voeding en daarna creëer je de juiste sfeer om lekker te gaan slapen. Jij rust terwijl hij rust, en als hij wakker wordt, begint de cyclus weer van voor af aan. De eerste zes weken zijn echter ook een periode van enorme aanpassing. Je baby leefde eerst in een knusse omgeving met een constante temperatuur, waar hij vierentwintig uur per dag kon eten in de beschermende baarmoeder, en nu bevindt hij zich ineens in een lawaaiig huis waar mensen druk bezig zijn. Er wordt van hem verwacht dat hij zijn voeding uit een tepel of een speen haalt. Ook voor jou is het leven plotseling volkomen anders. Vooral als het je eerste kind is, ben je zelf vaak net zo in de war als de baby! En is het je tweede of derde kind, dan lopen zijn broertjes of zusjes je ongetwijfeld vaak voor de voeten en beklagen ze zich over dat schreeuwende wurm dat plotseling zo veel tijd opeist.

De baby heeft in deze periode nog niet veel controle over wat dan ook, behalve zijn mond, die hij gebruikt om te sabbelen en te communiceren. Zijn hele bestaan draait om eten, sabbelen en huilen. Huilen is zijn stem, zijn enige stem. De gemiddelde baby huilt tussen de één en de vijf uur per etmaal. En voor de

Hoe baby's zich ontwikkelen

In het begin is je baby volledig afhankelijk en later groeit hij uit tot een klein mensje dat meer controle over zijn lijfje heeft. Zijn routine wordt beïnvloed door zijn groei en ontwikkeling, die over het algemeen in deze volgorde van top tot teen plaatsvindt:

Vanaf de geboorte tot drie maanden: zijn hoofd en schouders, inclusief zijn mond. Hij is uiteindelijk in staat om zijn hoofd omhoog te houden en op te tillen, en om met steun te zitten.

Van drie tot zes maanden: vanaf zijn middel, inclusief zijn romp, schouders en handen. Hij is uiteindelijk in staat van buik- naar rugligging om te rollen, iets te pakken en korte tijd zonder hulp rechtop te zitten.

Van zes maanden tot een jaar: vanaf zijn benen omhoog, inclusief spieren en coördinatie waardoor hij uiteindelijk in staat is zonder hulp te zitten, van rug- naar buikligging te draaien, rechtop te staan, te kruipen, en als hij een jaar of ouder is ook te lopen.

Huilvragen

Als een baby van zes weken of jonger huilt, is het altijd makkelijker om te bepalen wat er aan de hand is als je weet welk moment het is in haar dagindeling. Stel jezelf de volgende vragen:

Is het tijd voor een voeding? (honger)

Heeft hij een poep- of plasluier? (ongemak of kou)

Ligt hij al een tijdje op dezelfde plek of in dezelfde houding, zonder dat de omgeving is veranderd? (verveling)

Is hij al meer dan een halfuur op? (oververmoeidheid)

Zijn er veel mensen bij hem geweest of is het druk geweest in huis? (overprikkeld)

Trekt hij grimassen en trekt hij zijn beentjes op? (darmkrampjes)

Huilt hij ontroostbaar tijdens het voeden of wel een uur lang na een voeding? (reflux)

Spuugt hij? (reflux)

Is het te koud of te warm op zijn kamertje, of heeft hij te veel of te weinig kleertjes aan? (lichaamstemperatuur)

meeste nieuwe ouders lijkt elke minuut er wel vijf. (Dat weet ik omdat ik ouders heb gevraagd hun ogen dicht te doen terwijl ik een opname van twee minuten van een huilende baby liet horen. Daarna vroeg ik hoe lang ze geluisterd dachten te hebben. De meerderheid dacht dat het twee tot drie keer langer was!)

Ik vind dat we het gehuil van een baby nooit mogen negeren en hem ook niet in zijn eentje mogen laten uithuilen! In plaats daarvan moeten we er altijd achter proberen te komen wat hij ons vertelt. Wanneer ouders van jonge kinderen moeite hebben met FIJN, komt dat meestal doordat ze het gehuil van hun baby verkeerd interpreteren. Dat is begrijpelijk: ineens heb je een kleine vreemdeling die alleen maar kan communiceren door te huilen, een taal die jij niet spreekt. In het begin valt het voor jou – als vreemdeling – niet mee om te begrijpen wat hij bedoelt.

Het huilen is meestal het hevigst rond de zes weken, en tegen die tijd hebben oplettende ouders de taal meestal wel onder de knie. Door aandachtig te kijken naar de bewegingen van de baby, kunnen ze vaak al handelen voordat het huilen begint. Maar ze weten ook dat een hongerhuiltje – een licht kuchgeluidje achter in de keel, eerst kort en daarna een regelmatiger waa, waa, waa – heel anders klinkt

Voorbeeld van een FIJN-dag van een baby van vier weken

F	7.00	Voeding.
I	7.45	Luier verschonen; spelen en praten; let op tekenen van slaperigheid.
J	8.15	Je baby inbakeren en in zijn wieg leggen. Het kan wel 15-20 minuten duren voordat hij in slaap valt voor zijn eerste ochtenddutje.
N	8.30	Jij slaapt terwijl hij slaapt.
F	10.00	Voeding.
I	10.45	Zie 7.45.
J	11.15	Tweede ochtenddutje.
N	11.30	Jij gaat slapen of op zijn minst rusten.
F	13.00	Voeding.
I	13.45	Zie 7.45.
J	14.15	Middagdutje.
N	14.30	Jij gaat slapen of op zijn minst rusten.
F	16.00	Voeding.
I	16.45	Zie 7.45.
J	17.15	Hazenslaapje van 40-50 minuten, zodat hij voldoende uitgerust is voor zijn badje.
N	17.30	Doe iets leuks voor jezelf.
F	18.00	Eerste clustervoeding.
I	19.00	In bad, pyjama aan, wiegeliedje of ander ritueel voor het slapengaan.
J	19.30	Weer een hazenslaapje.
N	19.30	Jij gaat eten.
F	20.00	Tweede clustervoeding.
I		Niets.
J		Stop hem meteen weer in bed.
N		Geniet van je korte avond!
F	22-23	Droomvoeding en nu maar duimen tot de volgende ochtend!

N.B. Bovenstaande routine – de tijden mogen afwijken – adviseer ik voor baby's tot vier maanden oud, of ze nu borst- of flesvoeding krijgen. De 'I'-tijd zal bij jongere baby's korter zijn en steeds langer worden naarmate ze ouder worden. Ik raad je aan om met acht weken de twee 'clustervoedingen' samen te voegen tot één (rond half 6, 6 uur). Blijf tot zeven maanden doorgaan met droomvoedingen, tenzij je kindje een goede slaper is en hij zelf de hele nacht door kan slapen. (Clustervoedingen en droomvoedingen worden uitgelegd op pagina 122-125).

dan een oververmoeidheidshuiltje, dat begint met drie korte uithalen, gevolgd door hard gehuil, daarna twee korte ademstoten en langer, nog harder gehuil. Ze kennen ook *hun eigen baby*; sommige baby's zijn nu eenmaal minder luidruchtig dan andere. Terwijl sommige kinderen alleen maar een beetje protesteren, met hun tong klakken of hun tong aan de zijkanten omkrullen, raken andere helemaal over hun toeren zodra ze ook maar een beetje honger beginnen te krijgen.

Als je meteen FIJN toepast op je baby, garandeer ik je dat je sneller leert wat hij aangeeft en dat je beter in staat bent erachter te komen waarom hij huilt. Het helpt daarbij om in je dagboek te kijken. Stel bijvoorbeeld dat hij om 7 uur eten heeft gehad. Als hij dan tien of vijftien minuten daarna begint te huilen en je hem niet kunt kalmeren, kun je er vrij zeker van zijn dat het géén honger is. De kans is groter dat het een probleem met de spijsvertering is (zie pagina 139-147), dus dan weet je dat je iets moet doen om hem te kalmeren, en hem niet nog meer eten moet geven, want dat zou het alleen maar erger maken. Hieronder vind je de meest voorkomende klachten.

VEELVOORKOMENDE KLACHTEN	MOGELIJKE OORZAKEN
Ik krijg mijn baby niet in een routine van drie uur durende cycli. Ze redt het niet eens om twintig minuten achterelkaar activiteiten te doen.	Als je baby bij de geboorte minder weegt dan zes pond, kan het zijn dat ze in het begin om de twee uur móét eten (zie 'FIJN per pond,' pagina 47). Probeer haar niet wakker te houden voor activiteiten.
Mijn baby valt vaak tijdens de voeding in slaap en lijkt dan een uur later alweer honger te hebben.	Dit komt vaak voor bij bepaalde typen baby's: te vroeg geboren baby's, baby's met geelzucht, baby's met een laag geboortegewicht en gewoon slaperige baby's. Misschien moet je vaker voeden en je moet er zeker aan werken om hem wakker te houden voor de voedingen (128-129). Als je borstvoeding geeft, kan het zijn

dat je hem niet goed aanlegt of dat het aan je melktoevoer ligt (130-139).

Mijn baby wil om de twee uur eten.	Als je baby zes pond of meer weegt, kan het zijn dat hij niet efficiënt eet. Pas op dat het geen 'snaaier' wordt (126). Als je borstvoeding geeft, kan het zijn dat je hem niet goed aanlegt of dat het aan je melktoevoer ligt (130-139).
Mijn baby blijft maar met zijn tong klakken en dan denk ik dat hij honger heeft, maar hij drinkt telkens maar een klein beetje.	Misschien krijgt je baby niet genoeg tijd om te sabbelen, dus gebruikt hij de fles of de borst als speen (129). Hij zou een 'snaaier' kunnen worden (126). Controleer of je voldoende melk hebt (134).
Mijn baby slaapt overdag niet regelmatig.	Misschien raakt hij overprikkeld door te veel activiteiten (248-253). Het kan ook zijn dat je niet vasthoudend genoeg bent met inbakeren en hem wakker in bed leggen (225-232).
Mijn baby slaapt overdag heel goed, maar is 's nachts vaak wakker.	Je baby verwart de dag en de nacht en slaapt overdag te veel om 's nachts door te kunnen slapen (221-223).
Ik weet nooit wat mijn baby wil als hij huilt.	Misschien is je baby een Gevoelig of Mopperig type (zie hoofdstuk 2) of heeft hij een lichamelijk probleem als darmkrampjes, reflux of koliek (139-147). Maar wat de oorzaak ook is, hij zal baat hebben bij FIJN.

FIJN per pond

Als een ouder van een baby van minder dan zes weken moeite heeft met FIJN, vraag ik: 'Had je een voldragen zwangerschap?' Zelfs als het antwoord ja is, vraag ik vervolgens: 'Wat was het geboortegewicht?' FIJN is bedoeld voor baby's met een *gemiddeld geboortegewicht* (zes tot zevenenhalf pond), die het meestal wel drie uur uithouden tussen twee voedingen. Als jouw baby meer of minder weegt, moeten we dit aanpassen. Zoals in de 'FIJN per pond'-tabel op pagina 47 te zien is, duurt een voeding bij een baby met een gemiddeld geboortegewicht over het algemeen vijfentwintig tot veertig minuten (dat hangt ervan af of hij borst- of flesvoeding krijgt en of de baby gulzig of in een iets langzamer tempo drinkt). Activiteiten (inclusief het verschonen van de luier) nemen dertig tot vijfenveertig minuten in beslag. Slapen, met inbegrip van zo'n vijftien minuten die het de baby kost om in slaap te vallen, duurt anderhalf tot twee uur. De baby krijgt in zo'n geval dus bijvoorbeeld overdag om 7.00, 10.00, 13.00, 16.00 en 19.00 uur eten en 's avonds om 21.00 en 23.00 uur (een strategie die ervoor zorgt dat de voeding van 2 uur 's nachts kan komen te vervallen; zie 'Voltanken' op pagina 122 en 243). De tijdstippen zijn slechts suggesties. Als je baby om 12.30 uur in plaats van 13.00 uur wakker wordt voor zijn lunchvoeding, voed hem dan.

Bijzondere omstandigheden: vroeggeboorte

In de meeste ziekenhuizen worden prematuurtjes op een routine van twee uur gezet totdat ze vierenhalf pond wegen, het minimumgewicht om een baby mee naar huis te mogen nemen. Dat is goed nieuws voor de ouders, omdat het betekent dat prematuurtjes al aan deze structuur gewend zijn als ze thuis komen. Maar omdat hun tere gestel zo klein en onderontwikkeld is, hebben ze vaak ook last van andere problemen, zoals reflux (brandend maagzuur bij baby's, zie pagina 142-145) en geelzucht (zie kader pagina 45). Prematuurtjes zijn ook per definitie kwetsbaarder. Ze vallen vaak tijdens het voeden in slaap, nog meer dan baby's met een laag geboortegewicht, dus moet je er extra goed op letten dat je ze wakker maakt voor hun voeding. Ook moet je zorgen dat ze heel goed slapen, door omstandigheden te creëren die lijken op die in de baarmoeder: baker ze in en laat ze in een rustige, warme, verduisterde kamer slapen. Bedenk dat ze er eigenlijk nog niet hadden moeten zijn, en dat ze willen slapen en dat ook nodig hebben.

Baby's die meer wegen dan gemiddeld – (bijvoorbeeld zevenenhalf tot negen pond), eten vaak iets efficiënter en krijgen per voeding meer binnen. Ze wegen meer, maar toch houd je je ook bij hen aan de cycli van drie uur zoals hierboven beschreven. Leeftijd en gewicht zijn twee verschillende dingen: een baby mag dan zevenenhalf pond of meer wegen, maar qua ontwikkeling is hij nog steeds een pasgeborene die elke drie uur moet eten. Ik vind het heerlijk om met deze baby's te werken, want ik kan ze al binnen de eerste twee weken langer aan één stuk laten slapen.

Er zijn echter ook baby's die bij de geboorte mínder wegen, omdat ze prematuur zijn of gewoon klein van stuk. Zij zijn nog niet klaar voor het FIJN-plan met cycli van drie uur. Wanneer ouders ze meteen in de FIJN-routine proberen te krijgen, luidt de klacht meestal: 'Ze red het zelfs niet om twintig minuten lang activiteiten te doen,' of: 'Hij valt in slaap tijdens de voeding.' Ze willen weten hoe ze de baby wakker moeten houden. Heel simpel. Dat doe je níet, althans niet voor activiteiten. Als je het wel doet, raakt hij overprikkeld en begint hij te huilen. Zodra je hem kalmeert, zal hij hoogstwaarschijnlijk weer honger hebben omdat hij heeft gehuild, wat energie kost. En dan weet jij helemaal niet meer waarom hij huilt. Heeft hij honger? Is hij moe? Heeft hij darmkrampjes?

's Nachts houden kleinere baby's het in het begin hooguit vier uur achterelkaar uit, dus moeten ze in de eerste zes weken minimaal twee keer per nacht gevoed worden. Maar als ze het maar

Bijzondere omstandigheden: geelzucht

Het geboortegewicht bepaalt dus hoe we FIJN introduceren, maar dat geldt ook voor geelzucht, een aandoening waarbij de bilirubine – het geeloranje pigment van de gal – niet wordt uitgescheiden. Alles wordt geel: de huid, de ogen, de handpalmen en de onderkant van de voeten. De lever is net een automotor die nog niet op gang is gekomen, en het duurt een paar dagen voordat hij naar behoren werkt. In de tussentijd is je baby heel moe en zal hij veel willen slapen. Denk nu niet meteen dat je een 'goede slaper' hebt. Laat hem niet slapen, maar maak hem om de twee uur wakker zodat hij de voeding krijgt die hij nodig heeft om de geelzucht uit zijn systeem te spoelen. De aandoening verdwijnt meestal binnen drie of vier dagen; het duurt net even langer bij baby's die borstvoeding krijgen dan bij baby's die flesvoeding krijgen. Je merkt dat alles weer goed is zodra de huid weer roze wordt en ten slotte ook het geel weer uit de ogen verdwijnt.

drie uur achter elkaar uithouden is het ook prima. Ze hebben eten nodig. Kleine baby's moeten in het begin heel veel eten en slapen, omdat je wilt dat ze dikker worden. Denk maar aan biggetjes die eten, wat knorren en dan weer in slaap vallen. Dat doen alle babydieren, omdat ze moeten aankomen en al hun energie nodig hebben.

Als je baby minder dan zes pond weegt, begin dan met een eetcyclus van *twee uur*: dertig tot veertig minuten voeden, slechts vijf tot tien minuten activiteiten en daarna anderhalf uur slapen. Als hij wakker is, verwacht dan niet dat hij naar je gaat kraaien en kirren, en beperk stimulatie tot een minimum. Door elke twee uur gevoed te worden en voldoende slaap te krijgen om te groeien, zal hij zeker aankomen. Zodra het gewicht van je baby toeneemt, zal de tijd tussen de voedingen langer worden en zul je hem iets langer op kunnen houden en de tijd voor activiteiten langzaamaan kunnen uitbreiden. Kon hij het toen hij pas geboren was slechts tien minuten volhouden, zodra hij zes pond weegt, lukt dat al twintig minuten en met zesenhalf pond wel vijfenveertig minuten. Als hij aankomt, kun je de cyclus van twee uur geleidelijk verlengen, zodat hij met zes of zesenhalf pond op het FIJN-plan van drie uur zit.

Van zes weken tot vier maanden: onverwachts wakker worden

Vergeleken met de eerste zes weken thuis – de klassieke kraamtijd – begint iedereen in de tweeënhalve maand daarna weer in wat rustiger vaarwater te komen. Jij voelt je zelfverzekerder, en hopelijk ook wat minder gestrest. Je baby is iets aangekomen – zelfs baby's met een laag geboortegewicht zijn nu wel zo'n beetje bijgetrokken – en valt niet meer zo vaak in slaap tijdens de voedingen. Hij wordt nog steeds om de drie uur gevoed, maar de periodes tussen de voedingen worden nu geleidelijk iets langer gemaakt naarmate we dichter in de buurt van de vier maanden komen (en dan zal hij om de vier uur een voeding krijgen, zie de volgende paragraaf op pagina 50). Hij zal langere tijd achter elkaar activiteiten kunnen doen en zal waarschijnlijk ook 's nachts langer doorslapen, bijvoorbeeld van 23.00 tot 5.00 of 6.00 uur. Het huilen, dat rond de zes weken een piek vertoonde, zal in de tweeënhalve maand daarna iets afnemen.

Bibliotheek Breda Zuidoost
www.bibliotheekbreda.nl

Terminal: Checkout Links
Lener: F.J.M. de Rooij-Coenraads

Uitgeleend op: 18-07-2014

1: Nieuwetijdskinderen
Nr.:37601007100920
Inleverdatum: 30/08/2014
Beveiliging: OK

2: De babyfluisteraar lost a
Nr.:37601007854039
Inleverdatum: 30/08/2014
Beveiliging: OK

Materialen nog thuis

Openstaand bedrag: EUR 0,00
Voor betalingen ga naar de betaalautomaat

Dank voor uw bezoek

FIJN per pond: de eerste drie maanden

In deze tabel zie je welke invloed het geboortegewicht heeft op de routine van je baby. (Na vier maanden kunnen zelfs de lichtste baby's toe met minimaal vier uur tussen de voedingen.) Je zult zelf moeten rekenen. Noteer het tijdstip waarop je baby meestal wakker wordt en schrijf bij benadering de tijden op, gebaseerd op het gewicht van je baby en de informatie die onder 'Hoe vaak' staat. Deze mogen variëren; het gaat vooral om de voorspelbaarheid en de volgorde, niet zozeer om vaste tijden. Onder 'Hoe lang' staat wat je voor elke letter mag verwachten; 'Hoe vaak' staat voor elke nieuwe herhaling van de FIJN-cyclus.

Ik heb voor het gemak de N (tijd voor jezelf) weggelaten. Als je baby meer dan zevenenhalf pond weegt, zul je je nachtrust veel eerder terugkrijgen dan ouders met een kleinere baby. Weegt je baby minder dan zes pond, dan zul je zeker de eerste zes weken niet veel tijd voor jezelf hebben. Maar hou vol: deze fase is voorbij zodra je baby zesenhalf pond weegt, en het wordt nog beter als je baby leert zichzelf te vermaken, want dan krijg je ook tijd voor jezelf als hij wakker is.

Gewicht	4,5 – 6 pond		6 – 7,5 pond		Meer dan 7,5 pond	
	Hoe lang	Hoe vaak	Hoe lang	Hoe vaak	Hoe lang	Hoe vaak
Fles- of borstvoeding	30-40 minuten	Routine wordt overdag om de 2 uur herhaald totdat de baby 6 pond weegt, waarna je kunt overgaan op cycli van 3 uur. In het begin houden deze baby's het 's nachts slechts 4 uur achter elkaar zonder eten uit.	25-40 minuten	Routine wordt overdag om de 2½-3 uur herhaald (voor baby's die aan de kleine kant zijn); 's nachts 4-5 uur achter elkaar slapen tijdens de eerst 6 weken, waarna je kunt proberen of je de voeding van 1 of 2 uur 's nachts achterwege kunt laten.	25-35 minuten	Routine wordt overdag om de 3 uur herhaald. Met 6 weken kun je bij deze baby's de voeding van 1 of 2 uur 's nachts achterwege laten en kunnen ze 5 of 6 uur achter elkaar slapen van 23.00 tot 4 of 5 uur 's ochtends.
In actie komen	In het begin 5-10 minuten, 20 minuten bij 6 pond, geleidelijk uitbreiden tot 45 minuten bij 6,5 pond.		20-45 minuten (inclusief luier verschonen, aankleden en één keer per dag in bad)		20-45 minuten (inclusief luier verschonen, aankleden en één keer per dag in bad)	
Jij gaat slapen	1¼ – 1½ uur		1½ – 2 uur		1½ – 2 uur	

In deze periode hoor ik vaak de volgende klachten:

VEELVOORKOMENDE KLACHTEN	MOGELIJKE OORZAKEN
Mijn baby slaapt 's nachts niet langer dan drie of vier uur achter elkaar.	Misschien krijgt hij overdag niet genoeg eten, en wie weet moet je hem 'voltanken' voordat hij gaat slapen (122-125 en 243).
Mijn baby sliep 's nachts eerst wél vijf of zes uur achter elkaar, maar wordt nu vaker wakker, steeds op verschillende tijden.	Je baby maakt waarschijnlijk een groeispurt door (147-152 en 244-246) en heeft overdag meer voeding nodig.
Mijn baby slaapt overdag hooguit een halfuur of drie kwartier achter elkaar.	Waarschijnlijk interpreteer je zijn signalen verkeerd en stop je hem óf niet in bed zodra hij tekenen van vermoeidheid vertoont (225), óf ga je te snel naar hem toe zodra hij een kik geeft, waardoor hij niet de kans krijgt uit zichzelf weer in slaap te vallen (236-237).
Mijn baby wordt elke nacht om dezelfde tijd wakker, maar drinkt maar een heel klein beetje als ik hem voed.	Wakker worden uit gewoonte heeft vrijwel nooit te maken met honger. Je baby wordt waarschijnlijk uit gewenning wakker (237).

Zoals je ziet is het probleem bij baby's van deze leeftijd in veel gevallen een plotselinge, onverklaarbare (althans, voor de ouders) afwijking in het 'J'-gedeelte van hun routine. Het slaapgedrag overdag én 's avonds kan onregelmatig en moeilijk zijn, vooral als een baby geen gestructureerde routine heeft. De ouders vragen zich af of ze zelf ooit nog zullen slapen. Soms heeft 's nachts wakker worden te maken met honger – baby's worden wakker als ze een lege maag hebben – maar dat is lang niet altijd het geval. Het hangt ervan af wat de ouders doen als de baby 's nachts wakker wordt of overdag slecht slaapt, maar hun goedbedoelde maatregelen kunnen de basis vormen van opvoeden tegen wil en dank.

Ben je weer gaan werken?

Ergens gedurende de eerste drie tot zes maanden gaan veel moeders weer aan het werk, al dan niet parttime. Sommige omdat ze wel moeten, andere omdat ze het willen. Hoe dan ook, door veranderingen kunnen er barstjes komen in de FIJN-routine.

Was je baby aan de routine gewend voordat je weer aan het werk ging? Een goede vuistregel is: voer nooit te veel veranderingen tegelijk door. Als je weet dat je weer gaat werken, begin dan minstens een maand van tevoren met FIJN. Ben je al begonnen met werken, dan kan het zijn dat je twee weken vrij moet nemen om de boel weer op de rails te krijgen.

Wie zorgt er tijdens je afwezigheid voor de baby? Begrijpt degene die je kind verzorgt het belang van een routine en houdt hij of zij zich daar ook aan? Gedraagt je baby zich op het kinderdagverblijf of bij de oppas anders dan wanneer hij bij jou is? FIJN werkt niet als mensen zich er niet aan houden. Misschien weet je niet of de oppas of een andere verzorger de routine volgt die jij opgeeft, behalve als je baby uit zijn doen lijkt wanneer jij hem oppakt. Het kan echter ook zo zijn dat die andere persoon juist béter is in het volgen van een routine. Sommige ouders laten de structuur een beetje varen, vooral als er schuldgevoelens opspelen, zo van: 'O, laten we haar maar iets langer op houden, dan kan ik tenminste tijd met haar doorbrengen.'

Hoe betrokken is papa? En in hoeverre ben je beréíd hem erbij te betrekken als je veranderingen probeert door te voeren in je baby's routine? Ik merk dat sommige moeders wel tegen me zéggen dat ze een plan willen, maar dat ze het niet daadwerkelijk uitvoeren, terwijl hun partner, die misschien minder vaak thuis is, zich er beter aan houdt.

Zijn er nog andere grote veranderingen geweest binnen je gezin? Baby's zijn gevoelige wezentjes. Ze voelen hun omgeving aan op een manier waar wij nog geen weet van hebben. We weten bijvoorbeeld wel dat baby's van depressieve moeders zelf ook vaker huilen. Dus een andere baan, een verhuizing, een nieuw huisdier of een ziekte binnen het gezin – alles wat het evenwicht in huis verstoort – kan ook je baby's routine verstoren.

Stel dat je baby een keer 's nachts wakker is geworden en je hem hebt gekalmeerd door hem de borst of de fles te geven. Dat werkte uitstekend, dus denk je: hm, dit is een goede methode. Ook je baby vond het fijn. Maar nu leer je hem onwillekeurig wel dat hij moet sabbelen om weer in slaap te kunnen komen. Neem maar van mij aan dat je straks, als de baby zes maanden oud is, veel zwaarder is en nog steeds een paar keer per nacht gevoed wil worden, spijt hebt van je kortetermijnoplossing. (En dan heb je nog geluk als je het tegen die tijd terug kunt draaien; ik heb heel wat ouders begeleid met een baby die nu bijna twee is en nog steeds een paar keer per nacht wakker wordt voor een slokje troost uit mama's borst!)

Vier tot zes maanden: '4/4' en het begin van opvoeden tegen wil en dank

Het bewustzijn van je baby is nu groter en hij speelt meer op de wereld om zich heen in dan een paar maanden geleden. Vergeet niet dat de ontwikkeling van een baby bij het hoofd begint en dan steeds verder omlaag gaat: eerst krijgen ze controle over hun mond, dan over hun nek en rug, daarna over hun armen en handen en ten slotte over hun benen en voeten (zie kader pagina 39). In dit stadium kan je baby zijn hoofd makkelijk rechtop houden en begint hij naar dingen te grijpen. Ook leert hij zich omrollen, of misschien kan hij dat al. Hij kan redelijk rechtop zitten zonder jouw hulp, dus verandert ook zijn perspectief. Hij is zich beter bewust van patronen en routine. Hij kan steeds beter bepalen waar geluiden vandaan komen en hoe oorzaak en gevolg werken, dus houdt hij zich veel meer bezig met speeltjes die bewegen en reageren op zijn aanraking.

Vanwege deze sprongen in zijn ontwikkeling, moet de routine van je baby natuurlijk ook veranderen: vandaar mijn vuistregel van '4/4', wat staat voor 'vier maanden/vier uur FIJN'. De meeste baby's zijn nu klaar om over te stappen van een drie-uurs- op een vier-uursroutine. Dat is ook logisch: je baby kan overdag steeds langer spelen en 's nachts steeds langer achter elkaar slapen. Werd hij 's ochtends eerst wakker omdat hij gevoed wilde worden, nu wordt hij meestal wakker uit gewoonte – zijn eigen innerlijke klok – en niet altijd meer van de honger. Als baby's hun eigen gang kunnen gaan, worden ze meestal tussen 4.00 en 6.00 uur wakker, kletsen wat tegen zichzelf en spelen even, om dan weer in slaap te vallen. Tenminste, als hun ouders niet meteen naar ze toe gaan, want zo begint opvoeden tegen wil en dank meestal.

Je baby eet waarschijnlijk ook efficiënter, dus kost het hem nog maar twintig tot dertig minuten om een fles of borst leeg te drinken. De F duurt dan, inclusief het verschonen van zijn luier, nog hooguit drie kwartier. Maar de I is een ander verhaal: hij kan nu langer opblijven, meestal anderhalf uur met vier maanden en twee uur met zes maanden. Veel kinderen slapen 's ochtends twee uur, maar zelfs als je baby na anderhalf uur wakker wordt, kan hij meestal nog wel een halfuur extra opblijven terwijl je hem laat wachten op de volgende voeding. Rond 14.00 of 14.30 uur wil hij dan weer slapen, meestal zo'n anderhalf uur lang.

Op de volgende pagina zie je in één oogopslag hoe FIJN verandert wanneer je baby vier maanden is. Je kunt één voeding achterwege laten omdat hij meer eet per voeding, en je kunt drie slaapjes samenvoegen tot twee (waarbij het hazenslaapje laat in de middag blijft bestaan), waardoor je baby overdag langer wakker is. (Als je het moeilijk vindt om je baby te laten overstappen van een routine van drie uur naar een van vier uur, vind je op pagina 58-66 een gedetailleerd plan.)

3 uur FIJN		4 uur FIJN	
F	7.00 Wakker worden en voeden	F	7.00 Wakker worden en voeden
I	7.30 of 7.45 (dat hangt er- van af hoe lang de voe- ding duurt)	I	7.30
		J	9.00 (1¹/₂-2 uur slapen)
		N	Tijd voor jezelf
J	8.30 (1¹/₂ uur slapen)	F	11.00
N	Tijd voor jezelf	I	11.30
F	10.00	J	13.00 (1¹/₂-2 uur slapen)
I	10.30 of 10.45	N	Tijd voor jezelf
J	11.30 (1¹/₂ uur slapen)	F	15.00
N	Tijd voor jezelf	I	15.30
F	13.00	J	17.00 of 18.00 of daar er- gens tussenin: ha-
I	13.30 of 13.45		zenslaapje
J	14.30 (1¹/₂ uur slapen)		
N	⸴ Tijd voor jezelf	N	Tijd voor jezelf
F	16.00	F	19.00 (clustervoeding om
J	17.00 of 18.00 of daar ergens tussenin: hazenslaapje (ongeveer 40 minu- ten), zodat hij voldoen- de uitgerust is voor de volgende voeding en voor zijn badje		19.00 en 21.00; al- leen als hij een groeispurt door- maakt)
		I	Bad
		J	19.30 Bedtijd
		N	De avond is voor jou!
F	19.00 (clustervoeding om 19.00 en 21.00 als hij een groeispurt door- maakt)	F	22.00 of 23.00 Droom- voeding (tot 7 of 8 maanden, of zodra
I	Bad		hij vaak genoeg
J	19.30 Bedtijd		vaste voeding
N	De avond is voor jou!		krijgt)
F	22.00 of 23.00 Droomvoe- ding		

De bovenstaande dagindeling is een ideale situatie. Je baby hoeft zich niet per se aan deze tijden te houden. Zijn routine kan wor- den beïnvloed door zijn gewicht – een kleine baby redt met vier maanden misschien maar een routine van 3¹/₂ uur, maar zal met vijf, hooguit zes maanden de achterstand wel inlopen – en door zijn temperament, want sommige baby's zijn nu eenmaal betere slapers dan andere en sommige eten weer sneller. Je kind kan zelfs hier en daar een kwartiertje afwijken van zijn eigen ideale dagindeling. De ene dag slaapt hij 's ochtends korter en 's middags langer, en het kan ook zijn dat hij dat om de dag afwisselt. Waar het om gaat, is dat je je aan het patroon van eten/activiteiten/slapen houdt (nu met intervallen van vier uur).

Het zal je niet verbazen dat de meeste klachten die ik in dit stadium hoor, te maken hebben met problemen in de routine.

VEELVOORKOMENDE KLACHTEN	MOGELIJKE OORZAKEN
Mijn baby is zo snel klaar met de voeding, dat ik bang ben dat ze niet genoeg binnenkrijgt. Zo wordt ook haar routine in de war geschopt.	Misschien is de F wel helemaal geen probleem; sommige baby's van deze leeftijd zijn behoorlijk efficiënte eters. Zoals ik hierboven heb uitgelegd, kan het zijn dat je je kind in een FIJN-indeling probeert te krijgen die eigenlijk bedoeld is voor een jongere baby, namelijk met cycli van drie in plaats van vier uur (zie pagina 58-66 om te lezen hoe je de overstap kunt maken).
Mijn baby eet of slaapt nooit op hetzelfde tijdstip.	Het is normaal als er enige variatie in de dagelijkse routine zit. Maar als hij steeds tussendoor eet en hazenslaapjes doet – allebei het resultaat van opvoeden tegen wil en dank – krijgt hij nooit een goede maaltijd of voldoende slaap achter elkaar. Hij moet zich aan een gestructureerde routine gaan houden die geschikt is voor een baby van vier maanden (pagina 58-66).
Mijn baby wordt nog steeds elke nacht regelmatig wakker, en dan weet ik nooit of ik hem nu wel of niet moet voeden.	Als hij op onregelmatige tijden wakker wordt, heeft hij honger en moet hij overdag meer eten (243-248); als hij uit gewoonte wakker

	wordt, heb je hem tegen wil en dank een slechte gewoonte aangeleerd (237-238). Het kan ook zijn dat je een routine van drie in plaats van vier uur aanhoudt.
Mijn baby slaapt 's nachts wel door, maar wordt om vijf uur wakker en wil dan spelen.	Misschien reageer je te snel op zijn ochtendgeluidjes en heb je hem onwillekeurig geleerd dat het een goed idee is om zo vroeg wakker te worden (236-237).
Het lukt me maar niet om mijn baby overdag langer dan een half-uur of drie kwartier te laten slapen, of ze weigert helemaal om overdag te slapen.	Het kan zijn dat ze overprikkeld is voordat het tijd is om te gaan slapen (306-310), maar dit kan ook het resultaat zijn van een gebrek aan routine of een onjuiste routine (277-285) – of allebei.

Naast bovenstaande problemen krijgen we ook te maken met uitdagingen die we nog niet eerder gehad hebben. De zaadjes van het opvoeden tegen wil en dank, die een tijdje geleden zijn geplant, beginnen nu op te bloeien in de vorm van eet- en slaapproblemen (vergeet dus niet om ook de vorige paragraaf, 'Van zes weken tot vier maanden,' te lezen als je die hebt overgeslagen). De ouders staan voor diverse problemen en zien door de bomen het bos niet meer. In sommige gevallen komt dat omdat ze FIJN niet hebben afgestemd op de gevorderde ontwikkeling van hun kind. Ze hadden niet in de gaten dat ze moesten overstappen op een voeding om de vier uur in plaats van om de drie uur, dat de wakkere periodes nu langer zijn of dat slapen overdag net zo belangrijk is als 's nachts. In andere gevallen komt het doordat de ouders niet consequent zijn. Ze hebben allerlei elkaar tegensprekende adviezen uit boeken gehaald, van vrienden gehoord, van internet geplukt of op televisie gezien en hebben nu eens de ene en dan weer de andere strategie gevolgd en continu de regels veranderd voor hun baby, in de hoop dat er íéts zou zijn dat zou werken. Daarbij is mama misschien weer parttime of fulltime gaan werken (zie pagina 49). Dat kan, evenals andere veranderingen binnen het gezin, de routine van de baby danig op zijn kop zetten.

Wat de omstandigheden ook zijn, het probleem wordt op deze leeftijd meestal erger omdat het al langer speelt en de baby in veel gevallen nog nooit een routine heeft gekend. Ik stel ouders van kinderen van vier maanden (en ouder) dan ook één essentiële vraag: **Heeft je baby ooit een gestructureerde routine gehad?** Als het antwoord nee is, of zelfs 'wel eens', zeg ik dat ze moeten beginnen met FIJN. Aan het eind van dit hoofdstuk, op pagina 58-66, geef ik je een stappenplan om je baby te helpen bij de overstap naar deze routine.

Van zes tot negen maanden: de inconsistentie te boven komen

De FIJN-methode is nu een ander verhaal, ook al houden we ons nog steeds aan cycli van vier uur en hoor ik vaak nog steeds dezelfde problemen terugkomen als bij iets jongere baby's. Maar met zes maanden is er ook sprake van een enorme groeispurt. Dit is de ideale tijd om met vast voedsel te beginnen, en rond zeven maanden op te houden met droomvoedingen (pagina 157). De maaltijden duren iets langer – en worden een grote smeerboel – nu je baby op een heel nieuwe manier leert eten. Ouders hebben een heleboel vragen over het eten van vaste voeding (en die zal ik in hoofdstuk 4 beantwoorden). Dat kun je hun niet kwalijk nemen: in het begin zijn baby's net eetmachines, maar met een maand of acht begint de stofwisseling van je baby te veranderen. Hij wordt vaak slanker en verliest zijn babyvet, wat nodig was om hem de kracht te geven om zich te bewegen. In dit stadium is de kwaliteit van het eten belangrijker dan de kwantiteit.

Ook het hazenslaapje van de vroege avond komt nu te vervallen en de meeste baby's slapen nog maar twee keer per dag, liefst een à twee uur per keer. Overdag slapen is in deze periode géén favoriet tijdverdrijf van de meeste baby's. Een moeder van een jongetje van zeven maanden zei: 'Ik denk dat het komt omdat Seth zich nu bewust is van de wereld om zich heen en meer kan bewegen, waardoor hij niet wil slapen. Hij wil álles zien!' Daar zit wat in, want de fysieke ontwikkeling voert nu de boventoon. Je baby kan rechtop zitten – als hij acht maanden is, kan hij ook zelf zitten – en ook zijn coördinatie wordt beter. Hij zal een stuk onafhankelijker zijn, vooral als je dat hebt gestimuleerd door hem vaak zelfstandig te laten spelen.

De meest voorkomende klachten in deze periode komen ongeveer overeen met die van vier tot zes maanden, alleen zijn gewoonten nu uiteraard meer verankerd en iets moeilijker te veranderen. Eetproblemen en slaapstoornissen die in een eerder stadium binnen een paar dagen konden worden verholpen, kunnen nu heel onwrikbaar lijken, maar zijn altijd te corrigeren. Het kost nu alleen iets meer tijd om problemen op te lossen. Buiten dat is het grootste probleem op dit moment inconsistentie. Op sommige dagen slaapt je baby 's ochtends heel lang, op andere dagen doet hij dat 's middags en op weer andere dagen heeft hij blijkbaar besloten een van zijn dutjes maar helemaal te laten vervallen. De ene dag eet hij gretig, terwijl hij de volgende dag helemaal niet wil eten. Sommige moeders passen zich aan deze grillen aan, terwijl andere zich de haren uit het hoofd willen trekken. De oplossing is tweeledig: als hij zich niet aan een routine houdt, kun jij dat nog wel doen. En dan is er nog het aloude opvoedcliché: *Net als je denkt dat je het snapt, verandert alles weer* (zie hoofdstuk 10). Een moeder van een baby van zeven maanden (die FIJN op hem had toegepast zodra ze met hem uit het ziekenhuis was gekomen) merkte op: 'Als er één ding is dat ik geleerd heb, is het wel dat praktisch iedere baby die deze routine volgt anders is; je moet echt gewoon doen wat het beste werkt voor jullie allebei.'

Bij het lezen van sommige berichten op mijn website valt me op dat de nachtmerrie van de ene moeder vaak een ideale situatie lijkt voor een andere. Op een van de FIJN-prikborden klaagde een Canadese moeder dat haar dochtertje van acht maanden 'hélemaal de weg kwijt was.' Ze legde uit dat het meisje om 7.00 uur wakker wordt, borstvoeding krijgt, om 8.00 uur pap en fruit eet, om 11.00 uur een fles krijgt en tot 13.30 uur slaapt, waarna ze groente en fruit krijgt. Om 15.30 uur volgt er weer een fles, daarna krijgt ze om 17.30 uur avondeten (pap, groente en fruit) en om 19.30 uur haar laatste fles, en dan gaat ze rond 20.30 uur naar bed. Het probleem: de baby slaapt overdag maar één keer. 'Ik heb de situatie niet meer in de hand,' roept ze uit en ze smeekt andere moeders op de site: 'Help me alsjeblieft!!!'

Ik moest het bericht twee keer lezen, omdat ik met de beste wil van de wereld niet inzag wat nu het probléém was. Ja, haar baby werd ouder en kon langere periodes achter elkaar wakker blijven. Maar ze at goed en sliep 's nachts $10^{1}/_{2}$ uur achter elkaar en overdag $2^{1}/_{2}$ uur. Ik dacht bij mezelf: sommige moeders zouden een moord doen om in jouw schoenen te staan. Het is nu eenmaal zo dat baby's van negen maanden en ouder langer wakker kunnen blijven, waardoor ze hun ochtenddutje kunnen overslaan en 's middags langer kunnen slapen, soms wel drie uur. Ze eten, spelen, eten weer iets, spelen nog wat en gaan dan slapen. Met andere woorden, FIJN wordt FIFIJN. Het overslaan van een dutje kan een tijdelijke gril zijn, maar het kan ook betekenen dat je baby nog maar één dutje per dag nodig heeft. Als je baby mopperig lijkt te worden als hij maar één keer per dag slaapt, kun je nog een dutje invoeren of te korte dutjes verlengen met behulp van O.P./N.L. (zie pagina 306-310).

Op mijn website krijg ik ook heel wat vragen van ouders die een baby van deze leeftijd hebben en FIJN of een andere routine hebben uitgeprobeerd toen hun kind jonger was. Nu proberen ze het opnieuw. Dit is typisch zo'n bericht:

Toen mijn baby twee maanden oud was, probeerde ik FIJN op haar uit, maar het slapen ging zo moeizaam en ik moest haar zo vaak de borst geven, dat ik het heb opgegeven. Nu ze ouder is, wil ik het graag opnieuw proberen, maar ik zou graag voorbeelden zien van de dagindeling van andere baby's.

Voor de grap heb ik eens op de website gezocht naar berichten van moeders met baby's van zes tot negen maanden oud, om hun FIJN-routines te vergelijken. Toen ik ze naast elkaar legde, kwam er een verrassend gelijk patroon tevoorschijn, dat er ongeveer als volgt uitziet:

7.00	Wakker worden en voeden
7.30	Activiteiten
9.00 of 9.30	Ochtenddutje
11.15	Borst of fles (tussendoortje)
11.30	Activiteiten
13.00	Lunch (vast voedsel)
13.30	Activiteiten
14.00 of 14.30	Middagdutje
16.00	Borst of fles (tussendoortje)
16.15	Activiteiten
17.30 of 18.00	Avondeten (vast voedsel)
19.00	Activiteiten, inclusief bad en daarna de avondroutine, bestaand uit fles of borst, voorlezen en instoppen

Hoewel de bovenstaande indeling vaak voorkomt, zijn er uiteraard vele variaties mogelijk: sommige baby's worden op deze leeftijd nog steeds om vijf uur wakker en krijgen dan een speen of een extra fles. Sommige slapen overdag veel minder dan anderhalf of twee uur, of slapen maar één keer, waardoor de 'I'-periode die erop volgt soms hangerig en moeizaam verloopt. En helaas zijn er ook nog steeds kinderen die 's nachts meermalen wakker worden, zelfs nu nog. We moeten dus niet alleen naar de indeling van overdag kijken. En ik blijf er maar op hameren: FIJN heeft niets met vaste tijdstippen te maken!

FIJN na negen maanden

Ergens tussen de negen maanden en een jaar zal je baby in staat zijn om het vijf uur lang vol te houden tussen twee voedingen door. Dan zal hij drie maaltijden per dag eten, net als de rest van het gezin, en twee tussendoortjes krijgen om de tijd te overbruggen. Hij kan tweeënhalf tot drie uur actief blijven en met ongeveer achttien maanden – het ene kind wat eerder, het andere wat later – hoeft hij overdag meestal nog maar één keer te slapen; een lang middagdutje. Technisch gesproken houden we ons dan niet meer aan FIJN, maar meer aan FIFIJN, maar het blijft een gestructureerde routine. Niet elke dag hoeft precies hetzelfde te verlopen, maar de voorspelbaarheid en herhaling zijn er nog steeds.

Met FIJN beginnen bij baby's van vier maanden en ouder

Als je baby vier maanden of ouder is en nog nóóit een routine heeft gehad, wordt het tijd dat je die nu gaat invoeren. Het proces verschilt van dat van jongere baby's, en wel om drie belangrijke redenen:

1. *Het is een routine van vier uur.* Soms realiseren ouders zich niet dat ze de routine moeten aanpassen aan de meer gevorderde ontwikkeling van hun kind. Hun baby eet efficiënter en zijn actieve perioden worden steeds langer, maar toch voeden ze hem om de drie uur; ze proberen in feite de klok terug te draaien. Zo werd Harry, het zes maanden oude zoontje van

Diane en Bob, plotseling steeds 's nachts wakker, naar het scheen van de honger. Omdat ze het beste met hun kind voorhadden, voedden ze hem dus 's nachts. En omdat ze wisten dat hij overdag meer eten nodig had, voedden ze hem niet om de vier, maar om de drie uur, net als ze dat gedaan hadden toen hij jonger was. Ze dachten terecht dat hij een groeispurt had. Maar dit was een oplossing voor een baby van drie maanden, niet voor een van zes maanden, die om de vier uur zou moeten eten én 's nachts zou moeten doorslapen. (Ze moeten hem méér eten per voeding geven, wat ik uitleg in hoofdstuk 3, pagina 152-155).

2. **We passen mijn O.P./N.L. -methode toe om veranderingen teweeg te brengen.** Bij baby's van meer dan vier maanden zijn slaapproblemen zonder uitzondering deels, zo niet volledig, de reden dat het onmogelijk is een dagelijkse routine te handhaven. Dan laat ik wanhopige en sceptische ouders kennismaken met O.P./N.L., een techniek die ik zelden adviseer voor jongere baby's (een gedetailleerde beschrijving van deze belangrijke slaapmethode vind je in hoofdstuk 6).

3. **Het instellen van een gestructureerde routine na vier maanden wordt bijna altijd gehinderd door opvoeden tegen wil en dank.** Omdat ouders al andere methoden geprobeerd hebben, soms zelfs meerdere door elkaar, is hun baby de kluts kwijt. In de meeste gevallen heeft de baby al een slechte gewoonte aangeleerd, zoals aan de borst in slaap vallen of 's nachts herhaaldelijk wakker worden. Daardoor kost het altijd meer toewijding en energie om een oudere baby in de FIJN-routine te krijgen; je moet bereid zijn je een beetje op te offeren en heel consequent te blijven. Houd in je achterhoofd dat het minstens vier maanden heeft geduurd om die slechte gewoonten aan te leren. Het zal lang niet zoveel tijd kosten om ze af te leren, *mits je je aan het plan houdt.* Hoe ouder de baby, des te moeilijker het natuurlijk is om zijn routine te veranderen, vooral als hij nog steeds 's nachts wakker wordt en niet gewend is aan enige vorm van structuur in zijn dag.

Omdat baby's individuen zijn en ook de thuissituatie van elke baby anders is, moet ik erachter zien te komen wat de ouders tot dan toe precies hebben gedaan, zodat ik mijn strategie daaraan kan aanpassen. Als je al het voorgaande gelezen hebt, heb je vast wel enig vermoeden van de vragen die ik aan ouders stel als hun baby nog nooit een routine heeft gehad.

MET BETREKKING TOT DE F: **Hoe vaak voed je je baby? Hoe lang duren de voedingen? Hoeveel ml fles- of borstvoeding krijgt hij overdag binnen? Als hij bijna zes maanden is, heb je dan ook al eens vast voedsel geprobeerd?** Kijk eens of het eetgedrag van je baby overeenkomt met de tabellen 'FIJN per pond' (pagina 47) en 'Voedingsrichtlijnen' (pagina 123-124), al hoef je je hier niet strikt aan te houden. Als hij om de drie uur of nog vaker eet, klopt dat niet voor een kind van vier maanden of ouder. Als de voedingen te kort duren, is hij misschien een snaaier; als ze te lang duren, kan het zijn dat hij je als speen gebruikt. Baby's die nog geen routine hebben als ze vier maanden oud zijn, eten overdag vaak te weinig en worden 's nachts wakker omdat ze willen eten. Vooral als ze ouder zijn dan zes maanden, hebben ze vaak meer nodig dan vloeibaar voedsel alleen. Voordat je FIJN introduceert is het ook raadzaam om hoofdstuk 3 te lezen.

MET BETREKKING TOT DE I: **Is hij waakzamer dan anders? Begint hij om te rollen? Wat voor activiteiten doet je kind overdag: op een kleed spelen, naar een babygroepje gaan, voor de tv zitten?** Soms is het moeilijker om een rooster op te stellen voor een actievere baby, vooral als hij nooit een routine heeft gehad. Je moet er ook voor waken dat je niet te veel doet met je baby, omdat het dan te moeilijk wordt om hem tot rust te brengen als hij moet slapen, en ook zijn eetpatroon verstoord kan raken.

MET BETREKKING TOT DE J: **Slaapt hij 's nachts minstens zes uur achter elkaar – wat hij met vier maanden wel zou moeten doen – of wordt hij nog steeds wakker voor een voeding? Hoe laat wordt hij 's ochtends wakker, en ga je dan meteen naar hem toe of laat je hem ook even zelf spelen in zijn ledikantje? Slaapt hij overdag goed, en hoe lang? Leg je hem overdag in zijn ledikantje als hij moet slapen, of wacht je tot hij uitgeput is en laat je hem dan slapen waar hij ligt?** Met behulp van de J-vragen kun je inschatten of je baby heeft geleerd hoe hij uit zichzelf in slaap kan vallen, en of jij degene bent die de touwtjes in handen heeft als het tijd is om te gaan slapen, of dat hij dat is. Dat laatste leidt uiteraard tot problemen.

MET BETREKKING TOT DE N: **Sta jij onder meer druk dan anders? Ben je ziek geweest? Depressief? Krijg je steun van je partner, je familie en je vrienden?** Het vergt doorzettingsvermogen en toewijding om een routine in te stellen als je leven chaotisch is verlopen. Als je geen haast hebt, zorg dan dat je eigen volwassen behoeften eerst worden bevredigd. Het is bijna onmogelijk om voor een baby te zorgen als je het gevoel hebt dat er voor jóú gezorgd moet worden. Als je geen hulp hebt, zorg dan dat je die krijgt. Het is geweldig als je iemand hebt die het even kan overnemen zodat jij even rust hebt, maar zelfs alleen een schouder om op uit te huilen is beter dan niets.

Wat je moet bedenken als je voor het eerst een routine instelt, is dat er zelden van de ene op de andere dag een wonderbaarlijke doorbraak komt: het kan drie dagen duren, een week of zelfs twee, maar nooit slechts een dag. Als je een nieuw regime doorvoert voor een baby van welke leeftijd dan ook, zul je op weerstand stuiten. Ik heb genoeg ouders begeleid om te weten dat sommige mensen echt een wonder verwachten. Zéggen dat je de FIJN-routine op je baby wilt toepassen is één ding, maar je zult er echt iets voor moeten doen. Jíj moet het heft in handen nemen, op zijn minst totdat je baby weer op het rechte spoor zit. Vooral als je baby nog nooit een vaste routine heeft gehad, zul je de eerste paar weken iets moeten inleveren: je eigen tijd. Veel ouders voelen daar weinig voor, zoals de moeder die me verzekerde dat ze er 'alles' voor overhad om FIJN op haar baby toe te passen, maar me intussen bestookte met allerlei vragen: 'Moet ik elke dag thuisblijven om die routine erin te krijgen? Of kan ik toch weggaan en zorgen dat hij in de auto slaapt? Als ik thuis moet blijven, zal ik dan ooit nog het huis uit kunnen met mijn zoontje? Help me alsjeblieft.'

Jeetje, lieve schat, denk toch eens na! Als je baby eenmaal aan FIJN gewend is, hoef je echt geen gevangene te zijn. Pas je boodschappen aan de tijden van je baby aan. Je kunt bijvoorbeeld de baby voeden, waarna zijn I-tijd wordt besteed aan een autoritje en de boodschappen. Of je kunt thuis voeden en een activiteit doen en de baby laten slapen in de auto of de wandelwagen. (Misschien slaapt je baby dan echter niet zo lang, als hij er zo een is die wakker wordt zodra je de motor afzet; meer over routineverstoorders op pagina 223-225).

Als je echter voor het eerst een routine probeert in te stellen, zou het ideaal zijn als jij én je partner veertien dagen (twee weken) thuis zouden kunnen blijven om je kind de kans te geven eraan te wennen, of op zijn minst een week. *Je moet tijd maken om de verandering door te voeren.* Tijdens deze kritieke introductiefase moet je erop toezien dat zijn voedingen, zijn activiteiten en zijn slaaptijden in een vertrouwde omgeving plaatsvinden. Let wel: het zijn maar twee weken, het is niet de rest van je leven. Ja, misschien wordt er wat meer gejengeld of gehuild als je baby zich aanpast aan de veranderingen. Vooral de eerste paar dagen zullen zwaar zijn, omdat je je baby al op een andere manier geprogrammeerd hebt en je de oude patronen nu ongedaan moet maken. Maar als je volhoudt, werkt FIJN écht. Het werkt, als jij ervoor werkt.

Bedenk ook: als je op vakantie gaat, ben je nog niet meteen in de vakantiestemming. Het duurt even voordat je bent omgeschakeld en de gedachte aan je werk en andere verantwoordelijkheden achter je hebt gelaten. Dat geldt ook voor baby's. Ze zijn nog gefixeerd op het oude regime. Als je dingen probeert te veranderen, zegt je baby (door te huilen): 'Wat doe je in godsnaam? Zo doen we dit niet! Ik huil mijn longen uit mijn lijf, maar je luistert niet!'

Het goede nieuws is, dat het geheugen van een baby relatief kort is. Als je net zo consequent bent met de nieuwe manier van doen als je met de oude was, raakt hij er uiteindelijk aan gewend. En na een paar heel zware dagen of weken zul je merken dat het beter gaat: geen onregelmatige voedingen meer, niet meer 's nachts wakker worden, geen frustrerende dagen meer omdat je niet begrijpt wat hij wil.

Ik zeg altijd dat ouders minstens vijf dagen moeten uittrekken om FIJN te introduceren (zie kader voor een schatting naar leeftijd). Een van de twee moet zo mogelijk de hele week vrij nemen. Als je het plan doorleest, verbaast het je misschien dat ik zeg dat je de tijden vrij strikt moet navolgen, terwijl ik je herhaaldelijk heb gezegd dat je niét volgens de klok moet werken. Alléén in deze periode moet je juist wél op de klok gaan kijken en veel minder flexibel zijn dan ik normaal gesproken zou aanraden. Is je baby eenmaal gewend aan de gestructureerde routine, dan maakt het niet meer uit of je een halfuurtje speling neemt. Maar eerst moet je proberen je aan mijn adviestijden te houden.

Het plan

Dag een en twee. Doe nog niets; observeer alleen twee hele dagen. Let overal op. Lees de vragen die ik altijd stel nog eens door (pagina 60) en probeer te analyseren wat het resultaat is van het niet hebben van een routine. Breng voedingstijden, duur van dutjes, bedtijd, enzovoort in kaart.

Op de avond van dag twee moet je ter voorbereiding van dag drie tegelijk met je baby gaan slapen en dat alle dagen hierna blijven doen. Je zult je rust hard nodig hebben om de komende paar dagen (of nog langer) door te kunnen komen. Aangezien je toch de hele week thuisblijft, zou het helemaal ideaal zijn als je ook overdag gaat slapen terwijl de baby slaapt. De meeste dingen die je moet doen, kunnen best even blijven liggen. Je hebt een paar zware dagen voor de boeg, maar die zijn de moeite waard als je bedenkt hoe geweldig jij en de baby je zullen voelen als hij eenmaal aan zijn routine gewend is.

Dag drie. De dag begint officieel om 7 uur. Als hij nog slaapt, maak je hem wakker, zelfs als hij normaal gesproken tot 9 uur slaapt. Als je kind om 5 uur wakker wordt, pas dan O.P./N.L. toe (zie pagina 273-277) om te proberen hem weer in slaap te krijgen. Als hij eraan gewend is om zo vroeg wakker te worden gaat hij protesteren, helemaal als je hem er normaal gesproken uithaalt om met hem te spelen. Het kan zijn dat je meer dan een uur met O.P./N.L. bezig bent, omdat hij vastbesloten is om uit bed gehaald te worden. Neem hem níét mee naar je eigen bed, een fout die veel ouders maken als hun baby zo vroeg wakker wordt.

Haal hem uit zijn bedje en voed hem. Daarna is het tijd voor activiteiten. Een baby van vier maanden houdt het meestal vol om vijf kwartier tot anderhalf uur te spelen, een baby van zes maanden redt dat wel twee uur en een baby van negen

Met FIJN beginnen: wat staat me te wachten?

Dit zijn schattingen; bij sommige baby's zal het langer duren en bij andere korter.

Vier tot negen maanden: hoewel baby's in deze periode behoorlijk veel vooruitgang boeken, moet je toch rekenen op twee dagen voor observatie en drie tot zeven dagen voor het herprogrammeren van hun dag en nacht.

Negen maanden tot een jaar: twee dagen observeren, twee dagen schreeuwen terwijl je hun dag en nacht probeert te herprogrammeren, twee dagen: 'O, gelukkig, het is ons gelukt!' en op de vijfde dag heb je waarschijnlijk het gevoel dat je weer terug bij af bent. Hou vol, aan het eind van de tweede week heb je het voor elkaar.

maanden twee tot drie uur. Jouw kind zal daar ergens tussenin zitten. Sommige ouders houden vol: 'Mijn kind blijft niet zo lang achter elkaar wakker', en dan zeg ik altijd dat ze er alles aan moeten doen om hem wakker te houden, desnoods buikdansen. Zing liedjes, trek gekke bekken, haal alles uit de kast om hem op te laten blijven.

Houd je aan de FIJN-routine van vier uur die op pagina 52 staat en leg je baby twintig minuten voordat je wilt dat hij gaat slapen al in zijn bedje, laten we zeggen rond 8.15 uur. Als je extreem veel geluk hebt en je baby flexibel is, zal hij er twintig minuten over doen om zijn draai te vinden en daarna anderhalf tot twee uur gaan slapen. De meeste baby's die nog nooit een routine hebben gehad, verzetten zich echter tegen de slaap, dus zul je O.P./N.L. moeten doen om hem in slaap te krijgen. Als je echt vastberaden bent en het op de juiste wijze doet – hem neerleggen zodra hij stopt met jengelen – zal hij na twintig tot veertig minuten uiteindelijk in slaap vallen. En ja, bij sommige baby's duurt het langer; ikzelf heb het vaak wel een uur of anderhalf uur moeten doen, waarna de 'J'-tijd van de baby bijna opgebruikt was. Bedenk op zo'n moment: 'Er gloort licht aan het eind van de tunnel.' De methode vergt heel wat volharding en geduld, maar je moet er ook in geloven: het werkt écht.

Als je O.P./N.L. hebt moeten doen, reken er dan op dat hij maar veertig minuten blijft slapen (zolang heeft het je ook gekost om hem in slaap te krijgen). Wordt hij eerder wakker, ga dan naar hem toe en doe weer O.P./N.L. Misschien denk je dat dat gekkenwerk is. Als hij veertig minuten heeft geslapen en hij anderhalf uur zou móéten slapen, kan het zijn dat je weer veertig minuten bezig bent om hem in slaap te krijgen en dan heeft hij nog maar tien minuten over. Geloof me nou maar: je bent zijn routine aan het veranderen en dat doe je op deze manier. Ook al heeft hij maar tien minuten geslapen, om 11.00 uur maak je hem wakker voor zijn voeding, zodat je op het juiste spoor blijft.

Na de voeding doe je weer een activiteit en daarna ga je rond 12.40 uur weer naar zijn kamertje, twintig minuten voordat het tijd is voor het middagslaapje van 13.00 uur. Dit keer duurt het misschien maar twintig minuten voordat hij in slaap valt. Als hij niet minimaal vijf kwartier slaapt, doe je weer O.P./N.L. Het kan ook zijn dat hij langer slaapt, maar zorg dat je hem om 15.00 uur wakker maakt, want dan is het weer tijd voor de F.

De dag zal voor jullie allebei behoorlijk uitputtend zijn. Het kan dus best zijn dat hij 's middags weer moe is. Kijk na zijn voeding en activiteiten of je tekenen van vermoeidheid ziet. Als hij gaapt, laat hem dan tussen 17.00 en 18.00 uur een hazenslaapje van veertig minuten doen. Is er niets aan de hand en zit hij lekker te spelen, leg hem dan om 18.00 of 18.30 uur in bed in plaats van om 19.00 uur. Als hij om 21.00 uur wakker wordt, doe dan weer O.P./N.L. Geef hem tussen 22.00 en 23.00 uur een droomvoeding (droomvoedingen worden uitgebreid uitgelegd op pagina 122-125 en 243).

De kans is groot dat hij om 1 uur of 2 uur wakker wordt. Doe dan weer O.P./N.L. Het kan best zijn dat je anderhalf uur bezig bent om hem drie uur te laten slapen. Doe het desnoods de hele nacht, tot 7 uur, en dan is het alweer dag vier.

Dag vier. Zelfs als hij om 7 uur slaapt en jij doodop bent, moet je hem toch wakker maken.

Je doorloopt hetzelfde proces als op de derde dag, maar nu zal O.P./N.L. geen drie kwartier tot een uur meer duren, maar waarschijnlijk slechts een halfuur. Het zit er dik in dat hij ook langer slaapt. Het doel is een dutje van minstens anderhalf uur. Maar gebruik wel je gezonde verstand. Als hij vijf kwartier heeft geslapen en vrolijk wakker wordt, haal hem er dan uit. Heeft hij echter maar een uur geslapen, dan kun je beter weer O.P./N.L. doen, want de meeste baby's vallen weer heel snel terug zodra ze aan korte dutjes gewend zijn. Vergeet niet hem om een uur of vijf een hazenslaapje te laten doen als hij moe is.

Dag vijf. Op dag vijf zou het al een stuk makkelijker moeten gaan. Misschien moet je even O.P./N.L. doen, maar dat zal nu veel minder tijd kosten. Met een baby van zes maanden duurt het misschien alles bij elkaar zeven dagen – twee voor observeren en vijf voor het proces van de ommekeer. Met een baby van negen maanden kan het wel twee weken duren (dat is het ergste geval dat ik heb meegemaakt), omdat de baby zo gewend is aan zijn eigen routine, dat hij veel meer zal protesteren als je hem aan een nieuwe wilt laten wennen dan een jongere baby.

Het struikelblok is dat ouders bang zijn dat het eeuwig gaat duren. Na vier dagen toegewijd bezig te zijn geweest met het veranderen van de routine van Sam van vijf maanden, was zijn moeder Veronica stomverbaasd dat haar man en zij nu rustig een glaasje wijn konden drinken na het eten, zonder bang te hoeven zijn dat hun zoon roet in het eten zou gooien. 'Ik kan niet geloven dat het ons maar zo weinig tijd heeft gekost. Ik zeg tegen elke moeder wat

Een mythe

*Hazenslaapjes verpesten
de nachtrust*

Veel baby's van vier tot zes maanden doen laat in de middag een hazenslaapje van dertig tot veertig minuten, zelfs nog om 17.00 uur. Ouders zijn bang dat dit ten koste gaat van het slapen 's nachts. Het tegendeel is waar: hoe meer je baby overdag uitrust, hoe beter hij 's nachts zal slapen.

ik tegen Veronica heb gezegd: 'Het heeft gewerkt omdat je net zo consequent bent geweest met de nieuwe manier als je altijd met de oude bent geweest.' Ik waarschuwde haar ook dat het soms voorkomt dat een baby het een week lang prima doet en dan ineens weer 's nachts wakker wordt of overdag te kort slaapt, vooral bij jongetjes (het is mijn ervaring dat jongens over het algemeen slechter slapen, en dat wordt bevestigd door onderzoek naar het verschil tussen jongens en meisjes). Als dat gebeurt, denken ouders meestal ten onrechte dat mijn plan gefaald heeft. Maar je moet net zo consequent zijn met de structuur als je dat met de chaos geweest bent. Als je te maken krijgt met een terugval, doe dan weer O.P./N.L. Ik garandeer je dat de techniek minder tijd kost als je deze opnieuw moet toepassen, omdat je baby er al ervaring mee heeft.

'Routine' is het sleutelwoord. Ik blijf je in dit hele boek herinneren aan het belang van FIJN. Ik besteed er zo veel tijd en aandacht aan omdat de meest voorkomende problemen met kinderen vaak voortkomen uit gebrek aan structuur en consequentie. Dat wil niet zeggen dat eet-, slaap- en gedragsproblemen (waar ik in hoofdstuk 3 tot en met 8 uitgebreid op inga) niet voorkomen als je een goede routine handhaaft. Toch is het een stuk eenvoudiger om oplossingen aan te dragen als je al structuur in je dag hebt.

2

Zelfs baby's hebben emoties

Stemmingen peilen in het eerste jaar

Op bezoek bij een oude vriend

De acht maanden oude Victor ligt vrolijk op zijn rug op een kleed in de woonkamer te spelen terwijl zijn moeder Serena en ik zitten te kletsen, voornamelijk over hoe groot Victor is geworden en wat er toch veel verandert in zes maanden. Ik heb deze twee voor het eerst ontmoet toen Victor een dag oud was. In die tijd was het mijn taak om Serena en Victor een goede start te laten maken met borstvoeding. Het was relatief eenvoudig om Victor meteen in de FIJN-routine te krijgen, want hij was wat ik noem een baby 'volgens het boekje', een kind dat redelijk gemakkelijk is en zo ongeveer precies doet wat er in alle boeken wordt beschreven voor bepaalde leeftijden (meer over Volgens-het-boekje-baby's en andere types op pagina 75-84). In de zes daaropvolgende maanden bereikte Victor alle voorspelbare fysieke en mentale mijlpalen precies op tijd. En zoals de volgende kleine karakterschets illustreert, verliep ook zijn emotionele leventje precies volgens het boekje.

Terwijl Serena en ik zitten te praten, vermaakt Victor zich in zijn eentje met de speeltjes die boven zijn speelkleed hangen. Tien minuten gaan voorbij en hij begint 'nèh, nèh'-geluidjes te maken; het is niet echt huilen, meer een manier om zijn moeder te laten weten dat hij toe is aan iets nieuws. 'O, begin je je te vervelen, lieverd?' zegt Serena, alsof ze de gedachten van haar kind kan lezen. (Wat ze in werkelijkheid doet, is op zijn lichaamstaal letten.) 'Kom, ik zet je wel even hier.' Victor kijkt naar zijn moeder op, blij met de aandacht, en gaat op zijn nieuwe plekje net zo tevreden verder spelen met een ander speeltje. Serena en ik vervolgen ons gesprek terwijl Victor, die vlak bij ons zit, nieuwsgierig experimenteert met de kraakgeluidjes die uit de felgekleurde bal op zijn schoot komen.

Serena vraagt of ik thee wil, en als Engelse in hart en nieren kan ik dat nooit weigeren. Er is niets heerlijkers dan een 'good cuppa', zoals wij dat noemen. Serena staat op om naar de keuken te gaan, en net als ze bij de deur is, zet Victor een keel op. 'Dit bedoel ik nou,' zegt Serena, doelend op de echte reden waarom ze me heeft gebeld. 'Het lijkt ineens wel of zijn hele wereld om mij draait. Ik kan de kamer niet uit lopen of hij gaat huilen,' voegt ze er bijna verontschuldigend aan toe.

Tussen de zeven en negen maanden begint de wereld van een baby inderdaad te draaien rond de geliefde persoon die het vaakst voor hem zorgt, meestal de moeder. De meeste baby's zijn bang als mama weggaat; sommige in mindere mate, terwijl andere het er echt heel moeilijk mee hebben. Ook hier ligt Victor precies op schema. Maar het gaat bij hem niet alleen om scheidingsangst (die ik op pagina 106-111 uitgebreid bespreek). Het gaat om iets groters, waar scheidingsangst slechts een klein deel van uitmaakt: het gevoelsleven van je kind.

Heeft mijn baby een gevoelsleven?

De meeste ouders reageren verbaasd als ik het heb over emotionele mijlpalen in het eerste jaar. Ze houden wel bij wat hun baby eet en hoeveel hij slaapt, en weten dat hun kind verschillende fysieke en intellectuele niveaus bereikt, waar ze zich soms zorgen om maken. Maar ze lijken zich minder bewust te zijn van het gevoelsleven van hun kind: de vaardigheden die hem helpen zijn stemmingen te beheersen, empathie op te brengen voor anderen en sociale wezens te worden die goede relaties aan kunnen gaan en in stand weten te houden. Ouders moeten een evenwichtig gevoelsleven niet zomaar als vanzelfsprekend beschouwen; het is iets wat aangeleerd moet worden. *En daar moeten we vroeg mee beginnen.*

Je baby trainen om emotioneel bekwaam te zijn is net zo belangrijk als hem leren hoe hij moet gaan slapen, zorgen dat hij genoeg eet, zijn fysieke vorderingen bijhouden of zijn geest scherpen. We hebben het over de stemmingen en het gedrag van je kind, zijn 'emotionele intelligentie' om maar eens een populaire term te gebruiken van psycholoog Dan Goleman in zijn gelijknamige boek uit 1995. Golemans boek is een samenvatting van onderzoek dat in de afgelopen decennia is gedaan door wetenschappers die hebben gekeken naar allerlei soorten 'intelligentie', dus niet alleen het soort dat academische bollebozen voortbrengt. Uit talloze onderzoeken is gebleken dat emotionele intelligentie misschien wel de belangrijkste is en de fundering vormt van alle andere vermogens en vaardigheden. Je hoeft niet gestudeerd te hebben of psycholoog te zijn om te beseffen hoe waar dat is. Kijk maar om je heen. Denk maar eens aan alle volwassenen die je kent. We kennen allemaal wel iemand die heel intelligent is, maar geen baan kan volhouden omdat hij 'emotionele problemen' heeft. Of een getalenteerd kunstenaar of briljante wetenschapper die niet weet hoe hij normaal met andere mensen om moet gaan. *Maar ho eens even, Tracy,* zeg je nu misschien bij jezelf terwijl je naar je kind kijkt, of het nu zes weken, vier maanden of acht maanden is. En de vraag die op je lippen brandt, is ongetwijfeld: 'Is het niet een tikkeltje aan de vroege kant om nu al na te denken over het gevóélsleven van mijn baby?' Absoluut niet. Je kunt nooit te vroeg beginnen. Bij de geboorte toonde je baby zijn emoties al met die eerste luide kreet in de verloskamer of thuis. Zijn emotionele ontwikkeling – dus hoe hij op gebeurtenissen reageert, in wat voor stemming hij meestal is, of hij in staat is zichzelf in de hand te houden en het hoofd te bieden aan frustraties, hoe actief hij is, of hij snel opgewonden wordt en makkelijk te kalmeren is, hoe hij op anderen reageert en hoe hij met nieuwe situaties omgaat – zal net zo goed doorgaan als zijn fysieke en mentale ontwikkeling.

Hoe baby's voelen

Het gevoelsleven van een baby wordt, net als dat van ons gereguleerd door het limbisch systeem, een klein deel van de hersenen dat ook wel het 'emotionele brein' wordt genoemd. Nee, wees niet bang, ik ga je geen lesje anatomie geven. Eerlijk gezegd irriteren al te gedetailleerde wetenschappelijke verhandelingen me altijd mateloos. Je hoeft alleen maar te weten dat je baby bij zijn geboorte al de helft van de hersenschakelingen had die nodig zijn om gevoelens te ervaren. Omdat het limbisch stelsel zich van onderaf naar boven toe ontwikkelt, rijpen eerst de onderste limbische structuren. In dit onderste deel van de hersenen bevindt zich onder andere de amandelvormige amygdala, het centrum van de emoties. De amygdala maakt andere delen van de hersenen erop attent dat er iets is wat de moeite waard is om op te reageren. Met andere woorden, hij is verantwoordelijk voor het genereren van rauwe emoties, de spontane 'vechten-of-vluchten'-reactie in de hersenen waardoor de hartslag omhooggaat en de adrenaline gaat stromen. Het bovenste limbische systeem begint zich ergens tussen de vier en zes maanden te ontwikkelen en dan krijgt het bewustzijn in de gaten dat het emoties voelt. Ook al blijven de hersenen van je kind zich tot ver in zijn tienerjaren ontwikkelen, toch is het goed om eens te kijken wat er alleen al in het eerste jaar gebeurt (in hoofdstuk 8 kijken we hoe het gaat vanaf de peuterleeftijd):

Jonger dan vier maanden. Zelfs als je baby nog maar een ukkepuk is, werkt zijn primitieve brein op volle toeren. Vlak na de geboorte zijn de emoties spontaan en ietwat ongecontroleerd, zoals een grimas als reactie op darmkrampjes. Maar binnen een paar weken gaat je baby lachen en begint hij jou te imiteren, en dat is een teken dat hij zich al richt op jóúw emotionele stijl. Hij huilt als hij zich niet prettig voelt of moe is, en glimlacht, kirt of kraait als hij blij of opgewonden is. Hij houdt je blik steeds langer vast, ontwikkelt een sociale glimlach en kan een eenvoudige, maar belangrijke associatie maken: als ik huil, word ik opgepakt. Dan begint hij te beseffen dat hij er door middel van huilen en gezichtsuitdrukkingen voor kan zorgen dat jij reageert en zijn behoeften bevredigt. Als je daarop reageert, leert hij te vertrouwen en als je glimlacht en hem nadoet, leert hij zijn aandacht vast te houden.

Vergeet niet dat huilen de enige manier is waarop je baby zijn gevoelens en behoeften kan uiten. Wanneer je baby huilt, betekent dat niet dat je een slechte ouder bent. Het is gewoon zijn manier om te zeggen: 'Ik wil dat je me helpt, want ik ben te klein om het zelf te doen.' Huilen, wat voor een nieuwe ouder tamelijk verwarrend is, is het hevigst gedurende de eerste zes tot acht weken. Het kan een paar weken duren, maar je zult al snel het verschil leren tussen huilen van de honger, van verveling, van oververmoeidheid en van pijn. Je zult de aanwijzingen beter begrijpen als je ook naar de lichaamstaal van je baby kijkt. En zoals ik in hoofdstuk 1 heb uitgelegd, is het des te beter als hij een routine volgt, omdat je dan aan de hand van het tijdstip van de dag heel wat kunt afleiden over zijn emoties.

Maar ondanks al zijn charme en hartveroverende eigenschappen, en ondanks al zijn gehuil en gejengel, hebben wetenschappers toch de indruk dat je baby zijn emoties in eerste instantie niet echt vanbínnen voelt. In een experiment gaven onderzoekers kleine beetjes water met daarin wat azijn of wat suiker aan baby's van twee en drie dagen oud. De gezichtsuitdrukkingen van de baby's wezen duidelijk op afkeer (opgetrokken neus, toegeknepen ogen, uitgestoken tong) of genot (open mond, opgetrokken wenkbrauwen). Maar op hersenscans zagen de onderzoekers heel weinig activiteit in de limbische cortex, het deel van de hersenen waar emoties daadwerkelijk gevoeld worden.

Misschien is het een troost om te weten dat het huilen van je baby een reflex is en dat hij zich de pijn later niet kan herinneren. Dat betekent niet dat ik er voorstander van ben om een baby maar te laten huilen. Integendeel. Dat gaat tegen mijn zorgprincipes in. Sterker nog, ik geloof dat hij, zolang je op je baby reageert en aandacht schenkt aan zijn 'stem', geen blijvende schade zal overhouden aan het huilen. Dat is ook de reden dat ik vaak een fopspeen aanraad (zie pagina 247), omdat een baby zichzelf daarmee kan troosten, wat een belangrijke emotionele vaardigheid is. De belangrijkste factor is echter jóúw reactie op het huilen van je baby. Onderzoek heeft aangetoond dat baby's van ouders die verschillende huiltjes adequaat interpreteren en beantwoorden, gemakkelijker overgaan op wat onderzoekers 'niet-huilende communicatie' noemen, wat ergens tussen de 12 en 16 weken gebeurt. Rond die tijd zijn de meeste baby's wel tot rust gekomen en huilen ze minder lang op een dag. Het is dan ook gemakkelijker om hen te begrijpen en te troosten.

Tussen vier en acht maanden. Zodra het bovenste limbische systeem eraan te pas komt, zetten de hersenen van je baby een gigantische stap vooruit. Hij begint vertrouwde gezichten, plaatsen en objecten te herkennen, reageert veel meer op zijn omgeving en vindt ook het gezelschap van andere kinderen leuk. Hij merkt ineens huisdieren op. Afhankelijk van het temperament van je baby, waar ik later op terugkom, wordt deze periode eerder gekenmerkt door plezier en vrolijkheid dan door ongemak en tranen. Je kunt zien dat hij begint te vóélen en dat hij die emoties overbrengt met zijn gezichtsuitdrukking en zijn gebabbel, en niet alleen meer door te huilen.

Het gevoelsleven van je baby is nu complexer. Sommige kinderen beginnen zo vroeg al rudimentaire tekenen te vertonen van het vermogen om hun emoties te beheersen. Als je baby bijvoorbeeld overdag gaat slapen, wat rommelt en tegen zichzelf praat, op zijn speen sabbelt of met zijn lievelingsknuffel of –doekje speelt totdat hij uit zichzelf in slaap valt, begint hij al te leren hoe hij zichzelf kan troosten en tot rust kan komen. Dit gebeurt over het algemeen eerder bij baby's met een gelijkmatig karakter, maar jezelf troosten is net als andere emotionele vaardigheden iets wat wordt aangeleerd. Zoals je je baby's handjes vasthoudt om hem te leren lopen, kun je hem ook helpen bij het zetten van zijn eerste emotionele stapjes.

Zelfs als je baby geen controle over zijn gevoelens lijkt te hebben, is hij nu waarschijnlijk gemakkelijker te troosten. Jou zien of je stem horen kan al genoeg zijn om hem te kalmeren. Misschien huilt hij uit verveling als hij te lang op dezelfde plek of in dezelfde positie ligt, of laat hij zien dat hij boos wordt als er een speeltje van hem wordt afgepakt of als hij van de ene plek op de andere wordt gezet. Bij sommige kinderen zijn ook al steeds duidelijker tekenen van koppigheid te zien. Een baby van zes maanden kan schreeuwen en met zijn vuistjes op zijn borst slaan. Hij is ook al in staat om te manipuleren. Hij kan met volwassenen flirten om aandacht te trekken, naar een gezicht kijken om te zien of iemand op zijn gejengel reageert, en bijna zelfvoldaan kijken als hij dan eindelijk wordt opgetild.

Je baby is nu sociaal en emotioneel ook veel duidelijker aanwezig. Hij zal je laten merken welk eten, welke activiteiten en welke mensen hij wel en niet leuk vindt. Hij begint niet alleen klanken te imiteren, maar ook de intonatie van je stem. Hij zal zich eerder los proberen te worstelen als hij wordt vastgezet, en kan zelfs al gaan tegenstribbelen bij het vooruitzicht dat hij in de wandelwagen of kinderstoel wordt gezet. Hij zal meer belangstelling krijgen voor andere baby's, al speelt hij nog niet echt met hen. Al naargelang zijn temperament zal hij bang kunnen zijn voor actievere kinderen of voor vreemden. Door zijn hoofd tegen je schouder te duwen (of te huilen), zegt hij tegen je: 'Haal me hier weg.' Hij voelt niet alleen zijn emoties (als je daar tot nu toe op gereageerd hebt), maar verwacht ook dat daar iets mee gedaan wordt.

Acht maanden tot een jaar. Baby's van deze leeftijd voelen en begrijpen meer dan ze kunnen uiten, maar als je je kleintje aandachtig observeert, kun je de radertjes zien werken en zien hoe zijn emoties – zowel positieve als negatieve – de hele dag door komen en gaan. Hij is nu echt aanwezig en vindt het heerlijk om bij je te zijn. Als je hem vanaf de andere kant van de kamer roept, draait hij zich naar je om alsof hij wil zeggen: 'Wat is er?' Hij heeft nu ook een ander beeld van zichzelf. Hij vindt het waarschijnlijk heel leuk als je een spiegel omhooghoudt; dan lacht hij naar zijn spiegelbeeld en raakt het aan of geeft het een kusje. Ook heeft hij een hechtere band met jou en anderen die regelmatig voor hem zorgen, en is hij wellicht wat terughoudender naar vreemden toe, waarbij hij zijn hoofd tegen je schouder duwt totdat hij gewend is.

Hij weet nu het verschil tussen kinderen en volwassenen. Hij kan heel goed dingen nadoen. En zijn geheugen is beter, omdat dat deel van zijn hersenen, de hippocampus, tussen de zeven en tien maanden vrijwel volledig gevormd wordt. Het goede nieuws is dat hij zich de verschillende mensen in zijn leven kan herinneren, evenals de boeken die je voorleest. Het slechte nieuws is dat hij, als je nu zijn routine verandert, heel emotioneel reageert op alles wat nieuw is. Ook raken sommige kinderen gefrustreerd omdat hun communicatieve vaardigheden achterblijven bij hun mentale activiteiten en ze niet kunnen laten weten wat ze willen. Ze kunnen op deze leeftijd agressief worden en zichzelf pijn doen (bijvoorbeeld door met hun hoofd te bonken). Ook zeuren doen ze nu veel, en dat is niet iets wat je wilt aanmoedigen.

Het is duidelijk dat je kind aan het eind van het eerste jaar al een rijk gevoelsleven heeft. Maar baby's weten niet al vanaf de geboorte hoe ze moeten omgaan met frustraties, hoe ze zichzelf kunnen troosten of hoe ze dingen met anderen moeten delen: dat alles hoort bij de ontwikkeling van emotionele competentie. Wij moeten hun dat bewúst aanleren. Sommige ouders wachten daar te lang mee en dan zijn slechte gewoontes, zoals regelmatig terugkerende driftbuien, moeilijker af te leren. Anderen zijn zich er niet bewust van dat ze met hun eigen gedrag precies het tegenovergestelde bereiken van wat ze willen en kiezen de weg van de minste weerstand. Ze geven toe en denken: 'Wat maakt het uit?' Dat is het begin van opvoeden tegen wil en dank.

Denk maar aan de hond van Pavlov, die al begon te kwijlen zodra hij een bel hoorde, omdat de onderzoeker elke keer een bel liet horen als hij het dier eten gaf. Baby's zijn net zo. Ze associëren jouw reactie algauw met wat ze zelf doen. Dus als je vandaag moet lachen omdat je gefrustreerde kind van negen maanden zijn schaaltje cornflakes op de grond gooit omdat hij zich verveelt en niet meer wil eten, kan ik je op een briefje geven dat hij dat morgen weer doet, omdat hij denkt dat je dan weer gaat lachen. De tweede keer dat hij het doet, vind je het vast niet meer zo grappig. Of stel dat je wilt dat je kind van één zijn handen wast, maar hij begint te huilen zodra je hem naar de wasbak brengt. Je denkt bij jezelf: Ach, wat maakt het ook uit, dan wassen we vandaag je handen niet. Jij legt misschien het verband niet, maar als je een dag of twee later in de supermarkt in de rij voor de kassa staat, strekt hij zijn handje uit naar het strategisch geplaatste snoep en als jij dan nee zegt, kent hij al een trucje waarvan hij weet dat het werkt. Hij gaat huilen en als dat niet werkt, gaat hij nog harder huilen, totdat je uiteindelijk zwicht.

Je baby helpen om emotioneel vaardig te worden is net zo belangrijk als hem aanmoedigen als hij voor het eerst wil kruipen of zijn eerste woordjes zegt. Jouw reactie op het gejengel van je baby, of op zijn andere gemoedstoestan-

Wat wil je?

De periode van babytaal kan frustrerend zijn voor ouder en kind. Het is altijd goed om je kind te vragen of hij wil laten zíén wat hij wil. Maar als je een routine hebt, scheelt dat al een hoop giswerk. Als hij boos op de deur van de koelkast slaat en het ontbijt al vier uur geleden is, heeft hij waarschijnlijk honger!

den, bepaalt tot op zekere hoogte wat voor emoties je kunt verwachten als hij peuter is. Maar wacht niet op een hevige driftbui om daarvan overtuigd te raken. Denk aan wat mijn oma zei: *Ga van start zoals je van plan bent het later te doen.* Met andere woorden, zorg dat slechte gewoontes geen kans krijgen. Ik weet dat dat makkelijker gezegd dan gedaan is. Sommige baby's vormen een grotere uitdaging dan andere, maar ze kunnen het allemaal leren. De truc is dat je je baby moet kennen, zodat je je strategie kunt aanpassen aan zijn behoeften. We gaan nu kijken naar het wankele evenwicht tussen temperament en aanleren.

Aanleg: het temperament van je kind

Het laagje emoties van elke baby wordt, althans voor een deel, bepaald door zijn aard: zijn genen en de chemische samenstelling van zijn hersenen. Je kunt je eigen stamboom bekijken en zien hoe temperament als een soort emotioneel virus van de ene generatie op de andere overgaat. Zeg je niet af en toe dat je baby 'net zo rustig is als jij' of 'net zo verlegen als zijn vader'? Of misschien zegt je moeder: 'Dat agressieve gedrag van Gretchen doet me denken aan je opa Al,' of 'Davy is al net zo mopperig als tante Sue.' Babytemperament is duidelijk aangeboren: het is de aard van het beestje. Maar dat is niet alles. Uit onderzoek bij eeneiige tweelingen, die exact dezelfde genen hebben maar als volwassenen zelden dezelfde persoonlijkheid hebben, blijkt dat de omgeving – die hen vormt – evenveel invloed heeft. Laten we dus eens kijken naar de rol van zowel aanleg als vorming.

Kinderverzorgsters, medewerkers van kinderdagverblijven, kinderartsen en anderen die al net zo veel baby's hebben gezien als ik zijn het erover eens dat baby's al bij de geboorte van elkaar verschillen. Sommige zijn gevoelig en huilen meer dan andere, en sommige trekken zich nauwelijks iets aan van wat er om hen heen gebeurt. Sommige lijken de wereld met open armen te begroeten, terwijl andere hun omgeving wantrouwend bekijken.

In mijn eerste boek, *Wat je baby vertelt*, heb ik het temperament van baby's ingedeeld in vijf types: *Engelachtig, Volgens-het-boekje, Gevoelig, Pittig* en *Mopperig*. Er zijn ook onderzoekers die drie of vier types onderscheiden, terwijl andere zeggen dat er wel negen zijn. Of ze bekijken baby's vanuit een bepaalde invalshoek, bijvoorbeeld hun aanpassingsvermogen of het niveau van hun activiteiten. Ze gebruiken ook andere namen om de types te onderscheiden. Maar de meeste observanten zijn het over het belangrijkste punt wel eens: temperament – ook wel 'persoonlijkheid', 'aard' of 'karakter' genoemd – is het ruwe materiaal dat baby's hebben als ze ter wereld komen. Hun temperament bepaalt hoe ze eten, slapen en op de wereld om hen heen reageren.

Temperament is een vaststaand gegeven. Om met je baby's temperament om te kunnen gaan, moet je het echt begrijpen. Toen ik in mijn mentale dossierkast bladerde, kwam ik vijf kinderen tegen die een schoolvoorbeeld zijn van elk type. Ik heb ze pseudoniemen gegeven met een beginletter die overeenkomt met het type: Eva (*Engelachtig*), Victor (*Volgens-het-boekje*), Gabriella (*Gevoelig*), Paolo (*Pittig*) en Merel (*Mopperig*). Hierna volgt een korte beschrijving van elk kind. Ik geef toe dat sommige types gemakkelijker in de omgang zijn dan andere. (In de volgende paragraaf kijk ik ook specifiek naar hoe de vijf types door de dag heen verschillen en hoe hun stemmingen hen – en jou – beïnvloeden.) Houd in je achterhoofd dat hier alleen de belangrijkste eigenschappen en gedragingen aan bod komen. Het kan zijn dat je je kind in een bepaalde categorie herkent, maar het kan ook een mengeling van twee types zijn.

Engelachtig. Eva, nu vier, is precies wat dit woord al doet vermoeden: een modelkind dat zich gemakkelijk aanpast aan haar omgeving en aan alle veranderingen waar ze mee te maken krijgt. Als baby huilde ze zelden en áls ze het deed, was het altijd duidelijk wat ze wilde zeggen. Haar moeder kan zich haar 'peuterpuberteit' nauwelijks herinneren; kortom, ze doet bijna nooit moeilijk, want haar overheersende emotionele stijl is makkelijk en gelijkmatig. (Het is dan ook niet verrassend dat sommige onderzoekers dit het 'gemakkelijke' type noemen.) Niet dat ze nooit boos wordt, maar als ze dat is, kost het weinig moeite om haar af te leiden of te sussen. Als baby raakte ze nooit van slag door harde geluiden of fel licht. Je kunt haar ook altijd makkelijk overal mee naartoe nemen. Haar moeder kon bijvoorbeeld in het winkelcentrum van de ene winkel naar de andere gaan zonder bang te hoeven zijn dat ze een scène zou schoppen. Van kleins af aan was Eva een goede slaper. Als het bedtijd was, legde je haar gewoon in haar ledikantje en dan viel ze lekker met haar speen in slaap, vrijwel zonder andere middelen. 's Ochtends lag ze tegen haar knuffelbeesten te babbelen totdat er iemand binnenkwam. Toen ze achttien maanden oud was, ging ze probleemloos in een grote-meisjesbed slapen. Zelfs als baby was ze al heel sociaal en lachte ze tegen iedereen die naar haar toe kwam. Tot op de dag van vandaag past ze zich gemakkelijk aan aan nieuwe situaties, speelgroepjes of andere sociale gebeurtenissen. Zelfs toen ze vorig jaar een broertje kreeg, accepteerde Eva die verandering zonder moeite. Ze vindt het heerlijk om mama's hulpje te zijn.

Volgens-het-boekje. De zeven maanden oude Victor, die je aan het begin van dit hoofdstuk hebt leren kennen, heeft elke mijlpaal op exact het juiste moment bereikt. Toen hij zes weken was maakte hij een groeispurt door, met drie maanden sliep hij 's nachts door, na vijf maanden kon hij omrollen, met zeven maanden zat hij rechtop en ik durf te wedden dat hij kan lopen als hij een jaar is. Omdat hij zo voorspelbaar is, heeft zijn moeder er geen moeite mee te begrijpen wat hij bedoelt. Zijn temperament is grotendeels rustig, maar hij heeft ook zijn hangerige periodes, net als in alle boeken staat. Het is echter relatief eenvoudig om hem te sussen en te troosten. Zolang zijn moeder nieuwe dingen maar langzaam en geleidelijk introduceert – wat voor alle baby's een goede stelregel is – vindt Victor alles best. Tot nu toe zijn al zijn eerste keren, zoals zijn eerste keer in bad, zijn eerste vaste voedsel en zijn eerste dag in de crèche, vrijwel zonder problemen verlopen. Victor doet er twintig minuten over om te gaan slapen – de 'gemiddelde' tijd voor een baby – en als hij rusteloos is, reageert hij goed op een extra klopje op zijn rug en een rustgevend 'sh... sh...' in zijn oor. Vanaf de dag dat hij acht weken oud was kon Victor zichzelf prima vermaken met zijn eigen vingers of een eenvoudig speeltje, en sindsdien is hij elke maand steeds een beetje onafhankelijker geworden en kan hij steeds langer zelfstandig spelen. Omdat hij pas zeven maanden oud is, 'speelt' hij nog niet met andere baby's, maar hij is ook niet bang voor hen. Hij kan goed tegen nieuwe plekjes; zijn moeder heeft hem al meegenomen naar zijn opa en oma, die aan de andere kant van het land wonen. Toen hij weer thuiskwam, duurde het een paar dagen voor hij weer gewend was, maar dat is normaal voor een baby die door verschillende tijdzones gereisd heeft.

Gevoelig. Gabriella, die nu twee is, woog bij de geboorte minder dan zes pond, iets onder het gemiddelde, en was van het begin af aan hypergevoelig. Toen ze drie maanden oud was, was ze wel aangekomen maar was ze overgevoelig en prikkelbaar. Ze kromp ineen als ze harde geluiden hoorde, en knipperde hevig met haar ogen en draaide haar hoofd weg als het licht te fel was. Vaak huilde ze zonder aanwijsbare aanleiding. Gedurende de eerste paar maanden moesten haar ouders haar inbakeren en ervoor zorgen dat haar kamertje warm en donker genoeg was om te kunnen slapen. Ze werd wakker van de kleinste geluidjes en viel daarna maar moeilijk weer in slaap. Nieuwe dingen moeten heel langzaam en geleidelijk bij Gabriella worden geïntroduceerd. Er is veel onderzoek gedaan naar baby's als Gabriella. Ze krijgen het etiket 'geremd' en 'zeer prikkelbaar' opgeplakt en vertegenwoordigen zo'n vijftien procent van alle kinderen. Uit onderzoek blijkt dat hun lichaamsfuncties ook anders in elkaar zitten dan die van andere kinderen. Ze maken grotere hoeveelheden van de stresshormonen cortisol en norepinefrine aan, die het 'vechten-of-vluchten'-mechanisme activeren, waardoor ze angst en andere gevoelens ook echt heviger ervaren. Gabriella past in dat plaatje. Als baby was ze al verlegen bij vreemden en verstopte ze haar gezicht in mama's hals. Als peuter is ze bedeesd, bangig en voorzichtig. Ze klampt zich in onbekende situaties altijd aan haar moeder vast. In haar speelgroepje begint ze nu een beetje los te komen bij de andere kinderen, een zorgvuldig geselecteerd groepje zachtaardige peuters, maar haar moeder kan nog steeds maar moeilijk de kamer verlaten. Met hulp kruipt Gabriella wel uit haar schulp, maar dat kost haar ouders heel wat tijd en geduld. Gabriella is goed in puzzels en spelletjes waar concentratie voor nodig is, een eigenschap die waarschijnlijk goed van pas komt als ze straks naar school gaat. Gevoelige kinderen worden vaak goede leerlingen, misschien omdat ze het gemakkelijker vinden om in hun eentje te werken dan met hun klasgenootjes op het schoolplein te rennen.

Pittig. De vier jaar oude Paolo is de helft van een tweeling. Mensen die zijn broertje en hem kennen, zien Paolo als de 'wilde van de twee.' Bij de geboorte werd zijn karakter al duidelijk: op een echo voor de geboorte was te zien dat zijn broertje lager lag, maar op de een of andere manier wist Paolo zich langs Alexander heen te wurmen en kwam er als eerste uit. Dat is hij blijven doen. Hij is agressief en luidruchtig. Als baby en als peuter laat hij zijn ouders met veel geschreeuw weten: 'Ik heb je nodig... nú!' In sociale situaties, zoals familiefeesten of speelgroepjes, onderneemt hij meteen van alles. Paolo wil altijd net het speelgoed hebben waar zijn broertje of een ander kind mee speelt. Hij is gek op prikkels en wordt aangetrokken door alles wat knalt, dreunt of flitst. Hij is nooit een goede slaper geweest en zelfs nu hij vier is, kost het nog heel wat overredingskracht om hem naar bed te krijgen. Hij eet goed en is een stevige knul, maar kan niet lang aan tafel blijven zitten. Paolo is onophoudelijk en roekeloos aan het klimmen. Het is dan ook niet verwonderlijk dat hij vaak in gevaarlijke situaties terechtkomt. Soms bijt en duwt hij andere kinderen. En hij krijgt driftbuien als zijn ouders hem niet, of niet snel genoeg, geven wat hij wil. Zo'n vijftien procent van alle kinderen is net als Paolo. Onderzoekers noemen hen 'agressief' of 'ongeremd' en zeggen dat dit soort kinderen 'zeer actief' is of 'sterk reageert.' Als dat klinkt alsof je aan pittige kinderen je handen vol hebt, dan klopt dat inderdaad. Maar als je er goed mee omgaat, zijn het ook geboren leiders. Op de middelbare school kunnen ze aanvoerder van het sportteam worden, en als volwassenen zijn het vaak onderzoekende en ondernemende mensen die niet bang zijn in het diepe te springen terwijl anderen dat niet durven. De uitdaging zit hem erin dat je moet zorgen dat ze die geweldige energie op een goede manier gebruiken.

Mopperig. Merel lijkt altijd humeurig te zijn, en ze is pas drie. Als baby was ze al moeilijk aan het lachen te krijgen. Het viel nooit mee om haar aan te kleden en haar luier te verschonen. Zelfs als baby zette ze zich op de commode al helemaal schrap, om vervolgens onrustig en geïrriteerd te raken. Tijdens de eerste paar maanden had ze er een hekel aan om ingebakerd te worden en begon ze langdurig boos te huilen als haar ouders dat toch deden. Gelukkig stelden haar ouders al vrijwel meteen na de geboorte een routine in, maar als ze daar ook maar enigszins van afweken, uitte Merel haar ongenoegen luidkeels. Ook eten was al vanaf het begin moeilijk. Ze kreeg borstvoeding, maar het kostte haar moeder heel wat moeite om haar aan te leggen en te zorgen dat ze niet losliet. Na zes maanden stopte haar moeder ermee, omdat het gewoon te moeilijk werd. Het duurde ook lang voordat

Merel gewend raakte aan vast voedsel, en ze is nog steeds geen grote eter. Ze wordt ongeduldig als ze niet precies op het moment dat zij dat wil eten krijgt, en het moet ook exact op haar manier gebeuren. Ze is kieskeurig, heeft een voorkeur voor bepaalde gerechten en wijkt daar niet van af, hoe haar ouders ook proberen haar over te halen. Ze is alleen sociaal als zij dat wil, maar kijkt in nieuwe situaties altijd de kat uit de boom. Ze speelt eigenlijk het liefst alleen en wil niet dat andere kinderen te dichtbij komen. Als ik in Merels ogen kijk, zie ik een oude ziel: het is net alsof ze hier al eens eerder is geweest en niet zo blij is dat ze weer terug is. Maar Merel is me er ook eentje: ze heeft een eigen willetje en laat dat weten ook. Mopperige baby's stellen het geduld van hun ouders op de proef. Ze zijn ook goed in het aangeven van hun grenzen. Je kunt ze niet dwingen en dat is een eigenschap die hen later in staat stelt problemen het hoofd te bieden. Als kind en volwassene zijn ze vaak heel onafhankelijk, kunnen ze prima voor zichzelf zorgen en weten ze zichzelf goed te vermaken.

Dagelijkse beslommeringen: de vijf types

Temperament is een belangrijke factor voor de manier waarop je baby of peuter de dag doorkomt. De volgende korte omschrijvingen en stukjes informatie zijn afgeleid van het jarenlang observeren van baby's. Ik geef ze je alleen als richtlijn, niet omdat je baby zich op een bepaalde manier hóórt te gedragen.

ENGELACHTIG
ETEN: Als baby zijn het vaak goede eters; als ze de kans krijgen, staan ze open voor nieuw (vast) voedsel.

ACTIVITEITEN: Gematigd actief; ze spelen als baby al zelfstandig. Deze baby's staan heel tolerant ten opzichte van veranderingen; je kunt ze gemakkelijk meenemen. Ze zijn ook heel sociaal, vinden interactie leuk en kunnen goed delen, tenzij ze overdonderd worden door de agressie van een ander kind.

SLAPEN: Gaan gemakkelijk en zelfstandig slapen; slapen na zes weken al lang achter elkaar. Slapen na vier maanden 's ochtends wel twee uur en 's middags anderhalf uur, en doen met acht maanden in de vroege avond een hazenslaapje van veertig minuten.

STEMMING: Meestal vrolijk en makkelijk; reageren niet hevig op stimulans of verandering. Hun stemming is gelijkmatig en voorspelbaar. Ouders vinden het niet moeilijk om te begrijpen wat ze willen, omdat hun emotionele tekens zo duidelijk zijn. Honger wordt dus niet vaak voor vermoeidheid aangezien.

HOE ZE VAAK OMSCHREVEN WORDEN: Heel zoet. Ik merkte niet eens dat er een baby in huis was. Zo wil ik er wel vijf. We hebben echt geluk gehad.

VOLGENS-HET-BOEKJE

ETEN: Lijken sterk op engelachtige baby's, al moet vast voedsel vaak iets geleidelijker geïntroduceerd worden.

ACTIVITEITEN: Gematigd actief; omdat ze alles op tijd doen, is het gemakkelijk om speelgoed te kiezen dat bij hun leeftijd past. Sommigen zijn echte doeners, andere zijn iets terughoudender.

SLAPEN: Ze hebben meestal de volle twintig minuten nodig; precies de tijd die een baby gemiddeld nodig heeft vanaf de eerste tekenen van vermoeidheid tot in slaap vallen. Als ze erg overprikkeld zijn, kan het nodig zijn dat de ouders ze iets meer kalmeren.

STEMMING: Net als engelachtige baby's reageren ze niet zo hevig; ze zijn redelijk onverstoorbaar zolang iemand maar aandacht schenkt aan hun tekenen van honger, slaap, overprikkeling, enzovoort.

HOE ZE VAAK OMSCHREVEN WORDEN: Ze is met alles precies op tijd. Ze is heel zoet, tenzij ze iets nodig heeft. Een kind dat weinig inspanning vergt.

GEVOELIG

ETEN: Raken snel gefrustreerd, en alles kan hun trek verstoren: de snelheid waarmee de melk door de speen of de tepel naar buiten komt, de positie waarin ze liggen, de omgeving. Als ze borstvoeding krijgen, kost het ze vaak moeite om toe te happen en een zuigritme te krijgen. Protesteren bij elke verandering of als je te hard praat. Weigert in eerste instantie vast voedsel; je moet volhouden.

ACTIVITEITEN: Heel voorzichtig met nieuw speelgoed, nieuwe situaties en nieuwe mensen, en heeft dan heel veel steun nodig, ook bij elke overgangsfase. Ze zijn vaak niet zo actief en moeten worden aangemoedigd om mee te spelen. 's Ochtends zijn ze vaak minder gevoelig, en ze spelen liever met één kind dan met een hele groep. Vermijd speelafspraken 's middags.

SLAPEN: Extreem belangrijk om ze in te bakeren en alle prikkels te vermijden. Als je hun 'slaapvenster' misloopt, raken deze baby's zo oververmoeid dat het minstens twee keer zoveel tijd kost om ze in slaap te krijgen. Vaak slapen ze halverwege de ochtend heel lang en doen ze 's middags maar een hazenslaapje.

STEMMING: Soms zijn ze in de verloskamer chagrijnig omdat het felle licht hen lijkt te overdonderen. Ze zijn snel geïrriteerd en reageren sterk op externe prikkels, waar ze ook snel door van slag raken.

HOE ZE VAAK OMSCHREVEN WORDEN: Echt een huilebalk. Is door het minste of geringste van slag. Hij kan niet goed tegen andere mensen. Hij wil uiteindelijk altijd bij mij op schoot zitten of klampt zich vast aan mijn been.

PITTIG

ETEN: Wat eten betreft lijken ze sterk op engelachtige baby's, maar baby's die borstvoeding krijgen kunnen ongeduldig worden. Als de melk niet snel genoeg toeschiet, knijpen ze in mama's borsten alsof ze willen zeggen: 'Hé, komt er nog wat van?' Soms moet je met flesvoeding bijvoeden totdat de melkproductie echt op gang komt.

ACTIVITEITEN: Heel energiek, druk en heel actief. Ze springen zonder meer in elke situatie en doen dat roekeloos en ongeremd. Ze reageren sterk en kunnen agressief zijn naar vriendjes toe. 's Ochtends zijn ze vaak wat meegaander, dus kun je 's middags beter geen speelafspraken maken zodat ze tot rust kunnen komen.

SLAPEN: Als baby hebben ze er een hekel aan om ingebakerd te worden, maar je moet absoluut alle visuele prikkels uitbannen. Ze verzetten zich vaak tegen de slaap of tegen bedrituelen, omdat ze niets willen missen. Als je geluk hebt slapen ze 's ochtends weliswaar kort, maar 's middags lang, wat bij deze kinderen belangrijk is voor een goede nachtrust.

STEMMING: Als ze iets willen, willen ze het nú! Ze zijn eigenwijs, luidruchtig en vaak koppig, en hun stemmingen zijn grillig, zodat ze heel snel kunnen omschakelen van vrolijk naar verdrietig en andersom. Ze zijn dol op actie, maar hebben de neiging om te véél te doen, waardoor ze overstuur kunnen raken. Als ze eenmaal een driftbui hebben, zijn ze maar moeilijk te stoppen. Ook de overgang van het een naar het ander verloopt vaak moeilijk.

HOE ZE VAAK OMSCHREVEN WORDEN: Ik heb mijn handen vol aan haar. Ze wil niets missen. Ik heb de energie niet om haar bij te houden. Ze kent geen angst.

MOPPERIG

ETEN: Deze kinderen zijn heel ongeduldig. Als ze borstvoeding krijgen, vinden ze het maar niks om te wachten tot de melk toestroomt; soms is het beter om ze flesvoeding te geven. In beide gevallen kan het voeden echter veel tijd in beslag nemen, waardoor ze vaak oververmoeid raken. Ze gaan niet makkelijk over op vast voedsel en als ze dat eindelijk wél doen, willen ze vaak telkens weer hetzelfde eten.

ACTIVITEITEN: Ze zijn helemaal niet actief en spelen liever in hun eentje, waarbij ze liever hun ogen en oren gebruiken dan hun lichaam. Als ze met een speeltje of activiteit bezig zijn, hebben ze er een hekel aan om gestoord te worden, en ze vinden het moeilijk om met het een op te houden en met iets anders te beginnen.

SLAPEN: Slapen gaat niet vanzelf bij deze baby's. Ze raken vaak oververmoeid omdat ze zich zo verzetten, en ze vallen vaak huilerig in slaap. Deze kinderen doen vaak ook hazenslaapjes en slapen dan maar drie kwartier achter elkaar, wat vaak leidt tot een vicieuze cirkel (zie pagina 306-310).

Stemming: Deze baby's maken zich altijd druk. Zoals je moet opletten of een pan die op het vuur staat niet overkookt, moet je steeds hun emotionele tekenen in de gaten houden. De kleinste afwijking van hun routine kan ze al van slag maken: een gemist slaapje, een stimulerende activiteit, te veel drukte. Zonder routine raakt hun leven in beroering en nemen ze uiteindelijk jouw hele leven over.

Hoe ze vaak omschreven worden: Wat een zuurpruim. Hij lijkt het liefst in zijn eentje te spelen. Ik heb het gevoel dat ik altijd op zijn volgende uitbarsting zit te wachten. Hij wil altijd zijn zin krijgen.

Opvoeding: de invloed van ouders op het temperament

Temperament hoeft je leven niet te bepalen. Hoewel baby's met een bepaalde aanleg ter wereld komen, hebben hun ervaringen – de opvoeding die ze van kleins af aan meekrijgen – net zo veel invloed. Met andere woorden, het gevoelsleven van je kind wordt bepaald door zowel zijn temperament, dat al een paar dagen na de geboorte duidelijk wordt, als zijn levensgeschiedenis: gebeurtenissen, ervaringen, en – het allerbelangrijkste – de mensen die voor hem zorgen. Ouders kunnen een positief of juist een negatief effect hebben op het temperament van hun kinderen, omdat hun jonge hersenen nog kneedbaar zijn. Dat weten we omdat in een aantal onderzoeken is aangetoond dat het gedrag van de ouders de verbindingen in de hersenen van een baby werkelijk kan veranderen. Zo zijn, zelfs in het eerste jaar, baby's van depressieve moeders eerder geïrriteerd en meer in zichzelf gekeerd en glimlachen ze minder vaak dan baby's van niet-depressieve moeders. Ook is het limbisch systeem van misbruikte kinderen anders dan dat van kinderen die niet misbruikt zijn.

Dat zijn extreme voorbeelden van de manieren waarop temperament kan worden beïnvloed door de omgeving. De kneedbaarheid van de hersenen kan ook subtieler werken. Ik heb gevoelige, verlegen baby's zien opgroeien tot zelfverzekerde, sociale tieners. Ik heb gezien hoe mopperige baby's toch hun draai vonden toen ze ouder werden. En ik ken heel wat pittige baby's die verantwoordelijke leiders zijn geworden in plaats van herrieschoppers.

Maar ook het omgekeerde is waar. Elk type kind, hoe goed zijn aangeboren eigenschappen ook zijn, loopt risico als zijn ouders geen aandacht schenken aan zijn wensen en behoeften. Een engelachtige baby kan humeurig worden en een peuter volgens-het-boekje kan veranderen in een ettertje.

Ik krijg heel vaak e-mails die beginnen met: 'Mijn kind was eerst een engelachtige baby, maar...' En wat is er dan gebeurd? Neem bijvoorbeeld het trieste verhaal van Yancy, die bij de geboorte een gezonde achtponder was. Zijn moeder Amanda is achter in de dertig en advocaat in de amusementsindustrie. Zoals zoveel moderne vrouwen wilde Amanda na haar studie carrière maken en wilde zo graag partner binnen het bedrijf worden dat ze als twintiger en dertiger alleen maar bezig was met werken. Toen haar droom eenmaal was uitgekomen en ze een aantal grote Hollywoodsterren als cliënt had, ontmoette ze Matt, die ook advocaat is. Ze trouwden en wisten allebei dat ze 'ooit' kinderen wilden, dus toen Amanda er op haar zevenendertigste achterkwam dat ze zwanger was, zette ze haar gemengde gevoelens opzij en zei: 'Ach, het is nu of nooit.'

Amanda paste dezelfde leidinggevende kwaliteiten op het 'project' baby toe als op de zaken die ze voor haar maatschap behandelde. Toen Yancy geboren werd, had ze de kinderkamer helemaal op orde en stonden de keukenkastjes vol met babymelk en flessen. Ze wilde borstvoeding gaan geven, maar wilde alle kanten op kunnen... voor het geval dat. Ze was van plan om na zes weken verlof weer aan het werk te gaan.

Gelukkig was Yancy een meegaande baby. 'Een modelbaby,' was tijdens de eerste dagen de meest gehoorde uitspraak in huis. Hij sliep goed, at goed en was een vrolijk jongetje. Toen Amanda volgens plan weer ging werken, gaf ze Yancy 's morgens borstvoeding, liet ze de oppas hem overdag flesvoeding geven en gaf ze hem weer de borst als ze thuiskwam. Maar toen hij een maand of drie was, was Amanda helemaal van streek. 'Ik weet niet wat er aan de hand is,' vertelde ze me op een dag in tranen door de telefoon, 'maar hij slaapt niet meer zo goed als in het begin. Hij sliep altijd van elf tot zes, maar nu wordt hij twee tot drie keer per nacht wakker. Ik moet hem 's nachts weer borstvoeding geven, want het lijkt wel of hij honger heeft, en hij accepteert de fles niet van mij. Nu ben ik uitgeput en is hij gewoon de weg kwijt.'

Amanda was zo snel weer aan het werk gegaan dat ze zich schuldig voelde dat ze niet meer tijd besteedde aan haar zoontje.

Ze hield zich dus niet aan de consistente routine die ze vanaf zijn geboorte had gevolgd, maar had de oppas opgedragen hem langer te laten opblijven zodat ze tijd met hem kon doorbrengen als ze thuiskwam, en hem zijn laatste voeding kon geven. Nu ging hij de meeste avonden niet meer om zeven uur naar bed, maar bleef hij op tot acht of negen uur. Ze hadden hem altijd clustervoedingen en een droomvoeding gegeven, maar dat voltanken werkte nu niet meer omdat zijn routine was veranderd. Zijn nachtrust werd ontregeld omdat hij oververmoeid naar bed ging. En als hij 's nachts wakker werd, greep Amanda naar de eerste de beste oplossing – de borst – omdat ze niet wist wat ze anders moest doen. Wat als snelle oplossing begon, groeide al snel uit tot een duidelijk geval van opvoeden tegen wil en dank. Plotseling leek haar engelachtige baby meer op een mopperige baby, want hij huilde ontroostbaar. Hij wás de weg kwijt: die naar zijn routine. Toen ze hem eenmaal 's nachts begon te voeden, ging Yancy dat ook verwachten. Hij begon de fles nu ook overdag te weigeren, als zij op haar werk was. Hij wachtte liever op mama's borst. (Sommige baby's beginnen echt een hongerstaking; zie het kader op pagina 162).

Omdat Yancy eigenlijk een heel meegaand karakter had, was het niet al te moeilijk om hem weer op het juiste spoor te krijgen. Amanda ging ermee akkoord om minstens twee weken lang eerder weg te gaan van kantoor, zodat we de negatieve gevolgen van het opvoeden tegen wil en dank teniet konden doen. Omdat hij op onregelmatige tijden wakker werd, had ik het vermoeden dat Yancy een groeispurt doormaakte. Hij moest echter niet verwachten dat hij 's nachts eten kreeg; in plaats daarvan moest zijn calorie-inname overdag worden verhoogd, dus deden we 30 ml extra in de flesjes die hij overdag kreeg, en gingen we weer over op clustervoedingen om 17.00 en 19.00 uur en een droomvoeding om 23.00 uur. Daarnaast zorgden we ervoor dat hij overdag in totaal niet meer dan $2^{1}/_{2}$ uur sliep, zodat dat niet ten koste ging van zijn nachtrust.

De eerste nacht verliep nogal dramatisch, omdat ik Amanda had laten beloven Yancy niet te voeden als hij wakker werd. Ik legde uit dat Yancy, nu we hem overdag meer calorieën hadden gegeven, meer in zijn maag had dan anders als hij naar bed ging, en dat hij dus echt niet zou verhongeren. Hij werd drie keer wakker en elke keer gebruikte Amanda een fopspeen en mijn sus-klopmethode (zie pagina 229-232) om hem te kalmeren. Niemand kreeg die nacht veel slaap. Maar de tweede nacht werd Yancy, na een dag vol goede voedingen en goede slaapjes, maar één keer wakker en kostte het geen vijfenveertig minuten meer om hem weer in slaap te krijgen, maar slechts tien. De derde nacht sliep hij door en wat denk je? De engelachtige baby van Matt en Amanda was terug en de rust in hun gezin was weergekeerd.

Net zo goed als ouders het goede temperament van hun baby kunnen 'verpesten', is het omgekeerde uiteraard ook waar. We kunnen heel wat doen om onze kinderen over hun verlegenheid heen te helpen, hun agressie in banen te leiden, hen te leren zich te beheersen en te zorgen dat ze bereid zijn zich in sociale situaties te begeven. Zo wist Betty bijvoorbeeld dat Ilana, haar derde kind, een mengeling van gevoelig en mopperig was, en dat accepteerde ze ook. Zodra Ilana in de verloskamer haar eerste schreeuw liet horen, keek ik haar moeder aan en zei: 'Ik denk dat we hier te maken hebben met een mopperige baby.' Ik heb genoeg bevallingen meegemaakt en genoeg baby's thuis gezien om bij de geboorte de verschillen al te kunnen zien, en zowel gevoelige als mopperige baby's doen alsof ze niet geboren willen worden.

Toen Ilana ouder werd, bleek mijn voorspelling uit te komen. Ze was een verlegen, vaak wat lomp kind dat elk moment een woede-uitbarsting kon krijgen. Betty, die ervaring had met haar andere twee kinderen, zag wel dat Ilana nooit een vrolijk, zorgeloos kind zou worden. Maar in plaats van zich bezig te houden met wat er niet was of het karakter van haar baby te veranderen, ging Betty aan de slag met wie Ilana werkelijk was. Ze zorgde voor een goede routine, hield zich aan haar slaaptijden en besteedde veel aandacht aan haar emotionele ups en downs. Ze dwong haar nooit om naar vreemden te lachen en haalde haar nooit over om iets te doen. Het maakte haar niets uit dat Ilana altijd de laatste was die iets nieuws probeerde of soms zelfs helemaal niets uitprobeerde. Ze zag dat Ilana creatief en slim was en probeerde die eigenschappen te stimuleren. Ze speelde een heleboel fantasiespelletjes met haar en las haar vaak voor, waardoor Ilana een onvoorstelbaar grote woordenschat kreeg. Betty's geduld werd beloond. Bij mensen die ze kende, kletste Ilana heel wat af, als ze maar de kans kreeg om los te komen.

Ilana gaat nu bijna naar de basisschool. Ze is nog steeds een beetje teruggetrokken, maar in de juiste omgeving kruipt ze uit haar schulp. Ze heeft geluk dat haar moeder stappen onderneemt om de weg een beetje te effenen voor haar dochter. Betty heeft al met Ilana's nieuwe juf gepraat om haar erop attent te maken welke benadering bij haar dochter het beste werkt. Omdat Betty haar kind kent, verwacht ze dat ze de eerste paar weken in haar nieuwe klas veel moeite zal hebben om zich aan te passen. Maar met zo'n zorgzame en oplettende moeder weet ik zeker dat het Ilana prima zal vergaan.

Ik heb talloze andere voorbeelden gezien van ouders die er dankzij hun geduld en inlevingsvermogen voor hebben gezorgd dat het temperament van hun kind niet zo problematisch uitpakte als anders het geval had kunnen zijn. Zo wist Lillian bijvoorbeeld al voordat Katha geboren werd dat ze te maken had met een heel actief en assertief meisje. In de baarmoeder schopte Katha voortdurend, alsof ze tegen haar moeder wilde zeggen: 'Hier ben ik, maak je borst maar nat.' Toen ze eenmaal ter wereld was gekomen, bleek dat maar al te waar. Ze was typisch een pittige baby, die haar moeders borst opeiste en meteen begon te huilen als het te lang duurde voordat de melk toeschoot. Wakker worden vond ze veel leuker dan slapen – stel je voor dat ze iets zou missen – en ze verzette zich tegen het naar bed gaan, waarbij ze er meestal ook nog in slaagde zich uit de bakerdoeken te wurmen. Gelukkig hield Lil Katha al vanaf dag één aan een strakke routine. Toen haar kleine wildebras uitgroeide tot peuter, zorgde ze ervoor dat Katha, die met negen maanden al liep, ruimschoots de kans kreeg om haar energie 's ochtends goed te gebruiken. Ze brachten heel wat tijd buiten door, wat natuurlijk wel heel makkelijk is als je in het zuiden van zonnig Californië woont. 's Middags deden ze rustige activiteiten, omdat Lil wist hoe moeilijk het voor Katha was om tot rust te komen. Vooral toen Katha een zusje kreeg, werd het even lastig. Katha vond het natuurlijk maar niks om mama's aandacht te moeten delen. Maar Lillian maakte speciale 'grote meisjes'-plekjes in huis ('waar de baby niet mag komen') en zorgde dat ze één-op-één-tijd doorbracht met haar energieke oudste dochter. Nu ze vijf is, is Katha nog steeds een ondeugend en avontuurlijk kind, maar ze is ook beleefd en gedraagt zich redelijk netjes, omdat haar ouders haar altijd kort hebben gehouden en haar gedrag hebben beteugeld als ze zichzelf niet meer in de hand had. Katha is ook een sportief type, wat ongetwijfeld te danken is aan al het klimmen en het spelen met de bal, wat haar moeder altijd heeft aangemoedigd. Lillian maakte zichzelf niet wijs dat haar oudste haar temperament wel zou ontgroeien. In plaats daarvan paste ze zich aan aan haar karakter, een strategie die alle ouders wat mij betreft zouden mogen volgen.

Waarom sommige ouders het niet inzien

Kinderen als Katha zijn door hun aard bewerkelijker dan andere, maar alle kinderen zijn beter af met 'G.B.'-ouders als Lillian, die het karakter van hun kind begrijpen en accepteren, hun dag daaraan aanpassen en hen, waar nodig, corrigeren. Dat is natuurlijk ideaal. Maar ouders kunnen en willen soms niet zien wat zich vlak voor hun neus afspeelt.

Als de baby net geboren is, wordt de blik van ouders soms vertroebeld door hun verwachtingen. Bijna alle stellen die een kind verwachten, en ook ouders die een tweede of derde kind overwegen, hebben van tevoren ideeën over wie dat kind zal zijn en wat hij of zij zal kunnen. Meestal zeggen onze fantasieën iets over onszelf. Iemand die sportief is, ziet zichzelf al met zijn kind op het voetbalveld of de tennisbaan rondrennen. Een gedreven advocaat stelt zich voor hoe slim zijn kind zal zijn, naar welke school hij zal gaan en hoe geweldig ze samen zullen discussiëren.

Heel vaak lijken kinderen in werkelijkheid echter in de verste verten niet op het beeld dat hun ouders voor ogen hadden. Misschien hadden ze zich een engelachtige baby voorgesteld, maar krijgen ze een schreeuwend, huilend wurm dat hun maaltijd verstoort en hen 's nachts uit hun slaap houdt. In dat geval houd ik hun voor: 'Je hebt een baby. Baby's huilen. Dat is hun enige manier om te communiceren.' Zelfs engelachtige baby's en volgens-het-boekje-baby's hebben tijd nodig om te wennen, en dat gebeurt niet van de ene dag op de andere.

Als je baby ouder wordt en bepaalde karaktertrekjes duidelijker worden – mopperigheid, gevoeligheid, koppigheid – is de kans ook groot dat hij jou of je partner aan oudtante Tillie doet denken. Stel, je hebt een pittige baby. Als je zelf van aanpakken houdt en positief denkt over energieke mensen, ga je daar misschien prat op: 'Mijn Charlie is al net zo assertief als ik.' Maar als je je een beetje overdonderd voelt door de eigenschappen van pittige kinderen, of er zelfs een beetje bang voor bent, is de kans groot dat je juist het tegenovergestelde zegt: 'O, ik hoop toch niet dat Charlie net zo agressief wordt als zijn vader. Ik ben bang dat hij een echte pestkop wordt.' Natuurlijk zien we bekende trekjes terug in onze kinderen, maar we hebben geen glazen bol. Zelfs als je kind je doet dénken aan bepaalde eigenschappen van jezelf of je partner die je liever niet terug zou zien, heb je geen idee hoe hij zich straks zal ontwikkelen. *Hij is een ander mens, in andere om-*

standigheden, en heeft zijn eigen toekomst. En wat nog belangrijker is: als jij je pittige kind leert hoe hij met zijn emoties moet omgaan en zijn energie kan gebruiken, hoeft hij helemaal geen pestkop te worden.

Als we ons laten leiden door angsten of fantasieën en daardoor niet zien wat vlak voor onze neus gebeurt, bestaat het gevaar dat het échte kind daaronder lijdt. Een van de belangrijkste regels van babyfluisteren is dan ook:

> **Kijk naar het kind dat je hébt, in plaats van naar de fantasie van het kind dat je wílde hebben.**

Grace, zelf een heel verlegen vrouw, belde me op omdat ze zich zorgen maakte over Macks 'angst voor vreemden.' Aan de telefoon legde ze uit dat haar zoontje van zeven maanden precies op haarzelf begon te lijken toen ze die leeftijd had. Maar toen ik de zeven maanden oude Mack ontmoette, zag ik een baby volgens-het-boekje die een beetje schuchter was naar onbekende mensen toe. Na een paar minuten wennen zat hij vrolijk bij me op schoot. 'Ik kan niet geloven dat hij bij je op schoot zit,' zei Grace met open mond van verbazing. 'Hij wil nooit bij iemand anders zitten.'

Toen ik Grace vroeg om haar eigen gedrag eens eerlijk onder de loep te nemen, kwam de aap uit de mouw: Grace líét Mack nooit bij iemand anders zitten. Ze bleef constant bij haar zoon in de buurt en hield iedereen uit zijn buurt omdat ze dacht dat zij de enige was die begreep hoe pijnlijk het was om zo gevoelig te zijn. In haar ogen was zij de enige die hem kon beschermen en wist hoe ze met hem om moest gaan. Zelfs papa werd opzijgeduwd. En om het allemaal nog erger te maken deed Grace wat veel overbezorgde ouders doen: ze uitte haar bezorgdheid in Macks bijzijn.

O, zeg je nu, maar Mack was nog maar een báby. Die begrijpt toch niet wat Grace bedoelt als ze zegt: 'Hij wil nooit bij iemand anders zitten.' Klinkklare onzin! Baby's leren door te luisteren en te kijken. Zelfs onderzoekers weten niet precies wanneer ze echt iets gaan begrijpen. Maar we weten wel dat baby's aanvoelen wat hun verzorgers bedoelen, en we weten ook dat ze dingen ver voordat ze gaan praten al begrijpen. Dus wie zijn wij om maar aan te nemen dat die kleine oortjes niet alles begrijpen? Als Mack hoort: 'Hij wil nooit bij iemand anders zitten,' klinkt dat alsof niemand anders veilig is.

Een andere veelvoorkomende valkuil waar ouders vaak intrappen als ze de emoties van hun kind niet respecteren, is dat ze soms proberen het te dwingen zich te schikken. Dat komt vaak voor als baby's onafhankelijker worden. Dit bericht op mijn website is daarvan een goed voorbeeld:

> Mijn dochter Chloe heeft er een hekel aan om te worden vastgehouden. Zodra ik haar optil, worstelt ze zich los omdat ze op de grond gezet wil worden. Ze kan steeds beter kruipen, dus wil ze dat constant proberen. Soms zou ik willen ik dat ze me knuffelde of op zijn minst op mijn schoot bleef zitten om naar een liedje te luisteren of een boekje te lezen, maar daar heeft ze totaal geen belangstelling voor. Het is absoluut geen 'knuffelbaby', integendeel. Ze is heel onafhankelijk en wil haar eigen gang gaan. Is er nog iemand met een onafhankelijke baby die niet wil worden vastgehouden?

Ik gok dat Chloe tussen de negen en elf maanden oud is. Ze is duidelijk een pittige baby. Het probleem met pittige baby's is dat ze knuffelen prima vinden als ze jonger zijn, maar dat ze het te benauwend gaan vinden als ze eenmaal zelf kunnen kruipen of lopen. Deze moeder zal moeten accepteren dat háár kind niet tevreden op haar moeders schoot wil zitten rondkijken, zoals andere baby's. Misschien hunkert ze naar die verbondenheid, en het kan best zijn dat ze die af en toe een paar minuutjes van haar pittige baby krijgt op momenten dat haar kind daarvoor openstaat, bijvoorbeeld voor het slapengaan, als Chloe tot rust komt en voorgelezen wil worden. Maar in de tussentijd moet ze inzien wat haar kind kan, vooral als het actief bezig is de wereld te verkennen.

Een moeder uit Tennessee had een soortgelijk probleem met haar gevoelige baby, die pas vijf weken oud was toen ze me schreef: 'Mijn man en ik zijn sociaal heel actief en gaan vaak naar vrienden toe. Keith vond dat maar niks. We hebben hem in het huis van onze vrienden zelfs in de babykamer gelegd om hem te kalmeren, maar hij bleef maar huilen. Wat kunnen we doen?' Nou, lieve schat, misschien is je zoon nog een beetje te jong om zo'n lange dag aan te kunnen. Want vanuit zíjn perspectief gezien is het een lange dag: eerst in de auto, dan een avond lang in een vreemd huis met al die grote mensen die de hele tijd maar tegen hem zaten te kirren en te kraaien. Het is soms jammer en beperkend, maar je zult moeten accepteren dat hij nu eenmaal zo is, voorlopig althans. Denk toch eens na: hij is pas vijf weken oud. Geef het kind even tijd om te wennen en ga daarna geleidelijk met hem aan de slag: zorg dat hij zijn sterke kanten kan ontwikkelen en richt je op positieve trekjes die je wilt versterken. Maar dan nog zijn sommige kinderen nu eenmaal socialer ingesteld dan andere, en zullen dat ook altijd blijven.

Sommige ouders trekken zich het karakter van hun kinderen ook persoonlijk aan en voegen dus ook hun éígen emoties nog eens toe. Ik weet nog dat Dora me eens opbelde omdat Evan, haar mopperige baby, haar elke keer sloeg als ze hem wilde vasthouden. Dora vatte die klappen op als een afwijzing en voelde zich gekwetst. Op sommige dagen verlangde Dora, die zelf nogal gevoelig was, er nog meer naar om haar zoontje te knuffelen, maar op andere dagen had ze de neiging om het ondankbare joch (dat pas zeven maanden oud was, vergeet dat niet) terug te slaan.

'Hoe moet ik hem straffen?' vroeg ze. Het is een feit dat de hersenen van kinderen van zeven maanden oud nog niet zo goed ontwikkeld zijn dat ze oorzaak en gevolg kunnen begrijpen. Als Evan sloeg, was dat zijn manier om te zeggen: 'Leg me neer.' Ik zeg niet dat Dora die klappen maar gewoon moest incasseren. In zo'n geval moet je zijn hand pakken en zeggen: 'We slaan niet,' maar je kunt niet verwachten dat hij dat de eerstvolgende zes maanden écht begrijpt (meer daarover in hoofdstuk 8).

Goed bij elkaar passen

Het verhaal van Evan en Dora staat niet op zichzelf. Ouders begrijpen het gevoelsleven van hun kind vaak minder goed als het temperament van hun baby heel anders is dan hun eigen emotionele stijl. In het geval van Chloe leek de moeder bijvoorbeeld zélf een beetje aanhankelijk, waardoor haar behoefte aan fysieke verbondenheid zo sterk was dat ze niet meer zag wie Chloe eigenlijk was. Het is nu eenmaal zo dat jijzelf, net als elke andere ouder die dit boek leest, je heel eigen temperamentstijl hebt. Je bent zelf ook ooit een baby geweest die in een van de eerder beschreven categorieën paste, of misschien was je een mengeling van twee of meer stijlen. Sindsdien ben je beïnvloed door allerlei ervaringen, maar je temperament – je emotionele stijl – is nog steeds van invloed op de manier waarop je met mensen en situaties omgaat.

Stella Chess en Alexander Thomas, twee bekende psychiaters die al in 1956 pioniers waren op het gebied van onderzoek naar het temperament van baby's, bedachten de term 'goodness of fit', oftewel 'goede combinaties', voor het beschrijven van de mate waarin ouders en baby's bij elkaar pasten. Met andere woorden: een gezonde ontwikkeling heeft niet alleen te maken met het temperament van je baby, maar ook met jouw eisen en verwachtingen, dus of je ziet wie je baby wérkelijk is en of je je strategieën aan zíjn behoeften kunt aanpassen en niet alleen aan die van jezelf.

Hoewel ik geen harde onderzoeksgegevens over de volgende oudertypes heb, heb ik door mijn ervaring met duizenden ouders een redelijk goed beeld van wat er gebeurt als een ouder met een bepaalde emotionele stijl te maken krijgt met elk van de babytypes:

Zelfverzekerde ouders zijn laconiek en rustig, dus passen ze goed bij elk type baby. Als ze voor het eerst een kind krijgen, laten ze zich gewoon meevoeren met de veranderingen in hun leven en laten ze de ups en downs van het ouderschap over zich heen komen. Ze maken zich niet al te druk over hun taak; het zijn 'natuurtalenten' die op hun intuïtie vertrouwen en heel goed zijn in het begrijpen van de signalen van hun baby. Omdat ze over het algemeen ontspannen en geduldig zijn, doen ze het goed met mopperige baby's. Ze zijn bereid de extra tijd te nemen die gevoelige baby's nodig hebben en hebben het uithoudingsvermogen en de creativiteit om pittige baby's op te voeden. Zelfverzekerde ouders zien altijd het beste in iedereen, en zoeken dus ook naar het beste in hun kind. Ook al hebben ze een eigen mening over verschillende opvoedmethoden, ze staan open voor nieuwe ideeën en zien snel in wanneer ze hun eigen motieven projecteren op iets wat de baby doet.

*Volgens-het-boekje-*ouders doen alles letterlijk… volgens het boekje. Soms zadelen ze zichzelf met een hoop frustraties op, omdat ze verwachten dat hun baby niet van de norm zal afwijken. Als er problemen ontstaan, gaan deze ouders als een gek in boeken en tijdschriften en op internet op zoek naar exact hun eigen situatie en een recept om hun probleem op te lossen. Ze komen op mijn website klagen omdat hun baby niet zus of zo doet. Ze willen dat hun baby aan bepaalde voorwaarden voldoet, niet omdat dat goed voor de baby is, maar omdat het 'normaal' is. De ideale baby voor dit soort ouders is een volgens-het-boekje-baby, die alle mijlpalen precies op het 'juiste' tijdstip bereikt. Ze doen het ook goed met engelachtige baby's, omdat dat heel flexibele kinderen zijn. Maar omdat volgens-het-boekje-ouders zo wanhopig graag willen vasthouden aan een schema, kunnen ze de signalen van hun baby wel eens missen. Ze passen dus niet al te best bij een gevoelige baby, die zeer gevoelig is voor prikkels, of een pittige baby, die zich nu eenmaal niet conformeert. Volgens-het-boekje-ouders hollen achter zichzelf aan en proberen diverse schema's en strategieën uit, al naargelang het boek of de deskundige die ze vandaag weer volgen. Met een mopperige baby gaat het waarschijnlijk nog het minst goed, omdat die alleen maar bozer wordt van elke verandering. De kracht van volgens-het-boekje-ouders zit hem in hun vermogen om problemen te onderzoeken en te lijf te gaan. Ze staan uitermate open voor suggesties.

Overgevoelige ouders zijn zelf heel gevoelig. Ze zijn soms verlegen, waardoor ze het moeilijk vinden om zich tot andere ouders te wenden voor gezelschap en steun. Tijdens de eerste dagen van hun moederschap zijn overgevoelige moeders vaak in tranen en voelen ze zich incompetent. Overgevoelige vaders zijn bang om de baby vast te houden. Met een engelachtige of volgens-het-boekje-baby gaat het meestal wel goed, maar als de baby een slechte dag heeft, zoals alle baby's wel eens hebben, denken ze dat ze iets verkeerd gedaan hebben. Ze kunnen niet goed tegen lawaai en raken van slag door gehuil, dus een gevoelige of mopperige baby past niet bepaald goed bij hen. Ze voelen zich vaak gefrustreerd en huilerig. Als ze een mopperige baby hebben, vatten ze zijn stemmingen vaak persoonlijk op. Ik heb meegemaakt dat ouders tegen me zeiden: 'Hij glimlacht nooit, want hij haat ons.' Overgevoelige ouders worden over het algemeen nog het meest overdonderd door een pittige baby, die al snel doorheeft dat híj de baas is. Hun gevoeligheid heeft ook een positieve kant: ze voelen hun baby extreem goed aan.

Streberige ouders zijn altijd bezig en altijd verwikkeld in een of ander project. Streberige ouders kunnen niet stilzitten; ze kunnen moeite hebben met het feit dat een baby hen afremt of zelfs af en toe driftig is. Streberige ouders verzetten zich vaak tegen adviezen. Hoewel velen van hen me bellen om te vragen wat ze moeten doen, komen ze nadat ik hun mijn plan heb voorgelegd vaak met een hele berg vragen en opmerkingen: 'Ja, maar…' en 'Maar stel nou dat…' Omdat ze hun baby overal mee naartoe slepen, kunnen streberige ouders zelfs een gelijkmatige engelachtige baby of een volgens-het-boekje-baby uitputten of, erger nog, onzeker maken door al die chaos. In de tussentijd zien ze vaak niet hoe geweldig goed ze het getroffen hebben met een kind waar de meeste andere ouders heel dankbaar voor zouden zijn. Streberige ouders kunnen boos worden op een gevoelige baby, zich gekrenkt voelen door het slechte humeur of het gebrek aan aanpassingsvermogen van een mopperige baby, en de strijd aangaan met een pittige baby. Ze zijn vaak wat star en zijn voorstander van extreme oplossingen, zoals de baby maar laten huilen in plaats van te kiezen voor een geleidelijke, meer meelevende benadering van slaapproblemen. Ze zijn rigide, laten zich leiden door hun eigen behoeften en denken daardoor zwart-wit. Ze doen het niet zo goed met FIJN, want zodra ze het woord 'routine' horen, denken ze meteen: 'tijdsschema'. Aan de andere kant zijn dit heel creatieve ouders die hun kinderen een heleboel ervaringen meegeven en hen aanmoedigen nieuwe dingen te doen en risico's te nemen.

Koppige ouders denken de wijsheid in pacht te hebben en worden boos als hun baby niet reageert zoals hij volgens hen zou moeten reageren. Ze zijn erg eigenwijs en vaak obstinaat, en vinden het vaak moeilijk een compromis te sluiten. Deze ouders zeuren en klagen de hele tijd. Zelfs als ze een engelachtige of volgens-het-boekje-baby hebben, zien ze toch nog dat ene dat hun baby niet doet, of in hun ogen fout doet. Koppige ouders kunnen niet tegen het gehuil van een gevoelige baby. Ze hebben geen zin om een pittige baby constant te moeten kalmeren of achter hem aan te rennen. En ze vinden het vreselijk dat hun mopperige baby zo koppig is en niet vaak lacht, misschien wel omdat dat hen doet denken aan hun eigen aard. Kortom, deze ouders hebben altijd kritiek, ongeacht de baby die ze hebben. Om het allemaal nog erger te maken, mopperen ze op hun baby en beklagen ze zich tegen anderen terwijl de kinderen binnen gehoorsafstand zijn. Daar bereiken ze alleen maar mee dat hun kinderen inderdaad zo worden als zij hun de hele tijd voorhouden. Het goede van koppige ouders is dat ze veel doorzettingsvermogen hebben. Als ze een probleem eenmaal onderkennen, staan ze open voor suggesties en zijn ze bereid het aan te pakken, zelfs als het even moeilijk wordt.

Bedenk wel dat bovenstaande omschrijvingen zijn samengesteld uit verschillende emotionele stijlen en dat ze hier extreem zijn weergegeven. Niemand past precies binnen één categorie; de meeste mensen herkennen zich in alle omschrijvingen wel een beetje. Maar als we eerlijk zijn, weten we wel wie we het grootste deel van de tijd zijn. Ik wil ook niet impliceren dat ouders geen fouten mogen maken. Ouders zijn ook maar mensen. Hun eigen behoeften sudderen altijd onder de oppervlakte en ze hebben ook nog een leven en interesses buiten hun kinderen om (en dat is maar goed ook). Door je de scenario's van 'slechte combinaties' voor te spiegelen, hoop ik alleen dat je je er iets beter van bewust wordt hoe jouw stijl de gevoelens van je baby kan beïnvloeden. Als ouders niet verder kunnen kijken dan hun eigen belangen, en als hun eisen en verwachtingen niet overeenkomen met het temperament en de mogelijkheden van hun kind, kunnen ze daarmee jammer genoeg een ernstige knauw toedienen aan de gevoelens van hun baby, met name waar het gaat om de vertrouwensband.

Vertrouwen: de sleutel naar emotionele bekwaamheid

Je kind uit zijn gevoelens in eerste instantie als pure emotie, grotendeels door zijn verschillende soorten huiltjes en zijn interactie met jou. Dat zijn zijn eerste ervaringen met communicatie en contact; zijn groeiende band met jou. Door naar je te kirren en te kraaien probeert je baby echt contact met je te leggen en een gesprek te voeren om je aandacht vast te houden en te zorgen dat je je met hem verbonden voelt (wetenschappers noemen dit 'proto-conversatie'). Maar er zijn twee mensen nodig om deze sociale en emotionele dans aan de gang te houden en daarom is jouw reactie van wezenlijk belang. Als je teruglacht als hij glimlacht en babbelt, of hem troost als hij huilt, weet hij dat je er voor hem bent en dat is het begin van vertrouwen. Bekijk het eens van zijn kant, dan begrijp je waarom huilen iets goeds is: het betekent dat je baby verwacht dat je zult reageren. In een aantal onderzoeken is ook het omgekeerde aangetoond: verwaarloosde baby's houden uiteindelijk op met huilen. Het heeft geen zin om te huilen als niemand je komt troosten of je behoeften bevredigt.

Vertrouwen vormt de basis voor de emotionele bekwaamheid die je baby de komende jaren krijgt, zijn vermogen om zijn gevoelens te begrijpen, zijn zelfbeheersing, zijn respect voor de gevoelens van anderen. En omdat emoties het intellect en de bijzondere gaven van je kind kunnen versterken of belemmeren, is vertrouwen ook de basis van leren en sociale vaardigheden. Uit verscheidene langetermijnonderzoeken is gebleken dat kinderen die opvoeders hebben op wie ze kunnen rekenen, niet alleen minder gedragsproblemen vertonen op school, maar ook meer zelfvertrouwen hebben, nieuwsgierig zijn naar de wereld om hen heen en op onderzoek uit willen gaan (omdat ze zich veilig voelen en weten dat je er bent om hen op te vangen als ze vallen). Ze kunnen ook beter met leeftijdgenootjes en volwassenen omgaan dan kinderen die het moeten doen zónder dergelijke sterke banden, omdat ze in hun vroegste relaties hebben geleerd dat ze op anderen kunnen rekenen.

Het opbouwen van een vertrouwensband begint met het begrijpen en accepteren van het temperament van je baby. Elk kind heeft een andere drempel en een andere emotionele reactie. In nieuwe situaties zal een engelachtige, volgens-het-boekje of pittige baby zich snel aanpassen, terwijl een gevoelige of mopperige baby van slag kan raken. Pittige, gevoelige en mopperige baby's hebben hun emoties altijd paraat en laten je luid en duidelijk horen wat ze voelen. Engelachtige en volgens-het-boekje-baby's hebben relatief weinig nodig om te kalmeren, maar gevoelige, pittige en mopperige baby's lijken soms ontroostbaar. Hoe de emoties van je baby ook worden geuit, probeer hem nooit te dwingen zich anders te voelen ('Ach, kom op, je hoeft niet bang te zijn') of hem op de een of andere manier om te praten; iets wat ik ouders maar al te vaak hoor doen. Eigenlijk voelen ouders zich dan niet prettig bij de intense emotie van hun kind en proberen ze hem ervan af te brengen.

In plaats van de gevoelens van je kind – al is het maar een baby – te negeren, kun je beter de emotie beschrijven ('Och lieverd, je bent vast heel moe, daarom huil je'). Vraag je niet af of je baby je begrijpt; uiteindelijk zal hij dat wel een keer doen. Al net zo belangrijk is het dat je je reactie aanpast aan wat híj op dat moment nodig heeft: een gevoelige baby baker je in en leg je neer, maar bij een pittige of mopperige baby moet je dat juist níet doen, want die hebben een hekel aan het gevoel begrensd te worden. Elke keer als je baby emotioneel is en je op de juiste manier reageert, bouw je een reservoir van vertrouwen op.

Alle baby's hebben het nodig dat je reageert op hun gehuil en aan hun behoeften tegemoetkomt, maar vooral gevoelige, pittige en mopperige baby's vormen een uitdaging. Dit is wat je moet onthouden over die drie types:

Gevoelig. Houd zijn ruimte in de gaten. Kijk naar zijn omgeving en probeer je de wereld voor te stellen door zijn gevoelige ogen, oren en huid. Elke mogelijke prikkeling van de zintuigen – een kriebelend etiketje, een luide tv, een felle lamp – kan hem overstuur maken. Steun hem in nieuwe situaties, maar zit hem niet op de huid, want dat kan zijn angsten alleen maar versterken. Leg alles uit wat je gaat doen – van een luier verschonen tot hem voorbereiden op een autoritje –, zelfs als je denkt dat hij het niet zal begrijpen. Verzeker hem er in nieuwe situaties van dat je er voor hem bent. Maar laat hem het voortouw nemen; soms kan je gevoelige kind je verrassen. Laat hem eerst met slechts een of twee (gemakkelijke) kinderen omgaan.

Pittig. Verwacht niet dat hij al te lang stil kan zitten. Zelfs als baby hebben deze kinderen vaker verandering van positie of omgeving nodig dan andere baby's. Geef hem veel mogelijkheden om actief te spelen en veilig op ontdekkingstocht te gaan, maar zorg ervoor dat hij niet overprikkeld raakt. Onthoud dat zijn emoties hem eerder kunnen overweldigen als hij oververmoeid is. Let op signalen van overbelasting en probeer driftbuien te vermijden, want die zijn bij pittige baby's moeilijk te stoppen. Als je ziet dat hij op het punt staat om driftig te worden, neem hem dan apart totdat hij rustiger wordt. Zorg dat kennissen en andere verzorgers begrijpen en accepteren hoe intens hij is.

Mopperig. Accepteer dat hij niet zo veel lacht als andere baby's. Creëer situaties waarin hij zijn ogen en oren kan gebruiken en niet alleen zijn lijf. Houd je op de achtergrond als hij aan het spelen is en laat hem kiezen met welk speelgoed hij wil spelen. Het kan zijn dat hij gefrustreerd raakt of boos wordt als hij een speeltje of situatie niet kent. Wees voorzichtig met overgangen. Als hij aan het spelen is en het is tijd om te gaan slapen, waarschuw hem dan ('Het is bijna tijd om het speelgoed op te ruimen') en geef hem dan een paar minuten om aan het idee te wennen. Laat hem in het begin met slechts een of twee kinderen omgaan.

Het vertrouwen beschamen

Op een middag werd ik uitgenodigd om naar een speelgroepje te komen kijken, omdat de moeders, die kort daarvoor hadden besloten twee keer per week bij elkaar te komen, zich zorgen maakten omdat hun kinderen 'het niet goed met elkaar leken te kunnen vinden'. De drie moeders, Martha, Paula en Sandy, waren goede vriendinnen en hun zoontjes Brad, Charlie en Anthony waren alle drie tussen de tien en twaalf maanden oud. De baby's 'speelden' uiteraard niet echt met elkaar. Het was eerder zo dat ze zich vermaakten terwijl hun moeders praatten. Dit soort groepjes zijn voor mij eigenlijk minilaboratoria, omdat ik zo kan observeren hoe kinderen met elkaar omgaan en hoe hun moeders daarop inspelen.

Brad, een gevoelige baby van tien maanden, wilde niet naar de andere kinderen toe, een 'probleem' waar zijn moeder me al over had verteld. Hij bleef maar jengelen en zijn handjes omhoog houden naar Martha, en wilde duidelijk bij haar op schoot zitten. Hoe meer Martha hem probeerde om te praten ('Kom op, Brad. Je vindt Charlie en Anthony leuk. Kijk eens hoe leuk ze aan het spelen zijn'), hoe harder haar zoontje jengelde. In de hoop dat hij het uiteindelijk op zou geven en met de andere twee jon-

---

Een knauw in het vertrouwen

Dit zijn de meest voorkomende fouten die ouders van baby's (en andere kinderen) maken waardoor het vertrouwen een flinke deuk oploopt:

- ✓ De gevoelens van een kind niet respecteren, of – nog erger – ontkennen ('Je vindt honden leuk. Hou op met huilen').
- ✓ Een baby of peuter dwingen te eten terwijl hij vol zit ('Nog een klein beetje').
- ✓ Een kind overhalen van gedachten te veranderen ('Kom op nou, Becky heeft Billy meegenomen omdat jullie dan samen kunnen spelen').
- ✓ Niet communiceren. (Al voordat je baby kan praten, zou je gesprekken met hem moeten voeren.)
- ✓ Zonder waarschuwing nieuwe situaties (zoals speelgroepjes) introduceren en dan aannemen dat je baby of peuter dat wel best vindt.
- ✓ Stiekem het huis uit gaan om een scène te vermijden (als je naar je werk gaat of 's avonds uitgaat).
- ✓ Het één zeggen ('Je mag geen snoep') en het ander doen (toegeven als hij gaat huilen).

---

getjes mee zou doen, negeerde Martha hem daarna. Ze ging weer met de andere moeders zitten kletsen. Maar geen van haar strategieën werkte. Brad bleef jengelen en begon uiteindelijk te huilen. Toen nam Martha hem op schoot, maar hij was ontroostbaar.

Geen time-outs in zijn eentje!

Laat een emotionele baby (of peuter) nooit alleen. Baby's kunnen hun eigen emoties niet sturen, dus moeten we ze daarbij helpen. Als je baby huilt, slaat, wild met zijn armpjes zwaait of buiten zinnen is, helpt het bijna altijd om even naar een andere ruimte te gaan, vooral als er andere kinderen in de buurt zijn. Zo haal je hem uit het middelpunt van de actie en leid je hem af, wat een van de meest effectieve manieren is om een baby tot bedaren te brengen. Leg hem altijd uit wat hij voelt, ook al denk je dat hij het niet snapt. Misschien begrijpt hij je nu niet, maar over een tijdje zal dat wél zo zijn.

Aan de andere kant van de kamer was Charlie, een pittig kind, door het dolle heen en rende van het ene speeltje naar het andere. Toen hij een bal zag die hij per se wilde hebben, probeerde hij hem van Anthony af te pakken, die het ding uit alle macht vast bleef houden. Charlie gaf Anthony een duw, waardoor die achterover viel en zich aansloot bij het gehuil van Brad. Terwijl Sandy haar zoon in haar armen sloot om hem te troosten, keek ze de andere vrouwen aan met een onmiskenbare blik: *niet wéér.*

Paula, de moeder van Charlie, wist niet waar ze het zoeken moest. Dit was duidelijk de zoveelste keer. Ze probeerde Charlie vast te houden, maar daar moest hij niets van hebben. Hoe meer ze hem probeerde tegen te houden, hoe harder hij protesteerde en hoe meer hij zich uit haar armen los probeerde te wurmen. Paula probeerde haar zoon tot rede te brengen, maar Charlie negeerde haar.

Over schending van vertrouwen gesproken! Brad dwingen zich bij een groepje kinderen aan te sluiten (en voor een baby als Brad zijn drie kinderen een hele kamer vol), was net zoiets als een kind in een zwembad gooien terwijl het niet kan zwemmen. En proberen een pittige baby, die ook nog eens overprikkeld was, te beteugelen of tot rede te brengen, was net zoiets als spugen op een bosbrand!

Wat had elk van deze moeders kunnen doen om de situatie onder controle te houden en tegelijkertijd het vertrouwen te versterken in plaats van te beschamen? Ik legde Martha uit dat ze zich eerst – al voordat ze kwam – had moeten realiseren dat Brads 'probleem' niet op magische wijze zou verdwijnen. Ze had de gevoelens van haar zoon moeten erkennen en hem gerust moeten stellen ('Het is al goed lieverd, je hoeft pas te spelen als jij eraan toe bent'). Ze had hem op haar schoot moeten laten zitten *totdat hij eraan toe was.* Ik zeg niet dat ze hem niet een beetje had mogen aansporen. Maar ze had hem beter zachtjes kunnen aanmoedigen, in plaats van hem te dwingen of te negeren zoals ze nu had gedaan. Ze had bij hem op de grond kunnen gaan zitten en hem misschien een speeltje kunnen geven waarvan ze wist dat hij het leuk vond. Zelfs als ze bang was dat het op deze manier wel een halfjaar kon gaan duren voordat hij los zou komen, moest ze het hem in zijn eigen tempo laten doen.

Ook tegen Paula zei ik dat ze vooruit had moeten denken. Ze wist dat Charlie heel actief en een opgewonden standje was, dus had ze moeten ingrijpen zodra ze merkte dat hij een beetje wild begon te doen. De waarschuwingssignalen voor een ophanden zijnde uitbarsting beginnen er meestal mee dat het kind harder gaat praten, wild met zijn armen en benen gaat zwaaien en gaat jengelen. Ze had niet moeten wachten tot Charlie werd overmand door zijn emoties, maar hem al eerder even mee moeten nemen naar een andere kamer, zodat hij tot rust had kunnen komen en daarmee een scène vermeden had kunnen worden. Als een driftbui, zeker bij een pittig kind, eenmaal begonnen is, heeft het geen zin meer om te proberen hem tot rede te brengen of hem vast te houden. Ik benadrukte dat het geen straf was om met hem de kamer uit te gaan,

O, die enge dokters toch!

Veel baby's beginnen al te huilen zodra ze de drempel van het consultatiebureau over zijn. En dat kun je ze nauwelijks kwalijk nemen. Ze associëren die plek met uitgekleed worden in een felverlichte ruimte en dan ook nog met een naald geprikt worden! Wees niet zo'n moeder die zich verontschuldigt als haar baby begint te schreeuwen zodra hij de dokter ziet. 'O, zo is hij normaal nooit. Hij vindt u echt leuk.' Met zo'n leugen ontken je de gevoelens van je baby. Een betere aanpak is:

✓ Probeer een paar afspraken te maken vóór de eerste inenting.
✓ Wees eerlijk: 'Ik weet dat je het hier niet leuk vindt, maar ik blijf bij je.'
✓ Vraag de assistente wanneer de dokter of wijkverpleegkundige je baby gaat onderzoeken, en kleed hem pas op het laatste moment uit. Houd hem vast tot de dokter er ook echt is.
✓ Blijf aan de kant van het hoofdje van je baby staan terwijl de dokter hem onderzoekt en praat tegen je kind.
✓ Als het tijd is voor een prik, zeg dan niet: 'O, wat een stoute dokter,' maar zeg de waarheid: 'We moeten dit doen omdat we niet willen dat je ziek wordt.'
✓ Aarzel niet om van arts te veranderen als je het gevoel hebt dat de dokter je kind als een voorwerp behandelt, niet tegen hem praat en geen oogcontact maakt.

maar juist een manier om hem te helpen bij het onder controle houden van zijn emoties. Op deze leeftijd kunnen de hersenen van de baby nog geen oorzaak en gevolg begrijpen, dus moeten we niet verwachten dat we hen verstandig toe kunnen spreken! Als Paula hem had meegenomen naar een andere kamer en hem zachtjes bij de hand had gepakt in plaats van hem stevig beet te pakken, had ze kunnen zeggen: 'Laten we naar de slaapkamer gaan, dan lees ik je een verhaaltje voor. Als je wat rustiger bent, kun je weer met de andere kinderen gaan spelen.'

Over een tijdje, in zijn eigen tempo, kan de gevoelige Brad misschien iets moediger en extraverter worden en met anderen leren omgaan, maar dat kan alleen als hij zich veilig en prettig voelt. De pittige Charlie kan leren dat het niet goed is om andere kinderen op de huid te zitten, maar alleen als hij beteugeld wordt voordat hij door het dolle heen raakt. Charlie moet eerst een paar maanden ouder zijn voordat hij echt kan begrijpen wat 'rustig worden' betekent, maar hij is niet te jong om te beginnen dat te leren. Martha en Paula moeten een vangnet voor hun kinderen zijn, geen politieagent. Zelfs als kinderen nog te jong zijn om hun eigen reacties te reguleren, voelen ze zich veiliger als hun moeder ingrijpt om hun te helpen zichzelf in de hand te houden. Dan zien ze dat ze op mama kunnen rekenen als een situatie te beangstigend of te overweldigend is.

Ik vertelde de drie vrouwen, met name Martha en Paula, dat het vooral heel belangrijk is dat ze van deze ervaring leren op welke prikkels hun kinderen emotioneel reageren en op welke manier ze gekalmeerd kunnen worden. De volgende keer zullen ze hopelijk bijtijds ingrijpen, vóórdat het tot een uitbarsting komt. De belangrijkste les is echter dat ze niet in de emoties van hun kind kunnen kruipen. Ze moeten ze aan hen uitleggen en hen erdoorheen loodsen zonder zich te laten meeslepen en zelf te reageren.

Het zou misschien ook het overwegen waard zijn om niet meer 's middags af te spreken maar 's morgens na het ochtendslaapje, omdat de kinderen dan waarschijnlijk goed uitgerust zijn, en nog maar een in plaats van twee keer per week, want dat is heel veel voor baby's van nog geen jaar oud. Bovendien moeten ze, al zijn de moeders zelf nog zulke goede vriendinnen, kijken hoe de kinderen op elkaar reageren en zich afvragen: 'Is dit nu echt de beste sociale situatie voor mijn kind?' Charlie mag dan misschien kalmeren, maar het kan best zijn dat zijn karakter toch nog te overweldigend is voor een baby als Brad. En zelfs voor Anthony, een volgens-het-boekje-baby, is het wellicht toch niet helemaal de juiste combinatie. Als de moeders voortaan 's ochtends afspreken, zou Charlie wel eens rustiger kunnen worden, want 's middags is hij niet op zijn best. Maar voor hem zou een groep met wat actievere kinderen misschien weer beter zijn, bijvoorbeeld in een gymzaal of in het park. Dan is hij niet het enige pittige kind en bovendien kan hij op zo'n locatie uitrazen, zodat hij zijn energie kwijt kan.

Twaalf tips om het vertrouwen op te bouwen

In hoofdstuk 8 bespreek ik hoe ouders peuters en andere kinderen kunnen helpen bij het vermijden van wat ik 'losgeslagen emoties' noem: gevoelens die de overhand krijgen en al hun positieve eigenschappen en talenten overschaduwen. Maar emotioneel bekwaam zijn, wat een kind in staat stelt zijn emoties te begrijpen en te sturen, begint met veilige hechting. Het opbouwen van vertrouwen begint in de babytijd, en wel op twaalf manieren:

1. *Leef je in.* Interpreteer zijn huiltjes en lichaamstaal zodat je begrijpt waarom hij huilt en in wat voor stemming hij dus is. Als je baby huilt, vraag je dan af: 'Weet ik wie mijn baby is?' Is hij heel actief, gevoelig of humeurig, huilt hij snel, zit hij vaak niet lekker in zijn vel? Is die reactie ongewoon voor hem? Als je de emotionele kern van je baby niet kunt omschrijven, besteed je niet genoeg aandacht aan zijn signalen, en dat kan ook betekenen dat je zijn behoeften niet bevredigt.

2. *Stel het FIJN-plan in voor je baby (zie hoofdstuk 1).* Alle baby's varen er wel bij als hun leven voorspelbaar en rustig verloopt, maar vooral voor gevoelige, pittige en mopperige baby's is een gestructureerde routine heel belangrijk. Zorg voor voorspelbare rituelen voor de alledaagse overgangen – maaltijden, slaaptijden, bad, speelgoed opruimen – zodat je baby weet wat hij kan verwachten.

3. *Praat mét je baby, niet alleen tégen hem.* Ik zie het graag als dialoog in plaats van een eenrichtingsgesprek. Maak elke keer als

je met je baby praat oogcontact, hoe jong hij ook is. Ook al praat hij een aantal maanden, of zelfs een jaar of nog langer, niet terug, hij neemt alles in zich op en 'praat' terug door middel van kraaien en huilen.

4. *Respecteer de fysieke ruimte van je baby.* Ook al denk je dat hij je woorden niet begrijpt, leg altijd uit wat je gaat doen. Doe je hem bijvoorbeeld een schone luier om, zeg dan: 'Ik ga je benen optillen en doe je een schone luier om.' Ga je met hem wandelen, zeg dan: 'We gaan nu naar het park, dus moet je je warme winterjas aan.' Vertel hem vooral wat er gaat gebeuren als je naar de kinderarts of het consultatiebureau gaat, en stel hem gerust: 'Dr. Schneck moet je even onderzoeken. Ik blijf bij je.' (Zie kader 101).

5. *Negeer het huilen van je baby nooit en benoem zijn gevoelens al lang voordat je denkt dat hij ze begrijpt.* Hij probeert je iets te vertellen over hoe hij zich voelt. Je kunt hem al vroeg vertrouwd maken met de taal van emoties door de verschillende huiltjes te verwoorden ('Je hebt honger; je hebt ook al drie uur niet gegeten,' of: 'Je bent gewoon moe, je probeert in slaap te vallen').

6. *Stem je handelingen af op de emoties van je baby.* Bijvoorbeeld: als je gevoelige baby steeds begint te huilen als je de mobile boven zijn hoofd aanzet, zegt hij: 'Dat is me te veel.' Laat hem ernaar kijken zonder het muziekje aan te zetten.

7. *Zorg dat je weet op welke manier je jóúw baby kunt kalmeren.* Hoewel inbakeren voor de meeste baby's een geweldige techniek is, raken mopperige en pittige baby's alleen maar over hun toeren als ze begrensd worden. En terwijl de sus-klopmethode (zie pagina 229-232) bij de meeste baby's werkt om ze in slaap te krijgen, kan deze voor een gevoelige baby te indringend zijn. Afleiden werkt goed bij vrijwel ieder type, maar soms kan het zijn dat je een pittige, gevoelige of mopperige baby uit een omgeving met te veel prikkels moet halen om hem te kalmeren.

8. *Zorg ervoor dat je baby meteen vanaf het begin goed eet.* Als je problemen hebt met het geven van borstvoeding en de advie-

zen in dit boek niet werken, neem dan onmiddellijk contact op met een lactatiekundige. Engelachtige of volgens-het-boekje-baby's kunnen hangerig worden als mama het nog moet leren, maar pittige, gevoelige en mopperige baby's kunnen er helemaal door van slag raken.

9. **Houd je aan zijn slaaptijden.** Een baby die genoeg slaap krijgt, kan alles wat hij meemaakt beter verwerken. Zorg vooral bij een gevoelige baby dat het wiegje op een veilige, rustige plek staat en verduister de kamer als hij overdag gaat slapen.

10. **Zit hem niet op de huid: laat je baby zelf dingen ontdekken en van zijn onafhankelijkheid genieten.** Denk aan mijn HELP-acroniem (zie het kader op deze pagina) als je toekijkt hoe je baby speelt. Kijk naar wat hij leuk vindt en respecteer zijn eigen tempo. Als hij op je schoot wil kruipen, laat hem dan. Een gevoelige of mopperige baby gaat sneller op onderzoek uit als hij weet dat jij er bent als hij je nodig heeft.

HELP je baby opbloeien

Opvoeden betekent altijd balanceren op de dunne scheidslijn tussen er zijn om te zorgen dat je kind veilig is, en hem loslaten zodat hij de wereld kan verkennen. Als geheugensteuntje voor deze balans heb ik HELP bedacht:

Houd je op de achtergrond: grijp niet meteen in. Wacht een paar minuten om erachter te komen waarom je baby huilt of waarom hij zich uit alle macht aan je vastklampt.

Eropuit om de wereld te ontdekken: laat je baby of peuter in zijn eentje het wonder van zijn vingers of zijn nieuwe speeltje ontdekken. Je baby vertelt je vanzelf wel wanneer hij wil dat jij je ermee bemoeit.

Laat zien waar de grenzen liggen: je weet waarschijnlijk wel wanneer het je baby te veel wordt. Beperk de hoeveelheid prikkels, de tijd dat hij wakker is, het aantal speeltjes om hem heen en de keuzes die hij krijgt. Grijp in voordat hij overprikkeld raakt.

Prijs je kind: begin al als hij een baby is met het prijzen van zijn pogingen, niet alleen van het resultaat ('Goed dat je je arm in je jas doet'). Overdrijf je lofuitingen echter niet (hij is níét 'het slimste jongetje van de hele wereld,' al vind jij hem nog zo knap!). Bedenk wel dat complimentjes niet alleen goed zijn voor het zelfvertrouwen van je kind, maar dat ze ook motiverend werken.

---

11. Plan activiteiten op het tijdstip waarop je baby op zijn best is. Wanneer een baby oververmoeid of overprikkeld raakt, is dat vrijwel altijd een garantie voor losgeslagen emoties. Houd rekening met temperament en tijdstip als je plannen maakt om boodschappen te gaan doen, bij iemand op bezoek te gaan of af te spreken met andere moeders. Plan geen activiteiten vlak voor het tijd is om te slapen. Vooral met wat oudere baby's, die kunnen duwen en trekken en zich voortbewegen, is het niet slim om een gevoelige baby en een pittige baby bij elkaar te zetten.

12. Zorg dat iedereen die voor je baby zorgt zijn temperament begrijpt en accepteert. Als je iemand inhuurt om voor je baby te zorgen, trek dan een paar dagen met deze nieuwe verzorger op om te zien hoe je baby op haar reageert. Misschien vind jij de oppas wel geweldig, maar je kunt niet van je kind verwachten dat hij zonder gewenningsperiode met een nieuw iemand kan opschieten (zie 'Eenkennigheid,' pagina 473).

Verlengde scheidingsangst: als hechting tot onzekerheid leidt

Vertrouwen kweken en je baby's behoeften begrijpen zijn essentiële vaardigheden. Veel ouders verwarren ontvankelijkheid echter met overbezorgdheid, vooral de ouders die bij mij terechtkomen omdat hun baby scheidingsproblemen heeft. Als ik dan vraag hoe hun dag er gewoonlijk uitziet, wordt me duidelijk dat zij denken dat ze, om een goede ouder te zijn, hun baby de hele dag moeten rondsjouwen, hem bij hen in bed moeten laten slapen en hem nooit, maar dan ook nooit mogen laten huilen. Ze reageren meteen zodra hij een kik geeft, zonder af te wachten of het gewoon een babygeluidje is of echt een noodkreet. Als ze hun baby niet ronddragen, zorgen ze dat ze altijd dicht bij hem in de buurt zijn. Ze kunnen de kamer niet verlaten of hun baby begint te huilen, en tegen de tijd dat ze mij bellen, hebben ze niet alleen slaapgebrek, maar zijn ze ook hun vrijheid en hun vrienden kwijt. Ze praten dit echter allemaal goed door te zeggen: 'Maar wij geloven in veilige hechting,' alsof ze het over een religie hebben.

Natuurlijk, baby's moeten zich veilig en verbonden voelen, en leren hoe ze hun eigen gevoelens moeten begrijpen en de gezichts-uitdrukking van anderen kunnen interpreteren. Maar bij sommige ouders loopt het hechtingsproces uit de hand. Baby's voelen zich gehecht als ze begrepen worden. Je kunt je baby elk moment van de dag in je armen houden, hem op je borst in slaap laten vallen en je bed met hem delen tot hij in de puberteit zit. Maar als je niet erkent dat hij uniek is, je niet in hem inleeft en hem niet geeft wat hij nodig heeft, kun je hem nog zo stevig vasthouden en wiegen, maar zal hij zich nooit zeker voelen. Uit onderzoek blijkt: baby's met verstikkende moeders zijn minder veilig gehecht dan baby's met moeders die op tijd reageren, maar niet overbezorgd zijn.

Ergens tussen de zeven en negen maanden komt dit het duidelijkst naar voren, omdat vrijwel elk kind in die periode last krijgt van *normale scheidingsangst*. Op dit punt in zijn ontwikkeling stelt zijn geheugen hem in staat om te bevatten hoe belangrijk zijn moeder is, maar zijn de hersenen van het kind nog niet zo ver dat hij beseft dat mama niet altijd wegblijft als ze even de kamer uit loopt. Als je hem op opgewekte toon op de juiste wijze geruststelt ('Hé, het is al goed, ik ben gewoon hier') en allebei de ouders een beetje geduld kunnen opbrengen, verdwijnt normale scheidingsangst binnen een maand of twee.

Maar bedenk eens wat er gebeurt als ouders een kind constant aandacht geven en om hem heen hangen. Dan krijgt de baby nooit de kans om gefrustreerd te zijn en leert hij nooit hoe hij zichzelf kan sussen. Hij leert niet zelfstandig te spelen omdat zijn ouders denken dat het hun taak is om hem bezig te houden. Zodra hij normale scheidingsangst ervaart en om zijn ouders roept, komen ze meteen aanrennen om hem te redden, waardoor ze onbewust zijn angst versterken. Ze zeggen haastig: 'Ik ben er al. Ik ben hier,' op een toon die de paniek van de baby weerspiegelt. Als dit meer dan twee weken duurt, draait het waarschijnlijk uit op wat ik *verlengde scheidingsangst* noem.

Een van de meest extreme voorbeelden van dit fenomeen was Tia, een baby van negen maanden uit Engeland wier moeder wanhopig op zoek was naar hulp, en dat kon ik goed begrijpen toen ik eenmaal kennismaakte met dit gezin. In alle jaren dat ik ouders heb geholpen had ik nog nooit zo'n ernstig geval van scheidingsangst meegemaakt. Het zou een understatement zijn om te zeggen dat Tia aanhankelijk was. 'Vanaf het moment dat ik wakker word,' legde Belinda uit, 'moet ik haar ronddragen. Ze speelt hooguit twee of drie minuten in haar eentje. En als ik haar niet optil, gaat ze net zo lang schreeuwen totdat ze zichzelf pijn doet of gaat overgeven.' Belinda vertelde dat ze een keer bij oma waren geweest en terug naar huis reden. Tia voelde zich verloren omdat ze in het autostoeltje zat en niet bij mama op schoot en begon te huilen. Belinda probeerde haar te troosten, maar Tia ging alleen maar harder huilen. 'Ik besloot dat ik de auto niet de hele tijd aan de kant kon blijven zetten. Maar toen we thuis waren, had ze zichzelf helemaal ondergespuugd.'

Met hulp van een paar vriendinnen had Belinda geprobeerd de kamer uit te lopen terwijl een vriendin Tia vasthield. Zelfs toen ze maar twee minuten wegbleef, werd haar dochter hysterisch. Hoewel haar vriendinnen er waren om haar te helpen, gaf Belinda toe en nam haar toevlucht tot haar oude remedie: 'Zodra ik haar optil, is ze stil.'

Om het nog moeilijker te maken, werd Tia nog steeds 's nachts wakker; als ze slechts twee keer wakker werd, werd dat beschouwd als een 'goede nacht.' Martin, die zes maanden lang had geprobeerd de last met zijn vrouw te delen, kon Tia niet troosten omdat die alleen Belinda wilde. Omdat ze overdag constant Tia op haar arm had en de baby ging huilen als ze dat niet deed, was Belinda niet alleen afgepeigerd, maar kon ze ook helemaal niets doen, laat staan genoeg tijd besteden aan Jasmine, Tia's zusje van drie. En tijd voor haar echtgenoot had ze al helemaal niet. Belinda en Martin hadden nauwelijks een moment voor hen samen.

Al toen ik een paar minuten met Belinda had gesproken en gezien had hoe ze met Tia omging, zag ik dat ze ongewild Tia's ergste angst versterkte als ze Tia optilde en haar van haar tranen 'redde.' Door haar zo vaak op te tillen, zei ze eigenlijk tegen Tia: 'Je hebt gelijk, er is inderdaad iets om bang voor te zijn.' Er was ook nog een slaapprobleem dat we op moesten lossen, maar eerst moesten we aan de slag met Tia's ernstige scheidingsangst.

Ik zei tegen Belinda dat ze Tia neer moest leggen, maar tegen haar moest blijven praten terwijl ze bij het aanrecht wat huishoudelijke klusjes aan het doen was. Als ze even de kamer uit liep, moest ze hard praten zodat Tia haar kon blijven horen. Ik moest ook zorgen dat Belinda niet op een toon van: 'Arme baby,' praatte. In plaats daarvan moest ze haar op opgewekte toon geruststellen: 'Zie je wel, Tia. Ik ben er nog gewoon.' Als Tia dan om haar huilde, instrueerde ik haar om op handen en knieën op ooghoogte van de baby te gaan zitten en haar niet op te tillen. Ze kon haar zo troosten en knuffelen, zolang ze haar maar niet vasthield. Op die manier liet ze Tia weten: 'Er is niets aan de hand, ik ben hier.' Zodra Tia rustiger werd, moest Belinda haar afleiden met een speeltje of een liedje, zodat ze haar angst vergat. Ik zei dat ik over zes dagen terug zou komen. Ze belde me na drie dagen al op. Mijn ideeën leken niet te werken. Belinda was vermoeider dan ooit en wist algauw niets meer te bedenken om Tia af te leiden. Jasmine, die zich nog meer verwaarloosd voelde, kreeg driftbuien, wat haar manier was om toch nog een beetje aandacht van mama te krijgen. Ook al zagen Martin en Belinda nog weinig vooruitgang, tijdens mijn tweede bezoek zag ik dat Tia het al iets beter deed, vooral in de woonkamer. Maar in de keuken, waar Belinda veel huishoudelijke klusjes deed, ging het nog niet zo goed. Ik realiseerde me wat het verschil was: in de woonkamer speelde Tia op het kleed, waar ze heel veel speelgoed om zich heen had – veel afleiding – terwijl ze in de keuken in een activiteitenstoeltje zat. Het was voor Belinda veel moeilijker om haar dochter af te leiden als ze in het stoeltje zat, omdat Tia daar

Troosten en afleiden

Als je baby tussen de zeven en negen maanden oud is en ineens begint te huilen als je de kamer uit loopt of overdag of 's nachts slechter gaat slapen, kan dat het begin zijn van normale scheidingsangst. Dat gebeurt bij heel veel baby's als ze zich voor het eerst realiseren dat hun moeders van hen gescheiden zijn. Normale scheidingsangst hoeft niet te leiden tot verlengde scheidingsangst als je:

✓ op ooghoogte van je kind gaat zitten als hij huilt, en hem troost met woorden en knuffels maar níét door hem op te tillen;
✓ op ontspannen, opgewekte manier reageert op het huilen van je baby;
✓ op de toonhoogte van je stem let: weerspiegel zijn paniek niet;
✓ je baby afleidt zodra hij rustiger wordt;
✓ nóóit je toevlucht neemt tot 'gecontroleerd laten huilen' (ook wel *Ferberizing* genoemd, naar de methode van Richard Ferber) om slaapproblemen op te lossen. Dan schend je het vertrouwen van je baby en zeg je eigenlijk dat hij tóch gelijk had: je hebt hem wél verlaten.
✓ kiekeboe met hem speelt zodat hij ziet dat je weliswaar een minuutje weg kan zijn, maar ook weer terugkomt;
✓ een blokje om gaat, zodat hij af en toe een tijdje zonder jou kan zijn;
✓ als je weggaat, zorgt dat je partner of de oppas met hem naar de deur loopt om je uit te zwaaien. Misschien blijft hij de hele tijd huilen; dat is normaal als hij afhankelijk van je is. Maar zo bouw je wel vertrouwen op.

alleen maar wat speeltjes had die ze niet bijster interessant meer vond. Bovendien zat Tia daar vast. Zo werd ze niet alleen gescheiden van haar moeder (al was het dan maar hooguit twee meter), maar kon ze ook geen kant op.

Ik stelde voor om een groot speelkleed te kopen voor in de keuken en daar een paar van Tia's lievelingsspeeltjes op te leggen. Haar moeder vond ook een nieuw activiteitenspeeltje voor haar, met pianotoetsen en drukknoppen, dat Tia prachtig vond. Door dat nieuwe speelgoed kon Tia sneller worden afgeleid. En nu kon ze, als mama haar niet optilde, in elk geval dichter naar haar toe kruipen. Langzaam maar zeker werd Tia's concentratieboog groter en kon ze langer alleen spelen.

Nu moesten we nog aan het slaapprobleem werken. Tia was nooit een 'goede slaper' geweest en zoals zo veel moeders had Belinda maandenlang de weg van de minste weerstand gekozen en haar baby aan de borst in slaap laten vallen. Nu was dat de enige manier om Tia in slaap te krijgen. Zodra ze zeker wist dat Tia in diepe slaap was, kwam Belinda heel langzaam overeind en legde haar in haar bedje, dat... drie keer raden... in de slaapkamer van haar ouders stond. Dus daar heb je het al: een kind dat overdag bang is dat mama weggaat, wordt midden in de nacht wakker in haar bedje. Wat gaat er dan in haar babyhoofdje om? *Hoe ben ik hier terechtgekomen? Waar is mama met die fijne borst? Ze komt vast nooit meer terug.*

We zetten Tia's bedje weer in haar eigen kamer, en om papa weer in het verhaal te betrekken legde ik hem uit hoe 'oppakken/neerleggen' werkt (zie pagina 273-277). Ik instrueerde Martin dat hij, terwijl hij O.P./N.L. deed, steeds maar tegen zijn dochter moest zeggen: 'Het is goed, je gaat gewoon slapen.' Het kostte een paar nachten huilen en een heleboel doorzettingsvermogen, maar Martin hield vol.

Na Tia een paar dagen gerustgesteld te hebben en geleerd te hebben hoe ze uit zichzelf in slaap kon vallen en in haar eigen bedje de nacht door moest komen (meer daarover in hoofdstuk 6), werd Tia nog maar een keer per nacht wakker en sliep ze soms, tot verbazing van haar ouders, zelfs door. Ook 's ochtends en 's middags sliep ze beter. Nu ze niet meer oververmoeid was, waren de scheidingsproblemen ook een stuk minder.

Een maand later leek het wel of ik bij een ander gezin op bezoek kwam. Omdat Belinda niet meer vierentwintig uur per dag met Tia bezig was, kon ze meer tijd besteden aan Jasmine. Martin, die zich eerst zo hulpeloos voelde, maakte nu deel uit van een opvoedteam. En wat nog mooier was, was dat hij zijn jongste dochter eindelijk leerde kennen.

Zelfstandig spelen: de hoeksteen van emotioneel bekwaam zijn

Ouders vragen me vaak: 'Hoe moet ik mijn kind bezighouden?' Voor kleine kinderen is de wereld op zich al een wonder. Kinderen raken van nature zelden 'verveeld', tenzij ze onwillekeurig leren dat ze hun ouders nodig hebben om beziggehouden te worden. Ze worden overladen met speelgoed dat beweegt, ratelt, trilt, fluit, zingt en praat, waardoor ik meer overprikkelde dan verveelde baby's zie. Toch is het belangrijk om een balans te vinden: zorg dat je kind de juiste prikkels op het juiste niveau krijgt, maar bouw ook perioden van rust in zodat hij even stoom kan afblazen. Na een tijdje weet je kind zelf wel wanneer het hem te veel wordt of wanneer hij te moe is om te spelen – een belangrijk aspect van emotioneel bekwaam zijn – maar in het begin zul je hem daarbij moeten helpen.

Om te zorgen dat je kind zijn emotionele spieren ontwikkelt die nodig zijn om zelfstandig te spelen, moet je op de smalle scheidslijn balanceren tussen helpen en op zijn lip zitten. Je wilt thuis een sfeer creëren waarin hij de kans krijgt om veilig te ontdekken en te experimenteren, maar tegelijkertijd moet je ervoor oppassen dat je niet de rol van Hoofd Amusement op je neemt. Hier volgen enkele richtlijnen per leeftijdscategorie om je daarbij te helpen.

Pasgeboren tot zes weken. Op deze jonge leeftijd moet je niets meer van je baby verwachten dan eten en slapen; meer kan hij nog niet aan. Praat zachtjes terwijl je hem voedt, zodat hij wakker blijft. Probeer hem na de voeding een kwartier wakker te houden, zodat hij leert dat eten losstaat van slapen. Raak niet in paniek als hij in slaap dreigt te vallen. Sommige baby's kunnen in eerste instantie maar vijf minuten wakker blijven, maar na een tijdje zullen hun wakkere periodes langer worden. Wat speelgoed betreft: hij wil vooral jouw gezicht en dat van andere mensen zien. Een grote 'activiteit' kan een bezoek aan oma zijn, maar ook gewoon met jou door het huis lopen, waarbij je hem van alles in en om het huis laat zien. Praat tegen hem alsof hij elk woord begrijpt: 'Kijk, dit is de kip die ik vanavond voor het avondeten ga klaarmaken.' 'Kijk eens naar die mooie boom buiten.' Bewaar die prachtige prentenboeken die je in de kraamtijd hebt gekregen nog maar even. Zet hem liever bij het raam zodat hij naar buiten kan kijken, of leg hem in de box om naar zijn mobile te kijken.

Zes tot twaalf weken. Nu kan je kleintje ongeveer vijftien minuten of iets langer zelfstandig spelen, maar pas op dat hij niet overprikkeld raakt. Leg hem bijvoorbeeld niet langer dan tien tot vijftien minuten onder de babygym. Hij zal het geweldig vinden om in een wipstoeltje te zitten, maar neem niet zo'n vervelend trillend ding; laat hem gewoon zitten en om zich heen kijken zonder dat hij door elkaar wordt geschud. En zet hem niet voor de tv, want dan krijgt hij véél te veel prikkels. Neem hem mee als je de was gaat doen, gaat koken of aan je bureau gaat zitten om je e-mail te lezen, en laat hem bij je in de buurt zitten. Blijf tegen hem praten: leg uit wat je aan het doen bent en erken ook zijn aanwezigheid ('En wat ben jíj aan het doen? Ik zie dat je een beetje moe wordt'). Doordring hem er al meteen van dat rust een goede zaak is.

Drie tot zes maanden. Als je niet té veel met hem bent bezig geweest, heb je nu een baby die ongeveer een uur en twintig minuten achter elkaar wakker is (inclusief voeding). Hij zou nu vijftien tot twintig minuten zelfstandig moeten kunnen spelen en dan wordt hij hangerig. Op dat moment is het bijna tijd voor een slaapje, dus is het een goed idee om hem in zijn ledikantje tot rust te laten komen. Als hij nu nog niet zelfstandig kan spelen, betekent dat meestal dat je op de een of andere manier hebt opgevoed tegen wil en dank, waardoor hij van jou afhankelijk is geworden om gestimuleerd te raken. Daardoor beperk je niet alleen je eigen vrijheid, maar leert je kind ook niet zelfstandig te worden en kan hij uiteindelijk zelfs onzeker worden.

Blijf ervoor oppassen dat hij niet overprikkeld raakt. In deze periode zullen jullie – maar ook opa en oma, tantes en ooms en buurvrouw Nelly – je kunnen verheugen op reacties van je baby. Oma glimlacht en trekt een gek gezicht, en voor je het weet begint ook hij te lachen en gek te doen. Maar plotseling is hij in tranen. Dan probeert hij te zeggen: 'Laat me nu alsjeblieft met rust en leg me in bed. Ik heb genoeg van oma's gekke gezicht!' Hij krijgt meer controle over zijn romp, kan zijn hoofd recht houden en heeft een betere armcoördinatie, zodat hij niet meer alleen onder zijn babygym kan liggen, maar ook dingen wil pakken. Er zit echter ook een minpuntje aan zijn fysieke assertiviteit: hij kan zijn eigen handje in zijn mond steken en daardoor gaan kokhalzen, of aan zijn oren gaan trekken of zichzelf krabben. Alle baby's prikken met hun vinger in hun eigen gezicht of lijf. Ouders raken dan vaak in paniek. Ze komen aanrennen en pakken de baby zo snel op dat hij zichzelf niet alleen bezeert met zijn vinger, maar zich ook nog eens rot schrikt omdat hij zo plotseling werd opgetild. Voor hem lijkt het alsof hij met de snelheid van het licht van Ground Zero naar de top van het Empire State Building is gevlogen. Val dus niet ten prooi aan het 'arme baby'-syndroom (zie pagina 304). Je kunt beter de pijn erkennen maar er niet te zwaar aan tillen. 'Suffie! Dat zal wel pijn doen, au!'

Zes tot negen maanden. Je baby kan nu zo'n twee uur opblijven, inclusief voeding. Hij moet nu in staat zijn zichzelf minstens een halfuur te vermaken, maar verander wel zijn positie; bijvoorbeeld van zitten in het wipstoeltje naar liggen onder de mobile in zijn ledikantje. Als hij rechtop kan zitten, zet hem dan eens in een loopstoeltje. Hij vindt het leuk om voorwerpen vast te pakken. Hij zal ook alles in zijn mond stoppen, inclusief de snuit van de hond. Nu is de tijd aangebroken om plaatjesboeken tevoorschijn te halen, versjes op te zeggen en liedjes te zingen als 'Op een grote paddestoel' en 'In de maneschijn.'

Op deze leeftijd zien kinderen voor het eerst het verband tussen hun eigen gedrag en een daaropvolgende reeks gebeurtenissen, en ontstaan er al snel verkeerde patronen. Wanneer ouders me vertellen dat hun kind, dat tussen de zes en negen maanden oud is, al na vijf of tien minuten spelen gaat huilen om te worden opgetild, zeg ik: 'Nou, til hem dan niet op.' Anders leer je hem: o, als ik dit geluid maak, tilt mama me op. Het is niet zo dat je kind denkt dat hij precies weet hoe hij mama om zijn vinger moet winden. Hij manipuleert je niet bewust... nóg niet, althans. In plaats van hem meteen op te pakken, kun je beter naast hem gaan zitten en hem geruststellen: 'Hé, hé, het is al goed. Ik ben hier. Je kunt best zelf spelen.' Leid hem af met een speeltje dat geluid maakt.

Denk er ook aan dat je kijkt of hij niet huilt omdat hij moe is of omdat er te veel om hem heen gebeurt: de stofzuiger, broertjes of zusjes, de televisie, een Playstation of zijn eigen speelgoed. Als het eerste het geval is, leg hem dan in bed. Als het om het laatste gaat, breng hem dan naar zijn eigen kamer. Heeft hij geen eigen kamer, maak dan een veilig plekje in de woonkamer of in je eigen slaapkamer waar hij tot rust kan komen als hij overprikkeld raakt. Een andere manier om hem te kalmeren is hem mee naar buiten te nemen en zachtjes tegen hem te praten ('Kijk eens naar de bomen, zie je hoe mooi ze zijn?'). Hoe het weer ook is, neem hem mee de buitenlucht in. Ga in de winter niet zitten klungelen met een jasje, maar wikkel hem gewoon in een deken.

Nu moet zijn sociale leven beginnen. Ook al 'spelen' kinderen van deze leeftijd nog niet echt met elkaar, toch is het goed om te beginnen met een ochtendspeelgroepje. In Amerika worden veel moeders direct na de bevalling of enkele weken daarna lid van een 'moedergroepje,' maar die groepen zijn meer bedoeld voor moeders dan voor baby's. Kinderen vinden het leuk om elkaar te observeren en dat is ook goed voor ze. Verwacht echter nog niet dat je kind ook al gaat delen of sociaal is. Dat komt later pas.

Negen tot twaalf maanden. Je kind moet nu heel zelfstandig zijn, mínstens drie kwartier lekker in zijn eentje spelen en in staat zijn om complexere taken uit te voeren. Zijn leervermogen lijkt met sprongen vooruit te zijn gegaan. Hij kan ringen om een stok doen of een blok in een gat schuiven. Ook speelt hij graag met water en zand. Grote dozen en enorme kussens zorgen voor veel lol, net als potten en pannen. Hoe meer je kind zelfstandig speelt, hoe leuker hij het vindt om in zijn eentje te zijn en hoe meer hij erop vertrouwt dat jij in de buurt bent, en dat je, als je uit het zicht verdwenen bent, toch wel weer terugkomt. Op deze leeftijd hebben kinderen nog geen tijdsbesef, dus als ze eenmaal zelfverzekerd zijn, doet het er niet toe of je nu vijf minuten of vijf uur wegblijft.

Wanneer een moeder tegen me zegt: 'Hij wil niet in zijn eentje spelen,' of: 'Hij wil dat ik bij hem kom zitten en dan kom ik nergens meer aan toe,' vermoed ik direct dat hier is opgevoed tegen wil en dank, waarschijnlijk al sinds maanden. De baby huilde; mama tilde hem meteen op in plaats van hem aan te moedigen zelf te gaan spelen. De moeder is altijd bij het kind in de buurt geweest en heeft hem nooit de vaardigheden van zelfstandigheid leren ontwikkelen. Misschien is ze nooit met hem naar een speelgroepje geweest, waardoor hij nooit buiten de veilige omgeving van zijn eigen gezin is geweest en bang is voor andere kinderen. Het kan ook zijn dat de moeder werkt, tegenstrijdige gevoelens heeft als ze haar kind bij iemand anders achterlaat en zo onbewust de situatie gecreëerd heeft. Ze dóét schuldig als ze weggaat en zegt iets van: 'Sorry, schatje. Mama moet naar haar werk. Zul je me missen?'

Als je kind één is en nog steeds niet zelfstandig kan spelen, geef hem dan op voor een speelgroepje. Het wordt nu ook tijd om eens wat speelgoed op te ruimen. Kinderen houden er niet van om met speelgoed te spelen dat ze al beheersen. Een kind dat verveeld raakt door zijn speelgoed, zal eerder afhankelijk worden van een volwassene om hem te amuseren. Als je kind nog steeds last heeft van scheidingsangst, maak je dan zachtjes los en onderneem stappen om hem onafhankelijker te maken (zie 'Troosten en afleiden', pagina 109). Kijk ook naar je eigen houding. Als je hem bij iemand anders achterlaat, behandel je papa, de oppas of oma dan als een leuk en capabel iemand of geef je je kind op de een of andere manier het idee dat andere volwassenen inferieure plaatsvervangers zijn? Misschien voel je je belangrijk als jij in de ogen van je kind de enige echte bent, maar emotioneel gezien zijn jullie daar op lange termijn allebei de dupe van.

Vergeet ook niet dat spelen een serieuze zaak is voor baby's. De zaadjes van het leren groeien uit emotioneel bekwaam zijn. Ze worden geplant in de babytijd en terwijl je geleidelijk de zelfstandige speeltijd van je kind vergroot, verbeter je ook zijn emotionele vaardigheden: zijn vermogen om zichzelf te vermaken, om zonder angst op ontdekking te gaan en om te experimenteren. Door te spelen leren jonge kinderen hoe ze voorwerpen moeten pakken. Door te spelen leren ze oorzaak en gevolg. Ze leren ook hoe ze moeten leren: om met de frustratie om te gaan als ze iets niet meteen bij de eerste poging al kunnen, om geduld te hebben en om iets steeds opnieuw te oefenen. Als je je kind aanmoedigt en dan een stapje terugdoet om te kijken hoe hij zich bewust wordt van de wereld, wordt het vanzelf een avonturier en een wetenschapper, een kind dat in staat is zelfstandig te spelen en nooit zal zeggen: 'Ik verveel me.'

3

Het vloeibare voedsel van je baby

Problemen met voeden tijdens de eerste zes maanden

Eten, heerlijk eten!

In de eerste zes maanden van het leven van je baby verwijst de 'F' van FIJN naar zijn vloeibare dieet: moedermelk, flesvoeding of een combinatie van die twee. Zeggen dat voedsel belangrijk is voor je baby, is natuurlijk een open deur. We weten allemaal dat elk levend wezen moet eten om te overleven. Het is dan ook niet zo gek dat het aantal eetproblemen dat ik aantref in mijn dossiers, e-mails en berichten op mijn website slechts wordt overtroffen door het aantal slaapproblemen. En als je alles tot nu toe hebt gelezen, weet je ook dat slaapproblemen in verband kunnen gebracht met eetproblemen, en andersom. Een goed uitgeruste baby eet beter; een goed gevoede baby slaapt beter.

Als je geluk hebt, heeft je kind al vanaf zijn eerste levensdagen een goede start gemaakt. Baby's zijn eerst net eetmachines; ze worden de hele tijd gevoed. De meeste baby's komen rond een maand of zes tot stilstand en eten dan minder vloeibaar voedsel. Sommige ouders zeggen tegen me: 'Eerst at ze altijd om de drie uur,' of: 'Mijn baby wilde eerst duizend ml per dag en nu nog maar zevenhonderd of zevenhonderdvijftig.' Ja, logisch, hij wordt groter! Naarmate hij groeit, verandert ook zijn routine. De 4/4-regel is dat de 'F' van FIJN na vier maanden overdag verandert naar om de vier uur (zie pagina 50).

Of ze nu borst- of flesvoeding geven, alle moeders hebben (vooral in het begin) dezelfde zorgen: hoe weet ik of mijn baby genoeg te eten krijgt? Hoe vaak moet ik hem voeden? Hoe weet ik of hij honger heeft? Wanneer heeft hij genoeg gehad? Als hij een uur na een voeding alweer honger heeft, wat betekent dat dan? Raakt hij in de war als ik hem borst- én flesvoeding geef? Waarom huilt hij na de voeding? Wat is het verschil tussen koliek, darmkrampjes en reflux, en hoe weet ik of mijn baby daar last van heeft? In dit hoofdstuk vind je de antwoorden op deze en andere eetkwesties. Hier (en in de volgende vier hoofdstukken) tref je veel vragen aan die ik in hoofdstuk 1 al aan de orde stelde. Maar nu leer ik je hoe je de problemen op kunt sporen en erachter kunt komen wat er aan de hand is. Daarna geef ik je een heleboel tips en strategieën voor de aanpak.

Keuzevrijheid

Op welke manier je als moeder wilt voeden, is een kwestie van kiezen. Hoewel ik elke vrouw steun die borstvoeding wil geven en die gelooft in de positieve eigenschappen van moedermelk, ben ik een nog grotere voorstander van een moeder die – zonder schuldgevoel – een zorgvuldige, weloverwogen beslissing neemt over de manier van voeden, en niet iets doet waar ze ongelukkig of zelfs gefrustreerd van raakt. Er zijn moeders die geen borstvoeding kunnen geven vanwege diabetes, het gebruik van antidepressiva of andere fysieke problemen. Anderen wíllen het gewoon niet. Borstvoeding geven past niet bij hun aard, of het geeft te veel stress of logistieke problemen in hun situatie. Weer anderen hebben een slechte ervaring achter de rug met hun eerste kind en willen het niet nog een keer proberen. Wat de reden ook is, het is prima. In flesvoeding zitten tegenwoordig alle voedingsstoffen die een baby nodig heeft.

Borstvoeding is op dit moment wel echt 'in'. Uit een onderzoek van het tijdschrift *Pediatrics* in 2001 bleek dat zeventig procent van alle nieuwe moeders borstvoeding geeft na de bevalling. Ongeveer de helft daarvan stopt na zes maanden; de rest gaat door tot een jaar of zelfs langer. (Op pagina 138-139 bespreek ik waarom ik het een goed idee vind om zowel borst- als flesvoeding te geven.)

Eet mijn baby wel genoeg?
Wat is normaal?

Iedereen wil harde cijfers horen: hoeveel moet een baby eten en hoe lang? Zie hiervoor 'Richtlijnen voor voeding' op pagina 123-124, een tabel die je door de eerste negen maanden heen helpt. Tegen die tijd moet je baby naast zijn vloeibare dieet ook gevarieerde vaste voeding eten (zie hoofdstuk 4).

Net na de bevalling ben je meestal flink aan het experimenteren met de 'F' van FIJN, en is het vaak een kwestie van twee stappen vooruit en één stap terug. Als je flesvoeding geeft, moet je misschien eens een ander soort speen, of een kleinere, proberen om te kijken welke het beste bij het mondje van je baby past. Als je baby aan de kleine kant is en tijdens de voeding lijkt te kokhalzen of te stikken, moet je misschien overstappen op een speen met een kleiner gat, zodat hijzelf bepaalt hoe snel de toestroom gaat, en niet de zwaartekracht. Als je borstvoeding geeft, moet je zorgen dat je je baby goed aanlegt en dat je melk toeschiet. Maar wat je ook doet, het voeden van een baby kan een behoorlijke klus zijn.

De grootste zorg van kersverse moeders is: 'Krijgt mijn baby wel genoeg eten?' Dit kom je te weten door je baby te wegen. In Engeland krijgen moeders een weegschaal mee naar huis, waarmee ze hun baby om de drie dagen kunnen wegen. De meeste baby's komen zo'n vijftien tot vijfenvijftig gram per dag aan. Maar als jouw baby maar tien gram aankomt, kan hij het toch prima doen; misschien is hij gewoon klein. Het kan nooit kwaad om advies te vragen aan je kinderarts of consultatiebureau (zie het kader hierboven voor de waarschuwingssignalen).

Bij oudere baby's kan het gewicht een heikel punt worden. Als je afgaat op een groeicurve, of als ze daar op het consultatiebureau naar verwijzen, moet je altijd voor ogen houden dat die gemaakt zijn voor het gemiddelde kind. Sommige baby's zijn nu eenmaal groter en andere juist kleiner. De oudere groeicurven, die in de jaren vijftig van de vorige eeuw zijn ontworpen, waren gebaseerd op baby's die flesvoeding kregen, dus maak je geen zorgen als je borstvoeding geeft en je baby niet binnen de curve valt. Baby's die borstvoeding krijgen, komen vaak niet zo veel aan als

Wanneer je je zorgen moet maken over het gewicht van een pasgeborene

Weeg je baby als je je zorgen maakt, maar niet elke dag. Het is normaal dat een baby in de eerste twee weken tot tien procent van zijn lichaamsgewicht verliest, omdat hij via de navelstreng continu voeding van jou kreeg. Nu is hij afhankelijk van een externe bron – jij – die hem voedt. Je moet echter advies vragen aan een kinderarts en, als je borstvoeding geeft, een lactatiekundige, als je baby...

... meer dan tien procent van zijn geboortegewicht verliest

... niet binnen twee weken weer op zijn geboortegewicht is

... twee weken lang op zijn geboortegewicht blijft (een klassiek geval van 'niet willen groeien')

baby's die flesvoeding krijgen, althans niet in de eerste zes weken. Het hangt ook af van de gezondheid en het eetpatroon van de moeder: door koolhydraten wordt haar borstvoeding vetter, dus als ze daar niet genoeg van binnenkrijgt, kan het zijn dat haar moedermelk soms minder vet is dan flesvoeding, die constant dezelfde voedingswaarde bevat. En als je baby in het begin minder dan zes pond weegt, zal hij lager in de groeicurve uitkomen dan een baby die zwaarder is.

Zoals ik in hoofdstuk 1 al heb uitgelegd, eten kleine baby's van nature minder en moeten ze in het begin vaker eten. Kijk nog eens naar de 'FIJN per pond'-tabel op pagina 47 om zeker te weten dat je het geboortegewicht incalculeert en geen onrealistische verwachtingen hebt van de hoeveelheid die je baby eet. Baby's die prematuur zijn of minder wegen dan zes pond, kunnen nu eenmaal niet veel eten per voeding; dat past niet in hun maagjes. Ze moeten om de twee uur eten. Om je daar een visuele voorstelling van te kunnen maken, moet je maar eens een plastic zak met net zo veel water vullen als de hoeveelheid moedermelk of flesvoeding die je baby normaal gesproken binnenkrijgt, waarschijnlijk ongeveer zestig ml. Houd de zak naast het buikje van je baby. Nu kun je duidelijk zien dat er daarbinnen gewoon geen plek is voor grote voedingen. Verwacht dus niet dat hij net zo veel eet als een baby van zesenhalf pond.

Natuurlijk zal je baby, ongeacht zijn geboortegewicht, elke dag weer zijn capaciteit vergroten. Je moet ook de groei van zijn ontwikkeling incalculeren, evenals de mate waarin hij actief is. Vergelijk jouw baby van een maand dus niet met de vier maanden oude baby van je zus!

Onthoud dat de tabel slechts een *globale richtlijn* is. Op elke willekeurige dag beïnvloeden ook andere factoren de eetlust van je baby, zoals een slechte nachtrust of te veel prikkels. Baby's zijn net als wij: op sommige dagen hebben we meer honger dan op andere, dus eten we meer. Op andere dagen eten we weer minder, bijvoorbeeld als we moe zijn of gewoon niet zo lekker in ons vel zitten. Op dat soort 'mindere' dagen zal je baby waarschijnlijk ook minder eten. Zit hij daarentegen midden in een groeispurt (zie pagina 147), waarvan de eerste meestal tussen de zes en acht weken plaatsvindt, dan kan het zijn dat hij meer eet. Ook de leeftijdscategorieën zijn nogal willekeurig. Zelfs als ze op of rond de uitgerekende datum zijn geboren, kan de ene baby van zes weken wel acht weken oud lijken en de andere slechts vier weken.

Lees het volgende bericht maar eens, dat op mijn website stond. Het schuingedrukte commentaar tussen vierkante haken is van mijn hand!

Mijn zoon Harry is zes weken oud en weegt ruim tien pond. Hij wilde steeds om de drie uur 180 ml flesvoeding. Er werd me gezegd dat dat veel te veel is. *[Wie zei dat dan, vraag ik me af. Haar vriendinnen, buurvrouw Nellie, de kassajuffrouw bij de supermarkt? Het valt me op dat ze het niét over haar kinderarts heeft.]* Ze zeiden dat hij maximaal 950 ml per dag mag, ongeacht zijn gewicht. *[Hoe kun je het gewicht van een baby nu buiten beschouwing laten?]* Hij krijgt nu zo'n 1150 tot 1200 ml per dag. We weten niet wat we moeten doen om te zorgen dat Harry zijn behoefte aan eten niet verwart met zijn behoefte om zichzelf te kalmeren.

Dit is een heel slimme moeder die te veel naar anderen luistert in plaats van naar de babyfluisteraar in haar. Ze heeft gelijk dat ze haar zoon niet met eten wil kalmeren, maar ze moet naar haar baby luisteren en niet naar haar vriendinnen. Ik vind 1150 tot 1200 ml helemaal niet te veel voor een grote baby. Ik weet niet wat hij bij zijn geboorte woog, maar ik schat dat hij volgens de algemene groeicurve rond het 75e percentiel zit. Hij krijgt maar 180 tot 230 ml meer dan hij volgens iemand anders 'zou moeten' krijgen. Dat is maar zo'n twintig procent meer, en dat kan hij met zijn lichaam wel aan. Bovendien is hij geen snaaier (zie kader pagina 126), want er zit drie uur tussen zijn voedingen. Misschien wil hij wel 230 ml als hij straks acht weken is. Ook kan het best zijn dat hij eerder toe is aan vast voedsel (zie kader pagina 180). Tegen deze moeder zeg ik: 'Jij en je zoon doen het prima; luister niet meer naar wat anderen zeggen!'

Waar het om gaat is, dat je naar jóúw baby moet kijken. Je moet altijd naar het individu kijken, niet naar de norm. Boeken en tabellen (óók die op pagina 123-124) zijn gebaseerd op gemiddelden. Moeders laten zich soms zo gek maken door cijfers en door de mening van anderen dat ze hun gezonde verstand niet meer gebruiken. Er zijn heel veel uitzonderingen op de regel: baby's die langzamer of sneller eten dan gemiddeld, en baby's die meer of minder eten. Sommige kinderen zijn stevig en andere tenger. Als een baby dus veel honger lijkt te hebben, er drie uur tussen zijn voedingen zit en hij wat gewicht betreft in het 75e percentiel zit, is het toch niet meer dan logisch om hem meer eten te geven? Ik zou zelfs durven zeggen dat je een baby nooit té veel eten kunt geven zolang er drie tot vier uur tussen de voedingen zit. Door je baby te leren kennen, zijn signalen te leren herkennen, erachter te komen wat 'normaal' is voor zijn ontwikkeling en dan je gezonde verstand te gebruiken om te bepalen hoe ver jouw baby is, weet je hoogstwaarschijnlijk wel wat het beste is. Vertrouw op jezelf!

Voltanken

Een methode om je ervan te verzekeren dat je baby genoeg eet, is zijn voedselinname overdag, vóór 23.00 uur, te verhogen. Door hem 'vol te tanken', zoals ik deze strategie noem, komt er meer eten in zijn buikje, waardoor hij 's nachts langer achter elkaar door kan slapen. Voltanken werkt ook fantastisch bij groeispurts, de perioden waarin je baby ineens twee tot drie dagen méér eet dan normaal (zie pagina 147-152).

Voltanken bestaat uit twee delen: *clustervoedingen*, die vroeg in de avond met tussenpozen van twee uur worden gegeven, om 17.00 en 19.00 of om 18.00 en 20.00 uur, en de *droomvoeding*, die ergens tussen 22.00 en 23.00 uur gegeven wordt (dat hangt ervan af hoe laat jij of je partner kunnen opblijven). Met de droomvoeding voed je je baby letterlijk terwijl hij slaapt. Je praat niet tegen hem en doet ook het licht niet aan. Met een fles gaat het makkelijker, omdat je dan alleen de speen maar in zijn mondje hoeft te duwen, waardoor je de zuigreflex activeert. Als je borstvoeding geeft, is het iets lastiger. Aai voordat je hem je borst geeft eerst even over zijn onderlip met je pink of een speen, om zijn zuigreflex te stimuleren. Op welke manier je het ook doet, aan het eind van de droomvoeding zal je baby zo ontspannen zijn dat je hem neer kunt leggen zonder dat hij een boertje hoeft te laten.

Ik raad aan om al vanaf dag één met voltanken te beginnen, maar je kunt met beide strategieën op elk willekeurig moment in de eerste acht weken beginnen en tot zeven of acht maanden doorgaan met de droomvoeding (tegen die tijd drinkt je baby 180 tot 240 ml per voeding en krijgt hij daarnaast behoorlijk wat vast voedsel). Bij sommige baby's is het voltanken moeilijker dan bij andere. Ze willen misschien vroeg in de avond wel een voeding, maar geen droomvoeding. Als je je baby hierin herkent en je een keuze moet maken, *concentreer je dan alleen op de droomvoeding.*

Richtlijnen voor voeding

Deze voedingstabel is bedoeld voor een baby met een geboortegewicht van 5,5 tot 6 pond. Als je borstvoeding geeft, is het ook belangrijk dat je geen problemen hebt gehad met aanleggen of de melktoevoer, en dat de baby geen last heeft van zijn spijsvertering en ook geen problemen van anatomische of neurologische aard heeft. Als je baby prematuur was, kun je de tabel wel als referentiepunt gebruiken, maar moet je die aanpassen aan zijn ontwikkelingsleeftijd. Als je bijvoorbeeld op 1 januari was uitgerekend, maar je baby al op 1 december geboren is, moet je hem als pasgeborene beschouwen als hij een maand oud is. Als je baby bij de geboorte minder woog dan 5,5 pond, moet je afgaan op zijn gewicht in plaats van zijn leeftijd.

Leeftijd	Bij flesvoeding: hoe veel?	Bij borstvoeding: hoe lang?	Hoe vaak?	Opmerkingen
De eerste 3 dagen	Om de 2 uur 60 ml (in totaal tussen de 470 en 530 ml per dag)	Eerste dag: 5 minuten per borst Tweede dag: 10 minuten per borst	De hele dag, 'op verzoek' Om de 2 uur	Moeders die borstvoeding geven, moeten vaker voeden om de melkstroom op gang te krijgen, wat meestal in de eerste drie dagen gebeurt. Geef vanaf dag 4 nog maar één borst per keer (zie pagina 132-133).
Tot 6 weken	60/150 ml per voeding (7 of 8 voedingen per dag; in totaal 530/710 ml per dag)	Derde dag: 15 minuten per borst	Om de 2,5 uur	
		Tot 45 minuten	Overdag om de 2,5/3 uur; clustervoeding vroeg op de avond (zie pagina 122 en 125. 's Nachts moet je baby 4 à 5 uur achter elkaar zonder voeding kunnen, afhankelijk van gewicht en temperament.	Aanvankelijk zit er bij kinderen die flesvoeding krijgen langere tijd tussen de voedingen dan bij kinderen die borstvoeding krijgen. Met 3 à 4 weken wordt dit gelijkgetrokken, als de moeder tenminste geen problemen heeft gehad met aanleggen of de melktoevoer.
6 weken/ 4 maanden	120/180 ml (6 voedingen plus droomvoeding; in totaal 710/950 ml per dag)	Tot 30 minuten	Om de 3/3,5 uur; met 16 weken moet je baby het 's nachts 6/8 uur redden. Stop na 8 weken met het geven van clustervoedingen.	Het is je doel om overdag de tijd tussen de voedingen te verlengen, zodat er met 4 maanden zo'n 4 uur tussen de voedingen zit. Als je baby echter een groeispurt doormaakt en je borstvoeding geeft, kan het nodig zijn om hem 'vol te tanken' (zie pagina 122) en/of terug te gaan naar een routine van 3 uur.

Richtlijnen voor voeding (vervolg)

Leeftijd	Bij flesvoeding: hoe veel?	Bij borstvoeding: hoe lang?	Hoe vaak?	Opmerkingen
4/6 maanden	150(240 ml (5 voedingen plus droomvoeding; in totaal 770(1130 ml per dag)	Tot 20 minuten	Om de 4 uur; je baby moet nu 's nachts 10 uur door kunnen slapen.	Tussen de 4 en 6 maanden wordt de eetlust van sommige baby's beïnvloed door het doorkomen van tandjes en door hun pas verworven mobiliteit, dus maak je geen zorgen als je baby dan minder eet.
6/9 maanden	5 voedingen per dag, inclusief vaste voeding. Per dag in totaal 950(1420 ml aan vloeibaar voedsel. Als je vast voedsel introduceert, neemt de hoeveelheid vloeibaar voedsel af met hetzelfde aantal ml, dus een baby die eerst 1200 ml dronk, krijgt nu bijvoorbeeld 450 ml vast voedsel en 750 ml vloeibaar eten. N.B. 1 eetlepel vast voedsel = ongeveer 15 ml vloeibaar; 2 eetlepels gepureerd fruit of gepureerde groente = ongeveer $\frac{1}{4}$ van een potje van 115 gram (je kunt het uiteraard ook zelf maken).	Geef eerst vast voedsel en dan de fles of 10 minuten de borst. Op deze leeftijd drinken ze behoorlijk snel en kunnen ze in 10 minuten meer naar binnen krijgen dan daarvóór in een halfuur.	Voorbeeldroutine: 7.00 vloeibaar (150-240 ml, fles of borst) 8.30 vast 'ontbijt' 11.00 vloeibaar 12.30 vaste 'lunch' 15.00 vloeibaar 17.30 vast 'avondeten' 19.30 borst of fles voor het slapengaan	Sommige baby's hebben er moeite mee om over te gaan op vast voedsel. Je baby kan een loopneus, rode wangen, zere billetjes en eventueel diarree krijgen, wat kan duiden op een voedselallergie. Raadpleeg hiervoor de kinderarts. Kwijlen hoeft niet altijd te duiden op het doorkomen van tandjes. Kwijlen begint rond de 4 maanden, als de speekselklieren zich ontwikkelen en rijpen. Zodra je begint met vast voedsel (zie hoofdstuk 4), neemt de hoeveelheid vloeibaar eten die je baby nodig heeft af. Voor elke 60 ml vast voedsel trek je 60 ml vloeibaar eten van elke voeding af.

Vergeet de clustervoedingen. Je voedt je baby bijvoorbeeld om 18.00 uur, doet hem in bad en werkt het avondritueel af, waarna je hem om 19.00 uur nog een laatste beetje eten geeft; hij wil dan waarschijnlijk maar een paar slokjes. Probeer hem dan om 22.00 of 23.00 uur (als jij of je partner tenminste zo laat opblijven) nog een droomvoeding te geven; nooit na elven. Maar geef het niet na een of twee avonden al op. Het is niet realistisch om te denken dat je de gewoonten van je baby binnen drie dagen kunt veranderen, en sommige baby's doen er wel een week over. Verwacht geen wonderen, maar bedenk wel dat volharding meestal haar vruchten afwerpt.

De eerste zes weken: problemen met het eetbeleid

Zelfs als je baby aankomt, kun je in de eerste zes weken te maken krijgen met andere eetproblemen. Dit zijn de meest voorkomende klachten in deze periode:

Mijn baby valt tijdens de voeding in slaap en lijkt dan na een uur alweer honger te hebben.

Mijn baby wil om de twee uur eten.

Mijn baby 'hapt' de hele tijd en dan denk ik steeds dat hij honger heeft, maar bij elke voeding wil hij maar een klein beetje eten.

Mijn baby huilt tijdens het eten of kort daarna.

Dit noem ik problemen met eetbeleid: kwesties die meestal zo opgelost zijn als je ervoor zorgt dat je baby een gestructureerde routine volgt die bij zijn geboortegewicht past. Het is ook belangrijk dat je het verschil leert tussen honger-

Geef je flesvoeding? Lees de instructies!

Ik ken moeders die extra melkpoeder in de fles doen in de hoop hun baby dikker te maken of een dubbele dosis voeding te geven. Ze doen dan niet één schepje in 60 ml water, maar twee. Bij flesvoeding luistert het echter heel nauw. Als je minder vloeistof gebruikt, kan je baby uitdrogen of last krijgen van verstopping, dus volg de instructies op.

Is jouw baby een snaaier?

Baby's kunnen een eetpatroon ontwikkelen waarbij ze nooit een goede, volledige voeding krijgen maar slechts kleine beetjes per keer eten.

Hoe dit ontstaat: Als de baby geen gestructureerde routine volgt, verwarren de ouders de zuigbehoefte van de baby met honger. Ze geven hem tussen de maaltijden in geen fopspeen, maar de borst of de fles. Dit begint in de eerste zes weken, maar kan maandenlang doorgaan als de baby eenmaal gewend raakt aan het snaaien.

Hoe weet je het: Je baby weegt zes pond of meer, maar redt het niet langer dan 2,5/3 uur tussen de voedingen, of drinkt per voeding steeds maar hooguit 50 ml flesvoeding of 10 minuten aan de borst.

Wat kun je eraan doen: Als je borstvoeding geeft, kijk dan of je baby goed aangelegd is en controleer je 'oogst' (zie pagina 134) om zeker te weten dat het daar niet aan ligt. Zorg er ook voor dat je slechts één borst per keer geeft, zodat je baby de rijkere achtermelk binnenkrijgt (zie pagina 133). Als je baby na twee uur begint te huilen, gebruik dan een fopspeen om hem te sussen; de eerste dag slechts tien minuten, de tweede dag vijftien minuten, en zo steeds langer tussen twee voedingen in. Hierdoor vergroot je ook je melkvoorraad. Als hij het echt niet langer volhoudt, geef hem dan een kleiner tussendoortje – minder lang aan de borst, of minder ml in de fles – zodat hij bij de volgende voeding weer meer drinkt. Het kan drie of vier dagen duren, maar als je consequent bent, zal het snaaien ophouden... vooral als je er in de eerste zes weken al bij bent.

---

signalen en andere huiltjes, zodat je baby een volledige voeding binnenkrijgt en niet alleen maar 'snaait' (zie hierboven). Als je baby last heeft van reflux, darmkrampjes of koliek, is het heel belangrijk dat je begrijpt wat er aan de hand is, omdat je hem anders te veel eten geeft, wat het probleem alleen maar erger maakt.

Dat is voor mij makkelijk gezegd, want ik heb letterlijk duizenden baby's gezien, maar voor nieuwbakken ouders die van hun nachtrust zijn beroofd is het een stuk moeilijker! Om je te helpen begrijpen wat er met je baby aan de hand is en wat je eraan kunt doen, volgen hier de vragen die ik mijn cliënten stel, gevolgd door gedetailleerde strategieën om de problemen op te lossen:

Wat was het geboortegewicht van je baby? Ik houd altijd rekening met het geboortegewicht van een baby en met andere bijzondere omstandigheden tijdens of vlak na de geboorte. Als je baby prematuur was, een laag geboortegewicht had of een ander probleem met zijn gezondheid had, heeft hij waarschijnlijk om de twee uur een voeding nodig. Woog hij daarentegen bij de geboorte meer dan zes pond en redt hij het toch niet langer dan twee uur tussen de voedingen door, dan is er iets anders aan de hand. Of hij krijgt niet genoeg binnen per voeding, of hij sust zichzelf door middel van de tepel of de speen en is hard op weg om een 'snaaier' te worden: een baby die telkens kleine beetjes eet, maar nooit een volledige voeding binnenkrijgt (zie kader 126).

Geef je borst- of flesvoeding? Bij flesvoeding komt minder giswerk kijken dan bij borstvoeding, omdat je kunt zíén wat je baby binnenkrijgt. Als hij zes pond of meer weegt en 60 tot 150 ml flesvoeding binnenkrijgt, maar toch nog een uur na de voeding honger lijkt te hebben, interpreteer je zijn hongerhuiltje verkeerd. Hij heeft hoogstwaarschijnlijk alleen behoefte om te zuigen. Geef hem dan een fopspeen. Als hij nog steeds honger lijkt te hebben, kan het zijn dat hij niet genoeg binnenkrijgt per voeding.

Als je borstvoeding geeft, moet je inschatten hoeveel je baby binnenkrijgt door er rekening mee te houden hoe láng een voeding duurt. De meeste baby's tot zes weken oud liggen per voeding minstens vijftien tot twintig minuten aan de borst; als dat minder is, is de kans groot dat ze aan het snaaien zijn. Je moet echter ook zeker weten dat je baby wel goed aangelegd is en dat je genoeg melk hebt. (Zie pagina 130-139 voor uitgebreide hulp bij het geven van borstvoeding.)

Hoe vaak voed je je baby? Gemiddelde of grote baby's moeten in het begin om de 2,5 à 3 uur eten; niet vaker, maar ook niet minder vaak, zelfs de grootste baby's niet. (Ik ben ook voorstander van voltanken bij de avondvoeding, zie pagina 122.)

Als jij zo'n moeder bent die klaagt: 'Mijn baby heeft elk uur honger,' kan het zijn dat je voedingen te kort duren (zie pagina 128) of dat je baby per voeding niet genoeg binnenkrijgt. In dat geval moet je hem meer geven. Als je flesvoeding geeft, is de oplossing eenvoudiger: geef 30 ml per voeding extra. Als je borstvoeding geeft, kan het zijn dat je baby meer nodig heeft dan jij produceert, of dat de baby niet goed is aangelegd en daardoor

127

niet genoeg uit je borst kan halen. Daardoor kan het ook zijn dat je borsten in een periode van twee tot drie weken minder melk gaan produceren. Als je baby slechts tien minuten per keer drinkt, denkt je lichaam dat het niet zoveel melk meer hoeft aan te maken, dus zal je voorraad steeds meer afnemen en uiteindelijk opdrogen (zie pagina 130-139 voor meer over melkvoorraad). Het is ook mogelijk dat je baby een groeispurt doormaakt, maar dat gebeurt meestal niet in de eerste zes weken (zie pagina 142-145).

Hoe lang duurt een voeding gewoonlijk? In de eerste zes tot acht weken neemt een voeding van een baby met een gemiddeld gewicht twintig tot veertig minuten in beslag. Als hij bijvoorbeeld om 10.00 uur aan een voeding begint, moet hij daar om 10.45 uur mee klaar zijn en zou hij rond 11.15 in bed moeten liggen en anderhalf uur moeten slapen. Hoewel ook baby's die de fles krijgen tijdens het drinken in slaap kunnen vallen, is de kans daarop, als ze tenminste minimaal zes pond wegen, kleiner dan bij baby's die de borst krijgen. Baby's die borstvoeding krijgen, worden vaak na tien minuten slaperig omdat ze dan de 'dorstlesser' binnen hebben gekregen; het voorste deel van de melk, dat rijk is aan oxytocine, een hormoon dat werkt als een slaappil (zie kader op pagina 133, 'Zat er een etiket op borstvoeding...'). Ook prematuurtjes of baby's met geelzucht vallen vaak in slaap voordat ze klaar zijn met eten. In beide gevallen moeten de baby's absoluut slapen, maar moeten ze ook worden wakker gemaakt voor de voeding.

De wereld vergaat niet als een baby af en toe in slaap valt tijdens de voeding. Maar als het patroon van de slaperige baby meer dan drie voedingen voortduurt, kan het zijn dat je je baby tegen wil en dank in een snaaier verandert. Bovendien zal een baby die sabbelen associeert met slapen steeds meer moeite hebben om uit zichzelf in slaap te vallen. En dan wordt het moeilijk, zo niet onmogelijk, om een routine in te stellen. (Zie pagina 136-137 voor meer over deze vicieuze cirkel bij baby's die de borst krijgen.)

Probeer je baby na een voeding wakker te houden, al is het maar vijf minuutjes. Je kunt hem wakker maken door zachtjes over de binnenkant van zijn handje te wrijven (nooit onder zijn voetjes kietelen) of hem rechtop zetten (zijn ogen zullen, net als bij een babypop, wijd openspringen!). Je kunt hem ook op de commode leggen en zijn luier verwisselen of gewoon een paar minuten tegen hem praten. Als je hem neerlegt, draai zijn armen dan zachtjes rond en maak fietsbewegingen met zijn benen. Besteed er maar tien of vijftien minuten aan om te proberen hem wakker te krijgen, want dan is de oxytocine wel door zijn lichaam gegaan. Daarna kun je ervan uitgaan dat hij in de 'J'-fase van FIJN zit. Probeer het bij de volgende voeding gewoon nog een keer. Hou vol. We moeten baby's leren efficiënt te eten.

Het probleem is vaak dat ouders gemengde gevoelens hebben over het wakker maken van de baby. Dan zeggen ze: 'O, ze is moe, laat haar maar slapen. Het arme kind is de hele nacht wakker geweest.' En waarom denk je dat ze de hele nacht wakker is geweest en wilde eten? Omdat ze de voedingen moest inhalen die ze overdag niet had gehad. Als je het patroon laat doorgaan, train je haar in het snaaien in plaats van het eten, en als ze vier maanden oud is zul je je afvragen of ze ooit 's nachts zal doorslapen.

Krijgt je baby de kans om te sabbelen tussen twee voedingen in? Baby's hebben sabbeltijd nodig, vooral in de eerste drie maanden, dus door deze vraag kom ik erachter of een baby daar wel voldoende van krijgt. Ik ken heel wat moeders die niet in fopspenen 'geloven.' Ik krijg zelf ook de kriebels als ik een kind van twee met een speen zie lopen. Maar we hebben het hier over báby's. Met een fopspeen (zie pagina 247) voorkom je dat je baby eindeloos op jou (of de fles) zit te sabbelen. Probeer er dus eens een uit tussen twee voedingen door. Op die manier kun je geleidelijk de tijd tussen twee voedingen verlengen, zodat je baby geen snaaier wordt. Dit is ook handig voor baby's die de borst krijgen en treuzelen om een borst leeg te drinken, omdat ze meer tijd willen om te sabbelen.

Huilt je baby vaak na een voeding of in elk geval binnen een uur? Een kind dat honger heeft, stopt met huilen zodra hij eten krijgt. Hij heeft je verteld wat hij nodig heeft – eten – en dat geef je hem. Baby's die huilen tijdens of vlak na de voeding doen dat niet omdat ze nog honger hebben. Er is iets anders aan de hand. Zorg eerst dat je zeker weet dat het niets te maken heeft met problemen in je eigen lichaam, zoals een slechte melktoevoer of een verstopt melkkanaaltje, waardoor je baby niet goed kan zuigen. Als dat niet het geval is, betekent het waarschijnlijk dat je baby pijn heeft en last heeft van darmkrampjes of oesofagitis reflux, de medische term voor terugkeer van maagsap in de slokdarm oftewel brandend maagzuur (zie pagina 142-145).

Hoe lang is je baby actief? Denk eraan dat we het hebben over baby's van zes weken en jonger. De 'I' na de 'F' bestaat niet uit tikkertje spelen. Sommige baby's, vooral heel kleine, kunnen na een voeding maar vijf tot tien minuten wakker blijven. Kijk eens naar de drie weken oude Lauren, die bij de geboorte vijfenhalf pond woog, een tikkeltje minder dan gemiddeld: 'We proberen nu al een paar dagen de FIJN-routine met haar,' schreven haar bezorgde ouders. 'Hier volgt ons dilemma: ze is binnen tien minuten klaar met de borstvoeding, daarna doen we een halfuur activiteiten, dan raakt ze overprikkeld en laten we haar slapen. Ze slaapt maar twintig tot dertig minuten. Dan is er nog maar anderhalf uur verstreken en is het te vroeg om weer opnieuw met FIJN te beginnen. Wat moeten we in de tussentijd met haar doen?'

Probeer daar je eigen babyfluistervaardigheid maar eens op uit. Je ziet dat de kleine Lauren geen volledige voeding binnenkrijgt. Omdat Laurens moeder borstvoeding geeft, wil ik ook weten of ze wel genoeg melk heeft. Ik zou daarom ook kijken wat de oogst is (zie pagina 134) om erachter te komen hoeveel ze per borst produceert. Verder is een halfuur activiteiten veel te lang voor een kleine baby van drie weken oud. Geen wonder dat ze overprikkeld raakt. Ze slaapt maar twintig tot dertig minuten omdat ze honger heeft. Ga maar na: als ik alleen een boterham met boter eet, dan ga hardlopen en daarna ga slapen, word ik ook wakker van de honger. Datzelfde gebeurt er met Lauren: ze eet niet genoeg om haar activiteit te kunnen volhouden en kan niet lang genoeg slapen omdat haar maag leeg is. Haar ouders moeten weer bij het begin beginnen en Lauren langer laten eten en korter wakker laten zijn. Dan zal ze waarschijnlijk beter gaan eten en overdag langer gaan slapen.

Borstvoeders let op: zo vermijd (of herstel) je een verkeerde manier van aanleggen en een te kleine melkvoorraad

Het lichaam van een vrouw is een wonderbaarlijke creatie. Als je gezond bent tijdens je zwangerschap wordt het gestimuleerd om melk te produceren en zodra je baby geboren is, zijn alle mechanismen er klaar voor om hem de voeding te geven die hij nodig heeft. Het is een natuurlijk proces, maar niet elke vrouw of baby is er meteen klaar voor, al willen al die overenthousiaste borstvoedingsboeken je dat nog zo graag wijsmaken. Zelfs vrouwen die in het ziekenhuis advies krijgen van een lactatiekundige, hebben er soms nog moeite mee als ze eenmaal thuis zijn. Je bent echt niet slecht of fout als je hulp nodig hebt.

Wanneer nieuwe moeders in de eerste zes weken – de officiële 'kraamtijd' waarin iedereen moet wennen (de baby aan de wereld, de nieuwe moeder aan de baby) – bij me komen met zogenaamde borstvoedingsproblemen, gaat het meestal om *een verkeerde manier van aanleggen*, waarbij het mondje van de baby niet in de juiste positie wordt gebracht om genoeg melk binnen te krijgen, of *een te kleine melkvoorraad*. Die twee problemen hangen vaak met elkaar samen. Wanneer een baby goed wordt aangelegd en begint te zuigen, stuurt het lichaam een boodschap naar de hersenen van de moeder: 'Deze baby heeft honger. Ga aan de slag en produceer meer melk.' Als die boodschap niet doorkomt, krijg je uiteraard onvoldoende melk.

Zoals je in mijn tabel voor voedingsrichtlijnen (zie pagina 123-124) kunt zien, zijn de eerste paar dagen anders voor baby's die borstvoeding krijgen, omdat de borsten van de moeder eerst colostrum (zie kader 133) afscheiden, totdat haar melkproductie op gang komt. Om ten volle van het colostrum te kunnen profiteren, voed je de eerste dag de héle dag door, vijf minuten per kant. Op de tweede dag voed je om de twee uur, tien minuten per kant, en op de derde dag om de tweeënhalf uur, vijftien tot twintig minuten per kant. Als je baby colostrum drinkt, kost het hem veel energie om dat naar binnen te zuigen. Het is zo dik dat het net lijkt of je honing door het oog van een naald wilt duwen. Dat kan behoorlijk zwaar zijn voor baby's die minder dan vijfenhalf pond wegen. Maar regelmatig zuigen is in het begin essentieel, want hoe sneller je melkproductie op gang komt, des te kleiner is de kans op borstontsteking.

Geef, zodra je melkproductie op gang is gekomen, nog maar één borst per keer. Met andere woorden, wissel niet van borst voordat de eerste leeg is. Sommige deskundigen zeggen dat je na tien minuten van kant moet wisselen, maar daar ben ik het niet mee eens. In het kader kun je lezen waarom niet. Moedermelk bestaat uit drie delen. Als je een fles met moedermelk een halfuur op het aanrecht zou laten staan, zou je onderin een waterige vloeistof zien, in het midden een blauwwitte vloeistof en bovenin een dikke, gelige, crèmeachtige substantie. Het waterige gedeelte – de dorstlesser – komt in de eerste tien minuten van een voeding naar buiten. Dus als je na tien minuten al van kant wisselt, zorg je niet alleen dat je baby in slaap valt tijdens de voeding, maar geef je hem ook de dubbele dosis dorstlesser en krijgt hij niets binnen van de voedzamere, crèmeachtige gedeeltes die op de dorstlesser volgen. Naar mijn mening krijgen baby's die vaak van kant wisselen heel veel 'soep' binnen, maar nooit het rijk gevulde toetje. Dit zijn vaak baby's die een uur na de voeding alweer honger hebben en daardoor snaaiers worden. Deze baby's kunnen ook problemen met de spijsvertering krijgen, omdat de voormelk ook rijk is aan lactose, dat bij een te grote hoeveelheid buikpijn kan veroorzaken.

Zorg dat je je baby goed aanlegt. Koop een doosje kleine, ronde pleisters. Ze hebben een diameter van één à anderhalve centimeter en zien eruit als de roos van een schietschijf, en dat heb ik ook precies voor ogen. Plak er voordat je gaat voeden eentje zo'n twee centimeter boven je tepel, en eentje zo'n twee centimeter eronder: hier moet je op 'mikken.' Leg je baby op een stevig kussen of een speciaal, hoefijzervormig borstvoedingskussen en houd hem in de holte van je arm ter hoogte van je borst, zodat hij zijn nek niet hoeft te verdraaien. Zet je duim op de bovenste pleister en je wijsvinger op de onderste, en knijp. Pak daarna zachtjes het hoofdje van je baby vast en duw de tepel in zijn mond. Om er zeker van te zijn dat je je baby goed hebt aangelegd, kun je in de spiegel kijken of je partner, je moeder (ook als die zelf nooit borstvoeding heeft gegeven) of een goede vriendin vragen te observeren hoe je baby de tepel met zijn lippen vasthoudt. Hier moet je op letten: zorg dat je baby zijn mond wijd openhoudt en recht op de tepel zet. Zijn lippen vormen nu een nauwe opstaande rand rondom de tepel en de tepelhof. Als de baby niet goed is aangelegd, kan het zijn dat hij zijn bovenlip naar binnen houdt, of dat hij aan de bovenkant van je tepel hapt in plaats van er recht op. Als je je vingers niet op de pleisters houdt, kan het zijn dat je baby niet

---

Welke kant nu?

Een moeder schrijft: 'Ik vergeet steeds welke borst ik de vorige keer heb gegeven. Wat kan ik daaraan doen?'
Welke moeder met slaapgebrek vergeet dit niet? Doe een veiligheidsspeld op je shirt of voedingsbeha aan de kant van de borst die je net gegeven hebt. Ik raad je ook aan om in het begin een logboek bij te houden waarin je opschrijft welke borst je hebt gegeven en hoe lang elke voeding duurt. Zo krijg je een duidelijker beeld van wat er aan de hand is, mochten er problemen rijzen.

de hele tepel in zijn mond kan nemen. Het duidelijkste signaal van verkeerd aanleggen geeft je éígen lichaam. Ik heb al heel wat moeders echt zien afzien met pijnlijke en zelfs bloedende tepels. Ze denken: o, ik doe dit voor de baby. Ze doen waarschijnlijk hun uiterste best om de beste moeder van de hele wereld te zijn, maar helaas wordt hun baby niet op de juiste manier gevoed. Als borstvoeding niet goed vóélt, vertrouw dan op je lichaam. Een beetje pijn in je tepel is de eerste twee of drie dagen heel normaal, maar als het onprettige gevoel langer duurt of erger wordt, is er waarschijnlijk echt iets mis. Als het prikt of pijn doet terwijl je baby zuigt, is hij niet goed aangelegd. Als er een blaar op je tepel komt, houd je je handen verkeerd. Als je je fysiek ziek voelt – koorts, rillingen, 's nachts zweten – en pijnlijke of gezwollen borsten hebt, kan dat wijzen op een borstontsteking of een verstopte melkklier, wat weer kan leiden tot mastitis, oftewel een ontsteking aan de borstklier. Als je koorts hebt of een van de andere symptomen bespeurt die langer dan een week aanhouden, raadpleeg dan een arts. Het is waarschijnlijk ook de moeite waard om een lactatiekundige te bellen, die je kan helpen de baby goed aan te leggen.

Als je baby bij de geboorte minder woog dan vijfenhalf pond, voed dan ook na de eerste vier dagen vaker.

Zat er maar een etiket op borstvoeding...

Als je flesvoeding koopt, hoef je alleen het etiket maar te lezen om te weten wat erin zit. Maar borstvoeding verandert, net als je baby. Dit zijn de bestanddelen:

Colostrum: de eerste drie tot vier dagen wordt je baby gevoed door colostrum; een dikke, gelige substantie die net een energiereep is. Hierin zitten alle antistoffen die je kind nodig heeft om gezond te blijven.

Dorstlesser: zodra je melkproductie op gang komt, bestaat de melk de eerste vijf tot tien minuten uit een waterige substantie die veel lactose bevat en die je baby's dorst lest. Ook is hij rijk aan oxytocine, dat werkt als een slaappil, waardoor baby's (en moeders) soms na tien minuten in slaap vallen.

Voormelk: de vijf tot tien minuten daarna komt er een vloeistof die rijk is aan proteïnen. Deze is goed voor de botten en de hersenontwikkeling.

Achtermelk: 15 à 18 minuten later komt de vette, rijke crème van de moedermelk. Deze is dik en bevat veel calorieën, waardoor je baby aankomt.

Bij kleine baby's komen problemen met de melkvoorraad vaak voor, omdat je lichaam gemaakt is voor het voeden van een baby van zes pond of meer. Als de baby niet zo krachtig zuigt of niet zo veel drinkt als een grote baby zou doen, reageert het lichaam van de moeder daarop en wordt haar melkvoorraad kleiner. Als remedie kun je om de twee uur voeden, want daardoor neemt niet alleen het gewicht van de baby toe, maar blijft ook je melk stromen. In extreme gevallen, zoals bij prematuurtjes, volledig uitgedragen baby's die minder wegen dan vierenhalf pond, of baby's die om gezondheidsredenen in het ziekenhuis moeten blijven, raad ik de moeder ook altijd aan om tussen de voedingen door af te kolven om te zorgen dat de melkvoorraad op peil blijft (zie kader op deze pagina). Dat is hard werken voor de moeder, maar wel de moeite waard als ze borstvoeding wil geven.

Als je je zorgen maakt of je wel genoeg melk hebt, 'oogst' *dan eens om te zien hoeveel je* *produceert.* Wanneer een moeder niet zeker weet of haar baby nu snaait of dat hij niet genoeg melk produceert, raad ik aan om te 'oogsten.' Kolf eenmaal per dag een kwartier voor een voeding en kijk hoeveel melk er uit je borsten komt. Stel bijvoorbeeld dat dat 60 ml is, dan kun je ervan uitgaan dat de baby waarschijnlijk 90 ml gedronken

---

Zo vergroot je je melkvoorraad

Het gaat erom dat je de holtes in je borst stimuleert, ofwel door een borstkolf, ofwel door je baby's mond.

Methode zonder kolven: als je niet wilt afkolven, leg je baby dan een paar dagen lang om de twee uur aan, zodat je melk gaat stromen. Door aan te leggen, stimuleert de baby de sinussen, die daarop een signaal naar de hersenen sturen: ga melk produceren. Daarna zal je baby om de 2,5 à 3 uur honger krijgen, omdat hij meer voeding per keer krijgt. Als er de vier dagen daarna niet automatisch meer tijd tussen de voedingen zit, pas dan op dat hij geen snaaier aan het worden is (zie pagina 126).

Kolfmethode: kolf direct na een voeding of wacht een uur en kolf daarna. Als je baby om de twee uur een voeding krijgt, lijkt het misschien vreemd om na een voeding te kolven, maar door te kolven zorg je dat het reservoir volledig leegraakt. Bij de volgende voeding wordt door het zuigen van je baby het signaal afgegeven dat er meer melk geproduceerd moet worden en drinkt hij niet van het restje dat over is van een vorige voeding.

Op welk van de twee manieren je het ook doet, na drie dagen zal je melkvoorraad toegenomen zijn.

---

zou hebben. (Fysiek zuigen is efficiënter dan welke kolf dan ook). Geef je baby die moedermelk in een fles. Als je hem nog nooit een fles hebt gegeven, kun je de melk ook met een pipet of een injectiespuit geven. Je kunt je baby ook aan de borst leggen, hem de rest laten drinken en hem daarna het gedeelte geven dat je hebt afgekolfd.

Zorg dat je voldoende slaap krijgt en goed eet. Een voordeel van flesvoeding is dat deze altijd dezelfde inhoud heeft. Wat je ziet, dat krijg je ook altijd. Moedermelk verandert met de levensstijl van de moeder. Als je te weinig slaapt, kan je voorraad afnemen en kan zelfs de voedingswaarde van de melk minder worden. Dat geldt uiteraard ook als je op dieet gaat. Je moet twee keer zo veel drinken als normaal: drink zestien glazen water of een soortgelijke drank per dag. Je hebt 500 calorieën extra nodig – vijftig procent koolhydraten, vijfentwintig tot dertig procent vetten en vijfentwintig tot dertig procent eiwitten – om de energie aan te vullen die je lichaam gebruikt om moedermelk aan te maken en aan je baby te geven. Houd ook rekening met je leeftijd, je normale gewicht en je lengte. Het kan zijn dat je meer of minder dan het gemiddelde nodig hebt. Raadpleeg bij twijfel je verloskundige of een voedingsdeskundige. Onlangs kreeg ik een telefoontje van de vijfendertigjarige Maria, een jonge moeder die zich afvroeg waarom haar acht weken oude baby, die was begonnen met een standvastige routine van drie uur, nu ineens om de anderhalf uur wilde eten. Het bleek te komen door het dieet van de moeder, dat te weinig koolhydraten bevatte. Ook sportte ze twee uur per dag. Toen ik haar vertelde dat haar melkvoorraad waarschijnlijk uitgeput raakte, wilde ze wat snelle tips om haar voorraad te vergroten. Maar ik legde haar uit dat ze er daarmee nog niet was. Ze was te actief voor een moeder die borstvoeding gaf. Zelfs als ze stappen zou ondernemen om haar voorraad op peil te brengen, moest ze toch nog meer rusten en weer koolhydraten gaan eten om ook de kwaliteit van haar moedermelk te verbeteren.

Voed bij met flesvoeding als dat nodig is. Ik had een cliënte, Patricia, die van de dokter te horen kreeg dat haar zoontje Andrew niet aankwam. Bovendien was hij slaperig en reageerde hij nauwelijks. De dokter vroeg echter niet naar Patricia's melk, dus oogstten we die (zie pagina 134). Toen ze afkolfde, kwam er maar 30 ml uit. Patricia was diep teleurgesteld. 'Maar ik wil borstvoeding geven,' hield ze vol. Nou, hoe dan ook, ze móést hem bijvoeden met flesvoeding, op zijn minst totdat ze zelf meer melk had. We voegden flesvoeding aan Andrews vloeibare dieet toe en lieten haar kolven, al wilde ze dat niet. Binnen een week nam de melkvoorraad van Patricia toe, dus konden we Andrew minder flesvoeding en meer moedermelk geven. In de tweede week gaf ze weer borstvoeding, hoewel ze hem op mijn advies ook afgekolfde melk in een flesje bleef geven, zodat ook papa hem kon voeden. (Dat is iets wat ik altijd aanraad, zie pagina 138-139).

BELANGRIJK OM TE WETEN: Sommige moeders leggen een voorraadje aan van hun afgekolfde melk, 'voor het geval dat.' Kolf nooit meer af dan voor drie dagen, tenzij je geopereerd moet worden en niet in staat bent om zelf je baby te voeden. Naarmate je baby groeit en verandert, verandert ook de samenstelling van je moedermelk. De melk van vorige maand is misschien helemaal niet meer geschikt voor je baby van deze maand!

Let op als je voedingen regelmatig minder dan tien of vijftien minuten duren. Wanneer een moeder die borstvoeding geeft me vertelt: 'Mijn baby van zes weken doet maar tien minuten over een voeding,' gaan bij mij direct de alarmbellen rinkelen. Maar voordat ik mijn conclusies trek, wil ik eerst zeker weten dat het niet ligt aan een verkeerde manier van aanleggen of een kleine melkvoorraad, en vraag ik aan de moeder: **Heb je al 'geoogst' om te zien hoeveel moedermelk je eigenlijk produceert? Doen je tepels pijn? Heb je pijnlijk gezwollen borsten?** Als het antwoord op de tweede en derde vraag ja is, kan het zijn dat ze haar baby niet goed aanlegt. Ze doet er lacherig over, maar waarschijnlijk heeft ze verstopte melkkliertjes. In dat geval raad ik haar aan een lactatiekundige te bellen, of ga ik zelf bij haar langs.

Maar wat ik in de eerste zes weken heel vaak mis zie gaan bij moeders die borstvoeding geven: ze laten de baby niet lang genoeg aan de borst drinken om een volledige voeding te geven. Met een heel jonge baby, vooral een kleine, kun je ernstig in de problemen komen als dit patroon blijft aanhouden. Neem Yasmin, de moeder van Lincoln van vier weken oud. Ze belde me omdat Lincoln allerlei problemen had. Hij kwam niet aan, sliep overdag hooguit drie kwartier achter elkaar – meestal maar twintig of vijfentwintig minuten – en uiteraard had Yasmin geen flauw idee hoe ze Lincoln in een gestructureerde routine zou moeten krijgen. 'Ik heb het gevoel dat ik op de rug van een dolle stier zit, Tracy, en dat ik er elk moment af kan vallen. Ik heb er geen controle over.'

Ik bracht een ochtend bij Yasmin door en gaf haar de opdracht gewoon haar dagelijkse routine te volgen, alsof ik er niet was. Binnen een uur werd me duidelijk wat het probleem was. Na tien minuten voeden begonnen Lincolns ogen dicht te vallen. Yasmin, die dacht dat hij klaar was met eten en aan het 'J'-gedeelte van de routine was begonnen, legde hem in bed. Ze besefte niet dat Lincoln alleen voormelk had binnengekregen; hij kon niet aan de vettere achtermelk toegekomen zijn, want die begint pas na een kwartiertje voeden te stromen. Hij lag dus als het ware in coma, bedwelmd door de oxytocine! Tien minuten later werd hij wakker. Niet alleen was de oxytocine uit zijn lichaam, maar hij had ook nauwelijks genoeg in zijn maag om overeind te kunnen blijven. Het leek net alsof hij alleen een glas magere melk had gehad. Toen vroeg Yasmin zich hardop af: 'Nou zeg, ik heb je net gevoed, wat is er aan de hand met jou?' Dus doorliep ze het hele riedeltje van luier controleren, inbakeren en proberen hem weer in slaap te krijgen door op zijn rug te kloppen en hem te sussen. Maar Lincoln bleef huilen en deed dat twintig tot dertig minuten later nog steeds. Waarom? Omdat hij honger had. Yasmin probeerde hem te kalmeren door rond te lopen en hem te wiegen. Maar na twintig tot dertig minuten huilen is elke jonge baby uitgeput, wat je ook doet, en zal hij in slaap vallen, wat Lincoln dan ook deed. Maar – en daar werd zijn moeder gek van – hij blééf niet slapen. Want ja hoor, na een minuut of twintig was Lincoln alweer wakker, en zijn moeder had geen flauw idee wat ze nu moest doen.

'Ik heb hem een uur geleden nog eten gegeven, en hij zou het drie uur of op zijn minst tweeënhalf uur moeten uithouden,' kreunde ze. 'Tracy, je moet me helpen.' Ik nam met haar door welke handelingen ze had verricht en legde uit dat het probleem was dat ze niet in de gaten had dat Lincoln geen volledige voeding kreeg. Toen ze eenmaal begreep wat er aan de hand was en mijn technieken (zie pagina 128-129) ging gebruiken om haar zoontje wakker te maken als hij tijdens een voeding indommelde, begon Lincoln goed te eten, kwam hij aan en sliep hij uiteraard ook beter.

De moraal van dit verhaal is dat je moet opletten hoe lang je voedingen duren. Ik moet je er echter ook nog eens op wijzen dat

Het beste advies van de babyfluisteraar: borst én fles!

Tegen moeders die borstvoeding geven, zeg ik altijd dat ze hun baby ook moeten laten wennen aan de fles. Ik raad aan daarmee te beginnen zodra je je baby goed kunt aanleggen en de melkstroom goed op gang is gekomen, wat meestal na twee tot drie weken het geval is. Geef daarna minstens één keer per dag de fles. Maak er een ritueel van; papa geeft bijvoorbeeld altijd het flesje voor het slapengaan, en oma geeft 's middags de fles. Nu is je baby nog redelijk flexibel. Ik weet dat mijn advies recht tegen dat van anderen in gaat. Sommige moeders krijgen te horen dat ze het beste alleen borstvoeding kunnen geven of op zijn minst zes maanden moeten wachten voordat ze hun baby laten kennismaken met de fles. Ze krijgen de waarschuwing om niet eerder te beginnen, vanwege de zogenaamde tepel-speenverwarring of omdat hun eigen melk zou opdrogen. Klinkklare onzin! Ik heb dat soort problemen echt nog nooit meegemaakt.

Trouwens, het gaat niet alleen om de gezondheid van je baby. Je moet ook rekening houden met je eigen behoeften en levensstijl. Er zijn moeders die het heerlijk vinden om alleen borstvoeding te geven – en misschien ben jij er ook wel zo eentje –, maar denk toch eens vooruit. Hier volgen enkele kritische vragen die je jezelf moet stellen. Als je er een of meer met ja beantwoord, zou ik toch overwegen om in de eerste paar weken een fles te introduceren. (Als je die periode al voorbij bent, zie dan 'Van borst naar fles' op pagina 158-163.)

Wil je dat ook iemand anders je baby kan voeden (papa, oma, de oppas)? Als een baby zowel de borst als de fles krijgt, krijgt mama ook eens rust en, minstens even belangrijk, kunnen ook anderen de baby voeden. Zo krijgen zij ook de gelegenheid om gezellig met de baby te gaan zitten en een band met hem op te bouwen.

Ben je van plan weer te gaan werken, al dan niet parttime, voordat je baby een jaar is? Als je weer aan het werk gaat en je baby niet gewend is aan de borst én de fles, loop je het risico dat hij in hongerstaking gaat (zie kader 162).

Ben je van plan je baby naar de crèche te brengen voordat hij een jaar is? De meeste instellingen voor kinderopvang nemen geen baby's aan die niet met de fles gevoed willen worden.

> **Weet je zeker dat je borstvoeding wilt blijven geven?** Ik krijg heel veel e-mails van moeders die me 'toestemming' vragen om op een gegeven moment te stoppen met borstvoeding, of dat nu met zes weken, drie maanden of een halfjaar is. Maar er bestaat geen magische datum, geen optimaal tijdstip om een baby te spenen. Wanneer jíj besluit te stoppen, zal de overgang veel gemakkelijker verlopen als je baby al gewend is aan de fles.
>
> **Wil je wel minstens een jaar borstvoeding geven?** Je wilt écht niet pas na acht of tien maanden voor het eerst de fles gaan geven. Want dan is de kans groot dat je met een opstandige baby te maken krijgt.

alle baby's anders zijn. Er zijn baby's die al vanaf het begin efficiënt eten. Zo schreef Sue uit Michigan het volgende:

> Mijn dochtertje DD is drie weken oud en doet zo'n vijf minuten (per kant) over een voeding. Ze heeft ongeveer om de drie uur honger, maar iedereen zegt dat ze minstens tien minuten moet eten. Kun jij me adviseren hoe lang haar voedingen moeten duren?

Jouw lieve dochtertje zou wel eens een efficiënte eter kunnen zijn, Sue. Ik heb alle uitersten meegemaakt, van sabbelkontjes die drie kwartier aan de borst liggen tot kinderen als deze die het achterelkaar naar binnen klokken. Waar het om gaat is dat er drie uur tussen de voedingen zit, waar ik uit afleid dat ze geen snaaier is. Als haar gewicht niet ongewoon laag is, moeten we dus aannemen dat ze genoeg binnenkrijgt. (Ik raad Sue echter wel aan om niet meer van borst te wisselen tijdens een voeding; zie pagina 131-132.)

Het spreekt vanzelf dat de eerste zes weken voor alle baby's cruciaal zijn, maar vooral als je borstvoeding geeft is deze periode van belang. Hoewel dit soort problemen zich ook later kan voordoen, moet je nu zorgen dat het allemaal in orde komt.

Pijnlijke voedingen: gasvorming

Baby's komen niet ter wereld als volgroeide mensen; soms heeft hun spijsvertering iets meer tijd nodig om zich te ontwikkelen.

Het huilverhaal

Om erachter te komen wat een baby dwarszit, stel ik specifieke vragen over huilen. Natuurlijk is dat slechts een klein brokje informatie. Ik moet ook vragen naar het geboortegewicht, eetpatronen, activiteiten en slaapgewoonten, om te weten of het te maken heeft met honger, vermoeidheid, overprikkeling of, het meest waarschijnlijk, een combinatie van die drie.

Wanneer huilt hij meestal? Als hij huilt na een voeding, gaat het meestal om darmkrampjes of reflux. Huilt hij elke dag op klokslag hetzelfde tijdstip, dan kan het koliek – een huilbaby – zijn (als je tenminste zeker weet dat het niet de andere twee kwaaltjes zijn). Huilt hij onregelmatig en willekeurig, dan kan het ook gewoon aan zijn temperament liggen; sommige baby's huilen vaker dan andere.

Hoe ziet zijn lijfje eruit als hij huilt? Als hij zijn voetjes naar zijn borst trekt, zijn het waarschijnlijk darmkrampjes. Houdt hij zich stijf en kromt hij zijn rug, dan kan het om reflux gaan, maar het kan ook zijn manier zijn om de wereld buiten te sluiten.

Hoe kun je hem troosten als hij huilt? Als het helpt om hem te laten boeren of fietsbewegingen met zijn beentjes te maken, heb je hem waarschijnlijk van een gasbel afgeholpen. Huilt hij minder nadat je hem rechtop hebt gezet – in een autostoeltje of een wippertje bijvoorbeeld – dan kan het reflux zijn. Beweging, het geluid van stromend water of de stofzuiger kan een baby met koliek afleiden, maar meestal kun je heel weinig doen om een baby met koliek (een huilbaby) te troosten.

Het ergste van maag- en darmproblemen is dat er een serie gebeurtenissen en emoties door in gang wordt gezet die het probleem alleen maar erger maken. De ouders voelen zich vaak hulpeloos en onbekwaam omdat ze er niet achter kunnen komen wat het probleem is. Ze gaan aan hun eigen vermogens twijfelen en die onzekerheid beïnvloedt hun gedrag. Ze raken gespannen en voelen zich bezorgd en angstig tijdens het voeden.

Wanneer ouders me vertellen dat hun baby 'de hele tijd huilt,' is het eerste waar ik aan denk een maagprobleem: darmkrampjes, reflux (brandend maagzuur bij baby's) of koliek (de eerste twee kwalen worden vaak aangezien voor koliek). Het spijsverteringsstelsel van baby's is nog lang niet rijp. Ze zijn negen maanden lang intraveneus gevoed en moeten nu ineens zelf gaan eten, en dat is de eerste zes weken vaak even wennen.

Darmkrampjes, reflux en koliek zijn heel verschillende kwalen, maar nieuwe ouders kunnen vaak maar heel moeilijk het verschil onderscheiden. Om het nog lastiger te maken, gebruiken kinderartsen soms de overkoepelende term 'koliek' – oftewel 'huilbaby' – om alle drie de kwalen te beschrijven, onder andere omdat zelfs wetenschappers het er niet over eens zijn wat koliek nu precies is. De volgende omschrijvingen kunnen je helpen begrijpen wat erover bekend is.

DARMKRAMPJES

DIT IS HET: lucht die je baby inslikt tijdens de voeding. Sommige baby's vinden slikken zo leuk dat ze zelfs lucht happen als ze niet eten. Darmkrampjes kunnen heel pijnlijk zijn voor een baby, net als voor een volwassene. Als de lucht in de darmen terechtkomt, veroorzaakt dat pijn, omdat het lichaam het op geen enkele manier kan afbreken. Je baby kan het alleen kwijtraken door een wind te laten of te boeren.

HIER MOET JE OP LETTEN: Bedenk hoe je je zelf voelt als je te veel lucht in je lichaam hebt. Je baby zal waarschijnlijk zijn beentjes naar zijn borst trekken en zijn gezicht vertrekken. Zijn huiltje zal ook een bepaalde intonatie en toonhoogte hebben; het is een onderbroken huiltje en hij ziet eruit alsof hij naar adem snakt, alsof hij een boer moet laten. Het kan ook zijn dat hij met zijn ogen rolt, en tussen het huilen door lijkt het bijna net of hij lacht (daarom blijft oma volhouden dat zijn eerste lachje 'eigenlijk' gewoon darmkrampjes zijn).

DIT KUN JE ERAAN DOEN: Als je je baby laat boeren, wrijf dan aan zijn linkerzij (het zachte gedeelte onder zijn linkerrib, waar zijn maag zit) omhoog met het onderste deel van je handpalm. Werkt dat niet, til hem dan op met zijn armen bungelend over je schouder en zijn benen recht omlaag. Daardoor krijgt de lucht een rechtstreekse uitweg. Wrijf omhoog, alsof je een stuk behang gladwrijft om er een luchtbel uit te krijgen. Je kunt je baby ook helpen het gas kwijt te raken door hem op zijn rug te leggen, zijn benen omhoog te trekken en zachtjes fietsbewegingen te maken. Je kunt hem ook aansporen een windje te laten door hem tegen je aan te houden en zachtjes op zijn billetjes te kloppen, zodat hij een idee krijgt waar hij moet drukken. Om de pijn in zijn buikje te verlichten kun je hem met zijn gezicht omlaag over je onderarm leggen en met je handpalm zachtjes op zijn buik drukken. Hetzelfde kun je bereiken door een flanellen luier, die je een paar keer dubbel slaat zodat je een band van ongeveer tien centimeter krijgt, stevig om zijn middel te wikkelen. Zorg ervoor dat hij niet te strak zit.

REFLUX

DIT IS HET: brandend maagzuur bij baby's, dat soms gepaard gaat met braken. In extreme gevallen kunnen er complicaties optreden en kan de baby bloed opgeven. Brandend maagzuur is voor volwassenen al heel pijnlijk, maar voor baby's nog erger omdat zij niet weten wat er met hen gebeurt. Wanneer je baby eet, gaat het voedsel via de mond omlaag naar de slokdarm. Als het spijsverteringsstelsel goed werkt, zorgt de sfincter – de sluitspier die de maag opent en sluit – ervoor dat het voedsel de maag in gaat en daar blijft. Als het maag-darmkanaal volledig is ontwikkeld, ontstaat er een ritmisch patroon van slikken en daarna het openen en sluiten van de sfincter. Maar in geval van reflux is de sfincter nog niet helemaal ontwikkeld, waardoor hij na het openen niet goed sluit. Het voedsel blijft dan niet in de maag en om het nog erger te maken, komt er maagzuur mee naar boven en dat brandt in de slokdarm van de baby.

HIER MOET JE OP LETTEN: Van een of twee keer spugen hoef je niet te schrikken. Alle baby's hebben wel eens last van reflux, vooral na het eten. Sommige baby's hebben het iets vaker, en er zijn nu eenmaal baby's die gevoeliger voor spijsverteringsproblemen zijn dan andere. Als ik vermoed dat het om reflux gaat, is het eerste wat ik vraag: **Was het een stuitligging? Zat de navelstreng bij de geboorte om het halsje van de baby? Was hij prematuur? Had hij geelzucht? Had hij een laag geboortegewicht? Is hij via een keizersnee geboren? Komt reflux vaker voor in de familie?** Als het antwoord op een of meer van deze vragen ja is, is de kans op reflux groter.

Als je baby reflux heeft, zal het hem moeite kosten om te eten. Misschien proest en kokhalst hij tijdens de voeding, omdat zijn sfincter dicht blijft en het eten dus helemaal niet in de maag terecht kan komen. Het kan ook zijn dat hij een paar minuten na de voeding spuugt of zelfs projectiel-braakt (dat wil zeggen met een boogje en met kracht), omdat de sfincter niet meer is gesloten nadat het eten in de maag terechtkwam. Soms zie je ook zelfs een uur na de voeding nog een waterig, kaasachtig braaksel, omdat de maag zich samentrekt en het bovenste gedeelte van de maaginhoud via de slokdarm weer naar buiten komt. Het kan ook zijn dat hij spuitpoep krijgt. Net als een baby met darmkrampjes kan hij lucht inslikken, maar bij reflux gaat dat gepaard met piepgeluidjes. Refluxbaby's kunnen vaak maar moeilijk een boertje laten. Nog een belangrijk signaal is dat ze zich alleen lekker voelen als ze rechtop zitten of in verticale positie op de schouder liggen. Elke poging om ze neer te leggen, resulteert in hysterische huilbuien, en alle alarmbellen gaan bij mij dan ook rinkelen zodra een ouder me vertelt: 'Hij is het vrolijkst als hij in het wipstoeltje zit,' of : 'Hij wil alleen slapen als hij in het autostoeltje zit.'

Bij oesofagale reflux ontstaat vaak een vicieuze cirkel: hoe gespannener de baby is en hoe meer hij huilt, hoe groter de kans is dat hij een spasme krijgt en dat het maagzuur zijn slokdarm in komt, waardoor hij zich nog ellendiger voelt. Je haalt alles uit de kast, maar hij wordt nergens rustig van. De kans is groot dat je het verkeerde uit de kast haalt. Misschien wieg je hem op en neer om hem te troosten, waardoor het maagzuur in de slokdarm alleen nog maar meer beweegt. Of je denkt: 'Hij moet een boertje laten,' en klopt op zijn rug, waardoor het maagzuur door zijn onontwikkelde sfincter wordt gedrukt. Misschien denk je dat hij om een andere reden – koliek of darmkrampjes – huilt en zich niet lekker voelt, en weet je niet dat het door reflux komt, wat een heel andere aanpak vergt. Je raakt van slag en wijkt van je routine af omdat je zijn signalen niet goed begrijpt. Intussen raakt je baby uitgeput. Hij krijgt honger van al dat gehuil (dat veel energie kost), dus probeer je hem weer te voeden. Maar voordat je het weet, voelt

Een mythe
Het is geen reflux als de baby niet spuugt

Vroeger was de opvatting dat baby's met reflux constant spuugden en/of projectielbraakten. Maar nu weten we dat sommige baby's ook pijn kunnen lijden zonder dat ze de symptomen hebben. Dat is verwarrend en daardoor kan reflux nog steeds ten onrechte voor koliek worden aangezien. Tegenwoordig stellen veel kinderartsen net zo snel de diagnose 'reflux' als 'koliek' (huilbaby), maar sommige ouderwetse dokters zeggen automatisch 'koliek' als een baby zonder aanwijsbare reden huilt (zie 'Koliek', pagina 145). Anderen stellen dat reflux een vorm van koliek is. Dat kan een verklaring zijn voor het feit dat sommige gevallen van koliek rond een maand of vier als bij toverslag verdwijnen. Tegen die tijd is de onontwikkelde sfincter sterker aan het worden – hoe meer hij gebruikt wordt, des te sterker hij wordt – en wordt het voor de baby makkelijker het eten te verteren.

hij zich weer niet lekker en gaat hij misschien spugen, en zo draai je in een kringetje rond.

DIT KUN JE ERAAN DOEN: Als de arts op het consultatiebureau zegt dat het koliek is, vraag dan een second opinion aan een kinderarts die gespecialiseerd is in maag-darmklachten, vooral als maag-darmproblemen in je familie voorkomen. Reflux is erfelijk. Vaak kan de diagnose gesteld worden aan de hand van de ziektegeschiedenis en door middel van een gedegen onderzoek. De meeste baby's hoeven geen laboratoriumtests te ondergaan. In extreme gevallen, of als je arts denkt dat er complicaties kunnen zijn, kunnen er verschillende tests worden gedaan: röntgenfoto's na het slikken van barium, een echo, een endoscopie of een pH-onderzoek van de maag. De specialist zal bepalen of je baby reflux heeft en inschatten hoe ernstig het probleem is, en weet meestal wel hoe lang de reflux van je baby ongeveer zal duren. Hij kan je ook medicijnen geven en heeft richtlijnen voor wat je eraan kunt doen.

Reflux wordt meestal behandeld met medicijnen: antacide en kalmeringsmiddelen voor baby's. Dat laat ik aan de dokter over. Maar er zijn ook dingen die je kunt doen zonder elke keer een autoritje met hem te moeten maken of hem verslaafd te laten raken aan die ellendige mechanische schommels:

Verhoog het matrasje in zijn ledikantje. Gebruik een kleine wig of een paar boeken om het matrasje in een hoek van 45 graden te leggen; het maakt niet uit waarmee je het doet, als het hoofdeinde maar iets hoger komt te liggen. Baby's met reflux hebben er baat bij als je hen instopt en inbakert.

Klop je baby niet op zijn rug als je hem wilt laten boeren. Als je op zijn rug klopt, gaat hij alleen maar overgeven of huilen, waardoor de vicieuze cirkel begint. Wrijf liever zachtjes, met cirkelvormige bewegingen over de linkerkant van zijn rug. Als je op zijn rug klopt, irriteer je de slokdarm, die al zo'n pijn doet. Wrijf omhoog, met de arm van je baby recht over je schouder, zodat de slokdarm vrij ligt. Als hij na drie minuten nog geen boertje heeft gelaten, houd er dan mee op. Als er lucht dwarszit, gaat hij jengelen. Houd hem voorzichtig voorover, dan komt de lucht er waarschijnlijk wel uit.

Let op met voeden. Geef je baby niet te vaak of te snel eten (de kans dat dit laatste gebeurt, is groter als je flesvoeding geeft). Als een flesvoeding minder dan twintig minuten in beslag neemt, kan het zijn dat het gat in de speen te groot is. Ga over op een driestandenspeen. Als de baby na een voeding gaat jengelen, gebruik dan liever een fopspeen en ga niet opnieuw voeden, want dan voelt hij zich alleen maar ellendiger.

Geef hem niet te snel vast voedsel. Sommige deskundigen adviseren om baby's met reflux vroeger dan met zes maanden vast voedsel te geven, maar daar ben ik het niet mee eens (zie 'Vast en zeker', pagina 178). Als zijn maag te vol raakt, wordt het brandende maagzuur alleen maar erger. Hij zal ophouden met eten als hij te veel pijn heeft.

Probeer zelf rustig te blijven. Reflux wordt meestal minder na een maand of acht, als de sfincter beter ontwikkeld is en je baby meer vast voedsel krijgt. De meeste baby's groeien in het eerste jaar over de reflux heen; in heel ernstige gevallen kan het ook in het tweede jaar voortduren, maar dat komt zelden voor. In die ernstige gevallen zul je moeten accepteren dat je baby nu eenmaal geen normaal eetpatroon heeft, althans nu nog niet. Onderneem in de tussentijd wat je maar kan om te zorgen dat hij zich lekker voelt, en houd voor ogen dat het echt overgaat.

KOLIEK ('HUILBABY')

Dit is het: zelfs artsen zijn het er niet over eens wat koliek is of hoe het omschreven kan worden. De meeste beschouwen het als een complex geheel van symptomen dat wordt gekenmerkt door luid, excessief en ontroostbaar huilen, dat gepaard lijkt te gaan met pijn en irritatie. Sommige zien het als een overkoepelende term waaronder de volgende klachten vallen: *spijsverteringsproblemen* (voedselallergie, darmkrampjes of reflux), *neurologische problemen* (hypergevoeligheid of zeer gevoelig temperament) en *slechte omgevingsfactoren* (nerveuze of nalatige ouders, spanning in huis). Baby's bij wie de diagnose koliek wordt gesteld (ook wel 'huilbaby's' genoemd) kunnen enkele – of alle – symptomen hebben, maar dat wil niet zeggen dat ze ook werkelijk koliek hebben. Sommige kinderartsen hanteren nog steeds de oude 'regel van drie': drie dagen per week drie uur non-stop achterelkaar huilen gedurende drie achtereenvolgende weken, wat statistisch gezien geldt voor zo'n twintig procent van alle baby's. Kinderarts en koliekonderzoeker Barry Lester, auteur van *For Crying Out Loud*, noemt koliek een 'huilafwijking.' Hij formuleert het simpel: 'Er is iets wat ervoor zorgt dat het kind op een ongewone manier huilt en wat het ook is, het heeft zijn weerslag op de rest van het gezin.' Lester is het met me eens dat slechts tien procent werkelijk een huilbaby is: met ernstige, hevige huilbuien die enkele uren per keer duren, veelal elke dag op hetzelfde tijdstip en zonder aanwijsbare reden. Eerstgeborenen lijken vaker last te hebben van koliek dan kinderen die daarna komen. Het begint meestal tien dagen tot drie weken na de geboorte en duurt tot de leeftijd van drie tot vier weken, waarna het over het algemeen vanzelf overgaat.

HIER MOET JE OP LETTEN: Als een moeder vermoedt dat haar baby een huilbaby is, ga ik eerst na of het geen darmkrampjes is of reflux zijn. Ook al worden die gezien als subcategorie van koliek, je kunt er tenminste iets aan doen om ze te verlichten, en dat kun je van koliek niet zeggen. Een belangrijk verschil tussen koliek en reflux is dat huilbaby's wél aankomen, terwijl baby's met reflux vaak juist afvallen. Bij reflux buigt een baby zijn rug vaak achterover tijdens het huilen, bij darmkrampjes trekt hij zijn benen op, en in beide gevallen begint de ellende binnen een uur na de laatste voeding. Koliek daarentegen hangt niet noodzakelijkerwijs samen met voeding. Er zijn nu zelfs onderzoeken waaruit blijkt dat koliek misschien wel helemaal niets te maken heeft met maagpijn (ook al is het woord 'koliek' afgeleid van het Griekse woord voor darm). Het wordt eerder veroorzaakt doordat de baby niet in staat is zichzelf te troosten terwijl hij alle indrukken die zijn zintuigen bombarderen probeert te verwerken.

DIT KUN JE ERAAN DOEN: Het probleem is dat alle baby's huilen. Ze huilen als ze honger hebben of ontevreden zijn, of als je hun routine verandert. Ik heb geholpen bij het 'genezen' van zogenaamde huilbaby's door ze gewoon op een gestructureerde routine te zetten, de ouders te leren hoe ze de signalen van de baby konden interpreteren, zo nodig voedingstechnieken te wijzigen (een andere speen kiezen in geval van flesvoeding, de houding van de baby veranderen tijdens het voeden, hem op een andere manier laten boeren) en te kijken of er misschien sprake was van voedselallergie (door een andere soort flesvoeding te kiezen). Maar in die gevallen ging het duidelijk niet om echte koliek.

Je kinderarts kan een mild kalmeringsmiddel voorschrijven (een slaapmiddeltje), je adviseren overprikkeling te vermijden of diverse trucs aandragen, zoals stromend water, de stofzuiger of de föhn gebruiken om je baby af te leiden. Sommige artsen raden je ook aan om de baby vaker aan de borst te leggen, wat ik absoluut níét adviseer, want als het inderdaad een maagprobleem is, maak je het alleen maar erger door te voeden. Wat voor advies je ook krijgt, bedenk dat er geen remedie is tegen echte koliek. Je moet eigenlijk gewoon wachten tot het overgaat. Sommige ouders zijn daar beter tegen bestand dan andere. Als je allesbehalve een 'zelf-verzekerde' ouder bent (zie pagina 93-95), past een huilbaby misschien niet bepaald in je straatje. Zorg in dat geval voor hulptroepen. Regel alle hulp die je maar kunt vinden. Zorg dat je regelmatig even op adem kunt komen, zodat je er zelf niet aan onderdoor gaat.

Zes weken tot vier maanden: groeispurts

Veel van de eerste voedingskreukels zijn nu wel gladgestreken. Je baby is waarschijnlijk iets standvastiger en eet en slaapt beter, tenzij hij natuurlijk wordt geplaagd door maag-darmproblemen of heel gevoelig is voor zijn omgeving. In dat geval heb je hopelijk geleerd zijn temperament te accepteren en weet je beter hoe je zijn signalen moet interpreteren. Je weet ook wat de beste manier is om hem te voeden en te zorgen dat hij zich na de voeding lekker voelt, en je gebruikt je gezonde verstand om het leven een beetje makkelijker voor hem te maken. In dit stadium krijg ik varianten op de volgende twee klachten:

Het lukt me maar niet om mijn baby 's nachts meer dan drie of vier uur achter elkaar te laten slapen.

Mijn baby sliep eerst vijf of zes uur achter elkaar, maar wordt nu vaker wakker, altijd op een ander tijdstip.

Ouders dénken dan dat ze me bellen in verband met een slaapprobleem, maar tot hun verbazing hebben beide problemen in deze periode te maken met eten. Met acht weken slapen veel baby's – althans, míjn baby's – 's nachts minstens vijf, zo niet zes uur achter elkaar door. Natuurlijk hangt het ook af van hun geboortegewicht en temperament, maar na zes weken moeten we in elk geval een heel eind in die richting komen. Bij baby's die al langere tijd achter elkaar slapen, is 's nachts wakker worden vaak te wij-

147

ten aan een *groeispurt: een periode van meestal een of twee dagen
waarin je baby meer eten nodig heeft.* Deze ouwe babyfluisteraar
heeft nog wel een paar trucjes achter de hand voor bovenstaande
situaties.

Als je baby een gemiddeld gewicht heeft of zwaarder is en 's
nachts nog nóóit langer dan drie of vier uur achter elkaar geslapen heeft, vraag ik altijd eerst: **Hoe vaak en hoe lang slaapt je baby
overdag?** Het zou kunnen dat hij overdag zo veel slaapt dat hij 's
nachts niet meer moe is (dit onderwerp komt aan bod op pagina
221-222, waar ik je adviseer je baby overdag nooit langer dan twee
uur te laten slapen). Maar als hij overdag niet te lang slaapt en het
's nachts toch niet meer dan drie of vier uur achter elkaar redt, betekent dat waarschijnlijk dat hij overdag meer moet eten en een
volle maag moet hebben als je hem in bed legt. Als je het nog niet
hebt gedaan, raad ik je aan hem vol te tanken (zie pagina 122,125
en 243).

In het tweede geval, als een baby eerst steeds vijf of zes uur achter elkaar doorsliep en nu ineens op wisselende tijden wakker
wordt, gaat het meestal om een groeispurt. Groeispurts vinden
voor het eerst plaats tussen de zes en acht weken en komen daarna ongeveer eens in de maand of eens in de zes weken voor. De
groeispurt met vijf of zes maanden is meestal een teken dat het
tijd wordt om over te gaan op vast voedsel.

Groeispurts kunnen bij grotere baby's eerder beginnen, wat tot
verwarring kan leiden. Dan belt een moeder me op en zegt: 'Mijn
baby is nu vier maanden, weegt acht kilo en eet 230 ml bij elke voeding, maar wordt nog steeds een of twee keer per nacht wakker. Ik
mag hem 's nachts toch geen vast voedsel geven?' In zo'n geval
moet je je gezonde verstand gebruiken. Je kunt hem niet nóg meer
vloeibaar voedsel geven en hij heeft blijkbaar meer nodig.

Bij baby's die borstvoeding krijgen, moet je groeispurts niet
verwarren met slecht aanleggen of de melkvoorraad van de moeder, wat allebei ook leidt tot 's nachts wakker worden, maar dan
meestal eerder dan zes weken. De vraag waarmee ik kan bepalen
of een baby een groeispurt doormaakt, is: **Wordt hij elke nacht
rond hetzelfde tijdstip wakker, of wisselt dat?** Als het wisselende
tijden zijn, gaat het om een groeispurt. De volgende e-mail is typerend:

Ik ben net met FIJN begonnen bij mijn dochter Olivia van zeven weken en dat gaat echt goed. Maar sinds we ermee begon-

nen zijn, slaapt ze 's nachts onregelmatiger. Eerst werd ze altijd rond 2.45 uur wakker, maar de laatste tijd lijkt er geen consistente lijn meer in te zitten, ondanks het feit dat ze overdag steeds ongeveer op dezelfde tijden eet en slaapt. We hebben een logboek bijgehouden, maar kunnen niet ontdekken dat we op bepaalde avonden iets doen wat er de oorzaak van zou kunnen zijn dat ze de ene keer om 1.00 uur wakker wordt en de andere keer pas om 4.30 uur. Kunnen we iets doen om ervoor te zorgen dat ze minstens tot 2.45 uur slaapt, zoals ze eerst deed?

In het geval van Olivia wist ik zeker dat het om een groeispurt ging, omdat ze altijd behoorlijk goed heeft gegeten en geslapen en haar ouders haar blijkbaar instinctief een vaste structuur hebben gegeven. Een andere duidelijke aanwijzing was dat ze weliswaar meestal om 2.45 uur wakker werd, maar dat haar moeder schreef: 'Sinds we ermee begonnen zijn, slaapt ze 's nachts *onregelmatiger*.' Omdat het 's nachts wakker worden toevallig samenviel met de periode waarin haar ouders met FIJN begonnen, gingen ze er logischerwijze van uit dat haar plotselinge slaapproblemen te maken hadden met de nieuwe structuur. Maar in werkelijkheid had hun baby gewoon honger. En de reden dat ze geen oorzaak konden vinden in iets wat ze deden, was dat het iets was wat Olivia's lichaam deed!

Stel nu eens dat we het hebben over een baby die nooit goed geslapen heeft. Ze wordt nog steeds twee keer per nacht wakker. Ook zij kan een groeispurt doormaken, maar het kan ook zijn dat ze een heel slecht slaappatroon aan het ontwikkelen is en dat haar vader en moeder dat versterken door haar te voeden als ze wakker wordt. Hoe weet je nu het verschil? Een aanwijzing is het patroon van wakker worden: over het algemeen kun je zeggen dat baby's die uit gewoonte wakker worden dit vrijwel altijd op hetzelfde tijdstip doen; je kunt er bijna de klok op gelijkzetten. Baby's die op onregelmatige tijden wakker worden, hebben meestal honger. Maar de duidelijkste aanwijzing is de hoeveelheid eten: als de moeder hem eten wil geven zal hij, als hij een groeispurt doormaakt, een volledige voeding willen omdat zijn lichaam dat nodig heeft. Eet hij echter maar een klein beetje, dan is dat een overduidelijk teken dat we hier te maken hebben met een slecht slaappatroon en niet met een hongerige baby (zie pagina 237-238 voor meer over wakker worden uit gewoonte).

Bij een groeispurt is het recept altijd hetzelfde: geef overdag meer eten en voeg 's avonds, als je dat al niet gedaan hebt, een droomvoeding toe. Bij baby's die de fles krijgen, voeg je aan elke voeding 30 ml toe. Voor baby's die de borst krijgen is het iets lastiger, omdat je de tíjd moet aanpassen en niet de hoeveelheid. Volgt je baby een routine van drie uur, dan moet je nu om de tweeënhalf uur gaan voeden. Heb je een oudere baby, die een '4/4'-routine volgt (zie pagina 50), dan moet je nu teruggaan naar om de drie à drieënhalf uur voeden. Sommige moeders vinden dit advies verwarrend, zoals Joanie, een moeder uit Florida, die me vertelde: 'Dat geeft me het gevoel dat we achteruitgaan. Ik was net zo blij dat ik hem eindelijk op een routine van vier uur had.' Ik legde haar uit dat dit slechts een tijdelijke maatregel was. Door vaker te voeden liet ze haar lichaam weten dat het meer melk moest aanmaken voor de vier maanden oude Matthew, en binnen een paar dagen zou ze genoeg melk produceren om aan zijn nieuwe behoefte te kunnen voldoen.

Groeispurts kunnen de slaapgewoonten van je baby verstoren, niet alleen midden in de nacht, maar ook overdag. Zelfs ouders die weten dat groeispurts van tijd tot tijd plaatsvinden, realiseren zich niet altijd dat het zogenaamde slaapprobleem of de plotselinge afkeer van het ledikantje eigenlijk te maken heeft met eten. De moeder van de zes weken oude David werkte sinds drie dagen met de FIJN-methode. De eerste twee dagen, schreef ze, 'ging het van een leien dakje. We volgden de routine en ik was er trots op dat hij telkens weer in zijn ledikantje in slaap viel (met behulp van een fopspeen). Maar vandaag (de derde dag) huilt hij steeds behoorlijk hard vanaf het moment dat we zijn slaapkamer in gaan en beginnen aan zijn slaaproutine. Sinds gisteravond eet hij ook vaker en ik vermoed dat hij een groeispurt doormaakt. Kan zijn weerstand tegen de slaapkamer verband houden met een groeispurt?'

Jazeker. De kleine David zegt (met zijn tranen): 'Ik wil niet gaan slapen. Ik wil meer eten. Geef me een voeding!' Als hij niet gevoed wordt, zal hij honger gaan associëren met zijn slaapkamer. Baby's zijn primaire wezens, maar ze leren ook heel snel associëren. Als jij naar je kamer gestuurd zou worden voordat je klaar was met eten, zou je waarschijnlijk ook niet naar je kamer willen! Die zou je gaan beschouwen als een vervelende plek.

Als je baby zich verzet tegen de droomvoeding, moet je eens kijken naar hoe je hem overdag voedt. Christian, een jongetje voor wie ik eens heb gezorgd, was destijds negen weken en wat zijn moeder en ik ook probeerden, hij weigerde die voeding om 23.00 uur. Wekenlang had zijn moeder hem om 17.00 en 20.00 uur eten gegeven en hem daarna weer om 23.00 uur proberen te voeden, dus drie uur later. Chris woog toen bijna vier kilo, dus was het niet zo gek dat hij om 23.00 uur geen honger had. Maar om 1.00 uur werd hij wakker van de honger. We besloten de eerdere voedingen aan te passen. Om 17.00 uur gaven we hem geen 200 ml meer, maar slechts 60 ml, en we verplaatsten de voeding van 20.00 naar 19.00 uur, waarbij hij slechts 170 ml kreeg in plaats van de gebruikelijke 230 ml. Met andere woorden, we haalden in totaal 200 ml van zijn avondvoedingen af. Daarna had hij een activiteit – zijn badje – en tegen de tijd dat hij een massage had gehad, ingebakerd was en in bed lag, was hij behoorlijk moe. We gaven de droomvoeding om 23.00 uur, dus vier uur na zijn avondvoeding, en jawel hoor, Chris at de volledige 230 ml. Inmiddels hadden we al bedacht dat hij overdag meer moest eten, dus gaven we hem 30 ml per fles extra. Daarna hield hij het na de droomvoeding vol tot 6.30 uur.

Onthoud dat de droomvoeding nooit later gegeven mag worden dan 23.00 uur. Anders verplaats je hem naar de nacht en dat proberen we nu juist te vermij-

Een praktijkvoorbeeld

De droomvoeding te laat geven

Janet belde me op omdat haar zoontje elke ochtend om 4.00 of 4.30 uur wakker werd. 'Maar ik geef hem wel een droomvoeding,' hield ze vol. Het probleem was dat ze de vier maanden oude Kevin tussen 24.00 en 1.00 uur eten gaf. Op deze leeftijd en met zijn gewicht (hij woog zeven pond bij de geboorte) zou hij 's nachts minstens vijf of zelfs zes uur achter elkaar moeten slapen. Maar omdat Janet zijn slaap onbewust verstoorde door een te late droomvoeding, sliep hij onrustig. Het slaappatroon van een baby wordt, net als dat van ons, nu eenmaal beïnvloed als hij gestoord wordt of oververmoeid is. Als wij op moeten blijven, slapen we ook niet meer vast en liggen we maar te woelen en te draaien. Om het nog erger te maken, voedde Janet hem ook nog als hij in de kleine uurtjes wakker werd, waardoor zijn gewoonte om wakker te worden alleen maar werd versterkt. (Onthoud: steeds op hetzelfde tijdstip wakker worden is een patroon; sporadisch wakker worden is honger.) Ik stelde voor dat ze de droomvoeding geleidelijk zou verplaatsen naar 22.00 of 22.30 uur, maar hem niet meer zou voeden als hij wakker werd (meer daarover in hoofdstuk 5, pagina 244-246). Ook moest ze hem overdag iets meer eten geven door 30 ml aan elke fles toe te voegen.

den, omdat een nachtvoeding betekent dat de baby overdag veel minder eet en de gewoonte zal ontwikkelen om 's nachts wakker te worden van de honger. Dat is de omgekeerde wereld. We willen een baby van deze leeftijd geen routine aanleren die we op een baby van zes weken zouden toepassen.

Vier tot zes maanden: een grotere eter

In deze periode blijft het relatief rustig op eetgebied, tenminste, als je baby nu een gestructureerde routine volgt. Zo niet, dan loop je waarschijnlijk nog steeds tegen de problemen aan die in eerdere periodes opspelen, alleen zijn die nu veel moeilijker op te lossen. Je baby huilt nog steeds om eten, maar zal niet meer zo wanhopig klinken, afhankelijk van zijn temperament (en de manier waarop jij reageert). Sommige baby's spelen 's ochtends zelfs even zelfstandig, zonder hun ouders meteen te wekken met een huiltje dat zegt: 'Ik wil eten!'

Hieronder volgen de problemen waarmee mensen in deze periode vaak bij me aankloppen. Ze lijken misschien heel verschillend, maar kunnen alle drie worden opgelost door een vaste routine in te stellen en ouders te laten inzien dat hun kleintje groeit en verandert.

Mijn baby eet nooit op hetzelfde tijdstip.

Mijn baby is zo snel klaar met eten dat ik bang ben dat ze niet genoeg binnenkrijgt. Bovendien wordt zo haar dagindeling in de war geschopt.

Mijn baby lijkt totaal geen belangstelling meer te hebben voor eten. Rond etenstijd voeren we vaak een hele strijd.

Ik durf te wedden dat je wel kunt raden wat mijn eerste vraag is als een cliënt met een van deze problemen bij me komt: **Volgt je baby een gestructureerde routine?** Als het antwoord nee is – en dat is meestal het geval wanneer ouders zeggen dat hun baby nooit op hetzelfde tijdstip eet – kun je het de baby niet kwalijk nemen dat hij een eetprobleem heeft. Het ligt aan de ouders, die een duidelijke structuur moeten bieden. Natuurlijk is een béétje variatie in je dagelijkse routine heel gewoon. Maar als je baby altijd maar op willekeurige tijden eet, weet ik zeker dat hij ook nooit goed slaapt. Hij heeft een gestructureerde routine nodig (zie 'Met FIJN beginnen bij baby's van vier maanden of ouder' op pagina 58-66).

Als een cliënt volhoudt dat zijn baby wél een gestructureerde routine volgt, is mijn volgende vraag: **Hoeveel tijd zit er tussen twee voedingen in?** Als dat twee uur is, weet ik dat snaaien het probleem is, want geen enkele baby van vier maanden of ouder heeft zo vaak eten nodig. Dat was het probleem bij de kleine Maura. Toen ze bijna vijf maanden was, kreeg ze nog steeds om de twee uur eten, zelfs 's nachts. Een vriendin had geopperd om granenpap in Maura's laatste fles te doen om 'haar de nacht door te helpen', echt een bakerpraatje als je het mij vraagt (zie 'Een mythe' op pagina 179). Omdat Maura nog nooit vaste voeding had gehad, leidde dat alleen maar tot constipatie, en ze werd nog steeds wakker, op zoek naar haar moeders borst. In plaats daarvan gaf ik haar ouders, Jessica en Bill, het advies om Maura om 18.00, 20.00 en 22.00 uur vol te tanken en haar 's nachts níét te voeden, wat er ook gebeurde. Maura was per slot van rekening geen klein baby'tje meer. Ze was een oudere baby en haar ouders hadden haar per ongeluk leren snaaien. De eerste nacht werd ze natuurlijk meerdere keren tussen 22.00 en 5.00 uur huilend wakker, maar Jessica en Bill gaven niet toe. Papa gebruikte mijn oppakken/neerleggen-methode (hoofdstuk 6) om Maura elke keer weer in slaap te krijgen. Maar het was een zware nacht voor hen alle drie, vooral voor mama, die dacht dat ze haar baby liet verhongeren. 's Ochtends merkte Jessica het verschil echter meteen, omdat haar dochter voor het eerst sinds tijden (misschien wel voor het allereerst) om 5.00 uur een volledige voeding van een halfuur nam. Ook de rest van de dag at Maura vrijwel zonder uitzondering om de vier uur. De tweede nacht ging het iets beter. Maura werd twee keer wakker, papa kreeg haar elke keer weer in slaap en de volgende ochtend werd ze om 6.00 uur wakker. Sindsdien gaat het goed. Ik raadde aan haar tot zes maanden een droomvoeding te geven en daarna over te stappen op vaste voeding.

Als een baby in deze periode nog steeds om de drie uur eet, kan het zijn dat hij niet snaait, maar dat zijn ouders hem eten geven volgens een voedingsschema dat bedoeld is voor een jonger kind. Ze moeten de tijd tussen twee voedingen verlengen naar vier uur. Dat moet echter geleidelijk gebeuren. Het is niet eerlijk om zo'n jonge baby ineens een uur langer te laten wachten. Rek het daarom een kwartier per dag gedurende vier dagen. Het fijne van deze

Te mager, of gewoon actiever?

Als baby's mobieler worden, krijgen ze vaak minder belangstelling voor eten. Veel baby's worden ook magerder doordat ze actiever zijn. Naarmate het babyvet verdwijnt, zien ze er steeds meer uit als peuters. Afhankelijk van de bouw van je kind, die hij van jou heeft geërfd, kan dat schattige boeddhabuikje minder worden. Zolang hij gezond is, hoef je je er niet druk om te maken. Ben je bezorgd, raadpleeg dan je kinderarts of de arts op het consultatiebureau.

leeftijd is echter dat ze gemakkelijker zijn af te leiden. Je kunt ze bezighouden met speeltjes en gekke bekken of een rondje in het park, en niet meer alleen met een fopspeen zoals je met een jongere baby moet doen om een voeding uit te stellen.

Ook ouders die zich zorgen maken dat hun baby 'te snel' klaar is met eten, vergeten misschien dat hun baby groter aan het worden is. Op deze leeftijd eten baby's efficiënter. Het kan dus best zijn dat je baby meer dan genoeg eet, maar dat het hem minder tijd kost. Dit hangt er uiteraard van af of hij borstvoeding krijgt, die in tijd wordt gemeten, of flesvoeding, die we in milliliters afmeten.

Als hij de fles krijgt, is het heel eenvoudig om te bepalen of hij genoeg te eten krijgt, omdat je kunt zien hoeveel milliliter hij binnenkrijgt. Houd het een paar dagen bij. Hij zou zo'n 150 à 230 ml per voeding moeten krijgen, *om de vier uur.* Inclusief een droomvoeding 's avonds laat krijgt hij in totaal dus 750 tot 1150 ml per dag.

Krijgt je baby borstvoeding, dan mag een voeding in deze periode nog maar een minuut of twintig in beslag nemen, want in die korte tijd kan hij nu de 150 à 180 ml moedermelk drinken waar hij eerst drie kwartier voor nodig had. Wil je zekerheid, kijk dan eens wat je 'oogst' is (zie pagina 134-135). Meestal is je melkvoorraad nu geen probleem meer.

Of je nu de borst of de fles geeft, als je baby de zesmaandengrens nadert, wordt het tijd om ook vaste voeding te introduceren, want naarmate je baby mobieler wordt, heeft hij meer nodig dan alleen vloeibaar voedsel om zijn activiteiten te kunnen volhouden (zie hoofdstuk 4).

Wat de baby betreft die 'geen belangstelling' meer lijkt te hebben voor eten, ben ik bang dat dat nu eenmaal zo is. Tussen de vier en zes maanden maken baby's een enorme sprong in hun ontwikkeling. Je baby is nu nieuwsgieriger en mobieler. Hij kan een efficiënte eter zijn, maar stilzitten om te eten is maar saai, vergeleken bij alle nieuwe wonderen die de wereld om hem heen hem te bieden heeft. In het begin was je baby al tevreden met alleen een borst of fles. Misschien keek hij tijdens een voeding wel naar een mobile, maar dat is nu ouwe koek. Hij kan zijn hoofd omdraaien en dingen pakken, dus eten staat niet altijd meer hoog op zijn lijstje. Het kan zelfs zijn dat hij een week of twee helemaal niet meewerkt en onmogelijk is. Wees proactief. Geef hem eten in een ruimte waar relatief weinig afleiding is. Houd zijn armpje vast, zodat hij niet kan kliederen. Is je baby heel actief, dan kun je hem half inbakeren om het gedraai wat te beperken. Sla een felgekleurde doek met figuurtjes erop om je schouders, zodat je baby iets nieuws heeft om naar te kijken. Maar ik moet toegeven dat je het soms maar beter gewoon zo kunt laten, en vol verbazing moet toekijken wat een kleine persoonlijkheid je baby al aan het worden is.

Zes tot negen maanden en ouder: de gevaren van opvoeden tegen wil en dank

Over reuzenstappen gesproken! Nu staat je baby op het punt de echte wereld binnen te stappen, althans wat eten betreft. Nou ja, bijna dan. Al hebben sommige eetproblemen in deze periode te maken met het vloeibare voedsel dat je baby binnenkrijgt – veelal problemen die in eerdere stadia niet met succes zijn opgelost –, het draait nu vooral om grote-menseneten. De tijd van alleen vloeibaar voedsel is voorbij. Nu leert hij hoe hij gepureerd eten moet doorslikken, en later ook kleine stukjes en alles wat jij eet. (Alles wat je wilt weten over deze overgang, lees je in het volgende hoofdstuk.)

Ik stel voor dat je met zeven maanden ook de droomvoeding achterwege laat (zie kader op pagina 157), omdat je baby nu vast voedsel krijgt. Als je doorgaat met de droomvoeding, werk je de introductie van vast voedsel tegen, omdat je baby door de extra vloeistof die hij binnenkrijgt, minder trek krijgt in vast voedsel. Zoals je in het kader kunt lezen, moet je overdag echter wel het aantal milliliters toevoegen dat je 's avonds achterwege laat. Doe je dat niet, dan wordt je baby 's nachts wakker.

Andere veelvoorkomende problemen in deze periode zijn:

Mijn baby wordt 's nachts nog steeds wakker van de honger.

Ik probeer mijn baby uit de fles te laten drinken, maar ze moet er niets van hebben.

Mijn baby heeft een tuitbeker, maar daar wil ze geen melk uit drinken, alleen water of sap.

Zoals zo veel problemen die na zes maanden opduiken, zijn ook deze hoogstwaarschijnlijk het gevolg van opvoeden tegen wil en dank. De ouders zijn niet begonnen zoals ze van plan waren verder te gaan. Of ze hebben er gewoon niet bij nagedacht.

Neem het eerste probleem: als een baby na zes maanden nog steeds wakker wordt omdat hij wil eten – en vergis je niet, ik heb dat zelfs wel eens gezien bij een kind van negentien maanden –, dan komt dat omdat de ouders de baby in een eerder stadium eten hebben gegeven als hij 's nachts wakker werd, zelfs als hij dan maar een paar slokjes dronk. Ik heb het al eerder gezegd: als een baby 's nachts steeds op een ander tijdstip wakker wordt, komt dat meestal door de honger. Met zes maanden zie ik dit zelden, behalve tijdens een groeispurt of wanneer het tijd is om vast voedsel te introduceren. Maar als je de klok erop gelijk kunt zetten, is het meestal een geval van opvoeden tegen wil en dank. Een baby van zes maanden of ouder kan heel gemakkelijk een snaaier worden als hij elke keer de fles of de borst krijgt wanneer hij midden in de nacht wakker wordt. In die gevallen leren kinderen onwillekeurig 's nachts te snaaien, wat uiteraard invloed heeft op hun eetlust overdag. Het gaat hier echter om een slaapkwestie, niet om een eetprobleem. Je moet je baby geen eten geven, maar mijn methode van oppakken/neerleggen gebruiken om hem weer in slaap te krijgen (zie hoofdstuk 6). Het goede nieuws is dat het bij oudere baby's minder tijd kost om deze gewoonte te doorbreken, omdat die genoeg vet op hun lijfje hebben om het uit te houden tussen twee voedingen door.

Ook het tweede en derde probleem zijn te wijten aan opvoeden tegen wil en dank. Zoals je weet raad ik ouders aan om al met twee weken een fles te introduceren (zie kader pagina 138-139). Om allerlei redenen – advies van een vriendin, iets wat ze hebben gelezen – denken sommige ouders dat dat 'te vroeg' is. Drie, zes of tien maanden later krijg ik gestreste telefoontjes als: 'Ik lijk wel een gevangene, want niemand anders kan hem voeden', of: 'Over een week moet ik weer aan het werk, maar ik ben bang dat ze zal verhongeren', of: 'Mijn man denkt dat onze baby een hekel aan hem heeft omdat ze elke keer gaat schreeuwen zodra hij haar de fles wil geven.' Dat bedoelt mijn oma nu als ze zegt dat je moet beginnen zoals je van plan bent verder te gaan. Als een nieuwe moeder niet even de tijd neemt om zich af te vragen: 'Mmmm, hoe wil ik dat mijn leven er over een paar maanden uitziet? Wil ik de énige in dit gezin – en op de hele wereld – zijn die deze baby kan voeden, totdat ze de overstap naar een tuitbeker maakt?', kan ze over een tijdje een groot probleem hebben.

Hetzelfde geldt voor de overgang naar een tuitbeker. Heel vaak gaat het zo: een moeder laat haar baby met deze 'volwassener' vorm van drinken kennismaken door hem iets anders te geven dan moedermelk of flesvoeding. Vaak is

Hoe stop ik met de droomvoedingen?

Het proces van het weglaten van de droomvoedingen – meestal rond de zeven maanden – verloopt in stappen van drie dagen, om er zeker van te zijn dat je baby overdag inhaalt wat je 's nachts weglaat:

Dag 1: Voeg 30 ml toe aan de eerste voeding van de dag en haal 30 ml af van de droomvoeding. Geef je borstvoeding, begin dan weer met clustervoedingen, zodat je baby meer calorieën binnenkrijgt. Geef de droomvoeding (nu 30 ml minder) een halfuur vroeger, om 22.30 in plaats van 23.00 uur.

Dag 4: Voeg 30 ml toe aan de eerste voeding en ook 30 ml aan de tweede, en haal 60 ml van de droomvoeding af. Geef de droomvoeding (60 ml minder) om 22.00 uur.

Dag 7: Voeg 30 ml toe aan de eerste voeding, 30 ml aan de tweede en 30 ml aan de derde. Haal 90 ml van de droomvoeding af en geef deze om 21.30 uur.

Dag 10 (droomvoeding om 21.00 uur), *14* (20.30 uur), *17* (20.00 uur) en *20* (19.30 uur): door om de drie dagen overdag enkele milliliters toe te voegen en deze hoeveelheid af te halen van de droomvoeding, geef je uiteindelijk om 19.30 uur een heel kleine droomvoeding.

dat sap, omdat ze denkt dat hij eerder die zoete, vreemde vloeistof uit een tuitbeker zal drinken dan die saaie, bekende melk. Sommigen geven ook water, omdat ze de baby niet te veel suiker willen geven (daar ben ik het mee eens). Nou, baby's zijn net de honden van Pavlov. Als mama hem nadat hij een paar maanden die 'andere' vloeistof heeft gedronken ineens melk wil geven, trekt hij een gezicht van: 'Hé mama, wat maak je me nou? Dit hoort niet híérin te zitten.' En hij weigert categorisch het te drinken. (Zie pagina 165-166 voor wat je hieraan kunt doen.)

Als je dit boek al leest voordat je een van deze fouten hebt gemaakt, dan is dat geweldig. Laat andere moeders weten wat de valkuilen zijn. Zo niet, lees dan verder. Er staat je een strijd te wachten, maar nog niet alles is verloren.

Van borst naar fles: de eerste stappen van spenen

Er zijn twee factoren van invloed op wat er gebeurt als je een fles wilt introduceren: de reactie van je baby en die van jezelf; de impact op je lichaam en je geest. Misschien wil je met de fles beginnen omdat je er klaar voor bent om je baby volledig te spenen, of omdat je je leven eenvoudiger wilt maken door een of meer borstvoedingen te vervangen door flesvoedingen. Hoe dan ook, je moet rekening houden met beide factoren. Hoe ouder je baby is, hoe moeilijker het zal worden om hem aan de fles te laten wennen als hij voorheen altijd alleen maar de borst heeft gehad. Maar bij oudere baby's zal het ook gemakkelijker voor je lichaam zijn om aan de verandering te wennen, omdat je melk sneller opdroogt (zie kader pagina 159). Tegelijkertijd reageren veel moeders echter heel emotioneel op het terugdringen van het aantal borstvoedingen of het volledig stoppen.

Laten we het eerst eens over de baby hebben. De procedure voor een baby die nog nooit de fles heeft gehad is hetzelfde als voor een baby die een paar maanden eerder wel eens uit een fles heeft gedronken, maar nu lijkt te zijn vergeten hoe dat moet. Ik krijg honderden e-mails en telefoontjes van moeders die met beide problemen hebben geworsteld. Dit bericht stond op mijn website:

> Hoi, ik ben de moeder van een jongetje van zes maanden. Heeft iemand advies over het introduceren van de fles? Ik wil niet stoppen met borstvoeding, maar heb even pauze nodig. Hij vindt de fles maar niks, we proberen het nu al twaalf weken. Ik heb bijna alles geprobeerd: tuitbeker, fles, moedermelk, flesvoeding, enz.

De borstvoeding afbouwen
Hoe doet mama dat?

Of ze nu helemaal willen stoppen of alleen maar willen minderen, veel moeders maken zich zorgen over hoe hun borsten aan zullen voelen als ze voor het eerst een voeding overslaan. In het plan hieronder ga ik ervan uit dat je baby bereid is uit een fles te drinken en dat je nog maar twee keer borstvoeding wilt geven, 's ochtends en als je uit je werk komt. Als je helemaal wilt stoppen, laat dan gewoon steeds een voeding achterwege. Je lichaam werkt wel mee, maar je moet een handje helpen.

Afkolven in plaats van voedingen overslaan. Om borstontsteking te voorkomen leg je je baby de komende twaalf dagen 's ochtends aan de borst en daarna weer wanneer je de tweede voeding wilt geven. De rest van de dag kolf je af op de tijden waarop je hem normaal gesproken zou voeden. Kolf de eerste drie dagen een kwartier per keer. Op de vierde tot zesde dag kolf je maar tien minuten, op de zevende tot negende dag vijf minuten en op de tiende tot twaalfde dag nog maar twee of drie minuten. Daarna vullen je borsten zich alleen nog voor de twee voedingen met melk en hoef je niet meer te kolven.

Draag tussen de voedingen door een strakke beha. Een sportbeha helpt je lichaam om de melk weer op te nemen.

Doe elke dag drie tot vijf verschillende oefeningen waarbij je je armen boven je hoofd tilt. Doe net alsof je een bal gooit. Ook dat helpt bij de opname van de melk. Neem zo nodig om de vier tot zes uur een paracetamol tegen de pijn. Als de baby acht maanden of ouder is, komt borstontsteking zelden voor; de melkproductie stopt dan eerder dan bij een baby van, laten we zeggen, drie maanden.

Twaalf weken! Dat is heel wat gehannes en frustratie, zowel voor jou als je baby. Deze moeder heeft blijkbaar geen haast. Stel je voor dat ze weer aan het werk had gemoeten, zoals zo veel moeders! Zo herinner ik me Gail, de moeder van Bart, die haar zoontje de eerste drie maanden borstvoeding had gegeven en me toen belde: 'Over drie weken moet ik weer aan het werk en het zou ideaal zijn als ik 's ochtends, laat in de middag en 's avonds borstvoeding zou kunnen blijven geven en voor de andere voedingen zou kunnen overstappen op flesvoeding.'

Of je nu wilt overstappen op flesvoeding en nooit meer borst-

---

Te oud voor de fles?

Moeders krijgen vaak het advies om met een jaar, hooguit anderhalf jaar, te stoppen met de fles, maar ik vind twee jaar ook prima. De wereld vergaat echt niet als je baby voor het slapengaan een paar minuutjes met de fles bij papa of mama op schoot kruipt.

Veel peuters geven de fles vrijwillig op als ze een jaar of twee zijn. Als ze hem langer willen houden, komt dat meestal omdat ze de fles als fopspeen hebben mogen gebruiken; mama geeft hem bijvoorbeeld als een snelle oplossing om te zorgen dat zoon- of dochterlief zich gedraagt in het winkelcentrum, of papa geeft hem snel om te voorkomen dat het kind een scène schopt waar andere mensen bij zijn. Of ouders geven de fles om te zorgen dat het kind in slaap valt. Sommige ouders leggen een fles in het ledikantje in de hoop een uurtje extra slaap te kunnen krijgen, wat niet alleen een slechte gewoonte kan worden, maar ook nog eens gevaarlijk is omdat het kind kan stikken. Als een kind de hele dag de fles krijgt, krijgt hij bovendien zo veel vloeistof binnen dat hij vaak minder trek heeft in eten.

Als je kind twee jaar of ouder is en nog steeds rondloopt met een fles, wordt het tijd om in te grijpen.

- Stel regels in voor de fles: alleen rond bedtijd, of alleen in de slaapkamer.
- Neem tussendoortjes mee zodat de fles niet nodig is, en ga anders om met driftbuien (zie hoofdstuk 8).
- Maak de fles minder aantrekkelijk. Maak een sneetje in de speen van zo'n halve centimeter. Wacht vier dagen en maak nog zo'n sneetje in de andere richting, zodat je een X krijgt. Snijd na een week eerst twee en daarna alle vier de driehoekjes uit. Uiteindelijk ontstaat er zo een grote, vierkante opening en zal je kind helemaal geen belangstelling meer voor de fles hebben.

---

voeding wilt geven, of slechts een paar voedingen per dag de fles wilt geven, je moet er klaar voor zijn en je voorbereiden op zeker twee behoorlijk zware dagen. Als je baby zes maanden of ouder is, kun je overwegen om meteen met de tuitbeker te beginnen en de fles over te slaan. Maar als je er toch voor wilt gaan...

Zoek een speen die het meest op je eigen tepel lijkt. Sommige borstvoedingsdeskundigen waarschuwen voor 'tepel-speenverwarring' en gebruiken dat als een reden om geen fles te geven voordat de baby drie of zes maanden oud is (dat hangt ervan af welk boek je leest). Als baby's al in de war raken, komt dat door de melktoevoer, niet door de speen zelf. Kies er een en als je baby daaruit wil drinken, blijf dan niet steeds van speen veranderen. Het is al genoeg dat hij aan de fles moet wennen, hij hoeft niet ook nog eens te gaan experimenteren met spenen; tenzij hij gaat kokhalzen, spugen of proesten. Doet hij dat, kies dan een driestandenspeen, die je kunt aanpassen aan de mate waarin hij zuigt, in plaats van een standaardspeen die steeds op dezelfde snelheid melk doorlaat.

Begin met de eerste fles op het tijdstip dat je baby veel honger heeft. Ik ben het niet eens met mensen die opperen de eerste fles te geven als je baby niet veel honger heeft. Waarom zou hij de fles accepteren als hij geen honger heeft? Ga ervan uit dat je zelf gespannen bent en dat ook je baby in eerste instantie tegensputtert en zich niet op zijn gemak voelt.

Dring hem nooit een fles op. Bekijk het eens vanuit het standpunt van je baby. Stel je voor hoe het is om maandenlang op een warme mensenhuid gesabbeld te hebben en dan ineens een koude rubberspeen in je mond te krijgen. Om hem aantrekkelijker te maken (of in elk geval meer op je lichaamstemperatuur te laten lijken) kun je warm water over de speen laten stromen. Duw hem zachtjes in het mondje van je baby en wiebel ermee tegen zijn onderlip, waardoor de zuigreflex gestimuleerd wordt. Als hij na vijf minuten nog niet toehapt, houd er dan mee op, anders krijgt hij er alleen maar een aversie tegen. Wacht een uur en probeer het opnieuw.

Probeer het de eerste dag elk uur. Hou vol. Moeders die beweren dat ze het al twaalf weken proberen, of zelfs maar vier weken, doen dat niet consequent. Het zal eerder zo zijn dat ze het een of twee dagen probeert – of zelfs maar een paar minuutjes – en het dan weer laat zitten. Totdat ze zich weer gebonden voelt of de baby ook eens bij een oppas wil laten. Dan probeert ze het opnieuw. Als ze niet elke dag consequent volhoudt, is de kans dat het werkt veel kleiner.

Laat papa, oma, een vriendin of een oppas een poging wagen, maar alleen als je voor het eerst de fles gaat geven. Sommige baby's willen de fles wel van een ander, maar weigeren hem hardnekkig als hun moeder hem geeft. Dat is prima om je baby aan de fles te laten wennen, maar het moet geen gewoonte worden. Het uitgangspunt van de fles geven is dat je daardoor flexibel bent. Stel dat je ergens bent met je baby en geen borstvoeding wilt geven, dan wil je toch niet elke keer papa of oma hoeven bellen? Als je baby eenmaal gewend is aan de fles, geef jij hem ook. **Houd rekening met een hongerstaking en wees bereid die uit te zitten.** Als je baby de fles blijft weigeren, haal dan niet meteen je borst tevoorschijn. Geloof me, je baby gaat echt niet dood van de honger, zoals moeders altijd denken. De meeste baby's drinken minstens 30 tot 60 ml als ze drie of vier uur niet de borst krijgen.

Ik ken baby's die de hele dag de fles weigeren totdat mama 's avonds thuiskomt, maar dat zijn uitzonderingen (en trouwens, die gaan er ook niet dood aan). Als je volhoudt, is het hele drama van het introduceren van de fles binnen vierentwintig uur verleden tijd. Bij oudere baby's, meestal mopperige types, kan het soms wel twee of drie dagen duren.

Geef daarna altijd minstens één keer per dag de fles. Veel moeders maken de fout om niet minimaal één keer per dag de fles te blijven geven. Baby's pakken altijd zo weer hun oude voedingsmethode op. Dus als een baby begint met borstvoeding, maar zijn moeder daarna een week naar het ziekenhuis moet en hij in die tijd de fles krijgt, weet hij daarna meteen weer hoe hij uit de borst moet drinken. Het komt niet zo vaak voor, maar als een baby begint met flesvoeding en zijn

---

Een praktijkvoorbeeld
De overstap maken

Janna, een televisieproducent met wie ik werkte, ging elke dag onder werktijd naar huis en reed dan 50 km om haar zoontje Justin van zeven maanden te voeden. Ze was aan het eind van haar Latijn en snakte naar de flexibiliteit die de fles haar zou bieden. Op mijn aanraden gaf ze Justin een voeding voordat ze naar haar werk ging en liet een flesje afgekolfde melk bij de oppas achter voor de middagvoeding. Maar Justin weigerde de fles en ging in hongerstaking. Elke keer als Janna naar huis belde om te horen hoe het ging, hoorde ze Justin op de achtergrond huilen. 'Ik dacht dat hij verhongerde. Ik heb me nog nooit zo ellendig gevoeld als die dag.' Toen Janna die middag om vier uur thuiskwam, huilde Justin nog steeds om haar borst. In plaats daarvan gaf ze hem een fles en toen hij het op een brullen zette, zei ze rustig tegen hem: 'Oké, je hebt blijkbaar geen honger.' Om zes uur wilde hij de fles wél. Na afloop belde Janna me op en zei: 'Ik wil hem vanavond graag borstvoeding geven.' 'Doe het niet,' adviseerde ik dringend, 'anders krijg je morgen weer een hongerstaking voor je kiezen.' Ik zei dat ze twee dagen lang alleen de fles moest geven en dat ze hem na 48 uur weer de borst mocht geven voordat hij naar bed ging.

moeder daarna besluit tóch borstvoeding te geven, zal hij het daarna altijd prima vinden om toch de fles te krijgen. De tweede voedingsmethode die je hun aanleert zullen ze echter altijd vergeten als je die niet bijhoudt. Er komen steeds weer moeders naar me toe die zeggen: 'Mijn baby dronk eerst wel uit de fles, maar nu lijkt hij te zijn vergeten hoe dat moet.' Natuurlijk is hij dat vergeten; het was een hele tijd geleden. In dat soort gevallen moet de moeder weer helemaal opnieuw beginnen en bovenstaande methode gebruiken om de fles opnieuw te introduceren.

'Maar mijn baby...': schuldgevoelens over spenen

Ik heb nóg een wijze raad voordat je stappen onderneemt om je baby te gaan spenen: zorg dat je zeker weet dat je écht wilt overstappen op de fles. Neem nou Janna (zie kader op pagina 162): haar angst dat Justin zou omkomen van de honger had niet alleen te maken met zijn fysieke welzijn. Ze voelde zich schuldig omdat ze hem liet 'lijden', en ik durf te wedden dat ze ambivalent was over het hele proces. Veel moeders die borstvoeding geven hebben tegenstrijdige gevoelens over het geven van de fles.

Het geven van borstvoeding kan een heel emotionele ervaring zijn voor een moeder, vooral als ze besluit dat ze af en toe de deur uit wil. Tegenwoordig wordt er zo gehamerd op het geven van borstvoeding, dat veel vrouwen zich een slechte moeder voelen als ze zelfs maar aan spenen dénken. Het is ook heel dubbel: aan de ene kant voelen ze zich schuldig en aan de andere kant vinden ze het ook een beetje spijtig als ze eenmaal gestopt zijn.

Toen ik pasgeleden op mijn website keek, kwam ik een aantal reacties tegen op het bericht van een moeder die negen maanden lang moeite had gehad haar melkvoorraad op peil te houden en haar zoontje te voeden. Ze was vastbesloten om 'het minstens een jaar vol te houden', voelde zich schuldig omdat ze 'een beetje vrijheid' wilde en vroeg zich af: 'Zijn er vrouwen die dit gevoel herkennen?' Arme schat! Ze moest eens weten hoeveel moeders met diezelfde gevoelens worstelen. Ik was blij toen ik zag dat de moeders die reageerden precies hetzelfde schreven als ik gedaan zou hebben. Hier volgt een greep uit de antwoorden:

Uiteindelijk is het jouw beslissing. Je weet zelf het beste wat goed is voor jou en je kind.

Negen maanden is fantastisch. Het is niet niks om borstvoeding te geven, hoe lang je dat ook doet, en ik neem mijn petje af voor de moeders die het proberen, al is het nog zo kort. Ook ik had tegenstrijdige gevoelens. Aan de ene kant wilde ik zo lang mogelijk doorgaan met borstvoeding geven. Aan de andere kant wilde ik mijn vrijheid en mijn eigen identiteit terug. Ik wilde Rosa zijn en niet Marina's Zogende Moeder. Toen ik haar uiteindelijk speende, miste ik de intimiteit. Maar ik kreeg wel mijn gewone borsten terug. Ik hoefde niet bang meer te zijn dat ik ging lekken. Ik had 's nachts geen beha meer nodig. En het was niet langer verboden gebied voor mijn man!

Borstvoeding is voor sommige moeders een geweldige ervaring en ik ben er helemaal vóór. Maar eens is het tijd om ermee te stoppen. Misschien voel je je minder schuldig als je weet dat je er niet alleen mee ophoudt omdat je moe bent, genoeg hebt van lekkende borsten of het zat bent om op je werk te moeten afkolven, maar ook om je baby te laten groeien en naar de volgende levensfase te laten gaan. Een moeder gaf toe: 'Mijn hart brak toen ik mijn dochter voor het eerst de fles gaf... en ze eruit dronk.' Haar dochter was met negen maanden van de borstvoeding af. 'De gedachte aan spenen bleek eigenlijk erger dan het spenen zelf,' concludeerde ze. 'Toen ik eenmaal accepteerde dat de fles ten eerste een gezond alternatief was en ten tweede mij nooit kon vervangen, viel alles ineens op zijn plek.'

Tuitbekers: ik ben al groot!

Rond de tijd dat je erover denkt om vast voedsel te introduceren, moet je er ook over denken je kind te laten wennen aan een tuitbeker, om te zorgen dat hij vloeistof niet meer door een speen of tepel zuigt, maar net zo kan drinken als de grote kinderen. Ook hierdoor geef je je kind de gelegenheid om te groeien, om van gevoerd worden over te gaan op zélf eten. Zoals ik al eerder heb gezegd, gaan sommige moeders direct over van de borst op de tuitbeker. Andere introduceren al eerder, of later, de fles en geven hun kind dan tegelijkertijd een tuitbeker.

Wanneer een moeder tegen me zegt: 'Ik krijg mijn kind maar niet zover dat hij uit een tuitbeker wil drinken,' vraag ik me altijd af hoe hard ze het dan probeert, welke fouten ze heeft gemaakt bij haar pogingen haar kind te leren hoe hij eruit moet drinken, en of ze verwacht dat het van de ene op de andere dag lukt. Zoals altijd stel ik weer vragen:

Op welke leeftijd heb je het voor het eerst geprobeerd? Zelfs als een baby met zes maanden zowel de fles als de borst krijgt is het belangrijk om toch ook de tuitbeker uit te proberen. Je kunt hem ook een beker van papier of plastic geven, maar een tuitbeker is beter omdat de tuit de stroom reguleert. Bovendien kan je kind hem zelf vasthouden, wat zijn onafhankelijkheid bevordert. (Geef nóóit ofte nimmer een glas aan een baby of jong kind, totdat ze een jaar of vier, vijf zijn. Ik heb al heel wat kinderen naar de spoedeisende hulp zien gaan met glas in hun lippen en tong.)

Hoe vaak heb je het geprobeerd? Je kind moet wel drie weken tot een maand lang dágelijks kunnen oefenen om aan een tuitbeker te wennen. Het duurt langer als je hem niet elke dag geeft.

Heb je verschillende types uitgeprobeerd? Er zijn maar weinig baby's die meteen uit een tuitbeker drinken. Als die van jou er eerst niets van moet hebben, bedenk dan dat het voor hem een nieuw en vreemd ding is. Er zijn ook heel veel verschillende tuitbekers op de markt; sommige hebben een tuit, andere een rietje. Baby's die borstvoeding krijgen, kunnen vaak beter uit de voeten met de bekers die een rietje hebben. Wat voor soort tuitbeker je ook koopt, probeer er eentje uit en houd die minstens een maand. Wissel niet telkens weer van soort.

In welke positie houd je je baby als je hem een tuitbeker geeft? Veel ouders geven hun baby een tuitbeker als hij in de kinderstoel of een wipstoeltje zit en verwachten dan dat hij weet wat hij ermee moet doen. Je kunt je baby beter op je knie laten zitten, met zijn gezicht van je af. Leid zijn handjes naar de handvatten en help hem de beker naar zijn mond te brengen. Doe het zachtjes, en doe het op een moment dat hij in een goede bui is.

Hoeveel – en wat voor soort – vloeistof doe je in de tuitbeker? Hier zie ik veel ouders de fout in gaan: ze doen te veel vloeistof in de tuitbeker, waardoor die te zwaar wordt en de baby hem niet meer kan vasthouden. Ik raad aan om er in het begin niet meer dan 30 ml water, afgekolfde melk of flesvoeding in te doen. Liever geen vruchtensap, want je baby hoeft geen extra suiker binnen te krijgen. Bovendien loop je het risico dat hij de tuitbeker dan altijd

Hoeveel drinken per dag?

Als je kind eenmaal drie keer per dag vast voedsel krijgt, moet hij minstens 470 ml melk of flesvoeding per dag krijgen (tot wel 950 ml voor grote baby's). De meeste moeders verdelen dit over de dag en geven een beetje drinken na de maaltijd, om het eten weg te spoelen, en daarbij nog een dorstlesser als hun kind heel actief is geweest. Stop pas met borstvoeding geven als je kind uit een tuitbeker kan drinken of in ieder geval uit een fles wil drinken.

met zoetigheid blijft associëren en later niets anders meer wil.

Oké, zeg je nu misschien, maar die fout heb ik al gemaakt! Hij drinkt enthousiast uit de tuitbeker, maar niet als er melk in zit. Je kunt dat niet ineens veranderen, want dan raakt hij van slag, gaat de tuitbeker misschien als iets negatiefs zien en kan zelfs uitdrogen (vooral als hij gespeend is nadat hij eerst altijd borstvoeding kreeg, en weigert uit de fles te drinken). Geef hem om te beginnen twee tuitbekers bij de maaltijd. Doe in de ene de vloeistof die je hem tot nu toe steeds hebt gegeven – bijvoorbeeld water of sap – en in de andere 60 ml melk. Nadat hij een slokje water of sap heeft gedronken, haal je die beker weg en probeer je hem de melk te geven. Als hij weigert, laat het dan zitten en probeer het een uur later nog eens. Zelfs als hij de beker al zelf kan vasthouden, kun je hem toch op je knie zetten en hem laten drinken. Net als met de meeste andere dingen is de kans op succes groter wanneer je volhoudt en er een leuke, plezierige gebeurtenis van probeert te maken en het niet ziet als een vaardigheid die je hem nú meteen moet aanleren.

Net als bij spenen kun je tegenstrijdige gevoelens hebben als je je kind met een tuitbeker ziet, omdat hij dan ouder lijkt. Dat geeft niets, daar hebben de meeste moeders last van. Zet je eroverheen en geniet.

4

Eten is meer dan voeding

Vast voedsel en nog lang en gelukkig eten

De grote stap van gevoed worden naar zelf eten

Baby's zijn wonderbaarlijke wezens. Ik sta er soms versteld van als ik zie hoe snel ze groeien en zich ontwikkelen. Sta er eens bij stil hoe baby's vooruitgaan als het op eten aankomt. (Misschien helpt de tabel op pagina 171-173 daarbij, waarin je ziet hoe kinderen in de eerste drie jaar de overstap maken van gevoed worden naar zelf eten.) Eerst wordt je baby zeven dagen per week vierentwintig uur per dag gevoed in de veilige beschutting van je baarmoeder. Hij krijgt alles wat hij nodig heeft via de navelstreng en hoeft zich niet druk te maken over hoe hard hij moet zuigen. En jij, als moeder, hoeft je niet druk te maken of je wel genoeg melk hebt en of je de fles wel in de juiste hoek houdt. Dat gemakkelijke leventje eindigt echter bij de geboorte, want dan moeten jullie allebei hard aan de slag om te zorgen dat de baby op de juiste tijden voldoende eet en zijn tere spijsverteringsstelsel niet overbelast raakt.

In de eerste paar maanden na de geboorte zijn de smaakpapillen van baby's nog niet ontwikkeld. Hun vloeibare dieet is behoorlijk mild en bestaat uit flesvoeding of moedermelk, die allebei alle benodigde voedingsstoffen bevatten. Dit is een wonderbaarlijke tijd. Zoals ik al eerder heb gezegd, zijn zuigelingen net varkentjes: het is eten, eten en nog eens eten. Alleen in deze periode van zijn leven komt je kind zo snel aan. En dat is maar goed ook: als jij 68 kilo zou wegen en in net zo'n hoog tempo zou aankomen als je baby, zou je na twaalf maanden maar liefst 205 kilo wegen!

Het duurt even voordat jullie allebei eindelijk een goed ritme gevonden hebben, maar de meeste ouders merken uiteindelijk dat een baby voeden relatief eenvoudig is. Maar dan, na zes maanden, net als je een beetje gewend raakt aan het vloeibare dieet van je baby, wordt het tijd om vast voedsel te introduceren. Nu moet je je baby helpen bij het maken van een belangrijke overgang in zijn ontwikkeling: die van gevoed worden naar zelf eten. Dat gebeurt niet van de ene op de andere dag, en het gaat ook niet zonder slag of stoot. In dit hoofdstuk kijken we naar de leuke en minder leuke kanten van deze wonderbaarlijke stap. De smaakpapillen van je baby ontwaken en hij ervaart nieuwe sensaties in zijn mond die zijn leven, en tevens dat van jou, een stuk interessanter maken. Als je deze periode met een positieve houding en een heleboel geduld tegemoet treedt, kan het heel leuk zijn om je baby te observeren terwijl hij experimenteert met elke nieuwe hap die je hem voorschotelt en pogingen doet om zelf te eten, al gaat dat in het begin nog heel stuntelig en onhandig.

Deze overgang wordt door sommigen 'spenen' genoemd, waarmee wordt bedoeld dat de baby geen borst- of flesvoeding meer krijgt, maar alleen nog vast voedsel. Anderen bedoelen met 'spenen' echter dat de baby niet meer de borst of de fles krijgt, wat echter niet per se rond dezelfde tijd hoeft te gebeuren als het introduceren van vast voedsel. Ik zal hier de twee processen afzonderlijk bespreken. Natuurlijk hangen ze wel met elkaar samen, want als je baby vast voedsel leert eten, zal hij automatisch minder vloeibaar eten krijgen.

Spenen en het beginnen met vast voedsel hangen ook op een ander belangrijk punt samen: ze vormen allebei een signaal dat je baby groter wordt. Denk ook hier weer aan de progressie: eerst moet je je baby vasthouden om hem te voeden; hij eet in een horizontale en vrij kwetsbare positie. Zodra hij lichamelijk sterker wordt en een betere coördinatie krijgt, kan hij zich in allerlei bochten wringen, zijn hoofd omdraaien en de borst of de fles wegduwen, kortom: hij kan voor zichzelf opkomen. Met zes maanden, als hij redelijk goed kan zitten en dingen kan vasthouden – een lepel, zijn flesje, je borst – wordt het steeds duidelijker dat hij zelf een bijdrage wil leveren aan het eetfestijn.

Het kan zijn dat je deze veranderingen verwelkomt, maar ze kunnen je ook treurig stemmen. Veel moeders die ik ken hebben tegenstrijdige gevoelens over spenen of raken er bijna radeloos door. Ze willen niet dat hun baby 'te' snel groot wordt. Sommigen wachten tot hun baby negen of tien maanden oud is en beginnen dan pas met vast voedsel, omdat ze het proces niet willen 'overhaasten.' Die gevoelens zijn heel begrijpelijk, maar dit zijn ook de moeders die me bellen als hun peuter van vijftien maanden of nog ouder ineens 'eetproblemen' heeft. Ze zeggen dan dat hun kind nog steeds geen vast voedsel wil of een 'slechte eter' is. Anderen zijn van slag omdat hun hummeltje niet in de kinderstoel wil zitten of rond etenstijd een andere machtsstrijd uitlokt. Zoals ik je in dit hoofdstuk zal laten zien, horen sommige problemen nu eenmaal bij de peutertijd. Maar andere komen voort uit wat ik noem 'verkeerd eetbeleid', een bijzondere vorm van opvoeden tegen wil en dank die zich voordoet als ouders zich niet realiseren dat een bepaalde gewoonte moet worden gecorrigeerd, of als ze gewoon niet weten wat ze eraan moeten doen. Problemen kunnen echter ook ontstaan doordat ouders niet willen dat hun kind groter wordt.

Dus kom op en zet je eroverheen. Je moet het loslaten en zorgen dat je baby een zelfstandige eter kan worden. Ik geef toe, hij zal er harder voor moeten werken dan toen hij nog een baby'tje was, en jij zult nog meer geduld moeten hebben. Maar als beloning krijg je dan wel een kind dat dol is op eten, bereid is om te experimenteren, en voedsel associeert met positieve gevoelens.

Van gevoed worden naar zelf eten: wat een avontuur

In deze tabel zie je in een oogopslag de overgang van gevoed worden naar zelf eten, hoe je daarmee begint en tegen welke zorgen je aanloopt (en dan heb ik het niet alleen over 'Eet mijn kind wel genoeg?'). In dit hoofdstuk vind je meer gedetailleerde informatie over het introduceren van vast voedsel en hoe je je problemen kunt oplossen waar je mee te maken krijgt.

Leeftijd	Hoeveelheid	Mogelijke dagindeling	Veelvoorkomende zorgen
Vanaf de geboorte tot 6 weken (zie pagina 123 voor details)	90 ml vloeibaar	Om de 2 à 3 uur, afhankelijk van het geboortegewicht van je baby.	Slapen tijdens de voedingen en een uur later hongerig wakker worden. Om de 2 uur eten. Veel sabbelen, maar de baby eet steeds maar een klein beetje. Huilen tijdens of kort na de voedingen.
6 weken tot 4 maanden (zie pagina 123 voor details)	120/150 ml vloeibaar	Om de 3 à 3,5 uur	's Nachts wakker worden en gevoed willen worden (hoewel dit een slaapprobleem lijkt, kan het worden opgelost door op de juiste manier met eten om te gaan).
4/6 maanden (zie pagina 124 voor details)	180/240 ml vloeibaar	Om de 4 uur Als je op deze leeftijd met vast voedsel begint, wat ik normaal gesproken niet aanraad, moet je baby nog steeds voornamelijk vloeibaar voedsel krijgen.	Te snel klaar zijn met de borst- of de flesvoeding; krijgt hij wel genoeg binnen? Wanneer moeten we met vast voedsel beginnen? Welke voedingsmiddelen moeten we geven? Hoe leren we onze baby kauwen? Hoe moeten we hem eten geven?
6/12 maanden	Eerst pureer je alles. Begin in de eerste week met 1/2 tl, alleen bij het ontbijt; in de tweede week bij het ontbijt en de lunch en in de derde week bij alle drie de maaltijden. Voeg elke week een nieuwe smaak toe – altijd bij het ontbijt – en geef deze	Het duurt twee, hooguit vier maanden om je baby aan vast voedsel te laten wennen. Met negen maanden eten vrijwel alle baby's vast voedsel bij het ontbijt (om ongeveer 9.00 uur), de lunch (om 12.00 of 13.00 uur) en het avondeten (17.00-	Met welke voedingsmiddelen moet je beginnen en hoe doe je dat? Hoeveel vast voedsel geef je in plaats van vloeibaar eten?

Van gevoed worden naar zelf eten: wat een avontuur (vervolg)

Leeftijd	Hoeveelheid	Mogelijke dagindeling	Veelvoorkomende zorgen
6/12 maanden (vervolg)	voedingsmiddelen opnieuw bij de lunch en het avondeten. Geef vast voedsel op het moment dat je kind alert en goed wakker is. Als hij er in eerste instantie gefrustreerd door raakt, stil dan de eerste honger met een beetje fles- of borstvoeding. Als hij er eenmaal aan gewend is, geef dan altijd eerst vast voedsel. Zodra je baby gewend is en lijkt te kunnen kauwen, kun je voedsel met wat stukjes geven. Voer de hoeveelheid geleidelijk op tot 30-45 gram per maaltijd, afhankelijk van zijn eetlust en gewicht. Met negen maanden, of zodra hij zelf kan zitten, geef je hem ook voedsel dat hij zelf uit de hand kan eten.

Eten dat je met 6/9 maanden kunt geven: groente en fruit met een milde smaak (appel, peer, perzik, gedroogde pruim, banaan; pompoen, zoete aardappel, wortel, sperziebonen, doperwten); granen; zilvervliesrijst, bagels, kip, kalkoen, gekookte witvis (zoals bot), tonijn uit blik. Met negen maanden: voedsel dat hij uit de hand kan eten en ook pasta, fruit en groente met een sterkere smaak (pruim, kiwi, rode grapefruit; avocado, asperge, courgette, broccoli, biet, aardappel, pastinaak, spinazie, limaboon, aubergine), runderbouillon, lamsvlees. Als jij of je partner allergisch zijn, raadpleeg dan je kinderarts voor het introduceren van nieuwe voedingsmiddelen. | 18.00 uur). Geef de borst of de fles 's ochtends, tussen de voedingen door (als tussendoortje) en voor het slapengaan. Tegen het eind van het eerste jaar heb je geleidelijk aan de helft van de vloeibare voeding vervangen, terwijl de hoeveelheid vast voedsel alleen maar toeneemt, dus krijgt de baby voor het grootste deel vast voedsel. Je baby drinkt tussen de 470 en 950 ml vloeistof per dag, afhankelijk van zijn lengte en gewicht. Zodra hij zelf met de hand kan eten, geef je hem eerst iets uit het vuistje en daarna iets van de lepel. Rond negen maanden kun je beginnen met lichte tussendoortjes – soepstengels, rijstwafels, stukjes kaas –, maar pas wel op dat hij daar niet te vol van raakt (zie pagina 195-197). | Moeite met het accepteren van vast voedsel (de baby houdt zijn lippen stijf op elkaar zodat je de lepel niet eens in zijn mond krijgt; spugen; kokhalzen).

Angst voor voedselallergieën. |

Leeftijd	Hoeveelheid	Mogelijke dagindeling	Veelvoorkomende zorgen
1/2 jaar	Voedsel wordt niet langer gepureerd; je peuter zou nu al heel wat voedingsmiddelen uit de hand moeten kunnen eten en moet nu al beginnen met zelf hapjes te nemen. Eén keer per week kun je beginnen met producten die op mijn 'Voorzichtig uitproberen'-lijst staan, bijvoorbeeld zuivelproducten als yoghurt, kaas en koemelk (zie kader pagina 191), maar ook eieren, honing, rundvlees, meloen, bessen, citrusvruchten (behalve rode grapefruit), linzen, varkensvlees en kalfsvlees. Ik zou nog steeds heel voorzichtig zijn, of zelfs helemaal afzien van noten, die moeilijk te verteren zijn en waar een kind makkelijk in kan stikken, en schelpdieren en chocola, omdat die allergieën kunnen veroorzaken.	Drie maaltijden per dag; 's ochtends en 's avonds de borst of de fles totdat je kind volledig gespeend is, wat meestal met achttien maanden of al eerder het geval is. Tussen de maaltijden in kun je lichte, gezonde tussendoortjes geven, zolang die de de eetlust van je kind niet bederven.

Zorg dat je zelf minstens één keer per dag tegelijk met je peuter eet en zet zijn kinderstoel bij de eettafel, zodat hij gewend raakt aan het idee van gezamenlijk eten. | Minder eten dan hij eerst deed.

Wil nog steeds liever de fles dan vast voedsel.

Weigert .... te eten [vul een bepaald voedingsmiddel in, bijvoorbeeld worteltjes].

Wil geen slabbetje om.

Wil niet in de kinderstoel blijven zitten of probeert eruit te klimmen.

Wil niet eens probéren zelf te eten.

Maaltijden zijn een ramp en een grote klierderbende.

Gooit eten op de vloer of laat het vallen. |
| 2/3 jaar | Met achttien maanden en zeker met twee jaar moet je kind allerlei soorten voedsel eten, tenzij hij ergens allergisch voor is of andere problemen heeft. Hoeveel hij eet hangt af van zijn lengte, gewicht en eetlust; sommige kinderen hebben nu eenmaal minder nodig dan andere. Je kind moet met de pot meeeten; geef niet toe aan de verleiding om iets anders voor hem klaar te maken. | Drie maaltijden per dag, met lichte tussendoortjes. Inmiddels heeft je kind een duidelijke voorkeur voor bepaald eten en is hij misschien zelfs wel een zoetekauw. Geef niet te veel tussendoortjes en ook geen tussendoortjes met een lage voedingswaarde of een te hoog suikergehalte. Die zullen de eetlust van je kind bederven.

Zorg dat je in elk geval een paar dagen per week minimaal één maaltijd per dag met het hele gezin gebruikt, zodat je kind niet alleen goed gevoed is, maar ook één sociale eter wordt. | Kieskeurig, geen 'goede' eter.

Bevlieging voor bepaald voedsel (wil steeds maar weer hetzelfde eten).

Gekke 'regels' rondom eten (huilt als het eten in stukjes breekt, de erwtjes mogen de aardappelen niet raken, enz.).

Eet alleen tussendoortjes.

Wil niet aan tafel blijven zitten.

Heel slechte tafelmanieren.

Gooit met eten.

Maakt er met opzet een kliederboel van.

Heeft driftbuien tijdens de maaltijden. |

Eetbeleid: soms TERG je me tot het uiterste

Eetbeleid – zorgen dat je kind genoeg te eten krijgt, op het juiste tijdstip en in de juiste hoeveelheid – is essentieel vanaf de dag dat hij geboren wordt. In het vorige hoofdstuk heb ik al uitgelegd dat verkéérd eetbeleid al in de eerste zes weken kan leiden tot onregelmatig eten, huilen, darmkrampjes en andere maag-darmproblemen. Toch vinden de meeste ouders (al dan niet met een beetje hulp) dat de eerste weken en maanden redelijk eenvoudig zijn als ze eenmaal een goede routine hebben ingesteld. Maar zodra er vast voedsel op het menu komt te staan, wordt een goed eetbeleid weer behoorlijk lastig.

Bij oudere kinderen heeft het eetbeleid vier pijlers: *Tafelmanieren* (die van je kind), *Eigen houding* (die van jezelf), *Routine* en *Goede voeding*. Grappig genoeg vormen de beginletters het woord TERG, wat erg toepasselijk is omdat ouders, als het op tafelmanieren aankomt, vaak met kromme tenen tegen hun kinderen zeggen: 'Soms terg je me tot het uiterste!' Hoe dan ook, de meeste eetproblemen die ik tegenkom hebben te maken met minimaal een van deze elementen. Hieronder diep ik ze stuk voor stuk uit:

Tafelmanieren: elk gezin heeft zijn eigen waarden met betrekking tot eten; iedereen heeft een eigen definitie van 'hoe het hoort.' **Wat vind je acceptabel met betrekking tot eten en wat mag absoluut niet van jou?** Je moet vaststellen wat jóúw grenzen zijn en je daar ook aan houden; niet als je kind in de puberteit komt, maar nú. Begin ermee zodra je je baby voor het eerst in de kinderstoel zet. De familie Carter is bijvoorbeeld nogal laks met tafelmanieren. Hun kinderen krijgen nooit een standje als ze met eten spelen, terwijl de kinderen van de familie Martini van tafel worden gestuurd als ze dat doen. Dat geldt ook voor Pedro van negen maanden, die uit de kinderstoel wordt getild zodra hij met zijn eten begint te gooien of te kliederen. Mama en papa zien zijn gedrag als teken dat hij klaar is met eten en zeggen tegen hem: 'Nee, we spelen niet met eten. We zitten aan tafel om te éten.' Misschien begrijpt hij niet precies wat zijn ouders zeggen (of misschien ook wel), maar Pedro zal al snel de associatie hebben dat de kinderstoel bedoeld is om aan te eten en niet om aan te spelen. Zo werkt het ook met tafelmanieren. Als je die belangrijk vindt, wat voor míj in elk geval wel geldt, kun je nog voordat je kind oud genoeg is om zelf 'dank je wel' en 'alsjeblieft' en 'mag ik van tafel?' te zeggen, de woorden voor hem zeggen. Geloof me, een kind dat de gedragsregels al kent kun je zonder problemen meenemen naar een restaurant. Maar als hij thuis uit zijn stoel mag klimmen of zijn voeten op tafel mag leggen, wat verwacht je dan dat hij ergens anders doet?

Eigen houding: kinderen imiteren ons. Als je zelf met je eten zit te knoeien of altijd staand of lopend eet, kan het zijn dat je kind ook niet van eten houdt. Stel jezelf de volgende vragen: **Is eten belangrijk voor me? Kan het me iets schelen wat voor maaltijd ik op tafel zet en geniet ik van het eten?** Zo niet, dan is de kans groot dat je niet zo lekker kookt. Misschien gooi je snel even iets in de pan of zet je heel smakeloos eten op tafel. Het kan ook zijn dat je altijd op dieet bent en overdreven let op wat je eet. Misschien was je als kind mollig en werd je daarmee gepest. Ik ken moeders die hun baby op een vetarm dieet zetten of zich zorgen maken omdat hun peuter 'te veel koolhydraten binnenkrijgt.' In beide gevallen doen ze hun kind tekort: baby's en peuters hebben andere voedingsstoffen nodig dan volwassenen. Door je kind voedingsmiddelen te ontzeggen of bepaald eten (of een bepaalde lichaamsbouw) als 'slecht' te bestempelen, kun je je kind een boodschap meegeven die later tot ernstige eetproblemen kan leiden.

Een ander aspect van je eigen houding is je bereidheid om kinderen te laten leren van hun ervaringen. Helaas zijn sommige ouders te ongeduldig en/of terughoudend om hun kind te laten experimenteren en een beetje vies te laten worden tijdens het leerproces. Als je voortdurend de mond van je peuter afveegt en opmerkingen maakt over de 'kliederbende' die hij maakt, zal je kind het eten algauw als onaangenaam ervaren.

Routine: ik weet dat het woord 'routine' je inmiddels de keel uit hangt, maar hier gaan we weer: als je consequent bent in wanneer en waar je kind eet en hem niet steeds maar tussen de bedrijven door laat eten, laat je hem merken dat niet alleen eten belangrijk is, maar ook hijzelf. Maak van etenstijd een prioriteit en niet iets wat je tussen telefoontjes en afspraken in moet proppen. Eet, als het enigszins mogelijk is, minstens twee avonden per week met het hele gezin. Als je baby enig kind is, ben jij zijn enige voorbeeld. Heeft hij broertjes of zusjes, dan is dat des te beter: dat zijn weer meer mensen om van te leren. Wees ook consequent in je taalgebruik. Pakt hij bijvoorbeeld een boterham, houd hem dan tegen en zeg: 'Mag ik alsjeblieft een boterham?' Als je dat elke keer

Hé jongens, wat eten we vanavond?

Aanbevolen boeken

Als je het even niet meer weet, vind je in deze drie boeken geweldige ideeën:

* *Het baby kookboek; Koken voor je baby: makkelijk en gezond* door S. van Wieren
* *Handboek babyvoeding; elke dag een evenwichtige voeding voor uw baby, met meer dan 250 recepten* door A. Grant
* *365 gerechten voor baby's, peuters en kleuters* door B. Wardley

doet, weet hij wat er van hem verwacht wordt tegen de tijd dat hij zelf kan praten.

Goede voeding: hoewel we de capaciteiten of de eetlust van een kind niet kunnen beïnvloeden (behalve dan genetisch), wordt de kéúze van het voedsel door de ouders bepaald, althans in de eerste jaren. Misschien heeft je kind een uitgesproken of zelfs een vreemde smaak, maar uiteindelijk bepaal je als ouder of hij gezond te eten krijgt. Als je zelf een kritische, gezonde eter bent, zal het je waarschijnlijk geen moeite kosten om erachter te komen wat je je baby moet geven. Ben je dat echter niet, neem dan alsjeblieft de moeite om iets te leren over goede voeding. En dan bedoel ik niet alleen als je kind nog een baby is. Zodra hij zover is dat hij, meestal rond een jaar of twee, hetzelfde eet als jij, lijkt het misschien makkelijker om hem mee te nemen naar zo'n fastfoodrestaurant waar ze gratis speeltjes en 'happy meals' hebben. Maar als je dat te vaak doet, ontneem je je kind misschien een gezonde voeding. Een eetdagboek bijhouden kan handig zijn, omdat je je dan beter bewust bent van wat je je kind voorschotelt. Praat erover op het consultatiebureau. Ook kun je ideeën opdoen bij vrienden die graag koken, of in de bibliotheek kijken of je boeken over het onderwerp kunt vinden. In het kader hierboven vind je drie titels.

Ook al is goede voeding heel belangrijk en vormt TERG een goed geheugensteuntje voor het totaalplaatje, ik wil ook benadrukken dat je kind dagen zal hebben waarop hij goed eet, maar ook dagen waarop eten hem helemaal niets kan schelen. Misschien is hij een maandlang dol op een bepaald gerecht en moet hij er daarna niets meer van hebben. Of hij verrast je door ineens iets te eten wat hij maandenlang niet lustte. Dring echter nooit aan en word niet boos als hij niet eet. Blijf hem gewoon van alles aanbieden, net als deze wijze moeder deed bij haar zoontje van negentien maanden:

Dexter is altijd blij, wat ik ook kook en naar welk restaurant we ook gaan. Hoewel hij bij elke maaltijd niet veel eet, lust hij wel zo'n beetje alles, en ik weet zeker dat dat komt omdat we hem vanaf het begin al allerlei soorten voedsel hebben voorgezet. We hebben hem nooit gedwongen iets te eten, maar hebben hem wel alles aangeboden wat we zelf aten en hem zelf laten kiezen of hij dat wel of niet wilde eten. Neem bijvoorbeeld broccoli: hij had een hekel aan de broccoli uit potjes babyvoeding, lustte het de eerste twintig keer dat ik het op zijn bord legde ook niet (soms proefde hij een stukje, soms niet), maar op een dag at hij het gewoon en nu is hij er dol op.

We maken ook nooit een drama van eten. We zeggen niet: 'Grote jongen, wat goed dat je je komkommer hebt opgegeten,' of ' Als je je kool opeet, krijg je een koekje,' omdat dat impliceert dat er iets verkeerd of niet lekker aan is, alsof het een klusje is dat beloond moet worden.

Ik wil maar zeggen: bied hem steeds iets nieuws aan. Je zult er versteld van staan wat peuters lekker vinden. Rode uien, paprika, tofu, pittig gekruide saus, Indiaas eten, kool, zalm, loempia, volkorenbrood, aubergine, mango en sushi zijn allemaal dingen die Dexter de afgelopen paar dagen heeft gegeten!

Houd de TERG-pijlers – **T**afelmanieren, **E**igen houding, **R**outine en **G**oede voeding – in gedachten tijdens het lezen van de volgende paragrafen. Ik bespreek voor elke periode (van vier tot zes maanden, van zes maanden tot een jaar, van een tot twee jaar en van twee tot drie jaar) wat er normaal gesproken gebeurt en welke problemen zich vaak voordoen. Zoals altijd raad ik je met klem aan om álle perioden door te lezen, omdat problemen die zich bij het ene kind met zes maanden voordoen, bij het andere kind misschien pas na een jaar de kop opsteken.

Vier tot zes maanden: voorbereiding

Ergens rond de vier maanden beginnen veel ouders erover te denken hun kind vast voedsel te geven. Ze beschouwen het dan niet altijd als een probleem, maar vragen zich wel het een en ander af:

Wanneer moeten we met vast voedsel beginnen?
Welke voedingsmiddelen kunnen we uitproberen?

Hoe leren we onze baby kauwen?
Hoe moeten we hem eten geven?

Veel van deze vragen zijn een kwestie van 'er klaar voor zijn.' Baby's worden geboren met een hapreflex waardoor ze in het begin gemakkelijker aan de tepel aangelegd kunnen worden en effectief kunnen zuigen. Hierbij wordt instinctief de tong naar voren gedrukt. Wanneer deze reflex verdwijnt, meestal tussen de vier en zes maanden, zijn baby's in staat dik, moesachtig voedsel door te slikken, zoals pap en gepureerde groente en fruit. In andere culturen kauwen de ouders het eten van de baby fijn als ze overgaan op vast voedsel. Gelukkig hebben wij mixers en kunnen we ook kant-en-klare babyvoeding kopen.

Je baby is er waarschijnlijk nog niet klaar voor als hij vier maanden is. Ik (en vele kinderartsen met mij) geloof dat het het beste is om wat behoudend te zijn en pas met zes maanden aan vast voedsel te beginnen. De reden hiervoor is heel simpel: voor die tijd is het spijsverteringsstelsel van baby's nog niet genoeg ontwikkeld om vast voedsel te kunnen verteren. Bovendien kunnen de meeste baby's op die leeftijd nog niet rechtop zitten en is het moeilijker voor hen om vast voedsel te eten terwijl ze achterover hangen. De peristaltiek, het lichamelijke proces waardoor het voedsel door de slokdarm omlaag gaat, is effectiever als je rechtop zit. Denk maar na: het is toch voor jou ook een stuk eenvoudiger om een hap aardappelpuree door te slikken als je rechtop zit en niet op je rug ligt? Daarbij komt nog dat allergieën eerder voorkomen bij jongere baby's, dus is het logischer om op safe te spelen.

Het is echter prima om nu alvast na te denken over het geven van vast voedsel en te wachten tot je kind aangeeft dat hij eraan toe is. Stel jezelf de volgende vragen:

Lijkt het erop dat je baby meer honger heeft dan anders? Als hij niet ziek is geweest of tandjes heeft gekregen (zie kader pagina 197) en je baby toch vaker

Vast en zeker

Soms raden kinderartsen aan om baby's met reflux vast voedsel te geven, omdat de kans groter is dat zwaar eten in de maag blijft zitten. In zo'n geval adviseer ik mijn cliënten om de hulp in te roepen van een maag-darmspecialist, die kan vaststellen of de darmen van het kind sterk genoeg zijn om vast voedsel aan te kunnen. Anders kan de baby constipatie krijgen en vervang je het ene maag-darmprobleem door het andere.

gevoed wil worden, betekent dat meestal dat hij meer nodig heeft dan alleen maar vloeibaar voedsel. De gemiddelde baby van vier tot zes maanden krijgt dagelijks zo'n 950 à 1050 ml moedermelk of flesvoeding. Een grote, actieve baby heeft wellicht, vooral als hij zich fysiek in snel tempo ontwikkelt, niet genoeg aan alleen vloeistof. Het is mijn ervaring dat baby's met een gemiddeld gewicht pas met vijf tot zes maanden heel actief worden en meestal niet eerder. Maar als je baby groter is dan gemiddeld – en hij bijvoorbeeld met vier maanden al ruim zeven kilo weegt – en bij elke voeding goed drinkt maar toch meer nodig lijkt te hebben, kan het tijd worden om vaste voeding te overwegen.

> ## Een mythe
>
> Hoewel er vaak wordt gezegd dat een baby langer slaapt als hij vast voedsel krijgt, is daar geen wetenschappelijk bewijs voor. Een baby valt wel gemakkelijker in slaap met een volle maag, maar hij hoeft niet vol te worden gepropt met pap. Moedermelk of flesvoeding vullen de maag ook, maar dan zonder het risico op spijsverteringsproblemen of allergieën.

Wordt je baby midden in de nacht wakker voor een fles? Als je baby een hele fles leegdrinkt wanneer hij wakker wordt, heeft hij echt honger. Maar een baby van vier maanden hoort 's nachts niet meer te eten, dus moet je iets doen om de nachtvoedingen te staken (zie het verhaal van Maura op pagina 153). Heb je hem eenmaal overdág meer voeding gegeven en blijft hij maar honger houden, dan kan dat een aanwijzing zijn dat hij vaste voeding nodig heeft.

Is je baby zijn hapreflex kwijt? De hapreflex is duidelijk te zien wanneer de baby naar de tepel hapt of zijn tong uitsteekt op zoek naar eten. Deze reflex helpt de baby zuigen als hij nog heel klein is, maar de hapreflex werkt hem tegen als hij vast voedsel wil eten. Om te zien hoe ver je baby is in zijn ontwikkeling, kun je een lepel in zijn mond stoppen en kijken wat hij doet. Als hij de hapreflex nog heeft, zal hij de lepel automatisch met zijn tongetje naar buiten duwen. Maar ook als de hapreflex verdwenen is, zal je baby tijd nodig hebben om eraan te wennen van een lepel te eten. In het begin probeert hij waarschijnlijk aan de lepel te zuigen, zoals hij dat eerst op een tepel of speen deed.

Als je zelf zit te eten, kijkt je baby je dan aan alsof hij wil zeggen: 'Hé, waarom krijg ik dat niet?' Sommige baby's beginnen al met vier maanden te merken dat wij eten; de meeste zien het ech-

Een praktijkvoorbeeld
Nog geen zes maanden maar wel vast voedsel?

Slechts in een paar gevallen raad ik wél aan om al met vier maanden vast voedsel te geven, en één daarvan staat me nog helder voor de geest: Jack woog met vier maanden al ruim acht kilo en ook zijn ouders waren groot; zijn moeders was 1,80 m en zijn vader 1,98 m. Jack klokte om de vier uur gulzig 240 ml flesvoeding naar binnen en werd sinds kort ook 's nachts wakker, waarna hij altijd een hele fles leegdronk. Hij dronk weliswaar bijna 1200 ml per dag, maar meer paste er ook niet in zijn maag en toch had hij er niet genoeg aan. Het was zo klaar als een klontje dat Jack vast voedsel nodig had.

Ook bij andere baby's heb ik dit patroon gezien. Soms worden ze echter niet 's nachts wakker, maar lijken ze drie uur na een volledige voeding alweer honger te hebben. We zetten zo'n baby dan niet op een routine van drie uur, want dat past niet bij een baby van vier maanden, maar introduceren vaste voeding, net als bij Jack.

Hoe dan ook, als je je kind al met vier maanden vaste voeding geeft, moet het voedsel heel fijn gepureerd worden. Het belangrijkste is echter dat het vaste voedsel een aanvulling is op de borst- of flesvoeding en géén vervanging, zoals bij kinderen van zes maanden en ouder het geval is.

ter pas als ze zes maanden zijn. Er zijn baby's die onze kauwbewegingen imiteren. Op dat moment besluiten de meeste ouders de signalen serieus te nemen en een paar lepeltjes gepureerd eten te geven.

Kan je baby zonder steun zitten? Het is het beste voor de baby als hij zijn nek- en rugspieren redelijk goed onder controle heeft voordat hij vast voedsel krijgt. Zet je kind eerst in een wipstoeltje en werk ernaartoe om hem in de kinderstoel te laten zitten.

Pakt je baby dingen en stopt hij ze in zijn mond? Dat zijn precies de vaardigheden die hij nodig heeft om voedsel uit het vuistje te eten.

Zes tot twaalf maanden:
Help! We hebben een vast-voedseladviseur nodig!

De meeste baby's zijn er op deze leeftijd echt klaar voor om met vast voedsel te beginnen. Sommige beginnen er eerder mee en andere iets later, maar zes maanden is de meest gangbare leeftijd. Ze zijn nu namelijk actiever en zelfs 950 ml borst- of flesvoeding is niet meer genoeg om hen op de been te houden. Het proces neemt een aantal maanden in beslag, maar geleidelijk zal je kind een eetpatroon ontwikkelen van drie vaste voedingen per dag. 's Ochtends, tussen de voedingen in en 's avonds krijgt hij nog steeds borst- of flesvoeding. Met acht of negen maanden zul je verschillende soorten eten hebben geïntroduceerd – granen, groenten en fruit, kip, vis – en moet je baby op weg zijn om een goede eter te worden. Als hij een jaar oud is, zal vaste voeding de helft van zijn vloeibare voedsel vervangen.

Rond dezelfde tijd zal ook de vingervaardigheid van je baby met sprongen vooruitgaan, wat inhoudt dat hij zijn vingertjes goed kan coördineren en ze als pincetten gaat gebruiken om kleine voorwerpen mee te pakken. Het kan best zijn dat pluisjes van de vloer oppakken zijn lievelingsspelletje is. Je kunt hem echter ook stimuleren om deze pas verworven vaardigheid aan te wenden om etenswaren te pakken (zie kader pagina 188-189).

Deze periode van zes maanden is waarschijnlijk wel de opwindendste en voor sommige moeders de meest frustrerende tijd, want alles gaat nu met vallen en opstaan. Je baby proeft nieuwe etenswaren en leert daarop te kauwen, of liever gezegd ze tot moes te smakken. Als hij eenmaal eten gaat oppakken, moet hij de coördinatie ontwikkelen om zijn mond te vinden en er ook daadwerkelijk iets in te stoppen. In het begin zal er meer in zijn oren en zijn haar terechtkomen, of op zijn slabbetje of op de vloer, wat de hond wel zal kunnen waarderen. Jij moet nu zowel creatief als geduldig zijn, en ook heel snel (want je moet vliegende voorwerpen opvangen). Het is misschien een idee om een zuidwester aan te schaffen, of misschien een rubber regenpak om zelf droog te blijven!

Maar alle gekheid op een stokje, dit is ook de periode waarin ik altijd telefoontjes krijg van ouders die een hele waslijst met vragen hebben. Een moeder van een baby van zeven maanden merkte op: 'Er zijn wel een heleboel borstvoedingsadviseurs, maar mijn vriendinnen en ik hebben nu een vastvoedseldeskundige nodig.' De vragen die ik krijg, komen meestal van ouders die bang zijn om met vast voedsel te beginnen of die al vanaf het begin op problemen lijken te stuiten. Ze klinken meestal zo:

Ik weet niet waar ik moet beginnen; welk eten moet ik eerst geven en hoe doe ik dat?

Hoeveel vast voedsel moet ik geven, vergeleken met vloeibaar eten?

Als ik naar de tabellen in diverse boeken kijk, ben ik bang dat mijn kind niet genoeg eet.

Mijn baby kan maar moeilijk wennen aan vast voedsel (hierop zijn vele varianten mogelijk zoals baby's die hun lippen stijf op elkaar houden zodat je de lepel niet eens in zijn mond kunt krijgen; kokhalzen; spugen).

Ik ben bang voor voedselallergieën, die zo te horen vaak voorkomen bij baby's die vast voedsel krijgen.

Als je jezelf herkent in een of meer van bovenstaande problemen, laat me je dan bij de hand nemen en je eigen vastvoedseldeskundige zijn. Zoals altijd beginnen we met een aantal vragen. Door deze te beantwoorden, kun je erachter komen waar je moet beginnen of wat je eventueel kunt veranderen. Onthoud vooral dat bijna iedereen in dit stadium zich wel ergens ongerust over maakt of een probleem heeft. Je bent dus niet de enige. Bovendien is het veel eenvoudiger om problemen nu te corrigeren, voordat jij of je kind een slechte gewoonte kunnen aanleren.

Op welke leeftijd ben je voor het eerst begonnen met het geven van vast voedsel? Zoals ik hierboven al gezegd heb, raad ik ouders aan om met zes maanden te beginnen met het geven van vast voedsel. Een van de redenen hiervoor is dat ik heel vaak telefoontjes krijg van ouders die een baby hebben van zes, zeven of acht maanden oud en er al eerder mee begonnen waren; bijvoorbeeld al met vier maanden. Dat ging een hele tijd goed, maar ineens kwam er een omslag en weigerde de baby vast voedsel. Heel vaak, maar niet altijd, viel dit samen met een verkoudheid, het doorkomen van tandjes of een andere kwetsbare periode in het leven van de baby. Als de ouders mij dan bellen, hoor ik: 'Het eten leek heel goed te gaan. We gaven hem granen, fruit en groente. Maar nu moet hij niets meer van vast voedsel hebben. In de meeste gevallen was het volgende aan de hand: toen de ouders vast voedsel introduceerden, ging dat ten koste van de sabbeltijd van de baby. Ze wilden te snel te veel van hem. Wanneer een baby op deze manier beroofd wordt van zijn sabbeltijd en dus eigenlijk te snel gespeend wordt, is de kans groot dat hij dat wil compenseren en dus meer fles- of borstvoeding eist.

Wees geduldig en blijf het vaste voedsel aanbieden. Blijf hem ook de borst of de fles geven. Als je er zelf ontspannen mee omgaat, zal zijn weerstand niet langer dan een week, hooguit tien dagen duren. Dring hem het vaste voedsel nooit op, maar *geef hem niet 's nachts te eten* als hij nog steeds honger lijkt te hebben. Blijf liever overdag vast voedsel aanbieden. Geen paniek: als hij honger heeft, zal hij het uiteindelijk wel eten.

Was je baby prematuur? Zo ja, dan kan zelfs zes maanden te vroeg zijn voor het introduceren van vast voedsel. Vergeet niet dat zijn kalenderleeftijd, gerekend vanaf de dag van zijn geboorte, niet hetzelfde is als zijn ontwikkelingsleeftijd, die bepaalt wanneer hij er klaar voor is. Als hij bijvoorbeeld twee maanden te vroeg geboren is, wil dat zeggen dat hij wat ontwikkeling betreft pas vier maanden oud is, ook al is zijn kalenderleeftijd zes maanden. Je kunt het ook zo bekijken: de eerste twee maanden na zijn geboorte had de baby eigenlijk nog in je baarmoeder moeten zitten. Nu heeft hij tijd nodig om dat in te halen. Hoewel de meeste prematuurtjes er na achttien maanden, en zeker als ze twee zijn, net zo uitzien als andere baby's van die leeftijd, is hun spijsverteringsstelsel met zes maanden misschien nog niet klaar voor vast voedsel. Ga weer over op het vloeibare dieet en probeer het met zevenenhalf of acht maanden nog eens.

Wat voor temperament heeft je baby? Denk aan hoe je baby omgaat met andere nieuwe omstandigheden en overgangen. Zijn temperament is altijd van invloed op de manier waarop hij op zijn omgeving reageert, inclusief hoe goed hij zich aanpast aan nieuwe voeding. Houd daar rekening mee als je overgaat op vast voedsel.

Engelachtige baby's staan over het algemeen open voor nieuwe ervaringen. Introduceer nieuwe voedingsmiddelen geleidelijk, dan zul je geen problemen ondervinden.

Volgens-het-boekje-baby's hebben misschien iets meer tijd nodig om te wennen, maar lopen meestal wel op schema.

Gevoelige baby's weigeren vast voedsel in het begin vaak. Het is ook logisch dat deze kinderen, die zo gevoelig zijn voor licht en aanraking, ook extra tijd nodig hebben om te wennen aan een nieuwe sensatie in hun mond. Je moet het heel langzaam aan doen. Dwing hen nooit, maar houd wel vol.

Pittige baby's zijn meestal ongeduldig, maar wel avontuurlijk. Zorg dat alles klaarstaat voordat je ze in de kinderstoel zet en pas op voor rondvliegende voorwerpen als ze eenmaal klaar zijn.

Mopperige baby's passen zich niet zomaar aan vast voedsel aan, en als ze er eenmaal aan gewend zijn, willen ze niet zomaar een nieuwe smaak uitproberen. Als ze iets wél lekker vinden, willen ze dat ook telkens weer opnieuw eten.

Hoe lang probeer je al vast voedsel te introduceren? Misschien is je baby helemaal niet het probleem, maar zijn jouw eigen verwachtingen te hoog gespannen. Het eten van vast voedsel is heel iets anders dan een fles of borst leegdrinken. Stel je eens voor dat je altijd alleen maar moedermelk of flesvoeding hebt gedronken en dan ineens een dikke massa in je mond krijgt. Bij sommige kinderen duurt het wel twee of drie maanden voordat ze gewend zijn aan het idee om vast voedsel te kauwen en door te slikken. Je moet hen bijstaan en zelf rustig blijven.

Wat geef je je baby te eten? Het introduceren van vast voedsel is een geleidelijk proces dat begint met heel zacht en dun voedsel en langzaam overgaat op stevig eten dat de baby in zijn handen kan houden. Je baby heeft zes maanden lang in een liggende positie gegeten en nu moet zijn slokdarm eraan wennen om het voedsel in een andere positie te verwerken. Ik raad aan om met fruit te beginnen; peren zijn makkelijk te verteren. Sommige deskundigen adviseren granen als eerste voedsel, maar ik geef de voorkeur aan fruit, vanwege de voedingswaarde daarvan. Er zijn maar weinig baby's die meteen vast voedsel accepteren. Je moet beginnen met één theelepeltje en zelfs dat zul je misschien heel vaak moeten herhalen.

Zoals de tabel 'Van gevoed worden naar zelf eten' op pagina 171-173 illustreert, verloopt het proces heel langzaam en geleidelijk. Als je vast voedsel gaat introduceren, geef dan de eerste twee weken alleen een of twee theelepeltjes peer bij het ontbijt en het avondeten en blijf de borst of de fles geven als je baby wakker wordt, als lunch en voor het slapengaan. Als je baby daar goed op reageert, kun je een tweede soort voedsel introduceren, bijvoorbeeld pompoen. Dit geef je bij het ontbijt en de peer verplaats je naar het avondeten. Probeer een nieuw soort voedsel altijd uit bij het ontbijt, bijvoorbeeld zoete aardappel of appel in de derde week. Nu eet je baby drie nieuwe soorten voedsel. In de vierde week kun je havermoutpap introduceren en je baby ook bij de lunch vaste voeding geven, waarbij je de hoeveelheid opvoert tot drie of vier theelepels per maaltijd, afhankelijk van het gewicht en de capaciteit van je baby. In de vier weken daarna kun je rijst en gerstproducten, perzik, banaan, worteltjes, erwten, sperziebonen, zoete aardappelen en pruimen toevoegen.

Je kunt kant-en-klare babyvoeding kopen of het zelf maken. Wanneer je voor het hele gezin aardappelen en groenten kookt, pureer ze dan voor de kleine. Meng niet alles door elkaar. Denk eraan dat je je baby's smaakpapillen helpt ontwikkelen. Hoe weet je wat hij lekker vindt als alles door elkaar gehusseld is? Dat betekent niet dat je niet wat appelmoes door zijn pap mag doen om het lekkerder te maken, maar ik ken moeders die voor het hele gezin kip, rijst en groenten maken en het voor de baby allemaal bij elkaar in de blender gooien. Ze geven hun baby dag in, dag uit hetzelfde prutje. Je geeft je kínd te eten, niet de hond.

Als je je eigen babyvoeding wilt maken, vraag je dan af hoeveel tijd je wilt en moet investeren. Als je geen tijd hebt, is er geen reden voor paniek. Je hoeft het eten maar een paar maanden te pureren. Het kan echt geen kwaad om potjes te geven. Sterker nog, ook de grote merken hebben nu biologische babyvoeding met minder toevoegingen. Het is gewoon een kwestie van de etiketten lezen.

Ben je een van die ouders die erover inzitten of hun baby of peuter wel 'genoeg' eet, trek er dan een week voor uit om dit bij te houden. Ik geef toe dat het eenvoudiger was om erachter te komen hoeveel vloeibare voeding hij dagelijks binnenkreeg, want toen hoefde je alleen maar het aantal milliliters per voeding bij elkaar op te tellen. Maar hoe weet je nu hoe je de voedingswaarde van vier lepels appelmoes en vier lepels havermoutpap uitrekent? Daarvoor moet je het aantal grammen bij elkaar optellen. Als je zelf babyvoeding maakt, doe het dan in een ijsblokjeshouder en vries het in. Het is dan heel eenvoudig af te meten – een ijsblokje is 30 gram (zie kader op pagina 186) – en het is nog handig ook. (Als je eten in de magnetron ontdooit en opwarmt, pas dan op: roer altijd goed en controleer de temperatuur voordat je het aan

Hoe verhoudt vast voedsel zich tot vloeibaar eten?

1 ijsblokje = 30 gram

3 theelepels = 1 eetlepel = 15 gram

2 eetlepels = 30 gram

1 potje babyvoeding = 150 of 200 gram (soms 120 of 400 gram; kijk wat er op het etiket staat)

je kind geeft.) Ook als je kant-en-klare babyvoeding gebruikt, is het heel makkelijk. Eet je baby een heel potje leeg, kijk dan gewoon op het etiket als je wilt weten hoeveel hij gegeten heeft. Als hij slechts een half of een kwart potje eet, kijk dan hoeveel theelepels hij binnenkrijgt en reken dat om naar grammen.

Hetzelfde geldt voor 'stevig' voedsel. Als je bijvoorbeeld vier ons kalkoen koopt en er zitten vier plakken in het pakje, dan weet je dat elke plak een ons weegt (als er meer plakken in zitten, weegt elke plak natuurlijk minder!). Op die manier kun je ook het gewicht van kaas en andere producten uitrekenen, of op zijn minst redelijk goed inschatten. Dit klinkt misschien als heel veel werk en misschien lijkt het te ingewikkeld (vooral als je, net als ik, geen wiskundeknobbel hebt). Ik raad deze methode dan ook vooral aan aan ouders die zich zorgen maken omdat hun kind vijftien tot twintig procent van zijn gewicht is verloren (kleine gewichtsschommelingen zijn normaal) of minder energie heeft dan normaal (in dat geval adviseer ik hun ook om met een kinderarts of voedingsdeskundige te praten).

Het gaat erom dat je je kind een uitgebalanceerd dieet geeft van fruit, groenten, zuivel, eiwitten en volkorenproducten. Vergeet niet dat we het hier over heel kleine maagjes hebben. Als portiegrootte kun je ook een tot twee eetlepels voedsel voor elk levensjaar van je kind aanhouden: als hij een is, een tot twee eetlepels; als hij twee is, twee tot vier eetlepels en op zijn derde drie tot zes eetlepels. Een 'maaltijd' bestaat meestal uit twee of drie porties. Maar jouw kind kan best veel meer of veel minder eten, afhankelijk van zijn grootte en eetlust.

Weigert je baby de lepel? Wanneer je een lepel introduceert, zorg dan dat je het eten op je baby's lippen legt, net in zijn mondje. Als je de lepel te ver naar binnen steekt, kan hij gaan kokhalzen. En dat hoeft maar een of twee keer te gebeuren om ervoor te zorgen dat je kind de lepel associeert met iets onplezierigs. Wil je weten hoe dat voelt, vraag je partner of een vriendin dan maar eens om jóú op die manier eten te geven!

Als je baby geen probleem heeft met de lepel, zal het niet lang duren voordat hij hem uit je hand wil grissen. Laat hem. Verwacht niet dat hij hem nu al op de juiste manier kan gebruiken. Maar zelfs door er mee te spelen bereidt hij zich al voor op het zelf kunnen eten. Natuurlijk kun je er gek van worden, want nu zal hij altijd zélf de lepel willen vasthouden. Daarom raad ik ouders ook altijd aan om drie of vier lepels bij de hand te houden. Je voert je baby met de ene, laat hem die pakken en houdt er een als reserve. Hij zal er waarschijnlijk ook wel een paar op de grond gooien.

Spuugt of kokhalst je baby regelmatig? Ben je net begonnen met het geven van vast voedsel, dan kan het zijn dat je de lepel te ver naar binnen steekt (zie pagina 186), te veel eten op de lepel doet of hem opjaagt door de volgende hap al naar binnen te schuiven voordat hij de kans heeft gekregen om de eerste door te slikken. Het kan ook zijn dat je het voedsel niet fijn genoeg gepureerd hebt. Wat de reden ook is, het zal niet lang duren voordat je baby tot de conclusie komt: 'Dit is niet leuk. Geef mij maar een fles.' Kokhalzen kan ook veroorzaakt worden door jouw ongeduld of de techniek waarmee je hem voert. Sommige baby's, vooral gevoelige types, hebben meer tijd nodig om te wennen aan de sensatie van vast voedsel, wat nog meer geduld van de ouders vergt (zie pagina 81-82). Als je baby kokhalst of de eerste hapjes vast voedsel niet lekker lijkt te vinden, houd dan op. Probeer het een paar dagen later nog eens. Blijf proberen, maar forceer niets.

Zodra je baby het eerste stadium heeft doorlopen en je bent begonnen met het geven van eten uit het vuistje, kan het zijn dat hij af en toe kokhalst of zich verslikt, vooral als hij het voedsel nog niet kent. Dat soort incidenten kun je tot een minimum beperken als je niet te vroeg begint met het geven van stevig voedsel en als je oppast met wat je hem geeft. Op mijn website schreef een moeder bijvoorbeeld:

Ellie is nu zes maanden, dus wil ik haar eten uit het vuistje gaan geven. Er is me verteld dat ik haar van alles kan geven dat snel papperig wordt, zoals kleine stukjes droge toast of baby-koekjes (harde crackers die zacht worden als ze in aanraking komen met vloeistof).

Nou, degene die deze moeder advies heeft gegeven, had gelijk wat dat papperige betreft, maar de kans dat een baby van zes maanden zich verslikt in droge toast is wel heel groot. Ten eerste zitten

De fijne kneepjes van eten uit het vuistje

Wanneer: met acht of negen maanden, of als je baby zonder hulp in de kinderstoel kan zitten.

Hoe: leg het eten eerst op het blad van zijn kinderstoel. Het kan best zijn dat hij er alleen maar mee gaat gooien en smijten. Dat geeft niet, dat maakt deel uit van de leerervaring. Stop het niet zelf in zijn mond, dan schiet je je doel voorbij. Eet er liever zelf iets van. Baby's doen ons na. Hij zal algauw snappen wat de bedoeling is, vooral als het om iets lekkers gaat. Geef altijd eerst eten uit het vuistje voordat je hem gaat voeren. Als hij het niet eet, maak je er dan niet druk om. Blijf het gewoon aan het begin van elke maaltijd aanbieden, dan pakt hij het op een gegeven moment vanzelf wel.

Wat: als je twijfelt of iets wel goed is om uit het vuistje te eten, probeer het dan eerst zelf. Het eten moet in je mond snel uit elkaar vallen en mag geen korreltjes, kruimeltjes of harde stukjes bevatten waar je kind zich in kan verslikken. Stel je voor dat je geen tanden hebt en gebruik je tong om het eten naar je gehemelte te duwen en met een paar kauwbewegingen te pletten. Wees creatief, zelfs havermoutpap (ietsje dikker dan anders), aardappelpuree of dikke cottagecheese kan uit het vuistje gegeten worden. Het hangt er maar net van af wat voor kliederboel je acceptabel vindt. Rijp fruit is prima geschikt om uit het vuistje te eten, maar soms is het beter om het in stukjes of reepjes te snijden omdat het vaak glibberig is. Ga je naar een restaurant, neem dan eten mee van huis, maar als je baby kijkt naar wat er op jouw bord ligt (en dit heeft de bovenstaande test doorstaan), laat hem dan een beetje proeven. Ik heb baby's allerlei soorten exotisch voedsel zien eten. Hoe meer je je kind zelfstandig laat eten, hoe sneller hij het zal leren en hoe leuker hij eten zal vinden. Hieronder vind je nog enkele voorbeelden van voedsel dat hij uit het vuistje kan eten:

Rijstwafels, gepofte granen of andere zachte ontbijtgranen (eerst nog geen cornflakes)

Verschillende pastasoorten (macaroni, tortellini, rotelli) waar je gepureerde groenten doorheen doet voor de smaak en om de voedingswaarde te vergroten

Kipknakworstjes

Plakjes kip of kalkoen

Tonijn uit blik of andere soorten gekookte vis (restjes van je eigen avondeten)

Stukjes avocado

Halfzachte kazen zoals jonge kaas, zachte cheddar, Baby Bel, La vache qui
rit

'Gekke boterhammen': snijd de korstjes van het brood (of snijd met een
koekvorm vormpjes uit) en besmeer ze met suikervrije jam, hummus,
smeerkaas of smeerworst. Je kunt ze ook roosteren.

er kruimels in droge toast die Ellie in het verkeerde keelgat kunnen schieten of die in haar keel kunnen blijven steken. Ten tweede is zes maanden voor de meeste kinderen te jong om al stevig
voedsel te kunnen eten. Ze moeten zonder hulp rechtop kunnen
zitten, wat meestal pas met acht of negen maanden het geval is.
En, zoals ik al eerder heb gezegd, het duurt wel een maand of twee
voordat baby's gewend zijn aan het gevoel van zacht voedsel in
hun mond, voordat ze toe zijn aan andere texturen. Ze moeten
oefenen om het voedsel tegen hun gehemelte te duwen en het met
hun tong te pletten totdat het papperig wordt (zie kader, pagina
188-189).

**Ben je consequent in het geven van vast voedsel of geef je hem
soms de borst (of de fles) omdat je dat handig vindt, omdat je het
leuk vindt om borstvoeding te geven of omdat je je schuldig
voelt?** Als je niet consequent bent, kun je zonder dat je dat wilt het
eten van vast voedsel saboteren. Met de hectische dagindeling die
iedereen tegenwoordig heeft, is het inderdaad veel gemakkelijker
om je borst te voorschijn te halen of wat melk in een fles te doen
dan om een maaltijd te bereiden. En zoals ik in het vorige hoofdstuk al aangaf, staan sommige moeders niet te springen om hun
baby te spenen, omdat ze dat speciale, intieme moment zo prettig
vinden. Vooral als een moeder weer is gaan werken en zich schuldig voelt omdat ze haar baby achterlaat, kan het zijn dat ze dat wil
compenseren door de baby de borst te geven zodra ze thuiskomt.

De babyfluisteraar lost alle problemen op

Wat de reden voor het inconsequente gedrag van de moeder ook is, het probleem is dat kinderen leren door herhaling en door te weten wat ze kunnen verwachten. Als je je baby op sommige dagen drie keer een maaltijd geeft die uit vast voedsel bestaat en op andere dagen maar een of twee keer, raakt hij in de war. En als een kind in de war is, neemt het zijn toevlucht tot iets wat het kent en wat hem troost biedt: sabbelen.

Een praktijkvoorbeeld
Een moeder die niet met vast voedsel wil beginnen

Lisa, een 28-jarige sociaal werkster, ging weer aan het werk toen de kleine Jenna zes maanden oud was. Ze had een geweldige oppas, maar voelde zich desondanks een beetje schuldig om haar dochter achter te laten. Een van de eerste dingen die de oppas opperde, was dat Jenna vast voedsel zou krijgen. Lisa, die haar dochter borstvoeding had gegeven, was daar eerst op tegen. 'Daar vind ik haar nog te jong voor. Borstvoeding is beter voor haar en ik ben van plan om te gaan afkolven en tussen de middag naar huis te komen voor de middagvoeding.' Drie weken later begon Jenna 's nachts wakker te worden voor een voeding. Lisa klaagde dat de oppas haar overdag vast 'te lang' had laten slapen. De oppas zei echter dat de baby net zo veel had geslapen als anders. 'Het probleem is echter,' voegde ze eraan toe, 'dat ze het niet meer redt op alleen borstvoeding.' Na met haar kinderarts te hebben overlegd ging Lisa overstag en liet ze schoorvoetend toe dat de oppas Jenna vast voedsel gaf. Jenna, een engelachtige baby, accepteerde het onmiddellijk, at binnen enkele weken verschillende soorten voedsel en – niet verrassend – sliep de hele nacht door. Lisa miste de borstvoedingen, maar legde zich bij haar verlies neer door haar baby 's ochtends en voor het slapengaan nog een borstvoeding te geven; een bijzonder tijdstip voor hen allebei.

Geeft je baby na het eten over, krijgt hij uitslag of heeft hij diarree of ongewone ontlasting? Zo ja, wat voor soort vast voedsel heb je hem gegeven en hoe vaak? Het kan zijn dat hij slecht op een bepaalde voedingsstof reageert of er zelfs allergisch voor is. Hoewel hij zélf geen verband zal leggen tussen het eten van vast voedsel en zich niet lekker voelen, zal een baby die pijn heeft of gewoon niet lekker in zijn vel zit, niet happig zijn op het uitproberen van nieuwe dingen. Daarom zeg ik altijd tegen ouders dat ze vast voedsel heel rustig aan moeten introduceren. Begin met één soort voedsel, niet meer. Geef dat de eerste week (of de eerste tien dagen als je baby gevoelig is) bij het ontbijt. Blijf dat ene soort voedsel een week lang geven. Daarna kun je het verschuiven naar de middagvoeding en 's ochtends iets anders introduceren. Zodra het nieuwe voedingsmiddel de test heeft doorstaan kun je het combineren met andere soorten voeding die je al hebt gegeven.

Melk
Een drankje voor grote kinderen

De meeste kinderartsen adviseren om je kind, als het één jaar is, van moedermelk of flesvoeding te laten overstappen op koemelk. Doe het rustig aan, net zoals je dat doet met een nieuw soort voedsel, zodat je kunt zien of je kind wel of niet een allergische reactie vertoont. Vervang eerst de ochtendvoeding door volle melk. Als je kind na een paar dagen tot een week (dat hangt ervan af hoe gevoelig hij is) geen reactie vertoont – diarree, uitslag, overgeven – kun je hem ook 's middags melk geven, en als laatste ook 's avonds. Er zijn mensen die koemelk eerst mengen met moedermelk of flesvoeding. Daar ben ik echter op tegen, omdat de samenstelling van de moedermelk of flesvoeding dan verandert. Als je baby dan een reactie vertoont, hoe weet je dan of het komt door het mengen of door de melk zelf?

Ik raad altijd aan om nieuwe soorten voedsel 's ochtends uit te proberen, want als er dan problemen ontstaan, is de kans kleiner dat het ten koste gaat van de nachtrust van de baby (en van jezelf). Door op deze manier voedsel apart te geven, is het eenvoudiger om te achterhalen wat de oorzaak is als je baby zich niet lekker voelt.

Natuurlijk moet je extra waakzaam zijn als je een gevoelige baby hebt of als er bij jou in de familie allergieën voorkomen, want dan is de kans groter dat je kind een allergie ontwikkelt. De afgelopen 20 jaar is het aantal kinderen met allergieën drastisch toegenomen; deskundigen schatten dat vijf tot acht procent van de kinderen allergisch is. *Allergieën gaan niet over door je kind meer voedsel te geven waar het allergisch op reageert; ze worden er juist door verergerd.* Houd dus goed bij welke voedingsmiddelen je introduceert en wanneer. Als je baby dan regelmatig reacties vertoont of hevig op bepaalde voedingsstoffen reageert, ben je gewapend met informatie als je naar de kinderarts gaat.

Een tot twee jaar: verkeerd eetbeleid en de Olympische Voedingsspelen

Rond de eerste verjaardag wordt de vraag: 'Hoeveel moet mijn kind eten?' een beetje lastig, ten eerste omdat baby's nu eenmaal niet allemaal even groot zijn en niet allemaal dezelfde behoeften hebben, en ten tweede omdat de mate waarin ze groeien begint af te nemen als ze één zijn. Hun eetlust neemt automatisch af, omdat ze niet zo veel brandstof meer nodig hebben als in het eerste jaar, toen ze nog zo ongelofelijk snel groeiden. Een moeder van een meisje van één schreef op mijn website: 'Dit eet Brittany op dit moment; al weigerde ze twee weken geleden elk voedsel, dus een eetschema is volkomen nieuw voor ons!' Brittany's moeder kon om de inconsistentie van haar baby lachen en er de draak mee steken. Maar veel ouders raken in paniek: 'Waarom eet mijn baby niet zo veel als eerst?' Dan leg ik uit dat hij nu met andere dingen bezig is en dat hij niet zo veel nodig heeft. Ook het krijgen van tandjes kan in het eerste jaar zorgen voor minder eetlust (zie kader pagina 197). Houd maar voor ogen dat bijna elke baby nu minder eet.

Tegelijkertijd heeft je kind nu hopelijk zijn eetrepertoire uitgebreid. Hij moet nu heel veel verschillende soorten voedsel, ook dingen die hij uit het vuistje kan eten, hebben geproefd en gegeten. Sommige kinderen doen dat pas met een jaar, andere eten vanaf negen maanden al vast voedsel. Maar als ze een jaar zijn, zijn de meeste kinderen wel

---

Juiste brandstof = juiste gewichtstoename

Tijdens je bezoekjes aan het consultatiebureau wordt gekeken of je kind gezond is en wordt het gewogen, waarbij gekeken wordt of zijn gewicht klopt met zijn leeftijd en lengte. Meld eventuele veranderingen in zijn energieniveau altijd aan de arts. Als je kind tussen de twaalf en achttien maanden oud is en minder energiek is dan anders, kan het zijn dat hij te weinig vast voedsel binnenkrijgt in verhouding tot de hoeveelheid die hij drinkt, of dat hij geen eten krijgt dat hem van brandstof voorziet. Als hij ouder is, kan het zijn dat hij niet genoeg eiwitten binnenkrijgt, die hij wel nodig heeft voor zijn actieve levensstijl.

---

goed op weg. De meeste kinderartsen dringen er bij de ouders op aan om hun kind koemelk te gaan geven (zie kader pagina 191), evenals andere voedingsmiddelen van de 'voorzichtig uitproberen'-lijst, zoals eieren en rundvlees, omdat de kans op het ontwikkelen van allergieën nu afneemt (tenzij die voorkomen in je familie).

Je baby heeft nu vijf voedingen per dag nodig: drie die voornamelijk uit vast voedsel bestaan en twee van zo'n 235 ml per voeding, in totaal dus 470 ml. Met andere woorden, de helft van de hoeveelheid vloeistof moet nu vervangen zijn door vast voedsel. Drinkt hij echter nog steeds 950 ml moedermelk, flesvoeding of koemelk (wat kinderartsen goed vinden voor kinderen van één), dan moet je de balans herstellen door minder vloeibaar en meer vast voedsel te geven. Als alles volgens plan verloopt, zal hij rond veertien maanden ook de coördinatie beginnen te krijgen die hij nodig heeft om zelf te kunnen eten, een vaardigheid die hij (met jouw hulp) steeds beter onder de knie krijgt. Natuurlijk verlopen de dingen niet altijd volgens plan. In dit stadium vallen problemen uiteen in twee categorieën: verkeerd eetbeleid en wat ik noem de 'Olympische Voedingsspelen', waar ik later in deze paragraaf op terugkom (zie pagina 197-203).

Verkeerd eetbeleid. Wanneer een kind dat ouder is dan één nog steeds liever de fles wil dan vast voedsel, duidt dat meestal op een vorm van verkeerd eetbeleid, dat vaak terug te voeren is op een eerder probleem dat nooit helemaal is opgelost. Daarom stel ik veelal dezelfde vragen als aan ouders van jongere kinderen: **Op welke leeftijd ben je begonnen met het aanbieden van vast voedsel? Wat geef je je baby te eten? Hoe lang probeer je al vast voedsel te geven? Ben je consequent in het aanbieden van vast voedsel?**

Als je te vroeg begonnen bent, kun je op het verzet stuiten dat ik heb uitgelegd op pagina 182-183. Als je kortgeleden bent begonnen of niet consequent bent geweest, moet je gewoon even geduld hebben en afwachten. Hoewel zes maanden de ideale leeftijd is, kan het zijn dat je baby iets langer nodig heeft om aan vast voedsel te wennen. Onthoud alleen dat het doel is om de helft van het vloeibare voedsel te vervangen door vast voedsel. Tel dus het aantal milliliters dat je kind normaal als ontbijt, lunch en avondeten drinkt, bij elkaar op en zet dat om in vast voedsel. Bijvoorbeeld: als de kleine Dominic normaal gesproken een fles van 180 ml als ontbijt krijgt, moet hij nu het equivalent krijgen aan vast

De hamstermanoeuvre

Sommige kinderen houden het eten dat ze niet lusten in hun mond. Deze 'hamstermanoeuvre', zoals ik hem noem, wordt vaak gevolgd door kokhalzen. Als je ziet dat je baby voedsel in zijn wangen propt, zeg dan dat hij het uit moet spugen. Laat het gewraakte eten een week lang achterwege en bied het daarna opnieuw aan.

voedsel, laten we zeggen 60 ml pap, 60 gram fruit en 60 gram yoghurt (zie het kader op pagina 186 voor het omrekenen van hoeveelheden).

Geef je baby bij elke hoofdmaaltijd éérst vast voedsel. Totdat hij helemaal gespeend is, wat bij de meeste kinderen rond achttien maanden het geval is, kan zijn fles of de borst een 'tussendoortje' zijn. Is hij eenmaal gewend aan vast voedsel, dan kun je hem ook bij het eten een tuitbeker met water of melk geven om zijn dorst te lessen ná de maaltijd.

Soms zit het probleem hem niet in álle soorten vast voedsel, maar lust je kind slechts één ding niet, bijvoorbeeld perzik. Als je peuter niet graag nieuwe dingen uitprobeert of kieskeurig lijkt te zijn en bepaald voedsel weigert, komt dat omdat kinderen op deze leeftijd duidelijk aangeven wat ze wel en niet lekker vinden. Het kan ook zijn dat hij gewoon iets meer tijd nodig heeft om te wennen aan nieuwe smaken en sensaties in zijn mond, en dat je gewoon moet volhouden en hem (op een ontspannen manier) voedsel aan moet bieden dat hij nog niet kent.

Sommige kinderen zijn echt kieskeurig; ze houden niet van veel verschillende soorten eten en zullen dat ook nooit doen. Er zijn er ook die nu eenmaal minder eten nodig hebben dan andere kinderen. Wat voor het ene kind 'normaal' is, kan voor een ander kind te weinig of te veel zijn. Als een kind zijn bordje niet leeg wil eten, laat hem dan, anders leert hij nooit wanneer hij verzadigd is. Het is mijn ervaring dat een baby die een goede routine volgt, ook goed eet. Zelfs een kieskeurige eter zal wel nieuw voedsel willen proberen. Al geef je hem maar twee theelepeltjes, dan proeft hij in elk geval iets nieuws.

Als richtlijn houd ik aan dat je een nieuwe smaak vier dagen achter elkaar moet uitproberen. Als je kind die niet wil eten, laat het dan even rusten en probeer het een week later nog eens. Als je kind niet van veel verschillende soorten voedsel houdt (zie 'Eetnukken', pagina 206), maak je dan geen zorgen; dat geldt ook voor sommige volwassenen. Ik heb wel gemerkt dat ouders die zelf

heel veel verschillende gerechten eten en ook hun kinderen veel
verschillende smaken laten proeven, zonder iets te forceren, vaak
kinderen hebben die later ook behoorlijk veel willen uitproberen.
Sta ook niet raar te kijken als je kind twee maanden lang dol is op
zoete aardappelen en ze dan ineens niet meer lust. Laat het maar
gewoon over je heen komen.

Wanneer een kind geen vast voedsel wil eten, vraag ik ook altijd: **Wordt je kind midden in de nacht wakker voor een borst- of
flesvoeding?** Drinken, vooral 's nachts, kan invloed hebben op de
eetlust van een kind (wat ook de reden is dat ik erop tegen ben dat
peuters met een fles rondlopen). Helaas ken ik maar al te veel ouders die hun kind van een jaar of ouder nog steeds 's nachts voeden, en soms zelfs de hele nacht door. Ze vragen zich af waarom
hun kind geen vast voedsel wil, maar dat is niet zo gek: als je baby
vol zit met moedermelk of flesvoeding, is er geen plek meer voor
vast voedsel! Geen wonder dat hij geen honger heeft als het etenstijd is, of dat hij weinig belangstelling heeft voor vast voedsel. Hij
zit vol! Bovendien, als je je baby midden in de nacht de borst of de
fles geeft, ga je zonder het te willen terug naar een routine van
vierentwintig uur (om nachtvoedingen bij oudere baby's te staken, moet je O.P./N.L. doen; zie hoofdstuk 6).

Eet je kind veel tussendoortjes? Zo ja, dan kan het zijn dat hij
tussen de maaltijden door verzadigd raakt. Dit probleem kan in
het eerste of het tweede jaar ontstaan. Het kan zijn dat hij te veel
snaait, of de verkeerde tussendoortjes krijgt. Ik ben er niet op tegen om een kind af en toe een kinderkoekje te geven, maar geef de
voorkeur aan gezonde tussendoortjes, zoals fruit of een stukje
kaas. Verzin geen smoesjes voor de redenen waarom je kind niet
wil eten ('Ze is moe', 'Hij heeft zijn dag niet', 'Hij krijgt een nieuw
tandje', 'Zo doet ze normaal nooit'), maar neem een proactieve
houding aan en geef hem
niet meer zo veel tussen-
doortjes, vooral als die alleen maar lege calorieën bevatten.

Misschien weet je nog
dat ik het erover gehad heb
dat baby's, vooral baby's die
borstvoeding krijgen, soms
'snaaiers' worden en slechts
tien minuten eten in plaats

Niet openwrikken!

Proberen de mond van een kind van negen of
elf maanden open te wrikken is net zoiets als
een vis uit de kaken van een haai proberen te
bevrijden. Als je kind zijn mond niet wil open-
doen voor nog een hapje, ga er dan alsjeblíéft
van uit dat hij klaar is met eten en niet meer
wil.

Weg met de tussendoortjes!

Dit is een drie-dagenplan om een peuter van een snaaier in een eter te transformeren.

Zodra je kind om zeven uur wakker wordt, krijgt hij een fles- of een borstvoeding. Bij het ontbijt, rond negen uur, krijgt hij eerder een tussendoortje dan een volledige maaltijd, net als anders. Maar vandaag is het anders, want als zijn energie rond halfelf begint af te nemen, geef je hem geen koekje, fruit of wat dan ook, maar leid je hem af. Je kunt hem bijvoorbeeld mee naar buiten nemen om te spelen. Ik garandeer je dat hij bij de lunch meer zal eten, omdat hij erge honger heeft. Als hij echt veel trek heeft, kun je hem zijn lunch ook ietsje vroeger geven.

Ook 's middags, na zijn slaapje, sla je zijn gebruikelijke tussendoortje over. Als hij normaal de fles krijgt zodra hij wakker wordt, halveer je nu de normale hoeveelheid. Veel ouders maken zich ongerust als ik dat voorstel. 'Heeft hij die extra energie niet juist nodig? Ontneem ik hem nu niets?' Het antwoord is: nee, absoluut niet. Vergeet niet dat we dit hooguit drie dagen doen. Je hongert hem echt niet uit. Je geeft hem gewoon te eten als het etenstijd is. Geloof me, jij zult er meer moeite mee hebben dan hij. Verlies je doel niet uit het oog: is het niet beter om een uur te wachten zodat hij een hele maaltijd eet, dan hem altijd maar te laten snaaien? Als je niet weer toegeeft, zal je kind op de derde dag – en meestal nog eerder – volledige maaltijden eten en niet meer snaaien.

van om de drie of vier uur een volledige voeding willen (zie kader pagina 126). Hetzelfde kan gebeuren met peuters die de hele dag chips of koekjes krijgen. Als jouw kind een snaaier is in plaats van een kind dat drie maaltijden per dag eet, geef jezelf dan drie dagen om dat patroon te doorbreken. Om hem weer op het rechte pad te krijgen, moet je je aan de gewone etenstijden houden en hem geen tussendoortjes meer geven (zie kader hiernaast).

Dat wil niet zeggen dat tussendoortjes slecht zijn. Voor sommige fijngebouwde kinderen bieden ze zelfs meer calorieën dan maaltijden (zie kader 'Goed nieuws voor kieskeurige eters' op pagina 205). Sommige maagjes hebben vaker op een dag eten nodig. In die gevallen zijn (voedzame) tussendoortjes eigenlijk kleine maaltijden. Observeer het eetpatroon van je kind. Als hij moeite heeft zijn bord leeg te eten en zijn gewicht in een laag percentiel valt, kan dat normaal zijn. Toch kan het geen kwaad hem meer calorierijke tussendoortjes te geven,

zoals avocado, kaas of roomijs. Bespreek ook met je kinderarts of je hem niet vaker eten moet geven. De juiste voedingsmiddelen zijn, in kleine porties, geweldige energieoppeppers en vormen ook een geweldige afleiding in de supermarkt. Trouwens, als je baby zich op het sociale pad gaat begeven, horen tussendoortjes er gewoon bij. Elke moeder neemt ze mee. Dus hoe bewust jijzelf je kind ook alleen goede dingen geeft, als hij socialer wordt, wordt hij ook meer blootgesteld aan allerlei tussendoortjes, inclusief junkfood. Neem je eigen tussendoortjes mee zodat je zelf in de hand hebt wat hij krijgt en je kind niet bij andere moeders gaat bedelen! Nog een vraag die ik in dit stadium stel is: **Vat je het persoonlijk op dat hij niet wil eten?** Bij kinderen jonger dan een jaar is niet-eten zelden een kwestie van onwil of treiteren. Baby's manipuleren het gedrag van hun ouders niet met eten. Meestal is er dus iets anders aan de hand, zoals het doorkomen van tandjes

Tandjes krijgen: funest voor de eetlust

Signalen: een kind kan een van de volgende verschijnselen hebben (of allemaal): rode wangen, luieruitslag, kwijlen, op de vingers knagen, een loopneus of andere neusafscheiding, koorts, geconcentreerde urine. Zodra je een tepel of een speen in zijn mond doet, duwt hij die onmiddellijk weg omdat zijn tandvlees zeer doet. Zijn eetlust kan afnemen omdat eten niet prettig is. Als je de plek aanraakt, kun je een bult voelen of een rood puntje zien. Als je de borst geeft, kun je ook voelen dat het tandje doorkomt.

Duur: tandjes krijgen gebeurt in drie stappen: de aanlooptijd, het tandje dat doorkomt en de naweeën. De drie dagen wanneer het tandje daadwerkelijk door het tandvlees breekt, zijn het ergste.

Wat je kunt doen: je kunt preventief Dentinox-druppels op de pijnlijke plek smeren of homeopathische Chamodent-tabletjes geven. Je baby moet kauwen. Misschien wil hij bijten op een bijtring of een washandje dat je in de koelkast hebt gelegd.

(zie kader op deze pagina), slaapgebrek, ziekte of gewoon omdat de baby zijn dag niet heeft. Is hij ouder dan een jaar, dan kan je peuter wel eens ontdekt hebben dat hij niet-eten als wapen tegen je kan gebruiken. Als je je heel druk maakt om wat hij eet, geef ik je op een briefje dat hij dat, met vijftien maanden of eerder, haarfijn aanvoelt. En de wetenschap dat er iets van hem verwacht wordt, is niet bepaald bevorderlijk voor plezierig eetgedrag. Ik heb vaak genoeg meegemaakt dat een kind in zo'n geval geen nieuwe dingen wil proeven of helemaal weigert om te eten.

De Olympische Voedingsspelen. Het antwoord dat ouders me geven op de vraag: **Misdraagt je kind zich vaak rond etenstijd?**

vertelt me of hun kinderen deelnemers zijn in wat ik de 'Olympische Voedingsspelen' noem. Problemen die in deze categorie thuishoren zijn onder andere:

Ik moet mijn kind door de hele keuken achtervolgen om te zorgen dat hij iets eet.

Mijn kind wil niet in de kinderstoel zitten of probeert eruit te klimmen.

Mijn kind wil niet eens probéren om zelf te eten.

Mijn kind wil geen slabbetje om.

Mijn kind gooit telkens eten op de grond, of smeert het op zijn hoofd.

De pas verworven vaardigheden aan de eettafel vallen samen met enorme sprongen in de ontwikkeling van je kind. Veel kinderen kunnen nu lopen. Als ze dat nog niet kunnen, kunnen ze in elk geval kruipen en klimmen. En stuk voor stuk zijn ze ontzettend nieuwsgierig. Eten staat bij de meeste peuters niet boven aan het lijstje van leuke activiteiten. Wie wil er nu op een stoel zitten, al is het maar tien minuutjes, als er zo veel te ontdekken valt? En wie wil er nu eten in zijn mond stoppen terwijl het veel leuker is om ermee te gooien en het overal aan te smeren? In veel gezinnen met een kind van een of twee is de maaltijd een ware beproeving of zelfs een ramp, en ook nog eens een enorme kliederboel. Ouders die moeite hebben om hun kind tijdens de maaltijd in de hand te houden, komen vaak bij me omdat ze zich zorgen maken over de groeiende onafhankelijkheid van hun peuter, zijn vaardigheden en, als hij bijna twee is, zijn eigen willetje. Als een peuter weigert iets nieuws te proeven, heeft dat vaak meer te maken met zijn behoefte aan experimenteren met macht dan met de smaak van het eten zelf. Dan is het vaak beter om het eten te laten voor wat het is en een machtsstrijd te vermijden. (Bij de volgende maaltijd geef je dan gewoon iets anders met een vergelijkbare voedingswaarde.)

Zelfs bij een kind van één kun je al beginnen met het opstellen van basisregels. Ik hoor sommige mensen nu al protesteren: 'Maar dat is toch veel te jong om al régels te leren.' Niets van waar.

Je kunt beter nú beginnen, voordat de peuterpuberteit begint en alles kan uitdraaien op een machtsstrijd.

Denk aan mijn TERG-acroniem – in elk geval de eerste drie letters – tijdens het lezen van veelvoorkomende problemen die te maken hebben met de Olympische Voedingsspelen. De 'T' staat voor tafelmanieren, maar ook voor de talloze andere ongewenste gedragingen die op deze leeftijd voorkomen; gedrag dat zal voortduren als je nu niet ingrijpt.

De 'E' – je eigen houding – is essentieel. Als je goed kijkt, zie je dat in elk van de bovenstaande beschrijvingen van ouders over het probleemgedrag van hun kind geïmpliceerd wordt dat het kínd de baas is. Dat merk ik zodra mama of papa hun zin beginnen met beweringen als: 'Mijn kind weigert…' en 'Mijn kind wil niet…' Ik geef toe, we komen nu in het stadium van de 'peuterpuberteit', maar laten we er niet van uitgaan dat het verloop van de maaltijd in handen van je kind is. Jij moet de leiding nemen. (De peuterpuberteit hoeft geen nachtmerrie te worden als je dat doet; zie hoofdstuk 8.)

Om deze problemen te lijf te gaan en richtlijnen op te stellen, moeten we de maaltijdroutine – de 'R' – onder de loep nemen en dingen daadwerkelijk anders gaan dóén. Het is belangrijk om structuur te bieden en grenzen te bepalen vóór de leeftijd van achttien maanden, omdat dan vaak echt obstinaat gedrag begint.

In deze periode is het de truc om een gezonde balans te handhaven, waarbij je je kind laat experimenteren en zelf weet wat je realistisch gezien van hem kunt verwachten en waar hij in zijn ontwikkeling aan toe is. Bijvoorbeeld: als je kind protesteert als je hem een

Geen spelletjes! Niet overreden!

Sommige ouders maken een spelletje van de maaltijd en vragen zich dan af waarom hun kind met eten speelt. Speel je bijvoorbeeld 'vliegtuigje' door de lepel door de lucht naar zijn mond te laten 'vliegen', dan moet je niet raar opkijken als je peuter later probeert zijn eten zónder de lepel te laten vliegen.

Je moet kinderen ook nooit proberen over te halen om te eten. Ze eten als ze honger hebben. Ze eten als er voedsel voor hun neus staat dat ze lekker vinden. Maar ze eten niet omdat wij ze daartoe proberen over te halen. Als we kinderen proberen te overreden of zelfs te dwingen om meer te eten, zorgen we er zonder dat te willen voor dat ze eten als iets negatiefs gaan beschouwen. En als kinderen eenmaal zien dat we boos worden als ze niet eten, hebben ze algauw in de gaten: 'O, dit kan ik als wapen gebruiken.'

slabbetje om wilt doen, geef hem dan het gevoel dat hij er iets over te zeggen heeft. Laat hem twee slabbetjes zien en vraag: 'Welke van de twee wil je om?' Aan de andere kant, als je je kind door de hele keuken achterna moet lopen om te zorgen dat hij eet, kan het ook zijn dat je hem te veel keuzes geeft. Ik hoor ouders vaak vragen: 'Zullen we gaan eten?', maar bij peuters kun je beter gewoon zeggen: 'We gaan eten.' Je geeft kinderen geen keuze als het op eten aankomt. Zeg gewoon: 'Het is etenstijd.' Als ze dan nee zeggen, zet je ze toch aan tafel. Als ze honger hebben, eten ze heus wel. Misdragen ze zich echter op de een of andere manier, dan haal je ze uit de kinderstoel, weg van de tafel. Geef ze twee kansen en wacht daarna tot de volgende maaltijd, want dan hebben ze zeker honger.

Tot op zekere hoogte hóórt moeilijk doen over eten, evenals weigeren in de kinderstoel te gaan zitten en erin gaan staan, nu eenmaal bij de peuterleeftijd en is vaak niet te vermijden. Ik heb echter ook gemerkt dat moeders die hun kind proberen te begrijpen en met hem blijven praten, minder problemen ondervinden op dit vlak. Het helpt om je kind bij de maaltijd te blijven betrekken. Vraag bijvoorbeeld: 'Waar zijn de aardappelen?' of wijs: 'Kijk, de erwtjes zijn groen.' Glimlach, praat tegen hem, vertel hem hoe goed hij het doet. Zodra hij ophoudt met eten of het ernaar uitziet dat hij gaat staan, neem jij het voortouw: haal hem meteen uit de kinderstoel en zeg: 'We zijn klaar met eten. Kom, we gaan je handjes wassen.'

Zit een peuter extreem te wiebelen of lijkt hij niet lekker te zitten in zijn kinderstoel, dan vermoed ik dat de ouders te veel van het kind vragen. **Zet je hem in de kinderstoel en laat je hem wachten terwijl jij het eten klaarmaakt? Zo ja, hoe lang moet hij dan wachten?** Zelfs vijf minuten duren al een eeuwigheid voor een actieve peuter. Bereid zijn maaltijd en zorg dat alles klaarstaan vóórdat je hem in de kinderstoel zet. **Laat je hem in de kinderstoel zitten als hij klaar is met eten?** Als je hem na het eten in zijn kinderstoel laat zitten, lijkt de kinderstoel in zijn ogen een soort gevangenis. Ik heb onlangs met een moeder gewerkt die haar zoontje van achttien maanden in de kinderstoel liet zitten totdat hij zijn bord leeg had en – wat een verrassing – vervolgens weigerde hij om nog in de kinderstoel te gaan zitten. Erger nog, hij werd een slechte eter en schreeuwde moord en brand als iemand probeerde hem in die stoel te zetten.

Dan hebben we nog het kind dat al helemáál nooit in de kinderstoel wil zitten en wiens moeder elke keer geïrriteerd raakt of zelfs boos wordt. Misschien gaat ze de strijd met hem aan, waardoor zijn weerstand alleen maar groter wordt, of geeft ze het op en probeert ze haar peuter eten te geven terwijl hij speelt. Dat laatste heb ik al zo vaak zien gebeuren: een moeder die met een lepel pap achter haar dreumes aan loopt in de hoop die in zijn mond te kunnen stoppen. Zo'n moeder vraagt om moeilijkheden. Ze kan beter uitzoeken waaróm haar kind zo'n hekel heeft aan de kinderstoel en hem er dan langzaamaan weer vertrouwd mee maken. Dus vraag ik: **Hoe oud was hij toen je hem er voor het eerst in zette? Kon hij toen al zelfstandig rechtop zitten?** Als je een kind in een kinderstoel zet voordat hij minstens twintig minuten zelfstandig kan zitten, kan hij moe worden en niet lekker meer zitten. Geen wonder dat hij de kinderstoel als iets negatiefs ziet.

Het is belangrijk dat je de weerstand of de angsten van je kind serieus neemt. Zodra je kind gaat schoppen, zijn rug kromt of begint te worstelen als je hem in de stoel zet, moet je hem er direct weer uit halen. Zeg: 'Ik zie dat je nog geen zin hebt om te eten.' Probeer het een kwartier later nog eens. Soms komt het doordat ouders jonge kinderen geen overgangsritueel bieden, in dit geval voor de overgang van spelen naar eten. Het getuigt niet van respect om je kind zomaar uit zijn spel weg te rukken en hem plompverloren in een kinderstoel te planten. Net zoals hij tijd nodig heeft om eraan te wennen dat hij moet gaan slapen (meer over de overgang naar het slapengaan in het volgende hoofdstuk), heeft hij ook tijd nodig om in de stemming te komen om te gaan eten. Doe dat met woorden. ('Tijd om te gaan eten! Heb je honger? Laten we deze blokken opruimen en onze handen wassen.) Geef hem even tijd om die woorden te laten bezinken, benader hem met respect en voer dan de handelingen uit: ruim de blokken op en help hem met handen wassen. Voordat je hem daadwerkelijk in de kinderstoel zet, zeg je: 'Oké, nu ga ik je in je stoel zetten.'

Meer hebben de meeste kinderen niet nodig. Reageert je kind echter bijna panisch op de kinderstoel omdat hij daar negatieve associaties bij heeft, doe dan een stapje terug. Maak de maaltijd weer leuk. Zet hem eerst op je schoot om hem eten te geven. Na een paar keer zet je hem naast je, door een kindertafeltje of een opzetstoeltje aan de grote tafel te schuiven. Na een paar weken kun je proberen hem weer in de kinderstoel te zetten, maar als hij dat nog steeds niet wil, kun je het opzetstoeltje blijven gebruiken. Wanneer een peuter betrokken wordt bij de maaltijd van het hele gezin, zal hij zich niet alleen veel behulpzamer gedragen, maar is hij ook eerder bereid om zelf te eten. Als je kind niet graag zelf lijkt te willen eten, ga dan eens na wat je eigen aandeel in het probleem is: **Hoe vind je het dat je kind zelf wil eten? Heb je haast tijdens het eten? Wil je niet dat hij er een knoeiboel van maakt?** Ik vind het altijd triest om te zien als een kind van twee best zelf eten aan zijn vork kan prikken, maar zijn ouders te veel haast hebben of gewoon geen zin hebben om hem dat te laten doen. Als je ongeduldig bent, de hele tijd zijn gezicht schoonveegt of de kinderstoel schoonmaakt terwijl hij aan het eten is, kun je erop wachten dat hij in de gaten krijgt dat er zo niets aan is. Waarom zou hij nog zelf willen eten?

Het gaat er ook om wat je ervoor over hebt. Wanneer een ouder zich zorgen maakt omdat zijn kind nog niet zelf eet, vraag ik: **Wat bedoel je precies met 'zelf eten'?** Misschien moet je je verwachtingen bijstellen. De meeste kinderen van een jaar kunnen wel met hun handen eten, maar niet met een lepel. Eet je kind nog niet met zijn handen, leg dan eens etenswaren op zijn bord die hij uit het vuistje kan eten, dan snapt hij het gauw genoeg. Met een vork of lepel eten is veel moeilijker. Bedenk maar eens wat je daarvoor moet kunnen: de vingervaardigheid hebben om de lepel vast te houden, die onder het eten schuiven, hem optillen zonder hem te kantelen en hem dan ook nog naar je mond brengen. De meeste baby's kunnen dat niet eens probéren voordat ze veertien maanden zijn. Voor die tijd kun je hem een lepel geven om mee te spelen. Nog voordat je baby zelf met een lepel kan eten, zal hij zijn uiterste best doen om het ding van je af te pakken. Uiteindelijk zal hij hem ook in zijn mond stoppen. Zodra je dat ziet, kun je eten op de lepel scheppen, het liefst met dikke pap die aan de lepel blijft plakken. Het meeste zal in zijn (en jouw!) haar terechtkomen, maar geef hem de gelegenheid om te experimenteren en de lepel naast zijn mond te steken. Ergens tussen de veertien en achttien maanden zal het hem lukken het eten in zijn mond te stoppen.

Hoe makkelijk je kind ook is en hoe ontspannen jij er ook mee omgaat, uiteraard besluiten alle kinderen ergens in de peutertijd wel een keer dat hun pap of spaghetti ook een heel leuke hoed kan zijn. Als ouders zich zorgen maken omdat hun kind dit soort fratsen steeds opnieuw uithaalt, vraag ik altijd: **Moest** je lachen toen je kind dat voor het eerst deed? Ik weet dat hij op dat moment heel schattig en onweerstaanbaar was. Natuurlijk moest je om hem lachen. Het probleem is echter dat hij jouw reactie nog leuker vond dan de pap op zijn hoofd smeren. Hij denkt: *Jeetje, dát was gaaf. Mama vindt me echt leuk als ik dat doe.* Dus doet hij het nog een keer, alleen vind jij het de tweede, derde en vierde keer niet meer zo grappig. Dus word jij steeds bozer en raakt hij steeds meer in de war. *Hoe kan dat nou, twee dagen geleden was het nog leuk. Waarom lacht mama nu dan niet meer?*

Breek het brood, niet het bord!

We weten allemaal dat we een peuter geen breekbaar bord moeten geven. Maar het kan ook een goed idee zijn om helemaal geen bord te geven, vooral als dat toch telkens weer op de vloer belandt. Een alternatief is een plastic bord met een zuignap aan de onderkant. Maar als je peuter eenmaal sterk (en slim) genoeg is om dat los te trekken, kun je het eten ook gewoon op het blad van zijn kinderstoel leggen.

Het is heel simpel: peuters gooien graag met dingen. De handeling op zich is voor een kind al machtig interessant. Hij ziet het verschil niet tussen een bal gooien en een stukje brood naar je toe smijten. Als hij nog geen één is, maak er dan geen groot punt van – hij doet het nog niet om aandacht te trekken – maar maak wel duidelijk dat je het niet acceptabel vindt om met eten te gooien. Een moeder zei tegen haar zoontje van zeven maanden die zijn kaas op de grond gooide: 'O, wil je het van de vloer eten?'

Als je geluk hebt en je het geintje van ik-smeer-het-op-mijn-hoofd nog niet hebt meegemaakt, maak dan je borst maar nat. Het komt gegarandeerd nog wel. En als dat zo is, probeer dan niet te lachen. Zeg alleen: 'Nee, je mag geen eten op je hoofd smeren. Voedsel is om te eten.' Haal het er daarna af. Is het al te laat en heb je hem al toegejuicht, maak dan ook een dergelijke opmerking, maar besef dat het nog wel een paar keer zal gebeuren voordat hij het niet meer doet. Als je nu niet ingrijpt, kan ik je verzekeren dat je in de volgende fase, van twee tot drie jaar, te maken krijgt met nog veel erger eetgedrag.

Twee tot drie jaar: eetnukken en andere vervelende trekjes

Je kind kan nu zo'n beetje alles eten wat de grote mensen eten en zou dat ook moeten doen. Hij kan aan tafel zitten in zijn kinderstoel of op een opzetstoeltje, en je moet hem ook mee kunnen nemen naar een restaurant. De grootste problemen doen zich voor als hij twee is en er om van alles en nog wat een machtsstrijd gevoerd kan worden. Je peuter kan nu verschrikkelijk, maar ook geweldig zijn. Dat hangt voor een groot deel af van zijn karakter en van de manier waarop jij tot dusver met problemen bent omgegaan. Gelukkig wordt het meestal makkelijker als je kind drie wordt.

In deze periode zijn er twee soorten problemen: slechte of rare eetgewoonten en wangedrag tijdens de maaltijd; een vervolg op de Olympische Voedingsspelen uit de vorige fase. We nemen beide categorieën onder de loep.

Op het gebied van slechte of rare eetgewoonten hoor ik vaak:

Mijn kind is geen goede eter.

Mijn kind eet bijna niets.

Mijn kind eet alleen tussendoortjes.

Mijn kind houdt een hongerstaking.

Mijn kind wil zijn eten per se in een bepaalde volgorde eten.

Mijn kind eet telkens weer hetzelfde.

Mijn kind kan razend worden als zijn erwtjes zijn aardappelen raken.

Ik vraag ouders altijd wat ze precies bedoelen met een 'goede eter'. Is dat een kind dat veel eet? Een kind dat alles eet? Het is met 'goed eten' net als met schoonheid: het is een subjectief begrip. Wanneer ouders zich dus zorgen maken over de voedselconsumptie van hun kind, zeg ik dat ze goed moeten kijken en zich moeten afvragen wat er nu echt aan de hand is.

Is dit iets nieuws of heeft hij altijd zo gegeten? Er zijn allerlei verschillende soorten mensen, met verschillende karakters en een uiteenlopende lichaamsbouw, en zo zijn er ook verschillende soorten eters. Individuele verschillen op het gebied van temperament, huiselijke omgeving en houding ten aanzien van eten, hebben allemaal invloed op het eetpatroon van een kind. Sommige peuters eten minder dan andere, en sommige houden niet van uitgesproken smaken of proberen niet graag iets nieuws uit. Sommige kinderen houden meer van eten dan andere. Sommige zijn fijngebouwd en hebben niet zoveel nodig. En sommige hebben gewoon vaker hun dag niet dan andere.

Op deze leeftijd zou je een goed beeld moeten hebben van wie je kind is en wat normaal voor hem is. Als hij nooit graag heeft gegeten, of altijd al minder eet dan zijn vriendjes, wees dan realistisch: zo is hij nu eenmaal. Het is ook heel gewoon als een kind de ene dag minder eet dan de andere; dat haalt hij waarschijnlijk de dag erna wel weer in. Zolang je kinderarts hem gezond verklaart, kun je hem gewoon zijn gang laten gaan. Blijf hem gewoon lekker eten aanbieden, maak de maaltijd leuk en toon zelf belangstelling voor gezond eten, dan gaat hij waarschijnlijk beter eten dan als hij weet dat jij je elke keer druk maakt om alles wat hij eet. Uit een klassiek onderzoek dat tientallen jaren geleden is uitgevoerd door Clara Davis, een kinderarts die onderzoek heeft gedaan naar eetvoorkeuren onder baby's en peuters, bleek dat zelfs baby's, als ze de keus hadden, precies uitkozen wat ze nodig hadden

Goed nieuws voor kieskeurige eters (en hun ouders)

Uit onderzoek blijkt dat wel dertig procent van de vier- en vijfjarigen ofwel kieskeurig is, ofwel niet veel eet. De conclusie van een recente studie uit Finland was dat ouders 'geen reden tot ernstige ongerustheid' hebben. De onderzoekers ondervroegen ouders van meer dan vijfhonderd kinderen die ze hadden gevolgd sinds ze zeven maanden oud waren. In dit onderzoek werden slechte eters gedefinieerd als kinderen die volgens hun ouders 'vaak' of 'soms' te weinig aten. Toen ze vijf jaar oud waren, bleken de slechte eters iets kleiner en lichter te zijn dan andere kinderen, maar ze waren ook kleiner bij de geboorte, wat zou kunnen betekenen dat ze altijd al minder eten nodig hadden gehad om de dag door te komen. Met andere woorden: *voor hun lengte* eten slechte eters niet echt minder dan hun leeftijdsgenootjes. Er kwam één verschil naar voren: slechte eters krijgen meer calorieën binnen uit tussendoortjes dan uit maaltijden. Des te meer reden voor hun ouders om te zorgen dat ze heel veel gezonde tussendoortjes binnen handbereik hebben.

voor een uitgebalanceerd dieet. (Misschien interessant om te weten dat het lievelingseten dat uit die vroege onderzoeken naar voren kwam, ook in de eenentwintigste eeuw nog in de smaak zal vallen bij jouw baby: melk, eieren, banaan, appel, sinaasappel en havermoutpap. Het minst favoriet waren groente, perzik, ananas, lever en niertjes; weinig verrassend!)

Als je kind eerst wel goed at en nu niet meer, wat is er dan nog meer veranderd? Heeft hij net leren klimmen? Is hij ziek? Krijgt hij tandjes? Is er veel stress om hem heen? Al deze factoren kunnen ervoor zorgen dat een goede eter minder belangstelling heeft voor eten.

Is eten een sociale gebeurtenis voor je kind? Zolang er maar niemand is die hem onder druk zet en telkens zegt: 'Eet! Eet! Eet!' kan het voor een slechte eter een goede ervaring zijn om bij de rest van het gezin aan tafel te zitten. Nog beter is het als hij de kans krijgt om met andere kinderen te eten. Als je speelafspraken maakt, besteed die dan deels aan het eten van een tussendoortje of een lichte lunch. Gek genoeg raakt zelfs een slechte eter meer geïnteresseerd in voedsel als hij een ander kind ziet eten. (Beide gelegenheden zijn trouwens ook een prima tijdstip om manieren aan te leren.)

Eet hij echt níéts? Ouders tellen drinken of tussendoortjes vaak niet mee. Houd een dag of twee bij wat je kind allemaal binnenkrijgt, dan zul je nog raar opkijken. Misschien is hij wel een snaaier. Zo ja, dan eet hij dus wel iets, alleen niet wat je hem als maaltijd geeft. Daar kun je iets aan doen (zie kader pagina 196). Ouders zeggen vaak: 'Hij eet alleen tussendoortjes,' en dan zou ik willen vragen: 'Nou, wie geeft hem die dan, de kaboutertjes soms?' We zijn zelf verantwoordelijk voor wat onze kinderen eten en moeten daar aandacht aan besteden.

Zelfs peuters die goed zijn begonnen met het eten van vast voedsel, kunnen op deze leeftijd soms 'eetnukken' krijgen. Sommige eten telkens weer hetzelfde. Andere zijn niet alleen kieskeurig, maar hebben ook vreemde eetgewoonten. In beide gevallen maken ouders zich ongerust.

Jonge kinderen zijn heel vatbaar voor eetnukken, niet alleen wat gedrag betreft, maar ook in hun voedselkeuze. Ze kiezen een bepaald soort eten of een aantal lievelingsgerechten en eten die lange tijd keer op keer, waarbij ze al het andere eten weigeren. Daarom is het zo belangrijk dat we onze kinderen gezond laten eten; dan is dat ene gerecht dat hij kiest tenminste wel goed voor hem. Als een kind een bepaald soort voedsel heel vaak heeft gegeten, wil hij het daarna vaak juist lange tijd helemaal niet meer. Sophie, mijn jongste dochter, had – en heeft – veel eetnukken. Als ze steeds weer hetzelfde at, duurde dat meestal hooguit tien dagen. Daarna at ze weer een tijdje normaal en net als ik dacht dat ze eroverheen gegroeid was, koos ze weer een ander lievelingskostje. Sophie, die nu achttien is, heeft dit haar hele leven gedaan, en eerlijk gezegd valt de appel niet ver van de boom. Ook ik heb een voorkeur voor bepaald eten, maar ik ben een beetje te oud om nog een probleemkind van mijn moeder te zijn. Misschien zijn eetnukken wel erfelijk, hoewel ik daarover nog nooit wetenschappelijk onderzoek ben tegengekomen!

Vreemd eetgedrag bezorgt ouders nog meer stress dan herhaaldelijk hetzelfde eten. Hier volgt een fragment van een bericht op mijn website van een moeder – die we Callie zullen noemen – wier zoontje van tweeënhalf binnen het profiel past.

Altijd wanneer Devon eet en zijn voedsel 'breekt' – als bijvoorbeeld een banaan of granenreep doormidden wordt gebroken –, weigert hij de rest op te eten. Ik snap niet waarom; het enige wat ik kan bedenken is dat hij ziet dat volwassenen dit gewoon eten en dat hij niet wil dat er een stuk wordt afgebroken. Is er nog iemand met een kind die dit, of iets anders vreemds, doet?

Iémand anders? Heel wat peuters doen dit. Op deze vraag kwamen reacties van moeders die vertelden dat één kind al driftig werd wanneer zijn moeder hem een gebroken cracker gaf, een ander geen 'gemengde' gerechten als een stoofpot of een ovenschotel wilde eten en een derde alleen de bovenste helft van een boterham lustte, niet de onderste. Sommige kinderen staan erop om hun eten in een bepaalde volgorde te eten; één jongetje wilde elke maaltijd per se beginnen met een stukje banaan. Ook hebben ze vaak strikte regels voor wat ze voorgeschoteld krijgen: verschillende soorten voedsel mogen elkaar niet aanraken, of het eten moet op een bepaald bord liggen. De variaties zijn oneindig en uniek. Het waaróm is een groot raadsel. We zijn nu eenmaal mensen en hebben allemaal onze eigenaardigheden. Misschien zijn ook rare eetgewoonten wel erfelijk. Het enige wat ik je kan verzekeren is dat de meeste kinderen er wel overheen groeien… uiteindelijk.

Tot die tijd is er echt geen reden voor bezorgdheid. Als Callie te sterk reageert op Devons aversie tegen 'kapot' eten, of probeert hem te veranderen, loopt ze het risico dat het alleen maar erger wordt. Andere problemen die ik op deze leeftijd te horen krijg, hebben te maken met wangedrag tijdens het eten, zoals:

Mijn kind heeft vreselijk slechte manieren; wat valt op deze leeftijd binnen de grenzen?

Mijn kind kan niet stilzitten aan tafel (dit noem ik het 'wiebelendewormsyndroom').

Mijn dochtertje gooit haar eten op de grond als ze niet meer wil of het niet lekker vindt.

Mijn dochtertje wordt driftig tijdens de maaltijd; ze wordt om het minste of geringste boos.

Mijn kind maakt er opzettelijk een kliederboel van. Hij verft de tafel (of de baby) bijvoorbeeld met spaghettisaus.

Vaak zijn de gedragsproblemen die we tijdens de maaltijd zien een verlengstuk van soortgelijke problemen die zich overdag voordoen, maar ze vallen ouders tijdens het eten meer op, vooral in een restaurant, waar ook andere mensen getuige zijn van wat er gebeurt. Om erachter te komen wat het grotere plaatje is, vraag ik: **Is dit gedrag nieuw of doet je kind al langer zo? Als dat laatste het geval is, in welke andere situatie gebeurt dat dan? Wat is meestal de aanleiding?** Meestal is het gedrag niet nieuw. Het is het resultaat van opvoeden tegen wil en dank: het kind doet iets en de ouder vindt dat óf heel leuk, óf schaamt zich, en laat hem zijn gang gaan of geeft toe aan wat het kind wil (veel meer over dit patroon lees je in hoofdstuk 8, wat gaat over het 'temmen van peuters').

Stel dat je kind de tafel aan het verven is met spaghettisaus. Wat doe je dan? Als je bij jezelf denkt: *Maakt niet uit, ik maak het straks wel schoon,* en niets tegen je kind zegt, geef je hem eigenlijk de boodschap dat het geen punt is. Maar wat gebeurt er een paar weken later bij oma, als je kind besluit om het antieke tafelkleed van je schoonmoeder te beschilderen? Dat is echt niet de schuld van je kind; het is je eigen schuld. Je moet hem léren dat hij niet mag vingerverven met spaghettisaus. De eerste keer dat hij het deed, had je moeten zeggen: 'Nee, voedsel is om te eten. Daar mag je niet mee spelen. Als je klaar bent met eten, gaat je bord naar het aanrecht.' Of stel dat je dochter een tikkeltje aan de actieve kant is en het leuk vindt om met haar voeten op tafel te bonken. Voor haar is dat iets nieuws, maar denk je eens in dat ze het ook in een restaurant doet. Dan zou je waarschijnlijk het liefst onder de tafel willen duiken. Wees consequent en standvastig. Wat voor onacceptabels je kind ook doet – voeten op tafel, vork in zijn neus, met eten gooien –, wees direct en zeg dat het niet mag: 'Nee, dat doen we niet aan tafel.' Als hij niet ophoudt, stuur hem dan van tafel. Na vijf minuten roep je hem terug en mag hij het opnieuw proberen. Door altijd hetzelfde te reageren en standvastig te zijn leren kinderen niet alleen wat ze kunnen verwachten, maar ook wat wij van hen verwachten.

Bij eten gooien werkt het precies hetzelfde. Als een baby van veertien maanden experimenteert met beweging en gooien, hoef je daar helemaal geen punt van te maken (zie pagina 203). Maar een kind van twee of drie doet het om je uit je tent te lokken. Je moet hem dus zeggen dat het niet mag en het hem laten schoonmaken. Stel dat je een bord kip voor je zoontje van twee neerzet en hij luidkeels: 'Nee!' roept en stukjes kip op de grond gaat gooien. Haal het bord dan weg en zeg: 'Niet met eten gooien.' Haal hem uit de kinderstoel en probeer het na vijf minuten nog eens. Geef hem twee kansen; daarna krijgt hij niets meer.

Dat klinkt misschien streng, maar geloof me, kinderen van deze leeftijd weten hoe ze hun ouders kunnen manipuleren. Ik ken moeders die steeds rondvliegend eten opvangen maar nooit tegen hun kinderen zeggen dat het niet mag. In plaats daarvan vragen ze: 'O, wil je misschien liever kaas?' Dan wordt het ineens een langetermijnprobleem en heb je een werpertje dat niet alleen met eten gooit, maar ook met speelgoed en andere potentieel gevaarlijke voorwerpen (zie het verhaal van Bo op pagina 402). Je moet bij elke maaltijd dezelfde stappen nemen, net zolang totdat hij ophoudt. Het probleem is dat veel ouders de energie niet meer kunnen opbrengen en daarom maar toegeven. Ze ruimen gewoon de rommel op. Het is een veelvoorkomend probleem en het wordt uiteindelijk ook ernstig, omdat de ouders hun kind nergens meer mee naartoe kunnen nemen. Ik heb er een hekel aan om in een restaurant te zitten en kinderen te zien die zich niet weten te gedragen. Ze verkruimelen al het brood, gooien met eten, en het lijkt de ouders niets te kunnen schelen; ze laten het bedienend personeel het opruimen. Ze tonen geen respect voor hun eigen maaltijden.

De ouders zeggen: 'Hij is pas twee, hij weet nog niet beter.' Maar wie gaat hem dan leren respect te tonen, en wanneer? Komt er soms een toverfee aanvliegen die het hem leert? Nee, de ouders moeten de leraren zijn en ik raad aan om daar zo vroeg mogelijk mee te beginnen (meer hierover in hoofdstuk 8).

Soms wordt wangedrag opgelost als ouders beter op de signalen van hun kind letten. Als een ouder zegt dat zijn kind vaak driftbuien heeft, vraag ik bijvoorbeeld: **Let je wel op signalen dat je kind vol zit?** Ouders proberen hun kinderen vaak 'nog één hapje' te laten eten, ook al zit het kind te jengelen, draait hij zijn hoofd weg en trappelt hij met zijn voetjes. Ze blijven maar aandringen en krijgen dan een woede-uitbarsting over zich heen. Ze kunnen hun kind beter meteen van tafel weghalen.

Ouders kunnen onbewust de basis leggen van ernstiger eetproblemen die later tot uiting komen, dus pas op welke onbedoelde boodschappen je je kind over eten zou kunnen meegeven. Als je hem dwingt meer te eten dan hij eigenlijk op kan, krijgt hij niet de kans controle over zijn eigen lichaam te krijgen of te weten wanneer hij voldaan is. Veel volwassenen met overgewicht herinneren zich dat ze in hun jeugd vaak snoep en ander lekkers kregen en dat ze werden beloond als ze hun bord leegaten. Hun ouders zeiden dingen als: 'Grote meid, wat goed dat je alles hebt opgegeten,' en daardoor associeerden ze eten algauw met goedkeuring van hun ouders. Heb je zelf eetproblemen (ben je bijvoorbeeld constant op dieet of heb je een eetstoornis), erken die dan en zoek hulp, zodat je ze niet op je kind overdraagt.

Maar ook als we zelf geen eetprobleem hebben, komt er toch een hoop emotionele stress kijken bij het eten. We willen dat onze kinderen gezond zijn. Als ze niet eten, maken we ons automatisch zorgen. Soms kunnen we er iets aan doen, maar soms ook niet. Hoe dan ook, als ouder moet je het heft in handen nemen. Een weldoorvoede baby of peuter speelt en slaapt ook goed. We zijn het onze kinderen verschuldigd om ze de brandstof te geven die ze nodig hebben en tegelijkertijd hun individuele verschillen en zelfs hun vreemde trekjes te respecteren. En om alles weer een beetje te relativeren kun je ook eens naar het 'Wonderdieet voor peuters' op de volgende bladzijden kijken. Maak je je weer eens zorgen over hoeveel jóuw peuter eet, lees dan dit staaltje humor dat op verschillende websites over opvoeden is opgedoken. De anonieme schrijver ervan – die ongetwijfeld zelf een peuter heeft – oppert dat dit dieet misschien de reden is dat peuters zo mager zijn!

Het wonderdieet voor peuters
Raadpleeg het consultatiebureau voordat je dit regime volgt

DAG EEN

Ontbijt: 1 roerei, 1 geroosterde boterham met jam. Eet met je handen 2 stukjes ei en gooi de rest op de grond. Pak een stukje brood en smeer de jam op je gezicht en je kleren.

Lunch: 4 kleurkrijtjes (de kleur maakt niet uit), een handje chips en een glas melk (neem drie slokjes en mors de rest).

Avondeten: een stokje, een eurocent en vier slokjes bronwater zonder bubbels.

Voor het slapengaan: gooi een stuk brood op de keukenvloer.

DAG TWEE

Ontbijt: pak een oud stuk brood van de keukenvloer en eet het op. Drink een half flesje parfum of een tube haarverf.

Lunch: een halve 'Sprankelend Roze'-lipstick en een handje Pedigree-hondenbrokken (smaak maakt niet uit). Eventueel één ijsblokje.

Tussendoortje: lik aan een lolly totdat die kleverig is, neem hem mee naar buiten en laat hem in de modder vallen. Pak hem weer op en sabbel erop totdat hij weer schoon is. Neem hem dan mee naar binnen en gooi hem op het vloerkleed.

Avondeten: een steen of een droge boon, die je in je linkerneusgat stopt. Schenk zuiveldrank over de aardappelpuree; eet dit met een lepel.

DAG DRIE

Ontbijt: 2 pannenkoeken met een heleboel stroop; eet er een met je handen en smeer ze of aan je haar. 1 beker melk: drink de helft op en prop de andere pannenkoek in de beker. Pak na het ontbijt je lolly van gisteren van het kleed, lik de pluisjes eraf en leg hem op het kussen van de mooiste stoel.

De babyfluisteraar lost alle problemen op

Lunch:	3 lucifers, pindakaas en een boterham met jam. Spuug een paar stukjes op de vloer. Giet de melk uit je beker over tafel en slurp hem op.
Avondeten:	schaaltje ijs, handje chips, rode limonade. Probeer wat limonade door je neus te lachen als het lukt.

LAATSTE DAG:

Ontbijt:	een kwart tube tandpasta (smaak maakt niet uit), stukje zeep, een olijf. Schenk een glas melk in een schaaltje cornflakes en doe er een half kopje suiker bij. Als de cornflakes eenmaal klef zijn, drink je de melk op en geef je de cornflakes aan de hond.
Lunch:	eet de broodkruimels van de keukenvloer en het kleed in de woonkamer. Zoek die lolly en eet hem op.
Avondeten:	gooi stukjes spaghetti op de rug van de hond en stop een gehaktbal in zijn oor. Laat de pudding in je zuiveldrank vallen en zuig hem op door een rietje.

HERHAAL ZO VAAK ALS NODIG IS!

5

Baby's leren slapen

De eerste drie maanden en de zes probleemvariabelen

Slaap kindje, slaap?

'Het lukt me maar niet om mijn dochtertje van vijf weken in haar wiegje te laten slapen.'

'Mijn baby van zes weken weigert overdag te slapen.'

'Mijn baby is nu een maand oud en slaapt overdag heel goed, maar 's nachts bijna niet.'

'Mijn baby is drie maanden oud en wordt 's nachts nog steeds wakker.'

'Mijn baby van tien weken wil alleen slapen als hij op mijn borst ligt.'

'Ik let op de signalen en probeer mijn vijf weken oude baby in zijn bedje te leggen als hij moe lijkt, maar hij huilt als ik hem neerleg.'

'Mijn baby van acht weken slaapt alleen in de auto, dus hebben we haar autostoeltje in het ledikantje gezet.'

Elke dag wordt mijn mailbox overladen met dit soort e-mails, meestal van ouders met baby's van drie maanden of jonger. In de onderwerpregel staan dingen als: 'Help!' of ' Ik ben wanhopig' of 'Van een moeder met slaapgebrek.' Dat is ook geen wonder, want slapen is het grootste probleem waar ouders mee te kampen krijgen vanaf het moment dat hun baby geboren wordt. Zelfs de gelukkigen die een baby hebben die wél meteen goed slaapt, vragen zich af: 'Wanneer gaat mijn baby 's nachts doorslapen?' Slaap is ook het belangrijkste punt omdat alle andere aspecten van babyverzorging samenhangen met slapen. Slapen is groeien. Als je kind moe is, zal hij niet eten of spelen. Hij is hangerig en vatbaar voor spijsverteringsproblemen en andere ziekten.

In vrijwel alle gevallen van slaapmoeilijkheden hebben ouders hetzelfde basisprobleem: ze beseffen niet dat slapen bestaat uit een aantal vaardigheden die we baby's moeten léren, namelijk hoe ze uit zichzelf in slaap moeten vallen, en hoe ze weer in slaap moeten komen als ze midden in de nacht wakker worden. Die ouders nemen de eerste drie maanden niet de leiding en leggen niet de basis voor goede slaapgewoonten, maar volgen de baby en laten, zonder het te beseffen, slechte slaapgewoonten ontstaan. Dat is voor een deel te wijten aan een populaire misvatting over hoe baby's slapen. Als een volwassene zegt: 'Ik heb vannacht geslapen als een baby,' bedoelt hij dat hij een goede nachtrust heeft gehad, zonder dat hij wakker is geweest, en dat hij toen hij wakker werd helemaal uitgerust was en boordevol energie zat. Wat een zeldzame ervaring! Dat kun je wel zeggen. De meeste mensen liggen de hele nacht te woelen en te draaien, staan op om naar het toilet te gaan, kijken op de wekker en vragen zich af of ze de volgende dag wel fit genoeg zullen zijn. En raad eens? Baby's zijn net zo. 'Slapen als een baby' betekent eigenlijk: 'Ik werd om de drie kwartier wakker.' Nee, baby's liggen niet te malen over nieuwe klanten of een rapport dat ze de volgende dag moeten presenteren, maar ze hebben wel soortgelijke slaappatronen. Net als volwassenen hebben ook baby's slaapcycli van vijfenveertig minuten, waarbij een diepe, bijna coma-achtige slaap wordt afgewisseld met de lichtere REM-slaap (*rapid eye movement*) waarin het brein actief is en we dromen. Ooit dacht men dat baby's niet droomden, maar uit recent onderzoek blijkt dat ze juist vijftig tot zesenzestig procent van hun slaap aan de REM-fase besteden, veel meer dan volwassenen, bij wie dat gemiddeld vijftien tot twintig procent is. Baby's worden 's nachts dus vaak wakker, net als wij. Als niemand hun heeft geleerd hoe ze zelf in slaap moeten vallen, gaan ze huilen, waarmee ze eigenlijk willen zeggen: 'Kom me helpen, ik weet niet hoe ik weer in slaap moet komen.' En als hun ouders dat ook niet weten, ontstaat op dat moment de voedingsbodem voor opvoeden tegen wil en dank.

De slaapproblemen die de eerste drie maanden de kop opsteken vallen uiteen in twee categorieën: niet willen gáán slapen (waaronder ook weerstand tegen het wiegje valt) of niet dóór blijven slapen; of allebei. In de volgende paragrafen bespreek ik de meest voorkomende slaapproblemen en hun mogelijke oorzaken, en geef ik voor elk geval een actieplan om het probleem op te lossen. Ik geef toe, elk probleem is uniek omdat het om jóúw gezin en jóúw baby gaat, dus kan ik onmogelijk alle potentiële oplossingen noemen, al zou ik er tien boeken over schrijven. Voor een miljoen baby's zijn er een miljoen verschillende scenario's.

Maar om je uit de brand te helpen kan ik je op zijn minst verder laten kijken dan de basis, en je een kijkje in mijn hoofd gunnen. Mijn doel is je te helpen begrijpen hoe ik de verschillende slaapproblemen aanpak die zich in de eerste drie maanden voordoen, zodat je op je eigen manier een oplossing kunt zoeken. (Houd in gedachten dat veel van deze problemen ook bij oudere baby's kunnen blijven bestaan, maar dat het een stuk eenvoudiger is om ze aan te pakken voordat je baby vier maanden is.) Ik hoop dat deze extra informatie je helpt in te zien waar je van het rechte pad bent afgeraakt, zodat je je baby kunt helpen de weg naar Dromenland te vinden.

De zes probleemvariabelen

Slaapproblemen, op welke leeftijd dan ook, hebben meestal meerdere oorzaken. Ze worden niet alleen beïnvloed door wat er 's nachts gebeurt, maar ook door wat er de hele dag door gebeurt.

''s Nachts doorslapen' in andere culturen

Slaapgedrag weerspiegelt de cultuur waarin we opgroeien. Wij zijn waarschijnlijk zo geobsedeerd door 's nachts doorslapen omdat we de volgende dag weer vroeg op moeten om naar ons werk te gaan. De baby moet dus meewerken. In andere culturen maken baby's echter meer integraal deel uit van het volwassen leven. Als er bijvoorbeeld een baby wordt geboren bij de !Kung San, een volk uit de Kalahariwoestijn waarin jagen en verzamelen centraal staat, heeft een zuigeling constant huidcontact met zijn moeder, omdat hij 's nachts bij haar slaapt en overdag de hele tijd wordt rondgedragen. De moeder geeft haar kind elk kwartier een beetje borstvoeding. Zodra de baby begint te jengelen, reageert ze voordat hij echt gaat huilen. Geen wonder dat niemand ermee bezig is of de baby 's nachts doorslaapt.

Ook hebben ze te maken met het temperament van de baby en het gedrag van de ouders. Een baby die 's nachts herhaaldelijk wakker wordt kan overdag bijvoorbeeld te veel slapen, te weinig eten of te veel activiteiten hebben. Het kan echter ook zijn dat het 's nachts wakker worden het resultaat is van opvoeden tegen wil en dank. Misschien zocht zijn moeder zo wanhopig een oplossing toen hij om 4 uur 's nachts wakker werd, dat ze hem borstvoeding gaf. Of misschien heeft ze hem meegenomen naar haar eigen bed om hem de rest van de nacht daar te laten slapen. Hij mag dan misschien pas vier weken oud zijn, maar een baby is binnen de kortste keren gewend aan een bepaalde routine, dus associeert hij slapen nu met een slokje uit mama's borst of in het grote bed liggen.

Het 'slaapprobleem' van vanavond hoeft niet altijd dezelfde oorzaak te hebben als dat van gisteravond. Je baby kan de ene nacht wakker worden omdat zijn kamer te koud is, de volgende nacht omdat hij honger heeft en een paar nachten later omdat hij ergens pijn heeft.

Je snapt wel waar ik naartoe wil. Een oplossing voor een slaapprobleem zoeken is net een puzzel; we moeten als een detective de stukjes in elkaar zien te passen. Daarna moeten we een actieplan bedenken.

Om het nog ingewikkelder te maken, zorgt de uitdrukking ''s nachts doorslapen' voor veel ouders voor nogal wat verwarring. Soms kom ik er na een telefoontje van de ouders zelfs achter dat het kind helemaal geen slaapprobleem heeft, maar dat zijn ouders te snel te veel van hem verwachten. Onlangs zei een moeder van een pasgeboren baby nog tegen me: 'Ze slaapt niet langer dan twee uur achter elkaar en ik moet er elk uur uit... Wanneer gaat ze 's nachts doorslapen?'

Welkom in de wereld van het ouderschap! Slaapgebrek (dat van jou) is nog maar een deel van wat je te wachten staat. Een andere moeder van een baby van acht weken schreef: 'Ik wil dat hij om 7 uur gaat slapen en om 7 uur wakker wordt. Wat raad je me aan?' Ik raad deze moeder aan om hulp te zoeken voor zichzélf in plaats van voor haar baby.

Laten we realistisch blijven: baby's slapen de eerste maanden eigenlijk niet 's nachts door. In de eerste zes weken worden de meeste tweemaal per nacht wak-

Doe het niet alleen!

Slaapgebrek is het probleem van de ouders, niet van de baby. Het kan je zuigeling niets schelen hoeveel slaap hij 's nachts krijgt. Hij hoeft het huishouden niet te doen of naar kantoor te gaan. Wat hem betreft is er niets mis met een dag van vierentwintig uur. Zorg vooral in de eerste zes weken dat je heel veel hulp krijgt. Wissel af met je partner om te zorgen dat de nachtvoedingen niet alleen op jouw schouders terechtkomen. Wissel niet om de nacht af. Ieder van jullie moet twee nachten 'dienst' hebben en dan weer twee nachten niet, zodat je echt slaap kunt inhalen. Als je een alleenstaande moeder bent, vraag dan of je moeder of een goede vriendin wil bijspringen. Als er niemand kan blijven slapen, vraag dan of iemand in elk geval overdag een paar uurtjes willen komen, zodat jij even ongestoord kunt slapen.

ker: om 2.00 of 3.00 uur en dan weer om 5.00 of 6.00 uur, omdat hun maagjes het niet langer volhouden. Bovendien hebben ze de calorieën nodig om te groeien. Allereerst werken we ernaartoe om de voeding van 2.00 uur te laten vervallen. Natuurlijk moet je je baby al vanaf de geboorte slaapvaardigheden aanleren, maar je zult dat doel waarschijnlijk pas na vier tot zes weken bereiken, en dan alleen als je geluk hebt. Het hangt onder andere af van het temperament en de grootte van je baby. Je moet echter ook realistisch blijven. Zelfs als je baby ouder is dan zes weken en langer achter elkaar kan slapen, kan het best zijn dat je er eerst nog steeds om 4.00, 5.00 of 6.00 uur uit moet. Voor een volwassene is vijf of zes uur slaap nauwelijks 's nachts doorslapen te noemen! Je kunt er weinig aan doen, behalve vroeg naar bed gaan en bedenken dat deze eerste maanden relatief snel voorbijgaan.

In dit hoofdstuk is mijn doel je te helpen realistisch te zijn over de slaapcapaciteiten van je baby, een aantal slaapscenario's te begrijpen en jezelf te trainen om te denken zoals ik. Als je baby moeilijk in slaap kan komen of onverwachts midden in de nacht wakker wordt, moet je alle mogelijke oorzaken nagaan, je baby observeren en ook kijken naar wat je zelf hebt gedaan.

Om het allemaal iets minder ingewikkeld te maken, onderscheid ik zes verschillende variabelen die allemaal invloed kunnen hebben op het slaapgedrag in de eerste drie maanden (zie kader hiernaast). Alle zes variabelen hangen met elkaar samen, zijn soms met elkaar vervlochten en kunnen de slaapgewoonten van je baby nog tot ver na vier maanden blijven beïnvloeden en helaas zelfs nog tot ver na de peutertijd, dus is het een goed idee om ze te leren begrijpen, ongeacht

---

De zes probleemvariabelen

Als een baby niet wil gaan slapen of niet door blijft slapen, komt dat ofwel door iets wat de ouder doet (of nalaat), ofwel door iets in het kind zelf.

De ouders kunnen
... hebben nagelaten een dagelijkse routine in te stellen
... een inadequaat ritueel voor het slapengaan hebben ingevoerd
... zijn begonnen met opvoeden tegen wil en dank

Het kind kan
... honger hebben
... overprikkeld of oververmoeid zijn, of allebei
... pijn hebben, zich niet lekker voelen of ziek zijn

---

de leeftijd van je kind. Drie variabelen hebben te maken met wat jij hebt gedaan (of hebt nagelaten) om je baby's slaapgedrag te bevorderen: gebrek aan routine, inadequate voorbereiding op het slapengaan, en opvoeden tegen wil en dank. De andere drie hebben met je baby te maken: honger, overprikkeling/oververmoeidheid en pijn/ongemak/ziekte.

Vooral midden in de nacht, wanneer ouders op hun slechtst zijn, is het niet eenvoudig om erachter te komen welke van de variabelen de boosdoener is, vooral niet als er meer dan een aan het werk is! Zelfs ík, de babyfluisteraar zelf, moet nog heel wat vragen stellen voordat ik een gezin op het rechte pad kan krijgen. Anders tast ik in het duister. Zodra ik alle antwoorden heb, voeg ik alle aanwijzingen samen en zie ik wat de oorzaak is – of de oorzaken zijn – van de slaapstoornis, waarna ik een actieplan kan opstellen om de baby te leren hoe hij moet slapen. Ik weet zeker dat je net zo'n goede detective als ik zult worden, als je de aard van het slaapgedrag van je baby maar begrijpt en weet waardoor dat beïnvloed kan worden.

In de volgende paragrafen werk ik de zes variabelen uit en geef ik daarnaast een kader met 'aanwijzingen' waarin de problemen die ik vaak te horen krijg worden beschreven aan de hand van een variabele, gevolgd door een plan om de situatie te veranderen. Sommige onderwerpen zijn al in andere hoofdstukken aan bod gekomen – het belang van routine in hoofdstuk 1 en het herkennen van honger of pijn in hoofdstuk 3. Om niet in

Belangrijke opmerking voor de gebruiker

Als je wanhopig bent en hulp nodig hebt bij een bepaald slaapprobleem, is het misschien handig om de volgende 39 bladzijden door te bladeren en alleen naar de kaders met 'aanwijzingen' te kijken die bij elke variabele horen. (Ik heb de variabelen genummerd, maar de volgorde doet er niet toe.) Zoek het scenario (het kunnen er ook meer dan één zijn) dat het dichtst in de buurt komt bij het gedrag van jouw baby en lees daarover. Je zult echter zien dat er maar weinig aanwijzingen zijn die met slechts één variabele samenhangen. Wanneer een ouder me bijvoorbeeld vertelt: 'Mijn baby wil niet in zijn bedje slapen', weet ik meteen dat er sprake is van een vorm van opvoeden tegen wil en dank. Omdat slaapproblemen vaak door méérdere variabelen worden veroorzaakt, komen de meeste aanwijzingen – zoals 'valt niet makkelijk in slaap' – meer dan één keer in een lijstje voor. Daarom is het belangrijk om alle variabelen goed door te lezen en te begrijpen. Zie het maar als een spoedcursus slaapinterventie.

herhalingen te vallen, volsta ik soms met een verwijzing naar de betreffende bladzijden. Toch kijken we opnieuw naar deze onderwerpen, omdat ze allemaal te maken hebben met slapen.

Variabele #1: Gebrek aan routine

De eerste vraag die ik stel wanneer ouders naar me toe komen met een slaapprobleem is meestal: **Houd je bij wanneer hij eet, slaapt en wakker wordt?** Als dat niet het geval is, vermoed ik dat ze nooit een gestructureerde routine hebben ingesteld of zich er niet aan hebben gehouden.

Geen routine. Goed slapen is de 'J' van FIJN. En in de eerste drie maanden is het vaak niet zozeer een kwestie van een slaapprobleem, maar gaat het er eerder om dat je je baby in de FIJN-routine probeert te krijgen. Voor baby's jonger dan vier maanden met een gemiddeld geboortegewicht is het volgen van een routine van drie uur de sleutel tot succes. Ik zeg niet dat baby's die de FIJN-routine volgen nooit slaapproblemen hebben; er zijn tenslotte nog vijf andere variabelen. Maar baby's die al vanaf dag één een gestructureerde routine volgen, gaan meestal goed van start.

ACTIEPLAN: Als je nog geen gestructureerde routine hebt ingesteld, lees hoofdstuk 1 dan nog eens en bied je baby een voorspelbare reeks gebeurtenissen. Het kan ook zijn dat je FIJN opníeuw moet invoeren als je op de een of andere manier de weg bent kwijtgeraakt. Gebruik ook elke keer als je hem neerlegt mijn 'vier I'-ritueel om tot rust te komen (zie 'Tot rust komen' op pagina 226-232). Onthoud dat een routine niet hetzelfde is als een tijdsschema. Je moet naar je baby kijken, niet naar de klok. De ene dag kan je baby om 10.00 uur gaan slapen en de andere dag om 10.15 uur. Als de opeenvolging maar consistent is – eten, activiteit, slapen – en alles altijd min of meer rond hetzelfde tijdstip

---

Aanwijzing #1

De volgende problemen duiden er meestal op dat **gebrek aan routine** op zijn minst ten dele verantwoordelijk is voor het slaapprobleem van je baby:

Mijn baby valt niet makkelijk in slaap.

Mijn baby wordt 's nachts elk uur wakker.

Mijn baby slaapt overdag heel goed, maar is de hele nacht wakker.

plaatsvindt, is dat bevorderlijk voor een goede nachtrust.

Het omdraaien van dag en nacht. Een van de meest voorkomende moeilijkheden die het gevolg zijn van een gebrek aan routine is het omwisselen van de dag en de nacht. Na de geboorte houdt je baby zich aan een 24-uursklok en weet hij het verschil niet tussen dag en nacht. We moeten hem dat léren door hem wakker te maken voor een voeding.

Een mythe
Geen slapende baby's wakker maken

De meesten van ons hebben ooit wel eens gehoord dat je geen slapende baby wakker moet maken. Flauwekul! Baby's komen ter wereld met een innerlijke 24-uursklok. Ze weten niet hoe ze moeten slapen en kennen het verschil tussen dag en nacht niet. Dat moeten we hun leren.

Een baby wakker maken is niet alleen acceptabel, maar soms ook noodzakelijk om hem in staat te stellen een gestructureerde routine te volgen.

Wanneer ik hoor dat een baby 's nachts lange tijd achter elkaar wakker is of regelmatig wakker wordt, krijg ik vaak het vermoeden dat de ouders niet consistent zijn in de dagroutine. Meestal gaat het om baby's van acht weken of jonger. Om zeker te weten dat het om het omdraaien van de dag en de nacht gaat, vraag ik: **Hoe vaak slaapt hij overdag en hoe lang? Hoeveel slaap krijgt hij overdag in totaal?** Een van de grootste struikelblokken van slaaptraining in de eerste weken is dat ouders hun baby overdag meer dan vijfenhalf uur laten slapen, waardoor de drie-uurroutine in de war wordt geschopt en de baby de hele nacht wakker is. Het komt erop neer dat ze de dag en de nacht hebben omgewisseld. Dat noem ik 'het ene gat (nachtrust) met het andere (overdag slapen) vullen'.

ACTIEPLAN: Als je baby de dag en de nacht heeft verwisseld, moet je hem overdag langer wakker houden. Als hij overdag langer dan twee uur slaapt, maak hem dan wakker. Doe je dat niet en laat je hem slapen terwijl het eigenlijk tijd is om te eten, dan zal hij 's nachts de gemiste voeding moeten inhalen. Toch hoor ik de hele tijd: 'Maar het is gemeen om een slapende baby wakker te maken.' Welnee, dat is niet gemeen; het is een manier om je baby het verschil tussen dag en nacht te leren. Als jij er zo eentje bent die in dat oude bakerpraatje gelooft, dan wordt het nu tijd om dat idee overboord te zetten.

Begin met een paar dagen een logboek bij te houden. Als je kind overdag meer dan vijf uur achter elkaar slaapt of twee of meer keer per dag drie uur achter elkaar slaapt, is de kans groot dat hij de dag en de nacht heeft omgedraaid. Daarom moet je FIJN opnieuw introduceren, en wel op deze manier: laat je baby de eerste drie dagen overdag niet langer dan drie kwartier tot een uur slapen. Zo doorbreek je zijn gewoonte om overdag lang te slapen en zorg je dat hij uit zijn normale voedingen de calorieën binnenkrijgt die hij nodig heeft. Om hem wakker te maken, haal je hem uit de bakerdoeken, pak je hem op, masseer je zijn handjes (niet zijn voetjes!) en neem je hem uit de slaapkamer mee naar een ruimte waar iets gebeurt. Zet hem rechtop; een simpel trucje waardoor zijn ogen (meestal) openspringen. Als hij moeilijk wakker wordt, is dat niet erg. Blijf het gewoon proberen. Het lukt uiteindelijk vast wel.

Als je hem overdag eenmaal minder laat slapen, zal je baby de gemiste uren uiteindelijk 's nachts gaan inhalen en kun je hem geleidelijk – om de drie dagen – overdag steeds een kwartiertje langer laten slapen. Laat hem overdag nooit langer dan anderhalf à twee uur slapen; dat is de juiste slaapduur voor overdag bij baby's van vier maanden en jonger.

Alleen prematuurtjes (zie kader pagina 223) en kleine baby's vormen hierop een uitzondering. Er zijn kleine baby's die overdag eerst vijfenhalf uur slapen, tussendoor slechts een paar minuten wakker zijn en dan weer slapen tot de volgende voeding. Ze redden het nog niet langer tussen de voedingen door en dat moet je gewoon een paar weken uitzingen. Zodra je baby echter de uitgerekende datum nadert, moet je zorgen dat hij overdag steeds langer wakker is. Hier volgt een scenario dat ik heel vaak zie:

> Mijn zoontje Randy is vijf weken te vroeg geboren en is nu vijf weken oud. Sinds hij drie weken oud was, volg ik jouw methode, maar deze week bleef hij na zijn voeding van 12.00 uur 's nachts ineens wakker en bleef hij jengelen tot de voeding van drie uur. Hij slaapt nog steeds het grootste deel van de dag en is heel af en toe een kwartiertje wakker. Verwart hij de dag met de nacht? Wat moet ik doen? Ik ben de hele week al een wandelende zombie!

Mama heeft gelijk: Randy verwart de dag inderdaad met de nacht. Hoewel ze me niet heeft verteld wat de dagroutine van haar baby is, zegt ze wel: 'Hij slaapt nog steeds het grootste deel van de dag', een duidelijk teken dat hij het ene gat met het andere vult. Omdat hij maar een kwartier per keer wakker is, weet ik dat hij tijdens het voeden in slaap valt. Het kan ook zijn dat hij niet efficiënt eet of dat zijn moeder niet voldoende melk heeft, wat allebei een reden kan zijn waarom hij 's nachts wakker is. Ook al was Randy prematuur en heeft hij voor zijn ontwikkeling nog steeds meer slaap nodig dan een voldragen baby (zie kaders pagina 44 en 223), toch willen we hem aanmoedigen om vooral 's náchts te slapen. Ik weet niet hoe zwaar hij nu is, maar ik weet wel dat hij zijn uitgerekende datum al bereikt heeft en vermoed dat hij er dus klaar voor is om overdag een FIJN-routine van minimaal tweeënhalf uur te volgen. Zijn moeder moet er nu aan werken om de tijd dat hij overdag wakker is te verlengen, al is het maar steeds met tien minuutjes na elke voeding. Ik zou willen voorstellen dat ze daar drie dagen tot een week aan werkt, en als ze ziet dat hij wakker kan blijven moet ze de wakkere periode opvoeren naar vijftien en dan twintig minuten. Uiteindelijk zal Randy de inhoud van het opgevulde gat stukje bij beetje aan het lege gat gaan teruggeven, waardoor hij 's nachts beter zal slapen. Hij zal ook aankomen en zijn maagcapaciteit vergroten, waardoor hij 's nachts ook langer achter elkaar door zal kunnen slapen.

De routine verstoren. Soms wijken ouders van jonge baby's van de routine af vanwege hun eigen behoeften. **Sleep je je baby de**

Prematuurtjes
Slapen, slapen en nog eens slapen

Zoals ik in het vorige hoofdstuk al heb uitgelegd (zie pagina 183) is de kalenderleeftijd van een te vroeg geboren baby (gerekend vanaf de dag dat hij geboren werd) niet hetzelfde als de leeftijd die hij qua ontwikkeling heeft. Prematuurtjes hebben heel veel slaap nodig. Eigenlijk wil je dat het kind het grootste deel van de dag slaapt. Zelfs een baby die vier weken te vroeg geboren is, had er de eerste vier weken van zijn leven eigenlijk nog niet moeten zijn. Als je jouw baby van acht weken dus vergelijkt met die van je zus, die 's nachts al vijf of zes uur achter elkaar kon slapen toen hij acht weken was, en je hem probeert wakker te houden voor twintig minuten activiteiten, moet je je verwachtingen bijstellen. Jouw baby is anders. Hij moet een routine van twee uur volgen, op zijn minst tot hij zijn uitgerekende datum bereikt heeft, want dan had hij eigenlijk pas geboren moeten worden. Zijn enige 'taken' zijn eten en slapen. Jouw dag bestaat uit hem voeden, hem inbakeren en hem weer laten slapen in een rustige, verduisterde kamer. Pas vanaf de dag dat je was uitgerekend kun je hem, als hij minstens 5,5 pond weegt, op een routine van drie uur zetten.

hele dag mee naar al je bezigheden? De eerste maanden is het heel belangrijk dat je je aan de routine houdt, omdat je je baby aan het trainen bent om te slapen. Consistentie is daarbij essentieel. ACTIEPLAN: Ik zeg niet dat je het huis nooit mag verlaten. Maar als je baby er moeite mee heeft om rustig te gaan liggen, kan het zijn dat hij jóúw activiteiten niet kan bijbenen. Houd je minimaal twee weken aan een gestructureerde routine, observeer zijn aanwijzingen en stel een goed slaapritueel in. Als de slaapproblemen van je kind daarna minder worden of helemaal verdwijnen, weet je dat hij iets meer consistentie nodig heeft dan je hem tot dan toe hebt gegeven.

Als je fulltime of parttime buitenshuis werkt, heb je niet volledig in de hand of je baby altijd een routine volgt. Als je uit je werk komt of je baby ophaalt bij de crèche, merk je misschien dat hij hangerig en uit zijn doen is. **Als je zelf een goede routine hebt in-**

Als je je aan je routine houdt... kun je dit verwachten

Het volgende geldt voor een gezonde baby die vanaf dag één de FIJN-routine volgt. Het kan zijn dat je baby zich hier niet exact aan houdt. Het hangt af van zijn gewicht, zijn temperament en of je consequent stappen hebt ondernomen om een goede nachtrust te bevorderen.

Een week oud:
Overdag: voedingen om de drie uur, elke drie uur anderhalf uur slaap.
's Avonds: clustervoeding om 17.00 en 19.00 uur, droomvoeding om 23.00 uur
Wakker: om 4.30 of 5.00 uur

Een maand oud:
Overdag: voedingen om de drie uur, elke drie uur anderhalf uur slaap.
's Avonds: clustervoeding om 17.00 en 19.00 uur, droomvoeding om 23.00 uur
Wakker: om 5.00 of 6.00 uur

Vier maanden oud:
Overdag: voedingen om de vier uur; drie dutjes van anderhalf à twee uur, plus laat in de middag een hazenslaapje van drie kwartier.
's Avonds: avondvoeding om 19.00 uur, droomvoeding om 23.00 uur
Wakker: om 7.00 uur

gesteld, weet je dan absoluut zeker dat anderen die voor je kind zorgen – je partner, oma, de oppas of de crècheleidster – zich daar ook aan houden? Heb je de tijd genomen om het uit te leggen? Als je een oppas hebt, blijf dan een week thuis om haar te laten zien wat jouw routine is, inclusief het ritueel om je baby tot rust te laten komen. Breng je je kind naar een kinderdagverblijf, neem daar dan de tijd om aan het personeel uit te leggen hoe jij met je kind omgaat en wat jij doet als hij moet slapen. Geef de verzorger een schrift waarin ze de ups en downs van je baby kan bijhouden. Ze kan dingen opschrijven als: 'Heeft niet goed geslapen' of 'Heeft weinig gegeten'. Op de meeste kinderdagverblijven wordt dit altijd gedaan, en als ze dat op jouw kinderdagverblijf niet doen of weigeren je verzoek in te willigen, heb je het verkeerde uitgekozen. Of je nu een oppas aan huis hebt of je kind wegbrengt, ga af en toe onverwachts langs. (Meer gebeurtenissen die je dagelijkse routine in de war schoppen vind je in hoofdstuk tien, pagina 454-456)

Variabele #2: Inadequaat slaapritueel

'Gaan slapen' is geen tijdstip, maar eerder een periode die begint met de eerste geeuw van je baby en eindigt als hij eindelijk in een diepe slaap valt. Je moet hem helpen daar te komen. Om dat te doen moet je zijn slaapvenster herkennen en hem helpen om tot rust te komen.

Het slaapvenster. Om het slapen te bevorderen moet je herkennen wanneer het bedtijd is voor je baby. **Weet je hoe je baby eruitziet als hij moe is? Handel je daar dan ook direct naar?** Als je het slaapvenster van je baby misloopt, wordt het een stuk lastiger om hem in slaap te krijgen.

ACTIEPLAN: Sommige zuigelingen zijn van nature betere slapers dan andere: dit zijn uiteraard de engelachtige en de volgens-het-

Schrijf het op!

Ouders die moeite hebben de signalen van hun baby op te pikken, raad ik vaak aan een slaapdagboek bij te houden. Als je dingen opschrijft, leer je beter observeren. Schrijf vier dagen lang niet alleen op wanneer je baby slaapt en hoe lang, maar ook wat je elke keer doet voordat hij naar bed gaat, wat je baby doet en hoe hij eruitziet. Ik beloof je dat je patronen zult ontdekken en misschien wel ontdekt waarom je baby niet goed slaapt.

boekje-baby's. Maar zelfs de ouders van die baby's moeten goed opletten, want elke baby is een individu. Kijk dus goed en probeer erachter te komen wat jóúw baby doet als hij moe is. Bij pasgeborenen, die alleen nog maar controle hebben over hun mond, is gapen vaak de duidelijkste aanwijzing. Maar het kan ook zijn dat je baby gaat jengelen (dat is vaak het geval bij mopperige baby's), niet stil kan blijven zitten (pittige baby's) of andere onwillekeurige bewegingen maakt. Sommige sperren hun ogen wijd open (ook dat komt vaak voor bij pittige baby's), terwijl andere als een krakende deur klinken en weer andere piepen. Met zes weken, als je baby steeds meer controle heeft over zijn hoofd, kan hij zich ook van je gezicht of van een speeltje wegdraaien, of zijn gezicht in je hals verstoppen. Wat zijn signalen ook zijn, het gaat erom dat je onmiddellijk reageert. Als je je baby's slaapvenster misloopt of zijn wakkere periode probeert op te rekken in de hoop hem zo langer te laten slapen (weer zo'n mythe), wordt het een stuk moeilijker om hem te leren hoe hij rustig moet inslapen.

Tot rust komen. Zelfs als je goed herkent wanneer je baby moe is, kun je hem niet zomaar plompverloren in zijn bedje leggen zonder hem te laten omschakelen na het spelen (al is het maar door even naar de muur te staren). **Welke methode heb je gebruikt om hem in bed te leggen? Baker je hem in? Als hij moeite heeft om in te slapen, blijf je dan bij hem?** Door een ritueel om tot rust te komen – een voorspelbare, zich herhalende opeenvolging van handelingen – leert een baby wat hij kan verwachten, en inbakeren helpt hem zich veilig en geborgen te voelen. Beide werken als een seintje waarmee je je baby als het ware vertelt: 'Het wordt nu tijd om in een andere stemming te komen. We gaan zo slapen.' Door al te beginnen met een ritueel om tot rust te komen als je baby nog heel jong is, leer je hem niet alleen de slaapvaardigheden die hij nodig heeft, maar leg je ook de vertrouwensbasis voor een paar maanden later, als de scheidingsangst de kop opsteekt.

Aanwijzing #2

De volgende problemen duiden er meestal op dat **een inadequaat slaapritueel** op zijn minst ten dele verantwoordelijk is voor het slaapprobleem van je baby:

Mijn baby valt niet makkelijk in slaap.

Mijn baby valt wel in slaap, maar wordt dan tien minuten of een halfuur later plotseling wakker.

Met een kind onder de drie maanden duurt de voorbereiding voor het slapengaan meestal niet langer dan een kwartier. Sommige moeders kunnen gewoon de slaapkamer in gaan, de gordijnen dichtdoen, de baby inbakeren en hem neerleggen, waarna hij gaat liggen kirren en babbelen en vanzelf in slaap valt. Het is echter mijn ervaring dat de meeste kinderen vlak voordat ze in slaap vallen de rustgevende aanwezigheid van hun ouders nodig hebben om te kunnen omschakelen van actief zijn naar slapen. En sommige – vooral gevoelige en pittige types – kunnen zelfs meer dan dat nodig hebben.

ACTIEPLAN: Mijn 'vier I'-ritueel bestaat uit *In de stemming brengen* (de omgeving klaarmaken om te kunnen slapen), *Inbakeren* (zorgen dat je baby klaar is om te gaan slapen), *In verticale positie zetten* (rustig, zonder fysieke stimulans) en zo nodig *In slaap sussen* met behulp van de sus-klopmethode (een paar minuten extra besteden aan fysieke interventie om te zorgen dat een jengelende of onrustige baby in een diepe slaap valt).

In de stemming brengen. Of het nu overdag of 's avonds is, je maakt de omgeving klaar voor het slapengaan door je baby uit een ruimte vol prikkels te halen en hem naar een rustige omgeving te brengen. Ga naar zijn kamer, trek de gordijnen dicht en zet eventueel zachte muziek op. Zorg dat de laatste paar minuten heel rustig, stil en kalm verlopen.

Inbakeren. Onze voorouders bakerden hun baby's in. In de meeste primitieve

---

'Mijn baby haat inbakeren!'

Ik kan het belang van inbakeren niet genoeg benadrukken. Helaas weigeren sommige ouders hun kind in te bakeren; ze hebben het gevoel dat ze hun baby dan opsluiten. Misschien zijn ze zelf wel claustrofobisch en projecteren ze dat gevoel op hun kind. Misschien zeg je wel: 'Mijn dochter haat het om ingebakerd te worden; ze spartelt tegen door wild met haar armen en benen te zwaaien.' Maar dat zwaaien is voor je baby geen bewuste handeling. Meestal komt het doordat ze oververmoeid en/of overprikkeld is en kost het haar moeite om rustig in slaap te vallen. Door haar in te bakeren, help je haar tot rust te komen. De reden dat we bij sommige baby's van rond de drie maanden ophouden met inbakeren, is dat ze op die leeftijd meestal hun vingers ontdekken. Maar sommige baby's ontdekken hun vingers pas met vijf maanden of nog later! (Alweer een reden om je eigen baby goed te kennen.)

---

culturen worden baby's ingebakerd. Vaak worden baby's in het ziekenhuis ingebakerd, en dat zou je thuis ook moeten doen. Je kunt je baby het beste inbakeren vóórdat je hem in bed legt. Wat is er zo geweldig aan inbakeren? Baby's onder de drie maanden hebben nog geen controle over hun armen en benen. In tegenstelling tot volwassenen, die lethargisch worden als ze oververmoeid zijn, worden baby's juist hyper; ze trekken en zwaaien met hun armpjes en beentjes als ze uitgeput raken. Als dat gebeurt, realiseert de baby zich niet eens dat zijn ledematen bij hem horen. Die zwaaiende voorwerpen maken wat hem betreft gewoon deel uit van de omgeving, en ze leiden hem af en storen hem. In zekere zin is inbakeren dan ook een manier om prikkels weg te halen. Ik raad je aan om je baby in elk geval de eerste drie of vier maanden in te bakeren, hoewel het bij sommige baby's wel tot zeven of zelfs acht maanden kan.

Hoewel moeders de inbakertechniek vaak leren in het ziekenhuis of van de kraamverzorgster, laten ze het idee al snel weer varen. Als dat voor jou ook geldt (of als je niet goed hebt opgelet), laat me dan je geheugen opfrissen: leg een flanellen luier voor je neer in een ruitvorm. Vouw de bovenste punt van de ruit een stukje omlaag (naar je toe) zodat het een rechte rand wordt. Leg je baby op de luier zodat zijn nek ter hoogte van die rechte rand (dus op het omgevouwen hoekje) ligt en zijn hoofd boven de luier uitkomt. Leg zijn linkerarm in een hoek van 45 graden over zijn borst, sla de rechterhoek van de luier over zijn borst en stop hem in aan de linkerkant van zijn lijfje. Sla de onderkant van de luier naar boven en bedek daarmee zijn uitgestrekte beentjes. Sla ten slotte de linkerhoek van de luier over zijn borst en stop die in aan de rechterkant van zijn lijfje. Maak er een knus holletje van. Sommige ouders willen hun baby niet in doeken wikkelen uit angst dat hij dan niet goed kan ademen of zijn benen niet goed kan bewegen, maar uit onderzoek is gebleken dat inbakeren, mits het op de juiste manier wordt gedaan, kinderen niet in gevaar brengt. Integendeel, dit oude gebruik helpt baby's juist dieper te slapen. (Voor meer informatie over inbakeren, zie www.inbakeren.nl.)

Op een gegeven moment zal je baby na het inbakeren niet meer in een mooi bundeltje in je armen liggen, maar komen zijn armen eruit en begint hij om zich heen te grijpen. Ouders zeggen dan soms: 'Hij vindt het niet meer leuk om ingebakerd te worden; hij worstelt zich eruit.' Dan vraag ik: **Wat doe je als hij zich losmaakt**

uit zijn bakerdoek? Eén moeder – niet een van mijn cliënten, dat kan ik je verzekeren! – gebruikte isolatie tape als haar baby zich losmaakte! Vaker is het antwoord echter: 'Ik stop met inbakeren.' Wat papa en mama beter kunnen doen, is erkennen dat een baby die mobieler wordt, nu eenmaal zal gaan bewegen, of hij nu is ingebakerd of niet. Sommige baby's doen dit al met vier weken. Ze hebben meer controle over hun nek en armen. Als je baby zich losmaakt uit zijn bakerdoek, baker hem dan opnieuw in (zonder tape, alsjeblieft). Later, rond de vier maanden, kun je eventueel gaan experimenteren en een arm uit de doek laten zodat hij zijn vingers of zijn knuistje kan ontdekken.

In verticale positie zetten. Ga, nadat je je baby hebt ingebakerd, ongeveer vijf minuten rustig met hem zitten en houd hem in verticale positie. Een jonge baby kun je het beste zo houden dat zijn gezichtje tegen je hals of schouder ligt, om zo alle visuele prikkels uit te schakelen. Wieg hem niet en ga niet rondlopen. Ik weet het, dat doen de meesten van jullie juist wel. We zien het in de film en we zien onze vrienden het doen, maar door heen en weer wiegen wordt een baby eerder gestimuleerd dan gekalmeerd. En als je te veel met je baby schudt, of te snel beweegt, kan hij zelfs schrikken. Je moet voelen dat zijn lijfje ontspant en eventueel kleine schokbewegingen maakt. Dat betekent dat hij in een diepe slaap wegzakt. In het ideale geval leg je je baby in zijn bedje vóórdat hij slaapt. Dat kan niet met elke baby, maar is wel het doel waarnaar je toe moet werken. Terwijl je hem neerlegt, zeg je: 'Je gaat nu slapen. Tot straks!' Geef hem een kus en leg hem in zijn bedje. Of hij de woorden nu begrijpt of niet, hij snapt in elk geval het gevoel. Als hij rustig lijkt te zijn, ga dan de kamer uit en laat hem uit zichzelf in slaap vallen. Als hij er geen moeite mee heeft zijn draai te vinden, *hoef je niet te wachten totdat hij in slaap valt.* Als je baby is ingebakerd en rustig ligt, moet je erop vertrouwen dat hij zelf in slaap kan vallen. Uit *Sleep in America*, een Amerikaans onderzoek dat in 2004 werd gedaan door de National Sleep Foundation (waarover meer in hoofdstuk 7), blijkt dat kinderen die zelfstandig in slaap vallen ook beter slapen. Baby's en peuters die in bed worden gelegd terwijl ze nog wakker zijn, slapen meestal langer dan baby's die slapend in bed worden gelegd. Bovendien is de kans dat ze 's nachts twee tot drie keer wakker worden maar liefst drie keer zo klein.

In slaap sussen. Als je baby een beetje jengelt of begint te huilen zodra je hem neer wilt leggen, is hij waarschijnlijk wel klaar om te gaan slapen, maar heeft hij *fysieke interventie* nodig om te kunnen inslapen. Op dat moment gaan veel ouders voor het eerst opvoeden tegen wil en dank. Ze wiegen de baby, gaan met hem rondlopen of gebruiken een of ander hulpmiddel om hem te kalmeren. Ik heb echter een andere suggestie: de sus-klopmethode. Je fluistert: 'Shh… shh… shh…' in je baby's oor en klopt hem tegelijkertijd op zijn rug. Ik gebruik deze techniek bij alle baby's onder de drie maanden die moeite hebben zelf in slaap te komen. Ze worden erdoor gekalmeerd, omdat ze op dit moment in hun ontwikkeling niet tegelijkertijd drie gedachten kunnen vasthouden. Ze kunnen zich niet op het huilen blijven concentreren terwijl ze gesust én op hun rug geklopt worden. Je baby richt zich dus op het sussen en kloppen en zal uiteindelijk ophouden met huilen. Het is echter belangrijk dat je de sus-klopmethode als volgt uitvoert:

Doe het terwijl hij in zijn bedje ligt, of als hij daar niet rustig van wordt, terwijl je hem over je schouder legt. Klop hem midden op zijn rug met een gestage, ritmische beweging, als het tik-tak, tik-tak, tik-tak van een klok. Je moet behoorlijk stevig kloppen en altijd in het midden van de rug, niet aan de zijkant en zeker niet bij zijn billen, want dan sla je op zijn nieren.

Tijdens het kloppen breng je je mond naar zijn oor en fluister je langzaam en vrij hard: 'Shh… shh… shh.' Maak er een lange klank van, zodat het eerder lijkt op het suizen van de wind of het geluid van een kraan die voluit openstaat dan op het trage getjoek van een trein. Het gaat erom dat je je kind een gevoel van vertrouwen geeft, alsof je zegt: 'Hé, ik weet waar ik mee bezig ben.' Het is belangrijk dat je niet te zacht en te terughoudend bent met kloppen en geluid maken. Je bonkt ook niet op zijn rug en verheft je stem niet; je neemt alleen de leiding. Pas op dat je niet direct in je baby's oor fluistert, want je wilt zijn trommelvliezen niet doorboren. Zorg ervoor dat het geluid *lángs* het oor van je baby gaat.

Zodra je merkt dat hij dieper gaat ademen en zijn lijfje begint te ontspannen, leg je hem zachtjes neer, iets op zijn zij zodat je bij zijn rug kan. Sommige ouders vinden het moeilijk om de baby op zijn rug te kloppen terwijl hij in zijn bedje ligt en kloppen dan op zijn schouder of borst. Maar dat is volgens mij niet zo effectief. Ik leg hem liever op zijn zij en blijf op zijn rug kloppen. Als hij ingebakerd is, kun je hem vrij makkelijk op zijn zij rollen en hem met een opgerolde handdoek op zijn plaats houden. (Maak de handdoek aan beide uiteinden stevig vast met tape, zodat hij niet kan uitrollen. Dat is wél een goede manier om tape te gebruiken, zolang je je baby er maar niet mee aan de handdoek vastplakt!) Met de opgerolde handdoek op de buik van de baby kun je ook je andere hand op zijn borst leggen en hem dan op zijn rug kloppen. Dan kun je je ook naar zijn oor buigen en susgeluidjes maken zonder hem op te pakken. Als de kamer niet donker genoeg is, kun je je hand over (niet op) zijn ogen leggen om visuele prikkels buiten te sluiten.

Zodra je baby in zijn bedje ligt, gebruik je het kloppen en sussen om hem daar ook te hóúden, tenzij hij gaat huilen. Ik blijf meestal zo'n zeven tot tien minuten kloppen nadat de baby gekalmeerd is. Zelfs als hij stil is, houd ik er niet mee op. Ik blijf doorgaan totdat ik vrij zeker weet dat hij er helemaal op gefocust is en klop dan steeds langzamer. Als laatste stop ik ook met sussen. Als je baby dan nog steeds niet rustig ligt, ga dan net zolang door met sussen en kloppen totdat hij dat wel doet. Als hij huilt, pak je hem weer op en sus en klop je terwijl hij over je schouder ligt. Wanneer je hem weer neerlegt, blijf je doorgaan met kloppen en kijk je of hij weer begint. Zo ja, dan pak je hem weer op en kalmeer je hem wéér.

Wanneer hij stil is, ga je bij het ledikantje weg en blijf je een paar minuten staan om te zien of hij in een diepe slaap valt of met een ruk weer wakker wordt, zoals sommige baby's doen. Onthoud dat het twintig minuten duurt voordat een baby de drie stadia van slapengaan heeft doorlopen: *het venster* (het moment waarop je merkt dat hij slaap krijgt en de omgeving aanpast), *de zone* (wanneer hij een glazige blik in zijn ogen krijgt als je hem hebt ingebakerd) en *het loslaten* (wanneer hij begint te doezelen). Het stadium van het loslaten is het lastigst; je moet je baby echt kennen. Als hij het type is dat schokkerig in slaap valt, moet je wat extra sussen en kloppen om hem rustig te krijgen.

Wat echter heel vaak gebeurt, is dat je de ogen van je baby ziet dichtvallen en denkt: 'Mooi, hij slaapt.' Dus stop je met kloppen en sluip je de kamer uit, maar net als je de deur wilt dichttrekken, schokt zijn hele lijfje, spert hij zijn ogen open en is hij weer klaarwakker. Als je te snel weggaat, kan je anderhalf uur lang om de tien minuten in en uit lopen. En elke keer kun je weer van voren af aan beginnen en ben je weer twintig minuten bezig. (Als je een gevoelige, pittige of mopperige baby hebt, die sneller moe is en vaak langer nodig heeft om tot rust te komen, kan het zelfs nog langer duren).

Ik benadruk altijd dat ouders niet te vroeg moeten ophouden;

dat gebeurt namelijk maar al te vaak. Zo kreeg ik bijvoorbeeld een e-mail van de moeder van een jongetje van vijf weken, die schreef: 'Zodra Kent in het laatste stadium komt, spert hij zijn ogen open en wordt wakker. We krijgen hem alleen in slaap door hem op zijn rug te kloppen en 'shh, shh' te zeggen. Ik weet niet hoe ik Kent moet leren zelfstandig door fase drie heen te komen. In het begin huilt hij niet, maar als we hem alleen laten, gaat hij uiteindelijk wel huilen.' Tja, Kent is nu nog niet zo ver dat hij het in zijn eentje kan, maar de sus-klopmethode is een hulpmiddel waarmee hij het uiteindelijk wel zal leren.

Neem de tijd en zeg bij jezelf: 'Ik ben er om hem erdoorheen te helpen.' Je weet dat je baby diep in slaap is zodra zijn ogen niet meer van de ene naar de andere kant gaan onder zijn oogleden, zijn ademhaling trager en oppervlakkiger wordt en zijn hele lijfje ontspant, alsof hij de matras in smelt. Als je de volle twintig minuten bezig blijft (of langer, afhankelijk van je baby), krijg je uiteindelijk de 'N' voor jezelf, de 'N' in FIJN. Dan hoef je ook niet steeds in en uit te blijven lopen, wat veel frustrerender is dan gewoon binnen te blijven. Door bij je baby te blijven kun je je kind ook observeren terwijl hij de drie stadia doorloopt, waardoor je hem beter leert kennen en weer een babyfluistertechniek aan je opvoedrepertoire kunt toevoegen.

Variabele #3: Opvoeden tegen wil en dank

In de inleiding van dit boek heb ik benadrukt hoe belangrijk het is om een G.B.-ouder te zijn, wat staat voor geduldig en bewust zijn. *Opvoeden tegen wil en dank* staat daar lijnrecht tegenover. Je grijpt naar de makkelijkste oplossing – een snelle manier – omdat je geen geduld hebt voor de langetermijnoplossing. Het kan ook zijn dat je je schuldig voelt, alsof de slaapstoornis van je baby betekent dat je een slechte ouder bent. Als reactie doe je iets of begin je ergens aan uit wanhoop, zonder er goed over na te denken, omdat je niet beter weet of kunt. Je krijgt nu eenmaal geen gebruiksaanwijzing bij je baby.

Afhankelijk zijn van een hulpmiddel. Een hulpmiddel is een voorwerp of handeling waar je kind geen controle over heeft en dat een ouder gebruikt om het kind in slaap te krijgen. Hulpmiddelen zijn vaak de spil van opvoeden tegen wil en dank. Wanneer ik wil weten wat ouders doen om hun kind in slaap te krijgen, stel ik vragen als: **Houd je je baby vast, wieg je hem of loop je met hem op en neer om hem in slaap te krijgen? Geef je hem de borst of de fles om hem te kalmeren? Laat je hem op je borst, in een wipstoeltje of in een autostoeltje in slaap vallen? Neem je hem mee naar je eigen bed als hij huilt?** Als het antwoord op een van deze vragen ja is, gebruik je een hulpmiddel en dan kan ik je garanderen dat het je duur zal komen te staan. Wiegen, rondlopen of met de auto gaan rijden zijn allemaal bewegingshulpmiddelen. Je wordt een menselijk hulpmiddel als je de borst geeft om je baby in slaap te laten vallen, hem op je buik of in je armholte legt, of hem meeneemt naar je eigen bed om te slapen.

Hulpmiddelen versus knuffels

Een hulpmiddel is iets anders dan een knuffel; het hangt er maar net van af wie degene is die het uitkiest, de ouder of de baby. Een hulpmiddel is iets wat de óúder gebruikt. Een knuffel, zoals een doekje of een speelgoedbeest, is iets wat het kínd kiest. Hulpmiddelen worden vaak in de eerste paar weken na de geboorte voor het eerst gebruikt; baby's kiezen geen knuffels voordat ze zes maanden of ouder zijn. Een speen kan twee dingen zijn: als een kind altijd wakker wordt wanneer de speen uit zijn mond valt en een van zijn ouders nodig heeft om hem er weer in te stoppen, is het een hulpmiddel. Als het kind doorslaapt zonder speen, of hem zelf weer in zijn mond kan stoppen, is het een knuffel.

Afhankelijkheid van een hulpmiddel begint vaak uit wanhoop. De baby is oververmoeid en huilt om 3 uur 's nachts, dus loopt papa op en neer met hem. En ja hoor, de kleine wordt rustig en valt in slaap. Al gebruik je een hulpmiddel maar een paar nachten achter elkaar, het zal al snel zo zijn dat je baby niet meer in slaap kan vallen zonder dat. Een maand later is papa het op en neer lopen zat, maar móét hij er wel mee doorgaan, want, zo legt hij uit: 'Hij wil niet slapen als ik dat niet doe.'

Ik had één jongetje, Xavier, dat in alle opzichten een vrolijke, gezonde baby was, op één ding na: hij dacht dat de bank in de woonkamer zijn bed was. Zijn ouders hadden de gewoonte ontwikkeld om hem te wiegen, met hem heen en weer te lopen of hem gewoon in hun armen te houden totdat hij in slaap viel. Als hij dan eindelijk sliep, legden ze hem op de bank, uit angst dat hij wakker zou worden als ze te ver met hem zouden lopen of zouden bukken om hem in zijn bedje te leggen. En wakker werd hij, meerdere keren per nacht. Dat kwam omdat hij geen idee had waar hij was als hij wakker werd; als hij insliep, lag hij immers altijd in de armen van papa of mama. Hij had ook geen idee hoe hij uit zichzelf weer in slaap moest vallen. Toen ik hem ontmoette was hij veertien weken oud en hadden zijn vader en moeder al honderd dagen geen hele nacht meer doorgeslapen! Ze hadden trouwens helemáál geen leven meer. Ze durfden 's nachts de wasmachine of de vaatwasser niet aan te zetten, konden geen vrienden uitnodigen en hadden natuurlijk geen tijd meer voor zichzelf als stel.

Aanwijzing #3

De volgende problemen duiden er meestal op dat **opvoeden tegen wil en dank** op zijn minst ten dele verantwoordelijk is voor het slaapprobleem van je baby:

Mijn baby wil niet slapen als ik hem niet… wieg, voed, op mijn borst leg, enz.

Mijn baby lijkt moe, maar begint te huilen zodra ik haar neerleg.

Mijn baby wordt elke nacht om dezelfde tijd wakker.

Wanneer mijn baby 's nachts wakker wordt, voed ik hem, maar hij eet meestal maar weinig.

Mijn baby slaapt overdag niet langer dan een halfuur of drie kwartier.

Mijn baby wordt elke ochtend om 5.00 uur wakker om de dag te beginnen.

Mijn baby wil niet in haar eigen bedje slapen.

Mijn baby wordt wakker als de speen uit zijn mond valt.

Soms gebruiken ouders een hulpmiddel vanwege hun eigen behoeften. Een moeder die het fijn vindt om haar baby te knuffelen of de borst te geven, ziet niet in wat er mis mee is om haar hangerige zuigeling wat 'extra aandacht' te geven waardoor hij kan inslapen. Nu ben ik er absoluut vóór om een baby vast te houden, te troosten en met liefde te overstelpen, maar je moet wel uitkijken wat je doet en bedenken wat je je baby 'vertelt' zonder dat je er erg in hebt. Wanneer papa op en neer blijft lopen en mama de borst geeft totdat haar kind in slaap valt, krijgt de baby in beide gevallen de boodschap: 'O, dus zo val ik in slaap.' Als je bij een pasgeborene een hulpmiddel gebruikt, raakt hij daar algauw aan gewend. En tegen de tijd dat hij drie of vier maanden oud is, moet je dat hulpmiddel telkens weer gebruiken, omdat hij anders blijft huilen totdat je het hem geeft.

ACTIEPLAN: Denk voordat het te laat is na over wat je doet. Wil je op en neer blijven lopen of je baby 's nachts blijven voeden totdat hij vijf maanden is? Elf maanden? Twee jaar? Wil je hem midden in de nacht bij je in bed nemen totdat híj besluit dat hij het niet meer nodig heeft? Je kunt hulpmiddelen beter nu vermijden dan ze later weghalen, wat veel moeilijker is.

Als je al in de val bent gelopen en al een hulpmiddel gebruikt, is het goede nieuws dat slechte gewoonten in deze eerste maanden snel vergeten zijn. In plaats van je hulpmiddel te gebruiken, kun je beter het 'vier I'-ritueel doen (zie pagina 227-232). Gebruik ook de sus-klopmethode als je baby extra gekalmeerd moet worden. Het duurt misschien drie dagen, zes dagen of zelfs langer dan een week, maar als je consequent bent, kun je hem de slechte gewoonte afleren die je zelf hebt gecreëerd.

Een praktijkvoorbeeld
Zelfs een speen kan een hulpmiddel worden...

... als jij aan de andere kant vastzit! De moeder van een meisje van zeven weken schreef me: 'Ik probeer Heather in bed te leggen zodra ik haar 'slaapsignalen' zie en kalmeer haar dan altijd eerst, zoals in je boek staat. Maar zodra ik haar neerleg of zodra de speen uit haar mondje valt, wordt ze huilend wakker... en dan wil ze haar speen niet meer. Ik laat haar niet huilen, maar pak haar op om haar te troosten, kijk of er niets mis is en leg haar weer neer. Dan begint ze weer te huilen... en dit patroon herhaalt zich urenlang, vooral overdag. Wat moet ik doen? Heater laten huilen? Of is dat wreed, zoals je in je boek schrijft?'

Wanneer een baby zijn speen zonder hulp van zijn ouders kan vinden en gebruiken, is het een soort knuffel. Maar in het geval van Heather is het een hulpmiddel, zoals blijkt uit de zin: '... dit patroon herhaalt zich urenlang.' Het is niet zo dat Heather bewust denkt: Ha, ik hoef alleen de speen maar uit te spuwen en dan komt mama me een knuffel geven. Maar de moeder van Heather heeft er ongewild voor gezorgd dat ze op de speen wacht om in slaap te kunnen vallen. Uit onderzoek is gebleken dat baby's, als men ze voorspelbare patronen op een televisiescherm laat zien, vlak na de geboorte al verwachtingen hebben over wat ze te zien krijgen. In dit geval heeft de moeder niet alleen visuele, maar ook tastbare prikkels gegeven en anticipeert Heather op wat er komen gaat. Ik raad haar aan om helemaal te stoppen met de speen. Ze kan beter het 'vier I'-ritueel aanhouden, voor het slapengaan iets meer tijd aan Heather besteden en wachten totdat ze in slaap valt.

Bij elke kik naar hem toe gaan. Het slaappatroon van een baby (of hij elke nacht vaak en/of op hetzelfde tijdstip wakker wordt) zegt vaak veel over waar ouders de mist in gaan zonder dat ze daar erg in hebben. Als je kind 's nachts vaak wakker wordt, wil ik weten: **Hoe vaak wordt hij 's nachts wakker?** Een pasgeborene die een goede routine volgt, mag niet vaker dan tweemaal per nacht wakker worden. Als je baby elk uur of zelfs om de twee uur wakker wordt en je zeker weet dat hij geen honger of pijn heeft, is de kans groot dat jíj iets doet waardoor hij de nachtelijke uurtjes zo leuk vindt. Dat geldt zeker voor baby's die ouder zijn dan zes weken, want dan zijn de hersenen beter ontwikkeld en begint hij associaties te maken. Als je dus op een bepaalde manier hebt gereageerd wanneer hij 's nachts wakker wordt – en hem bijvoorbeeld bij je in bed hebt genomen –, zal hij dat voortaan steeds verwachten en luidkeels protesteren als je het niet doet.

Begrijp me niet verkeerd. Je baby probeert je niet bewust te manipuleren, althans, nóg niet (meer over manipuleren in hoofdstuk 7). Maar nu, in de eerste maanden, begint het opvoeden tegen wil en dank. Wanneer ouders iets zeggen in de trant van 'Ze wil niet…' of 'Hij weigert…', betekent dat meestal dat ze geen controle meer hebben over de situatie en dat ze de baby volgen in plaats van leiden. Andere belangrijke vragen zijn dan: **Wat dóé je als hij midden in de nacht of midden in een slaapje overdag wakker wordt? Ga je meteen naar hem toe? Speel je met hem? Neem je hem bij je in bed?**

Je weet inmiddels wel dat ik er geen voorstander van ben om een baby te laten huilen. Soms begrijpen ouders echter niet dat woelen niet hetzelfde is als wakker worden. Als je antwoord op een of meer van bovenstaande vragen ja is, kan het zijn dat je te snel naar je baby toe gaat en hem eigenlijk stoort in zijn slaap. Als je hem even zou laten mekkeren, zou hij misschien wel weer in slaap vallen, zouden zijn 'te korte slaapjes' ineens langer worden en zou hij misschien wel helemaal niet meer ''s nachts regelmatig wakker worden'. Datzelfde geldt voor 's ochtends wakker worden. Ouders rennen vaak meteen naar de babykamer en zeggen: 'Goedemorgen! Ik heb je gemist vannacht.' En dan is het 5.00 uur 's morgens!

ACTIEPLAN: Luister, reageer op huiltjes, maar ga niet te snel naar binnen om je baby te hulp te schieten. Elke baby maakt geluidjes als hij uit een diepe slaap komt; probeer erachter te komen hoe jouw baby dan klinkt. Babytaal klinkt alsof hij in zichzelf praat. Het is níet hetzelfde als huilen, en vaak vallen baby's daarna gewoon weer in slaap. Als je je baby midden in de nacht of tijdens zijn middagdutje hoort, ren dan niet meteen naar hem toe. En als hij om 5.00 of 5.30 uur wakker wordt en je weet (want ik ga ervan uit dat je je aan een goede routine houdt en je zijn dagvoedingen in de gaten houdt) dat hij honger heeft, voed hem dan, baker hem weer in en leg hem om 5.30 uur weer in bed. Gebruik zo nodig de sus-klopmethode. Laat hem niet al te wakker worden. Als je later op de

Wakker maken om te gaan slapen? Tracy, je maakt zeker een grapje?

Ouders zijn vaak geschokt als ik opper dat ze hun kind wakker moeten maken om te gaan slapen als hij 's nachts altijd wakker wordt. Zet je wekker een uur eerder dan je baby altijd wakker wordt en ga zijn kamer binnen. Schud hem zachtjes heen en weer, wrijf over zijn buikje en stop een speen in zijn mond; dat helpt allemaal om hem half bij bewustzijn te brengen. Ga dan weg. Hij valt weer in slaap. Zo neem jíj de touwtjes in handen en hoef je niet meer te blijven wachten totdat je baby's gewoonte als bij toverslag zal verdwijnen. (Dat gebeurt niet.) Door hem een uur eerder wakker te maken, doorbreek je zijn patroon.

ochtend weer zijn kamertje in gaat, let dan op je intonatie. Doe niet alsof dit arme kleine ding door je in de steek gelaten is. Zeg liever iets van: 'Kijk nou eens, lig je daar lekker zelf te spelen. Goed zo!'

Wakker worden uit gewoonte. Net als volwassenen worden ook baby's uit gewoonte wakker. Het verschil is alleen dat wij op de wekker kijken en kreunen: 'O, nee, het is pas halfvijf, net als gisternacht,' en ons weer omdraaien om verder te slapen. Er zijn baby's die dat ook doen, maar andere gaan huilen en dan komen hun ouders snel aanrennen. Door dat te doen, versterken ze de gewoonte alleen maar. Om erachter te komen of een baby uit gewoonte een patroon ontwikkelt, vraag ik: **Wordt hij elke nacht om dezelfde tijd wakker?** Zo ja, en als hij meer dan twee dagen achterelkaar op dat tijdstip wakker wordt, dan moet je onderkennen dat hij een patroon begint te ontwikkelen. De kans is groot dat je de babykamer in gaat en hem op de een of andere manier een hulpmiddel geeft. Je wiegt hem bijvoorbeeld, of geeft hem de borst. Daar valt hij misschien wel van in slaap, maar het is een kortetermijnoplossing, een pleister. Wat je nodig hebt is een echte oplossing.

ACTIEPLAN: Negen van de tien kinderen die uit gewoonte wakker worden hebben niet meer eten nodig (tenzij ze een groeispurt doormaken; zie pagina 147-152 en 245). Baker hem gewoon opnieuw in, geef hem een speen om te kalmeren en troost hem met sussen en kloppen. (Let op: tenzij een baby afhankelijk is van zijn speen – zie kader pagina 235 – beveel ik voor baby's onder de drie maanden een speen aan, omdat de meeste er niet afhankelijk van worden, zie pagina 247). Beperk prikkels tot een minimum. Niet wiegen of druk doen. Verschoon zijn luier niet, tenzij die vies of kletsnat is. Doe het 'vier I'-ritueel en blijf bij hem tot hij in een diepe slaap is gevallen. Je moet ook iets doen om zijn gewoonte te doorbréken. Laten we ervan uitgaan dat je andere oorzaken, zoals pijn of ongemak, hebt uitgesloten. Ook honger kan het niet zijn, want je hebt hem overdag meer eten gegeven en 's avonds volgetankt (zie ook de paragraaf over honger pagina 243-248). Nu ga je mijn techniek van 'wakker maken om te slapen' toepassen: je gaat niet liggen wachten tot hij wakker wordt, maar zet je wekker een uur voor het tijdstip waarop hij altijd wakker wordt en *maakt hem dan wakker* (zie kader op pagina 237). Hij wordt waarschijnlijk niet helemaal wakker, maar zijn oogjes gaan heen en weer onder zijn oogleden, en hij mompelt en beweegt wat, net als een volwassene die je stoort in zijn slaap. Doe dit drie nachten achter elkaar.

Ik hoor je al tegensputteren: 'Dat mens is gek!' Ik begrijp heel goed dat het dwars tegen je intuïtie in gaat om een baby wakker te maken om hem te laten slapen, maar het werkt wel! Soms is er zelfs maar één nacht voor nodig om de gewoonte te doorbreken, maar toch raad ik je aan het drie nachten vol te houden. Als het niet werkt, moet je opnieuw nagaan of er geen andere reden is voor het wakker worden. Als je al het andere hebt uitgesloten, herhaal de techniek van 'wakker maken om te slapen' dan nog minimaal drie dagen.

Het vertrouwen beschamen. Heel wat ouders die bij me komen met slaapproblemen hebben al een aantal methoden geprobeerd. Inconsistentie is een vorm van opvoeden tegen wil en dank. Het is niet eerlijk om de regels voor je baby te blijven veranderen. Ik noem mijn slaapstrategieën altijd 'verstandig slapen'; een huis-, tuin- en keukenfilosofie waarin de behoeften van de baby én die van de ouders gerespecteerd worden. Er is niets flitsends of extreems aan, er is alleen consistentie voor nodig. Andere babydeskundigen zijn voorstander van extremere slaapmethoden, met aan het ene uiterste samen slapen en aan het andere uiterste de uitgestelde-reactiemethode, ook wel 'Ferberizing' of 'gecontroleerd huilen' genoemd (waarbij de baby steeds langer mag blijven huilen). Elke benadering heeft uiteraard zijn voordelen, en hele horden ouders zweren bij de ene of de andere methode. Als een ervan voor jou heeft gewerkt, is dat prima. Maar als je dit hoofdstuk leest, vermoed ik dat je baby nog steeds moeilijk slaapt. En als je begonnen bent je baby bij je in bed te nemen en daarna bent overgestapt op het andere uiterste, kan het ook zijn dat je nu te maken hebt met een vertrouwensbreuk.

Wanneer een ouder me vertelt dat zijn baby 'het niet leuk vindt om te gaan slapen' of 'een hekel heeft aan zijn bedje', stel ik altijd de vraag: **Waar heeft hij tot nu toe geslapen? In een wiegje? Een ledikantje? Staat zijn bedje in zijn eigen kamer, bij een broertje of zusje op de kamer, of in jouw slaapkamer?** Als een kind weerstand heeft tegen zijn bedje, komt dat vrijwel altijd doordat de ouders niet zijn begonnen zoals ze van plan waren verder te gaan. Dan stel ik de vraag: **Was je voorstander van het idee van een 'bed voor het hele gezin' toen je baby geboren werd?** Als het antwoord ja is, denk ik dat je daar niet echt praktisch over hebt nagedacht en ook niet hebt bedacht wanneer je hem uit jouw bed had willen halen en in zijn eigen bedje had willen leggen. Als hij eerst in zijn eigen bedje lag en je hem nu bij je in bed neemt omdat dat midden in de nacht makkelijker is, heb je zeker een patroon van opvoeden tegen wil en dank gecreëerd.

Ik ben van geen van beide uitersten een voorstander. Ik geloof niet dat een kind door samen te slapen de vaardigheden ontwikkelt om zelfstandig te kunnen gaan slapen (en trouwens, jijzelf kunt er dan ook geen volwassen relatie op na houden). Maar als je een kind in zijn eentje laat huilen, kun je het vertrouwen tussen ouder en kind beschamen. Ik geloof dat het belangrijk is om een kind te leren in zijn eigen bedje te slapen, of dat nu een wiegje of een ledikantje is, en hem vanaf dag één aan te sporen om zelfstandig te gaan slapen.

Als je wél met zijn allen in één bed slaapt en jij en je partner dat geen punt vinden, en je kind ook nog eens goed slaapt, ga er dan vooral mee door. Er zijn ouders die zich erin kunnen vinden; papa en mama hebben besloten dat het kind bij hen in bed mag slapen, en werken als een team. Die ouders hoor ik zelden, want ze hebben geen slaapprobleem. Maar sommige mensen proberen dit co-slapen uit omdat ze hebben gehoord dat de baby geen band met hen opbouwt als hij niet bij hen in bed slaapt. (Ik ben van mening dat hechting een kwestie is van om je baby geven en je in hem inleven, vierentwintig uur per dag. Als je baby niet bij je in bed slaapt, zal hij zich echt wel aan je hechten.) Anderen nemen hun baby bij zich in bed omdat ze daar zelf behoefte aan hebben. Of ze horen er iets over, vinden het een aantrekkelijk idee, maar denken er niet goed over na of kijken niet of het wel bij hun levensstijl past. Vaak staat de ene ouder er meer achter dan de andere en haalt hij die over om het toch te doen. Om uiteenlopende redenen werkt het dan niet.

Vervolgens gaan ze over op het andere uiterste en verbannen ze de baby naar de andere kant van de gang, terwijl de baby dan helemaal niet heeft geleerd om zichzelf te troosten. Natuurlijk reageert de kleine op die verandering. Hij huilt hartverscheurend, alsof hij wil zeggen: *Hé, waar ben ik? Waar zijn die warme lijven nou?* Ook de ouders raken van slag, want ze hebben geen idee hoe ze hun baby moeten troosten.

Met dit soort scenario's moet ik vragen: **Heb je hem ooit in zijn eentje laten huilen?** Ik geloof er niet in om kinderen te laten huilen, al is het maar vijf minuten. Je baby weet niet waar je bent en waarom je hem ineens alleen laat. Vergelijk het maar met een afspraak met je vriendje: als die twee avonden achter elkaar niet komt opdagen, vertrouw je hem daarna nooit meer op zijn woord. Vertrouwen is de basis van elke relatie. Mijn haren gaan recht overeind staan als ik ouders hoor zeggen dat ze hun baby een uur of zelfs twee uur hebben laten huilen. Sommige zuigelingen raken zo over hun toeren en huilen zo hard dat ze ervan moeten overgeven. Andere verbruiken gewoon energie, raken nog meer overprikkeld en krijgen uiteindelijk zelfs honger, waardoor jullie allebei uitgeput en in de war raken. Veel baby's die aan hun lot zijn overgelaten, worden vanaf dat moment chronisch slechte slapers, maken er een hele strijd van als het bedtijd is, en worden zelfs bang voor hun eigen bedje. Intussen staat de dagroutine helemaal op zijn kop en lijkt de baby totaal geen structuur te hebben. Hij is uitgeput, uit zijn doen, valt in slaap tijdens het eten, en slaapt én eet slecht.

Als je het ene uiterste hebt geprobeerd en daarna bent doorgeschoten naar de andere kant, waardoor je baby zich nu ellendig voelt, je niet meer vertrouwt en nog steeds niet slaapt, moet je terug naar af. Zorg dat je een goede dagelijkse routine aanhoudt en gebruik het 'vier I'-ritueel om je baby te kalmeren (zie pagina 227-232). Maar alsjeblíeft, houd je eraan. Er zullen dagen en nachten komen dat het allemaal niet gaat zoals je het in gedachten had, en het kan drie dagen, een week of een maand duren voordat je het patroon doorbreekt. Maar als je mijn suggesties opvolgt en consequent blijft, zal het écht werken.

Natuurlijk wordt het een stuk gecompliceerder als je je baby in zijn eentje hebt laten huilen en hij nu bang is om in de steek te worden gelaten. Je zult dus eerst zijn vertrouwen terug moeten winnen. Ga naar hem toe en geef hem wat hij wil zodra hij ook maar een kik geeft. Met andere woorden, je moet je meer dan ooit in hem inleven en hem geven waar hij behoefte aan heeft. Ironisch genoeg zijn baby's van wie het vertrouwen is beschaamd vaak moeilijker te troosten. Eerst laat je hem in de steek en nu ben je er wel; hij snapt het niet meer. Hij is zo gewend om te huilen dat hij, ook al reageer je nu anders, ontroostbaar kan zijn als je hem probeert te kalmeren.

ACTIEPLAN: Trek er enkele weken voor uit om zijn vertrouwen terug te winnen, ook al is je baby pas drie of vier maanden oud. (In de volgende twee hoofdstukken vind je aanvullende strategieën voor oudere baby's en peuters, maar je kunt de volgende aanpak gebruiken voor baby's tot acht maanden.) Maak langzaam maar zeker duidelijk dat je er voor hem bent, en nu voorgoed. Elke stap kan drie dagen tot een week in beslag nemen, net zolang totdat hij je genoeg vertrouwt om zich prettig te voelen in zijn bedje, en het hele proces kan wel drie weken tot een maand duren. (Bij een heel bange en wantrouwige baby ben ik zelfs wel eens zover gegaan dat ik bij haar ín haar ledikantje ben gaan liggen! Zie 'Slapeloos sinds de geboorte', pagina 296).

Blijf goed op zijn slaapsignalen letten. Begin bij het eerste teken van slaperigheid met het 'vier I'-ritueel om hem te kalmeren, inclusief de sus-klopmethode. Baker hem in en ga in kleermakerszit met hem op de grond zitten, met je rug tegen de muur of een bank. Als hij rustig is, leg hem dan niet in zijn bedje, maar op een stevig, dik, normaal slaapkussen dat op je knieën ligt. Blijf bij hem, ga door met op zijn rug kloppen en hem sussen, totdat je ziet dat hij in een diepe slaap valt. Wacht minstens twintig minuten en laat het kussen dan voorzichtig op de grond glijden. Blijf naast het kussen zitten, zodat je er bent zodra hij wakker wordt. Ga mediteren, lezen, met een koptelefoon op naar een luisterboek luisteren of zelf ook even slapen. Je moet de hele nacht bij hem blijven. Je moet je even opofferen om het vertrouwen van je baby te herwinnen.

In de tweede week herhaal je deze routine, maar nu begin je

Een praktijkvoorbeeld
Angst voor het ledikantje wegnemen

Onlangs heb ik gewerkt met Dale, de moeder van een jongetje van zes weken, die de signalen van haar baby verkeerd geïnterpreteerd had. Ze wist zeker dat de kleine Efram 's nachts huilde omdat hij een slaapprobleem had. Ze wilde zelf wanhopig graag slapen en probeerde de methode van gecontroleerd huilen uit, wat het probleem alleen maar erger maakte. Nadat ze Efram twee nachten had laten huilen, was hij doodsbang voor zijn ledikantje. Hij woog bovendien te weinig, wat volgens Dale door zijn angst kwam. Toen ik haar echter vroeg een oogst te doen, bleek dat honger de oorzaak was: Dale maakte niet genoeg melk aan. Ik leerde haar hoe ze haar melkproductie kon vergroten (zie kader pagina 134), maar vertelde haar ook dat ze iets moest doen aan Eframs angst en zijn geschonden vertrouwen. Dale moest meer dan een maand aan dit proces wijden, waarbij ze Efram eerst op een kussen op haar schoot liet slapen en er langzaam naartoe werkte dat hij weer in zijn ledikantje sliep (zie 'Actieplan', pagina 241). Uiteindelijk werd Efram molliger en vrolijker.

---

met het kussen op de grond voor je te leggen in plaats van op je schoot, en leg je hem erop zodra hij er klaar voor is. Ook nu wijk je niet van zijn zijde. In de derde week ga je in een stoel naast hem zitten en leg je het kussen in het ledikantje. Als je hem erop legt, leg je je hand op zijn rug zodat hij weet dat je er nog bent. Blijf drie dagen naast hem zitten totdat hij diep in slaap is. Op de vierde dag haal je je hand weg, maar blijf je wel bij het ledikantje terwijl hij slaapt. Weer drie dagen later ga je de kamer uit als hij diep slaapt, maar zodra hij huilt ga je onmíddellijk weer naar binnen. De vierde week moet je hem op het matrasje kunnen leggen in plaats van op het kussen. Zo niet, gebruik het kussen dan nog een week en probeer het daarna opnieuw.

Als je dit allemaal een beetje langdradig en zwaar vindt, dan klopt dat. Maar als je nu geen stappen onderneemt om de angst voor het ledikantje weg te nemen, wordt het alleen maar erger en heb je waarschijnlijk de komende paar jaar een kind dat zich aan je vastklampt. Je kunt zijn vertrouwen in jou beter nu meteen herstellen.

Variabele #4: Honger

Wanneer baby's midden in de nacht wakker worden, komt dat vaak door honger. Dat wil echter niet zeggen dat we er niets aan kunnen doen.

Voltanken. Of je kind nu elk uur of minstens tweemaal per nacht wakker wordt, de vraag die ik stel is: **Hoe vaak krijgt hij overdag eten?** Ik wil erachter komen of hij genoeg voedingen krijgt om de nacht mee door te komen. Met uitzondering van premature baby's (zie kaders op pagina 44 en 223), moet een baby van nog geen vier maanden om de drie uur een voeding krijgen. Als je hem minder vaak eten geeft, krijgt hij waarschijnlijk niet genoeg binnen en wordt hij 's nachts wakker om de gemiste calorieën alsnog in te halen.

Pasgeboren baby's kunnen niet veel eten kwijt in hun maagjes, dus worden ze ook 's nachts om de drie tot vier uur wakker. Dat kan voor ouders behoorlijk zwaar zijn, maar zo is het nu eenmaal. Naarmate je kind groeit, wordt het doel om de tijd tussen de nachtvoedingen te verlengen tot vijf of zelfs zes uur, door eerst de voeding van 2.00 uur te laten vervallen. Maak je je zorgen over 's nachts wakker worden, zeker als je kind zes weken of ouder is – dat is oud genoeg om een voeding te kunnen overslaan –, vraag ik: **Hoe laat wordt hij wakker na zijn laatste avondvoeding?** Als hij nog steeds om 1.00 of 2.00 uur wakker wordt, heeft hij niet genoeg calorieën binnengekregen om de nacht door te komen.

ACTIEPLAN: Om te zorgen dat hij langer slaapt, moet je je baby overdag om de drie uur voeden. Bovendien moet je zijn maagje iets meer vullen voordat hij naar bed gaat, door hem 'vol te tanken' (zie pagina 122 en 125) met een clustervoeding (extra voedingen 's avonds) en een droomvoeding (een voeding om 22.00 of 23.00 uur waarbij je probeert de baby níét wakker te maken).

Aanwijzing #4

De volgende problemen duiden er meestal op dat **honger** op zijn minst ten dele verantwoordelijk is voor het slaapprobleem van je baby:

Mijn baby wordt meermalen per nacht huilend wakker en wil dan een volledige voeding.

Mijn baby slaapt 's nachts niet langer dan drie of vier uur.

Mijn baby sliep eerst elke nacht vijf of zes uur, maar wordt nu ineens steeds wakker.

Hongersignalen herkennen en daarop reageren. Je moet een baby die honger heeft altijd voeden. Een veelvoorkomend probleem is echter dat ouders, vooral in de eerste tien weken, elk huiltje voor honger aanzien. Daarom ben ik in mijn eerste boek zo diep ingegaan op huiltjes en lichaamstaal. Huilen kan duiden op honger of pijn die veroorzaakt wordt door darmkrampjes, reflux of koliek. Je huilende baby kan ook overprikkeld zijn of het te warm of te koud hebben. (Zie de huilvragen op pagina 40 en 140.) Daarom is het zo belangrijk om te weten wat de signalen van je baby zijn. **Hoe klinkt hij en hoe ziet hij eruit als hij huilt?** Je weet (zelfs al voor de eerste kreet) dat zijn maagje leeg is als je hem eerst over zijn lippen ziet likken en dan ziet happen. Zijn tongetje komt naar buiten en hij draait met zijn hoofd als een babyvogeltje dat naar eten zoekt. Hoewel hij nog te klein is om zijn vuistje in zijn mond te stoppen en erop te kauwen of te sabbelen, graait hij misschien wel naar wat ik de 'voedingsdriehoek' noem, met de neus als bovenste punt en de mond als onderste zijde. Hij maait met zijn armen en probeert de voedingsdriehoek te raken, maar kan er natuurlijk niet echt bij. Als je hem geen fles of borst geeft als reactie op zijn lichaamstaal, zal hij een kreet laten horen. Dat is een soort kuchklank achter in zijn keel, die uiteindelijk uitmondt in de eerste schreeuw, die kort begint en dan overgaat in een gestaag 'waa, waa, waa'.

Natuurlijk kun je de visuele signalen niet zien als je baby midden in de nacht huilend wakker wordt. Maar als je goed luistert, kun je met een beetje oefenen wel het verschil tussen zijn huiltjes horen. Als je het niet zeker weet, probeer het dan eerst met een speen (heb je gemengde gevoelens over spenen, lees dan later in dit hoofdstuk, op pagina 247-248, hoe ik erover denk). Is hij daarmee getroost, leg hem dan ingebakerd terug in bed. Als hij de speen afwijst, weet je dat het honger of pijn is.

Wordt hij elke nacht op een ander tijdstip wakker? Zoals ik al eerder heb uitgelegd, is op een willekeurig tijdstip wakker worden vrijwel altijd een teken van honger. Als je niet zeker bent van het patroon, houd het dan eens een paar nachten bij. Je moet echter ook andere vragen in overweging nemen:

Komt hij steeds meer aan? Deze vraag houdt me vooral bij baby's van zes weken en ouder bezig, vooral als de moeder voor het eerst borstvoeding geeft. Het duurt vaak wel zes weken voordat de borstvoeding echt goed op gang komt. Als de baby niet aankomt, kan dat een teken zijn dat hij niet genoeg te eten krijgt, omdat de melkvoorraad van de moeder niet voldoende is of omdat hij moeite heeft met zuigen.

ACTIEPLAN: Als je baby niet goed aankomt, raadpleeg dan je kinderarts of het consultatiebureau. Je kunt ook een oogst doen om te kijken of je melkvoorraad toereikend is (zie pagina 134). Als je baby de borst steeds loslaat en dan weer toehapt, kan het zijn dat je toeschietreflex traag is. Als dat het geval is, moet je je borsten eerst 'voorbereiden' om de melkstroom op gang te helpen: kolf eerst twee minuten voordat je je baby aanlegt. Als je baby moeite heeft met zuigen, bel dan een lactatiekundige om te controleren of je hem wel goed aanlegt (zie pagina 132) en of hij geen lichamelijk probleem heeft waardoor hij niet goed kan zuigen.

Groeispurts. Misschien heb je nooit problemen gehad met betrekking tot voeding. Misschien heeft je baby altijd een goede routine gevolgd. Toch zal je baby rond de zes weken, de twaalf weken en daarna met regelmatige tussenpozen, een groeispurt doormaken. Hij zal een paar dagen meer honger hebben, en als hij voorheen vijf of zes uur doorsliep, wordt hij nu ineens 's nachts wakker van de honger. Ik krijg ontelbare telefoontjes van ouders met een baby van twee, drie of vier maanden oud: 'We hadden een engelachtige baby, maar nu is het een duiveltje. Hij wordt twee keer per nacht wakker en drinkt beide borsten leeg. Hij lijkt nooit genoeg te hebben.' Dan vraag ik: **Heeft hij ooit vijf of zes uur doorgeslapen?** Wanneer ouders me vertellen dat hun baby eerst wél goed sliep en nu ineens 's nachts wakker wordt, weet ik altijd meteen dat het om een groeispurt gaat. Hier volgt een voorbeeld:

Damian is twaalf weken oud. Sinds twee weken leg ik hem overdag in zijn ledikantje als hij moet slapen. Meestal kost het geen moeite hem in bed te leggen en slaapt hij één tot anderhalf uur. Sinds een week leggen we hem ook 's nachts in zijn ledikantje. Hij gaat zonder te huilen slapen, maar wordt de hele nacht steeds om de twee of drie uur wakker. Wanneer ik hem in bed leg, baker ik hem in en geef hem een speen. Als hij 's nachts wakker wordt, ga ik naar hem toe en zie ik dat hij zich uit zijn bakerdoeken gewurmd heeft en dat zijn speen uit zijn mond is. Dan doe ik de speen weer in zijn mond, waarna hij in slaap valt. Ik baker hem in terwijl hij slaapt, in de hoop dat hij nu door blijft slapen. Maar het houdt maar niet op. Hij blijft huilen als ik niet naar hem toe ga. Ik weet niet meer wat ik moet doen! Help me alsjeblieft!

Dit is een klassiek voorbeeld van een zogenaamd slaapprobleem dat eigenlijk een eetprobleem is. Maar omdat deze moeder gefocust is op het feit dat ze net de overgang naar het ledikantje heeft gemaakt, komt het niet in haar op dat honger de oorzaak zou kunnen zijn. De aanwijzing is dat Damian om de twee tot drie uur wakker wordt, wat lijkt op een voedingsschema. Om het zeker te weten, stel ik alle vragen die met honger te maken hebben, onder andere of de moeder borstvoeding geeft, want misschien heeft ze niet genoeg melk. Hoe dan ook, ik zou voorstellen om Damian overdag meer eten te geven.

Dit is het moment waarop veel ouders voor het eerst in de problemen komen. Omdat ze een groeispurt niet herkennen of niet weten wat ze eraan moeten doen, beginnen ze de baby's nachts te voeden in plaats van zijn calorie-inname overdág te verhogen. En zodra ze aan nachtvoedingen beginnen, leggen ze de basis voor opvoeden tegen wil en dank.

ACTIEPLAN: Het is een kwestie van bewust opvoeden. Kijk naar wat je baby overdag en 's nachts binnenkrijgt. Als je flesvoeding geeft en hij zijn fles bij elke voeding helemaal leegdrinkt, geef hem dan meer. Stel dat hij vijf keer een voeding van 120 ml krijgt en je merkt dat hij midden in de nacht wakker wordt en nóg 120 ml drinkt, dan wil dat zeggen dat hij overdag 120 ml extra nodig heeft. Je geeft dan geen extra voeding, maar geeft bij alle vijf de andere voedingen 30 ml extra.

Als je borstvoeding geeft, is het iets lastiger, omdat je je lichaam een seintje moet geven dat er meer melk geproduceerd moet worden. Je zult drie dagen lang iets moeten doen om je melkproductie te verhogen. Dat kun je op twee manieren doen:

A. Kolf een uur na elke voeding melk af. Al krijg je er maar 60 ml uit, doe dat kleine beetje extra melk in een fles en gebruik die bij de volgende voeding als 'toetje' voor je baby. Doe dit drie dagen lang, en op de derde dag zal je lichaam de extra melk aanmaken die je baby nodig heeft.

B. Laat je baby bij elke voeding één borst leegdrinken en leg hem dan aan de andere borst. Als hij ook die heeft leeggedronken, ga dan weer terug naar de eerste. Al voelt die voor jou leeg aan, je lichaam produceert altijd melk als reactie op het zuigen van je baby (zo komt de melkproductie op gang). Laat hem een paar minuten aan de eerste borst zuigen en dan een paar minuten aan de andere. Op deze manier duurt het voeden wel langer, maar ook nu zal je lichaam de melkproductie opvoeren.

Een speen gebruiken. Wanneer ouders zeggen: 'Mijn baby wil de hele nacht eten', denk ik altijd meteen dat ze honger verwarren met de instinctieve zuigbehoefte van een baby. Om daarachter te komen, vraag ik: **Heeft je baby een speen?** Sommige mensen vinden dat je een baby alleen een speen moet geven als je hem wilt troosten, maar ik ben van mening dat je op deze leeftijd altijd een speen moet gebruiken. Een speen helpt een baby rustig te worden. Er zijn maar heel weinig baby's die afhankelijk worden van hun speen (zie kader pagina 235) en in die gevallen raad ik ouders aan om met het gebruik van de speen te stoppen. Het is echter mijn ervaring dat de meeste baby's zichzelf in slaap sabbelen en dat de speen er vanzelf uit valt als ze eenmaal in dromenland zijn, waarna ze rustig verder slapen. Als een baby te vroeg wakker wordt tijdens zijn middagslaapje of als hij midden in de nacht wakker wordt, is een speen handig om te zien of hij echt honger heeft of gewoon behoefte heeft om te sabbelen.

Ouders reageren vaak geschokt en terughoudend. 'Ik wil niet dat mijn kind in de supermarkt rondloopt met een speen in zijn mond,' wierp een moeder tegen. Daar was ik het hartgrondig mee eens. Ik zou een baby van vier maanden of ouder nóóit een speen geven als hij er daarvoor nooit een had gehad. Maar haar kind was pas twee weken oud, en liep dus nog lang niet in de supermarkt rond. Hoewel ik ouders altijd adviseer om het gebruik van de speen af te bouwen zodra hun kind drie of vier maanden oud is, of iets later (als je de speen alleen gebruikt in het ledikantje), hebben jongere baby's die extra sabbeltijd gewoon nódig. Ze kunnen hun eigen vingertjes nog niet vinden, dus is sabbelen de enige manier waarop ze zichzelf kunnen troosten.

Ouders die de eerste maanden geen speen willen gebruiken, komen vaak in een heel verkeerd patroon terecht. Als een baby alleen aan een fles of een tepel mag zuigen, eet hij óf niet efficiënt, óf te vaak. Een aanwijzing voor dat laatste is dat de moeder zegt: 'Ik krijg de baby maar niet van mijn borst; hij doet een uur over een voeding.' Dan gaat de baby alleen maar met zijn kaakjes op en neer en eet hij niet, maar ligt hij gewoon te sabbelen. Ook als een baby probeert te gaan slapen en zichzelf te troosten begint hij instinctief te sabbelen. Het líjkt of hij honger heeft, maar eigenlijk bereidt hij zich alleen voor om te gaan slapen. De moeder interpreteert de signalen verkeerd en geeft hem de borst of de fles. Daar wordt de kleine wel rustig van, maar hij eet niet veel, want hij had eigenlijk geen honger, maar alleen behoefte om te zuigen.

In beide gevallen wordt een begin gemaakt met opvoeden tegen wil en dank. De baby die een uur over een voeding doet, wordt een snaaier. Degene die sabbelt om in slaap te vallen, wordt een baby die niet kan slapen zonder een borst of een fles. Sommige baby's weigeren in eerste instantie een speen, zoals deze e-mail illustreert:

> Mijn dochtertje van vijf weken, Lili, is een opvallend alerte baby. Ze krijgt de borst, is een tijdje wakker, maar als het tijd is om te gaan slapen, moet ik haar weer aanleggen, anders valt ze niet in slaap. Lili weigert een speen en ik heb alles geprobeerd om haar te laten slapen, maar mijn borst lijkt het enige te zijn wat werkt. Kun je me helpen?

Ik geef je op een briefje dat als deze moeder Lili de borst blijft geven (een veelvoorkomende vorm van opvoeden tegen wil en dank), ze daar binnen een paar maanden spijt van krijgt, zo niet eerder. Vergeet niet dat het gemiddeld twintig minuten duurt voordat een baby slaapt, en misschien nog wel langer als de baby erg alert is.

ACTIEPLAN: De moeder moet blijven proberen de speen te geven terwijl Lili wakker is, en moet ook verschillende soorten uitproberen, te beginnen met een speen die lijkt op haar eigen tepel. Als ze de speen gewoon in Lili's mond duwt en hem er niet goed in doet, is de kans groot dat de baby hem weigert. Als de speen op haar tong wordt gelegd, houdt de baby die plat en kan ze de speen niet met haar lippen omklemmen. De speen moet zo gehouden worden dat hij tegen Lili's gehemelte aankomt. De moeder moet volhouden en het net zo lang doen totdat Lili hem wél accepteert.

Variabele #5: Overprikkeling

Een overprikkelde of oververmoeide baby kan niet in slaap komen en als hem dat wél lukt, slaapt hij heel onrustig. Hij blijft vaak ook niet lang slapen. Daarom is het ook zo belangrijk om, zodra je zijn eerste geeuw of schokkerige beweging ziet, te beginnen met het ritueel om hem te kalmeren (zie variabele #2, pagina 226, over het slaapvenster).

Problemen met slapen overdag. Uit het slaappatroon overdag kan ik vaak afleiden of overprikkeling of oververmoeidheid een

rol speelt bij nachtelijke slaapproblemen. **Slaapt hij overdag korter dan voorheen of heeft hij overdag nooit langer dan veertig
minuten geslapen?** Als je baby altijd al korte slaapjes heeft gehad,
kan dat gewoon zijn bioritme zijn. Als hij overdag kort slaapt, niet
hangerig wordt en 's nachts goed slaapt, is er niets aan de hand.
Maar als zijn slaappatroon is veranderd, betekent dat vaak dat hij
overdag overprikkeld raakt. Dan krijgt hij waarschijnlijk ook
geen goede nachtrust. Vergeet niet dat goed slapen ook veroorzaakt wordt door goed te slapen. Anders dan volwassenen die uitgeput raken en in slaap vallen als ze moe zijn – en zo hun slaap
kunnen inhalen – worden baby's juist opgepept als ze minder
slaap krijgen. (Daarom moet je een baby ook nooit langer ophouden in de hoop dat hij dan
beter of langer slaapt.)

De volgende e-mail is
weer een typisch voor-
beeld: 'Ik heb een baby van
drie maanden, en elke keer
als ik hem overdag in zijn
bedje leg, begint hij meteen
te huilen of wordt hij binnen tien of twintig minuten
alweer wakker. Wat kan ik
daaraan doen?' Sommige
baby's beginnen als ze acht
tot zestien weken zijn overdag met *power naps*. Als je
baby tijdens zijn wakkere
uurtjes een gelijkmatig humeur heeft en 's nachts
goed slaapt, kunnen korte
dutjes lang genoeg voor
hem zijn. (Sorry, ik weet dat
je liever hebt dat hij langer
slaapt!) Maar als een kind
na zijn middagslaapje hangerig is en 's nachts onrustig
slaapt of vaak wakker is,
dan zijn die korte dutjes
duidelijk wel een probleem.
De kans is groot dat hij

Aanwijzing #5

De volgende problemen duiden er
meestal op dat **overprikkeling** op zijn
minst ten dele verantwoordelijk is voor
het slaapprobleem van je baby:

Mijn baby valt niet makkelijk in slaap.

*Mijn baby wordt regelmatig wakker of
slaapt onrustig, waarbij hij 's nachts veel
huilt.*

*Mijn baby verzet zich tegen zijn mid-
dagslaapje.*

*Mijn baby valt wel in slaap, maar wordt
een paar minuten later alweer wakker
omdat hij zo wild beweegt.*

*Mijn baby verzet zich als hij overdag
moet slapen, en áls hij slaapt, duurt dat
hooguit een halfuur of veertig minuten.*

*We zijn net met een nieuw speelgroepje
begonnen en nu wordt mijn baby
's nachts wakker.*

overprikkeld is en zo wild beweegt dat hij na twintig minuten diepe slaap wakker schrikt. Vaak versterken ouders dat patroon zonder het te willen, doordat ze meteen naar hun kind toe gaan om het te knuffelen, terwijl ze hem beter zelf weer in slaap kunnen laten vallen.

ACTIEPLAN: Kijk eens kritisch naar wat je overdag doet, en dan vooral 's middags. Probeer niet te veel mensen om de baby heen te hebben en niet te veel te doen. En zorg dat het niet te druk is voor bedtijd; zelfs te felle kleuren of te veel knuffelen kan een baby hyper maken. Heel belangrijk: besteed meer tijd aan het ritueel om hem te kalmeren (zie pagina 226-232), inclusief de susklopmethode. En vergeet niet dat overprikkelde baby's er vaak twee keer zo lang over doen om in slaap te vallen. Ze doezelen niet langzaam in, maar vallen schokkerig in slaap en worden vaak wakker door die onverhoedse bewegingen. Blijf bij hem totdat je ziet dat hij in een diepe slaap is gevallen. (Meer over slaapproblemen bij oudere baby's op pagina 306-310).

Het slaapvenster mislopen. Ik heb ook gemerkt dat sommige ouders de slaapsignalen van hun baby negeren. **Houd je je baby regelmatig langer op omdat je denkt dat hij dan langer zal slapen?** Dat is een van de hardnekkigste misverstanden over slapen. Als je hem op laat blijven als zijn slaapvenster al voorbij is, en je hem in de oververmoeide zone laat komen, zal hij niet alleen níét langer blijven slapen, maar bovendien onrustig slapen en misschien zelfs wel eerder wakker worden.

ACTIEPLAN: Houd je aan je routine. Observeer de aanwijzingen die je baby je geeft. Jullie hebben er allebei baat bij als zijn slaapjes consistent zijn. Het is prima om af en toe van je routine af te wijken, maar sommige kinderen zijn snel van slag. Ken je kind. Als hij gevoelig, mopperig of pittig

---

Begin nu
Bouw rust in

Ouders willen hun kinderen tegenwoordig maar al te graag slimmer maken en willen dat ze kleuren kunnen onderscheiden en alle mogelijke educatieve video's zien die er te koop zijn. Geen wonder dat kinderen overprikkeld raken. Hét middel tegen onze snelle cultuur is rust inbouwen. Laat hem overdag ook eens rustige activiteiten doen, zoals naar een mobile staren of een tijdje knuffelen met een persoon of een speelgoedbeest. Leg hem ook eens een tijdje ontspannen in zijn bedje. Laat hem zien dat je daar ook lekker kunt spelen en dat het niet alleen een plek is om te slapen. Daar heb je straks, als je baby mobieler wordt, alleen maar profijt van (zie kader pagina 293).

is, kun je mijns inziens maar beter nooit van je routine afwijken. **Laat je je baby voor de gezelligheid langer opblijven, bijvoorbeeld omdat papa hem dan na zijn werk nog even kan zien?** Ik begrijp dat het voor ouders moeilijk is om hun baby de hele dag niet te zien. Maar het is echt egoïstisch om van een baby te vragen zich aan het werkschema van een volwassene te houden. Een baby heeft slaap nodig. Als je je baby langer op laat blijven, is de kans groot dat de tijd die je met hem doorbrengt helemaal niet leuk is, omdat hij oververmoeid en uit zijn doen is. Als papa of jij meer tijd met de baby willen doorbrengen, zorg dan dat je eerder thuiskomt of dat je hem op andere tijdstippen kunt zien. Veel werkende moeders staan iets eerder op voor het ochtendritueel. Vaders nemen vaak de droomvoeding voor hun rekening. Maar wat je ook doet, beroof je kind niet van zijn slaap.

Slaapstoornissen door de ontwikkeling van je baby. Overprikkeling wordt vaak veroorzaakt door fysieke ontwikkeling. Het lichaam van de baby groeit, wat rustig slapen in de weg staat. **Heeft je baby onlangs fysieke vooruitgang geboekt en kan hij nu bijvoorbeeld zijn hoofd omdraaien, met zijn vingertjes spelen of omrollen?** Ouders klagen vaak: 'Ik heb mijn baby in het midden van zijn matrasje neergelegd en een paar uur later huilt hij. Dan ga ik naar binnen en ligt hij helemaal in een hoekje van de wieg. Kan het zijn dat hij zijn hoofd gestoten heeft?' Ja, dat kan. Of ze zeggen: 'Mijn baby sliep goed, totdat hij zich kon omrollen.' Wat er gebeurt, is dat de ouders de baby op zijn zij leggen en dat hij zich uit zijn bakerdoeken wurmt en zich op zijn rug weet te rollen. Het probleem is dat hij niet meer naar zijn uitgangspositie terug kan rollen, waardoor hij gefrustreerd wakker wordt. Bovendien hebben baby's op deze leeftijd nog helemaal geen coördinatie en schrikken ze wakker doordat ze met hun armpjes en beentjes zwaaien. Ze wurmen een hand uit de bakerdoeken, trekken aan hun oren en haren, prikken zichzelf in de ogen en vragen zich af wie dat toch doet. Ze krassen met hun nageltjes over het laken en worden wakker van het geluid. Ze beginnen ook door te krijgen dat ze zelf geluidjes kunnen maken, wat erg amusant is maar ook storend kan werken.

ACTIEPLAN: Het is ontzettend leuk om te zien hoe je baby zijn lichaam steeds meer gaat beheersen. Je kunt zijn ontwikkeling niet tegenhouden en zou dat ook niet willen. Maar er zijn periodes waarin zijn fysieke ontwikkeling zijn slaap in de weg staat. Omrollen kan bijvoorbeeld echt een probleem zijn. Je kunt opgerolde handdoeken aan weerszijden van de baby leggen om hem stabiel te houden. Overdag kun je hem ook leren hoe hij de andere kant op moet rollen, maar dat kan wel twee maanden duren! Sommige veranderingen moet je gewoon uitzitten. Andere kun je oplossen door je baby in te bakeren.

Toename van activiteiten. Naarmate de dag vordert, worden baby's steeds vermoeider, gewoon van normale activiteiten als verschoond worden, hun directe omgeving in zich opnemen, de hond horen blaffen, de deurbel horen rinkelen en de stofzuiger horen brommen. Om drie of vier uur zijn ze al moe. Daarbij komt nog alles wat moeders tegenwoordig allemaal doen. Dat is voor zo'n klein mensje heel wat. **Hoeveel prikkels krijgt je baby op een dag? Heb je er activiteiten aan toegevoegd? Zo ja, heeft hij dan op die dag problemen met slapen?** Overprikkeling is vaak een oorzaak van de slaapproblemen van de baby ('We zijn net met een nieuw speelgroepje begonnen'). Als een kind een bepaalde activiteit heel leuk vindt, kun je besluiten dat dat wel opweegt tegen een dagje slecht slapen. Maar als je kind meer dan een dag van slag is door een activiteit, moet je daar nog eens goed over nadenken. Voor gevoelige baby's, die hypergevoelig zijn voor prikkels, is het misschien niet zo'n goed idee om naar baby-yoga en baby-dit en baby-dat te gaan. Wacht liever een paar maanden en probeer het dan nog eens. Pasgeleden zei een moeder nog tegen me: 'Mijn baby huilde de hele tijd tijdens een activiteit.' Dat lijkt me wel een duidelijk signaal.

ACTIEPLAN: Als je baby slechter slaapt na te veel activiteiten, ga dan na 14.00 of 15.00 uur niet meer weg. Ik weet dat dat niet altijd mogelijk is. Misschien heb je nog wel een ouder kind dat je om 15.30 uur moet ophalen. Zo ja, dan moet je wellicht iets anders regelen, of accepteren dat je baby onderweg in de auto slaapt en niet zo goed uitrust als in zijn eigen bedje. Soms kun je daar niet omheen. Je kunt hem in het autostoeltje laten slapen en dat als zijn middagslaapje beschouwen. Als hij hangerig wordt in de auto – sommige baby's willen juist níét in hun autostoeltje slapen – zul je hem thuis moeten kalmeren en hem op zijn minst laat in de middag, voor het eten, nog drie kwartier moeten laten slapen. Dat gaat niet ten koste van zijn nachtrust. Sterker nog, hij zal er 's nachts juist beter door slapen.

Variabele #6: Ongemak

Het ligt voor de hand: baby's huilen wanneer ze honger hebben en overprikkeld zijn, maar ook wanneer ze pijn hebben, zich niet prettig voelen (het te warm of te koud hebben) of ziek zijn. De vraag is: hoe weet je welke van deze mogelijkheden het is? *Kijk naar signalen van ongemak.* Zoals ik al zo vaak heb gezegd, stelt een gestructureerde routine je in staat beter in te schatten wat de oorzaak is van het huilen van je baby. Je moet echter ook je observatievermogen gebruiken. **Hoe klinkt hij en hoe ziet hij eruit tijdens het huilen?** Als je baby zijn gezicht vertrekt, of als zijn lichaam verstijft, hij zijn beentjes optrekt of in zijn slaap met zijn armen en benen zwaait, kan dat allemaal duiden op pijn. Een pijnhuiltje is schriller en hoger dan een hongerhuiltje. Er zijn bovendien verschillende pijnhuiltjes. Als je baby huilt vanwege darmkrampjes, klinkt dat anders en ziet het er anders uit dan wanneer hij huilt vanwege reflux, en ook de strategieën die je toepast om je baby ontvankelijker te maken voor slaap, verschillen per huiltje (zie pagina 139-147).

Belangrijk om te onthouden is dat baby's op deze leeftijd vrijwel nooit huilen als gevolg van opvoeden tegen wil en dank, maar omdat ze iets nódig hebben. Een baby die begint te huilen op het moment dat je hem neerlegt, kan inderdaad wel enige vorm van opvoeden tegen wil en dank hebben gehad. Hij is er nu aan gewend dat zijn ouders hem optillen en denkt dat dit nu eenmaal bij slapengaan hoort. Maar het kan ook door reflux komen dat je baby huilt zodra je hem neer wilt leggen. In een horizontale positie komt het maagzuur omhoog en brandt in zijn slok-

---

Aanwijzing #6

De volgende problemen duiden er meestal op dat **ongemak** op zijn minst ten dele verantwoordelijk is voor het slaapprobleem van je baby:

Mijn baby valt niet makkelijk in slaap.

Mijn baby wordt 's nachts regelmatig wakker.

Mijn baby valt wel in slaap, maar wordt binnen een paar minuten weer wakker.

Mijn baby valt alleen in slaap als hij rechtop zit, bijvoorbeeld in het wipstoeltje of het autostoeltje.

Mijn baby lijkt moe, maar zodra ik haar neerleg, begint ze te huilen.

darm. **Valt hij alleen in slaap in zijn autostoeltje of wipstoeltje?** Zoals ik op pagina 143 heb uitgelegd is het een van de alarmsignalen van reflux als een baby alleen wil slapen als hij rechtop zit. Het probleem is alleen dat ze gewend raken aan deze verticale positie en niet meer op een andere manier kunnen slapen.

ACTIEPLAN: Als je vermoedt dat maag- of darmklachten je baby wakker houden, lees dan pagina 139-147 nog een keer, zodat je onderscheid leert maken tussen krampjes, koliek en reflux. Hier staan ook suggesties om elke aandoening het hoofd te bieden (zie ook 'De vicieuze cirkel van reflux' aan het eind van dit hoofdstuk op pagina 266). In plaats van je baby altijd maar in zijn wipstoeltje te zetten, uren met hem rond te moeten rijden of zijn autostoeltje in zijn ledikantje te moeten zetten, kun je beter zorgen dat hij zich lekker voelt in zijn eigen bedje. Verhoog het bed en elke andere ondergrond waar je hem op legt, zoals de commode. Vouw bovendien een flanellen luier in drieën en wikkel die om het middel van je baby, als een cummerband, en gebruik een andere luier om hem in te bakeren. De milde druk van de cummerband kan de pijn op een veel veiliger manier verzachten dan als je je baby op zijn buik te slapen legt, wat veel ouders van refluxbaby's doen.

Constipatie. Net als oude mensen die altijd maar tv zitten te kijken, zijn ook baby's beperkt in hun bewegingsvrijheid en hebben ze snel last van constipatie, wat hun slaap kan verstoren. **Hoeveel poepluiers heeft hij op een dag?** Als je antwoord is: 'Mijn baby heeft al drie dagen niet gepoept,' moet ik ook vragen: **Krijgt hij borst- of flesvoeding?** Wat 'normaal' is, verschilt namelijk voor baby's die de borst krijgen en baby's die de fles krijgen. Een baby die de fles krijgt en drie dagen geen ontlasting heeft, kan last hebben van verstopping. Bij baby's die borstvoeding krijgen, komt dat probleem niet zo vaak voor; die poepen na bijna elke voeding en dan ineens drie of vier dagen niet. Dat is normaal. Alle moedermelk wordt dan opgenomen in het lichaam om vetcellen te vormen. Als een baby die borstvoeding krijgt zonder aanwijsbare reden huilt, zijn knietjes naar zijn borst trekt en ontroostbaar lijkt, kan hij last hebben van constipatie. Hij kan ook een gezwollen buikje hebben, minder eten en/of een donkergele, sterk ruikende urine hebben, wat erop kan duiden dat hij ietwat uitgedroogd is.

ACTIEPLAN: Als je baby flesvoeding krijgt, zorg dan dat hij minstens 120 ml extra water per dag krijgt, of water vermengd met pruimensap (30 ml pruimensap op 90 ml water). Geef hem 30 ml per keer, een uur na elke voeding. (Zorg ook dat je de juiste hoeveelheid water met de flesvoeding vermengt, zoals ik uitleg in het kader op pagina 125). Het kan ook helpen om fietsbewegingen met zijn beentjes te maken. Pas dezelfde remedie toe bij baby's die borstvoeding krijgen. Je kunt echter ook een week afwachten of hij wel echt last heeft van constipatie. Als je je echt zorgen maakt, raadpleeg dan je kinderarts, die kan vaststellen om welk probleem het gaat.

Plasluier. De meeste baby's jonger dan twaalf weken huilen niet als ze nat zijn, vooral niet als ze wegwerpluiers om hebben die ze droog houden. Maar sommige zuigelingen – vooral mopperige en gevoelige types – zijn al op jonge leeftijd heel gevoelig en worden wakker als ze een plasluier hebben.

ACTIEPLAN: Verschoon hem, baker hem opnieuw in, kalmeer hem en leg hem weer neer. Gebruik veel zinkzalf, vooral 's nachts, als beschermlaagje tegen de urine die op zijn huid brandt.

Onaangename temperatuur. Bij baby's jonger dan twaalf weken moeten de ouders de temperatuur van de baby reguleren. Je kunt aan hem zien of hij het te koud of te warm heeft of klam aanvoelt. **Hoe voelt zijn lijfje aan als hij wakker wordt: bezweet, klam of koud?** Het kan zijn dat de kamer te warm of te koud is, vooral bij de overgang van zomer naar winter. Voel aan zijn ledematen. Leg je hand op zijn neus en voorhoofd. Als die koud zijn, heeft hij het koud. **Is hij helemaal nat of doorweekt als hij wakker wordt?** Urine wordt koud en daardoor kan zijn hele lijfje koud aanvoelen. Aan de andere kant raken sommige baby's oververhit, zelfs in de winter. In de zomer worden ook de handen, voeten en het gezicht van sommige baby's klam. Ze ballen hun vuistjes en krullen hun tenen.

ACTIEPLAN: Maak de babykamer kouder of warmer. Heeft hij het koud, baker hem dan in met een extra doek of een dikkere doek en troost hem. Doe hem sokken aan in zijn slaapzak. Als hij zich vaak uit zijn bakerdoeken loswurmt, koop dan een fleece slaapzak waarin hij de hele nacht lekker warm blijft.

Als je baby warm of klam aanvoelt, zet zijn wiegje dan nooit onder of bij de airconditioning. Afhankelijk van hoe warm het buiten is, kun je een ventilator voor het open raam zetten, zodat er wel koelere lucht binnenkomt, maar niet direct op de baby blaast. (Insectenbeten zijn vervelender dan hitte. Zorg dus dat er een hor voor het raam zit.) Trek hem geen shirt aan in zijn slaapzak. Gebruik een dunne inbakerdoek. Als dat ook niet werkt, moet je misschien doen wat we bij baby Frank deden, die het van nature zo warm had dat hij elke nacht door zijn pyjama heen zweette. We moesten hem naakt inbakeren, met alleen een luier om.

Het gebruik van de zes variabelen: welke komt eerst?

Zoals ik al zei, staan de zes variabelen in willekeurige volgorde. Bovendien overlappen ze elkaar op sommige punten. Als ouders bijvoorbeeld geen routine hebben ingesteld, hebben ze vaak ook geen consistent ritueel voor het slapengaan. Bij een overprikkelde of oververmoeide baby vermoed ik meestal ook een zekere mate van opvoeden tegen wil en dank. Slaapstoornissen worden vaker wel dan niet veroorzaakt door minstens twee, of zelfs drie of vier variabelen, en dan vragen ouders me: 'Waar moet ik nu mee beginnen?'

Je kunt je houden aan de volgende vijf logische richtlijnen:

1. *Welke andere variabelen er ook een rol spelen en welke andere stappen je ook moet ondernemen, zorg in elk geval voor een routine en een consistent ritueel om je baby te kalmeren.* Vrijwel altijd als een kind problemen heeft met tot rust komen of blijven slapen, raad ik aan het 'vier I'-ritueel te doen en bij het kind te blijven totdat het in diepe slaap is.

2. *Voer veranderingen overdag door voordat je nachtelijke problemen gaat oplossen.* Niemand is midden in de nacht op zijn best. Trouwens, als je overdag veranderingen doorvoert, worden de nachtelijke problemen vaak al opgelost zonder dat je iets extra's hoeft te doen.

3. *Pak eerst het meest urgente probleem aan. Gebruik je gezonde verstand.* Als je bijvoorbeeld weet dat je baby wakker wordt omdat je melkvoorraad niet toereikend is of omdat hij een groeispurt doormaakt, moet je eerst zorgen dat hij meer eten krijgt. Als je baby pijn heeft, werkt geen enkele techniek als je zijn ongemak niet wegneemt.

4. *Wees een 'G.B.'-ouder. Slaapproblemen aanpakken vergt geduld en bewustzijn.* Je moet geduld hebben om veranderingen teweeg te brengen. Reken erop dat elke stap mínstens drie dagen

duurt, en langer als de vertrouwensband tussen jou en je baby op de een of andere manier verbroken is. Je moet je bewust zijn van de slaapsignalen van je baby en zijn reacties op je nieuwe aanpak.

5. **Verwacht een terugslag.** Ouders bellen me op en zeggen: 'Hij deed het heel goed, maar nu wordt hij ineens weer om 4 uur 's nachts wakker.' Dat komt heel vaak voor (vooral bij jongetjes). Je bent weer terug bij af, dus moet je helemaal opnieuw beginnen. Maar verander alsjeblíéft de regels niet voor je kind. Als je eenmaal besluit een van mijn strategieën te volgen, houd je daar dan aan en herhaal deze zo nodig.

Om je te helpen in te zien hoe deze richtlijnen mijn denkwijze beïnvloeden, vertel ik je nu een aantal waargebeurde verhalen. Ze zijn afkomstig uit e-mails die ik ontvangen heb (de namen en enkele details zijn veranderd). Als je dit hoofdstuk vanaf het begin hebt gelezen (en niet achteraan bent begonnen, zoals ik soms doe!), zul je de signalen in elke e-mail herkennen en samen met mij de oplossing kunnen bedenken.

Hoeveel hulp bij het slapengaan is té veel

Vergeet niet dat we baby's de eerste maanden léren slapen. Vooral als je al andere methoden hebt geprobeerd, kan het weken of zelfs een maand duren om een patroon te veranderen of een baby te kalmeren die angstig is geworden. Soms raken ouders in de war en vragen zich, net als Haileys moeder, af 'wanneer onze taak erop zit en haar taak begint.'

We hebben je boek gelezen en vinden het geweldig, vooral omdat andere methoden waarin wordt aangeraden de baby te laten huilen, ons niet bevallen. Dankzij jouw inzichten kan ons dochtertje Hailey van negen weken overdag nu goed slapen – iets wat ze voorheen niet deed – en slaapt ze 's nachts zes tot zeven uur achter elkaar, wat een ongekende luxe is, zoals je je kunt voorstellen.
Soms valt Hailey meteen in slaap. Meestal jengelt ze echter een beetje en zwaait ze met haar armpjes en beentjes. Door dat zwaaien blijft ze wakker, of schrikt ze wakker als ze net in slaap is gevallen. Om haar daardoorheen te helpen, bakeren we vaak

alleen haar onderlichaam in (of soms helemaal, als ze oververmoeid of overprikkeld is) en blijven we bij haar, sussen haar en kloppen we op haar buikje. Zo doezelt ze meestal wel in slaap. We zijn bang dat we overdag een hulpmiddel zijn geworden om haar in slaap te krijgen. 's Avonds valt ze zonder problemen in slaap. Wanneer moeten we ophouden Hailey te helpen in slaap te vallen? Moeten we gewoon weglopen als ze niet huilt, maar wel klaarwakker is en zich tegen de slaap verzet? Wat moeten we doen als ze weer begint te huilen? Het is lastig om te bepalen wanneer onze taak erop zit en de hare begint.'

Wanneer een jonge baby hulp nodig heeft, geven we die. We hoeven niet bang te zijn dat we hem 'verwennen' en richten ons op zijn signalen en zijn behoeften. We moeten ook volhouden. In dit geval doen de ouders niét te veel; sterker nog, ze móéten bij Hailey blijven om haar te helpen in slaap te vallen. Ik vermoed dat het vertrouwen van deze baby is geschonden doordat de ouders haar voorheen wel eens hebben laten huilen. Hailey weet niet zeker of haar ouders er wel voor haar zijn. Als ze 'een beetje jengelt en met haar armpjes en beentjes zwaait', is ze bovendien oververmoeid en wellicht overprikkeld. Misschien doet de moeder te veel stimulerende activiteiten met haar voor haar middagslaapje, en neemt ze niet voldoende tijd voor een ritueel om de overgang van activiteit naar slapen te vergemakkelijken. Mijn advies is om haar áltijd helemaal in te bakeren, en niet alleen haar onderlichaam. (Vergeet niet dat baby's tot drie maanden niet beseffen dat hun armen deel van hen uitmaken. Wanneer ze moe zijn, gaan ze eerder met hun armen wapperen, en schrikken ze op van die zwaaiende aanhangsels!) Hailey klinkt als een baby die zich veilig wil voelen en extra gekalmeerd moet worden. Als haar ouders nu niet volhouden en overdag en 's avonds voor het slapengaan geen extra tijd uittrekken, zullen ze daar een paar maanden later spijt van krijgen.

Hoe de behoeften van de ouders die van de baby kunnen overschaduwen

Soms staat het eigenbelang van de ouders voorop en zien ze niet meer waar het werkelijk om gaat. Ze lijken te vergeten dat ze een baby hebben, die moet leren slapen en geen twaalf uur per nacht zal doorslapen, zelfs niet als hij al weet hoe hij zelf weer in slaap moet komen. Veelal is het zogenaamde probleem hier dat de ouders hun eigen behoeften willen bevredigen of het kind in hun leven willen passen zonder daar al te veel moeite voor te hoeven doen. Neem bijvoorbeeld het volgende verhaal van een moeder die weer aan het werk gaat en de baby met alle geweld in haar eigen schema wil passen.

Mijn zoon Sandor is elf weken oud en ik ben pasgeleden overgestapt op jouw methode. Ik doe dat nu vier dagen en ik weet me geen raad met twee dingen: 1. Hij wordt rond 20.00 of 21.00 uur moe en ik ben bang dat hij wel gaat slapen als ik hem in zijn wiegje leg, maar me dan midden in de nacht wakker zal maken. Hij gunt me meestal vijf tot zeven uur slaap per nacht. Eén nacht was dat zeven uur, en de volgende nacht negen uur. Daarna werd hij telkens weer om 4.00 uur wakker. Moet ik hem nu 's avonds al om 20.00 uur in bed leggen voor de nacht, of kijken of hij een kort dutje wil doen? Heel eng. 2. Dan is er nog het feit dat hij me rond 4.00, 4.30 uur wakker maakt. Moet ik proberen hem met de speen weer in slaap te krijgen en hem voeden als dat niet lukt? Of raakt hij er dan aan gewend dat hij 's nachts eten krijgt? En hoe lang moet ik proberen hem met behulp van de speen weer in slaap te krijgen, als dat tenminste de juiste methode is? Over tien dagen ga ik weer fulltime aan het werk en ik ben als de dood dat hij me de hele nacht wakker houdt en we allebei uitgeput raken.

Zo! Ik raakte zelf uitgeput bij het lezen van deze e-mail. Sandors moeder is duidelijk in de war en gestrest. Maar ze zegt dat de kleine Sandor met elf weken al zeven of negen uur achter elkaar sliep. Klinkt behoorlijk goed. Ik ken moeders die een moord zouden doen voor zo'n baby!

Deze moeder maakt zich vooral zorgen vanwege het feit dat haar zoon 'ineens' weer om 4.00 uur wakker wordt en háár wakker houdt. Ik vermoed dat hij een groeispurt doormaakt. Hij sliep al lang achter elkaar door, waar ik uit opmaak dat zijn maagje groot genoeg is om een hoeveelheid voedsel binnen te houden die voldoende is voor zeven uur. Om mijn vermoeden te bevestigen, zou ik meer moeten weten over het verloop van zijn dag: hoeveel Sandor eet en of hij borst- of flesvoeding krijgt. Ik denk dat hij wakker wordt van de honger. (Hoewel elke nacht om dezelfde tijd wakker worden meestal het gevolg is van opvoeden tegen wil en dank, zijn er ook uitzonderingen, vooral als er meer aanwijzingen zijn dat de baby honger heeft.) Als hij inderdaad honger heeft, moet ze hem voeden en hem overdag meer calorieën geven. Als ze hem 's nachts blijft voeden, zal dit wél een gewoonte worden en heeft ze echt een probleem.

Maar er zit nog meer achter deze e-mail, en als Sandors moeder ooit rustig aan het werk wil, zal ze een stapje terug moeten doen en het totaalplaatje moeten bekijken. Allereerst is het zo klaar als een klontje dat haar zoon geen routine heeft. Anders zou hij nooit tot 20.00 of 21.00 uur opblijven. Ze moet zijn bedtijd verschuiven naar 19.00 uur en hem om 23.00 uur een droomvoeding geven (en daar waarschijnlijk mee doorgaan totdat Sandor vast voedsel krijgt). Maar de moeder is ook een tikkeltje ongeduldig en onrealistisch. Sandor is bijna drie maanden oud, en hoe ouder de baby, des te moeilijk het wordt om slechte gewoonten af te leren. Ze is teleurgesteld dat ze nog geen veranderingen ziet na slechts víér dagen. Bij sommige baby's duurt het veel langer. (Ik weet ook niet wat ze bedoelt met 'pasgeleden overgestapt op jouw methode'; het klinkt niet bepaald alsof Sandor de FIJN-routine volgt.) Ze moet voor één methode kiezen en die volhouden. Wat haar werk betreft: als ze borstvoeding geeft, vraag ik me af of ze al een fles heeft geïntroduceerd en wie er voor haar kind zal zorgen. Ze moet niet alleen naar haar eigen vermoeidheid kijken.

Onjuist ingrijpen: geen O.P./N.L. tot drie maanden

Sommige ouders hebben over mijn methode van oppakken/ neerleggen gelezen (O.P./N.L.; zie het volgende hoofdstuk) en proberen die uit op baby's van nog geen drie maanden. Voor een jonge baby is dit echter te stimulerend en werkt het zelden. Trouwens, zoals ik in het volgende hoofdstuk zal uitleggen, is O.P./N.L. bedoeld als trainingshulpmiddel om baby's te leren hoe ze zichzelf kunnen troosten, en onder de drie maanden is je baby daar nog te jong voor. Alleen de sus-klopmethode is geschikt om zuigelingen te kalmeren. Als ouders O.P./N.L. uitproberen op een te jonge baby is er meestal ook sprake van opvoeden tegen wil en dank en andere variabelen, en grijpen de ouders alles aan wat zou kunnen helpen, zonder zich te realiseren dat hun baby daar nog niet klaar voor is.

Mijn baby is volgens de definitie van Tracy voor het grootste deel engelachtig. Ivan is nu ongeveer vier weken oud. De helft van de tijd valt hij binnen tien minuten nadat ik hem heb neergelegd uit zichzelf in slaap, maar dan wordt hij weer wakker en ligt hij maar te jengelen en te draaien. Hij kan zich nu al een week omrollen; zelfs zo dat hij zich uit zijn bakerdoeken wurmt. Dan raakt hij zo over zijn toeren dat ik een uur bezig ben met oppakken/neerleggen voordat hij weer in slaap valt. Soms blijft hij de hele tijd jengelen, totdat het weer tijd is voor een voeding. Wat moet ik doen? Hij is het grootste deel van de tijd zo lief, maar hier word ik nogal mismoedig van.

Allereerst kan O.P./N.L. de situatie erger maken, omdat een baby overprikkeld raakt wanneer je hem steeds maar blijft oppakken. Het kan ook zijn dat deze moeder het niet op de juiste manier doet. Misschien pakt ze hem op en laat ze hem in haar armen in slaap vallen. Als ze hem dan neerlegt, schrikt hij en wordt hij wakker. Als dat het geval is, begint ze ook een patroon van opvoeden tegen wil en dank te ontwikkelen. Ik raad haar aan terug naar de basis te gaan, en het 'vier I'-ritueel te doen met Ivan. Per slot van rekening gaat haar zoontje zonder problemen liggen voor zijn middagslaapje, en begint hij daarna pas te woelen. Daaruit maak ik op dat hij, tijdens de periode van tien minuten die zijn moeder beschrijft, de eerste slaapstadia doorloopt, maar dat ze dan de kamer uit gaat. Ze moet nóg tien minuten bij hem blijven, totdat ze zeker weet dat hij in diepe slaap is. Als ze bij zijn bedje blijft staan, hem op zijn rug klopt zodra zijn oogjes weer opengaan en haar hand voor zijn ogen houdt om visuele prikkels te weren, garandeer ik dat hij weer in slaap valt en ook blíjft slapen. Maar elke keer als de cyclus wordt onderbroken, moet ze weer van voren af aan beginnen. Als ze daar nu geen tijd in investeert, zal hij niet lang meer een engelachtige baby blijven!

Bij het begin beginnen

Zoals ik in de inleiding van dit hoofdstuk al heb uitgelegd, hebben veel slaapproblemen meerdere oorzaken. Natuurlijk worden ouders er wanhopig van. Sommige realiseren zich dat ze het verkeerd hebben aangepakt, andere niet. Hoe dan ook, we moeten er achter zien te komen wat we als eerste moeten aanpakken. Het verhaal van Maureen is iets wat me altijd bijblijft:

Dylan is zijn hele zeven weken oude leventje al een onrustige slaper. Het begon er al mee dat hij de dag en de nacht omwisselde. Vanaf het begin vond hij het al niks om in zijn wiegje te slapen, en dat is alleen maar erger geworden. Hij heeft er wel eens meer dan een uur in liggen huilen, en zelfs de methode van oppakken/neerleggen werkt niet. Hij verzet zich vaak tegen de slaap, schrikt na vijf, tien of vijftien minuten wakker en kan dan niet meer zelf in slaap komen. Hij wil het grootste deel van de dag en de nacht worden vastgehouden en geknuffeld, en slaapt daarna meestal wel goed. Het wordt steeds erger; nu slaapt hij niet eens meer goed in het autostoeltje of de wandelwagen, omdat hij ook daarin wakker schrikt (terwijl ik tot voor kort juist altijd zeker wist dat hij dan wel sliep). Ik vind je filosofie geweldig en wil dat Dylan onafhankelijk wordt en goed leert slapen. Ik heb veel suggesties uit je boek uitgeprobeerd, maar ze lijken gewoon niet geschikt voor Dylan. (Ik denk dat hij in je categorie 'pittige baby's' thuishoort.) Ik moet Dylan in een slaapschema zien te krijgen, maar kan er nooit van uitgaan dat hij gaat slapen of blijft slapen, onder welke omstandigheden dan ook.

In haar hele mailtje dicht Maureen haar zoontje een eigen willetje toe ('hij verzet zich,' 'hij wil,' hij vond het niks,' 'ik kan er nooit van uitgaan dat hij gaat slapen of blijft slapen'). Ze neemt niet de verantwoordelijkheid op zich voor wat zíj heeft gedaan (of heeft nagelaten) waardoor haar zoontje zich nu zo gedraagt.

Maureens verwachtingen zijn ook ietwat te hooggespannen. Ze zegt: 'Het begon er al mee dat hij de dag en de nacht omwisselde.' Alle baby's beginnen met een 24 uursklok en als ouders ze niet leren hoe ze de dag en de nacht moeten onderscheiden (zie pagina 221-223), hoe moeten ze het verschil dan kennen? Ze beweert dat Dylan niet uit zichzelf in slaap kan vallen, maar ook dat heeft niemand hem volgens mij geleerd! In plaats daarvan hebben ze hem geleerd dat gaan slapen betekent dat hij wordt vastgehouden en geknuffeld.

Maar het meest verhelderende deel van Maureens e-mail is haar onthulling dat Dylan wel eens meer dan een uur heeft liggen huilen in zijn wiegje. Door Dylan zo lang in zijn eentje te laten huilen, heeft ze zijn vertrouwen geschonden. Geen wonder dat hij nu maar moeilijk te troosten is. De ouders hebben de zaak alleen maar erger gemaakt door allerlei hulpmiddelen te gebruiken om Dylan in slaap te krijgen: hem vasthouden, hem in de wandelwagen leggen, een eindje gaan rijden. Het verbaast me niets dat het steeds erger wordt. Het feit dat Dylan ook om de vijf, tien of vijftien minuten wakker schrikt, duidt erop dat hij ook nog eens overprikkeld is.

Met andere woorden, er is vanaf dag één niet naar Dylan geluisterd en geen respect voor hem getoond. Zijn gehuil is zijn manier om iets tegen zijn ouders te zeggen, maar ze hebben er geen aandacht aan besteed en niets ondernomen om op zijn 'verzoeken' te reageren. Als hij huilde omdat hij al vanaf het begin een hekel aan zijn wiegje had, waarom hebben ze dan geen alternatief overwogen? Sommige baby's, vooral pittige en gevoelige types, reageren heel sterk op hun omgeving. Wiegjes hebben meestal heel dunne matrasjes en misschien lag Dylan daar niet lekker op. Ik durf te wedden dat hij steeds minder lekker lag naarmate hij zwaarder werd en zich nog sterker bewust werd van zijn omgeving.

Kortom, Dylans ouders hebben de ene kortetermijnoplossing na de andere gebruikt, in plaats van naar hun zoontje te luisteren en op hem te reageren. Ik vermoed dat Maureen ook O.P./N.L. heeft geprobeerd ('Ik heb veel suggesties uit je boek uitgeprobeerd'), wat niet geschikt is voor zo'n jonge baby. Maar waar moeten ze nu beginnen? Het is duidelijk dat de moeder een gestructureerde routine moet instellen: door hem overdag om de drie uur wakker te maken voor een voeding, rekent ze af met het probleem dat hij de dag en de nacht heeft omgewisseld. Maar allereerst moet ze hem uit dat wiegje halen, waarin hij waarschijnlijk niet lekker ligt, en tegelijkertijd zijn vertrouwen terugwinnen. Ze moet beginnen met de kussenmethode die ik op pagina 241-243 beschrijf en hem dan geleidelijk aan naar zijn ledikantje verplaatsen. Zijn ouders moeten het 'vier I'-ritueel doen – in de stemming brengen, inbakeren, in verticale positie zetten en in slaap sussen – *voor élk slaapje, niet alleen 's nachts.* En elke keer moet er iemand bij Dylan blijven totdat hij diep in slaap is.

Een ander veelvoorkomend slaapscenario waar veel variabelen bij komen kijken, ontstaat wanneer ouders de baby volgen in plaats van een gestructureerde routine in te stellen. De baby raakt in de war; hij weet nooit wat hij nu weer moet verwachten. En de kans dat de ouders zijn 'aanwijzingen' begrijpen is minder groot. Dat heeft nogal wat gevolgen: er ontstaat chaos en verwarring in het hele gezin en dat veroorzaakt niet alleen slaapgebrek (bij jezelf en de broertjes en zusjes van de baby, als die er zijn), maar brengt ook enorme negatieve veranderingen teweeg in de persoonlijkheid van de baby, zoals Joans e-mail over haar zes weken oude dochtertje illustreert. Ik durf te wedden dat Ellie waarschijnlijk is begonnen als een engelachtige baby, maar hard op weg is om een mopperig type te worden:

... Ze drinkt goed uit de fles, is alert en glimlacht vaak, maar het kost me moeite haar slaapsignalen te begrijpen. Ik heb het gevoel dat ik het grootste deel van de dag bezig ben haar in slaap te krijgen. Ik ben soms wel een uur bezig met haar kalmeren, op haar rug kloppen, enzovoort, om haar twintig minuten te laten slapen. Dat baart me zorgen, want ze is een groot deel van de dag overprikkeld en hangerig.

Ellie slaapt over het algemeen 's nachts goed en ik heb de indruk dat ze het verschil tussen dag en nacht goed kent. Ze kan 's nachts zes of zeven uur achter elkaar slapen en daarna nog een hele tijd achter elkaar. We hoeven haar tussen 18.00-19.00 en 6.00-7.00 uur soms maar twee keer te voeden. Waarom zou ze overdag toch steeds maar zo kort slapen? Ze wordt moe, chagrijnig en vaak huilend wakker. Dan klop en wrijf ik over haar buikje en spreek haar kalmerend toe. Ze lijkt in het derde stadium te komen en uit zichzelf weg te doezelen, maar wordt dan, soms met een schok, wakker en wil spelen. Net alsof ze een uur heeft liggen slapen. Wat kan ik doen om te zorgen dat ze overdag langer slaapt?

Ik heb geprobeerd FIJN in te voeren, maar merk dat ze tijdens een voeding vaak slaap heeft omdat ze oververmoeid is door een te kort slaapje tijdens de voorgaande cyclus van eten, activiteiten en slapen. Ik ben onder behandeling voor postnatale depressie. Bij Allison, mijn dochtertje van drie, had ik dat ook. Allison sliep overdag steeds drie kwartier en was 's nachts een goede slaper. Ook bij haar was ik steeds bezig haar overdag in slaap te krijgen. Uiteindelijk heb ik het opgegeven, omdat ik allang blij was dat ze vanaf een maand of vier, vijf zo'n twaalf tot vijftien uur per nacht sliep, totdat ze ongeveer achttien maanden was. Nu slaapt ze zo'n elf tot twaalf uur achter elkaar. Ik mag niet klagen. Ze slaat alleen haar slaapje overdag over.

Hoewel Joan zegt dat ze heeft geprobeerd FIJN in te voeren, is het duidelijk dat ze eigenlijk de baby volgt. Ze laat Ellie door twee voedingen heen slapen, één tijdens elk van de door haar beschreven twee lange slaapperiodes. Een baby van zes weken moet overdag om de drie uur eten. Het is geweldig dat Ellie 's nachts zes of zeven uur achter elkaar kan slapen, maar ze zou daarna niet nóg eens heel lang achter elkaar mogen slapen. Logisch dat ze overdag maar zo kort slaapt. Ze heeft immers net twaalf of veertien uur geslapen. Dat is prima voor een kind van drie, maar Ellie is nog maar een baby. Joan, die duidelijk zelf emotionele problemen heeft, mag dan dankbaar zijn dat haar baby haar 's ochtends laat uitslapen, maar ze betaalt daar wel de prijs voor. Ellie wordt moe, chagrijnig en vaak huilend wakker omdat ze honger heeft.

Ellie zal overdag vanzelf meer gaan slapen als haar moeder haar wakker maakt voor een voeding en haar niet meer laat doorslapen als het tijd is om te eten. Met andere woorden, ze moet FIJN gaan instellen, haar om 7.00, 10.00, 13.00, 16.00 en 19.00 uur voeden en om 23.00 uur een droomvoeding geven. Gezien de ervaring zal Ellie doorslapen tot de volgende ochtend 7.00 uur.

Ellies moeder moet ook *naar haar baby kijken*. Ze moet accepteren wie Ellie is. Grappig genoeg beschikt Joan over belangrijke informatie over haar dochter, maar legt ze daar geen verband tussen. Ellie is haar tweede kind, en als ik het goed heb, lijkt ze erg op haar oudere zusje Allison, die overdag ook steeds drie kwartier sliep en 's nachts wel een goede slaper was. Joan zegt dat ze zich uiteindelijk maar bij Allisons natuurlijke slaapcyclus heeft neergelegd, maar dat doet ze bij Ellie niet. Ik durf te wedden dat Ellies humeur aanzienlijk zal verbeteren als ze haar overdag om de drie uur voedt en haar 's nachts één lange periode achter elkaar laat slapen. Wat haar slaapjes overdag betreft: misschien heeft Ellie, net als haar oudere zusje, wel genoeg aan drie kwartier slaap. Dan zal Joan daar gewoon mee moeten leren leven.

De vicieuze cirkel van reflux

Ik krijg talloze e-mails van ouders die zeggen dat hun baby 'nooit slaapt' of 'altijd op is.' Bij sommigen is de diagnose reflux al gesteld, maar de ouders blijven het moeilijk vinden om te zorgen dat hun baby zich lekker genoeg voelt om te kunnen slapen. Anderen beseffen niet dat hun baby pijn heeft, maar uit bepaalde signalen kan ik opmaken dat de baby niet gewoon een 'onrustige slaper' is, maar wel degelijk pijn heeft. Reflux kan, vooral in ernstige gevallen, behoorlijk wat overhoop halen in een huishouden. Ook de routine loopt vaak volledig in de soep. In al die gevallen moet je allereerst afrekenen met de pijn. Gek genoeg realiseren zelfs ouders die weten dat hun kind reflux heeft, zich niet altijd hoe alle problemen samenhangen, zoals deze e-mail van Vanessa, de 'wanhopige moeder van een baby van vijf weken', illustreert.

We werken aan veel van je slaaptechnieken, maar dat valt echt niet mee. Zodra Timothy signalen van vermoeidheid begint te vertonen, leggen we hem in zijn bedje. De eerste twee nachten dat we dat deden, sliep hij vijf uur achter elkaar. Dat was vorige week en sindsdien is dat niet meer gelukt. Hij lijkt in het derde stadium te blijven hangen. Hij gaapt, krijgt de zevenmijlsblik in zijn ogen, en als hij bijna in slaap is, schrikt hij in het derde stadium wakker. Dan begint het hele riedeltje weer opnieuw. Hij gaat huilen, wij troosten hem, hij valt in slaap en dan begint de hele vicieuze cirkel weer van voor af aan. We raken uitgeput en het duurt uren. Overdag is het nog erger. We proberen de routine erin te houden, maar het begint frustrerend te worden. Hij heeft ook heel veel last van reflux, dus als hij te veel huilt, wat we proberen te voorkomen, gaat hij overgeven. Help ons alsjeblieft! (We hebben de test uit je boek gedaan en Tim zit tussen een pittige en een gevoelige baby in.)

Allereerst blijven Vanessa en haar partner, net als zo veel ouders, niet lang genoeg bij Tim. Dit is vooral van belang bij gevoelige en pittige baby's, en dit mannetje is een combinatie van die twee. Timothy's ouders moeten naast hem staan als hij wakker schrikt in het derde stadium. Maar ze moeten ook afrekenen met de pijn die veroorzaakt wordt door zijn reflux, door alle plekken waar ze hem neerleggen aan één kant op te hogen; zowel de commode als zijn bedje. Ze moeten, als ze dat nog niet gedaan hebben, de hulp inroepen van hun kinderarts of een maag-darmspecialist voor kinderen, die antacide of medicijnen tegen de pijn kan voorschrijven, om Tims symptomen te verlichten. Als je baby pijn heeft, moet je die éérst verzachten door zijn matrasje in een hoek van 45 graden op te hogen met behulp van een wig (of de *Dikke van Dale!*), een cummerband onder zijn bakerdoeken en medicijnen voor zijn klachten (zie pagina 142-145). Alle slaaptechnieken die er zijn, zijn nutteloos als je baby pijn heeft.

Tot mijn afschuw zien veel ouders medicatie echter als een laatste strohalm:

Ik maak me zorgen omdat te lange voedingen en darmkrampjes de slaaptijd van mijn dochtertje Gretchen van tien weken oud in de war schoppen. Ik volg nu al een paar dagen het advies van de babyfluisteraar op, maar zonder resultaat (bijvoorbeeld meerdere keren sus-klopmethode; matrasje aan één kant ophogen; regelmatig laten boeren; visuele en geluidsprikkels beperken). Ik weet echt niet meer wat ik moet doen. Moet ik gewoon zo doorgaan of zie ik iets over het hoofd? Moet ik dan toch maar naar de kinderarts? Ik ben uitgeput en denk dat Gretchen misschien wel te jong is om te 'manipuleren,' hoewel ik het volkomen eens ben met Tracy's mantra van 'beginnen zoals je van plan bent door te gaan.' Op deze manier is het voor geen van ons beiden lang vol te houden…

Gretchen heeft ongetwijfeld een spijsverteringsprobleem – waarschijnlijk reflux – omdat te lange voedingen en darmkrampjes daar aanwijzingen voor zijn. Het feit dat de moeder bij het beschrijven van de alternatieven de kinderarts blijkbaar als laatste redmiddel ziet, maakt duidelijk dat ze niet beseft dat ze eerst de pijn van de baby moet wegnemen voordat ze iets anders onderneemt. Als je ook maar het geringste vermoeden hebt van een spijsverteringsprobleem, moet je éérst naar de kinderarts, en die niet zien als laatste strohalm.

Vooral bij refluxbaby's moet je oppassen dat je je baby niet troost nadat hij opgehouden is met huilen. Dan loop je de kans dat je gaat opvoeden tegen wil en dank. Al ben je aan het eind van je Latijn, grijp niet naar een hulpmiddel om je baby te kalmeren. Ik geef toe dat sommige hulpmiddelen – een autostoeltje, een wipstoeltje, de borst van een van de ouders – een refluxbaby kunnen helpen omdat ze ervoor zorgen dat zijn hoofd hoger ligt. Ik begrijp de wanhoop van ouders om hun baby's ongemak weg te nemen heel goed, maar als je een hulpmiddel gebruikt, zal je baby daar nog steeds afhankelijk van zijn als de pijn van de reflux allang weg is. Hier volgt een typerend voorbeeld:

Mijn dochtertje Tara van negen weken heeft reflux en slaapt al sinds ze een week oud is in haar autostoeltje. Alleen daarin, en op mijn borst, kon ze slapen, omdat ze zo veel moest spugen. Nu Tara groter is (bijna zes kilo) en medicijnen krijgt, wil ik haar in haar bedje laten slapen. Mijn arts raadde de Ferbermethode aan, maar daar werd mijn dochter hysterisch van. Ik weet nu dat ik dat nooit meer zou kunnen. Ik heb in je boek gelezen wat 'opvoeden tegen wil en dank' is, en ik weet dat ik dat heb gedaan. Hoe kan ik ervoor zorgen dat ze op haar rug gaat slapen en daarna in haar bedje? Ze worstelt en schreeuwt als ik haar op haar rug te slapen leg. Ik word er gek van en mijn man ook. Je hulp zou zeer welkom zijn.

Je raadt het ongetwijfeld al: Tara's ouders moeten haar uit het autostoeltje en van hun borst af halen. Ze moeten de matras aan één kant ophogen; de hoek van 45 graden zal voor Tara net zo aanvoelen als het autostoeltje. Omdat ze de Ferber-methode (waarbij je de baby een tijdje moet laten huilen) hebben uitgeprobeerd, moeten ze waarschijnlijk telkens als ze gaat slapen extra veel tijd uittrekken. Ze moeten bij haar blijven totdat ze slaapt, om Tara's vertrouwen weer te herstellen (zie pagina 238-243). Ik gebruik dit voorbeeld echter ook om iets anders te benadrukken: als Tara al medicijnen kreeg toen ze een week oud was, zijn we nu twee maanden verder. Haar geboortegewicht is waarschijnlijk bijna verdubbeld. De dosering van de antacide of pijnbestrijding die destijds is voorgeschreven, is nu misschien niet meer genoeg om Tara's pijn te verzachten. De ouders moeten bij de dokter navragen of ze wel de hoeveelheid krijgt die bij haar gewicht past.

En, hoe ging het? Kon je in de bovenstaande voorbeelden de juiste diagnose stellen, bedenken welke vragen je zou moeten stellen en verschillende actieplannen verzinnen? Kun je nu ook je eigen situatie analyseren? Ik realiseer me dat het een heleboel informatie is die je moet verwerken, maar dat is het fijne van een boek. Je kunt het elke keer weer nalezen. Ik beloof je dat deze kennis over slaap je nog maanden en zelfs jaren van pas zal komen. Het is de basis voor al mijn andere observaties en technieken. En hoe beter je problemen kunt oplossen als je baby drie maanden oud of nog jonger is, des te beter ben je voorbereid op de rest van de babytijd en de peuterjaren, die in de volgende twee hoofdstukken aan bod komen.

6

Oppakken/neerleggen

Een hulpmiddel bij de slaaptraining:
vier maanden tot een jaar

Een ernstig geval van opvoeden tegen wil en dank

Toen ik James voor het eerst ontmoette was hij vijf maanden oud en had hij nog nooit in zijn eigen bedje geslapen; niet overdag en niet 's nachts. Hij kon alleen maar slapen als zijn moeder vlak naast hem lag, in het bed van papa en mama. Dit was echter geen idyllisch gezinstafereeltje. James' moeder, Jackie, moest elke avond om acht uur naar bed en ook elke ochtend en middag samen met James gaan slapen. En zijn arme vader, Mike, moest op zijn tenen naar binnen sluipen als hij uit zijn werk kwam. 'Als het licht boven aan is, weet ik dat hij wakker is,' vertelde Mike. 'Zo niet, dan moet ik als een inbreker naar binnen sluipen.' Jackie en Mike wrongen zich in allerlei bochten voor hun zoon, maar nóg sliep hij niet goed. Hij werd zelfs meerdere keren per nacht wakker en zijn moeder kreeg hem alleen weer in slaap door hem de borst te geven. 'Ik weet dat hij geen honger heeft,' gaf Jackie toe bij onze eerste ontmoeting. 'Hij maakt me gewoon wakker voor de gezelligheid.'

Zoals bij veel baby's die in het eerste jaar slaapproblemen hebben, was het probleem ontstaan toen James pas een maand oud was. Toen hij zich 'verzette' tegen hun pogingen hem in slaap te krijgen, wiegden zijn ouders hem eerst om beurten in de schommelstoel. Dan viel James uiteindelijk in slaap, maar zodra ze hem neerlegden, gingen zijn ogen weer open. Uit wanhoop begon zijn moeder hem te kalmeren door hem op haar borst te leggen. Die warmte bood hem uiteraard troost. Omdat ze zelf doodmoe was, ging ze samen met hem in haar eigen bed liggen, en zo vielen ze allebei in slaap. James ging nooit meer terug naar zijn eigen bedje. Elke keer als James wakker werd, legde Jackie hem op haar borst in de hoop dat hij weer in slaap viel. 'Ik deed er alles aan om het onvermijdelijke uit te stellen, namelijk hem weer voeden.' Maar het einde van het liedje was altijd weer dat ze hem toch een extra voeding gaf. Natuurlijk sliep James overdag beter; hij was doodop omdat hij de hele nacht wakker was geweest.

Inmiddels zul je dit wel herkennen als een regelrecht geval van opvoeden tegen wil en dank. Ik krijg letterlijk duizenden tele-

271

foontjes en e-mails van ouders van baby's van vier maanden en
ouders die me vertellen dat hun baby...

... 's nachts nog steeds regelmatig wakker wordt

... hen 's ochtends op een onchristelijk uur wekt

*... overdag nooit lang slaapt (of, zoals een moeder het formuleer-
de, 'overdag niet aan slapen doet')*

... van hen afhankelijk is om in slaap te kunnen vallen.

Dit zijn de meest voorkomende problemen in het eerste jaar,
waarop vele varianten mogelijk zijn. Als ouders geen stappen ondernemen om de situatie te veranderen, worden de problemen alleen maar erger en duren ze voort tot in de peutertijd of zelfs langer. Ik heb het geval van James eruit gepikt omdat daarin alle
problemen worden samengevoegd!

Tegen de tijd dat baby's drie of vier maanden oud zijn moeten
ze een consistente routine hebben en zowel overdag als 's nachts in
hun eigen bedje slapen. Ze moeten in staat zijn zelf in slaap te vallen, óók als ze tussentijds wakker worden. En ze moeten 's nachts
doorslapen, althans, minimaal zes uur achter elkaar. Veel baby's
voldoen echter niet aan deze beschrijving, niet met vier maanden,
acht maanden, een jaar of zelfs nog ouder. Als hun ouders contact
met me opnemen, klinken ze vaak net als Jackie en Mike. Ze vragen wanhopig om hulp en weten dat ze ergens de verkeerde weg
zijn ingeslagen, maar hebben geen idee hoe ze weer op het rechte
pad moeten komen.

Om te bepalen hoe we, vooral bij oudere baby's, een slaapprobleem kunnen oplossen, moeten we de hele dag onder de loep nemen. Alle bovenstaande problemen kunnen worden terugge-
voerd op een inconsistente, niet-bestaande of onjuiste routine
(bijvoorbeeld een baby van vijf maanden die een routine volgt
van een kind van drie maanden). Natuurlijk speelt ook opvoeden
tegen wil en dank een rol.

Over het algemeen verloopt vrijwel elk scenario heel voorspelbaar: de baby slaapt de eerste maanden slecht of onregelmatig. De
ouders zijn op zoek naar een snelle oplossing. Ze nemen de baby

bij zich in bed of laten hem in de auto of het wipstoeltje slapen, of gebruiken zichzelf als hulpmiddel; mama geeft de borst als troost, papa loopt met de baby op de arm heen en weer. Binnen twee of drie dagen is een baby gewend aan dit hulpmiddel. De oplossing is in alle gevallen het instellen van een goede routine. Om voor een baby van drie maanden of ouder een routine in te stellen, leer ik ouders mijn methode van 'oppakken/neerleggen': O.P./N.L. Als je baby goed slaapt en een goede routine volgt, heb je geen O.P./N.L. nodig. Maar als je dit leest waarschijnlijk wél. Dit hoofdstuk is volledig gewijd aan O.P./N.L.: wat het is en hoe de techniek kan worden aangepast aan verschillende leeftijdsgroepen. Ik licht typische slaapproblemen van het eerste jaar toe en bespreek voor elke leeftijdsgroep een aantal praktijkvoorbeelden, om je te laten zien hoe O.P./N.L. in zijn werk gaat. Tegen het eind van het hoofdstuk (pagina 306-310) vind je ook een speciaal gedeelte over overdag slapen, een probleem dat in elke leeftijdsgroep voorkomt. En omdat veel ouders me hebben geschreven dat O.P./N.L. bij hún kind niet werkt, kijk ik tot slot waar vaders en moeders vaak de fout in gaan.

Wat is O.P./N.L.?

O.P./N.L. is de hoeksteen van mijn huis-, tuin- en keukenfilosofie over slapen. Het is zowel een leermiddel als een probleemoplossende methode, waarmee je kind noch afhankelijk wordt van jou of een hulpmiddel om te gaan slapen, noch alleen wordt gelaten. We laten het kind het niet in zijn eentje uitzoeken, maar blijven bij hem, dus is er geen sprake van 'hem laten huilen.'

Ik gebruik O.P./N.L. bij baby's van drie maanden tot een jaar die niet hebben geleerd hoe ze zelf in slaap moeten komen, en soms, in bijzonder moeilijke gevallen of als een kind nooit enige vorm van routine heeft gehad, ook bij oudere kinderen. O.P./N.L. is geen vervanging van het 'vier I'-ritueel om je kind te kalmeren (zie pagina 227-232), maar eerder een laatste strohalm. Het is meestal nodig vanwege opvoeden tegen wil en dank.

Als je kind over zijn toeren raakt als het tijd is om te gaan slapen of als je een hulpmiddel nodig hebt om hem in slaap te krijgen, is het van groot belang om deze gewoonten te veranderen voordat ze diep verankerd raken. Toen baby Janine twee maanden oud was, wilde ze bijvoorbeeld 'alleen in de wandelwagen slapen', zegt haar moeder die haar nu alleen maar in slaap krijgt als ze met haar gaat rondrijden in de auto (meer over Janine op pagina 253-254 en een betere aanpak op pagina 276). Afhankelijk zijn van een hulpmiddel wordt, net als elke verslaving, steeds erger. Daarom is O.P./N.L. nodig. Ik gebruik het om:

- baby's die afhankelijk zijn van een hulpmiddel te leren hoe ze uit zichzelf moeten gaan slapen, zowel overdag als 's nachts
- een routine in te stellen voor oudere baby's, of een routine opnieuw in te stellen wanneer ouders van het rechte pad zijn afgedwaald
- een baby te helpen bij de overgang van een drie- naar een vier-uursroutine
- te korte slaapjes te verlengen
- een baby aan te sporen 's ochtends langer door te slapen, als hij tenminste vroeg wakker wordt door iets wat de ouders hebben gedaan en niet door zijn natuurlijke bioritme.

O.P./N.L. is geen toverkunstje. Het is hard werken (en daarom raad ik ouders vaak aan hun krachten te bundelen en om beurten aan de slag te gaan; zie pagina 316 en het kader op pagina 217). Je verandert per slot van rekening de manier waarop je baby gewend is te gaan slapen. Leg je hem dus ineens zonder hulpmiddel in bed, dan gaat hij waarschijnlijk huilen omdat hij verwacht op de oude manier te gaan slapen: met behulp van een fles, de borst, wiegen of op en neer lopen, of welk hulpmiddel je ook maar gebruikt hebt. Hij biedt meteen weerstand, want hij begrijpt niet waar je mee bezig bent. Pak hem dus maar op en verzeker hem dat jíj in elk geval wel weet wat je doet. Hoe snel je de nieuwe manier kunt aanleren hangt af van hoe oud en hoe sterk en actief je baby is (in de leeftijdspecifieke paragrafen hierna staat precies hoe je dit moet doen). O.P./N.L. komt echter elke keer neer op hetzelfde principe:

Wanneer je kind huilt, ga je naar zijn kamer. Eerst probeer je hem met woorden en een zachte hand op zijn ruggetje te troosten. Tot zes maanden kun je de sus-klopmethode gebruiken, maar oudere baby's kunnen met name door het geluid juist uit hun slaap gehouden worden, dus leggen we alleen maar een hand op hun rug om hun te laten voelen dat we er zijn. Als de baby niet ophoudt met huilen, pak je hem op. Maar leg hem weer neer zodra hij stopt met huilen, en geen seconde later. Je troost hem zonder te proberen hem weer in slaap te krijgen, want dat moet hij zelf doen. Als hij echter huilt en tegelijkertijd zijn rug strekt, leg je hem onmiddellijk neer. Ga nooit de strijd aan met een huilend kind. Houd wel contact door een stevige hand op zijn rug te leggen, zodat hij weet dat je er bent. Blijf bij hem. Gebruik ook woorden: 'Het is gewoon tijd om te slapen, lieverd. Je gaat gewoon slapen.'

Zelfs als hij alweer huilt zodra hij van je schouder af is of onderweg is naar zijn bedje, moet je hem toch eerst helemaal op zijn matrasje leggen. Huilt hij weer, dan pak je hem weer op. Het idee hierachter is dat je hem troost en veiligheid biedt en hem toch de emotie laat voelen. In wezen vertel je hem door je gedrag: 'Je mag best huilen, maar mama/papa is hier. Ik weet dat je het moeilijk vindt om weer in slaap te komen, maar ik ben hier om je te helpen.'

Als hij huilt wanneer je hem weer neerlegt, pak hem dan weer op. Maar denk erom dat je nooit verzet biedt als hij zijn rug strekt. Zijn geworstel en gedraai komt deels omdat hij probeert weer in slaap te komen. Het wegduwen en omlaag drukken is zijn manier om zijn draai te vinden. Voel je niet schuldig, je doet hem geen pijn. En vat het niet persoonlijk op; hij is niet boos op je. Hij is alleen gefrustreerd omdat hij nooit heeft geleerd hoe hij moet gaan slapen, en jij bent er om hem te helpen en hem gerust te stellen. Net als volwassenen die de slaap niet kunnen vatten en maar liggen te woelen en te draaien, wil hij alleen maar rust.

Gemiddeld neemt O.P./N.L. zo'n twintig minuten in beslag, maar het kan soms wel een uur of zelfs nog langer duren. Ik weet niet zeker wat mijn record is, maar bij sommige baby's moest ik het meer dan honderd keer doen. Vaak hebben ouders geen vertrouwen in de methode. Ze weten zeker dat het bij hún baby niet zal werken. Ze zien O.P./N.L. niet als wérktuig. Vooral moeders zeggen: 'Als ik mijn borst niet mag gebruiken, wat heb ik dan nog? Hoe kan ik hem kalmeren?' Je hebt je stem en je fysieke interventie. Je stem is, of je dat nu gelooft of niet, je krachtigste werktuig. Door op zachte, rustige toon tegen hem te praten en het zo nodig telkens weer te herhalen ('Je gaat gewoon slapen, schatje'), laat je je kind weten dat je hem niet in de steek laat. Je helpt hem gewoon in slaap te komen. Baby's van wie de ouders O.P./N.L. doen, associëren de stem uiteindelijk met troost en hoeven niet meer te worden opgepakt. Als ze zich eenmaal veilig voelen zodra ze de ouders kalmerend horen spreken, hebben ze verder niets nodig om getroost te worden.

Als je O.P./N.L. op de juiste manier doet – hem oppakken als hij huilt en hem weer neerleggen zodra hij ophoudt – blaast hij stoom af en zal hij uiteindelijk minder gaan huilen. In eerste instantie kan hij gaan sniffen en tussen twee uithalen even snikken, en dan wordt hij rustig. Die korte, stotende ademhaling na een fikse huilbui is vrijwel altijd een teken dat hij bijna in slaap valt. Laat je hand op zijn lijfje liggen. Het gewicht van je hand in combinatie met verbale geruststellingen laat hem weten dat je er bent. Je klopt niet, je sust niet en je loopt de kamer niet uit… totdat je ziet dat hij in een diepe slaap valt (zie pagina 232).

O.P./N.L. gaat om geruststellen en vertrouwen schenken. Het kan zijn dat je het vijftig of honderd keer moet doen, of zelfs honderdvijftig, maar dat heb je er toch wel voor over om je baby te leren slapen en te zorgen dat je weer tijd voor jezelf krijgt? Zo niet, dan lees je het verkeerde boek. Er bestaan geen snelle, makkelijke oplossingen.

O.P./N.L. kan niet voorkomen dat je baby gaat huilen. Maar het voorkomt wel dat hij bang wordt dat je hem in de steek laat, omdat *je bij hem blijft en hem door zijn tranen heen troost.* Hij huilt niet omdat hij een hekel aan je heeft of omdat je hem pijn doet. Hij huilt omdat je hem op een andere manier in slaap probeert te helpen en omdat hij gefrustreerd raakt. Kinderen huilen nu eenmaal als je een gewoonte verandert. Maar ze huilen uit frustratie en dat is een heel ander huiltje dan huilen omdat ze in de steek worden gelaten, wat veel wanhopiger, angstiger en bijna primitief klinkt en bedoeld is om je onmiddellijk naar hun kamer te laten snellen.

Neem bijvoorbeeld de kleine Janice over wie ik het eerder had. Toen haar moeder geen hulpmiddel als de wandelwagen of de auto meer gebruikte om haar in slaap te krijgen, vond Janice dat maar niets. In eerste instantie bleef ze maar huilen, waarmee ze eigenlijk wilde zeggen: 'Wat doe je nou, mama? Dit is niet onze manier om te gaan slapen.' Maar na een paar avonden O.P./N.L. kon ze gaan slapen zonder hulpmiddel.

Om O.P./N.L. effectief te kunnen toepassen, moet een kind er in zijn ontwikkeling wel aan toe zijn. Met een baby van vier maanden kun je nu eenmaal andere dingen doen dan met een baby van elf maanden. Het is dus logisch dat je O.P./N.L. moet aanpassen aan de veranderende behoeften en eigenschappen van je baby. In de volgende vier paragrafen – drie tot vier maanden, vier tot zes maanden, zes tot acht maanden en acht maanden tot een jaar – geef ik je een globaal overzicht van de kenmerken van baby's in elke leeftijdsgroep en hoe de meest voorkomende slaapproblemen met de tijd een tikkeltje veranderen. (Slaapproblemen na het eerste jaar komen aan bod in hoofdstuk 7.) Het zal je niet verbazen dat veel problemen, zoals 's nachts wakker worden en overdag te kort slapen, kunnen blijven voortduren. Ik geef je ook de sleutelvragen die ik stel om een bepaald probleem ten volle te begrijpen. Natuurlijk stel ik daarnaast ook vragen over slaappatronen, eetgewoonten, activiteiten, en ga zo maar door, maar als je al tot dit punt hebt gelezen, ga ik ervan uit dat je inmiddels wel een aardig beeld hebt van mijn uitgebreide ondervragingstechnieken. (Zoals ik al eerder heb gedaan, raad ik je ook nu dringend aan om álle leeftijdscategorieën door te lezen. Ook al is je baby de eerste stadia al voorbij, de vragen geven je wel aanvullende informatie waarmee je erachter kunt komen waarom je baby een slaapprobleem heeft.) Daarna leg ik uit hoe je O.P./N.L. aan elke leeftijdsgroep kunt aanpassen. Na elke paragraaf vertel ik van elke leeftijdsgroep een verhaal uit de praktijk om je te laten zien hoe O.P./N.L. in verschillende situaties en verschillende ontwikkelingsstadia kan worden toegepast.

Drie tot vier maanden: de routine bijstellen

Het zal je misschien verbazen dat we ons op slechts één maand richten en geen categorie voor 'drie tot zes maanden' hebben. Dat komt omdat er in de vierde levensmaand iets verandert. Rond die tijd kunnen de meeste baby's overstappen van een drie-uurs-naar een vier-uursroutine (misschien vind je het handig om de tabel uit hoofdstuk 1, pagina 52 nog eens te bekijken). Deed je kleintje met drie maanden overdag nog drie keer een slaapje en één keer een hazenslaapje, met vier maanden zal hij overdag nog maar twee keer slapen en één keer een hazenslaapje doen. Kreeg hij eerst vijf voedingen (om 7.00, 10.00, 13.00, 16.00 en 19.00 uur) plus een droomvoeding, nu krijgt hij er nog maar vier (om 7.00, 11.00, 15.00 en 19.00 uur) plus een droomvoeding. En waar hij na een voeding slechts een halfuur tot drie kwartier wakker kon blijven, kan hij nu wel twee uur of langer actief zijn. Deze verandering in de vierde maand valt soms samen met een groeispurt (zie pagina 147-152 en 245-246). In tegenstelling tot eerdere groeispurts moet je hem nu echter niet alleen meer eten op een dag geven, maar ook de tijd tussen de voedingen verlengen. Dat lijkt misschien vreemd, maar vergeet niet dat het maagje van je baby nu ook groter is en dat hij bovendien efficiënter eet, waardoor hij meer binnenkrijgt per voeding dan in zijn eerste maanden. Hij heeft ook meer nódig, want hij wordt steeds actiever en hij kan langer opblijven. Als je zijn routine niet aanpast of nooit enige structuur in de dag hebt gehad, is dit de maand waarin er op 'mysterieuze' wijze slaapproblemen ontstaan die al even 'mysterieus' weer verdwijnen als je een routine instelt of bijstelt. Ook als je je niet realiseert dat je baby een groeispurt doormaakt en je hem ineens gaat voeden als hij midden in de nacht wakker wordt, zal zelfs een baby die 's nachts al doorsliep nu 'ineens' slaapproblemen krijgen.

Met drie maanden zijn de fysieke capaciteiten van je baby nog steeds beperkt, maar hij gaat nu wel met sprongen vooruit. Hij kan zijn hoofd, armen en benen bewegen. Misschien kan hij ook al omrollen. Hij is alerter en zich meer bewust van zijn omgeving. Als je zijn huiltjes en lichaamstaal hebt leren kennen, zou je nu ook het verschil moeten weten tussen honger, vermoeidheid, pijn en overprikkeling. Een baby die honger heeft, moet natuurlijk gevoed worden. Maar een vermoeide en/of gefrustreerde baby moet leren hoe hij weer in slaap moet komen. Het kan zijn dat hij zijn rug strekt tijdens het huilen. Als hij niet is ingebakerd, kan hij ook zijn beentjes omhoog gooien en ze met een bonk op de matras laten neerkomen wanneer hij gefrustreerd is.

Veelvoorkomende problemen. Als een kind geen structuur in zijn leven heeft of niet is overgegaan van een routine van drie uur naar een van vier uur, is de kans groot dat hij midden in de nacht wakker wordt, alleen hazenslaapjes doet of te vroeg wakker wordt, of alle drie. Wanneer ouders hun baby hebben gevolgd in plaats van geleid, krijg ik e-mails als deze, die afkomstig is van de moeder van een baby van vier maanden:

> Justina heeft nooit enig schema gevolgd. Het lukt me, met enige geruststellende woorden, wel om haar overdag in slaap te krijgen, maar hoe ontspannen de sfeer in de babykamer ook is, ze slaapt nooit langer dan een halfuur en heeft nog steeds slaap als ze wakker wordt.

Verderop in de e-mail beweert deze moeder dat Justina het haar moeilijk maakt om het FIJN-schema te volgen, maar in feite is het háár probleem en niet dat van haar kind. Zíj moet de leiding nemen. Als Justina's ouders ook nog een hulpmiddel hebben gebruikt – zichzelf of beweging – om hun baby in slaap te krijgen, maakt dat het probleem alleen nog maar erger.

Op deze leeftijd is het bovendien zo dat het lijfje (en de lippen) van een baby slap worden zodra ze dieper in slaap raken, waardoor de speen uit hun mond valt. Hoewel veel baby's dan gewoon doorslapen, worden sommige wakker als de speen eruit valt. Voor die baby's is de speen een hulpmiddel (zie pagina 235). Dit kan voortduren tot ongeveer zeven maanden, want daarna kan de baby zijn speen zelf, zonder hulp van zijn ouders, weer terugstoppen. Maar als je voor die tijd de speen telkens weer in zijn mond terug doet, begin je aan een veelvoorkomende vorm van opvoeden tegen wil en dank. Laat de speen er liever uit en troost hem op een andere manier. (Als je tot nu toe nog geen speen hebt gebruikt, kun je er beter ook niet meer aan beginnen.)

Belangrijke vragen. **Heeft je baby ooit een routine gevolgd?** Zo niet, dan moet je daarmee beginnen (zie pagina 58-66). **Probeer je je baby op een routine van drie uur te houden?** Zo ja, dan moet je hem over laten gaan op een routine van vier uur. Dit doe je op dezelfde manier als een kind van vier maanden aan FIJN laten wennen (wat ik op pagina 282 heel gedetailleerd beschrijf). **Slaapt hij overdag korter?** Ook dat kan een teken zijn dat je baby een routine van vier uur moet volgen. Met ongeveer vier maanden kunnen baby's het minstens twee uur uithouden. Sommige zijn iets eerder, andere iets later, maar als ze nog steeds volgens het drie-uursschema eten, krijgen ze te veel voedingen, waardoor ze te kort gaan slapen (zie de tabellen van routines van drie en vier uur op pagina 52). Zelfs als ze tot nu toe altijd goed geslapen hebben, gaan ze nu ineens steeds korter slapen. Dit gebeurt meestal heel geleidelijk en veel ouders worden zich er pas van bewust als de slaapjes overdag nog maar drie kwartier of korter duren (zie pagina 306-310). Als je erop gaat letten, kun je het patroon al meteen herkennen. Laat het niet doorzetten, maar stap over op een routine van vier uur.

Wil hij vaker eten? Moet hij bijvoorbeeld om 10.00 uur een voeding krijgen, maar heeft hij al veel eerder honger? Wil hij een volledige voeding als hij 's nachts wakker wordt? Zo ja, dan maakt hij waarschijnlijk een groeispurt door. Ook nu moet je hem weer laten overschakelen op een routine van vier uur. Weersta de verleiding om hem vaker te voeden. Gebruik liever het voedingsplan dat ik op pagina 246 geef, waarbij je hem om 7.00 uur meer eten geeft en gedurende een periode van drie tot vier dagen geleidelijk steeds de hoeveelheid per voeding vergroot door meer in een fles te doen of aan beide kanten de borst te geven, waardoor je melkproductie toeneemt. Als hij de extra voeding niet eet, is hij er nog niet klaar voor, maar houd vanaf nu wel zijn voedselinname goed in de gaten. Met vier maanden, hooguit vierenhalve maand, zal hij het vier uur tussen de voedingen uithouden. Prematuurtjes kunnen hierop een uitzondering zijn, omdat die wel vier maanden oud zijn, maar qua ontwikkeling achterlopen (is je baby bijvoorbeeld zes weken te vroeg geboren, dan is hij in ontwikkeling nu tweeënhalve maand oud; zie pagina 183 en kader pagina 223).

Vroeg wakker worden
Jouw probleem of dat van je baby?

Onlangs ontmoette ik de moeder van de acht maanden oude Oliver, die overdag steeds wel twee uur sliep, om 18.00 uur naar bed ging en dan doorsliep tot 5.30 uur. Zijn moeder vond het maar niets om zo vroeg op te staan, dus vertelde ze me: 'Ik heb geprobeerd hem 's avonds langer op te laten blijven.' Oliver, die normaal gesproken een vrolijk knulletje was die een goede routine volgde, was plotseling 's avonds stuurs. Zijn moeder wilde weten wat ze nu met hem aan moest, want hem langer laten opblijven was duidelijk geen succes en dit jongetje, dat nog nooit moeilijk had gedaan rond bedtijd, had nu moeite met slapengaan. 'Moeten we maar eens proberen hem te laten huilen?' vroeg ze. Geen sprake van. Ze moest inzien dat ze een probleem maakte van iets wat helemaal geen probleem wás. Baby's hebben hun eigen innerlijke klok. Als je baby 11,5 uur slaap krijgt – bijvoorbeeld van 18.00 tot 5.30 uur – dan is dat een juiste hoeveelheid, vooral als hij overdag goed slaapt. Je kunt proberen hem later naar bed te laten gaan, bijvoorbeeld om 18.30 of 19.00 uur, maar dan wel in stappen van telkens een kwartier om te zorgen dat hij niet overprikkeld raakt. Zijn lichaamsklok kan daar echter tegen in opstand komen en in dat geval moet je het tijdstip van 18.00 uur aan blijven houden. Als je zelf moe bent omdat je steeds te vroeg opstaat, ga dan eerder naar bed!

Wordt hij eerder wakker? Op deze leeftijd hebben baby's niet altijd meteen honger als ze wakker worden; sommige wel, sommige niet, net als volwassenen. Veel baby's liggen te babbelen en te kraaien, en als er niemand naar ze toe gaat, vallen ze weer in slaap. Daarom is het zo belangrijk dat je de signalen van je baby begrijpt. Als je baby huilt omdat hij honger heeft, moet je hem voeden. Maar leg hem daarna meteen weer in bed. Als hij niet meer in slaap valt, moet je O.P./N.L. doen. Geef je hem overdag meer eten en ga je van een drie-uursroutine over op een van vier uur, dan zal het tijdstip waarop hij wakker wordt zich waarschijnlijk stabiliseren. Maar stel dat hij geen volledige voeding wil. Dan weet je dat hij blijkbaar niet echt veel honger had en dat hij gewoon troost zocht. **Ben je voorheen altijd naar hem toe gegaan om hem te voeden?** Zo ja, dan is de kans groot dat hij de slechte gewoonte heeft ontwikkeld om je te wekken omdat hij de borst of de fles wil. In plaats van daaraan gehoor te geven, kun je betere O.P./N.L. doen.

Hoe pas je O.P./N.L. toe? Naast de basisprocedure die ik hiervoor beschreven heb, moet je een zo jonge baby misschien eerst opnieuw inbakeren wanneer je naar hem toe gaat. Doe dat terwijl hij in zijn bedje ligt. Kun je hem niet ín zijn bedje troosten met geruststellende woorden en zachte, geruststellende klopjes, pak hem dan op. Houd hem vast totdat hij ophoudt met huilen, maar niet langer dan vier of vijf minuten. Blijf hem niet vasthouden als hij zich verzet, zijn rug strekt of zich van je af duwt. Leg hem neer. Probeer nogmaals de sus-klopmethode om hem in zijn bedje te kalmeren. Werkt dat niet, pak hem dan weer op. Met drie of vier maanden duurt het meestal ongeveer twintig minuten voordat O.P./N.L. werkt. Als je baby een slechte gewoonte heeft ontwikkeld als gevolg van jouw opvoeden tegen wil en dank, zit die nu gelukkig nog niet zo diep verankerd. Dit gaat alleen niet op als je al eens hebt geprobeerd hem maar te laten huilen, en daarmee zijn vertrouwen hebt geschonden.

De dagindeling van een baby van vier maanden veranderen om nachtelijke slaapproblemen op te lossen

Wanneer baby's van vier maanden of ouder de FIJN-routine van drie uur blijven volgen, gaan ze overdag onregelmatig slapen en worden ze 's nachts vaak wakker. Als ze de overgang naar een routine van vier uur niet uit zichzelf maken, moeten we ze een handje helpen. (Als je baby nog nooit een gestructureerde routine gevolgd heeft, zie dan pagina 58-66 om te leren hoe je FIJN kunt introduceren.)

Het volgende plan, dat op maat gemaakt is voor baby's van vier maanden, is onderverdeeld in drie stappen. Het werkt bij de meeste baby's goed, maar maak je geen zorgen als jouw kind meer tijd nodig heeft om het doel te bereiken. Zo wordt er in de tabel (zie pagina 284) van uitgegaan dat een voeding een halfuur duurt, maar het kan best zijn dat jouw kind er drie kwartier over doet. En als je kind al gewend is aan dutjes van veertig minuten, kan het even duren voordat hij gewend is aan langere slaapjes overdag. Waar het om gaat is dat je de juiste weg blijft volgen. In de paragraaf die na de tabel volgt, kun je het verhaal lezen van Lincoln, een baby die we moesten helpen bij het maken van deze overstap, waarbij we O.P./N.L. gebruikten om hem langer te laten slapen.

Dag een tot en met drie. Gebruik deze periode om te kijken hoe de routine van drie uur verloopt; hoeveel je baby eet en hoelang hij slaapt. Baby's van drie maanden eten meestal vijf keer per dag om 7.00, 10.00, 13.00, 16.00 en 19.00 uur. Onder aan pagina 284 vind je een 'ideale' dagindeling, maar daar houden veel baby's zich niet aan. (Ik geef alleen een opsomming van voedingen, activiteiten en slaaptijden en laat de 'N' voor de overzichtelijkheid achterwege).

Dag vier tot en met zeven. Voed je baby om 7.00 uur zodra hij wakker wordt en verleng zijn ochtendactiviteiten met vijftien minuten. De rest van de dag krijgt hij zijn voedingen vijftien minuten later – de tweede voeding is bijvoorbeeld om 10.15 in plaats van 10.00 uur, en de derde om 13.15 in plaats van 13.00 uur. Hij slaapt nog steeds drie keer (anderhalf uur, vijf kwartier en twee uur), plus een hazenslaapje van dertig tot veertig minuten, maar de tijd tússen de slaapjes is iets langer en zal steeds langer worden tijdens het uitvoeren van dit plan. Met andere woorden, hij blijft steeds langer op. Je gebruikt O.P./N.L. om zijn slaapjes te verlengen.

Dag acht tot en met elf. Blijf je baby om 7.00 uur voeden zodra hij wakker wordt, maar verleng zijn ochtendactiviteiten met nóg eens vijftien minuten, waardoor hij ook al zijn voedingen weer vijftien minuten later krijgt: de voeding die hij oorspronkelijk om 10.00 uur kreeg, krijgt hij nu om 10.30 uur, die van 13.00 nu om 13.30 uur, enzovoort. Bovendien laat je zijn hazenslaapje laat in de middag een paar dagen vervallen, zodat je de andere drie slaapjes kunt verlengen; 's ochtends ongeveer anderhalf uur en een uur en drie kwartier, 's middags ongeveer twee uur. Wanneer je het hazenslaapje laat vervallen, kan het zijn dat je kind 's middags doodmoe is. In dat geval moet je hem misschien om 18.30 uur in bed stoppen in plaats van om 19.30 uur.

Dag twaalf tot en met vijftien (of langer). Begin nu met het verlengen van de ochtendactiviteit met *een halfuur extra*, waardoor ook al zijn voedingen een halfuur later komen; de voeding die hij oorspronkelijk om 10.00 uur kreeg, krijgt hij nu om 11.00 uur, die van 13.00 om 14.00 uur, enzovoort. Zijn hazenslaapje laat in de middag blijft nog steeds achterwege, zodat zijn andere slaapjes langer kunnen worden: 's ochtends ongeveer twee en anderhalf uur, 's middags ongeveer anderhalf uur. Deze dagen zijn het zwaarst, maar houd vol. Als je kind moe is omdat hij zijn hazenslaapje heeft overgeslagen, stop hem dan eerder in bed. Als je clustervoedingen hebt gegeven, geef hem dan de laatste om 19.00 uur voordat hij naar bed gaat.

Ik zie nu al voor me welke brieven ik van jullie krijg: 'Maar Tracy, je zei toch dat je nooit mag voeden voor het slapengaan?' Dat klopt. Voeden-om-te-slapen – waarbij een baby afhankelijk wordt van de fles of de borst om te kunnen slapen – is een van de meest voorkomende vormen van opvoeden tegen wil en dank. Baby's die gevoed worden om te kunnen gaan slapen, kunnen niet meer op een andere manier in slaap komen en worden 's nachts vaak wakker. Er is echter een groot verschil tussen voeden-om-te-slapen en voeden rond bedtijd, vlak voor het slapengaan en dan weer bij de droomvoeding (wanneer hij niet eens wakker is), waardoor de baby wel vijf tot zes uur achter elkaar blijft slapen. Ik geef de volgorde voeding, bad en bed aan, maar die kun je ook omdraaien en eerst het bad doen. Dat hangt van je baby af. Sommige baby's worden heel actief van een bad, dus kun je ze beter vóór de voeding in bad doen; andere worden er doezelig van en vallen daarna zelfs in slaap tijdens de voeding. Je moet erachter komen wat het beste werkt voor jouw kind. Hoe dan ook, de voeding om 19.00 uur is niet hetzelfde als opvoeden tegen wil en dank, waarbij hij voor élke slaapperiode gevoed moet worden om in slaap te kunnen vallen. *Het doel.* Nu krijgt hij zijn ochtendvoedingen op het juiste tijdstip: om 7.00 en om 11.00 uur. Gedurende drie dagen of een week (of langer) werk je eraan om ook de etenstijden 's middags aan te passen. Stel de twee middagvoedingen vijftien tot dertig minuten uit, die je nu geeft om 14.15 uur (je wilt naar 15.00 uur toe werken) en 17.00 uur (je wilt naar 18.00 of 19.00 uur). Omdat je zijn wakkere uurtjes verlengt, heeft je baby waarschijnlijk wel zijn ha-

Dag 1-3	Dag 4-7	Dag 8-11	Dag 12-15	Het doel
F: 7.00	F: 7.00	F: 7.00	F: 7.00	F: 7.00
I: 7.30	I: 7.30	I: 7.30	I: 7.30	I: 7.30
J: 8.30	J: 8.45	J: 9.00	J: 9.00	J: 9.00
($1^1/_2$ uur)	($1^1/_2$ uur)	($1^1/_2$ uur)	(2 uur)	(2 uur)
F: 10.00	F: 10.15	F: 10.30	F: 11.00	F: 11.00
I: 10.30	I: 10.45	I: 11.00	I: 11.30	I: 11.30
J: 11.30	J: 12.15	J: 12.30	J: 12.45	J: 13.00
($1^1/_2$ uur)	($1^1/_4$ uur)	($1^3/_4$ uur)	($1^1/_2$ uur)	(2 uur)
F: 13.00	F: 13.15	F: 13.45	F: 14.15	F: 15.00
I: 13.30	I: 14.00	I: 14.15	I: 14.45	I: 15.30
J: 14.30	J: 14.45	J: 15.00	J: 15.30	J: tussen
($1^1/_2$ uur)	(2 uur)	(2 uur)	($1^1/_2$ uur)	17.00 en
F: 16.00	F: 16.15	F: 16.30	F: 17.00	18.00:
I: 16.30	I: 16.45	I: 17.00	I: bad	hazen-
J: hazen-	J: hazenslaap-	J: geen ha-	J: 18.30 of	slaapje
slaapje	je ($^1/_2$ uur à 3	zenslaapje!	19.00	($^1/_2$ uur à
($^1/_2$ uur à 3	kwartier)	F, I, J: 18.30	F: 23.00,	3 kwartier)
kwartier)	F & I: 19.15,	of 19.00,	droom-	F, I, J:
F & I:	voeding en	voeding, bad	voeding	19.30 voe-
19.00, voe-	bad	en bed		ding, bad
ding en	J: 19.30	F: 23.00,		en bed
bad	F: 23.00,	droom-		F: 23.00,
J: 19.30	droom-	voeding		droom-
F: 23.00,	voeding			voeding
droom-				
voeding				

zenslaapje nodig. Zoals je in de laatste kolom van de tabel op pagina 284 kunt zien, zul je op deze manier de vijf voedingen uiteindelijk samenvoegen tot vier – om 7.00, 11.00, 15.00 en 19.00 uur, plus de droomvoeding – en de drie slaapjes overdag tot een ochtend- en een middagslaapje van twee uur plus een hazenslaapje laat in de middag. Bovendien laat je hem langer wakker blijven, zodat je baby nu twee uur achterelkaar opblijft.

Een praktijkvoorbeeld uit de vierde maand: overstappen op een FIJN-routine van vier uur

May kwam bij me omdat Lincoln van drieënhalve maand oud het hele gezin ontwrichtte. 'Hij valt niet uit zichzelf in slaap en gaat 's nachts ook niet weer slapen als hij wakker is geworden,' legde de moeder uit. 'Als ik hem wakker in zijn bedje leg, blijft hij maar huilen; niet jengelen, maar echt schreeuwen. Dan ga ik naar hem toe, want ik geloof er niet in om hem maar te laten huilen, maar het valt niet mee om hem tot bedaren te brengen. Het lijkt wel of hij niets wil, behalve zijn fles. Overdag slaapt hij wel, maar nooit op hetzelfde tijdstip en ook nooit even lang. Soms slaapt hij overdag helemaal niet. 's Nachts slaapt hij niet door, maar hij wordt niet elke nacht om dezelfde tijd wakker. Hij slaapt vijf of zes uur, wordt wakker en drinkt een fles van 180 ml leeg, waarna hij weer ongeveer twee uur slaapt. Maar soms drinkt hij maar 60 ml; ik weet het nooit van tevoren.' May maakte zich zorgen omdat zij en haar man onder het slaapgebrek leden en ze bovendien haar geduld begon te verliezen. 'Hij is de absolute tegenpool van Tamika, die nu vier is, 's nachts al doorsliep toen ze drie maanden was en ook overdag goed sliep. Ik weet niet wat ik met hem aan moet.'

Toen ik May vroeg hoe vaak haar zoon at, zei ze dat dat om de drie uur was, maar het was me van meet af aan duidelijk dat Lincoln geen gestructureerde routine volgde. Hij maakte ook duidelijk een groeispurt door: hij werd onregelmatig wakker en dronk 180 ml nadat hij vijf of zes uur had geslapen. We moesten onmiddellijk inspringen op die groeispurt, door Lincoln overdag meer eten te geven. Maar ook moesten we het gebrek aan routine in het leven van dit jongetje aanpakken, want op deze manier kon May zijn signalen niet goed interpreteren. Bovendien was er hier sprake van enige vorm van opvoeden tegen wil en dank. Lincoln was gewend geraakt aan twee hulpmiddelen: zijn moeder en zijn fles. We moesten hem op de FIJN-routine zien te krijgen, zodat zijn hongerprobleem werd aangepakt en May zijn huiltjes en lichaamstaal kon leren begrijpen.

Omdat Lincoln bijna vier maanden oud was, was het ons doel om Lincoln van een routine van drie uur naar een van vier uur te laten overstappen. Daarvoor zouden we O.P./N.L. gebruiken, maar ik waarschuwde May dat dit proces wel twee weken of langer in beslag zou nemen. Omdat Lincoln pas over twee weken vier maanden zou worden, kon het zijn dat hij het nog niet meteen vier uur zou kunnen volhouden. We moesten de tijd tussen de voedingen geleidelijk opvoeren, vooral omdat zijn eetpatroon zo grillig verliep. Ik stelde het plan voor dat je op pagina 282-283 vindt en dat ik al honderden keren heb gebruikt: May moest Lincoln om de drie dagen zijn voedingen iets later geven, eerst een kwartier en daarna een halfuur later. Ook verlengden we de tijd voor activiteiten (I) met een halfuur. Op die manier konden we ervoor zorgen dat zijn vier slaapjes van veertig minuten zouden worden samengevoegd tot twee lange dutjes en een hazenslaapje.

Het was belangrijk dat May tijdens dit proces een logboek zou bijhouden waarin ze opschreef wanneer Lincoln at, actief was en sliep. Hij moest altijd om 7.00 uur opstaan en om 19.00 of 19.30 uur naar bed, en de droomvoeding was altijd om 23.00 uur. Door zijn actieve periodes te verlengen, zouden zijn eet- en slaaptijden echter veranderen, in stappen van vijftien tot dertig minuten. Alléén in deze situatie, en wanneer je een baby van vier maanden of ouder voor het eerst op de FIJN-routine zet (zie pagina 58-66) raad ik je aan om op de klok te werken. Vooral ouders die de signalen van hun baby nog niet kunnen interpreteren, krijgen een idee van wat hij wil door op de tijd te letten. Op deze leeftijd blijven ouders vaak maar voeden, omdat ze niet weten of hun baby nu moe is of honger heeft.

Ik legde May uit dat we, omdat Lincolns slaappatroon zo onregelmatig was geweest, niet zomaar konden duimen in de hoop dat hij zich aan de nieuwe routine zou aanpassen. We moesten hem trainen. Op zo'n moment komt O.P./N.L. van pas. Ze zou het gaan gebruiken om te zorgen dat Lincoln overdag langer sliep (omdat hij bijvoorbeeld maar veertig minuten sliep in plaats van anderhalf uur), om hem 's nachts weer te laten inslapen, en zo nodig ook om te zorgen dat hij 's ochtends later wakker werd.

Natuurlijk verzette Lincoln zich tegen het nieuwe regime. De eerste dag werd hij om 7.00 uur wakker: een goed begin. May voedde hem net als anders. Om 8.30 uur begon Lincoln te geeuwen en zag hij er een beetje moe uit, maar toch stelde ik voor dat May hem tot 8.45 uur zou wakker houden, omdat we bezig waren met de overstap naar een routine van vier uur. Dat lukte, maar hij sliep maar drie kwartier, omdat hij nu eenmaal gewend was aan korte slaapjes en waarschijnlijk ook omdat hij een beetje oververmoeid was omdat we hem langer wakker hadden gehouden. Je weet hoe ik erop hamer om een slaperige baby naar bed te brengen, maar dit was een bijzondere situatie omdat we Lincolns innerlijke klok probeerden aan te passen. Het is een kwestie van afwegen: je wilt hem niet zo lang op houden dat hij oververmoeid raakt, maar net lang genoeg wakker houden om de tijd van activiteiten een tikkeltje te verlengen. Rond vier maanden is het meestal wel te doen om hem een kwartier tot een halfuur wakker te houden.

Omdat ons uiteindelijke doel was om Lincoln minstens anderhalf en later zelfs twee uur te laten slapen, liet ik May, toen Lincoln om 9.30 uur wakker werd, zien hoe ze O.P./N.L. kon toepassen om hem langer te laten slapen. Hij moest er niets van hebben. Ze was bijna een uur met hem bezig. Omdat het bijna tijd was om hem weer te voeden, zei ik dat ze ermee moest ophouden en hem uit zijn kamer moest halen. Ze moest de activiteiten heel rustig houden, omdat Lincoln nu eigenlijk moest slapen. Onnodig te zeggen dat hij om 10.00 uur moe en hangerig was, terwijl het nu tijd was voor een voeding. Door al het huilen had hij echter ook honger gekregen, dus at hij flink. Het was een uitdaging voor haar om hem wakker te houden tot 11.30 uur, zijn tijd om weer te gaan slapen. Maar May deed er alles aan om hem wakker te houden. Ze verschoonde zijn luier tijdens de voeding, en zodra ze zag dat zijn oogjes dichtvielen, haalde ze de fles uit zijn mond en zette hem rechtop. De meeste kinderen kunnen niet slapen in die houding, en hun oogjes springen open als die van een babypop.

Om 11.15 uur was Lincoln bekaf. May deed het 'vier I'-ritueel en probeerde haar zoon zonder fles in slaap te krijgen. Weer moest ze O.P./N.L. doen. Hoewel ze hem ditmaal minder vaak op hoefde te pakken, kreeg ze hem toch pas om 12.15 uur in slaap. 'Laat hem niet langer slapen dan tot 13.00 uur,' waarschuwde ik. 'Denk eraan dat je zijn lijfje traint om volgens een goed schema te slapen.'

Een mythe
Later naar bed betekent ook later wakker worden

Ik sta er versteld van hoeveel ouders me bellen om te vragen wat ze moeten doen als hun kind heel vroeg wakker wordt, en dan zeggen dat het advies van hun kinderarts was: 'Probeer hem maar iets langer op te laten blijven.' Dat betekent dat je baby overprikkeld is tegen de tijd dat hij eindelijk in bed ligt. Baby's moeten naar bed *zodra ze tekenen van vermoeidheid vertonen*. Anders slapen ze 's nachts heel onrustig en worden ze 's ochtends toch nog om dezelfde tijd wakker.

Sceptisch maar wanhopig volgde May mijn aanwijzingen op en hield vol. Al binnen drie dagen zag ze verschil. Hoewel Lincoln nog een lange weg te gaan had, viel hij overdag al sneller in slaap. Ze hield zich aan het plan, en ook al had hij af en toe een terugval, op de elfde dag zag ze dat er een paar dingen beter gingen: hij at meer tijdens elke voeding, in plaats van te snaaien zoals hij altijd had gedaan. Ook kostte het minder tijd om hem op te pakken en neer te leggen.

May was zelf uitgeput en vond het verschrikkelijk zwaar. Maar toen ze in haar logboek keek, zag ze dat er vooruitgang in zat. Daardoor bleef ze moed houden om door te gaan. Terwijl Lincoln eerst om 2.30 uur wakker werd, was dat nu hij een droomvoeding kreeg al 4.30 uur, maar met behulp van zijn speen kon ze dat nog een uur rekken. Ze voedde hem om 5.30 uur, en hoewel ze hem normaal gesproken om die tijd uit bed haalde, gebruikte ze nu O.P./N.L. om hem weer in slaap te krijgen. Het kostte haar veertig minuten, maar daarna sliep hij tot 7.00 uur. Of eigenlijk sliep hij om 7.00 uur nóg. May kwam in de verleiding om hem (en zichzelf!) uit te laten slapen, maar herinnerde zich wat ik had gezegd over beginnen zoals je van plan bent door te gaan. Als ze Lincoln langer liet slapen dan tot 7.00, zou zijn hele routine daardoor in de war worden geschopt en had ze al dat werk voor niets gedaan.

Op dag veertien waren Lincolns wakkere periodes langer en duurden zijn ochtend- en middagslaapje minstens een uur. Hij hoefde geen fles meer wanneer ze hem in bed legde, en May kon stoppen met O.P./N.L. Zelfs als hij wakker werd, hoefde ze vaak alleen maar haar hand op hem te leggen en dan viel hij weer in slaap.

Vier tot zes maanden: afrekenen met oude problemen

Nu het fysieke repertoire van je baby groter wordt, kan zijn beweeglijkheid voor slaapstoornissen zorgen. Hij kan nu veel meer met zijn armen, benen en handen – reiken, voorwerpen vasthouden – en ook zijn romp is sterker. Hij begint zijn knietjes onder zich te trekken en kan zichzelf in bed vooruitduwen. Je legt hem in het midden van zijn ledikantje en vindt hem een paar uur later helemaal opgekruld in een hoekje terug. Misschien probeert hij zijn knietjes onder zich te trekken en zijn bovenlijf van het matras te tillen als hij gefrustreerd is. Wanneer hij moe is, kan zijn gehuil uit drie of vier duidelijk van elkaar te onderscheiden crescendo's bestaan: elke keer begint het huilen opnieuw en wordt het steeds harder en woester, totdat het opeens zijn piek bereikt en langzaam afneemt. Als je hebt opgevoed tegen wil en dank en dat probeert te corrigeren, of als je zijn signalen niet hebt opgepikt en hij oververmoeid is, zul je ook heel wat lichaamstaal zien: terwijl je hem vasthoudt, overstrekt hij zijn rug of duwt hij zijn voetjes tegen je aan.

Veelvoorkomende problemen. Veelal krijgen we te maken met problemen uit eerdere stadia die niet op de juiste manier zijn afgehandeld. Als de baby wakker wordt door bewegingen, en hij niet de vaardigheden heeft ontwikkeld om zelf weer in slaap te kunnen vallen, kan dat ook een oorzaak zijn van 's nachts wakker worden. Soms komen ouders daardoor in de verleiding om eerder te beginnen met vaste voeding of om rijstebloem in de fles te doen. In tegenstelling tot wat mensen vaak denken, gaan baby's niet beter slapen door vast voedsel (zie kader pagina 179), en het is zeker geen remedie voor opvoeden tegen wil en dank. Slaap is een aangeleerd kunstje, niet het resultaat van een volle maag. Als een baby eraan gewend is geraakt om steeds korte tijd achter elkaar te slapen en nooit heeft geleerd hoe hij weer in slaap moet vallen, kan het in deze periode ook een probleem worden dat hij overdag te kort slaapt.

Belangrijke vragen. Ik stel dezelfde vragen als in eerdere stadia. Omdat het grootste probleem vaak het slapen overdág betreft, vraag ik ook: **Heeft hij overdag altijd al kort geslapen, of is dat pas sinds kort het geval?** Als het een recente ontwikkeling is, vraag ik ook naar andere zaken: hoe zit het met gebeurtenissen binnen het gezin, voedingen, nieuwe mensen en activiteiten (zie ook 'Overdag slapen' op pagina 249). Als alles de laatste tijd vrij stabiel is geweest, vraag ik: **Is je baby na zijn slaapje hangerig en uit zijn doen? Slaapt hij 's nachts goed?** Als de baby zich overdag goed lijkt te voelen en 's nachts goed slaapt, kan het gewoon een kwestie van bioritme zijn en heeft hij gewoon niet zo veel slaap nodig. Maar als hij overdag wakker is, moeten we O.P./N.L. doen om zijn dutjes te verlengen, omdat hij duidelijk meer slaap nodig heeft.

Hoe pas je O.P./N.L. toe? Als je baby zijn hoofd in de matras begraaft, zijn hoofd van de ene kant naar de andere draait, zijn knietjes onder zich probeert te trekken of zich van de ene zij op de andere draait, pak hem dan niet meteen op. Doe je dat wel, dan krijg je een schop tegen je borst of worden je haren uit je hoofd getrokken. Blijf liever op zachte, geruststellende toon tegen hem praten. Als je hem wél oppakt, *houd hem dan slechts twee of drie minuten vast.* Leg hem ook neer als hij nog steeds huilt. Pak hem daarna opnieuw op en herhaal deze routine. Baby's van deze leeftijd zullen eerder fysieke strijd leveren wanneer je een gewoonte probeert te veranderen, en de meest voorkomende fout die ouders in dit stadium maken is dat ze een baby te lang vasthouden (zie het verhaal van Sarah op pagina 291-293). Als je baby zich tegen je verzet, blijf hem dan niet vasthouden. Buigt hij zijn hoofd bij-

---

Het mantrahuiltje

Tegen de tijd dat je kind drie of vier maanden oud is, moet je zijn signalen – zijn lichaamstaal en zijn verschillende huiltjes – en zijn persoonlijkheid kennen. Je zou nu het verschil moeten kennen tussen een echte schreeuw om hulp en wat ik het 'mantrahuiltje' noem: de manier waarop de meeste baby's in huilen uitbarsten zodra ze in bed worden gelegd. *We pakken hem niet op bij een mantrahuiltje.* We wachten even af om te kijken of het kind zelf in slaap kan komen. We pakken hem wél op als het om een echt huiltje gaat, want dat is zijn manier om te zeggen: 'Ik heb iets nodig.' Het succes van O.P./N.L. hangt er deels van af of jij het verschil kent tussen een echt huiltje en een mantrahuiltje. Elke baby heeft zijn eigen mantrahuiltje. Zorg dat je weet hoe dat van jouw baby klinkt. Je zult zien dat hij, als hij lichamelijk moe is, met zijn ogen knippert en geeuwt, en met zijn armen en benen gaat zwaaien als hij oververmoeid is. Ook laat hij een soort 'waa... waa... waa' horen. Net als bij een mantra die telkens weer herhaald wordt, blijft ook hierbij de toonhoogte steeds hetzelfde. Het klinkt níét hetzelfde als een echt huiltje, dat meestal toeneemt in volume.

voorbeeld naar voren en duwt hij je weg met zijn armen en benen, zeg dan: 'Oké, ik leg je neer.' Hij houdt waarschijnlijk niet op met huilen, want hij is te druk bezig met vechten. Pak hem meteen weer op. Als hij opnieuw de strijd aangaat, leg hem dan weer in zijn bedje. Kijk of hij uit zichzelf in slaap kan komen of misschien vervalt in een mantrahuiltje (zie kader pagina 290). Leg hem op zijn rug, houd zijn handjes vast en praat tegen hem: 'Hé, hé, kom op, shhh. Je gaat gewoon slapen. Stil maar, het is al goed. Ik weet dat het moeilijk is.'

Ouders met een baby van een maand of vijf zeggen vaak: 'Ik pak hem op en hij wordt rustig. Maar zodra ik hem weer neerleg, begint hij alweer te huilen. Nog voordat hij op de matras ligt. Wat moet ik dan doen?' Je legt hem helemaal neer, verbreekt het lichamelijke contact en zegt: 'Ik ga je weer oppakken.' Anders leer je hem dat hij moet huilen als hij opgepakt wil worden. Je moet je handeling dus helemaal afmaken en hem op de matras leggen. Pas daarna kun je hem weer oppakken.

Een praktijkvoorbeeld van vier tot zes maanden: te lang vasthouden

Rona belde me omdat ze niet wist wat ze met de vijf maanden oude Sarah aan moest, die de eerste vier maanden van haar leventje een goede slaapster was geweest. 'Ik pakte haar altijd op zodra ze huilde,' zei de moeder. 'Maar nu wordt ze om twaalf uur 's nachts wakker en blijft ze een uur lang spoken. Ik blijf naar haar toe gaan.' Ik vroeg Rona wat er gebeurde toen Sarah voor het éérst rond middernacht wakker werd. 'Nou, we schrokken, want het was niets voor haar, dus Ed en ik renden allebei naar haar toe om te kijken wat er aan de hand was. We voelden ons vreselijk.'

Ik legde uit dat een baby binnen de kortste keren in de gaten heeft: *o, als ik zó huil, komt mama of papa eraan* (in dit geval papa én mama). En het duurt ook niet lang voordat ze slapengaan associëren met een hulpmiddel; mama of papa die Sarah oppakt. Dat klinkt misschien gek; mijn methode heet immers *oppakken/ neerleggen*. Het probleem is dat veel ouders de baby blijven troosten, al heeft die het allang niet meer nodig, waardoor het oppakgedeelte veel te lang duurt. Vooral op deze leeftijd is het heel belangrijk dat je de baby niet te lang blijft vasthouden.

Zodra ouders zeggen: 'Eerst deed hij altijd...' gaan bij mij de alarmbellen rinkelen. Dan is er meestal iets gebeurd waardoor het kind ineens niet meer goed slaapt. Ik vroeg Rona dan ook of er in haar gezin iets was veranderd en ja hoor, dat was nogal wat. 'We hebben haar van onze kamer naar haar eigen kamer verplaatst,' legde Rona uit. 'De eerste twee nachten sliep ze prima, maar nu wordt ze steeds wakker.' Even was ze stil en toen keek ze me plotseling aan. 'O ja, en ik ben parttime gaan werken, van maandag tot en met woensdag.'

Dat waren nogal wat veranderingen voor een baby van vijf maanden. Maar gelukkig waren allebei de ouders bereid om te zorgen dat het probleem werd opgelost. We zouden in het weekend beginnen, als iedereen vrij had. Ik moest echter ook weten wie er bij Sarah bleef op de dagen dat Rona niet thuis was. Geen enkele slaapstrategie werkt als die niet consequent wordt nageleefd, dag en nacht, doordeweeks en in het weekend. Rona's moeder paste op wanneer haar dochter werkte. Ik stelde dus voor dat ook oma zou komen. Ook al werd Sarah tot dusver alleen 's nachts wakker, de kans was groot dat ze ook overdag slechter zou gaan slapen door alle veranderingen. Ik vond het beter om het plan voor de zekerheid aan hen alle drie uit te leggen.

Omdat Sarah er zo aan gewend was dat haar moeder midden in de nacht kwam, stelde ik voor dat Ed de eerste was die O.P./N.L. zou toepassen wanneer zijn dochter wakker werd. Hij zou dat op vrijdag en zaterdag doen, en Rona zou hem niet te hulp schieten. Zij zou de twee nachten daarna 'dienst' hebben. 'Als je denkt dat je in de verleiding zult komen om Ed te gaan helpen,' zei ik, 'kun je het beste helemaal niet thuisblijven. Ga dan bij je moeder slapen.'

De eerste avond was zwaar voor Ed, die altijd doorsliep of in elk geval in bed bleef liggen wanneer Sarah wakker werd. Normaal gesproken ging Rona er 's nachts uit. Maar hij was er graag toe bereid. Hij moest Sarah wel zestig keer oppakken voordat ze weer ging slapen, maar toch was hij trots dat het hem uiteindelijk lukte. De volgende nacht kostte het hem slechts tien minuten om Sarah weer in slaap te krijgen. Zondagochtend, toen ik bij het stel langsging, gaf Rona toe dat ze in eerste instantie niet had gedacht dat het Ed zou lukken met O.P./N.L. Ze was zo onder de indruk dat ze voorstelde dat hij het nóg een nacht zou doen. Sarah bleek zondagnacht wel even gejengeld te hebben, maar was uit zichzelf weer in slaap gevallen. Papa had helemaal niet naar haar toe hoeven gaan.

De drie daaropvolgende nachten sliep Sarah door. Donderdagnacht werd ze echter weer wakker. Omdat ik Rona en Ed had gewaarschuwd dat er een terugval zou komen – dat is vrijwel altijd zo in het geval van wakker worden uit gewoonte – wist Rona in ieder geval wat ze kon verwachten. Ze ging naar Sarah toe, maar hoefde maar drie keer O.P./N.L. te doen voordat ze weer in slaap viel. Binnen een paar weken behoorde het 's nachts wakker worden tot het verleden.

Zes tot acht maanden: de baby kan steeds meer

Je baby is lichamelijk nu tot veel meer in staat. Hij probeert steeds vaker zelf rechtop te zitten of kan dat misschien al, en misschien kan hij zich ook al optrekken tot een staande positie. Tegen het eind van de vierde maand moet hij 's nachts zeker zes tot zeven uur door kunnen slapen, in elk geval zodra hij vast voedsel krijgt. Droomvoedingen houden rond zeven tot acht maanden op; nu drinkt je baby tussen de 180 en 240 ml per voeding en krijgt hij behoorlijk wat vaste voeding. Het is belangrijk om niet abrupt met de droomvoeding te stoppen, want daardoor kunnen slaapproblemen ontstaan. Je moet het aantal calorieën overdag geleidelijk opvoeren voordat je ze 's avonds achterwege laat (zie kader pagina 157 voor een stappenplan waarmee je de droomvoeding geleidelijk kunt laten vervallen). **Veelvoorkomende problemen.** Doordat de fysieke capaciteiten van je baby toenemen en hij meer beweegt, kan hij slechter gaan slapen. Als hij regelmatig wakker wordt, gaat hij misschien rechtop in bed zitten of zelfs staan als

Het ledikantje leuk maken

Als je kind weerstand heeft tegen zijn bedje, leg hem er dan eens in als het geen bedtijd is. Maak er een spelletje van. Leg een heleboel leuke speeltjes in het ledikantje (vergeet niet om ze er weer uit te halen als het tijd wordt om te gaan slapen). Leg je baby erin en speel kiekeboe. Blijf eerst in de kamer. Zorg dat je druk bezig bent, bijvoorbeeld met kleertjes in de kast leggen, maar blijf de hele tijd tegen hem praten. Zodra hij met zijn speelgoed aan de gang gaat en merkt dat het ledikantje best leuk is en geen gevangenis, zul je uiteindelijk de kamer uit kunnen gaan. Blijf echter niet te lang weg en laat hem nooit huilen.

hij niet meteen weer in slaap valt. Als hij nog niet in staat is zelf weer te gaan zitten, zal hij gefrustreerd raken en om jou roepen. Afhankelijk van hoe je daarmee omgaat, bestaat de kans dat je gaat opvoeden tegen wil en dank. Het kan ook zijn dat je kind buikpijn krijgt door de introductie van vast voedsel. (Daarom introduceer je nieuw voedsel altijd 's ochtends, zie pagina 191). Ook het krijgen van tandjes kan een rol spelen, evenals inentingen. Door beide kan het slaapritme in de war geschopt worden. Daarnaast krijgen sommige baby's in de zevende maand last van scheidingsangst, wat meestal meer invloed heeft op slapen overdag dan 's nachts, maar over het algemeen komt dat pas later (zie 'Acht maanden tot een jaar,' pagina 299).

Belangrijke vragen. Wordt je baby elke nacht om dezelfde tijd wakker of is het elke keer op een ander tijdstip? Wordt hij slechts een of twee keer per nacht wakker? Huilt hij? Ga je meteen naar hem toe? Ik heb al eerder uitgelegd dat het steeds op een ander tijdstip wakker worden meestal betekent dat hij een groeispurt doormaakt en/of overdag niet genoeg eten krijgt om de nacht door te komen. Vuistregel als hij je 's nachts wakker maakt is dat je hem overdag meer eten moet geven (pagina 246). Als hij elke keer om dezelfde tijd wakker wordt, is het echter vrijwel altijd een kwestie van opvoeden tegen wil en dank (zie pagina 237-238). Maar hoe ouder je baby is, des te moeilijker het wordt om die gewoonte te doorbreken. Als hij slechts eenmaal per nacht wakker wordt, probeer dan mijn methode van 'wakker maken om te gaan slapen' eens, die ik heb beschreven in hoofdstuk 5 (zie kader pagina 237): blijf niet liggen wachten tot hij voor de zoveelste keer om 4.00 uur 's nachts wakker wordt, maar ga een uur eerder naar hem toe en maak hem wakker! Wordt hij echter méérdere keren per nacht wakker, dan is het niet alleen zijn interne klok die hem wakker maakt, maar komt het ook omdat jij al bij de eerste de beste kik naast zijn bedje staat. Als dat al een aantal maanden aan de gang is, moet je aan de slag met O.P./N.L. om de gewoonte te doorbreken. **Begin je met het slaapritueel op het moment dat hij moe wordt?** Met zes maanden moet je de slaapsignalen van je baby wel kennen. Als hij jengelt en hij blijft jengelen nadat je hem even ergens anders hebt neergezet, weet je dat hij moe is. **Leg je hem nog steeds op dezelfde manier als altijd in bed? Is hij altijd al zo geweest? Wat heb je voorheen gedaan om hem te kalmeren?** Als dit iets van de laatste tijd is, stel ik een aantal vragen over het verloop van de hele dag; wat voor routine hij heeft, wat voor acti-

viteiten hij doet, welke veranderingen er hebben
plaatsgevonden. **Slaat hij
een slaapje over?** Op deze
leeftijd hebben baby's overdag nog steeds twee slaapjes
nodig, dus misschien krijgt
hij niet genoeg slaap op een
dag. **Is hij heel actief, en kan
hij zichzelf verplaatsen,
kruipen of optrekken tot hij
staat? Wat voor activiteiten
doet hij?** Misschien moet je
iets rustiger activiteiten
met hem doen voordat hij
gaat slapen, vooral 's middags. **Ben je pas begonnen
met het geven van vast voedsel? Wat voor nieuw voedsel heb je
hem gegeven? Introduceer je nieuwe voedingsmiddelen uitsluitend 's morgens?** (Zie pagina 190). Het kan zijn dat zijn maag van
streek is door nieuw voedsel.

> **Probeer dit thuis eens... of niet**
>
> Bij een kind dat getraumatiseerd is door zijn
> bedje of maar niet in slaap lijkt te kunnen val-
> len zonder een warm lijf tegen zich aan, kruip
> ik soms zelf in het ledikantje (zie het verhaal
> van Kelly op pagina 296) of zorg ik in elk ge-
> val dat mijn bovenlichaam naast hem ligt.
> Klim niet in het bedje van je kind als je meer
> weegt dan 70 kilo weegt. Let op: sommige
> kinderen duwen je weg als je in hun bedje
> klimt en je hoofd naast dat van hen wil leg-
> gen. Dat is prima. Ga meteen weer weg. Je
> weet dan dat deze techniek niet werkt voor
> jóúw baby.

Hoe pas je O.P./N.L. toe? Wanneer ouders zeggen: 'Hij raakt alleen maar meer over zijn toeren als ik hem oppak,' gaat het meestal over een baby van zes tot acht maanden oud, een leeftijd waarop een kind in staat is zich fysiek te verzetten. Je moet dan ook
proberen er een samenwerking van te maken. Duik niet omlaag
om hem onverhoeds op te pakken, maar strek je armen uit en
wacht tot hij dat ook doet. Zeg: 'Kom maar in mijn armen. Laat
me je oppakken.' Zodra je hem oppakt, leg je hem in een horizontale positie en zegt: 'Het is al goed, we gaan gewoon slapen.' Wieg
hem niet. Leg hem onmiddellijk weer neer. Maak geen oogcontact terwijl je hem troost, want dan kun je niet voorkomen dat hij
contact met je maakt. Het kan zijn dat je hem moet helpen zijn
armen en benen onder controle te houden. Als hij om zich heen
begint te zwaaien, kan hij zichzelf nog niet kalmeren. Daar heeft
hij jouw hulp bij nodig. De meeste baby's van zes maanden worden niet meer ingebakerd, maar je kunt wel een dekentje heel
strak om hem heen wikkelen en slechts een arm vrijlaten. Door
hem stevig maar voorzichtig vast te houden (bijvoorbeeld je on-
derarmen langs zijn lijfje te drukken) kun je hem in slaap helpen
komen.

Zodra hij wat tot rust komt, zie je dat hij zichzelf gaat troosten. Het gehuil kan nu meer als een 'mantrahuiltje' klinken (zie kader pagina 290). Laat hem liggen, maar blijf in de buurt en troost hem. Houd een hand zachtjes op zijn lijfje, maar zonder te sussen of te kloppen. Op deze leeftijd komen het geluid en de aanraking hem juist wakker houden. Als hij weer gaat huilen, strek je je armen uit en wacht je tot hij dat ook doet. Blijf geruststellend praten. Als hij zijn armen naar je uitstrekt, pak hem dan weer op en leg hem weer neer. Komt hij tot rust, dan moet je misschien een stapje achteruit doen zodat hij je niet ziet. Dat hangt van het kind af. Sommige kinderen vallen moeilijker in slaap als ze je goed kunnen zien; dan vorm je een te grote afleiding.

Een praktijkvoorbeeld van zes tot acht maanden: slapeloos sinds de geboorte

'Kelly zet het op een brullen als het tijd is om naar bed te gaan. Waarom doet ze dat? Wat wil ze daarmee zeggen?' Shannon was aan het eind van haar Latijn door haar acht maanden oude dochtertje. Kelly's nachtelijke gedrag was de afgelopen paar maanden alleen maar erger geworden. 'Ik heb geprobeerd haar op te pakken totdat ze rustig wordt, en haar dan weer in haar bedje te leggen. Maar dan raakt ze alleen maar meer overstuur als ik haar weer neerleg.' Shannon gaf toe dat ze er elke avond weer tegen opzag om Kelly naar bed te brengen, en nu was het sinds kort ook overdag raak. 'Ze brult bijna elke keer als ze in slaap valt in haar bedje, de auto of de wandelwagen. Ik weet dat ze moe is, want ze wrijft in haar oogjes en trekt aan haar oortjes. Ik houd haar kamer donker, op een klein lampje na. Ik heb het met en zonder nachtlampje geprobeerd, met en zonder muziek… ik weet gewoon niet meer wat ik moet doen.' Shannon had mijn eerste boek gelezen en zei: 'Ik heb niet opgevoed tegen wil en dank. Ze valt nooit in slaap als ik haar vasthoud en ik neem haar niet bij me in bed. Ze raakt gewoon overstuur.'

Ook ik wist het even bijna niet meer, maar Shannon gaf me toch wat bruikbare informatie. Ten eerste vertelde ze me dat dit al aan de gang was sinds de geboorte. Ook al dácht de moeder dat ze niet aan opvoeden tegen wil en dank had gedaan, het was me duidelijk dat Kelly afhankelijk van haar moeder was geworden, die haar kwam redden. Haar oppakken was een hulpmiddel geworden. Natuurlijk is het belangrijk om een huilend kind te troosten, maar Shannon hield Kelly té lang vast. Hoewel ik het heel goed vond dat Shannon de slaapsignalen van haar dochter begreep, vermoedde ik dat ze ook daarmee te lang wachtte. Als een baby van acht maanden in zijn oogjes wrijft en aan zijn oortjes trekt, is hij al behoorlijk moe. De moeder moet dus eerder actie ondernemen. Bij oudere kinderen moet je kleine stapjes zetten om je doel te bereiken. Ik zei tegen Shannon dat ze moest beginnen Kelly te leren inslapen door O.P./N.L. eerst overdag toe te passen en daar later ook 's avonds mee door te gaan. Ze belde me de volgende dag op: 'Tracy, ik heb alles precies gedaan zoals jij het zei, maar het werd alleen maar erger, ze brulde de hele boel bij elkaar. Ik dacht: dit kan Tracy nooit bedoelen.'

We moesten dus overstappen op plan B, wat vaak het geval is met een ouder kind dat al sinds de geboorte een slecht slaappatroon heeft. We hebben hier te maken met een diep verankerde gewoonte. Ik ging Shannon de dag daarop helpen. Toen het tijd werd dat Kelly ging slapen, begonnen we aan haar gewone slaapritueel. Toen legde ik haar op de matras. Ze begon meteen te huilen, zoals haar moeder al voorspeld had, dus deed ik de zijkant van haar ledikantje helemaal omlaag en klom ik bij haar in bed. Ik legde mijn hele lichaam in het ledikantje. Je had haar gezichtje moeten zien toen ik erin klom; en ook Shannon stond ervan te kijken.

Toen ik naast Kelly lag, legde ik mijn wang tegen die van haar. Ik pakte haar niet op, maar gebruikte alleen mijn stem en aanwezigheid om haar te kalmeren. Zelfs toen ze indommelde en uiteindelijk in diepe slaap was, bleef ik daar. Ze werd anderhalf uur later wakker en ik lag nog steeds naast haar.

Shannon vroeg zich verward af: 'Is dat geen co-slapen?' Ik legde uit dat ons einddoel was dat Kelly zelfstandig ging slapen, maar dat ze dat nu nog niet kon. Ook had ik het gevoel dat ze bang was voor haar ledikantje. Waarom zou ze anders zo krijsen? Daarom was het belangrijk dat ik er nog was toen ze wakker werd. Daarbij kwam dat we Kelly niet meenamen naar het bed van haar ouders. Nee, ik bleef bij haar *in haar eigen bedje*.

Toen ik dieper ging graven en de moeder een aantal vragen stelde, gaf Shannon toe dat ze de afgelopen paar maanden wel 'een of twee keer' had geprobeerd Kelly te laten huilen, maar dat had opgegeven omdat het 'nooit werkte.' Toen ik dat hoorde, was het net of er een sleutel werd omgedraaid. Ik wist meteen dat we niet alleen te maken hadden met een slecht slaappatroon, maar ook met een vertrouwensbreuk. Ook al had ze maar twee keer de methode van 'laten huilen' uitgeprobeerd, Shannon had haar dochter beide keren volledig tegengestelde signalen gegeven. Ze had haar in haar eentje laten huilen en haar daarna weer opgepakt. Zonder het te beseffen had ze haar dochter helemaal in de war gebracht. Erger nog, Shannon had Kelly zonder er erg in te hebben laten lijden door haar te laten huilen, om haar daarna te redden van een methode die Shannon zélf had geïnitieerd. In dit soort gevallen hoef je niet eens te beginnen aan O.P./N.L. als je niet eerst de vertrouwenskwestie oplost. Toen we hier eenmaal over spraken, zag Shannon dat ze wel degelijk behoorlijk wat had opgevoed tegen wil en dank. Voor Kelly's tweede slaapje ging ik éérst in het ledikantje liggen en vroeg ik Shannon me de baby aan te geven. Toen Kelly naast me lag, klom ik uit het bedje. Natuurlijk begon Kelly te huilen. 'Rustig maar,' zei ik op zachte, geruststellende toon. 'We gaan niet weg. Je gaat alleen maar slapen.' Eerst klonk Kelly's gehuil heel intens, maar ik hoefde maar vijftien keer over haar buikje te strelen of ze ging al slapen. Shannon bleef die nacht O.P./N.L. doen toen Kelly wakker werd. Het drong tot haar door dat Kelly in haar armen nemen en onmiddellijk weer neerleggen heel iets anders was dan haar oppakken en blijven vasthouden. Ik spoorde haar ook aan om Kelly steeds langer gewoon in haar bedje te leggen om te spelen. 'Leg er speelgoed in. Maak er een leuke plek van tijdens haar wakkere uurtjes. Ze moet zien dat haar bedje eigenlijk een heel leuke plek is (zie kader pagina 293). Over een tijdje zul je zelfs gewoon de kamer uit kunnen lopen zonder dat je dochter een scène schopt.'

Na een week begon Kelly het leuk te vinden om in haar bedje te spelen. Ze sliep overdag en 's nachts consistenter. Ze werd nog steeds af en toe wakker en schreeuwde om haar moeder, maar nu wist Shannon tenminste hoe ze O.P./N.L. goed moest doen en kon ze haar baby redelijk snel weer in slaap krijgen.

Acht maanden tot een jaar: opvoeden tegen wil en dank op zijn slechtst

In deze periode kunnen veel baby's kruipen, sommige lopen en ze kunnen zichzelf allemaal optrekken tot staan. Vaak gebruiken ze speeltjes in hun bedje als projectielen wanneer ze niet kunnen slapen. Ook hun gevoelsleven is rijker: hun geheugen is beter en ze begrijpen oorzaak en gevolg. Hoewel scheidingsangst al met zeven maanden kan voorkomen, is het op deze leeftijd meestal het ergst (zie pagina 106-111). Alle kinderen hebben er in zekere mate last van, omdat ze nu oud genoeg zijn om zich te realiseren dat er iets ontbreekt. Ze kunnen gaan huilen omdat ze hun pop of tuttel missen. En ze kunnen ook begrijpen: 'O, mama loopt de kamer uit,' en zich afvragen: 'Komt ze wel terug?' Je moet nu ook gaan opletten wat ze op tv zien, want de beelden blijven in hun hoofd hangen en kunnen voor slaapstoornissen zorgen.

Veelvoorkomende problemen. Omdat je baby meer energie heeft – en steeds leuker gezelschap wordt – kun je in de verleiding komen hem langer op te houden. Met zeven of acht maanden zal hij echter juist eerder naar bed willen, vooral als hij een slaapje overslaat. Tandjes krijgen, een actiever sociaal leven en angsten kunnen redenen zijn dat je baby 's nachts af en toe wakker wordt, maar als het om een blijvend patroon gaat, is de oorzaak vrijwel altijd opvoeden tegen wil en dank. Soms bestaan de slechte gewoonten al maanden ('O, hij was nooit een goede slaper, en nu krijgt hij ook nog tandjes'). Maar nieuwe gewoonten ontstaan vaak wanneer ouders midden in de nacht meteen naar binnen stormen om hun baby te redden in plaats van hem te kalmeren en te leren hoe hij zelf weer in slaap kan vallen. Natuurlijk moet je hem troosten als hij wakker wordt, en als hij tandjes krijgt moet je iets aan de pijn doen; en in beide gevallen mag je hem best even extra knuffelen. Maar je moet ook een grens trekken en niet te overdreven reageren. Hij voelt je medelijden heel goed aan en leert al heel gauw hoe hij je kan manipuleren. Slaapproblemen als gevolg van opvoeden tegen wil en dank zijn op deze leeftijd vaak moeilijker te ontrafelen dan in een eerder stadium, omdat er nu diverse lagen van langdurige problemen zijn (zie het praktijkvoorbeeld over Amelia vanaf pagina 303).

Dit kan ook een onstabiele periode zijn voor de routine, en er zijn een heleboel mogelijke varianten in verschillende gezinnen.

Op sommige dagen heeft je baby een ochtendslaapje nodig en op andere dagen slaat hij het over, of wil hij 's middags niet slapen. De meeste baby's slapen nu 's ochtends drie kwartier en 's middags langer. Sommige gaan van twee slaapjes van anderhalf uur naar één van drie uur. Als je het maar gewoon over je heen laat komen en in gedachten houdt dat het maar een paar weken duurt, is de kans kleiner dat je overgaat op opvoeden tegen wil en dank dan wanneer je in paniek raakt en een snelle oplossing zoekt. (Meer over overdag slapen op pagina 306-307). **Belangrijke vragen. Hoe ging het 's nachts wakker worden in zijn werk en wat heb je de eerste keer gedaan? Wordt hij elke nacht om dezelfde tijd wakker?** Als je er de klok op kunt gelijkzetten, gaat het vrijwel altijd om een slechte gewoonte. Als hij onregelmatig wakker wordt, vooral rond negen maanden, kan het zijn dat het wakker worden te wijten is aan een groeispurt. **Als dit al een paar dagen aan de gang is, ben je dan op dezelfde manier doorgegaan? Neem je hem mee naar je eigen bed?** Het kost slechts twee tot drie dagen om een slechte gewoonte te ontwikkelen. **Geef je hem de fles of de borst wanneer hij wakker wordt?** Als hij veel drinkt, kan het om een groeispurt gaan; zo niet, dan is het opvoeden tegen wil en dank. **Gebeurt het alleen bij jou of ook bij je partner?** Vaak zegt de een tegen me dat het scheidingsangst is, en is de ander het daar niet mee eens; soms is de moeder heel bezitterig en denkt ze dat zij beter met het kind omgaat dan de vader. We moeten bepalen wie de leiding neemt. Het is uiteraard het beste als de ouders hun krachten verdelen en om beurten twee nachten aan de slag gaan (zie pagina 316-318 en kader pagina 217), maar dat kan alleen als ze allebei thuis zijn rond bedtijd en ook nog op dezelfde golflengte zitten. Als een van de ouders echter de neiging heeft om de baby te lang vast te houden, het niet al te nauw neemt met de slaaptijden of een hulpmiddel gebruikt om de baby in slaap te krijgen, zal deze inconsistentie uiteindelijk tot slaapproblemen leiden. **Probeer je je baby iets langer op te laten blijven nu hij ouder wordt?** Zo ja, dan doorbreek je het natuurlijke patroon dat je hebt bewerkstelligd, waardoor je zijn slaapritme kunt verstoren. **Heeft hij tandjes? Hoe eet hij?** Als hij een paar tandjes heeft, komen ze soms allemaal tegelijk door. Sommige baby's hebben daar veel last van en voelen zich er niet lekker door: een loopneus, zere billetjes, onrustig slapen. Ze weigeren dan vaak eten, maar worden 's nachts wakker van de honger. Bij andere zie je soms ineens een tandje zonder dat er symptomen merkbaar zijn geweest.

Als ik het idee heb dat de slaap wordt verstoord door angst, vraag ik: **Heeft hij zich ooit verslikt in vast voedsel? Is hij onlangs ergens van geschrokken? Is hij met een nieuw speelgroepje begonnen? Zo ja, is hij dan misschien gepest? Is er iets veranderd in je gezin: een nieuwe oppas, mama die weer aan het werk gaat, een verhuizing?** Er is vaak iets nieuws geïntroduceerd of gebeurd. **Heb je hem naar iets nieuws laten kijken op tv of video?** Hij is nu oud genoeg om beelden te onthouden waar hij later bang van kan zijn. **Heb je zijn ledikantje vervangen door een bed?** Veel mensen vinden dat baby's van een jaar al in een bed voor grote kinderen kunnen slapen, maar naar mijn mening is dat veel te vroeg (meer over de overstap naar een bed voor grote kinderen op pagina 335).

Hoe pas je O.P./N.L. toe? Wanneer hij om je huilt, ga je naar zijn kamer, maar *wacht je tot hij gaat staan.* Een kind van acht tot twaalf maanden oud kan vaak veel makkelijker in slaap komen als hij níét in je armen ligt. Pak hem dus niet helemaal op, tenzij hij helemaal over zijn toeren is. Bij de meeste baby's van tien maanden en ouder kun je zelfs beter alleen het N.L. gedeelte van de methode doen, zonder hem op te pakken (zie pagina 342). Als je klein bent, zoals ik, is het handig om een krukje in de buurt te hebben; dat maakt het oppakken een stuk eenvoudiger.

Terwijl je aan de rand van het bedje staat, sla je een arm onder zijn knietjes en je andere arm om zijn rug, waarna je hem omdraait en weer op de matras legt, met zijn gezicht van je af en niet naar je toe. Elke keer wacht je totdat hij helemaal staat voordat je hem weer neerlegt. Dan pak je hem op en leg je hem onmíddellijk weer op dezelfde manier neer. Stel hem met een ferme hand op zijn rug gerust: 'Het is goed, lieverd, je gaat alleen maar slapen.' Op deze leeftijd gebruik je je stem zelfs nog meer dan bij jongere baby's, omdat ze nu veel meer begrijpen. Benoem ook zijn emoties voor hem, een gewoonte die voortduurt als je allang geen O.P./N.L. meer gebruikt (meer hierover in hoofdstuk 8). 'Ik ga niet weg, ik weet dat je [gefrustreerd/bang/oververmoeid] bent.' Hij zal weer gaan staan en je zult het hele proces vele malen moeten herhalen, afhankelijk van hoeveel opvoeden tegen wil en dank er vooraf is gegaan aan zijn slaapprobleem. Gebruik dezelfde geruststellende woorden en voeg eraan toe: 'Het is bedtijd,' of: 'Het is tijd om te slapen.' Het is belangrijk om die woorden aan zijn woordenschat toe te voegen als je dat nog niet gedaan hebt. Help hem slapen als iets goeds te zien.

Uiteindelijk zal hij genoeg stoom hebben afgeblazen. Dan gaat hij niet staan, maar zitten. Elke keer leg je hem weer neer. Denk eraan dat hij rond de acht maanden genoeg geheugen heeft om te begrijpen dat je terugkomt als je bent weg geweest. Met O.P./N.L. zorgt het feit dat je er bent om hem te troosten ervoor dat dat vertrouwen wordt opgebouwd. Het is ook een goed idee om hem op andere tijdstippen van de dag te vertellen: 'Ik ga naar de keuken; ik ben zo terug.' Daardoor ziet hij dat je je aan je woord houdt en blijf je vertrouwen kweken.

Als je kind nog geen veilig voorwerp heeft, zoals een zachte doek of een knuffelbeest, is dit een goed tijdstip om dat in te voeren. Wanneer hij in bed ligt, geef je hem de knuffel of de tuttel en zegt: 'Hier is je tuttel [of de naam van de knuffel],' waarna je de woorden 'Je gaat gewoon slapen' herhaalt.

Vaak vragen ouders van baby's van tien, elf of twaalf maanden oud die O.P./N.L. of een andere methode hebben gebruikt: 'Mijn kind heeft geleerd uit zichzelf in slaap te vallen, maar huilt als ik niet bij hem blijf totdat hij helemaal in slaap is. Hoe kom ik dan de kamer uit?' Je wilt natuurlijk geen gijzelingssituatie creëeren, want dat is niet veel beter dan met hem gaan rondlopen. Wanneer je O.P./N.L. hebt gedaan totdat je kind in staat is redelijk snel in slaap te vallen, duurt het misschien nog twee tot drie dagen (of langer) voordat je zonder problemen de kamer uit kunt lopen. Blijf de eerste avond bij zijn bedje staan nadat hij rustig is gaan liggen. Waarschijnlijk tilt hij zijn

---

Een luchtbed gebruiken

In sommige gevallen waarin ik de O.P./N.L.-methode demonstreer, breng ik ook een luchtbed mee naar de kinderkamer, zodat ik naast de baby kan kamperen. Dat doe ik soms een nacht, maar ook wel eens een week of langer; dat hangt van de situatie af. Ik heb het wel eens bij een baby van drie maanden gedaan, maar meestal doe ik het bij oudere baby's en peuters wanneer:

... een kind nog nooit op zichzelf heeft geslapen

... ik een kind wil spenen dat 's nachts niet kan slapen zonder aan mama's borst te sabbelen

... een kind nooit consistentie heeft gekend en je naar binnen moet om hem weer in slaap te krijgen zodra hij wakker wordt

... ouders het kind wel eens hebben laten huilen, waardoor hij er niet langer op vertrouwt dat er aan zijn behoeften tegemoet wordt gekomen.

hoofd op om te kijken of je er nog wel bent. Als je aanwezigheid hem te veel afleidt, ga dan eerst staan, maar hurk zo mogelijk neer zodat je niet meer in zijn gezichtsveld bent. Zeg in elk geval niets en maak geen oogcontact. Blijf totdat je zeker weet dat hij in een diepe slaap is. Doe de avond daarna hetzelfde, maar ga iets verder bij het ledikantje vandaan staan. Daarna ga je elke avond een klein stukje verder richting de deur staan, totdat je uiteindelijk de kamer uit bent.

Als je kind last heeft van scheidingsangst en zich aan je vast-klampt zodat je hem niet kunt neerleggen, houd dan je lichaam in het bedje en stel hem gerust: 'Oké, ik blijf hier.' Als hij steeds har-der gaat huilen, pak je hem weer op. De eerste avond kan het hui-len behoorlijk erg zijn als je al eens hebt geprobeerd hem maar te laten huilen. Dat kom omdat hij verwácht dat je weg zult gaan en daarom blijft controleren of je er nog bent. In dergelijke gevallen neem ik een luchtbed mee en slaap ik op zijn minst de eerste nacht bij hem in de kamer. De tweede avond haal ik het luchtbed weg en doe ik alleen O.P./N.L. Meestal gaat het dan de derde avond goed (zie ook pagina 344).

Praktijkvoorbeeld van acht maanden tot een jaar: meerdere problemen, één plan

Patricia stuurde me een e-mail omdat ze zich zorgen maakte over Amelia van elf maanden. Daarna volgden heel wat telefoonge-sprekken tussen mij en Patricia en haar man Dan, die meeluister-de via de speaker. Ik gebruik dit geval als voorbeeld omdat eruit blijkt hoe verraderlijk opvoeden tegen wil en dank kan zijn – de ene slechte gewoonte stapelt zich op de andere – en hoe een tijde-lijk terugval, zoals het doorkomen van tandjes, de situatie nog ge-compliceerder kan maken. Ook wordt duidelijk hoe de wissel-werking van een stel een plan kan saboteren dat bedoeld was om het probleem op te lossen.

Van de tweede tot en met de zesde maand sliep Amelia 's nachts door. Maar sinds ze met zes maanden tandjes kreeg, ging het bergafwaarts. Ik ontwikkelde de slechte gewoonte om haar in de kinderwagen te leggen om haar overdag in slaap te krijgen, wat ik maandenlang gedaan heb maar waar ik uiteindelijk een punt achter heb gezet. Dan en ik namen haar ook mee naar ons eigen bed als ze niet meer wilde slapen. Dat werkt echter niet meer, want ze valt niet meer in slaap in ons bed. Nu wieg ik haar zowel overdag als 's avonds op een wiegeliedje heen en weer als ze moet slapen. We hebben een routine voor het slapengaan: voorlezen, de fles, wiegeliedje. Ik doe haar niet elke avond in bad. Is dat erg?

Ik ben net begonnen met de methode van O.P./N.L. Soms raakt ze daar alleen maar meer overstuur van, wordt ze boos en gaat ze steeds harder huilen, totdat ik het uiteindelijk niet meer aan kan horen en haar maar weer in mijn armen in slaap wieg. Ik probeer mijn man ervan te overtuigen dat we haar moeten leren uit zichzelf in slaap te vallen. Zijn we daar nu, na elf maanden, niet te laat mee? Ik weet niet of ik haar op deze leeftijd 's nachts nog wel een fles moet geven. Eerst maakte ze me gewoon wakker om de speen terug te stoppen in haar mond en ging ze daarna gewoon weer slapen, maar nu valt ze daarna niet meer in slaap. Wat het ook moeilijk maakt is dat mijn man haar niet langer dan een minuut kan laten huilen. Hij houdt haar steeds maar vast, ook als ze alleen maar jengelt en niet echt huilt. Ik probeer hem ook op te voeden. Help, ik heb het idee dat geen van mijn pogingen succes heeft!

De afgelopen paar maanden heeft de kleine Amelia geleerd dat als je maar lang en hard genoeg huilt, er altijd wel iemand komt die je oppakt, vasthoudt en wiegt. Het veelbetekende zinnetje 'eerst deed ze…' is je vast al opgevallen. We hebben hier dus te maken met een baby van wie de ouders al vanaf de eerste dag hebben opgevoed tegen wil en dank. Hoewel Patricia zegt dat ze 'een punt heeft gezet' achter het slapen in de wandelwagen, geeft ze later toe dat Dan en zij Amelia vrijwel altijd in slaap moeten wiegen, al vanaf het begin. Toen Amelia tandjes kreeg, grepen de ouders zelfs nog vaker in. Wat de situatie nog moeilijker maakt is dat de vader en de moeder niet bepaald op één lijn zitten. In dit geval lijkt Dan in ernstige mate te lijden aan wat ik het 'arme baby'-syndroom noem, wat opspeelt wanneer ouders zich schuldig voelen als hun kind huilt en zich in allerlei bochten wringen om te zorgen dat de kleine schat zich beter voelt.

Toch had ik een zwak voor dit stel, omdat ze zo serieus bereid waren om hun eigen gedrag te veranderen. Ook wisten ze zelf heel goed wat er aan schortte. Patricia wist dat ze Amelia nooit had leren slapen. Ze wist dat ze allebei heel wat hadden opgevoed tegen wil en dank. Ik denk dat ze zelfs wist dat ze probeerde haar eigen opvoeden tegen wil en dank te vergoelijken door erop te wijzen wat Dan allemaal fout deed ('Hij houdt haar steeds maar vast, ook als ze alleen maar jengelt en niet echt huilt'). Maar Patricia wilde haar man niet echt als zondebok aanwijzen. Integendeel, ze was opgelucht toen ik zei: 'Het eerste wat we moeten doen, is zorgen dat jullie op één lijn zitten. Het doet er niet toe wie wat heeft gedaan. Laten we een plan bedenken.'

Ik zei dat ze O.P./N.L. moesten toepassen en Amelia moesten neerleggen zodra ze ging staan. Ze waren gewend om haar te wiegen, maar nu moesten ze haar leren in haar bedje te gaan liggen. 'Ze zal ontzettend kwaad worden,' waarschuwde ik, 'en vreselijk gefrustreerd zijn. Maar vergeet niet dat huilen haar manier is om te zeggen: "Ik weet niet hoe dit moet. Willen jullie me helpen?"' Ik stelde ook voor dat Patricia degene zou zijn die naar Amelia toe zou gaan. 'Dan, je bent een geweldige vader en heel betrokken. Maar je hebt al gezegd dat je er niet tegen kunt om Amelia te horen huilen. In dit geval is het beter als mama naar haar toe gaat, omdat jij misschien zou toegeven. Het lijkt erop dat je, net zoals zoveel ouders, bang bent om je kind in de steek te laten, of denkt dat ze niet van je houdt als je niet op elke kik reageert.'

Dan gaf toe dat ik gelijk had. 'Toen Amelia geboren werd, zag ik dat schattige meisje en had ik het gevoel dat ik haar tegen de boze wereld moest beschermen. Als ze huilt, heb ik het gevoel dat ik tekortschiet.' Dan is niet de enige; veel vaders – vooral van meisjes – hebben de behoefte hun kind te beschermen. Maar Amelia moest nu iets leren en hoefde niet gered te worden, dus maakte ik een afspraak met Dan. Hij beloofde dat hij niet tussenbeide zou komen.

Na de eerste nacht belde Patricia me op. 'Ik heb gedaan wat je zei, en ook Dan heeft zijn woord gehouden. Hij was in de andere kamer en heeft alles gehoord. Hij is niet één keer binnengekomen. Ik denk niet dat hij een oog heeft dichtgedaan. Is het normaal om haar meer dan honderd keer te moeten oppakken? Zelfs ík had het gevoel dat we het arme kind martelden. Ik ben wel een uur bij haar geweest.'

Ik gaf Patricia een complimentje omdat ze zich aan het plan had gehouden en stelde haar gerust, want ze was op de juiste weg. 'Je leert haar gewoon om te slapen. Maar omdat je haar al eerder geleerd hebt dat ze een tijdje moet huilen en daarna toch wel wordt opgepakt, vraagt ze zich nu af hoelang ze moet huilen om dat voor elkaar te krijgen.'

De derde nacht leek het ietsje beter te gaan, want Patricia had nog maar veertig minuten nodig om haar dochter te troosten. Dan had bewondering voor het doorzettingsvermogen van zijn vrouw, maar Patricia was teleurgesteld. 'Nou, die magische driedagengrens uit je eerste boek kunnen we ook wel vergeten.' Ik legde uit dat er in veel gevallen wel degelijk na drie dagen een verandering te zien is, maar dat Amelia nu eenmaal een diepgewortelde slechte gewoonte had ontwikkeld. Patricia moest kijken naar wat ze wél had bereikt: het kostte haar nu al veel minder tijd om Amelia in slaap te krijgen.

Op de zesde dag was Patricia in een jubelstemming. 'Het is een wonder!' riep ze uit. 'Gisteravond kostte het me slechts twee minuten om haar neer te leggen. Ze jengelde een beetje, maar ze pakte haar tuttel, draaide zich om en ging slapen. Maar ik moest haar nog wel geruststellend toespreken.' Ze zat duidelijk op het goede spoor. Alle kinderen moeten worden gerustgesteld, zei ik. Het komt maar heel zelden voor dat je een baby gewoon in bed legt en hij dan meteen naar dromenland vertrekt. Ik waarschuwde haar dat ze de slaaproutine zorgvuldig in stand moest houden: voorlezen, even knuffelen en haar dan neerleggen.

Twee weken later belde Patricia me op. Er waren acht dagen verstreken en Amelia ging steeds meteen slapen. Het enige probleem was dat mama en papa bang waren dat het niet zo zou blijven. Ik waarschuwde haar: 'Als je dat blijft denken, geef ik je op een briefje dat Amelia het aanvoelt. Probeer te genieten van hoe het nú gaat. Neem het zoals het is. En mocht ze een terugval krijgen, dan weet je nu in elk geval wat je moet doen. Opvoeden is nu eenmaal de ene keer makkelijker dan de andere.'

Overdag slapen

Hoewel ik het in alle vorige paragrafen wel even over slaapjes heb gehad, zijn problemen met overdag slapen – kinderen die overdag niet, te kort of onregelmatig slapen – niet leeftijdgebonden. Overdag slapen maakt een belangrijk deel uit van de FIJN-routine, want als baby's gedurende de hele dag genoeg slaap krijgen, gaan ze ook beter eten en kunnen ze 's nachts langere tijd achterelkaar slapen.

De klacht die ik het meest te horen krijg is: 'Mijn baby slaapt overdag niet langer dan drie kwartier.' Dat is niet zo gek. Mensen hebben een slaapcyclus van ongeveer drie kwartier. Sommige baby's doorlopen slechts één slaapcyclus en vallen daarna niet meer in slaap, maar worden wakker. (Dat gebeurt soms ook 's nachts.) Ze maken geluidjes of laten zelfs een paar mantrahuiltjes horen (zie kader pagina 290). Als een van hun ouders dan meteen naar ze toe rent, raken ze gewend aan dit soort korte slaapjes.

Een baby slaapt overdag ook te kort of zelfs helemaal niet als hij oververmoeid is als hij naar bed wordt gebracht (en haalt dan misschien niet eens de volle drie kwartier). Soms slaapt een baby overdag onregelmatig wanneer ouders te lang wachten om hem in bed te leggen. Wanneer hij gaapt, in zijn ogen wrijft, aan zijn oren trekt of zelfs aan zijn gezicht krabt, staat zijn slaapvenster al open. Vooral bij baby's van vier maanden en ouder is het zaak meteen te reageren. Wanneer ouders de signalen niet onderkennen en een baby zo lang op houden dat hij óververmoeid raakt, leidt dat vaak tot te korte slaapjes.

Overprikkeling is een veelvoorkomende oorzaak van een verstoring van het slaapjesritme, dus is het ook van belang dat je zorgt dat je baby kláár is om te gaan slapen. Je kunt hem niet zomaar in bed gooien zonder hem eerst tot rust te laten komen. Ik merk dat de meeste ouders zich wel bewust zijn van het belang van rituelen rond bedtijd – in bad gaan, een slaapliedje, even knuffelen – maar vergeten dat ze ook overdag zoiets moeten doen.

Slaapjes moeten niet te lang en niet te kort zijn; in beide gevallen wordt de routine verstoord. Slechte slaapgewoonten overdag verstoren niet alleen de routine, maar veroorzaken ook weerstand tegen de routine, want een baby die constant overprikkeld is, kán niet op het juiste pad blijven. Hier volgt een perfect voorbeeld van Georgina, een moeder uit Tennessee:

Ik heb je boek gelezen en geloof dat het FIJN-schema kan werken voor mijn dochtertje Dana. Helaas heeft Dana, die over een week vier maanden oud is, nog nooit enige routine gehad. Het lukt me met enige moeite om haar overdag in slaap te krijgen, maar hoe ontspannen de sfeer in de babykamer ook is, ze slaapt nooit langer dan een halfuur en heeft nog steeds slaap als ze wakker wordt. Daardoor is het lastig om me aan het FIJN-schema te houden, want ik kan haar niet voeden zodra ze wakker wordt, omdat het dan hoogstens twee uur geleden is dat ik haar heb gevoed. Ik zou graag willen weten hoe jij hierover denkt.

Dana heeft niet meer voedingen nodig; dat is een fout die veel ouders maken. Om FIJN te laten werken, moet ze overdag meer slapen. Georgina zal er een paar dagen voor moeten uittrekken om haar slaapjes te verlengen met behulp van O.P./N.L. Op deze leeftijd zou Dana twee keer per dag minstens anderhalf tot twee uur moeten slapen. Als ze slechts een halfuur slaapt, moet Georgina daarna nog een uur lang O.P./N.L. doen. Daarna moet ze Dana uit bed halen. Ze zal die eerste dag niet veel eten, want ze zal ongetwijfeld moe zijn, maar uiteindelijk zal de gewoonte van te korte slaapjes doorbroken worden en zal Dana op het juiste pad raken. (Georgina moet Dana nu ook op een routine van vier uur zetten; zie pagina 58-66).

Slechte slaapgewoonten overdag maken vaak deel uit van een groter slaapprobleem, maar we werken vrijwel altijd eerst aan de slaapjes overdag, omdat een goede dagrust leidt tot een goede nachtrust. Om de slaapjes te verlengen, moet je je baby's dag drie dagen lang in kaart brengen. Laten we zeggen dat we te maken hebben met een baby van vier tot zes maanden. Hij wordt om 7.00 uur wakker en slaapt 's ochtends meestal rond 9.00 uur. Als je de stadia van het slapengaan van twintig minuten hebt doorlopen (zie pagina 231) en je baby altijd binnen veertig minuten wakker wordt (rond 10.00 uur), moet je zorgen dat hij weer gaat slapen. (Ook ba-

---

Richtlijnen voor slaapinterventie

Weten wanneer je moet ingrijpen is vaak een kwestie van vertrouwen op je eigen inzicht en afgaan op je gezonde verstand. Als je je baby eenmaal goed begrijpt – wat met vier maanden hopelijk zo is – en je goed oplet, hoef je helemaal niet voor een raadsel te staan als het om overdag slapen gaat:

- Als je baby overdag *af en toe* kort slaapt en wel vrolijk is, laat hem dan maar.
- Als hij te kort heeft geslapen en huilt, betekent dat meestal dat hij meer rust nodig heeft. Grijp fysiek in met O.P./N.L. om hem weer in slaap te helpen.
- Als hij *twee of drie dagen achter elkaar* te vroeg wakker wordt na zijn slaapje, moet je uitkijken. Het kan zijn dat hij een nieuw patroon ontwikkelt, en je wilt niet dat hij gewend raakt aan slaapjes van drie kwartier. Smoor het in de kiem door hem 'wakker te maken om te gaan slapen', of met behulp van O.P./N.L.

---

by's van zes tot acht maanden slapen 's ochtends om ongeveer 9.00 uur. Tussen negen maanden en een jaar kan het ochtendslaapje om ongeveer 9.30 uur beginnen. Maar ongeacht de leeftijd gelden dezelfde regels om slaapjes te verlengen.) Je kunt kiezen uit twee manieren:

1. **Wakker maken om te slapen.** In plaats van te wachten tot hij wakker wordt, ga je na een halfuur zijn kamer binnen, omdat hij dan uit zijn diepe slaap begint te komen. (Onthoud dat een slaapcyclus meestal veertig à vijfenveertig minuten duurt.) Voordat hij helemaal wakker wordt, klop je zachtjes op zijn rug totdat je ziet dat zijn lijfje weer ontspant. Je kunt wel vijftien tot twintig minuten bezig zijn met zachtjes kloppen. Als hij echter begint te huilen, zul je hem in slaap moeten krijgen met behulp van O.P./N.L. (zie ook pagina 237-238).

2. **O.P./N.L.** Als je baby overdag helemaal niet wil slapen, kun je hem met behulp van O.P./N.L. in slaap krijgen. Of je kunt, als hij veertig minuten nadat je hem in bed hebt gelegd alweer wakker wordt, de methode gebruiken om hem weer in slaap te krijgen. De eerste keer dat je dit uitprobeert om een van beide situaties te verbeteren, kan het zijn dat je de hele periode die bestemd is voor het slaapje bezig bent met O.P./N.L., en dan is het tijd voor de volgende voeding. Nu zijn jullie allebei moe! Je aan de routine houden is net zo belangrijk als zijn slaapje verlengen en daarom moet je hem eerst voeden en dan proberen hem minstens een halfuur op te houden voordat je hem in bed legt voor zijn volgende dutje, en dan moet je waarschijnlijk weer O.P./N.L. toepassen omdat hij vermoeid is.

Ouders die gewend zijn om de baby te volgen in plaats van een gestructureerde routine aan te houden, raken vaak in de war wanneer ik hun instructies geef over slaapjes. Ze willen dat hun kind langer slaapt, maar vergeten dat ze zich daarbij ook aan de routine moeten houden, wat net zo belangrijk is, omdat het allemaal deel uitmaakt van de dagindeling. Dan zegt een moeder bijvoorbeeld: 'Hij wordt om 7.00 uur wakker, maar soms eet hij pas om 8.00 uur. Moet ik hem dan ook later in bed leggen voor zijn ochtendslaapje?' Ten eerste moet je hem om 7.15 of hooguit 7.30 uur zijn ontbijt geven; vergeet niet dat we hier een gestructureerde routine aanhouden. Hoe dan ook, je moet hem om 9.00 uur in bed leggen, of op zijn laatst om 9.15 uur, want dan is hij moe. Dan vraagt ze: 'Voed ik hem dan niet vlak voordat hij gaat slapen?' Nee, als hij vier maanden is, duren zijn voedingen geen drie kwartier meer. Sommige baby's drinken vaak een fles of een borst leeg in nog geen kwartier tijd. Na het eten heeft hij dus nog tijd om even te spelen. Ik geef toe dat het een frustrerende onderneming kan zijn om slaapjes te veranderen. Het duurt zelfs langer om overdag een goed slaapschema in te stellen dan om nachtelijke slaapproblemen op te lossen; het eerste duurt meestal een week of twee, het laatste slechts een paar dagen. Dat komt omdat je 's nachts een langere periode bezig bent. Overdag heb je alleen de tijdsspanne van het begin van het slaapje tot de volgende voeding; over het algemeen zo'n negentig minuten. Maar ik beloof je dat O.P./N.L. na de eerste dag steeds minder tijd kost en dat je baby bovendien elke keer weer langer achterelkaar slaapt. Tenzij je te snel opgeeft of in een van de andere valkuilen trapt die ik in de volgende paragraaf bespreek.

Het duivelse dozijn: twaalf redenen waarom O.P./N.L. misgaat

Als ouders mijn ideeën goed uitvoeren, werken ze. Toch heb ik na het verschijnen van mijn eerste boek duizenden e-mails over O.P./N.L. ontvangen. Ouders horen via vrienden over O.P./N.L., lezen erover op mijn website of lezen mijn eerste boek (waarin de basisfilosofie slechts globaal werd uitgelegd). Veel van die e-mails lijken op deze:

Ik ben zo in de war en wanhopig. Heidi is nu één en ik ben net begonnen met de O.P./N.L.-techniek. Wat moet ik doen wanneer ze overeind komt en op haar bedje gaat zitten? Moet ik dan tegen haar praten? Of shh… shh doen? Haar op haar rug kloppen? Moet ik de kamer uit gaan en terugkomen (meteen of pas als ze gaat huilen) of bij haar bedje blijven staan en O.P./N.L. doen? Hoe kom ik nu van die droomvoeding af? Ik geef die om 22.30 uur. Waarom wordt ze om 5.30 of 6.00 uur wakker? Kan ik iets doen om dat te veranderen? Ik wacht wanhopig op je reactie. Antwoord alsjeblieft.

Deze 'wanhopige moeder,' zoals ze zichzelf noemt, geeft tenminste nog toe dat ze in de war is en niet weet waar ze moet beginnen. Andere e-mails gaan maar door over het probleem van de baby ('Hij wil niet...', 'Ze weigert...'). Aan het eind beweert de schrijver – meestal de moeder – dan: 'Ik heb O.P./N.L. geprobeerd, maar dat werkt niet bij míjn baby.' Door deze berg e-mails over het zogenaamde falen van O.P./N.L. besloot ik de honderden gevallen die ik de afgelopen jaren heb behandeld eens te bekijken om te analyseren waar ouders vaak de fout in gaan:

1. **Ouders proberen O.P./N.L. wanneer hun baby nog te jong is.** Zoals ik in het vorige hoofdstuk al zei, is O.P./N.L. niet geschikt voor baby's onder de drie maanden, omdat ze erdoor overprikkeld kunnen raken. Ze kunnen het niet aan om constant opgepakt en neergelegd te worden. Bovendien verbruiken ze er zo veel calorieën mee dat het moeilijk te zeggen is of ze nu honger of pijn hebben, of oververmoeid zijn. Daarom werkt de methode meestal niet voordat een kind drie maanden is. In plaats daarvan kunnen ouders beter de routine voor het slapengaan eens onder de loep nemen, zich ervan verzekeren dat die consistent is, en in plaats van een hulpmiddel de sus-klopmethode gebruiken om hun baby te kalmeren.

2. **Ouders begrijpen niet waarom ze O.P./N.L. doen en doen het daarom verkeerd.** Terwijl de sus-kloptechniek bedoeld is om je baby te kalmeren, gaat het er bij O.P./N.L. om dat je kind leert zichzelf te troosten wanneer sussen en kloppen niet genoeg is. Ik raad nooit aan om meteen met O.P./N.L. te beginnen. Probeer hem eerst maar eens te kalmeren terwijl hij in zijn bedje ligt. Begin met het ritueel om hem tot rust te brengen: verduister de kamer, zet een muziekje aan, geef hem een kus en leg hem in bed. Plotseling begint hij te huilen. Wat doe je? Stop. Ren niet meteen naar hem toe. Buig je naar zijn oortje en zeg shh... shh... shh. Bedek zijn ogen om visuele prikkels buiten te sluiten. Als hij nog geen zes maanden is, klop hem dan ritmisch op zijn rug. (Bij baby's van zes maanden en ouder werkt de sus-kloptechniek alleen maar storend; zie pagina 229). Als hij ouder is, leg dan alleen je hand op zijn rug. Als hij daar niet rustig van wordt, begin je met O.P./N.L.
Zoals blijkt uit het verhaal van Sarah (zie pagina 291-293), houden sommige ouders hun baby te lang vast. Ze troosten

langer dan nodig is. Je moet een baby van drie tot vier maanden hooguit vier of vijf minuten vasthouden, en hoe ouder de baby, hoe korter je hem vasthoudt. Sommige baby's houden op met huilen zodra je ze oppakt. De moeder zegt dan: 'Hij houdt op zodra ik hem oppak, maar begint weer op het moment dat ik hem neerleg.' Dat is voor mij een teken dat ze hem te lang vasthoudt. Ze creëert een nieuw hulpmiddel: zichzelf!

3. *Ouders beseffen niet dat ze moeten kijken naar de hele dagindeling van hun baby, en deze moeten aanpassen.* Je kunt een slaapprobleem niet oplossen door alleen maar naar het slaappatroon te kijken of je te richten op wat er vlak voor het slapengaan gebeurt. Je moet ook kijken naar wat je kind eet, en vooral naar zijn activiteiten. Vrijwel alle baby's lopen tegenwoordig de kans om overprikkeld te raken. Er zijn zo veel speeltjes te koop, en de ouders worden zo onder druk gezet om die allemaal maar te kopen: automatische schommelstoeltjes, bewegende zitjes, mobiles met lichtjes en muziekjes... het lijkt wel of er constant iets aan en uit moet floepen. Maar voor een baby zijn al die toeters en bellen niet nodig. Hoe meer rust je hem geeft, hoe beter hij zal slapen en hoe beter zijn neurologische groei zal zijn. Vergeet niet dat jonge baby's helemaal hoorndol kunnen worden van dingen die boven hun hoofd hangen. Als het tijd is voor activiteiten en ouders de baby horen jengelen, denken ze vaak: 'O, hij verveelt zich,' en laten iets voor zijn gezicht bungelen. Wanneer een kind begint te jengelen, is dat altijd een teken dat er iets aan de hand is. Hoe sneller je actie onderneemt – bij het eerste huiltje of de eerste geeuw – hoe groter de kans is dat je je kind in bed kunt leggen zonder O.P./N.L.

4. *Ouders hebben niet gelet op de signalen en huiltjes van hun baby of weten niet hoe ze zijn lichaamstaal moeten interpreteren.* O.P./N.L. moet op maat worden gemaakt voor jóúw kind. Als ik de ouders van een baby van vier maanden advies geef, zeg ik bijvoorbeeld dat ze hem 'hooguit vier of vijf minuten' moeten vasthouden. Maar dat is een ríchtlijn. Als je baby's ademhaling dieper wordt en zijn lichaam ontspant terwijl die tijd nog niet verstreken is, leg hem dan neer. Anders loop je het risico dat je hem vasthoudt terwijl dat niet meer nodig is. Ik vertel ouders ook dat ze de baby alleen moeten oppakken als reactie op een

écht huiltje, niet op een mantrahuiltje (zie kader pagina 290). Als je het verschil niet weet, loop je het risico dat je hem te vaak oppakt. Soms missen we de essentie als we veel hulpmiddelen hebben gebruikt. Ouders herkennen een huiltje uit frustratie vaak niet omdat ze altijd hun toevlucht hebben genomen tot het in slaap wiegen van de baby of het troosten met de borst. Dat hoeft niet te betekenen dat ouders niet opletten. Het komt gewoon omdat ze gewoontes ontwikkelen die alleen op korte termijn werken, en pas als het te laat is ontdekken dat ze op een dood spoor zitten. Het valt niet mee om dan nog op het juiste pad te komen. We willen goede gewoontes ontwikkelen en onze kinderen leren hoe ze moeten slapen op een manier die ook op de lange termijn werkt. Ik geef toe dat ik dit al heel lang doe en dus heel goed op de hoogte ben van de gezichtsuitdrukkingen van baby's, de manier waarop ze hun armpjes uitsteken of hun beentjes op de matras laten vallen. Ik hoor onmiddellijk het verschil tussen een mantrahuiltje en een huiltje dat om ingrijpen vraagt, omdat ik elke mogelijke situatie al heb meegemaakt. Ga dus niet aan jezelf twijfelen als jij er iets langer over doet; je hebt immers maar één baby om op te studeren.

5. **Ouders realiseren zich niet dat ze O.P./N.L. moeten aanpassen aan de ontwikkeling van hun baby.** O.P./N.L. is geen techniek die voor alle baby's hetzelfde is. Een baby van vier maanden kun je vier tot vijf minuten vast blijven houden nadat je hem hebt opgepakt, een baby van zes maanden slechts twee of drie minuten, en een baby van negen maanden moet je meteen weer neerleggen. Een kind van vier maanden voelt zich getroost als je hem op zijn rug klopt, maar een van zeven maanden raakt geïrriteerd. (Zie in de voorgaande paragrafen het kopje 'Hoe pas je O.P./N.L. toe?' voor elke leeftijdsgroep.)

6. **De emoties van de ouders zelf, vooral schuldgevoelens, zitten in de weg.** Bij sommige ouders klinkt er medelijden door in hun stem tijdens het troosten van hun kind. Dit is een van de symptomen van het 'arme baby'-syndroom (zie pagina 304). O.P./N.L. werkt niet als je laat doorschemeren dat je medelijden hebt met je kind.
Wanneer een moeder bij me komt en zegt: 'Het is allemaal mijn schuld,' denk ik bij mezelf: *Sorry, mama, maar je voelt je*

duidelijk schuldig. Soms ligt het slaapprobleem van de baby helemaal niet aan de moeder. Doorkomende tandjes, ziekte en problemen met de spijsvertering heeft ze bijvoorbeeld helemaal niet in de hand. Natuurlijk is er bij opvoeden tegen wil en dank wél sprake van 'schuld.' De ouders leren de baby slechte gewoonten aan. Maar niemand wordt geholpen door schuldgevoelens, de baby niet, maar ook de ouders niet. Wanneer een ouder dus iets heeft gedaan dat het slaappatroon heeft tegengewerkt en zegt: 'Ik heb dit gedaan,' dan is mijn reactie simpelweg: 'Goed dat je het inziet. Laten we nu verdergaan.'

Soms vragen moeders ook: 'Komt het omdat ik weer aan het werk ben gegaan en hem overdag niet genoeg zie?' Dit betekent meestal dat de moeder denkt dat de baby haar gemist heeft en haar 's avonds wil zien; ze laat hem daarom 's avonds langer opblijven. Het zou misschien beter zijn als ze keuzes maakte ten aanzien van haar eigen dagindeling, of in elk geval zou zorgen dat de oppas hem op tijd naar bed bracht.

Wanneer een ouder zich schuldig gedraagt, denkt een baby heus niet bewust: *Geweldig, nu heb ik papa en mama precies waar ik ze hebben wil,* maar hij voelt de emotie best aan en speelt erop in. Een ouder die zich schuldig voelt, is vaak ook in de war, twijfelt en is niet in staat zich aan een bepaalde strategie te houden, waardoor een kind angstig kan worden. *Hé, als mijn ouders al niet weten wat ze met me moeten doen, wat moet ik dan? Ik ben nog maar een baby!* Om van O.P./N.L. een succes te maken, moeten ouders zelfvertrouwen uitstralen. Het kind moet uit hun lichaamstaal en toon kunnen opmaken: 'Maak je geen zorgen. Ik weet hoe gefrustreerd je bent, maar ik help je erdoorheen.'

Ouders die zich schuldig voelen, geven vaak eerder toe (zie punt 12, pagina 320), omdat ze het gevoel hebben dat ze hun kind pijn doen of het liefde onthouden wanneer ze O.P./N.L. doen. Ik weet zeker dat O.P./N.L. werkt, maar je moet het als leermiddel zien en niet als een straf of iets waar je je baby schade mee berokkent of liefde door onthoudt. Dat schuldgevoel blijkt ook als een ouder me vraagt: 'Hoe vaak moet ik het doen?' Hoewel die vraag ook kan betekenen dat degene die het vraagt lui is of niet echt bereid is de dingen anders aan te pakken, kan ik er ook uit opmaken dat hij O.P./N.L. in de categorie 'medicijnen' plaatst, en nog een pijnlijk medicijn ook. Maar dat is het niet. Je doet het alleen om je kind te leren dat het prima is om in zijn eigen bedje in slaap te vallen. Met O.P./N.L. stel je je kind gerust en laat je hem zien dat je hem helpt zelfstandig te gaan slapen.

7. **De kamer is niet gereed voor het slapengaan.** Je moet afleiding tot een minimum beperken wanneer je O.P./N.L. doet. Het werkt zelden als het licht te fel is, of als de stereo op de achtergrond staat te blèren. Natuurlijk heb je wel een sprankje licht in de kamer nodig, van het licht in de gang of een nachtlampje. Je moet je baby's lichaamstaal kunnen zien en ook een duidelijk zichtbare route hebben om de kamer te verlaten.

8. **Ouders houden geen rekening met het temperament van hun kind.** O.P./N.L. moet op maat worden toegepast voor de verschillende persoonlijkheidstypen. Tegen de tijd dat je de methode gaat toepassen – niet eerder dan vier maanden – zou je wel een aardig beeld moeten hebben van wat je baby wel en niet leuk vindt, waar hij door van slag raakt en wat hem kalmeert. Engelachtige en volgens-het-boekje-baby's kun je relatief gemakkelijk in bed leggen. Mopperige types zijn vaak agressiever; dat zijn degenen die hun rug vaak strekken en je wegduwen wanneer ze gefrustreerd zijn. Je zou denken dat die omschrijving meer bij pittige baby's past, maar ik heb gemerkt dat dat niet zo is. Reken er bij pittige en ook bij gevoelige types echter wel op dat O.P./N.L. iets langer duurt. Beide huilen meestal veel en raken erg gefrustreerd. Ze worden ook snel afgeleid, dus je moet kijken of er niet te veel licht binnenkomt, kookgeurtjes in het huis hangen, geluiden doorklinken, broertjes of zusjes zijn die lawaai maken, enzovoort. Al die afleiding moet tot een minimum worden beperkt.

Toch blijft de methode in principe hetzelfde, ongeacht het temperament van je baby. Je moet er alleen rekening mee houden dat je iets langer bezig bent. En hoe rustiger de activiteiten voor het slapengaan zijn, hoe beter het zal gaan. Je kunt je baby niet onder de babygym vandaan trekken en meteen in bed leggen. Je moet er minstens vijftien of twintig minuten voor uittrekken om hem tot rust te brengen (zie pagina 226-232). Vooral voor gevoelige en pittige baby's is het heel belangrijk om de kamer te verduisteren en visuele prikkels weg te nemen. Sommige baby's, vooral gevoelige types, lijken hun ogen niet dicht te kunnen houden. Dan nemen ze de omgeving in zich op en kunnen daar niet mee ophouden. Dan krijg je een baby die huilt of zijn leven ervan afhangt. Dat doet hij om de buitenwereld 'uit' te kunnen zetten. Bij een jongere baby helpt sussen en kloppen om zijn aandacht te verleggen van het huilen naar fysieke aanraking en geluid. Is hij ouder dan zes maanden, gebruik dan alleen geruststellende woorden en O.P./N.L. om hem te troosten.

9. **Een van de ouders is er niet klaar voor.** O.P./N.L. werkt alleen als beide ouders het ermee eens zijn. Het gebeurt wel eens dat één ouder het zat is en verandering wil. Stel dat een stel al wekenlang gebroken nachten heeft en de vader uiteindelijk zegt: 'Er moet íéts zijn wat we kunnen doen. Nu ligt hij elke nacht bij ons in bed.' Als de moeder er nog niet helemaal klaar voor is – of het eigenlijk wel gezellig vindt om met haar baby te knuffelen en denkt dat hij zich veiliger voelt als ze dat doet – beschrijft ze de situatie als volgt: 'Mijn man wil dat ons kind 's nachts doorslaapt, maar ik heb er eigenlijk geen last van.'
Een soortgelijk scenario zien we na een bezoek van de grootouders. Oma maakt een opmerking als: 'Dat kind zou nu 's nachts wel door moeten slapen, of niet?' en mama (die het stiekem met haar eens is maar geen idee heeft hoe ze dat voor elkaar moet krijgen) schaamt zich. Ze belt me voor een consult, maar ik hoor meteen dat ze er nog niet klaar voor is om iets te ondernemen en haar eigen gedrag te veranderen. Ik leg haar een plan voor en dat wil ze onmiddellijk aanpassen. 'Maar elke donderdag en vrijdag doe ik zus en zo, en nu zeg je dat ik dan thuis moet blijven?' Of ze komt met een heleboel 'stel dats': 'Stel nu dat ik het niet erg vind om hem bij me in bed te nemen? Stel dat hij langer huilt dan twintig minuten? Stel dat hij gaat overgeven omdat hij zo overstuur raakt?' Op dat moment houd ik op en vraag: **Hoe graag wil je dit eigenlijk? Hoe ziet je leven er nu uit? Vergeet je man en je moeder; vind jíj dat de routine veranderd moet worden?** Ik dring erop aan dat ouders eerlijk zijn. Ik kan ze alle plannen van de wereld voorleggen, maar als ze duizenden redenen aandragen om het niet te doen en blijven volhouden dat het niet zal werken, raad eens wat er dan gebeurt? Het werkt niet.

10. **De ouders stemmen hun inspanningen niet op elkaar af.** Om een slaappatroon te veranderen, hebben de ouders – zoals ik in het

geval van Patricia en Dan heb uitgelegd (zie pagina 303) – een plan nodig dat hun vertelt wat ze moeten dóén. Bij een goede oplossing wordt ook rekening gehouden met onvoorziene omstandigheden, een plan B. Tegelijkertijd moeten ouders zich ook bewust zijn van de valkuilen wanneer ze allebéí O.P./N.L. doen. De volgende e-mail van Ashley, de moeder van de vijf maanden oude Trina, laat zien hoe ouders onbewust het proces saboteren en, al net zo belangrijk, waarom sommigen het te snel opgeven (zie punt 12, pagina 320).

Na Trina vijf maanden lang in slaap gewiegd te hebben, ben ik nu druk bezig met O.P./N.L. De tweede dag ging dat het beste. Ik heb twintig minuten op haar buikje geklopt en toen viel ze in slaap. Nu, op de vijfde dag, sta ik bijna op het punt om het op te geven. Vanochtend viel ze heleмáál niet in slaap. Wanneer ik haar in slaap probeer te krijgen en mijn man me komt aflossen, begint ze hysterisch te huilen zodra mijn man haar wil oppakken, en houdt ze pas op wanneer ik haar optil. Is dat normaal? Ik wil dit echt laten werken en haar leren hoe ze zonder hulp in slaap moet vallen, maar weet niet wat ik verkeerd doe.

Dit komt heel vaak voor: mama wordt moe en chagrijnig en dan moet papa het overnemen. Wat de ouders zich echter niet realiseren is dat papa *voor de baby* een afleiding is. Ook al komt papa binnen en doet hij O.P./N.L. op precies dezelfde manier als mama het deed, toch moet hij weer helemaal van voor af aan beginnen. Het is een nieuw iemand en we weten allemaal dat baby's niet op elke ouder hetzelfde reageren. Ook het feit dat beide ouders in de kamer zijn, kan een grote afleiding zijn, vooral als de baby zes maanden of ouder is. Daarom stel ik meestal voor dat elke ouder twee avonden achter elkaar aan de slag gaat, zodat de baby met slechts één ouder tegelijk te maken krijgt.

In sommige gevallen is het beter dat de vader het helemaal alleen doet of in elk geval de eerste paar nachten zorgt dat het proces op gang komt, bijvoorbeeld als de moeder fysiek niet in staat is de baby zo vaak op te pakken en weer neer te leggen. Ook als ze O.P./N.L. al eens heeft uitgeprobeerd maar het weer heeft opgegeven, kan de vader het beter eerst twee of drie nachten doen. Sommige moeders weten dat ze het niet aankunnen. Neem James, die je aan het begin van dit hoofdstuk hebt leren kennen. Toen zijn moeder Jackie mijn plan aanhoorde, gaf ze toe: 'Ik denk niet dat ik in staat ben hem weer in slaap te krijgen zonder hem te voeden. Ik kan er niet tegen als hij huilt.' Ze wilde de baby altijd maar te hulp komen en had de vader tot dan toe niet veel laten meedoen. In zo'n geval ga ik nog een stapje verder en stel ik voor dat de moeder het huis helemaal verlaat en een paar dagen bij iemand gaat logeren. Vaders zijn meestal efficiënter met O.P./N.L. dan moeders, maar vallen soms ook ten prooi aan het 'arme baby'-syndroom (zie pagina 304-306). Maar zelfs als mannen er klaar voor zijn om een slaapprobleem op te lossen, valt het ook voor hen niet mee, geloof me. James' vader, Mike, moest de eerste twee nachten alleen maar bij zijn zoon zíjn voordat we aan O.P./N.L. konden beginnen, omdat James er helemaal niet aan gewend was dat Mike hem vasthield. Toen Mike hem voor het eerst probeerde te troosten, raakte James dan ook alleen maar meer over zijn toeren. Hij wilde zijn mama, want zij was de enige die hij kende. Wanneer besloten is dat de vader het werk zal doen, moet de moeder oppassen dat ze niet halverwege ingrijpt. Ik waarschuw vaak: 'Zelfs als de baby zijn handjes naar jou uitstrekt, moet je papa het laten afhandelen. Zo niet, dan duw je hem in de rol van slechterik.' Op zijn beurt moet de vader ook beloven dat hij zijn taak blijft volhouden. Hij kan zich niet tijdens het gehuil van de baby tot zijn vrouw wenden en zeggen: 'Doe jij het maar.' Het mooie is dat zelfs als een vader heel weinig heeft bijgedragen of tot dan toe de problemen aan zijn vrouw heeft overgelaten, de verhoudingen binnen de relatie compleet kunnen veranderen wanneer hij O.P./N.L. succesvol heeft toegepast. De moeder krijgt respect voor de vader en hijzelf heeft opeens vertrouwen in zijn eigen opvoedcapaciteiten.

11. Ouders hebben onrealistische verwachtingen. Ik kan het niet vaak genoeg herhalen: O.P./N.L. is geen toverij. Het 'geneest' geen koliek of reflux, verzacht de pijn van doorkomende tandjes niet en maakt een opstandige baby evenmin makkelijker in de omgang. Het is puur een nuchtere manier om je kind te trainen om langer te slapen. Hij zal in het begin heel gefrustreerd zijn – reken er maar op dat hij heel veel gaat huilen – maar omdat je bij hem blijft, voelt hij zich niet in de steek gelaten. Zoals ik al eerder heb gezegd, is het bij sommige types moeilijker (gevoelige, pittige en mopperige baby's). In elke situatie moet je tijd uittrekken voor veranderingen en rekenen op een terugslag. Houd in gedachten dat je te maken hebt met een oververmoeide baby zonder routine en dat je hebt opgevoed tegen wil en dank om hem in slaap te krijgen. Nu moet je overgaan tot extremere maatregelen om die fouten ongedaan te maken. Berokken je je baby daarmee schade of pijn? Nee, maar hij raakt wel gefrustreerd omdat je verandert wat hij gewend is. Dus gaat hij huilen, zijn rug strekken en als een vis in zijn bedje liggen kronkelen.

Ik heb dit met duizenden baby's gedaan en gezien dat het wel een uur kan duren voordat een kind gaat slapen, en wel negentig of zelfs meer dan honderd keer oppakken en neerleggen. Wanneer ik te maken krijg met een baby als Emanuel, die bijna om de anderhalf uur wakker werd voor een voeding, weet ik uit ervaring dat één nacht niet genoeg is. Toen Emanuel de eerste avond om 22.00 uur wakker werd, wist ik dat we onze handen mochten dichtknijpen toen we hem om 23.00 uur weer in slaap hadden gekregen, en op dat moment zei ik tegen zijn ouders: 'Hij wordt om 1.00 uur weer wakker.' En dat was ook zo. Het goede nieuws is dat het, ook al sliep hij die nacht telkens maar twee uur, elke keer minder O.P./N.L. kostte om hem weer in slaap te krijgen.

Ik kan zulke voorspellingen doen omdat ik zo veel ervaring heb. Hier volgen vier van de meest voorkomende patronen die ik door de jaren heen heb gezien tijdens mijn werk met duizenden baby's. Jouw baby komt er misschien niet exact mee overeen, maar het geeft je wel een idee van wat je kunt verwachten:

• Als een kind relatief snel gaat slapen door O.P./N.L. – laten we zeggen binnen twintig minuten of een halfuur – dan krijg je die nacht waarschijnlijk een schema van drie uur van hem. Als je dus om 19.00 uur begint, wordt hij om ongeveer 23.30 uur weer wakker. Die eerste nacht zul je O.P./N.L. doen om 23.30 uur en daarna weer rond 5.00 of 5.30 uur.

• Als je een kind als Emanuel hebt, die acht maanden of ouder is en 's nachts al maanden regelmatig wakker wordt, en je hebt opgevoed tegen wil en dank, dan kan het zijn dat je meer dan honderd keer O.P./N.L. moet doen. Wanneer je hem eindelijk in bed hebt gelegd, zal hij de eerste keer niet meer dan twee uur slapen. Het enige wat ik kan aanraden is dat je zelf gaat liggen zodra hij slaapt, en dat je je erop voorbereidt dat je het de eerste paar nachten keer op keer zult moeten doen.

• Als een kind overdag maar kort slaapt – dutjes van twintig tot vijfenveertig minuten per keer – wanneer je voor het eerst met O.P./N.L. begint, dan zal hij over het algemeen slechts twintig minuten langer blijven slapen, omdat hij nu eenmaal niet gewend is langer dan drie kwartier te slapen. Ga zijn kamer weer in en doe O.P./N.L. totdat hij weer slaapt of totdat het weer tijd is om te eten. Maar laat hem nooit slapen als het eigenlijk etenstijd is.

• Als je je kind ooit in zijn eentje hebt laten uithuilen, duurt O.P./N.L. langer (zowel overdag als 's nachts) omdat je kind bang is. Soms zul je eerst stappen moeten ondernemen om zijn vertrouwen terug te winnen voordat je zelfs maar een poging kunt wagen. Uiteindelijk werkt O.P./N.L., en als dat gebeurt, kun je wel twee of drie nachten doorslapen en denken dat je er bent. De derde nacht wordt hij weer wakker. Op dat moment bel je mij: 'Tracy, het werkt niet, want hij wordt weer wakker.' Maar dat betekent alleen dat je consistent moet zijn en het nog eens moet doen.

12. *Ouders verliezen de moed en houden zich niet aan het plan.* Als ouders hun dag (of nacht) niet hebben, krijgen ze vaak het gevoel dat O.P./N.L. bij hen niet werkt. Dat klopt niet, maar als je het opgeeft, werkt het inderdaad niet. Je moet je eraan houden. Daarom is het belangrijk om op te schrijven hoe je bent begonnen en je vooruitgang in kaart te brengen. Al slaapt je baby maar tien minuten langer dan eerst, dan gaat hij vooruit. Tijdens consulten neem ik mijn laptop mee en zeg ik tegen de ouders: 'Kijk, dit deed je baby een week geleden.' Om jezelf een opsteker te geven, moet je wat verandering zien. Bij pittige, gevoelige en mopperige types kan het langer duren, maar geef niet op.

Wanneer je probeert een baby te leren slapen, moet je geen

halve maatregelen nemen. Het ergste wat je kunt doen is halverwege ophouden. Bereid je erop voor dat je een lange weg te gaan hebt. Geloof me, ik weet dat O.P./N.L. moeilijk en slopend is voor ouders, vooral voor moeders. Ik ben dan ook niet verbaasd wanneer...

Ze het al de eerste avond opgeven. Wanneer ik later vraag: **Hoe lang heb je het gedaan?** zeggen ze: 'Tien minuten of een kwartier, daarna hield ik het niet meer uit.' Met tien minuten kom je er niet. Bij baby's met diepgewortelde problemen heb ik het wel een uur gedaan. Geloof me, de tweede keer duurt het korter. Wanneer ik huisbezoeken afleg en O.P./N.L. dóé met een cliënt (om slaapproblemen overdag of 's avonds op te lossen), geven moeders vaak toe: 'In mijn eentje had ik het nooit gered om twintig minuten O.P./N.L. te doen.' Als het nacht is, zeggen ze: 'Ik was allang gezwicht en had hem de borst gegeven.' Overdag hoor ik: 'Ik had het opgegeven en hem uit bed gehaald, al wist ik dat hij de rest van de dag hangerig zou zijn.' Tja, met mij aan hun zij moeten ze het wel volhouden. Maar in hun eentje kunnen ouders vaak geen afstand nemen.

Ze het één nacht proberen en dan stoppen. Als je consequent hebt opgevoed tegen wil en dank, moet je net zo consequent zijn in strategieën om de situatie te corrigeren. Mijn advies gaat vaak tegen de intuïtie van ouders in, zoals het wakker maken van de baby om hem in een routine te krijgen. Diep in hun hart geloven ze niet dat bepaalde dingen zullen werken, en als ze niet direct resultaat zien, proberen ze meteen iets anders. Omdat ze zich aan geen enkele methode houden, raakt hun baby in de war en lijkt O.P./N.L. niet te werken.

Ze het opgeven als ze maar een klein beetje resultaat zien. Stel dat ze van een slaapje van twintig of dertig minuten naar een van een uur zijn gegaan. De moeder is allang blij met een slaapje van een uur, maar het is niet genoeg om haar kind op een routine van vier uur te houden. Bovendien, en dat is al net zo belangrijk, wordt hij naarmate hij ouder wordt en meer calorieën verbrandt steeds chagrijniger, wordt zijn coördinatie slechter en is hij sneller moe als hij niet minstens anderhalf uur slaapt. Als je volhoudt, voorkom je dat de problemen later terugkomen.

Ze eerst succes hebben maar wanneer het probleem weer terugkomt, wat met slaapproblemen vaak het geval is, niet opnieuw met O.P./N.L. beginnen. In plaats daarvan proberen ze iets anders. Als ze wél waren doorgegaan met O.P./N.L. waren ze veel sneller weer terug geweest op het rechte pad, omdat baby's dat onthouden en het elke keer minder lang duurt om ze te kalmeren.

Natuurlijk zijn er geen standaardformules voor het oplossen van slaapproblemen, maar persoonlijk heb ik nog nooit meegemaakt dat O.P./N.L. niet werkte. In het kader op pagina 323 staan strategieën waarmee je op koers kunt blijven. Denk eraan dat er zéker iets verandert als je met de nieuwe methode net zo consistent bent als met de oude. Je moet echter wel geduld hebben en het tot het eind toe volhouden. Uiteindelijk zal het werken.

Houd ook in je achterhoofd dat slaapproblemen nu veel beter op te lossen zijn dan als je wacht tot de peutertijd. Sterker nog, ook al heeft je baby zijn eerste verjaardag nog niet gevierd, toch kan het een goed idee zijn om het volgende hoofdstuk te lezen en te kijken wat je te wachten staat als je het slaapprobleem van je kind nu niet oplost. Dat is misschien wel de beste drijfveer!

Overlevingsstrategieën voor O.P./N.L.
Zo geef je het niet op

Ik zeg altijd: 'Geef niet op voordat er een wonder gebeurt.' Hier volgen enkele overlevingsstrategieën die je kunnen helpen op koers te blijven.

✓ Neem je plan goed door voordat je begint. O.P./N.L. is moeilijk om als ouder alleen te doen. Het is verdraaid zwaar! Vooral als je jezelf kent en bang bent dat er een moment komt waarop je het niet meer aankunt, moet je dit níét in je eentje proberen. Doe het samen met iemand. Ook als je geen partner, ouder of vriendin hebt die met je wil samenwerken (zie punt 10 op pagina 316 en kader pagina 217), nodig dan in elk geval iemand uit die je morele steun kan geven. Diegene hoeft niet per se iets met je kind te doen. Het kan al schelen als iemand er gewoon voor je ís, zodat je kunt klagen hoe moeilijk het is en je eraan herinnerd wordt dat je dit doet om je kind te helpen slapen en de rust in je gezin te herstellen.

✓ Begin met O.P./N.L. op een vrijdag, zodat je het hele weekend hebt en de kans groter is dat je bovengenoemde hulp van papa, oma of een goede vriendin ook daadwerkelijk krijgt.

✓ Doe oordoppen in als je bij je kind in de kamer bent. Niet omdat je je kind moet negeren, maar om het geluid van het huilen enigszins te dempen, zodat je oren niet gaan tuiten.

✓ Heb geen medelijden met je kind. Je doet O.P./N.L. om hem te helpen zelfstandig te gaan slapen, wat een groot geschenk is.

✓ Als je in de verleiding komt om te stoppen, vraag je dan af: *In welke situatie kom ik terecht als ik nu opgeef?* Als je kind veertig minuten huilt en je opgeeft om weer terug te keren naar de oude gewoonte die je maanden geleden bent begonnen, heeft je kind zich veertig minuten lang voor niets ellendig gevoeld! Dan ben je weer terug bij af, kan hij zichzelf nog steeds niet troosten en voel jij je een mislukkeling.

323

7

'We krijgen nog steeds niet genoeg slaap'

Slaapproblemen na het eerste jaar

Een Amerikaanse crisis

Amerikaanse baby's en peuters krijgen niet genoeg slaap, aldus een onderzoek dat de National Sleep Foundation in 2004 heeft gedaan. De resultaten werden bekendgemaakt op het moment dat wij bezig waren met dit hoofdstuk over slaapproblemen na het eerste jaar. Hoewel het onderzoek gericht was op kinderen vanaf de geboorte tot de tienerjaren, hebben wij ons geconcentreerd op de gegevens over peuters (volgens hun definitie kinderen van twaalf tot vijfendertig maanden). Als je tussen de regels door leest, zie je al snel dat deze bevindingen benadrukken hoe belangrijk het is dat we onze kinderen leren hoe ze in slaap moeten vallen en moeten doorslapen.

- *Slaapproblemen blijven tot ver na de babytijd bestaan.* Baby's en hun ouders zijn niet bepaald de enige mensen met slaapgebrek in onze cultuur. Maar liefst 63 procent van alle peuters heeft problemen die met slaap te maken hebben. Peuterproblemen zijn onder andere treuzelen om naar bed te gaan (32 procent), helemaal niet naar bed willen (24 procent) en/of overdag oververmoeid zijn (24 procent), en dat allemaal minstens enkele dagen of nachten per week. Bijna de helft van de peuters wordt 's nachts minstens één keer wakker; tien procent wordt meerdere keren wakker, en per keer zijn ze gemiddeld bijna twintig minuten wakker. Rond de tien procent blijft drie kwartier of langer wakker.
- De meeste baby's en peuters gaan te laat naar bed. De gemiddelde bedtijd van baby's (vanaf de geboorte tot elf maanden) is 21.10 en van peuters 20.55 uur. Bijna de helft van alle peuters ligt pas na 21.00 uur in bed. Ik zie dit probleem regelmatig bij mijn cliënten, die hun peuter soms langer laten opblijven zodat ze meer tijd met hem kunnen doorbrengen na hun werk. Anderen doen het omdat ze hun kinderen nooit aan een redelijke bedtijd hebben laten wennen en ze nu niet eerder in slaap kunnen krijgen. Ik adviseer minstens tot de leeftijd van vijf jaar een bedtijd van 19.00 of 19.30 uur, maar uit het onderzoek blijkt dat slechts tien procent van de peuters (en trouwens ook van de baby's) zo vroeg in bed ligt. Toch worden de meeste kinderen

uit beide categorieën gemiddeld rond 7.00 uur wakker. Je hoeft geen wiskundeknobbel te hebben om te zien hoe het komt dat kinderen niet genoeg slaap krijgen. (Het zou me niets verbazen als dit een van de redenen is waarom we tegenwoordig zo vaak hyperactieve en agressieve kinderen zien. Slaapgebrek is daar niet de oorzaak van, maar verergert het wel.)

• *Veel ouders onderkennen niet dat hun kinderen slaapproblemen hebben.* Op de vraag hoe het aantal uren slaap dat hun kinderen werkelijk krijgen zich verhoudt tot het aantal uren slaap dat hun kinderen zouden móéten krijgen, antwoordde ongeveer eenderde van de ouders van peuters dat hun kinderen minder slaap kregen dan ze nodig hadden. Maar op de vraag of hun kind te weinig, te veel of precies genoeg slaap krijgt, antwoordde een ruime meerderheid (85 procent) dat hun kind precies genoeg slaap kreeg. Bovendien maakt, ondanks de vele slaapproblemen onder peuters, slechts tien procent van de ouders zich zorgen. (Ik gok dat de bezorgde tien procent dezelfde ouders zijn als degenen die meldden dat hun peuters midden in de nacht drie kwartier of langer wakker waren!) De bevindingen van de onderzoekers illustreren een veelvoorkomend probleem dat ik dagelijks tegenkom: ouders laten slechte slaapgewoonten voortduren totdat ze – de ouders – helemaal wanhopig zijn. Meestal roepen ouders mijn hulp in wanneer de vrouw weer aan het werk gaat en zich bezorgd afvraagt of ze de volgende dag wel kan functioneren op haar werk, of wanneer een stel voortdurend ruziemaakt omdat het funest is voor hun relatie dat hun kind steeds wakker wordt.

• *Opvoeden tegen wil en dank komt heel vaak voor bij ouders van peuters.* Bijna de helft van alle peuters (43 procent) slaapt bij de ouders op de kamer, en een op de vier wordt slapend in bed gelegd. In beide gevallen betekent dit dat een ouder of verzorger deze kinderen in slaap helpt in plaats van ze zelfstandig te laten gaan slapen. Terwijl de helft van de ouders van peuters die 's nachts wakker worden hen uit zichzelf in slaap laat vallen, blijkt uit het onderzoek dat 59 procent van de ouders meteen naar hen toe rent, 44 procent bij hen blijft tot ze in slaap vallen, 13 procent hen meeneemt naar het bed van de ouders en 5 procent het kind bij de ouders laat slapen. Ik vermoed dat die laatste twee cijfers in werkelijkheid nog hoger zijn. In een internetenquête van babycenter.com werd de vraag gesteld: 'Laat je je baby bij jou in bed slapen?' Meer dan tweederde van de ouders antwoordde 'af en toe' (34 procent) of 'altijd' (35 procent). Misschien gaven de ouders eerlijker antwoord dankzij de anonimiteit van internet.

Het goede nieuws is dat uit het onderzoek ook blijkt dat ouders die hun kinderen léren hoe ze zelfstandig kunnen gaan slapen, ook kinderen hebben die echt beter slapen: ze worden niet te vroeg wakker, slapen ook overdag, gaan makkelijk naar bed, vallen zonder al te veel moeite in slaap en worden 's nachts minder vaak wakker. Kinderen die in bed gelegd worden terwijl ze nog wakker zijn, slapen bijvoorbeeld over het algemeen langer dan kinderen die slapend in bed gelegd worden (respectievelijk 9,9 uur en 8,8 uur) en de kans dat ze 's nachts herhaaldelijk wakker worden is drie keer zo klein (13 procent tegenover 37 procent). Ook wanneer ouders zeggen zelden of nooit in de kinderkamer te zijn als hun kind in slaap valt – een teken dat hun kinderen in staat zijn uit zichzelf te gaan slapen – is de kans groot dat hun kind 's nachts minder vaak wakker wordt.

Dit was het grootste onderzoek dat er ooit gedaan is naar de slaapgewoonten van jonge kinderen, en hoewel eruit blijkt dat sommige kinderen goede slaapgewoonten aanleren en zelfstandig in slaap kunnen vallen, heeft maar liefst 69 procent van alle Amerikaanse jonge kinderen een paar keer per week problemen die met slapen te maken hebben. Het is dan ook geen verrassing dat ook hun ouders per jaar wel tweehonderd uur minder slaap krijgen. Met zo veel kinderen en volwassen met slaapgebrek worden alle gezinsleden erdoor beïnvloed en komen relaties danig onder druk te staan. Ouders worden boos op hun kinderen; broertjes en zusjes vechten met elkaar; stellen maken ruzie. Naast andere oorzaken van deze epidemie van slapeloosheid en slaapstoornissen, wordt in het onderzoek ook de snelheid van de moderne samenleving vermeld. Een van de leden van de slaapvereniging, Dr. Jodi Mindell, professor in de psychologie aan de St. Joseph's University, die gespecialiseerd is in slaapstoornissen, legt uit: 'De druk van de samenleving heeft niet alleen invloed op volwassenen, maar heeft ook zijn weerslag op kinderen. Dit is een waarschuwing dat we net zoveel aandacht moeten schenken aan de slapende helft van het leven van onze kinderen als aan de wakende helft.' Ik zou nog een andere reden willen aandragen: veel volwassenen léren hun kinderen niet hoe ze moeten slapen. Ze beseffen vaak niet eens dat slapen een aangeleerd kunstje is en verwachten dat hun baby uiteindelijk wel zal leren uit zichzelf in slaap te vallen. Tegen de tijd dat hun kind de peuterleeftijd heeft bereikt, zijn de poppen aan het dansen en weten de ouders niet wat ze nu verkeerd hebben gedaan en hoe ze het probleem moeten oplossen.

In de volgende paragrafen geef ik een opsomming van de slaapproblemen in het tweede jaar (jonge peuters) en het derde jaar (oudere peuters). Deze leeftijdsgroepen lijken misschien heel breed, maar ook al zijn er in de peutertijd elke paar maanden subtiele verschillen, die veranderingen hebben geen invloed op het slaappatroon van een kind of het soort interventie dat ik voorstel. Daarna bekijk ik de slaapstrategieën die ik eerder heb besproken en leg ik uit hoe je die geschikt kunt maken voor peuters. Verder geef ik praktijkvoorbeelden om de verschillende technieken te illustreren.

Slaapproblemen in het tweede jaar

Veranderingen in de ontwikkeling en een groeiend gevoel van onafhankelijkheid zorgen in het tweede jaar voor slaapproblemen. Wanneer een ouder me dan ook vertelt dat het slapen overdag of 's nachts niet goed gaat, vraag ik: **Kan hij lopen? Kan hij praten?** Ergens na zijn eerste verjaardag leert je baby lopen. Zelfs kinderen die pas laat gaan lopen hebben nu al aardig wat kracht in hun benen. Zoals ik in het vorige hoofdstuk heb uitgelegd, kan deze pas verworven fysieke capaciteit ook invloed hebben terwijl hij rust, vooral in de periode waarin hij zijn eerste wankele stapjes zet. Sommige kinderen staan midden in de nacht op terwijl ze slapen en lopen dan in hun bedje heen en weer. Dan worden ze wakker, weten niet hoe ze daar gekomen zijn en kunnen niet gaan zitten. Ook door spiersamentrekkingen kan je kind wakker worden, evenals door het gevoel van vallen. Bedenk maar eens hoe vaak je kind op een dag valt.

Ik raad niet aan om jonge peuters naar tv of video te laten kijken, omdat ze daardoor overprikkeld kunnen raken en er storende beelden in hun hoofd kunnen blijven hangen. Als een kind een jaar is, neemt de duur van de REM-slaap af tot ongeveer 35 procent, maar dan nog heeft een slapende jonge peuter ruimschoots de tijd om te dromen. Hoewel ze ook nachtmerries kunnen hebben – angstige momenten die opnieuw worden beleefd – is de kans groter dat ze nachtelijke angsten hebben die niet zozeer te maken hebben met enge dromen als wel met fysieke inspanning en prikkels (zie tabel pagina 334-335). Peuters kunnen die momenten in hun slaap herbeleven.

Ook de rest van het gezin speelt een rol: **Heeft hij oudere broers en zussen die hem plagen?** Wanneer een peuter begint te lopen, wordt het voor broertjes en zusjes leuk om hem te dwarsbomen; voor de lol, uiteraard. Maar daar kan een kind echt door van slag raken en ook kan hij er 's nachts wakker door worden.

Een jonge peuter wordt steeds onderzoekender en actiever. Kinderen tussen de een en twee jaar zijn altijd overal voor in. Al zegt hij nog geen volzinnen, hij kletst waarschijnlijk steeds meer en begrijpt alles wat je zegt. Misschien hoor je hem 's ochtends tegen zijn knuffels praten; dat betekent dat hij leert zichzelf te vermaken. Als je niet meteen naar hem toe gaat, kun je dankzij deze ontwikkeling lekker nog even in bed blijven liggen.

Wanneer een jonge peuter die eerst goed sliep ineens slaapproblemen krijgt, zoek ik ook naar aanwijzingen op het gebied van zijn gezondheid of omgeving. **Heb je de routine in het huishouden veranderd? Krijgt je kind tandjes? Ben je met nieuwe activiteiten begonnen? Is hij pasgeleden ziek geweest? Zit hij in een nieuwe speelgroep? Is er bij de andere gezinsleden iets veranderd op het gebied van werk, gezondheid of afwezigheid?** Misschien moet je enkele weken of maanden terug denken en kijken wat je als reactie hebt gedaan. Zo nam Ginny onlangs contact met me op omdat haar zoontje van zestien maanden plotseling 's nachts wakker werd. Ik stelde haar een aantal vragen, maar Ginny hield vol dat er niets veranderd was. Opeens zei ze, bijna tussen neus en lippen door: 'O ja, Ben is een week of vijf, zes geleden wel verkouden geweest, en nu ik erover nadenk, slaapt hij sindsdien niet goed meer.' Het verbaasde me niets toen ze me, na even doorvragen, vertelde dat ze Ben bij haar in bed had genomen 'om hem te troosten.'

Ook slapen overdag wordt nu een ander verhaal. In deze periode gaan kinderen meestal van twee dutjes van anderhalf of twee uur over op één lang slaapje (zie kader pagina 349). Dat lijkt op papier heel eenvoudig, maar in de praktijk lijkt het net of je op een mechanische stier zit: je wordt door elkaar geschud en kan er elk moment vanaf worden gegooid! Misschien slaat je peuter zijn ochtendslaapje een paar dagen over, maar valt hij daarna zonder aanwijsbare reden terug in zijn oude patroon. En anders dan bij baby's die 's nachts goed slapen als ze overdag goed slapen, kan een laat middagdutje bij kinderen van een jaar en ouder juist funest zijn voor de nachtrust. Wanneer een peuter gewend is om later op de dag te slapen, raad ik vaak aan het slaapje naar een eerder tijdstip te verschuiven en waarschuw ik de ouders dat ze hem om 15.30 uur uit bed moeten halen. Anders heeft hij misschien niet genoeg tijd om zijn energie kwijt te kunnen en aan slapen toe te zijn. Uiteraard zijn er altijd uitzonderingen die de regel bevestigen: als je kind de voorgaande dagen te weinig slaap heeft gehad en die nu moet inhalen, als hij ziek is en meer tijd nodig heeft om te slapen dan om te spelen, of als je op een bepaalde dag gewoon merkt dat hij extra slaap nodig heeft, laat hem dan vooral iets langer doorslapen.

De belangrijkste sprong in de ontwikkeling van je kind is dat hij nu oorzaak en gevolg begrijpt. Dat zie je als hij met zijn speelgoed bezig is. Vanwege dit begrip van je kind, is de kans op opvoeden tegen wil en dank een stuk groter. Als je je baby wiegde of de borst gaf om hem in slaap te krijgen, werd dat uiteindelijk een gewoonte op de manier waarop de hond van Pavlov werd geconditioneerd. Zijn baasje rinkelde elke keer als hij hem eten gaf met een bel, en het duurde niet lang of de hond begon al te kwijlen bij het horen van die bel. Maar omdat je kind nu oorzaak en gevolg begrijpt, is opvoeden tegen wil en dank niet meer puur conditioneren. Elke les die je hem (bewust of onbewust) leert wordt in die kleine computer opgeslagen. Als je in dit stadium niet oppast, bereid je je peuter voor op de schone kunst van de oudermanipulatie!

Laten we zeggen dat je kind van vijftien maanden plotseling om 3.00 uur wakker wordt. Dat kan komen doordat hij kiezen krijgt, maar ook doordat hij een nare droom heeft gehad. Het kan te druk zijn geweest in zijn speelgroepje, of het bezoekje aan opa was iets te veel van het goede. Het kan ook iets veel eenvoudigers zijn: hij kwam net uit een diepe slaap en werd wakker van een geluid of een lichtstraaltje dat zijn onverzadigbare nieuwsgierigheid wekte. Peuters zijn zo'n beetje overal in geïnteresseerd. Dus als ze 's nachts wakker worden, is de kans groot dat ze niet zo gemakkelijk weer inslapen.

Vooral als dit de eerste keer is dat hij 's nachts wakker wordt (wat in de meeste gezinnen heel onwaarschijnlijk is), is het heel belangrijk dat je nu niet begínt met opvoeden tegen wil en dank. Als je meteen naar hem toe gaat, hem oppakt en bij jezelf zegt: 'Alleen voor deze ene keer lees ik hem voor om hem rustig te krijgen,' garandeer ik je dat hij de volgende avond weer wakker wordt en wil dat je hem voorleest, en daarna zal hij de inzet waarschijnlijk verhogen en eisen dat je hem twee boekjes voorleest, iets te drinken geeft en extra lang knuffelt. Dat komt omdat hij nu onderscheid kan maken tussen wat hij doet en wat jij doet. *Dit is het geluid dat ik maakte. Toen kwam mama en gebeurde er iets.* De derde nacht heeft hij het helemaal door. *Ik maak dit geluid, mama komt, ze leest me voor en gaat me wiegen. Dan maak ik weer dat geluid terwijl ze me in mijn bedje legt, en wiegt ze me nog langer.* Nu zit je gevangen in de enorme val die beter bekendstaat als de manipulatieve peuter.

Het is niet moeilijk om erachter te komen wanneer een ouder in de val is gelopen. Ik vraag vaak: **Heeft hij overdag driftbuien?** Als een peuter eenmaal leert hoe hij kan manipuleren, kleurt dat gedrag zijn hele dag. De meeste tirannetjes vertonen overdag hetzelfde veeleisende gedrag: tijdens de maaltijd, tijdens het aankleden en als ze met andere kinderen spelen (meer over deze gedragsproblemen in het volgende hoofdstuk). Vergeet ook niet dat dit de 'nee!'-periode is. Peuters voelen zich machtig zodra ze dat woord leren en gebruiken het graag.

Wanneer ouders al langere tijd hebben opgevoed tegen wil en dank, hebben slaapproblemen als vroeg wakker worden, 's nachts wakker worden, overdag onregelmatig slapen en afhankelijk zijn van hulpmiddelen niet zozeer te maken met de ontwikkeling van een kind als wel met diepgewortelde slechte gewoonten. Twee belangrijke vragen helpen me te bepalen of een kind in het verleden al slaapproblemen heeft gehad: **Heeft je kind ooit 's nachts doorgeslapen?** en **Heeft het altijd moeite gekost hem naar bed te brengen?** Als het antwoord op de eerste vraag 'nee' is en op de tweede 'ja', weet ik dat ik te maken heb met een kind dat nooit heeft geleerd zelfstandig te gaan slapen en niet in staat is zelf weer in slaap te vallen als hij 's nachts wakker wordt. Dan moet ik de details weten en erachter zien te komen welke hulpmiddelen de

De overgang van ledikantje naar bed

Niet doen: het te snel willen (wacht tot je kind minstens twee is), maar ook niet te lang wachten als er een volgend kind op komst is. Zet het proces minstens drie maanden voordat de baby komt in gang.

Wel doen: over de overgang praten en je kind bij het proces betrekken: 'Ik denk dat het tijd wordt dat je net zo'n bed krijgt als papa en mama. Vind je het leuk om er een nieuw dekbed voor te gaan kopen?' Als hij nog geen twee is, overweeg dan om te beginnen met een bed met opklapbare zijkanten.

Niet doen: de regels voor het slapengaan of de routine veranderen tijdens de overgangsperiode. Het is nu belangrijker dan ooit om consistent te zijn.

Wel doen: je kind onmiddellijk – en zonder te knuffelen – terug naar bed sturen als hij uit bed stapt en naar jouw kamer komt.

Niet doen: je schuldig voelen omdat je de regel hebt ingesteld 'op je kamer blijven als het bedtijd is geweest' en zo nodig een hekje voor de deur hebt gezet. Als je kind een vroege vogel is die zich altijd prima zelf kon vermaken, maar nu ineens 's ochtends vroeg naar jouw kamer komt, geef hem dan een eigen wekker of zet een timer op een lamp: als de wekker gaat of de lamp gaat aan, mag hij zijn kamer uit.

Wel doen: zijn kamer veilig maken (als je dat al niet hebt gedaan): stopcontacten bedekken, snoeren wegwerken, sloten op lage laden zetten zodat hij die niet als trapje kan gebruiken.

Niet doen: risico's nemen, vooral als je kind nog geen drie is. Zet het bed tegen de muur; gebruik alleen een matras (geen boxspring) zodat het bed dichter bij de grond is, en gebruik op zijn minst de eerste paar maanden een veiligheidshekje.

ouder heeft gebruikt aan de hand van een aantal vragen, waaronder: **Hoe leg je hem nu in bed? Waar slaapt hij? Geef je nog borstvoeding? Zo ja, gebruik je dat dan ook om hem in slaap te krijgen? Heb je medelijden met hem wanneer hij 's nachts huilt? Ga je meteen naar hem toe? Neem je hem bij je in bed? Toen hij jonger was,**

kon je toen de kamer uit gaan voordat hij helemaal sliep? Hoe lang slaapt hij overdag en waar? Heb je ooit de methode van 'laten huilen' uitgeprobeerd? Al die vragen helpen me in te schatten hoe erg de mate van opvoeden tegen wil en dank is. Soms is dat meteen duidelijk, zoals deze zeer typerende e-mail illustreert:

> Mijn dochtertje van twintig maanden heeft nooit geleerd zelfstandig te gaan slapen, dus moet ik elke nacht naast haar slapen, en nu is er een tweede op komst. Ik vind dat mijn man me niet bepaald helpt. Ik vind niet dat hij de juiste dingen tegen haar zegt wanneer ze elke nacht weer tegen me aan kruipt. Help me alsjeblieft!

Helaas weten de vader en de moeder geen van beiden wat ze moeten doen, en dat komt maar al te vaak voor. Als een kind al bijna twee jaar heeft mogen slapen waar ze maar wil en hoe ze maar wil en nog steeds niet zelfstandig kan gaan slapen, moeten we een tot in de puntjes uitgewerkt plan bedenken en zeker weten dat allebei de ouders het daarmee eens zijn en niet in tegengestelde richting bezig zijn of, erger nog, ruziemaken om wat er moet gebeuren. Als dan ook nog het vertrouwen tussen ouder en kind is geschonden, wordt de situatie nog gecompliceerder omdat het kind zich niet veilig en vertrouwd voelt in zijn eentje. Daarom moet er eerst gewerkt worden aan het opbouwen van de vertrouwensband (zie pagina 238 en 344).

Slaapproblemen in het derde jaar

Veel van de problemen uit het tweede jaar blijven ook in het derde jaar bestaan, maar oudere peuters begrijpen nog beter wat er om hen heen gebeurt en voelen nog meer aan. Ze ondervinden meer invloed van veranderingen binnen het gezin en in hun omgeving. Ze zijn nog nieuwsgieriger dan hun jongere tegenhangers. Als je bezoek krijgt, denken ze dat iedereen die de deur door komt een speelkameraadje is. Ze willen niets missen. Je kind kan wakker worden van geluiden terwijl dat daarvoor nooit zo was.

Ook fysiek zijn ze tot meer in staat. **Klimt je peuter uit zijn bedje en komt hij naar jouw kamer?** Sommige peuters lukt dit al met achttien maanden, maar dat hoeft niet altijd opzettelijk te gebeuren. Voor de leeftijd van twee jaar is het hoofd van je kind nog

Waarom schreeuwen peuters in hun slaap?

Wat is het?	Nachtmerrie Het is een *psychische* ervaring die plaatsvindt tijdens de REM-slaap; een nare droom waarin het kind een onaangename emotie of een eerder gebeurd trauma herbeleeft. Zijn geest is actief, maar zijn lichaam is in rust (op de snelle oogbewegingen na).	Nachtelijke angst Bij peuters wordt het 'verward ontwaken' genoemd (echte nachtelijke angsten komen voor in de adolescentie en zijn zeldzaam), wat net als slaapwandelen een *fysiologische* ervaring is. Het kind maakt niet de normale overgang van diepe slaap naar REM-slaap, maar blijft tussen deze twee stadia steken. Zijn lichaam is actief, maar zijn geest niet.
Wanneer gebeurt het?	Meestal in de tweede helft van de nacht, wanneer de REM-slaap het meest geconcentreerd is.	Meestal tijdens de eerste twee of drie uur slaap; het eerste derde deel van de nacht.
Hoe klinkt het en hoe ziet het eruit?	Het kind wordt schreeuwend wakker, maar is wel wakker als je binnenkomt of kort daarna. Hij zal zich de ervaring waarschijnlijk wel herinneren; nare dromen kunnen kinderen jarenlang achtervolgen.	Begint met een hoge gil. Het kind spert zijn ogen open, zijn lichaam is verstijfd en hij baadt soms in koud zweet, en zijn wangen kunnen rood zijn. Het kan zijn dat hij je niet herkent wanneer je naar hem toe komt, en hij herinnert zich er later niets meer van.
Wat doe je wanneer het gebeurt?	Troost je kind, stel hem gerust en spoor hem aan over de droom te	Maak hem niet wakker, dan duurt het alleen maar langer. Normaal

	praten als hij zich bepaalde dingen kan herinneren. Bagatelliseer zijn angsten niet; voor hém is de droom heel echt. Troost hem met een heleboel knuffels en ga zelfs even bij hem liggen, maar neem hem niet bij je in bed.	gesproken duurt het zo'n tien minuten (maar het kan variëren van één tot veertig minuten). Voor jou is het erger dan voor hem, dus probeer je te ontspannen en het uit te zitten terwijl je hem alleen geruststellend toespreekt. Zorg dat hij zich niet aan de meubels kan stoten.
Hoe voorkom je het in de toekomst?	Zie erachter te komen wat je kind angst inboezemt of stress bezorgt en zorg dat hij daar overdag niet mee te maken krijgt. Houd je aan de normale bedtijden en rituelen om tot rust te komen. Als je kind bang is voor 'monsters', doe dan een nachtlampje aan en kijk onder het bed.	Probeer zijn routine consistent te houden en zorg dat je kind niet oververmoeid raakt. Als dit regelmatig voorkomt of slaapwandelen in de familie zit, kun je eens met je kinderarts praten of advies vragen aan een slaapdeskundige.

steeds te groot in verhouding tot zijn lichaam, en als hij over de rand van zijn bedje gaat hangen, kan hij voorover kukelen en eruit vallen. Als hij twee is, kan hij echter wel bedenken hoe hij op de rand kan gaan staan en eruit kan klimmen, waarna hij midden in de nacht je kamer komt binnenwandelen. Op deze leeftijd beginnen ouders normaal gesproken te denken aan de overgang naar een 'groot' bed (zie kader hierboven). Als je het mij vraagt, kun je dat het beste zo lang mogelijk uitstellen – tot hij minimaal twee is, zo niet ouder – omdat je dan die bezoekjes midden in de nacht kunt beperken. (De enige uitzondering is als een kind bang is voor zijn ledikantje, zie pagina 345-346). **Wat doe je wanneer je**

kind midden in de nacht naar jouw kamer komt? Als je het een of twee keer per week goedvindt, is de kans groot dat je een probleem hebt.

Omdat peuters ook heel gevoelig zijn voor veranderingen binnen het gezin, vraag ik altijd: **Is je gezinsleven veranderd?** Een geboorte, een sterfgeval, huwelijksproblemen van de ouders en/of een echtscheiding, nieuwe partners, een nieuwe oppas, vervelende sociale situaties... al dit soort dingen kunnen een peuter uit zijn slaap houden, vooral als hij nooit geleerd heeft zelfstandig te gaan slapen of zichzelf te troosten. Op deze leeftijd krijgen ze ook meer sociale activiteiten, en ik heb al eerder benadrukt dat activiteiten invloed hebben op slapen. **Ben je met een nieuwe speelgroep begonnen of is er een nieuwe activiteit bij gekomen, zoals muziek op schoot, babyzwemmen of baby-yoga?** Graaf diep en kijk ook naar details, zoals: **Wat gebeurt er precies in de speelgroep? Wat voor activiteiten doet je kind daar? Hoe zijn de andere kinderen?** Zelfs een kind dat altijd goed geslapen heeft, kan het moeilijk hebben als hij te veel onder druk staat (een peuter moet bijvoorbeeld geen formele lessen krijgen of een 'gymleraar' hebben) en vooral als hij doelwit is van een kleine pestkop (zie het verhaal van Alicia op pagina 384-384).

Slaapproblemen zijn nu uitputtender dan ooit voor ouders. Deze kinderen kunnen praten en dus vragen om een glas water, een verhaaltje en nog één kusje, en eindeloos onderhandelen en treuzelen. Veel ouders verliezen hun geduld bij een oudere peuter, terwijl ze in een eerder stadium nog toegeeflijk waren: 'Hij begrijpt het nog niet,' of 'Hij kan er niets aan doen.' Als het een diepverankerde gewoonte is en de ouder niet reageert zoals het kind verwacht en wil, is de kans groot dat hij boos wordt en het ledikantje op zijn kop zet. Ook overdag kan hij driftbuien krijgen. Oudere peuters hebben heel goed in de gaten dat ze er door bepaald gedrag voor kunnen zorgen dat papa of mama eraan komen.

Als je een kind van twee of drie met een slaapprobleem hebt, moet je altijd teruggaan in de tijd. **Heeft je kind ooit 's nachts doorgeslapen?** In heel veel gevallen moeten we helemaal terug naar af. Ook moeten we naar de emotionele geschiedenis kijken. Als een kind zich altijd veeleisend heeft gedragen, is de kleine dictator nu waarschijnlijk uitgegroeid tot een regelrechte tiran. Dat kan zich op veel manieren manifesteren: met zijn hoofd bonken, duwen, slaan, bijten, aan haren trekken, schoppen, op de vloer gaan liggen, zich stijf houden als je hem vasthoudt. Als zijn ouders hem overdag niet op de juiste manier hebben gecorrigeerd (zie pagina 397-406), is het 's avonds nog erger, omdat hij dan moe is.

Ouders verwarren manipulatie door oudere peuters vaak met scheidingsangst, wat meestal begint tussen de zeven en negen maanden en weer verdwijnt tussen de vijftien en achttien maanden, als de ouders hun kind tenminste zachtjes geruststellen en niet zijn begonnen aan een vorm van opvoeden tegen wil en dank als oplossing voor de angsten van hun kind. Wanneer de ouders van een kind van twee naar me toe komen en zeggen: 'Mijn kind wordt 's nachts wakker omdat hij last heeft van scheidingsangst,' gaat het negen van de tien keer om een kind dat heeft geleerd hoe hij ze kan manipuleren. Het slaapprobleem komt niet door de angst van het kind, maar doordat de normale scheidingsangst is verholpen met opvoeden tegen wil en dank (zie pagina 106-111 en 232-242).

Vergis je echter niet: op deze leeftijd bestaan er ook échte angsten, omdat peuters nu zo veel meer begrijpen. Je kind snapt volledig wat er om hem heen gebeurt: dat er een nieuwe baby komt, dat mama en papa boos op elkaar zijn, dat één kind in het peuterklasje altijd zijn spullen afpakt, dat het kleine visje in *Nemo* van zijn vader werd gescheiden. Oudere peuters zijn ook heel beïnvloedbaar. Ik hoorde laatst een geweldig verhaal over een kind dat zag hoe zijn vader sloten aan het zetten was op alle ramen op de eerste verdieping van hun huis. De vader legde zijn zoontje van tweeënhalf uit dat hij dat deed 'om de inbrekers buiten te houden.' Die nacht werd het jongetje om 3.00 uur wakker en schreeuwde: 'De inbrekers komen eraan! De inbrekers komen eraan!' Ik had een soortgelijke ervaring met mijn oudste dochter toen die een jaar of drie was. Ik dacht dat ze het wel leuk zou vinden om naar de film *ET* te kijken, die in die tijd populair was. Het leek me een heel onschuldige film, maar Sara had nog maandenlang nachtmerries omdat ze dacht dat er ET's door het kattenluik naar binnen kwamen.

Omdat ouders hun kinderen in het derde jaar meer tv laten kijken en computerspelletjes laten doen, is het niet verrassend dat ook nachtmerries vaker voorkomen. Het is belangrijk dat je alles wat je je kind aanbiedt controleert en het door kinderogen bekijkt. Weet je zeker dat ze *Bambi* en *Nemo* echt leuk vinden? Of kan het voor een klein kind beangstigend zijn dat in beide films de moeder van de hoofdfiguur wordt gedood? Pas ook op wat voor verhaaltjes je vertelt en welke boeken je voorleest. Enge verhalen en donkere plaatjes kunnen je kind bijblijven. En, heel belangrijk, als de televisie en de computer deel uitmaken van de dag van je kind, zorg dan dat je een ritueel creëert om hem voor het slapengaan tot rust te brengen. Persoonlijk hanteer ik een 'geen media'-regel aan het eind van de dag.

Slaapstrategieën voor peuters

Veel van de praktijken en strategieën die ik in dit boek heb uitgelegd, zijn ook van toepassing op slaapproblemen bij peuters, al is het dan met enige aanpassingen. Hier volgen enkele belangrijke geheugensteuntjes met waar gebeurde voorbeelden. In de kaders in de kantlijn staan de verschillende problemen, zodat je ze gemakkelijk kunt terugvinden.

Je hebt nog steeds een routine nodig, maar het kan zijn dat je die moet aanpassen naarmate je kind ouder wordt. Lola belde me over haar zoontje van negentien maanden: 'Car-

> **'Plotseling chagrijnig tijdens zijn ritueel voor het slapengaan'**

los is ineens chagrijnig tijdens zijn routine voor het slapengaan. En hij vond het altijd heerlijk om in bad te gaan, maar vindt dat nu ineens niks meer.' Na wat vragen over wat er in Carlos' leventje was gebeurd, werd duidelijk dat het gezin onlangs een reis naar Lola's geboorteland Guatemala had gemaakt en dat Carlos bovendien net met een nieuw muziekklasje was begonnen. Ik legde de moeder uit dat het te verwachten was dat dit zou doorwerken. De reis was al afwijkend van de normale routine, en het muziekklasje betekende een heel ander niveau van sociale activiteiten. Daarbij komt dat Carlos nu ouder is en dat zijn routine voor het slapengaan misschien aan verandering toe is. Veel jonge peuters functioneren bijvoorbeeld beter als ze om 18.00 of 18.30 uur naar bed gaan. Bovendien kan een bad op deze leeftijd voor sommige kinderen te veel van het goede zijn, en in dat geval zou Lola hem ofwel eerder in bad moeten doen – bijvoorbeeld om 16.00 of 17.00, voor het eten – ofwel hem 's ochtends in bad kunnen doen en hem 's avonds gewoon wassen. Lola wierp eerst tegen: 'Maar we doen hem juist 's avonds in bad omdat zijn vader het dan kan doen.' Nou ja, dat was haar zaak, natuurlijk. Maar ik was eerlijk. 'Prima, maar weet wel dat je dan aan jezelf denkt en niet aan je baby.' Gelukkig paste Carlos, een baby-volgens-het-boekje, zich gemakkelijk aan en was Lola creatief. Ze stelde voor dat zijn vader hem 's ochtends meenam onder de douche. Carlos vond het heerlijk en zo begon er een nieuw ritueel met papa.

Doe moeite om het ritueel voor het slapengaan consistent te maken en gebruik het om problemen te voorkomen. Bij het ritueel voor het slapengaan hoort uiteraard ook tijd voor voorlezen en knuffelen. Bovendien, omdat peuters zoveel meer begrijpen, kun je besluiten ook een gesprek aan de routine toe te voegen, zoals Julie, de moeder van Megan van drieëntwintig maanden oud, ondervond. Julie neemt Megan mee naar haar werk en geeft toe dat hun dag vaak onvoorspelbaar verloopt. Ik geef hier gedeeltes van haar lange bericht op mijn websites weer, om haar een compliment te geven voor haar vindingrijkheid en haar observatievermogen. Doordat ze weet wie haar kind is (ze zegt dat Megan een gevoelig type is), haar probeert te begrijpen en verschillende suggesties in overweging neemt, heeft ze uiteindelijk het ideale ritueel voor haar kind in elkaar weten te zetten:

Ik heb een paar maanden geleden geschreven over de slaapproblemen van mijn dochter. Ik probeerde haar te leren hoe ze zelfstandig in slaap moest vallen en het eindigde ermee dat ze elke avond twee uur aan het zingen, lachen en praten was! Overdag sliep ze nog hooguit veertig minuten, terwijl ze daarvoor altijd anderhalf tot tweeënhalf uur sliep. Ze was overdag ook niet hangerig en jengelde of huilde niet als ik haar in bed legde, alleen sliep ze niet... Iemand merkte

> **'Doet er lang over om in slaap te vallen; slaapt overdag onregelmatig'**

op dat Megan zich de hele dag zó opperbest gedraagt dat ze aan het eind van de dag misschien alle flexibiliteit heeft getoond die ze in zich heeft en daarom moeite heeft 's avonds tot rust te komen. Ik denk dat ze gelijk had met die opmerking... Het eerste wat ik deed was dan ook een consistente routine invoeren: twee boekjes voorlezen, een kusje, twee korte verhaaltjes in bed, één keer 'Slaap, kindje, slaap' en dan is het klaar. Iemand opperde ook dat ze misschien hulp nodig had bij het verwerken van haar dag. Nooit aan gedacht! Ik deed dit eerst voor het voorlezen, maar het duurde steeds langer, dus nu bespreken we verschillende gedeelten van de dag terwijl we ons klaarmaken voor het slapengaan. Tegen de tijd dat ze haar pyjamaatje aanheeft en we in haar kamer zijn, hebben we de hele dag besproken. Het laatste wat ik heb gedaan is een gezellig nestje maken van haar bed. Het viel me altijd al op dat ze overdag beter slaapt wanneer we op mijn werk zijn. Haar bedje op mijn werk is kleiner dan het standaardformaat dat we thuis hebben, en het kamertje zelf is maar anderhalf bij twee meter. Ik dacht aan Tracy's suggestie om voor gevoelige baby's een sfeer te creëren die lijkt op de geborgenheid van de baarmoeder, dus wikkelde ik een heel zachte, suèdeachtige deken om haar matras, waar ze meteen dol op was. Ook legde ik een stuk van mijn schapenvacht in haar bedje, dat ongeveer de helft van de matras in beslag nam. Ik knipte een stuk van de haren af zodat ze niet te lang waren, maar de vacht nog wel heel knus was en naar mama rook. Ten slotte kreeg ze nog een klein sierkussentje (van ongeveer 15 bij 15 centimeter) dat aan de ene kant van suède is en aan de andere kant van fleece. Verder wil ze graag een dekentje dat opgerold naast haar ligt, net als de opgerolde handdoeken die ik naast haar legde toen ze pas geboren was.

Ze ziet eruit als een rupsje in een cocon, maar ze vindt het heerlijk! Gisteravond voelde ze zich niet zo lekker en ik zei dat ze bij me mocht komen liggen totdat ze in slaap viel. Na een minuut of vijf vroeg ze of ze naar haar bedje mocht. En dat voor een kind dat een jaar lang bij me in bed heeft geslapen en áltijd het liefste vastgehouden wilde worden.

Hoe dan ook, ik weet niet of iemand hiermee geholpen is, maar ik weet zeker dat Megan behoefte had aan een kleinere, veiliger slaapomgeving en dat het voor haar heel belangrijk is om haar dag te bespreken en een heel voorspelbare routine voor het slapengaan te hebben als tegenwicht voor een heel onvoorspelbare dagroutine. Ik weet dat haar kiezen bijna doorkomen, dus ik hoop dat dit ons erdoorheen helpt!

Misschien is Megans avondritueel niet geschikt voor jouw baby, maar het geeft wel aan dat je een ritueel op maat kunt maken als je je maar inleeft in je kind.

Gebruik de routine voor het slapengaan ook om te anticiperen op problemen, en reken daarmee af vóór het slapengaan in plaats van later. Zo werd Jason van eenentwintig maanden 's nachts ineens steeds om 4.00 uur wakker met het smoesje 'Ik heb dorst'. Gelukkig belde Maryann me al nadat hij dit twee nachten achter elkaar had gedaan, omdat ze in de gaten had dat er een patroon ontstond. Ik stelde voor dat ze hem elke avond een antilekbeker met water mee in bed zou geven.

'Treuzelt rond bedtijd; wordt 's nachts wakker'

'Maak het onderdeel van zijn routine voor het slapengaan,' zei ik. 'Zeg vlak voordat je hem welterusten knuffelt en een kusje geeft: 'En hier is je water, voor als je wakker wordt omdat je dorst hebt.'

Een ander geval was dat van de tweejarige Olivia, die naar droomde. Ik stelde voor dat papa, wanneer hij haar in bed legde, veel aandacht besteedde aan 'Googie', het zachte vosje dat Olivia als

'Heeft nare dromen'

haar lievelingsknuffeldier had uitverkoren. Het laatste wat papa zei voordat hij haar welterusten wenste, was: 'Maak je geen zorgen, Liv. Googie is er als je hem nodig hebt.' Probeer erachter te komen wat voor jóúw kind werkt. Het doel is om je kind het idee te geven dat hij in staat is zelf de nacht door te komen. Als je kind zich veiliger voelt wanneer je andere handelingen bij het ritueel voor het slapengaan betrekt, zoals onder het bed kijken om te zien of er monsters zijn, doe dat dan vooral. Ook de dag bespreken is een geweldig idee, vooral omdat je kind dan zijn angsten kan verwerken. Ook als je peuter nog niet goed kan praten, kun jíj in elk geval tegen hem praten over wat er die dag gebeurd is.

Vooral wanneer je kind de overgang maakt van zijn ledikantje naar een 'groot' bed (zie pagina 335) is het van belang dat je een consistent ritueel voor het slapengaan handhaaft. Zorg ervoor dat alles hetzelfde blijft; behalve natuurlijk het nieuwe bed. Grappig genoeg komen de meeste kinderen die de overstap naar een 'groot' bed hebben gemaakt, hun bed niet meer uit wanneer ze eenmaal zijn ingestopt. Het is net of ze zich de beperkingen van hun ledikantje nog herinneren. Natuurlijk doen sommige het wél, en die proberen hun ouders uit om te zien of dit nieuwe bed ook betekent dat er nieuwe vrijheden zijn. Door je aan je routine te houden – net zoveel verhaaltjes vertellen als eerst, op dezelfde tijd naar bed, hetzelfde ritueel van welterusten zeggen – maak je de boodschap duidelijk: je hebt dan wel een nieuw bed, maar de oude regels blijven gelden.

Wanneer je kind huilt tijdens een slaapperiode, ga dan niet meteen naar hem toe. Tijdens de peutertijd is het van groot belang dat je je aan een gewoonte blijft houden die je (hopelijk) ook al had toen je baby nog heel klein was: observeer voordat je ingrijpt. Als je kind niet huilt, ga dan niet zijn kamer in. Misschien hoor je dat hij in zijn bedje ligt te babbelen. Als je hem zijn gang laat gaan, valt hij waarschijnlijk uit zichzelf weer in slaap. Als hij wél huilt, probeer dan te bepalen of het een mantrahuiltje is of een echte roep om hulp (zie kader pagina 290). Is het dat eerste, wacht dan even. In geval van het laatste ga je wel naar binnen, maar zeg je niets. Praat niet tegen hem en doe niets.

'Huilt 's nachts'

'O.P./N.L.' wordt 'N.L.' Omdat peuters zwaarder en dus moeilijker op te tillen zijn dan baby's, en omdat het matrasje nu laag ligt, raad ik je niet aan ze nog op te pakken; doe alleen het neerleg-gedeelte. Met andere woorden, je kind mag wel gaan staan (de meeste peuters staan al rechtop tegen de tijd dat hun ouders de kamer binnen komen), maar je pakt hem niet op. Leg hem alleen maar neer. Gebruik dezelfde geruststellende woorden als altijd en zeg erbij: 'Het is bedtijd,' of 'Het is tijd om te gaan slapen.'

Uiteraard duurt deze techniek langer bij kinderen bij wie opvoeden tegen wil en dank een rol heeft gespeeld. Zelfs als je beseft wat je hebt gedaan, moet je er rekening mee houden dat het een tijdje zal duren voordat je het ongedaan kunt maken. Toen Betsy me schreef bijvoorbeeld, was ze zich ten volle bewust van wat ze verkeerd had gedaan met Noah. In de onderwerpregel van haar e-mail stond: 'Kind van achttien maanden deelt de lakens uit rond bedtijd.' Het is een klassiek voorbeeld in de zin dat het bestaat uit diverse bekende thema's: een lange historie van opvoeden tegen wil en dank, die nog gecompliceerder wordt door de groeiende fysieke en mentale capaciteiten van een peuter én door ziekte en een ziekenhuisopname.

Ik heb Noah zodanig opgevoed tegen wil en dank dat hij gewiegd wil worden terwijl hij slaapt. Eenmaal in bed kan hij 'soms' uit zichzelf weer in slaap komen. Er zijn nachten dat we hem horen rommelen en praten en dan valt hij ineens weer in slaap. Maar andere keren wordt hij huilend wakker. Als hij nu wakker wordt, krijgen we hem met geen mogelijkheid zijn bed meer in! Zodra ik aanstalten maak om van mijn stoel te komen, begint hij te huilen. Hetzelfde doet

> **'Wil in slaap gewiegd worden; kan niet zelf meer in slaap komen'**

hij als hij overdag moet slapen. Dit doet hij nu zo'n achttien maanden. Enig idee wat ik eraan kan doen? Hij weegt twaalf kilo en de zijkanten van zijn ledikantje gaan niet makkelijk omhoog en omlaag. Hij is ziek geweest (is vier dagen geleden uit het ziekenhuis gekomen, waar hij lag wegens uitdroging), maar de dokter heeft hem vandaag volkomen gezond verklaard. Ik kwam Tracy's boeken in het ziekenhuis tegen. Was ik haar zeventien maanden geleden maar tegengekomen!

Dit is overduidelijk een oud probleem dat nooit is opgelost en daarna gecompliceerder is geworden door peuterproblematiek. Betsy beweert dat Noah 'dit al achttien maanden doet'. Maar eigenlijk hebben zij en haar man hem geléérd: *Wanneer ik huil, komen zij eraan rennen en wiegen me.* Nu Noah twaalf kilo weegt, vinden papa en mama dat niet meer zo'n goed idee. (Ik moet ze echter nageven dat ze hem nooit bij zich in bed hebben genomen.) Nu is het opvoeden tegen wil en dank geen kwestie meer van conditioneren; Noah manipuleert ze bewust. We hebben hier dan ook een plan in twee delen nodig:

> **'Wil niet dat ik de kamer uitga'**

Leg Noah zonder hem te wiegen in zijn bed, en gebruik N.L. als hij gaat huilen. Ze moeten in de kamer blijven om hem te laten zien dat ze er fysiek voor hem zijn, maar ze mogen niets tegen hem zeggen. Onder geen beding mogen ze Noah oppakken, niet alleen omdat hij daar te zwaar voor is, maar ook omdat dat deel uitmaakt van het patroon van opvoeden tegen wil en dank dat ze hebben gecreëerd. Wel kunnen ze hem troostend toespreken: 'Het is al goed, Noah, je gaat gewoon slapen.' In dit stadium begrijpt hij alles. Ook al is dit allemaal al achttien maanden aan de gang, Betsy zou nog wel eens aangenaam verrast kunnen zijn, als ze tenminste doortastend is in haar aanpak.

Als het vertrouwen hersteld moet worden, blijf dan op een luchtbed bij je kind slapen, nog voordat je de N.L.-methode toepast. Ik kan het niet vaak genoeg zeggen: een baby die is getraumatiseerd doordat hij in de steek is gelaten, heeft op deze leeftijd vaak meer slaapproblemen en de oplossingen nemen veel meer tijd in beslag. Je kind verwácht dat je weggaat en blijft kijken of je er nog wel bent. Bij sommige probleemgevallen die ik heb behandeld, brulde het kind de hele boel bij elkaar omdat hij een ernstige vorm van angst voor zijn ledikantje had ontwikkeld. Je legt hem neer, maar je kunt niet weg. In dat soort gevallen neem ik een luchtbed mee en blijf ik minstens de eerste nacht in de kinderkamer slapen. Leg het bed om te beginnen naast het ledikantje. Als het probleem zich pas kort voordoet, kan het zijn dat één nacht voldoende is. Meestal is het probleem de derde avond opgelost. Maar als het om een langetermijnprobleem gaat, stel ik voor dat je het luchtbed om de drie nachten ietsje verder van het ledikantje (en dichter bij de deur) legt.

Elk geval is weer anders. Soms maak ik de overstap ook met behulp van een stoel. Als ik eenmaal zover ben dat ik het luchtbed uit de kamer heb gehaald, zet ik een stoel naast het bedje terwijl het kind in slaap valt. Als hij slaapt, verlaat ik de kamer. De volgende avonden zet ik de stoel steeds verder weg. (Zie voor een gedetailleerde beschrijving het verhaal van Elliott, dat begint op pagina 346).

Als je peuter nog nooit in zijn eigen bedje heeft geslapen, sla het ledikantje dan over en begin meteen met de overstap naar een 'groot'

'Komt midden in de nacht zijn bedje uit'

---

bed. Als je kind chronische slaapproblemen heeft en je hem pas met vijftien, achttien of zelfs vierentwintig maanden zelfstandig leert slapen terwijl hij al die tijd bij jou in bed heeft gelegen, heeft het niet veel zin meer om hem in zijn ledikantje te leggen. Je begint nu meteen met de overstap naar een 'groot' bed (zie pagina 332). Neem hem overdag mee om het bed, of in elk geval het beddengoed, te kopen. Laat hem iets uitkiezen met zijn favoriete stripfiguren of zijn lievelingsmotief. Laat hem je die middag helpen met het bed opmaken. Je slaapt die eerste nacht bij hem op de kamer. Hij slaapt in zijn nieuwe 'grote' bed en jij op een luchtbed naast hem op de grond. Dan haal je je luchtbed geleidelijk aan weg en ga je een paar avonden naast hem op een stoel zitten totdat hij slaapt. Uiteindelijk slaapt hij alleen in zijn eigen bed. Als hij midden in de nacht naar jouw kamer komt, breng je hem rustig, zonder te praten, terug naar zijn eigen bed. Als dit een chronisch probleem wordt, koop dan een hekje en maak duidelijk dat hij in zijn eigen bed moet blijven. Neem je hem ook maar één keer bij je in bed, dan maak je het probleem alleen maar erger, dat garandeer ik je. In heel moeilijke gevallen adviseer ik ouders er een spelletje van te maken en het kind elke keer een beloning te geven wanneer hij op zijn kamer blijft (zie het verhaal van Adam op pagina 289-292).

Uiteindelijk doen ouders wat ze moeten doen om een kind in zijn eigen bed te krijgen. Ik moet meteen denken aan Luke, een jongetje van twee dat niet alleen bij zijn ouders in bed sliep, maar ook alleen wilde slapen als hij papa en mama kon aanraken. Zijn moeder kreeg in de gaten dat hij alleen zelfstandig in slaap viel op de bank in de studeerkamer. Daarom besloten ze die bank in zijn slaapkamer te zetten, waar een gloednieuw grote-jongensbed op hem stond te wachten. Luke weigerde het bed, maar sliep de twee jaar daarna gewillig op de bank, omdat hij die kende en zich daarop veilig voelde.

Ik heb gemerkt dat ouders soms geen verbanden leggen wanneer hun kind ineens 'bang is voor zijn bedje', zoals de moeder van de achttien maanden oude Samantha het probleem van haar dochter omschreef. Leslie, Sams moeder, bezwoer me dat haar dochter 's nachts altijd had doorgeslapen, tot twee maanden geleden. 'Ze valt overal in slaap, maar zodra we haar in haar bedje leggen, wordt ze hysterisch wakker en gaat ze hoesten en overgeven.'

'Doodsbang voor haar bedje'

Op het moment dat ik woorden als 'angst' en 'gillen' hoor, gaan de alarmbellen rinkelen. Ik had meteen het vermoeden dat Samantha's ouders de methode van 'laten huilen' hadden geprobeerd. Sterker nog, dat ze dat meer dan een keer hadden gedaan. 'Ja, we hebben haar wel eens laten huilen en soms werkt dat, maar niet altijd,' zei Leslie, die niet inzag dat ze had bijgedragen aan Samantha's probleem. Die baby was getraumatiseerd, en met achttien maanden is het een stuk moeilijker om het vertrouwen te herstellen. Ze ziet de spijlen van haar ledikant als een barrière tussen haar en haar moeder, en het ledikantje zelf als gevangenis. Samantha's ouders moeten niet proberen haar weer in het ledikantje te krijgen, maar haar helpen bij de overgang naar een 'groot' bed.

Ga altijd naar je kind toe; laat hem niet bij jou in bed kruipen. Wanneer hij bij je komt, moet je hem meteen meenemen naar zijn eigen kamer. Wees ook overdag streng. Maak er een regel van dat je peuter moet aankloppen als hij bij je naar binnen wil. Ik krijg talloze vragen van ouders die bang zijn dat structuur en regels hun kind zullen schaden. Klinkklare onzin, zeg ik! Naarmate kinderen ouder worden, móét je ze leren dat ze op de deur moeten kloppen! Geef zelf het goede voorbeeld wanneer je zijn kamer in gaat. Het gaat hier om respect en grenzen. En als hij wel een keer komt binnenstormen, zeg dan gewoon: 'Nee, je mag mama's kamer niet inkomen zonder te kloppen.'

Als je te maken hebt met angst voor het bedje en je het vertrouwen moet herstellen, kan het zijn dat je een paar dagen op een luchtbed bij hem op de kamer moet slapen, maar je moet daar niet eeuwig blíjven. Het luchtbed is alleen een overgangsfase om te zorgen dat je kind zich veilig voelt.

'Komt midden in de nacht naar mijn kamer toe'

Natuurlijk komt het in de meeste gevallen niet uit de lucht vallen als een kind midden in de nacht naar je kamer komt. Meestal is dit het resultaat van een lange geschiedenis van opvoeden tegen wil en dank. De aanwezigheid van het kind vóélt alleen indringender als hij eenmaal peuter is. Het is me ook opgevallen dat ouders zichzelf vaak voor de gek houden over het slaappatroon van hun kind. Toen ik bijvoorbeeld onderstaande e-mail ontving van Sandra, wist ik dat er meer aan de hand was.

Elliott gaat 's avonds niet uit zichzelf slapen. We moeten letterlijk bij hem gaan liggen op zijn queen size matras, die op de grond ligt. Hij wordt om de paar uur wakker, wordt dan helemaal gek en wil dat wij bij hem in bed kruipen. HELP! Ik wil dat mijn man en ik ook eens even bevrijd zijn van dit kind! We kunnen zijn kamer niet op slot doen, omdat hij een kamer met schuifdeuren heeft, die hij open kan doen. Eerlijk gezegd weet ik niet hoeveel gehuil we kunnen hebben, want hij is vier maanden lang een huilbaby geweest en huilde toen vierentwintig uur per dag. Hoe kunnen we deze cyclus doorbreken en zorgen dat hij in zijn eentje gaat slapen? Hij slaapt heel licht en heeft dat altijd al gedaan. We hebben hulp nodig!

Het lijkt misschien alsof Sandra en haar man mijn advies ter harte hebben genomen om hun peuter van achttien maanden niet bij hen in bed te laten slapen. Maar ze hebben niet al te veel gedaan om te zorgen dat Elliott 's nachts zelfstandig werd. Inmiddels moet je diverse aanwijzingen uit de e-mail van de moeder hebben opgepikt en ook al een paar vragen voor haar hebben. Ten eerste, waarom slaapt Elliott op een queen size matras op de grond? Ik durf te wedden dat er altijd iemand bij hem heeft geslapen. Misschien alleen zijn moeder, en nu wil de vader dat ze weer bij hem in bed komt slapen. Hoe dan ook, de ouders zijn met deze gewoonte begonnen.

In dit geval zou ik geen luchtbed aanraden, omdat ze al in zijn kamer geslapen hebben. In plaats van bij hem te slapen en zelfs op een apart bed naast hem te gaan liggen, kunnen ze beter meteen naar de stoelfase gaan. Als het bedtijd is, moeten ze een stoel in de kamer zetten en zeggen: 'Mama [of papa, dat hangt ervan af wie het minst toegeeflijk is!] blijft hier zitten totdat je slaapt.' Na drie dagen moeten ze, vóórdat ze Elliotts kamer in gaan om te beginnen aan het ritueel voor het slapengaan, de stoel een halve meter dichter bij de schuifdeuren zetten, zodat Elliott het niet ziet. Om de drie dagen komt de stoel dichter bij de deur te staan. En elke avond stelt degene die in de stoel zit Elliott gerust: 'Ik zit nog steeds in de stoel.' Wanneer ze er klaar voor zijn om de stoel weg te halen, zeggen ze: 'Vanavond halen we de stoel weg, maar ik blijf hier totdat je slaapt.' Ze moeten zich aan hun belofte houden en een eindje bij hem vandaan gaan staan, zonder iets te doen. Zodra de stoel de kamer uit is, kan Elliott hopelijk zelfstandig in slaap komen. Zo niet, dan moeten ze hem zodra hij zijn bed uit probeert te komen of later die avond wakker wordt, meteen weer naar zijn kamer brengen, in bed leggen en zeggen: 'Ik weet dat je het niet leuk vindt, maar je gaat alleen maar slapen.' Dan moeten ze weer een eindje bij hem vandaan gaan staan en zeggen: 'Ik ben hier.' De ouders moeten echter oppassen dat ze geen oogcontact maken en niet praten of zich door Elliott laten manipuleren. Uiteindelijk moeten ze ook de geruststellende woorden niet meer zeggen en alleen maar N.L. doen en hem terugleggen in bed. Ze moeten zich eraan houden. Om Elliott in zijn kamer te houden, zouden ze de deur sowieso niet op slot moeten doen. Wel kunnen ze een hekje voor de deur zetten zodat hij niet naar ze toe kan komen.

Als je kind als baby een 'slechte slaper' was, is het belangrijk om zijn geschiedenis te analyseren en te respecteren, maar laat angst niet de drijfveer zijn van wat je nu doet. Als je tussen de regels door leest in Sandra's e-mail (zie pagina 346), valt vooral de volgende zin op: 'Eerlijk gezegd weet ik niet hoeveel gehuil we kunnen hebben, want hij is vier maanden lang een huilbaby geweest en huilde toen vierentwintig uur per dag.' Voor mij is het overduidelijk, misschien omdat ik zo vaak te maken heb gehad met moeders van huilbaby's, dat Sandra nog steeds last heeft van Elliotts eerste vier maanden. Het is net of ze altijd verwacht dat het weer mis kan gaan. Ik heb ook het gevoel dat hij als jonge baby heel wat onrustige nachten heeft gehad omdat zijn vader en moeder niet wisten hoe ze hem de kunst van het slapen moesten leren. Ze schreven zijn gedrag gewoon toe aan het feit dat hij 'licht sliep'. Nu is hij achttien maanden en zijn ze bang dat dit eeuwig zo door zal gaan. Zulke angst om het verleden kan oplossingen dwarsbomen die we in het heden bedenken. Schuldgevoel, woede en zorgen werken averechts. Daarom herinner ik ouders er altijd aan: 'Dat was toen, en dit is nu. We kunnen het verleden niet uitwissen, maar we kunnen wel de schade ongedaan maken... als je maar volhoudt.'

> **'Bang dat dit altijd zo doorgaat'**

> **'Wordt te vroeg wakker; is halverwege de ochtend alweer moe'**

Gebruik mijn methode van 'wakker maken om te slapen' voor het verlengen van slaaptijden. Wakker maken om te slapen (zie 'Wakker worden uit gewoonte' en het kader op pagina 191) werkt ook goed bij peuters. Ik stel het vaak voor aan ouders van peuters die 's ochtends te vroeg of uit gewoonte midden in de nacht wakker worden. In sommige gevallen is wakker maken om te slapen zelfs de eerste stap van een plan. Zo wilde Karen, de moeder van Mac van zeventien maanden en Brock van vier weken, weten hoe ze Mac kon helpen om van twee slaapjes naar één te gaan. Maar toen ze me vertelde dat Mac ook elke ochtend om 6.00 uur op was, wist ik dat we dat probleem eerst moesten oplossen. Anders zou hij het nooit tot 12.00 of 13.00 uur redden en zou hij daarna te moe zijn om nog lang te kunnen slapen. Het eerste wat we moesten doen was dus zorgen dat hij later wakker zou worden. Daarna konden we zijn ochtendslaapje geleidelijk opschuiven (zie volgende paragraaf). Ik stelde voor dat Karen een uur eerder naar Macs kamer zou gaan en hem om 5.00 uur wakker zou maken. 'Geen probleem,' antwoordde ze onmiddellijk, wat me verbaasde, want meestal kijken ouders me vreemd aan als ik dit voorstel. Ze voegde eraan toe: 'Om die tijd ben ik toch met de baby bezig.' Ik zei tegen Karen dat ze Macs luier moest verschonen en hem dan meteen weer in bed moest leggen

Zo! Van twee slaapjes naar één

Door het ochtendslaapje naar een steeds later tijdstip te verschuiven, kun je het uiteindelijk helemaal laten vervallen! Het voorbeeldschema hieronder is bedoeld voor kinderen van minstens een jaar die normaal gesproken om 9.30 uur gaan slapen. De tijden kunnen variëren, afhankelijk van je kind, maar het principe van geleidelijk verschuiven blijft hetzelfde.

Dag 1-3: Leg hem vijftien tot dertig minuten later in bed voor zijn ochtendslaapje; om 9.45 of 10.00 uur.

Dag 4-6: Leg hem zo mogelijk een halfuur later in bed, zodat hij pas om 10.30 uur gaat slapen. Geef hem rond 9.00 of 9.30 uur een tussendoortje. Hij zal twee of tweeënhalf uur slapen en rond 13.00 uur lunchen.

Dag 7 tot hoelang nodig is: Verschuif het ochtendslaapje om de drie dagen naar een later tijdstip. Je kunt hem rond 10.00 of 10.30 uur een tussendoortje geven, hem om 11.30 uur in bed leggen en hem dan om 14.00 uur wakker maken voor de lunch. Het kan een paar middagen lastig worden.

Het doel: Uiteindelijk is hij in staat om tot 12.00 uur op te blijven, te lunchen, wat te spelen en daarna een heerlijk lang middagslaapje te doen. Hij kan wel eens een dag hebben waarop hij het niet redt zonder ochtendslaapje. Neem het zoals het komt, maar laat hem nooit langer dan een uur slapen.

met de woorden: 'Het is nog te vroeg om op te staan. Laten we
weer gaan slapen.' Ik wist dat Mac waarschijnlijk niet helemaal
wakker zou worden. Hij
zou weer gaan slapen, misschien wel een beetje chagrijnig, maar zo zou zijn gewoonte om 's ochtends zo
vroeg wakker te worden
tenminste doorbroken worden. Het doel was hem tot 7.00 uur te
laten slapen, zodat hij 's morgens meer energie zou hebben.

> **'Ik wil dat hij van twee slaapjes
> per dag naar één gaat'**

Voer veranderingen geleidelijk door. Soms bedenken ouders zelf
een goed plan, maar willen ze de veranderingen te snel doorvoe-
ren, zodat het kind niet de kans krijgt zich aan de nieuwe routine
aan te passen. Peuters hebben een goed geheugen, dus meestal
werkt het niet om veranderingen plompverloren in te voeren. Ze
kunnen anticiperen op gebeurtenissen. Verwacht niet dat ze meteen meegaan in een veranderde routine. Voordat Karen met mij
had gesproken, had ze bijvoorbeeld al geprobeerd Macs ochtendslaapje helemaal te laten vervallen, in de hoop dat haar pittige
zoontje dan gewoon 's middags lang zou slapen. In plaats daarvan
raakte hij oververmoeid en sliep uiteindelijk tóch 's morgens of
viel in de auto in slaap, waarna hij onrustig sliep. Karen moest
zijn ochtendslaapje stapsgewijs laten vervallen in plaats van in
één keer.

Toen Mac 's morgens eenmaal later wakker werd, konden we
overgaan op deel twee van ons plan (zie kader hieronder). Ging
hij normaal gesproken om 9.30 uur naar bed, nu probeerde Karen het te rekken tot 10.00 uur, of als dat te veel van het goede
werd om 9.45 uur. Drie dagen later verschoof ze dat tijdstip opnieuw vijftien minuten of een halfuur. Dan kreeg hij 's ochtends
een tussendoortje en als hij wakker werd zijn lunch. Het verliep
niet snel. Het proces nam wel een maand in beslag en er waren
dagen waarop hij een terugval had; dan werd hij weer vroeg wakker en deed hij een lang ochtendslaapje. Dit was normaal, niet alleen omdat we een gewoonte probeerden te doorbreken, maar
ook omdat Mac net een broertje had gekregen en nog moest wennen aan de nieuwe situatie.

**Wees met de nieuwe methode net zo consistent als je met de oude
was.** Als je op de een of andere manier hebt opgevoed tegen wil en
dank, verwacht je kind een bepaalde reactie van je wanneer hij
moeite heeft om in slaap te komen of wanneer hij midden in de

nacht wakker wordt. Wanneer je iets op een andere manier doet – weigert hem om 3.00 eten te geven, hem in zijn eigen bedje legt in plaats van hem mee te ne- men naar jouw bed – zal hij ongetwijfeld protesteren. Dat garandeer ik je! Als je volhoudt en vertrouwen en vastberadenheid uitstraalt, zul je versteld staan van de verandering. Maar als je zelf halfslachtig bezig bent, voelt je kind dat aan. Hij zal de inzet verhogen – harder schreeuwen, vaker wakker worden – en jij zult toegeven.

> **'We gaven het na een nacht al op'**

Verwar het troosten van je peuter niet met hem 'verwennen'. De peutertijd is een verwarrende tijd en kinderen van deze leeftijd hebben meer dan ooit geruststelling van hun ouders nodig. Meestal kun je bij peuters een slaapje laten vervallen, maar dat gebeurt niet van de ene dag op de andere. De ene dag slaat hij zijn ochtendslaapje over; de volgende dag redt hij dat weer niet. Trouwens, er gebeuren nogal wat nieuwe dingen in een peuterleven. Hoewel ze groeien en steeds onafhankelijker worden, moeten peuters nog steeds weten dat papa en mama er zijn om hen te troosten als het even moeilijk wordt. Ik voel echter wel met de ouders mee, want soms is het moeilijk om te weten welk gedrag er nu 'bij hoort' en wat wel of niet acceptabel is:

Roberto is bijna twee en is al zo lang ik me kan herinneren heel geïrriteerd na zijn slaapje overdag. Dan schreeuwt en jengelt hij een uur lang, waarna ineens de knop om gaat en alles goed is. Ik heb al van alles geprobeerd. Als ik bij hem ga zitten,

> **'Is chagrijnig na zijn slaapje'**

houdt hij zijn armen omhoog om opgetild te worden, maar worstelt daarna om weer neergezet te worden. Hij zegt dat hij dorst heeft, maar weigert te drinken, alsof hij niet weet wat hij met zichzelf aan moet. Ik heb ook geprobeerd hem zelf wakker te laten worden en het maar te negeren, maar dat werkt ook al niet. Hij ligt op zijn buik met zijn armen en benen onder zich en slaapt normaal gesproken minstens twee tot drie uur. Als hij wordt wakker gemaakt is het nog erger, en als iemand het huis binnen komt of lawaai maakt als hij in zo'n bui is, is het huis helemaal te klein. Wanneer hij 's ochtends wakker wordt, is er niets aan de hand. Herkent iemand dit? Ik ben inmiddels al zo ver dat ik niemand langs laat komen wanneer hij slaapt of gaat slapen.

Deze moeder heeft maar één baby die ze kan observeren, terwijl ik er duizenden heb gezien. Allereerst klinkt Roberto als een mopperig type en die hebben vaak wat meer tijd nodig om tot zichzelf te komen na een slaapje. Maar ongeacht het type hebben alle mensen verschillende patronen bij het wakker worden. Daarbij komt dat Roberto een typische peuter is. Het is belangrijk om hem te troosten. Je kind troosten is iets anders dan hem verwennen. Het is een handeling uit medeleven om hem een gevoel van veiligheid te geven. Roberto's moeder moet hem de tijd geven om bij te komen na zijn slaapje, en hem niet proberen te dwingen voordat hij er klaar voor is. Ze zou hem even kunnen vasthouden en zeggen: 'Je bent gewoon aan het wakker worden. Mama is hier. We gaan naar beneden als je er klaar voor bent.' Ik heb het vermoeden dat de moeder hem probeert te overhaasten, waardoor het alleen maar langer duurt. Als ze hem de tijd geeft die hij nodig heeft en hem niet probeert over te halen, zal Roberto waarschijnlijk maar een paar minuutjes blijven zitten. Daarna ziet hij plotseling een speeltje en pakt dat. Of hij kijkt gewoon naar zijn moeder en glimlacht, alsof hij wil zeggen: 'Oké, ik ben er weer.'

Als je kind slaapproblemen heeft in het tweede of derde jaar, bekijk dan je eigen agenda eens en kijk naar wat je tot nu toe hebt gedaan. Hoewel uit het onderzoek dat ik aan het begin van dit hoofdstuk heb aangehaald, blijkt dat er onder jonge kinderen een epidemie van slaapproblemen heerst, ontstaan slaapproblemen niet zomaar. Ongetwijfeld heeft de snelheid van onze huidige cultuur invloed op onze kinderen. Maar dat geldt ook voor de houding van ouders. Sommige ouders hebben er moeite mee om de babyjaren achter zich te laten en troosten hun kind overdreven, waarbij ze hem bij zich in bed nemen omdat ze daar zélf behoefte aan hebben, niet omdat het goed zou zijn voor de kleine. Vraag je dus af: **Ben je er echt klaar voor om je kind te laten opgroeien? Om hem zelfstandig te laten worden?** Dat klinkt misschien als een rare vraag wanneer je het hebt over kinderen van twee of drie. Maar je kinderen vrijheid geven en ze onafhankelijk leren zijn, begint niet pas op het moment dat ze oud genoeg zijn om hun rijbewijs te halen. Je moet nu al zorgvuldig de zaadjes planten en groeiende verantwoordelijkheden combineren met liefde en verzorging. Vergeet ook niet dat een gebrek aan onafhankelijkheid 's nachts ook zijn weerslag heeft op hoe het er overdag aan toe gaat. Kinderen die goed slapen, hebben als ze wakker zijn minder snel de neiging te jengelen, aan je te hangen en een scène te schoppen. Bovendien veranderen ouders die hebben opgevoed tegen wil en dank of een bepaalde gewoonte hebben aangeleerd, zoals slapen in het bed van de ouders, vaak van gedachte wanneer hun kind eenmaal peuter is (zie het verhaal van Nicholas aan het eind van dit hoofdstuk op pagina 359-362). Misschien denken ze over een tweede kind of wil de moeder weer aan het werk, parttime of fulltime, maar moeten ze er 's nachts nog steeds twee of drie keer uit voor hun peuter. Ik krijg stapels e-mails van ouders die in zo'n situatie zitten. Het is niet zo gek dat papa en mama nu ineens meer haast krijgen om slaapproblemen op te lossen, vooral als ze het kind altijd bij zich in bed genomen hebben. Dit berichtje op mijn website is typerend voor de wanhoop die ouders voelen:

> **'Ik weet niet hoe ik hem uit ons bed moet krijgen'**

Wij hebben een zoontje van negentien maanden dat altijd bij ons in bed heeft geslapen. Nu verwachten we een tweede baby en moet er iets veranderen! We zien ertegen op om bepaalde methodes uit te proberen, zoals hem laten huilen en zo… Dat vinden we hartverscheurend… Heeft iemand een tip?

Met een baby kun je gemakkelijker rationaliseren: 'Hij groeit er wel overheen,' of 'Het is maar een fase.' Ouders schamen zich er vaak ook voor dat hun peuter nog slaapproblemen heeft. Ze zijn bang voor opmerkingen als: 'Moet je er dan nog stééds midden in de nacht uit?' En vooral als er een andere baby onderweg is of hun werk te lijden heeft onder hun slaapgebrek, vragen ze zich af: Zullen we ooit nog een nacht goed slapen? Daar zit hem ook de kneep: dat jij nu toevallig weer eens toe bent aan een nacht doorslapen, betekent niet dat je baby er ook klaar voor is, vooral als je niet de juiste stappen hebt ondernomen om hem daarop voor te bereiden.

Soms houden ouders zichzelf voor de gek. Je moest eens weten hoeveel ouders volhouden dat ze er 'alles' aan gedaan hebben om een kind goede slaapgewoonten aan te leren, zoals een moeder uit mijn geboorteland Engeland, Claudia, het in onderstaande e-mail verwoordt. Ook hier moet je weer tussen de regels door lezen:

> Hoi, mijn probleem is dat ik het gevoel heb dat ik er alles aan gedaan heb om Edward 's nachts door te laten slapen en hem te leren zichzelf te troosten, maar dat ik nu niet meer weet wat ik nog meer kan doen. We hebben een heel goede routine voor het slapengaan en 99% van de tijd valt hij zonder te huilen uit zichzelf in slaap. We knuffelen hem NOOIT in slaap en ik heb hem ook nooit gevoed om hem in slaap te helpen. Hij heeft geen speen en zijn lievelingsknuffel is 'Boe'.
> Hij wordt 's nachts op verschillende tijden wakker en roept ons dan. Dan wachten we meestal even af of hij weer in slaap valt, wat soms ook gebeurt. Maar meestal raakt hij echt over zijn toeren, dus gaat een van ons naar hem toe. We zeggen niets, maar kijken alleen of hij in bed ligt en Boe bij zich heeft. Harry en ik geven hem een slokje uit de tuitbeker en gaan dan de kamer uit, waarna hij meestal weer gaat slapen. Dat klinkt misschien niet zo vreselijk, maar ik werk parttime en moet thuis dingen voorbereiden 's avonds als hij in bed ligt, en vind het slopend dat mijn slaap minstens tweemaal per nacht wordt verstoord, soms zelfs vaker, en dan kan ik daarna vaak ook niet meer slapen.
> Wanneer we proberen helemaal niet naar hem toe te gaan, zit hij uiteindelijk helemaal onder het snot van al het huilen, gaat hij in zijn bedje staan en wordt hij te hysterisch om nog zelf in slaap te kunnen vallen.

'Alles geprobeerd; slaapt 's nachts nog steeds niet door'

Claudia heeft heel veel dingen goed gedaan: een goede routine voor het slapengaan instellen, niet in de val van het voeden-om-te-slapen trappen en haar zoontje een troostknuffel geven. Maar een paar van mijn adviezen heeft ze verkeerd geïnterpreteerd. Een baby in slaap wiegen is iets anders dan hem knuffelen. Eerlijk gezegd lijkt deze moeder me een tikkeltje aan de onbuigzame kant. Claudia realiseert zich ook niet dat ze, ondanks haar goede bedoelingen, wel iets aan opvoeden tegen wil en dank heeft gedaan: ze geeft Edward elke keer als hij wakker wordt een slokje water.

Dat slokje water is zijn hulpmiddel geworden. Maar het meest in het oog springende deel van deze e-mail is wel de laatste paragraaf: 'Wanneer we proberen helemaal niet naar hem toe te gaan...' Met andere woorden, mama en papa hebben Edward meer dan eens laten huilen. Natuurlijk wordt hij dan 'te hysterisch om nog zelf in slaap te kunnen vallen.' Ik wil haar vragen wat ze doet op die ene procent van de avonden dat Edward níet uit zichzelf in slaap valt. Ik vraag me af of ze hem dan ook laat huilen. Hoe dan ook, ik weet dat Edwards ouders zich niet consequent aan één methode hebben gehouden. Wanneer hij wakker wordt, heeft hij niet alleen geen idee hoe hij zelf weer in slaap moet komen, maar weet hij ook niet of zijn ouders wel of niet zullen komen.

Waar te beginnen? Allereerst moeten Claudia en Harry het vertrouwen herstellen. Ik zou een van hen op een luchtbed laten slapen, zodat er iemand bij Edward is wanneer hij wakker wordt, die hem kan helpen weer in slaap te vallen. Dat zou ik om te beginnen een week doen. Daarna zou ik het luchtbed geleidelijk uit de kamer halen (zie pagina 344). Maar als Edward huilt, moeten ze naar hem toe gaan en N.L. doen. Ze moeten wachten totdat hij gaat staan en hem dan onmiddellijk neerleggen. Ook moeten ze van de gewoonte af hem water te geven; ze kunnen beter een antilekbeker in zijn bedje leggen die hij zelf kan pakken wanneer hij dorst heeft.

Dit is zo'n geval waarbij ik met Claudia en Harry om de tafel zou gaan zitten om hun duidelijk te maken dat zij hebben gezorgd dat Edward er zo aan toe is, en dat ze er nu alles aan moeten doen om dat recht te trekken, al kost dat hun een week of twee hun nachtrust. Anders kan hun slaap nog wel een paar jáár verstoord worden.

Ter afsluiting van dit hoofdstuk volgen hier twee gedetailleerde praktijkvoorbeelden. Allebei betreffen ze een kind van twee. Allebei waren ze behoorlijk gecompliceerd.

Adam, een nachtmerrie van een peuter

Marlene huilde toen ze me voor het eerst belde over Adam. 'Het is een nachtmerrie... nee, híj is een nachtmerrie,' zei ze over haar zoontje van twee. 'Hij weigert zelfstandig te gaan slapen en wordt twee of drie keer per nacht wakker, waarna hij gaat rondlopen.

Soms wil hij bij ons in bed kruipen en soms wil hij wat water.'
Toen ik doorvroeg, kwam ik erachter dat Adam een pittig kind
was. 'Ook al houd ik voet bij

> **'Wordt wakker en gaat rondlopen; wil vaak in ons bed kruipen'**

stuk,' vertelde Marlene, 'het
is elke keer weer een heel
gevecht en daar hebben
mijn man en ik het moeilijk
mee. Hij heeft zo'n sterk
willetje en probeert elke
keer de baas te spelen. Als hij bijvoorbeeld aan het spelen is en ik
de kamer uit loop, wordt hij helemaal gek, gaat hij huilen en zegt:
"Nee, mama, niet weggaan." Is het niet een beetje laat voor scheidingsangst? Soms worden we helemaal gek van hem.'

Buiten het feit dat Adam een pittig kind is, zit hij ook nog eens
midden in de peuterpuberteit. Ik wist meteen al dat het niet zozeer een machtsstrijd was, maar eerder het resultaat van uit de
hand gelopen opvoeden tegen wil en dank. De ouders hadden
Adam vanaf het begin gevolgd in plaats van geleid. Marlene vertelde: 'We hebben verschillende keren het advies van diverse deskundigen geprobeerd op te volgen, maar niets werkte.' Ik denk
dat dat komt omdat ze steeds maar de regels veranderden. Nu
manipuleert hij hen. Ik geef toe, sommige kinderen zijn van nature grotere tirannetjes dan andere, en pittige kinderen kunnen
dat zeker zijn. Maar zelfs een pittig kind kan leren meewerken en
aanwijzingen opvolgen, *mits die op de juiste wijze gegeven worden*
(meer daarover in het volgende hoofdstuk).

Bovendien had ik het vermoeden dat het 'advies van deskundigen' onder andere de methode van 'gecontroleerd laten huilen'
was geweest. Waarom zou hij het, al was hij bijna twee, anders zo
belangrijk vinden dat zijn moeder de hele tijd in de buurt bleef?
Marlene gaf meteen toe dat dit het geval was. 'Maar dat werkte
ook niet. Hij huilde gewoon drie uur lang en ging dan overgeven.'
Ik slikte toen ik dat hoorde. *Drie uur lang huilen.* Hoewel Marlene vooral wilde weten hoe ze Adam moest leren zich netjes te gedragen, te gehoorzamen en 's nachts door te slapen, was dit duidelijk een geval waarin eerst het vertrouwen moest worden
hersteld voordat er aan de andere problemen kon worden gewerkt. Misschien waren Adams problemen niet alleen veroorzaakt doordat ze hem drie uur lang had laten huilen, maar het
speelde duidelijk wel een heel belangrijke rol.

Dit was een complex geval dat vroeg om een tamelijk uitgebreide oplossing waar veel betrokkenheid voor nodig was. Het was duidelijk dat er in dit gezin serieuze gedragsproblemen waren die moesten worden aangepakt. Maar je kunt een kind dat slecht slaapt niet straffen. We moesten eerst terug naar de basis en naar de routine voor het slapengaan kijken. Adams ouders moesten het gebruikelijke verhaaltje voorlezen en hem net als anders knuffelen, maar moesten hem nu ook een beker water geven die hij mee naar bed mocht nemen. Ze legden hem uit dat hij nu niet naar papa en mama hoefde te gaan, maar zelf water kon pakken als hij 's nachts dorst kreeg.

Belangrijker was dat we Adams vertrouwen moesten herstellen. We legden een luchtbed in zijn kamer en Marlene ging de eerste drie dagen naar bed als Adam ook ging. Eerst protesteerde ze, omdat ze niet stond te juichen bij het idee dat ze 's avonds om 19.30 uur naar bed moest. Ik opperde: 'Als je nog niet wilt slapen, neem dan een boek en een zaklamp mee, dan kun je in elk geval lezen zodra hij slaapt.' De vierde avond ging Marlene weg toen Adam sliep. Een paar uur later werd hij wakker, dus ging ze meteen naar hem toe en bleef ze bij hem tot de ochtend. De volgende nacht sliep hij door.

In de eerste week legde ik Marlene ook uit dat ze Adam heel veel aandacht moest geven en hem moest laten zien dat hij erop kon rekenen dat ze er voor hem was als hij wakker was. Gelukkig kon ze haar afspraken afzeggen, zodat ze niet de druk van andere verantwoordelijkheden voelde. Ze zei tegen hem: 'Kom, laten we op je kamer gaan spelen.' Als hij dan met een speeltje of activiteit bezig was, zei ze tussen neus en lippen door: 'Ik ga even naar het toilet.' De eerste dag protesteerde hij, maar daar hadden we op gerekend. Ik had Marlene instructie gegeven dat ze een kookwekker bij de hand moest hebben. 'Mama komt terug als de kookwekker gaat,' zei ze. Twee minuten later kwam ze terug en was Adam weliswaar gespannen, maar lachte hij wel.

Aan het begin van de tweede week speelde Adam in zijn kamer en kon Marlene steeds vijf minuten weg, elke keer met een ander excuus ('Ik ga even… naar de keuken/iemand bellen/de was in de machine doen'). Ook werd het tijd om het luchtbed uit Adams kamer te halen. Daar maakte ze geen heisa van; papa haalde het weg terwijl Adam aan het eten was. Die avond werkten ze het gebruikelijke ritueel af, maar zeiden: 'Vanavond gaan we tandjes poetsen, een boekje lezen en dan welterusten zeggen, net als altijd. Dan ga ik even bij je zitten als we het licht uit hebben gedaan. Maar zodra de wekker gaat, ga ik weg.' Ze zetten de kook-wekker maar op drie minuten (een eeuwigheid voor een kind), zodat Adam niet in slaap zou vallen en dan wakker zou worden door de wekker.

Uiteraard probeerde hij zijn ouders die eerste nacht uit en be-gon hij te huilen zodra zijn vader de deur dichtdeed. Papa ging meteen weer naar binnen en zette de kookwekker weer. 'Ik blijf een paar minuten bij je zitten en dan ga ik weg.' Dit gebeurde een paar keer. Toen Adam eenmaal doorhad dat huilen niet het ge-bruikelijke resultaat opleverde, klom hij stilletjes uit bed en ging naar de woonkamer. Papa bracht hem direct terug naar bed, zon-der een woord te zeggen. Dit deden ze die eerste avond twee uur lang. De tweede avond gebeurde het maar één keer.

Marlene en Jack begonnen de kookwekker te gebruiken om Adam overdag in zijn eentje op zijn kamer te laten spelen. Nu voelde hij zich prettiger wanneer hij alleen speelde, omdat Marle-ne hem eraan had helpen wennen. Hoewel we eigenlijk wilden bereiken dat Adam niet meer om 6.00 uur de slaapkamer van papa en mama binnen kwam, moesten we hem er eerst aan laten wennen dat hij in zijn kamer moest blijven totdat het tijd was om eruit te komen. Marlene en Jack maakten er eerst een spelletje van: 'Laten we eens kijken of je in je kamer kunt blijven totdat de wekker gaat.' Toen dat goed ging, gaven ze hem een gouden ster. Toen hij vijf sterren had, namen ze hem als 'beloning' mee naar een park waar hij nog nooit geweest was.

Uiteindelijk zeiden ze tegen hun zoontje dat hij nu groot ge-noeg was voor een 'grote-jongensklok.' Ze maakten er een ritueel van en gaven hem zijn eerste digitale Mickey Mouseklok, waarbij ze hem lieten zien hoe 's ochtends de grote zeven te voorschijn kwam en hij dan zijn bed uit mocht komen. Ze lieten hem zien hoe de wekker werkte en legden uit: 'Als hij afgaat, betekent dat dat het tijd is om op te staan en dan mag je je kamer uit komen.' Maar nu komt het belangrijkste: hoewel ze Adams wekker om 7.00 uur zetten, zetten ze die van henzelf om 6.30 uur. De eerste ochtend stonden ze bij zijn deur toen de wekker ging, en gingen ze meteen naar binnen. 'Wat goed van je om in bed te blijven tot de wekker gaat. Nu heb je zeker een ster verdiend!' De volgende ochtend ging het net zo. Op de derde dag wachtten ze af om te kij-ken wat Adam zou doen. En ja hoor, hij kwam pas zijn kamer uit toen de wekker ging en weer overlaadden ze hem met lof.

Adam werkte niet ineens als bij toverslag mee. Hij was nog

steeds manipulatief en probeerde zijn ouders zo'n beetje overal mee uit. Maar nu hadden zijn ouders in elk geval de leiding en volgden ze hun kind niet meer. Wanneer Adam zich weer eens als een tiran gedroeg, hieven ze niet meer wanhopig hun handen ten hemel. Ze namen stappen om hem te corrigeren en stelden een plan op. De maanden daarna treuzelde Adam rond bedtijd weliswaar nog wel eens en werd hij 's nachts af en toe nog wakker, maar hij sliep – en gedroeg zich – aanmerkelijk beter dan toen Marlene voor het eerst contact met me opnam. Zoals je in het volgende hoofdstuk zult zien, is het altijd een moeizaam karwei om gedragsproblemen aan te pakken als een kind oververmoeid is of te weinig slaap krijgt.

Nicholas, die eeuwig (en 's nachts) borstvoeding wilde

Ik vertel het verhaal van Nicholas omdat het een steeds vaker voorkomend probleem in mijn praktijk illustreert: kinderen van twee (en soms ouder) die niet alleen nog steeds borstvoeding krijgen, maar ook alleen kunnen slapen als ze dat krijgen. Annie belde me toen Nicholas drieëntwintig maanden oud was. 'Hij wil alleen maar slapen als hij bij me aan de borst ligt, zowel overdag als 's nachts.' Ik vroeg waarom ze zo lang had gewacht om dit probleem op te lossen. 'Nou, Grant en ik doen aan coslapen, dus vind ik het 's nachts niet echt een probleem. Maar ik ben er net achter gekomen dat ik vier weken zwanger ben. Ik wil graag dat hij gespeend is en in zijn eigen bedje slaapt voordat de baby er is.'

> 'Moet sabbelen om in slaap te kunnen vallen; slaapt nog steeds in ons bed, maar er is een nieuwe baby onderweg'

Annie had een lange weg te gaan, vertelde ik, dus kon ze maar beter nu beginnen. Ik vroeg haar eerst: 'Sta je er volledig achter dat je hem wilt spenen? Is je man bereid te helpen?' Dit waren de sleutels tot het slagen van dit plan. Annie moest Nicholas onmiddellijk spenen. Overdag zou dat eenvoudiger zijn omdat ze hem dan kon afleiden met een activiteit of iets lekkers als hij aan de borst wilde. 's Nachts zou de vader een grote rol moeten spelen. In dit soort gevallen gebruik ik altijd de vader, of in elk geval iemand anders dan de moeder. Je wilt per slot van rekening niet wreed zijn tegen je kind. Als je hem altijd de borst hebt gegeven en daar nu ineens mee stopt, begrijpt de baby niet waarom mama nu ineens afstand houdt. Van papa verwacht hij geen borst.

Een ander aspect van deze situatie is dat het na drieëntwintig maanden geen zin meer had om Nicholas nog aan een ledikantje te laten wennen. Ik stelde voor dat ze meteen een 'groot' bed voor hem zouden kopen en een hekje voor zijn deur zouden zetten. Er bestond geen snelle oplossing voor deze problemen, legde ik uit. Het zou minstens twee weken gaan duren. Dit is het plan dat ik voor dit gezin bedacht:

Dag een tot drie. We moesten Nicholas eerst uit het bed van zijn ouders krijgen en hem naast hen laten slapen in plaats van tussen hen in. Annie en Grant kochten een nieuw, groot bed voor Nicks kamer. Ze haalden de matras van het bed en legden dat naast hun eigen bed, aan de kant van papa. De eerste nacht huilde Nicholas en bleef hij proberen in het bed van zijn ouders te kruipen en naast Annie te gaan liggen. Elke keer greep papa in, legde hem terug op zijn matras en deed N.L. Hij schreeuwde als een speenvarken. De schok en verontwaardiging stonden op Nicks gezicht te lezen, alsof hij wilde zeggen: *Hé, zo doen we het al twee jaar, hoor.*

Die nacht kreeg niemand veel slaap. Ik stelde voor dat Annie de volgende avond in de logeerkamer zou slapen. Dan zou ze er tenminste niet zijn als Nicholas in het bed van zijn ouders kroop. Omdat ze haar zoon zo in één keer speende, moest ze ook voor zichzelf zorgen: een strakke beha dragen en zorgen dat ze goed uitgerust was. (Als Annie had gezegd dat ze bang was dat ze Grant midden in de nacht te hulp zou willen schieten, zou ik voorgesteld hebben dat ze bij haar ouders of een vriendin zou logeren.)

De tweede nacht greep Grant op dezelfde manier in als de eerste nacht. Hoe hard Nicholas ook huilde, hij bleef N.L. doen. Ik had hem gewaarschuwd dat hij niet bij Nicky op bed moest gaan zitten; wel kon hij naast de matras neerknielen als het nodig was. Ook bleef hij zeggen: 'Mama is er niet. Ik houd je hand vast, maar je moet in je eigen bed slapen.' Grant was een kanjer. Hij hield vol en na twee of drie driftbuien viel Nicholas eindelijk voor het eerst in zijn eigen bed in slaap. De derde nacht ging het nog beter, maar we waren er nog lang niet.

Dag vier tot zes. Op de vierde dag stelde ik voor dat Annie en Grant Nicholas zouden vertellen dat hij als beloning voor het slapen op zijn eigen matras, zijn eigen speciale lakens en kussens *voor zijn eigen kamer* mocht uitkiezen. Hij koos zijn lievelings-stripfiguur, Barney, en zijn moeder legde uit dat ze de matras nu in zijn eigen kamer gingen leggen, op zijn eigen grote bed met zijn nieuwe beddengoed.

Die nacht sliep Annie in haar eigen bed en legde Grant een luchtbed in Nicks kamer, naast diens grote bed met het bedden-goed van Barney. Ze zetten een hekje voor de deur. Ze waren niet helemaal terug bij af, maar Nicholas was vanzelfsprekend erg van slag toen het bedtijd was. Zijn vader bleef hem geruststellen dat hij bij hem bleef, anders zou Nick blijven proberen uit bed te ko-men. Natuurlijk probeerde hij het eerst steeds. En wanneer Grant hem neerlegde, schoot hij weer omhoog zodra zijn voeten op de matras lagen. Ik had Grant, die Nicholas stevig vasthield, gewaar-schuwd: 'Pas op dat N.L. geen spelletje wordt.' Soms als een kind op deze leeftijd een driftbui krijgt en je hem terug blijft leggen, denkt hij: *O, dit is leuk. Ik ga staan en papa legt me neer.* Ik zei te-gen Grant dat hij geen oogcontact moest maken en niets moest zeggen. 'Nu is het genoeg als je alleen fysiek contact maakt,' legde ik uit.

Dag zeven tot veertien. Vanaf de zevende dag begon Grant het luchtbed geleidelijk steeds dichter bij de deur te leggen. Ik zei te-gen hem: 'Het kan nog wel een week duren voordat je het lucht-bed uit de kamer kunt halen. Je moet volhouden en consequent blijven. Wanneer je er klaar voor bent, probeer hem dan niet om de tuin te leiden. Zeg gewoon: "Papa slaapt vannacht op zijn eigen kamer."'

Annie werd tot dusver niet bij het proces betrokken. Als er ge-speend moet worden, is het altijd beter om de vader het werk te laten doen, als hij daartoe bereid is. En als papa eenmaal begon-nen is, kan hij de routine voor het slapengaan beter blijven doen in plaats van weer over te schakelen op mama. Annie had Nicho-las per slot van rekening twee jaar lang borstvoeding gegeven om hem in slaap te krijgen en hem daarna tussen hen in laten slapen. (Bij alleenstaande moeders, of als de vader niet wil meewerken, zal de moeder iemand anders moeten vragen haar ten minste drie nachten te helpen, totdat haar borsten geen probleem meer vor-men; zie ook kader pagina 159. Zo niet, dan is de kans groot dat ze toegeeft en haar kind alsnog de borst geeft.)

Uiteindelijk kwam het erop neer dat Nicholas aan het eind van de eerste week met succes gespeend was. Maar aan het eind van de

tweede week sliep papa nog steeds op het luchtbed in Nicky's kamer. Annie vond haar nieuwe vrijheid heerlijk, maar Grant werd
er moe van om elke avond bij zijn zoon op de kamer te slapen.
Gezamenlijk besloten de ouders dat co-slapen misschien niet het
probleem was. Nicholas was in elk geval niet meer afhankelijk van
de borstvoeding om te gaan slapen. 'Co-slapen past bij ons,' zei
Annie als verklaring voor hun beslissing. 'We laten Nicholas bij
ons slapen. Wanneer de baby er is, leggen we die in een wiegje
naast ons bed, en dan zien we daarna wel hoe het loopt.'

Ik zie vaak dat ouders met minder genoegen nemen dan het
uiteindelijke doel omdat ze geen zin hebben in de extra moeite,
omdat ze zich niet kunnen voorstellen dat een strategie echt zal
werken, of omdat ze oprecht van gedachten zijn veranderd. Misschien gold het in dit geval wel alle drie. Wie zijn wij om ouders te
veroordelen omdat ze een bepaalde beslissing nemen? Ik zeg altijd tegen mijn cliënten: 'Als het werkt, is het prima; het is jóuw
gezin.'

8

Peuters temmen

Kinderen leren om emotioneel GRIP te krijgen

De 'zorg dat ze altijd blij zijn'-epidemie

'Courtney is tot nu toe altijd een engelachtig kind geweest,' hield Carol vol toen ze me de eerste keer belde over haar dochtertje van twee. 'Maar nu wordt ze plotseling driftig als ze haar zin niet krijgt. Als we haar niet optillen of haar niet het speelgoed geven dat ze wil hebben, of als er een ander kind op de schommel zit en Courtney erop wil, krijgt ze een driftbui. Het is echt heel erg en Terry en ik weten niet wat we eraan moeten doen. We hebben haar liefde en aandacht gegeven, en alles wat een kind van twee maar zou kunnen wensen.'

Ik ben altijd sceptisch wanneer ouders volhouden dat het gedrag van hun peuter 'uit het niets' komt. Tenzij er sprake is van een familieprobleem of een traumatische gebeurtenis, reageren kinderen niet zomaar op een bepaalde manier. De kans is groter dat die driftbuien begonnen zijn als kleine emotionele uitbarstingen. Als het kind groter wordt en niemand hem geleerd heeft dat dit gedrag onacceptabel is, groeien ook de uitbarstingen uit, en wel tot driftbuien van formaat.

'Wat doen jullie als ze driftig wordt?' vroeg ik, in de hoop enig inzicht te krijgen in de manier waarop Carol en Terry met Courtneys gevoelens omgingen. Alle kinderen hebben emoties; het gaat erom hoe ouders daarop reageren. 'Heb je ooit nee tegen haar gezegd, of in het verleden geprobeerd dit soort gedrag in te dammen?'

'Nee,' zei Carol, 'dat was eigenlijk nooit nodig. We hebben alles gedaan om haar te amuseren en dingen te leren. We wilden nooit dat ze het gevoel kreeg dat we haar negeerden of in de steek lieten. We hebben altijd erg ons best gedaan om te zorgen dat ze niet hoefde te huilen. We hebben haar dus volgens mij altijd alles gegeven wat ze wilde. En dat heeft gewerkt, ze is echt een heel blij kind.'

Een paar dagen later ontmoette ik deze ouders – geweldige mensen, allebei achter in de dertig – in hun bescheiden huis in de Valley. Carol, die grafisch ontwerper is, was het eerste jaar thuisgebleven voor Courtney en werkt nu tweeënhalve dag per week, en Terry heeft een ijzerwarenzaak en is meestal op een redelijk tijdstip thuis. Ze proberen doordeweeks meestal met het hele gezin samen te eten. Terwijl ik deze ouders hoorde praten over

Courtney, een langverwacht kind dat was gekomen na enkele jaren proberen, werd me duidelijk dat ze hun dochter adoreerden en zich in allerlei bochten wrongen om hun leven rondom dat van haar te organiseren.

Courtney, een schattig meisje met rode krullen dat erg goed kon praten voor haar leeftijd, was zowel vrolijk als innemend. Toen ze me meenam naar haar kamer vroeg ik me af of dit wel hetzelfde meisje was als haar moeder beschreven had. Eenmaal binnen begreep ik dat Carol en Terry het kind inderdaad alles hadden gegeven wat haar hartje begeerde. In de kamer van dit meisje stonden meer spullen dan in een speelgoedwinkel! Er hingen planken vol met alle educatieve en recreatieve snufjes die er op de markt waren. Langs één wand hing een boekenplank vol prentenboeken; aan de andere kant stond Courtneys eigen tv met dvd- en videospeler. Ze had een verzameling dvd's waar een Hollywoodmagnaat jaloers op zou worden, vooral als hij fan was van Baby Einstein!

Nadat ik een paar minuten alleen was geweest met Courtney, kwam Carol binnen en zei: 'Ik ga nu met Tracy naar de kamer, lieverd, zodat papa en ik met haar kunnen praten.' Courtney was het er niet mee eens. 'Nee! Tracy moet met mij spelen.' Ik verzekerde haar dat ik over een paar minuten terug zou zijn, maar ze wilde er niets van weten, en toen zag ik hoe Courtney zich op de vloer liet vallen en wild om zich heen begon te schoppen. Carol probeerde zachtjes op haar in te praten en wilde haar optillen, maar Courtney was net een wild dier. Ik hield me opzettelijk op de achtergrond, omdat ik wilde zien hoe mama en papa, die inmiddels aan was komen rennen, op de uitbarsting van hun peuter reageerden. Carol schaamde zich duidelijk en ging, net als zo veel ouders, voor de snelle oplossing. 'Kom op, Courtney. Tracy gaat niet weg. Ga maar met ons mee naar de kamer, dan krijg je een koekje terwijl wij theedrinken.'

Carol en Terry zijn net als zo veel ouders die ik door de jaren heen heb ontmoet. Al hebben ze hun kind alles gegeven, één belangrijk ding zijn ze vergeten: grenzen stellen. Om het nog erger te maken, gaven ze haar vaak spullen als reactie op haar emoties. Ze voelden zich schuldig wanneer Courtney boos of verdrietig was, dus overlaadden ze haar met cadeaus om haar af te leiden. Ze gaven constant toe zodra Courtney maar even mekkerde, waardoor ze elke keer het groeiende vermogen van hun peuter om hen te manipuleren versterkten.

Carol en Terry zijn slachtoffer van wat in mijn ogen de 'zorg dat ze altijd blij zijn'-epidemie is. Vooral oudere ouders en werkende ouders zijn hier gevoelig voor, maar het fenomeen komt voor in alle lagen van de bevolking, ongeacht leeftijd, sociale status, woonplaats of cultuur. Tijdens mijn reizen, niet alleen in de Verenigde Staten maar over de hele wereld, zie ik dat een grote meerderheid van de ouders tegenwoordig moeite heeft met het straffen van hun kind, omdat ze lijken te denken dat het hun taak is om hun kinderen blij te maken. Maar niemand kan de hele tijd alleen maar blij zijn; zo zit het leven nu eenmaal niet in elkaar. Ouders moeten hun kinderen helpen alle menselijke emoties te leren kennen en ermee om te gaan. Doen ze dat niet, dan ontnemen ze hun kind de kans te leren hoe hij zichzelf moet troosten en hoe hij zich staande moet houden in de wereld. Hij moet in staat zijn aanwijzingen op te volgen, met andere mensen om te gaan en van de ene activiteit op de andere over te gaan, wat allemaal emotionele vaardigheden zijn.

We moeten dus minder bezig zijn onze kinderen blij te maken, en er eerder voor zorgen dat we ze trainen om emotioneel bekwaam te zijn. Het gaat erom dat we kinderen niet tegen hun gevoelens in bescherming nemen, maar ze de hulpmiddelen geven waarmee ze kunnen omgaan met de tegenslagen, de verveling, de teleurstellingen en de uitdagingen die ze elke dag tegenkomen. We doen dat door grenzen te stellen, hen te helpen hun eigen gevoelens te begrijpen en hun te laten zien hoe ze hun stemmingen kunnen beheersen. Wanneer jij de leiding neemt, kan je kind ervan op aan dat je zegt wat je bedoelt en meent wat je zegt.

Emotionele bekwaamheid versterkt de band tussen ouder en kind, omdat het het reservoir van vertrouwen vult dat zich ontwikkelt vanaf de dag waarop een baby ter wereld komt. Deze basis is essentieel voor het grootbrengen van kinderen; je wilt per slot van rekening dat ze weten dat ze bij je terechtkunnen met hun angsten, woede en enthousiasme, en dat ze tegen je kunnen zeggen wat ze willen zonder dat je daar te heftig op reageert.

In dit hoofdstuk help ik je te kijken naar de ingrediënten van emotionele bekwaamheid: waarom het belangrijk is om met losgeslagen emoties (zoals Courtneys driftbuien) om te gaan en wat je moet doen wanneer een kind zijn zelfbeheersing verliest. We zullen zien hoe belangrijk het is om óbjectieve ouders te zijn die weten hoe ze een stapje terug moeten doen, zien wie hun kind werkelijk is en weten hoe ze hun eigen emoties buiten beschouwing moeten laten, zodat ze kunnen inspelen op de gevoelens van hun kind in plaats van deze te negeren.

Losgeslagen emoties: de risicofactoren

Ook al verandert het emotionele portret van je kind tussen zijn eerste en zijn derde jaar, er is één belangrijk thema dat als een rode draad door de verschillende ontwikkelingsstadia loopt: de behoefte aan leiding en grenzen die zijn ouders hem moeten geven. Je moet je kind leren onderscheid te maken tussen dingen die wel en niet mogen, tussen goed en slecht, en hem leren hoe hij zijn emoties kan begrijpen en beheersen. Anders weet hij niet wat hij moet doen wanneer hij sterke gevoelens heeft en zal hij, vooral als hij te maken krijgt met grenzen of beperkingen, gefrustreerd raken en te maken krijgen met wat ik 'losgeslagen emoties' noem.

Wanneer je kind te kampen krijgt met losgeslagen emoties, begrijpt hij niet wat er met hem gebeurt en is hij niet bij machte de escalerende cyclus van gevoelens te doorbreken. Het zal geen verrassing zijn dat kinderen die vatbaar zijn voor losgeslagen emoties vaak buitenbeentjes worden. We kennen allemaal wel zo'n kind ('Vroeger nodigden we Bobby nog wel uit om te komen spelen, maar hij is zo'n wildebras dat we dat niet meer doen'). En dat is niet de schuld van die arme Bobby. Niemand heeft hem geleerd hoe hij zijn gevoelens in bedwang moet houden of hoe hij ermee moet omgaan als ze te overweldigend worden. Het kan best zijn dat hij altijd al een pittig kind geweest is dat snel geneigd is tot emotionele uitbarstingen, maar zijn temperament hoeft niet zijn lot te zijn. Losgeslagen emoties kunnen ook leiden tot chronisch pestgedrag, wat eigenlijk bestaat uit onbeteugelde emoties en frustraties die worden afgereageerd op anderen.

Zoals in de tabel op pagina 368 te zien is, zijn er vier elementen waardoor een kind het risico loopt losgeslagen emoties te krijgen: *het temperament van je kind, omgevingsfactoren, ontwikkelingsproblemen,* en misschien wel het belangrijkste, *jouw gedrag.* Deze vier risicofactoren hangen uiteraard samen, hoewel een van de vier soms dominant is. In de paragrafen die na de tabel volgen, ga ik kort in op elk element.

Losgeslagen emoties: de risicofactoren

Temperament & emotionele/sociale stijl van het kind
De kans op losgeslagen emoties is groter bij kinderen met...

- een kwetsbaarder temperament (mopperig, pittig, gevoelig)
- een kwetsbaarder emotionele/sociale stijl (gemakkelijk in de omgang maar niet assertief, zeer sterk reagerend, ultragevoelig)*

Omgevingsfactoren
De kans op losgeslagen emoties is groter bij kinderen die...

- in een huis wonen dat niet helemaal op kinderen is ingesteld
- geen plek hebben waar ze stoom kunnen afblazen
- te maken hebben gehad met veranderingen of chaos binnen het gezin

Ontwikkelingsproblemen
De kans op losgeslagen emoties is groter bij kinderen die...

- last hebben van scheidingsangst
- nog niet goed kunnen praten
- in de peuterpuberteit zitten
- tandjes krijgen

Gedrag van de ouders
De kans op losgeslagen emoties is groter bij kinderen van wie de ouders...

- subjectief zijn in plaats van objectief *(zie kader pagina 379)*
- ongewenst gedrag niet in de kiem smoren
- inconsistent zijn
- verschillende opvattingen hebben en ruziemaken
- kinderen niet voorbereiden op toekomstige gebeurtenissen die stress kunnen veroorzaken

---

* De temperamenttypes worden beschreven op pagina 75-80 en de emotionele/sociale stijlen op pagina 369-371.

De emotionele/sociale stijlen van kinderen

Een bepaald temperament zorgt ervoor dat kinderen sneller driftig worden; gevoelige, pittige en mopperige peuters hebben allemaal wat extra aandacht nodig als het op emotionele bekwaamheid aankomt. Zo was Geoff (die je op pagina 375 opnieuw zult tegenkomen) een gevoelige peuter die altijd wat meer tijd nodig had om aan een nieuwe situatie te wennen. Wanneer zijn moeder hem overhaastte of overhaalde om met andere kinderen te spelen voordat hij daar klaar voor was, huilde hij ontroostbaar. Naast hun temperament, dat we letterlijk vanaf de geboorte zien, ontwikkelen kinderen ook een bepaalde emotionele/sociale stijl *binnen relaties*:

Het zonnetje in huis speelt lekker in een groep. Je mag hem een standje geven voor zijn gedrag en hij leert snel. Hij deelt zijn bezittingen graag en biedt zijn speelgoed zelfs aan andere kinderen aan. Thuis is hij het type dat meestal doet wat je vraagt; hij ruimt zijn speelgoed bijvoorbeeld zonder morren op. Dit kind is vaak de leider van een groep, maar hij speelt niet de baas. Andere kinderen schikken zich gewoon graag naar hem. Je hoeft niets te doen om het sociale leven van dit kind te verbeteren; hij is een natuurtalent in groepen en past zich gemakkelijk aan de meeste situaties aan. Het zal je niet verbazen dat de meeste zonnetjes in huis engelachtige of volgens-het-boekje-baby's zijn, maar sommige pittige kinderen, van wie de ouders hun overmatige energie in de juiste activiteiten en hobby's hebben weten te kanaliseren, voldoen ook aan deze beschrijving.

Het gemakkelijke, maar niet-assertieve kind is in zichzelf gekeerd. Thuis is hij rustig en huilt hij meestal niet onnodig, tenzij hij zich bezeerd heeft of moe is. Dit is het kind dat aandachtig toekijkt hoe andere kinderen samen spelen. Als hij een speeltje heeft en een ander, agressiever kind wil het hebben, geeft hij het meestal direct uit handen, omdat hij heeft gezien hoe het andere kind doet en bang voor hem is. Hij is niet zo bang als een ultragevoelig kind, maar je moet oppassen aan wat voor situatie je hem blootstelt. Het is goed om hem aan andere kinderen en nieuwe situaties te laten wennen, maar zorg dat je bij hem in de buurt blijft. Uit je bezorgdheid over het feit dat hij een eenling is niet. Zie het als een teken dat hij genoeg zelfvertrouwen heeft om in zijn eentje te spelen. Je kunt zijn sociale leven proberen te verbreden door speelafspraken te maken met andere makkelijke, maar niet-assertieve kinderen of een zonnetje in huis met wie hij het goed kan vinden. Veel mopperige baby's behoren tot deze categorie, evenals sommige engelachtige en volgens-het-boekje-types.

Het ultragevoelige kind doet zijn naam eer aan. Hij is bij het minste of geringste van slag. Dit is het kind dat als baby en jonge peuter veelvuldig heen en weer is gesleept. In nieuwe situaties is hij graag dicht bij zijn ouders. In een groep zit hij vaak op zijn moeders schoot en kijkt toe zonder met de andere kinderen te spelen. Hij huilt snel. Als een ander kind te dichtbij komt en een speeltje afpakt, of zelfs als zijn moeder een ander kind aandacht geeft, kan hij van slag raken. Hij heeft de neiging om snel te jengelen en het lijkt wel of hij boos is op de hele wereld. Sommige ultragevoelige kinderen zijn ook snel kwaad, omdat ze zo snel gefrustreerd raken. Het is belangrijk dat ouders dit kind de tijd gunnen om te wennen, en zorgvuldig omgaan met nieuwe situaties. Veel gevoelige kinderen behoren tot deze categorie, evenals sommige mopperige types.

Het sterk reagerende kind heeft heel veel energie. Daardoor kan hij heel assertief, zelfs agressief, en impulsief zijn. Hoewel de meeste peuters denken dat alles van hen is, is dit kind daar helemáál van overtuigd. Hij is heel sterk, bedreven en fysiek ingesteld. Hij beseft al snel dat hij kan slaan, bijten of schoppen, of op andere manieren kan afdwingen wat hij wil. Als je hem probeert te dwingen iets te delen, kan hij gaan schreeuwen en driftig worden. Anderen zien hem vaak als pestkop. Deze kinderen hebben veel activiteiten nodig om hun energie kwijt te kunnen. Het is belangrijk dat zijn ouders weten waar hij kwaad om wordt, de signalen herkennen dat hij zijn zelfbeheersing kwijtraakt en een driftbui afwenden. Kinderen die sterk reageren zijn gebaat bij een gedragsverandering: heel veel beloningen wanneer ze iets goed doen. Veel pittige kinderen behoren tot deze categorie, en ook sommige mopperige types.

Terwijl temperament redelijk consistent is, ontwikkelt de emotionele/sociale stijl zich naarmate het kind groter wordt. Een gemakkelijk, maar niet-assertief kind kan uiteindelijk uit zijn schulp kruipen. Een sterk reagerend kind kan tot rust gekomen zijn tegen de tijd dat hij naar de basisschool gaat. Maar al dit soort veranderingen vinden meestal alleen plaats *dankzij de begeleiding van de ouders.* Daarom blijft het belangrijk dat de ouder en het kind goed bij elkaar passen (zie pagina 93-95). Het karakter van de ouder kan botsen met de persoonlijkheid van het kind, maar het ook aanvullen. Naarmate onze kinderen ouder worden, leren we ze beter kennen en zien we hen in meerdere situaties. Het is echter ook belangrijk dat we zelf in de spiegel kijken, weten wat onze eigen kwetsbare punten zijn en beseffen welke gevoelige plek onze kinderen kunnen raken. Als we volwassen zijn, kunnen we handelen in het belang van ons kind, wat de essentie is van een objectieve ouder, zoals ik zal uitleggen op pagina 380-387).

Omgevingsfactoren

Omdat kinderen in de leeftijd van een tot drie ineens heel veel begrijpen en zelfbewust worden, zijn peuters heel gevoelig voor veranderingen in hun omgeving. Ook al denken ouders dat hun kind van twee niet begrijpt wat er gebeurt tijdens, bijvoorbeeld, een scheiding of een sterfgeval in de familie, kinderen zijn net emotionele sponzen. Ze voelen de emoties van hun ouders aan en weten het als dingen in huis anders gaan. Als je verhuist, een baby krijgt, je dagelijkse routine verandert (bijvoorbeeld door weer aan het werk te gaan), of als een van de ouders een week met griep op bed ligt, heeft dat allemaal invloed op de emoties van je kind.

Ook als je kind in een nieuw peuterklasje terechtkomt of een nieuw kind leert kennen (dat misschien een pestkop is), heeft dat zijn weerslag: houd er rekening mee dat hij meer kan gaan huilen, agressiever is of meer aan je hangt. Net als bij volwassenen is er ook tussen kinderen vanaf negen maanden een bepaalde chemie. Als je bepaalde types bij elkaar zet, krijgt er altijd wel een last van losgeslagen emoties. Dus als je kind regelmatig ruzie heeft, en dat kan zijn als de aanstichter maar ook als degene die gepest wordt, werkt het niet tussen die kinderen als er altijd iemand het onderspit delft. Respecteer dat je kind sommige kinderen wél mag en andere niet. Dat geldt ook voor familieleden. Misschien vindt hij opa of een oudtante helemaal niet aardig. Geef hun samen de tijd, maar forceer niets.

Natuurlijk heeft het leven van alles in petto. Het is niet de bedoeling dat je je kind van de buitenwereld afschermt, het gaat er alleen om dat je je ervan bewust wordt en oplet of je kind misschien iets meer begeleiding nodig heeft en een beetje meer beschermd moet worden tegen de wereld om hem heen.

Ook hebben peuters een veilige plek nodig waar ze stoom kunnen afblazen. Als je huis niet helemaal op kinderen berekend is en je constant achter je kind aan loopt te rennen terwijl je steeds zegt: 'Nee,' en 'Niet aankomen,' geef ik je op een briefje dat je een gefrustreerde peuter krijgt die binnen de kortste keren driftig wordt. Laat een paar onbreekbare of niet-waardevolle voorwerpen staan en leer je kind dat hij sommige dingen alleen mag aanraken met hulp van zijn ouders. Bovendien worden peuters te groot voor babyspeelgoed en is het belangrijk hun omgeving stimulerender en uitdagender te maken: ruim oud speelgoed op, speel uitdagender spelletjes met je kind en maak binnen en buiten ruimtes waarin hij zich kan uitleven en kan experimenteren, zodat hij veilig op ontdekkingstocht kan gaan zonder dat je bang hoeft te zijn voor zijn veiligheid. Vooral tijdens de ijskoude winter in een koud klimaat krijgen kinderen (en ouders) last van claustrofobie als ze niet regelmatig dik ingepakt naar buiten mogen om te voetballen, te rennen en sneeuwpoppen te maken.

Ontwikkelingsproblemen

Bepaalde perioden worden gekenmerkt door meer emotionele strubbelingen dan anders (en dat geldt voor vrijwel de hele peutertijd!). Natuurlijk kan en wil je de ontwikkeling van je kind niet tegenhouden. Maar je kunt wel in de gaten houden wanneer de kans groot is dat je kind het moeilijk vindt zijn gevoelens in het gareel te houden.

Scheidingsangst. Zoals ik al eerder heb gezegd, begint scheidingsangst meestal rond zeven maanden en kan hij bij sommige kinderen tot achttien maanden duren. Bij sommige kinderen valt hij nauwelijks op; bij andere moeten ouders zorgvuldig het vertrouwen opbouwen (zie pagina 96-98). Als je een kind van je schoot af duwt terwijl hij er nog niet aan toe is om met de anderen te gaan spelen, moet je niet raar opkijken als je met een hysterische peuter zit. Geef hem de tijd. Respecteer zijn emoties en regel kleine groepjes met andere rustige kinderen in plaats van hem op te zadelen met een kind dat sterk reageert.

Nog niet goed kunnen praten. Als je kind, zoals bij veel kinderen het geval is, een periode doormaakt waarin hij weet wat hij wil maar dat nog niet onder woorden kan brengen, kan dat voor jullie allebei heel frustrerend zijn. Stel dat hij naar de kast wijst en begint te jengelen. Pak hem dan op en zeg: 'Laat maar zien wat je wilt.' Zeg: 'O, je wilt een rozijntje? Kun je "rozijn" zeggen?' Dat kan hij misschien nu nog niet zeggen, maar zo help je hem wel bij zijn taalontwikkeling.

Groeispurts en toegenomen mobiliteit. Zoals je in de eerdere hoofdstukken over eten en slapen hebt kunnen lezen, kan je kind slaapstoornissen krijgen door groeispurts en fysieke groei, zoals leren kruipen en lopen. Andersom kan een kind dat minder slaap krijgt dan hij nodig heeft, de volgende dag gevoeliger, agressiever of gewoon uit zijn doen zijn. Wanneer je weet dat je kind de nacht tevoren onrustig heeft geslapen, doe het dan overdag rustig aan. Begin niet aan nieuwe uitdagingen wanneer je kind niet op zijn best is.

Doorkomende tandjes. Ook tandjes krijgen kan je kind kwetsbaarder maken, wat weer kan leiden tot losgeslagen emoties (zie kader pagina 197 voor tips bij doorkomende tandjes). Dit geldt vooral wanneer zijn ouders medelijden met hem krijgen en vergeten grenzen te stellen omdat ze voor alles het excuus aandragen: 'O, hij krijgt tandjes.'

De peuterpuberteit. Dit is het enige moment waarop ouders terecht kunnen opmerken: 'Het komt uit het niets.' Het is net alsof je kind van de ene dag op de andere verandert. Het ene moment is hij lief en meegaand, het volgende moment is hij negatief en veeleisend. Hij kan plotselinge stemmingswisselingen hebben. Hij zit lekker te spelen, je knippert even met je ogen... en ineens zit hij te schreeuwen. De peuterpuberteit hoeft echter niet dramatisch te verlopen, vooral niet wanneer je de emotionele ontwikkeling van je kind goed begeleidt. Tijdens dit woelige ontwikkelingsstadium moet je meer dan ooit oppassen voor losgeslagen emoties, er nog harder aan werken om voet bij stuk te houden en je kind laten weten wat hij wel en niet mag.

Gedrag van de ouders

Hoewel alle bovengenoemde elementen ervoor kunnen zorgen dat kinderen last krijgen van losgeslagen emoties, staat 'gedrag van de ouders' toch boven aan mijn lijstje van de vier belangrijkste risicofactoren. Ouders veróórzaken dan misschien het wangedrag van hun kind niet en hebben ook zijn ontwikkeling niet volledig in de hand, maar de manier waarop ze reageren op opstandig of agressief gedrag of een driftbui, zorgt er wel degelijk voor dat dergelijk gedrag in de toekomst ofwel wordt ingedamd ofwel gewoon doorgaat.

Objectief versus subjectief opvoeden. In het kader op pagina 379 laat ik het verschil zien tussen objectieve ouders, die uitgaan van de individuele behoeften van hun kind, en subjectieve ouders, die uitgaan van hun eigen behoeften en hun kind of diens gedrag niet door onbevooroordeelde ogen bekijken, waardoor ze moeilijk op de juiste manier kunnen reageren. Door niets te doen of het verkeerde te doen, handhaven subjectieve ouders het probleem zelfs zonder dat ze het willen. Laten we eerlijk zijn: niemand wil dat zijn kind slaat, liegt of zijn speelgoedautootje op het hoofd van een ander kind ramt. Maar door niet in te grijpen, vergoelijken we het gedrag in feite.

Met twee maten meten. Je kunt niet de ene regel voor thuis hebben en de andere voor de buitenwereld. Wat echter vaak gebeurt, is dat ouders lachen als hun kind voor het eerst iets verkeerds of ongewensts doet, zoals met eten gooien, agressief doen of driftig worden. Ze vinden het schattig of o zo volwassen, of zien het als het tonen van pit. Wat ze niet beseffen is dat lachen een positieve bevestiging is. Wanneer ze ergens anders zijn en hun kind hetzelfde doet, schamen ze zich echter. Maar als hij thuis wel met eten mag gooien, wat verwachten ze dan dat hij in een restaurant doet? Het kind snapt niet waarom papa en mama de ene keer wel lachen en de andere keer niet, dus doet hij het nog een keer, alsof hij wil zeggen: *Waar blijft die lach, jongens? Eerst moesten jullie wél lachen.*

Wanneer ouders het niet met elkaar eens zijn – ook een vorm van met twee maten meten – kan een kind ook last krijgen van losgeslagen emoties. De een kan extreem zachtaardig zijn en alles wat het kind doet grappig, leuk of stoer vinden, terwijl de ander wanhopig probeert het kind manieren bij te brengen. Bijvoorbeeld: mama maakt zich zorgen omdat kleine Charlie bij peutergym de andere kinderen slaat. Bij thuiskomst vertelt ze het aan papa, maar die wuift het weg. 'O Grace, hij komt gewoon voor zichzelf op. Je wilt toch niet dat hij een watje wordt?' Misschien maken ze zelfs wel ruzie waar het kind bij is, wat nooit erg handig is.

Natuurlijk gedragen kinderen zich verschillend bij verschillende ouders, dat is normaal. Maar als in een gezin de regel is: 'Niet eten in de woonkamer,' dan is het niet slim als papa op de bank chips gaat zitten eten met zijn zoontje zodra mama het huis uit is, vooral niet als hij dan ook nog zegt: 'Dit mag niet van mama, maar we zeggen lekker niet dat we hier hebben zitten eten.' **Niet emotioneel voorbereiden.** Ouders kunnen zonder het te willen zorgen dat hun kind last krijgt van losgeslagen emoties wanneer ze niet de tijd nemen hen voor te bereiden op stressvolle omstandigheden. In de ogen van een peuter – en zo moet je elke gebeurtenis bekijken – zijn ook nieuwe speelafspraakjes, een bezoekje aan de kinderarts en een verjaardagspartijtje stressvolle gebeurtenissen. Zo bood een vriendin van mij aan om een feestje te organiseren voor de tweede verjaardag van haar kleinzoon. Ik was er toevallig eerder die dag en zag hoe ze een kasteel in de achtertuin bouwden en misschien wel vijfhonderd heliumballonnen ophingen. Voor een volwassene was het geweldig, maar de arme kleine Geoff, die niets van de plannen van zijn ouders wist, was doodsbang toen hij later die middag de achtertuin in geduwd werd. Er stond een piraat in vol ornaat, en er waren een heleboel kinderen – een paar van zijn leeftijd en een aantal oudere – en zo'n dertig volwassenen. Geoff was ontroostbaar, de arme schat. De volgende dag zei zijn oma: 'Ik weet niet of kinderen van deze leeftijd ondankbaar kunnen zijn, maar hij heeft het hele feestje bij mij op de slaapkamer gezeten.' Ondankbaar? Geoff is twee en niemand had hem erop voorbereid of hem zelfs maar verteld dat er een verjaardagsfeestje voor hem gegeven werd. Wat hadden ze dan verwacht? Het kind was zich rot geschrokken. Ik kon niet anders dan vragen: 'Maar voor wie was het feestje nu eigenlijk?' Ze keek me schaapachtig aan en zei: 'Ik begrijp wat je bedoelt; het was eigenlijk meer voor de volwassenen en de oudere kinderen.' (Zie ook 'Een knauw in het vertrouwen' op pagina 99).

De anatomie van een subjectieve ouder

Het irriteert me werkelijk wanneer ouders zeggen: 'Johnny weigert…' of 'Johnny wil niet luisteren…' alsof ze zelf niets te maken hebben met wat hun kind doet. Zoals ik al in de inleiding van dit hoofdstuk zei, zijn te veel ouders bang dat ze hun kind ongelukkig maken en laten ze het kind de dienst uitmaken. Ze zijn bang dat hun kind niet van hen zal houden als ze grenzen stellen. Misschien weten ze ook niet hoe ze ongewenst gedrag in de kiem moeten smoren. En wanneer ze dan eindelijk met het probleem proberen af te rekenen, doen ze dat ofwel halfslachtig, ofwel inconsistent. Om het nog erger te maken is het nu alleen maar moeilijker om de cirkel van wangedrag te doorbreken, omdat ze zolang hebben gewacht met ingrijpen. Dan verliezen de ouders hun geduld en is iederéén buiten zinnen.

We kunnen geen emotionele bekwaamheid verwachten als we zelf niet emotioneel bekwaam zijn. Voor mij is de essentie van volwassen emotionele bekwaamheid objectiviteit, het vermogen om een stapje terug te doen en de situatie werkelijk te evalueren zonder je reactie te kleuren door je eigen emoties. Meestal heb ik niet te maken met objectieve ouders. De meeste vaders en moeders die contact met me opnemen over gedragsproblemen zijn subjectieve ouders. Ze gaan onbewust uit van *hun eigen gevoelens* in plaats van te handelen in het belang van het kind. Dat wil niet zeggen dat objectieve ouders hun eigen gevoelens uitschakelen. Integendeel, objectieve ouders zijn zich maar al te zeer bewust van hun eigen emoties, maar ze laten zich niet leiden door hun gevoelens, zoals subjectieve ouders vaak wel doen.

Stel bijvoorbeeld dat Hector van achttien maanden een driftbui krijgt in een schoenenwinkel, omdat hij op de toonbank een grote vissenkom vol lolly's ziet en hij er nú eentje wil. Een subjectieve moeder denkt dan onmiddellijk: *O, nee. Ik hoop niet dat hij een scène gaat schoppen.* Eerst zal ze proberen met Hector te onderhandelen ('Als we thuis zijn, krijg je je eigen suikervrije lolly'). De kans is groot dat ze al een lange, pijnlijke geschiedenis met onderhandelen achter de rug heeft, dus nemen haar woede en schuldgevoel ('Het komt vast door mij dat hij zo is') toe naarmate Hectors eisen luidruchtiger worden. Wanneer Hector gaat zeuren en daarna gaat huilen, wordt ze alleen maar bozer en vat ze Hectors gedrag persoonlijk op ('Niet te geloven dat hij me dit wéér aandoet'). Ze schaamt zich om in het openbaar de strijd met haar kind aan te gaan, en als hij zich op de grond laat vallen en op haar schoenen begint te stompen, geeft ze hem zijn zin.

Wanneer ouders subjectief zijn, reageren ze vanuit hun eigen emoties in plaats van zich los te maken en uit te gaan van wat er in het kínd omgaat. Dat komt omdat subjectieve ouders de neiging hebben om alles wat het kind doet te zien als reflectie van zichzelf. Ze hebben er moeite mee om het temperament van hun kind te accepteren ('Normaal gesproken is het een engeltje') en proberen hem vaak andere gevoelens aan te praten: 'Kom op, Hector, je wilt die lolly niet. Dan heb je straks geen honger meer.'

Ze durft niet te zeggen wat ze eigenlijk bedoelt, namelijk: 'Nee, dat mag niet.'
Omdat subjectieve ouders zich zo sterk identificeren met hun kind, kunnen de gevoelens van het kind net zo goed die van hén

Smoesjes en uitvluchten

Subjectieve ouders verzinnen vaak excuses voor hun kind of rationaliseren zijn gedrag. Ze praten óver hem in plaats van af te rekenen met het echte probleem, waardoor ze niets doen om zijn emotionele bekwaamheid te bevorderen. Erger nog, het onvermijdelijke wordt zo alleen maar uitgesteld: het kind krijgt problemen in de echte wereld. Smoesjes en uitvluchten zijn vaak te horen wanneer ouders gasten hebben of ergens anders zijn met hun kind.

'Hij heeft gewoon honger en dan doet hij nu eenmaal zo.'

'Ze heeft haar dag niet vandaag.'

'Tja, hij was een prematuurtje, dus...' (hierna volgt een excuus).

'Het zit in de familie.'

'Ze krijgt tandjes.'

'Hij is een prachtig jongetje en ik hou zielsveel van hem, maar...' (Ze moeten erkennen dat het een geweldig kind is, maar accepteren zijn persoonlijkheid niet echt en willen dat hij op magische wijze verandert in het kind van hun dromen.)

'Ze is meestal een engeltje.'

'Zijn vader werkt vaak en ik zorg in mijn eentje voor hem, en ik wil niet de hele tijd nee tegen hem zeggen.'

'Hij is moe. Hij heeft niet genoeg geslapen.'

'Hij voelt zich niet lekker.'

'Ik maak me geen zorgen; hij groeit er wel overheen.'

zijn. Ze hebben vaak moeite om met de emoties van hun kind om te gaan, vooral woede en verdriet. Misschien komt dat doordat ze zelf niet met sterk negatieve gevoelens om kunnen gaan, of omdat het kind de ouder aan zichzelf doet denken, of allebei. Het zal je dan ook niet verbazen dat subjectieve ouders geen goede grenzen stellen; ze gedragen zich meer als vriendjes dan als ouders. Onder het mom van het vergroten van het zelfvertrouwen van hun kind blijven ze maar redeneren, rationaliseren en vleien, maar zeggen zelden: 'Ik ben de ouder en dit accepteer ik niet.'

Ik vermoed meestal dat het om subjectief ouderschap gaat wanneer een moeder tegen me zegt: 'Bij zijn vader (of oma) is hij zo lief, maar bij mij niet.' Dat kan komen omdat haar verwachtingen hoger gespannen zijn en eerder een reflectie zijn van wat zij wíl, niet van waar haar peuter toe in staat is. Ze moet zich afvragen of ze wel realistisch is. Peuters zijn geen kleine volwassenen; het duurt nog jaren voordat ze hun impulsen kunnen beheersen. Het zou ook kunnen zijn dat de vader er werkelijk beter voor zorgt dat zijn zoon zich gedraagt, omdat hij hem duidelijk maakt wat goed en fout is en hem corrigeert als hij die grens overschrijdt. Dan moet de moeder zich afvragen: 'Wat doet mijn man (of mijn moeder) wat ík niet doe?'

Kinderen van subjectieve ouders worden heel goed in manipulatie en emotionele chantage. Alle kinderen, vooral peuters, proberen uit waar de grenzen van hun ouders liggen, en ze weten het precies wanneer ouders inconsistent zijn en zelf geen grenzen hebben. Het is niet zo dat ze slecht zijn, ze doen gewoon wat hun ouders hun onbewust geleerd hebben: ruziën, vechten, strijden om wat ze willen, en wanneer dat niet werkt, overgaan op een hevige driftbui. Zelfs na iets simpels als: 'Oké, tijd om je speelgoed op te ruimen,' kunnen subjectieve ouders rekenen op een felle strijd. 'Nee!' schreeuwt het kind. Dus probeert mama het opnieuw. 'Kom op, schatje. Ik help je wel.' Ze legt één speeltje op de plank; haar zoon verroert geen vin. 'Help eens mee, liever. Ik ga dit niet in mijn eentje doen.' Hij steekt nog steeds geen hand uit. Mama kijkt op de klok en ziet dat het bijna tijd is om aan het eten te beginnen. Papa komt zo thuis. Ze ruimt zonder iets te zeggen de rest van het speelgoed op. Dat gaat sneller en makkelijker als ze het zelf doet; dat denkt ze tenminste. In werkelijkheid heeft ze haar kind geleerd a) dat ze niet meent wat ze zegt en b) dat zelfs als dat wel het geval zou zijn, hij alleen maar 'nee' hoeft te zeggen en te dreinen, en dan hoeft hij niet meer te luisteren.

Het is dan ook niet zo gek dat subjectieve ouders zich vaak verward, beschaamd en schuldig voelen wanneer hun kind zijn zelfbeheersing verliest. Ze vallen van het ene uiterste in het andere, van woede tot overdreven of onterechte lof. Als hun eigen ouders heel streng waren of als ze sociale druk van andere ouders voelen om een 'braaf' kind te hebben, zijn ze bang dat hun kind ongelukkig wordt of zich niet geliefd voelt. En wanneer hun kind zich op de een of andere manier misdraagt, zoals alle jonge kinderen, bekijken ze niet objectief wat er aan de hand is in het besef dat er een negatief patroon ontstaat, maar negeren of rationaliseren ze het gedrag van het kind (zie kader pagina 377, 'Smoesjes en uitvluchten'). Een subjectieve ouder zal eerst excuses verzinnen voor zijn kind en proberen te redeneren of te vergoelijken. Als het gedrag dan escaleert, zal hij in het andere uiterste vervallen en zijn geduld verliezen. Hij maakt zichzelf wijs dat hij kwaad werd omdat zijn zoon te ver ging. In werkelijkheid creëert hij echter zijn eigen magazijn vol wrok en móést het uiteindelijk wel tot een uitbarsting komen, als lava die uit een vulkaan stroomt.

Waar het om gaat is dat subjectieve ouders een bijzonder ver-

Subjectief versus objectief ouderschap in één oogopslag

Subjectieve ouders...

... identificeren zich met de emoties van het kind.

... reageren van binnenuit; hun eigen emoties zitten in de weg.

... voelen zich vaak schuldig omdat de dingen die het kind doet hun weerslag hebben op hen.

... verzinnen excuses en rationaliseren het gedrag van het kind.

... onderzoeken niet wat er gebeurd is.

... leren hun kind onbewust dat slecht gedrag acceptabel is.

... geven het kind overdreven veel complimentjes, ook als hij ze niet echt verdient.

Objectieve ouders...

... zien het kind als afzonderlijk wezen, niet als deel van zichzelf.

... baseren hun reactie op de situatie.

... kijken wat er aan de hand is door te zoeken naar aanwijzingen die het gedrag van het kind kunnen verklaren (zie pagina 383-387).

... leren hun kind nieuwe emotionele vaardigheden (problemen oplossen, oorzaak en gevolg, onderhandelen, gevoelens uiten).

... laten het kind de consequenties ervaren.

... geven complimentjes als daar een reden voor is: om te laten merken dat hij iets goed gedaan heeft of goede sociale vaardigheden heeft getoond, zoals aardig zijn, delen en meewerken.

raderlijke vorm van opvoeden tegen wil en dank bedrijven. Wanneer een subjectieve ouder constant ingaat op de eisen van zijn kind, voelt het kind zich tijdelijk machtig. Ook houdt het zijn slechte gedrag in stand. Door zijn kind de dienst uit te laten maken, raakt een subjectieve ouder bovendien zijn eigenwaarde en zelfrespect kwijt. Dan wordt hij niet alleen boos op zijn kind, maar op iedereen om zich heen. Het is een situatie waarin alleen maar verliezers zijn.

Een objectieve ouder worden

Als je jezelf herkent in de omschrijving van een subjectieve ouder op pagina 379, neem dit dan ter harte. Als je bereid bent je oude manier van doen te veranderen, is het niet moeilijk om te leren hoe je een objectieve ouder kunt worden. En als je er eenmaal aan gewend bent een objectieve ouder te zijn, zul je meer vertrouwen in jezelf hebben. Nog leuker is het dat je kind je zelfvertrouwen zal aanvoelen en zich veiliger zal voelen nu hij weet dat je er bent om hem te helpen als hij je nodig heeft.

Om een objectieve ouder te zijn, moet je uiteraard ook een G.B.-ouder zijn: accepteer het temperament van je kind en wees je bewust van wat hij in een bepaalde fase van zijn ontwikkeling doormaakt. Een objectieve ouder kent de sterke en zwakke punten van zijn kind en is daarom in staat hem van tevoren op een situatie voor te bereiden. Hij kan problemen vaak al afwenden voor ze ontstaan. Ook is hij geduldig genoeg om zijn peuter door moeilijke momenten heen te loodsen; hij weet dat leren tijd kost. Op mijn website stond een bericht van de moeder van een peuter van zestien maanden, die zich zorgen maakte omdat haar zoontje heel bezitterig met zijn speelgoed omging en nu in zijn peuterklasje dingen begon af te pakken. Een objectieve moeder – 'de mama van Isaiah' – reageerde als volgt op haar bericht:

> Ik heb gemerkt dat ik bij mijn zoontje van zeventien maanden in de buurt moet blijven wanneer hij met anderen speelt. Voorlopig! Hij is nog aan het leren hoe hij met anderen moet spelen en zijn spullen moet delen, en aan mij de taak om hem nu duidelijk te maken hoe dat moet. Dus ga ik naast hem zitten en 'laat ik hem zien' wat hij precies moet doen. Als hij agressief doet, pak ik zijn hand en help hem zachtjes iets aan te

raken, waarbij ik uitleg dat hij voorzichtig moet doen met zijn vriendjes. Als hij een speeltje probeert af te pakken, houd ik zijn hand vast en zeg: 'Nee, daar is Billy nu mee aan het spelen. Jij hebt de vrachtwagen. Billy heeft de bal. Je moet wachten als je met de bal wilt spelen.' Hij heeft een hekel aan wachten en probeert het opnieuw, maar dan doe ik weer precies hetzelfde, houd zijn hand vast en leg het hem uit, en als hij het een derde keer doet, pak ik hem op en zet hem ergens anders neer. Dat doe ik niet als straf of als time-out, maar om hem af te leiden en ervoor te zorgen dat hij niet wegkomt met het ongewenste gedrag.

Het is in dit stadium voor een groot deel preventie en hem het juiste gedrag leren. Ze moeten hier gewoon doorheen en wij moeten hun leren wat we willen dat ze doen. Wel een jaar lang! Het kost veel tijd en heel wat geduld en herhaling. Ze kunnen hun impulsen nog niet beheersen, maar als je ze nu vaak helpt, wordt het later steeds gemakkelijker.

Objectieve ouders als de moeder van Isaiah begrijpen dat het hun verantwoordelijkheid is om goed gedrag *aan te leren*. Het gebeurt niet vanzelf. Natuurlijk zijn sommige kinderen van nature gemakkelijker in de omgang dan andere, gedragen ze zich meer ontspannen in een groep en kunnen ze beter tegen de prikkels van het spelen met andere kinderen. Maar ongeacht deze verschillen zijn hun ouders hun eerste leraren. Objectieve ouders onderhandelen niet en wachten ook niet tot hun kind 'voor rede vatbaar is', zoals subjectieve ouders. Je kunt van een peuter geen echte redelijkheid verwachten, vooral niet als hij op het punt staat

Een anti-ZEUR-acroniem

Zeg eerlijk tegen je kind wat je van zijn gedrag vindt. Dat betekent ook dat je hem alleen een complimentje geeft wanneer hij dat echt verdient.

Echte redelijkheid kun je van een peuter niet verwachten. Stel liever realistische grenzen en zet hem in een veilige situatie waarin hij op onderzoek uit kan gaan.

Uit niet alleen wat je wilt, handel er ook naar. Grijp in voordat er losgeslagen emoties in het spel komen. Geef zelf ook het goede voorbeeld.

Respecteer je kind en verander slecht gedrag wanneer dat voorkomt; dat is jouw verantwoordelijkheid.

een driftbui te krijgen, of erger nog, daar middenin zit. Jij bent de volwassene en moet laten zien dat je het het beste weet. Laten we het voorbeeld nemen van Hector die in de schoenenwinkel een lolly eiste. Een objectieve moeder zou vastberaden tegen hem zeggen: 'Ik weet dat je een lolly wilt, maar nee, je mag er geen.' Ze is bovendien waarschijnlijk overal op voorbereid (er zijn overal verleidingen wanneer je met een peuter op stap gaat) en heeft iets lekkers bij zich, dat ze als vervanging kan geven. Wanneer Hector voet bij stuk houdt, negeert ze hem eerst, en als dat niet werkt, neemt ze hem mee de winkel uit ('Ik weet dat je boos bent. Zodra je gekalmeerd bent, kunnen we nieuwe schoenen gaan kopen'). Wanneer hij ophoudt met huilen, knuffelt ze hem en geeft ze hem een complimentje omdat hij zo goed is omgegaan met zijn gevoelens ('Wat goed van je dat je bent opgehouden met huilen').

Een objectieve ouder is eerlijk over zijn eigen emoties, maar gebruikt die nooit om het kind een schaamtegevoel te bezorgen ('Je brengt mama in verlegenheid'). Hij laat zijn kind weten wat hij voelt als dat relevant is ('Nee, je mag niet slaan. Dan doe je mama pijn en dat vind ik niet leuk'). Het allerbelangrijkste is dat een objectieve moeder altijd even wacht voordat ze handelt. Als haar kind met een ander kind speelt en ze beginnen te vechten, kijkt ze eerst wat er echt aan de hand is, bekijkt ze de situatie zonder haar emoties te laten meewegen en handelt daarna pas. Zelfs als haar kind zegt: 'Ik haat je, mama,' (en laten we eerlijk zijn, dat zeggen veel peuters wanneer ze hun zin niet krijgen), maakt een objectieve ouder zich daar geen zorgen om en voelt zich niet schuldig. Ze ploetert gewoon verder en zegt tegen het kind: 'Ik vind het jammer dat je dat vindt en ik zie hoe boos je bent, maar het antwoord is nog steeds nee.' En wanneer alles achter de rug is, geeft ze haar kind een complimentje omdat hij zijn gevoelens zo goed in bedwang heeft gehouden.

Het leven met een peuter is net een mijnenveld: de hele dag door is er explosiegevaar, vooral rond overgangstijden: opruimen na het spelen, in de kinderstoel gaan zitten, het bad uit moeten, naar bed gaan. Het is altijd nog erger wanneer je kind moe is, wanneer er andere kinderen in de buurt zijn en wanneer je in een onbekende omgeving bent. Maar wat de situatie ook is, een objectieve ouder plant vooruit, neemt de leiding en gebruikt alles als leermoment. Je gedraagt je niet boos alsof je een politieagent bent, maar alsof je een rustige, aardige instructeur bent die laat zien hoe het moet. (Gebruik als hulpmiddel mijn GRIP-strategie, die ik uitleg op pagina 387-392).

Bewijsmateriaal verzamelen

Als ik de drie grootste leugens zou moeten opnoemen die ouders zichzelf vertellen, is een ervan: 'Hij groeit er wel overheen.' Bepaald gedrag hoort er inderdaad bij; zoals je in de tabel op pagina 368 kunt zien, kunnen losgeslagen emoties vaak veroorzaakt worden door problemen in de ontwikkeling. Maar als een bepaald probleem, zoals agressie, niet nader wordt bekeken, zal het voortduren als de fase in de ontwikkeling al voorbij is.

Ik heb onlangs advies gegeven aan een gezin in Engeland waarin de achttien maanden oude Max elke keer met zijn hoofd bonkte wanneer hij gefrustreerd was. Toen ik hem ontmoette, zat zijn voorhoofd onder de blauwe plekken en waren zijn ouders ziek van bezorgdheid. Niet alleen terroriseerde Max met zijn gedrag het hele gezin, maar ze waren ook bang dat het gebonk blijvende schade zou veroorzaken. Dus elke keer als Max met zijn hoofd bonkte, kwamen ze aanrennen en gaven hem aandacht, wat het gedrag alleen maar versterkte. Het gevolg was dat Max een tirannetje werd en zijn ouders emotioneel chanteerde door telkens als hij zijn zin niet kreeg met zijn hoofd te bonken op het eerste de beste harde oppervlak; hout, beton of glas. Het probleem had deels te maken met zijn ontwikkeling: Max begreep alles, maar zijn woordenschat was beperkt. Hij was voortdurend gefrustreerd omdat hij mensen niet kon vertellen wat hij wilde. Zou hij 'eroverheen groeien'? Natuurlijk, maar intussen moesten zijn ouders de driftbuien een halt toeroepen. (Op pagina 403-406 kom ik terug op het verhaal van Max en vertel ik wat we eraan gedaan hebben.)

Ongeacht andere factoren – ontwikkelingsproblemen, omgevingsfactoren of temperament (Max was ook nog eens een pittig kind) – moet je, wanneer een kind enige vorm van agressie aan de dag legt (slaan, bijten, gooien, duwen), regelmatig driftbuien heeft of zich op andere wijze misdraagt (liegen, stelen, valsspelen), naar het totaalplaatje kijken en bewijsmateriaal verzamelen voordat je er iets aan doet, door een reeks vragen te stellen: **Wanneer is dit gedrag begonnen? Waardoor wordt het meestal veroorzaakt? Wat heb je er in het verleden aan gedaan? Heb je het la-**

ten gaan, het afgedaan als 'een fase' of geredeneerd dat 'alle kinderen het doen'? Is er iets nieuws gaande in zijn leven – binnen het gezin of in zijn sociale leven – dat hem emotioneel kwetsbaarder zou kunnen maken?

Voor de duidelijkheid: bewijsmateriaal verzamelen betekent niet dat je je kind niet vertrouwt. Het gaat erom dat je aanwijzingen zoekt die zijn gedrag verklaren, zodat je in staat bent hem te helpen op een positieve en passende manier met zijn emoties om te gaan. Een objectieve ouder verzamelt bijna instinctief bewijsmateriaal, omdat hij zijn kind, diens gedrag en de context waarin bepaalde buien ontstaan constant observeert. Dyan bijvoorbeeld, een van mijn eerste cliënten die sindsdien een goede vriendin is geworden, belde me laatst op omdat haar dochter van tweeënhalf, Alicia, een paar weken daarvoor last kreeg van nachtmerries en ook niet meer naar de gymles wilde waarvan haar moeder wist dat ze er dol op was. Het was niets voor dit kind.

Vanaf de vierde week na haar geboorte was 'Engeltje Alicia', zoals we haar noemden, een goede slaapster, zelfs toen ze tandjes kreeg. Maar nu werd ze plotseling midden in de nacht hevig huilend wakker. Ik vroeg meteen wat er was veranderd in haar sociale leven. 'Ik weet het echt niet,' antwoordde Dyan. 'De eerste keer dat we naar gym gingen vond ze het geweldig, en we zitten nu ongeveer op de helft van de lessen. Maar wanneer ik haar nu wegbreng en haar daar achterlaat, gaat ze schreeuwen.' Dat was ook niets voor Alicia. Ze had er nooit problemen mee gehad om naar een activiteit gebracht te worden, maar nu zei ze duidelijk tegen haar moeder: 'Laat me alsjeblieft niet achter.' Haar moeder dacht dat het misschien een restje scheidingsangst was, maar daar was Alicia te oud voor. Ik opperde dat er misschien iets in haar verbeelding plaatsvond en dat de moeder bewijsmateriaal moest verzamelen. 'Observeer heel goed,' stelde ik voor. 'Schenk aandacht aan wat ze doet als ze in haar eentje zit te spelen.'

Een paar dagen later belde Dyan opgewonden terug. Ze had een heel belangrijk stukje bewijsmateriaal gevonden toen ze Alicia tegen haar lievelingspop had horen zeggen: 'Wees maar niet bang, Tiffany, ik zorg dat Matthew je niet van me af kan pakken. Dat beloof ik.' Dyan herkende de naam Matthew als een van de jongens in Alicia's gymklas. Ze had een gesprek met de lerares, die haar vertelde dat Matthew 'een beetje een pestkop' was en Alicia verschillende keren had belaagd. De lerares had Matthew een standje gegeven en Alicia getroost, maar de incidenten hadden duidelijk meer indruk gemaakt dan ze zich had gerealiseerd. Plotseling begreep Dyan in het licht van deze ontdekking ook wat de oorzaak was van ander nieuw gedrag: de afgelopen weken had Alicia een rugzakje ingepakt voor zichzelf. Ze stopte haar lievelingspop Tiffany erin, evenals verscheidene prulletjes en 'Woefie', het versleten knuffelhondje dat ze al mee naar bed nam sinds haar babytijd. Het drong tot Dyan door dat Alicia van slag was als ze haar rugzakje niet de hele tijd bij zich had. 'We waren een keer van huis gegaan zonder het ding, en ik moest omkeren toen ze merkte dat ze het niet bij zich had.' Dat was een goed teken, legde ik Dyan uit. Alicia was vindingrijk genoeg om zich te wapenen met veilige voorwerpen.

Met de informatie die Dyan had blootgelegd, bedachten we samen een plan: omdat Alicia al vertrouwd was met het voeren van gesprekken met haar pop, kon Dyan ook deelnemen aan de gesprekken. 'Zullen we gymlesje spelen met Tiffany?' stelde Dyan voor terwijl ze naast haar dochter op de vloer plofte. Alicia leefde zich meteen in. 'Wat doe je met gym, Tiffany?' vroeg Dyan, die heel goed wist dat Alicia voor haar pop zou antwoorden. Nadat ze een tijdje hadden besproken wat er tijdens de les gedaan werd, vroeg Dyan aan de pop: 'Maar hoe zit het met die jongen, Matthew?'

'Die vinden we niet leuk, mama,' antwoordde Alicia zelf. 'Hij slaat me en probeert Tiffany af te pakken. Hij rende een keer met haar weg en gooide haar tegen de muur. We willen er niet meer naartoe.'

Zo opende Dyan de deur naar Alicia's emotionele leven. Alicia was duidelijk bang voor Matthew, maar erover praten was de eerste stap om met die angst om te kunnen gaan. Dyan beloofde dat ze met Alicia mee zou gaan naar gym en dat ze met de lerares en met Matthews moeder zou praten. Hij zou Alicia niet meer mogen slaan en Tiffany niet meer mogen afpakken. Door het verzamelde bewijsmateriaal begreep Dyan dat Alicia de steun van haar moeder nodig had.

Hier volgt nog een voorbeeld, maar in het volgende geval wórdt de zeventwintig maanden oude Julia, die enig kind is, niet gepest, maar is ze zélf de pestkop. Haar moeder Miranda maakte zich zorgen omdat Julia haar 'zonder reden' had geslagen. Ze vermoedde dat het kwam doordat Julia Seth imiteerde, een iets ouder kind dat bij hen in de straat woonde en dat, zoals de moeder het omschreef, 'nogal bazig en bezitterig is. Wanneer ze spelen, moet ik Seth er constant aan herinneren dat hij moet delen en het speelgoed aan Julia terug moet geven.'

Ik vroeg Miranda of ze me iets meer kon vertellen over Julia's gedrag. 'Nou, de afgelopen paar maanden wordt ze nogal snel boos. Ze schreeuwt 'nee' tegen kinderen die voorbijlopen op het speelveldje. Soms lijkt ze zonder reden uit te halen, maar ze slaat ook zodra een ander kind iets van haar af wil pakken. Een paar weken geleden botste een kind per ongeluk tegen haar aan op de glijbaan, en prompt schreeuwde ze 'nee' en duwde ze het kleinere kind op de grond. Het lijkt wel of ze negatief reageert op Seth en alle andere kinderen. Ze lijkt niet graag met andere kinderen te willen spelen. En als ze in de buurt zijn, wordt ze heel agressief.'

Miranda had gelijk toen ze vermoedde dat Julia's gedrag deels werd beïnvloed door Seths agressie. Peuters kopiëren het gedrag van andere kinderen en proberen uit wat het gevolg is als ze duwen en slaan. Maar ik wist ook dat er ander bewijsmateriaal was dat Miranda over het hoofd zag. Het leek erop dat Julia van nature pittig was. Ook haar sterk reagerende emotionele/sociale stijl was duidelijk, ongeacht met wie ze speelde. Na een paar minuten met de moeder besproken te hebben hoe Julia als baby en jonge peuter was geweest, werd mijn vermoeden bevestigd: 'Julia is altijd al vrij snel gefrustreerd geweest als ze met haar speelgoed speelde,' gaf Miranda toe. 'Wanneer ze bijvoorbeeld iets aan het bouwen is en de blokken vallen om, wordt ze snel kwaad en gooit ze alle blokken omver, of gooit ze er zelfs mee.' Haar gedrag in andere sociale situaties met kinderen was consistent. Al had ze zich in een kunst- en muziekklasje voor peuters goed gedragen, de laatste tijd was ze ook daar steeds agressiever geworden, realiseerde haar moeder zich nu we het erover hadden. 'Er is niets aan de hand zolang ze in de kring aan het zingen zijn of zelf een tekening maken. Dat zijn denk ik situaties waarin er weinig interactie met andere kinderen is, maar ik zag dat ze "nee" schreeuwde tegen een jongetje dat spullen teruglegde, en hem op de grond duwde.'

Miranda slaakte een zucht in de telefoon en verzekerde me: 'We hebben haar snel en rustig gezegd dat ze niet mag slaan of duwen omdat dat pijn doet, of dat nee schreeuwen niet leuk is. Als ze slaat, halen we haar weg en geven haar een time-out in een andere ruimte. Dat lijkt allemaal niet te helpen. We weten niet hoe we haar moeten helpen haar emoties de baas te worden, vooral als ze met een ander kind te maken krijgt. Blijkbaar doen we iets verkeerd.'

Ik zei tegen Miranda dat ze zichzelf geen verwijten moest maken. Ze had gewoon nog niet genoeg bewijsmateriaal verzameld, maar begon de waarheid wel onder ogen te zien. Een hele tijd geleden, toen Seth en Julia ruzie maakten over een van Julia's speeltjes, had Miranda wel tegen Seth gezegd dat hij moest delen, maar had ze dat ook tegen haar eigen dochter moeten zeggen. Een ander kind kan jouw kind wel beïnvloeden, maar gezien het bewijsmateriaal was Julia, al voordat ze met Seth begon te spelen, aardig op weg om een agressief kind te worden. Hij had Julia misschien wat trucjes geleerd, maar Miranda moest toch echt ingrijpen wanneer haar kind zich misdroeg. Agressie wordt normaal gesproken alleen maar erger, net als in dit geval, en ik vermoedde dat de reden dat de ouders tot nu toe hadden gefaald om Julia's gedrag te veranderen, was dat ze te laat waren begonnen. Ze moesten hun dochter leren hoe ze emotioneel GRIP kon krijgen.

Wetenschappers zijn het erover eens: GRIP werkt

Therapeuten van het Oregon Social Learning Center leerden ouders van te agressieve kinderen om wat zij noemen de 'versterkende cirkel' te doorbreken met behulp van 'omgekeerd opvoeden'. Na een explosieve uitbarsting moesten ze nu eens niet boos worden op hun kleine tirannetjes en hen ook niet straffen, zoals ze dat normaal gesproken deden – een veelvoorkomende reactie wanneer een kind constant de grenzen aan het uitproberen is – maar met hun kinderen praten en, net zo belangrijk, naar hen luisteren. Uit het onderzoek bleek dat toekomstige driftbuien werden voorkomen als een kind eerst zijn woede mocht ventileren en er dan over mocht praten wat de oorzaak was. Ook werden de kinderen minder impulsief en deden ze het beter op school dan agressieve kinderen met ouders die de techniek niet leerden.

Je kind leren emotioneel GRIP te krijgen

Nog niet zo lang geleden belde Leah, een moeder die ik had ontmoet na de geboorte van haar zoon Alex, me op en zei: 'Alex weet zich niet te gedragen.' Ze leek Alex – een jongetje van negentien maanden – er de schuld van te geven dat hij op de bank sprong toen ze bij een vriendje thuis waren, dingen van het andere kind afpakte en 'als een jong hondje' door het huis rende. Nadat ik haar een reeks vragen had gesteld om bewijsmateriaal te verzamelen, kwam ik erachter dat Alex thuis op de bank mocht springen, dat Leah het 'schattig' vond als hij dingen uit haar tas pakte, en dat ze vaak tikkertje speelden in de woonkamer. Alex' gedrag was dus volkomen begrijpelijk, maar hij kon pas veranderen als Leah de verantwoordelijkheid nam (zie pagina 391).

Kinderen 'weten zich niet te gedragen' tenzij objectieve ouders hun geduldig leren hoe dat moet. Hoe kun je geduldig zijn met een peuter die zich niet aan de regels houdt? Allereerst moet je niet wachten tot de dingen uit de hand lopen. Ten tweede moet je een plan maken. Bedenk van tevoren hoe het loopt. Als je bijvoorbeeld naar een speelgroepje gaat, vraag je dan af: Wat kan er misgaan? Wat is de achilleshiel van mijn kind in een groepssituatie? In het heetst van de strijd is het moeilijk om met de emoties van je kind om te gaan, tenzij je er al over hebt nagedacht. Vooral als je een subjectieve ouder bent kunnen je eigen schaamte, schuldgevoel en een mengeling van andere gevoelens de juiste manier van ingrijpen in de weg staan. Hoewel het misschien gemakkelijker is om met de wisselende stemming van je kind om te gaan als je een objectieve ouder bent – omdat je dan duidelijk ziet wie hij is en zelf niet emotioneel wordt – blijft het altijd moeilijk op het rechte pad te blijven als je te maken krijgt met een driftbui. Daarom volgt hier een eenvoudige oplossing: GRIP.

Het acroniem grip staat voor:

Gevoelens (het erkennen van emoties)

RIchting geven

Praten (je kind laten vertellen wat je van hem verwacht en/of wat hij anders zou kunnen doen).

Kortom, GRIP staat voor: je kind helpen zijn emotie te identificeren zodra hij iets voelt, en zijn gedrag daaraan aan te passen. Je past GRIP niet alleen toe wanneer je kind heel intense emoties ervaart of op het punt staat driftig te worden. GRIP maakt gewoon onderdeel uit van de dag van je kind. Net zoals je je kind bij de hand neemt om hem te laten oefenen met lopen, laat je hem nu oefenen met het omgaan met zijn emoties. Onderzoek bij zeer agressieve kinderen heeft aangetoond dat dit uitgangspunt zelfs werkt bij heel moeilijke kinderen (zie kader pagina 387).

Zoals blijkt uit de volgende uitleg is elk deel van GRIP belangrijk. Maar elk gedeelte heeft ook zo zijn eigen moeilijkheden, dus pas op voor de valkuilen.

Gevoelens (het erkennen van emoties). We moeten kinderen hun gevoelens toestaan en niet proberen hen eruit te praten of de gevoelens maar helemaal negeren. We moeten kinderen helpen begrijpen wat gevoelens zijn. Wacht niet op een uitbarsting. Benoem je gevoelens wanneer je alledaagse dingen doet ('Ik voel me blij als we gaan wandelen'), wanneer je samen tv-kijkt ('Barney kijkt verdrietig omdat zijn vriendjes naar huis zijn gegaan') of wanneer hij met een ander kind aan het spelen is ('Ik weet dat je boos wordt als Billy een speeltje afpakt').

Als je kind echt over zijn toeren is en zijn emoties de overhand krijgen, neem hem dan even apart en geef hem de kans om af te koelen. Laat hem met zijn rug naar je toe op schoot zitten. Zeg dat hij diep moet ademhalen. Als hij zich los worstelt, zet hem dan neer, ook weer met zijn rug naar je toe. Benoem zijn gevoelens voor hem ('Ik zie dat je boos/opgewonden bent omdat...'), maar stel wel een grens ('maar je mag pas weer met Danny gaan spelen als je rustig bent'). Zodra hij gekalmeerd is, geef je hem een knuffel en prijs je hem: 'Goed gedaan, nu ben je weer rustig.'

De valkuil hier is dat het niet altijd even gemakkelijk is om over gevoelens te praten. Zoals ik in de eerdere

---

Respect tonen (en krijgen)

Respect is tweerichtingsverkeer. Dwing respect af door redelijke grenzen te stellen, duidelijk te maken wat wel en niet mag en basismanieren te verwachten, zoals 'alsjeblieft' en 'dank je wel'. Maar gééf je kind ook respect:

Houd je eigen emoties in bedwang. Reageer niet te heftig, ga niet schreeuwen en sla niet. Bedenk dat jij het goede voorbeeld moet geven van emotionele bekwaamheid.

Bespreek de problemen van je kind niet met je vrienden. Ik zie het elke keer weer bij speelgroepjes: de moeders zitten aan de kant en bespreken alle stoute dingen die hun kinderen doen.

Zie straf als een leermoment, niet als iets gemeens. Laat je kind de consequenties ervaren van wat hij doet, maar zorg wel dat die consequenties bij zijn leeftijd passen en in verhouding staan tot wat hij verkeerd heeft gedaan.

Prijs goed gedrag. Complimentjes als 'wat kun jij goed delen', 'je hebt goed geluisterd' en 'wat goed van je dat je jezelf gekalmeerd hebt' helpen bij het ontwikkelen van de emotionele intelligentie van je kind (zie pagina 69).

---

paragrafen van dit hoofdstuk heb benadrukt, kost het subjectieve ouders soms moeite om met hun eigen emoties om te gaan, laat staan met die van hun kind. Misschien doen de emoties van hun kind hen aan iemand anders (of henzelf) denken. Als dat het geval is, willen ze die emoties misschien onderdrukken bij hun kind. Het kennen van je eigen zwakten is het halve werk. Als je het moeilijk vindt om over je emoties te praten, oefen daar dan mee. Schrijf op wat je wilt zeggen en speel een rollenspel met je partner of een vriendin.

Ook zijn ouders soms bang om de dingen bij hun naam te noemen, vooral wanneer een kind liegt of steelt. Geloof het of niet, peuters zijn wel degelijk in staat tot dat soort 'misdaden' en dit gedrag moet worden erkend, anders houdt het niet op. We kunnen het een kind niet kwalijk nemen dat hij dingen doet waarvan niemand hem heeft verteld dat ze niet in de haak zijn. Carissa wilde bijvoorbeeld absoluut niet dat Phillip, haar zoontje van drie, een speelgoedpistool zou krijgen. Ze belde me toen ze er vier onder zijn bed vond. Hoe geschokt ze ook was, Carissa realiseerde zich dat haar zoontje de pistolen van andere kinderen had afgepakt. Maar toen ze vroeg waar ze vandaan kwamen, beweerde hij: 'Gregory is ze vergeten mee te nemen.'

Carissa vervolgde: 'Ik kon hem toch moeilijk een leugenaar noemen, of wel soms? Hij is pas drie; hij begrijpt nog niet wat stelen is.' Zo denken veel ouders erover, maar zoals ik aan Carissa uitlegde, hoe moet Phillip nu leren dat het niet goed is om te liegen en te stelen als zij zijn gedrag niet daadwerkelijk benoemt? Natuurlijk moet ze er ook iets aan dóén (ingrijpen), maar eerst moet ze Philip

---

Neem je kind in bescherming!

Ik hoor bezorgde ouders vaak zeggen dat een ander kind hun kind heeft gebeten, geduwd, geslagen of een speeltje van hem heeft afgepakt. Ze maken zich om twee dingen zorgen: hoe ze het agressieve kind kunnen laten ophouden en hoe ze kunnen voorkomen dat hun eigen kind slechte gewoonten aanleert.

Het antwoord is simpel: zoek een ander speelgroepje. Kinderen nemen zonder twijfel gedrag van andere kinderen over. Wat nog erger is, is dat je je kind meegeeft dat de wereld niet veilig is wanneer je hem laat omgaan met het agressieve kind. Een kind dat gepest wordt, verliest zijn zelfvertrouwen.

Mocht je zelf getuige zijn van de pesterij, grijp dan in elk geval in. Laat nooit toe dat je kind schade wordt berokkend, zelfs als dat betekent dat je andermans kind moet straffen. Anders lijkt het net of je tegen je eigen kind zegt: 'Pech gehad, je staat er alleen voor.'

---

duidelijk maken dat stelen en liegen verkeerd zijn en dat zijn gedrag invloed heeft op de andere kinderen (zie pagina 392). *RIchting geven.* Wat je doet heeft meer invloed dan wat je zegt, vooral bij peuters. Je moet het ongewenste gedrag laten ophouden, zowel door het te benoemen als door fysiek in te grijpen. Tijdens een presentatie vroeg een moeder me: 'Hoe kan ik zorgen dat mijn zoontje van drie rustiger wordt? Hij is net een wilde hond als we ergens naartoe gaan.' Ik zei dat ik me allereerst afvroeg of ze wel grenzen stelde. Kinderen kunnen van nature uitbundig zijn; dat geldt zeker voor pittige peuters en kinderen met een sterk reagerende emotionele/sociale stijl. Maar als ik hoor dat een ouder zijn kind vergelijkt met iets 'wilds', weet ik vrijwel zeker dat het niet alleen een kwestie van temperament is. Er is hem nooit verteld wat er van hem verwacht wordt. Discipline vereist duidelijke grenzen. Ik legde uit dat ze haar zoon, telkens als hij zich misdraagt of een driftbui krijgt, moet laten weten dat zijn gedrag onacceptabel is. Ze moet zorgen dat hij zich omdraait, hem op de grond laten zitten en zeggen: 'Je mag niet zo wild doen wanneer we ergens naartoe gaan.' Als hij toch doorgaat, moet ze naar huis gaan. De volgende keer moet ze van tevoren bedenken wat ze moet doen. Ze zou bijvoorbeeld een korter uitje kunnen bedenken. Hoe dan ook, je moet altijd een plan B hebben voor het geval het uitstapje hem te veel wordt.

Praten (je kind laten vertellen wat je van hem verwacht en/of wat hij anders zou kunnen doen). Als je kind heeft geslagen, gebeten, geduwd of een speeltje van een ander kind heeft afgepakt, moet je niet alleen onmiddellijk ingrijpen, maar hem ook een alternatieve gedragswijze laten zien. Nadat ik Leah had gesproken over Alex' gedrag en haar had uitgelegd wat GRIP was, beloofde ze dat ze meteen zou ingrijpen wanneer haar zoon zich zou misdragen. En ja hoor, die middag pakte Alex haar spiegeltje uit haar tas. In plaats van hem te negeren, pakte ze het spiegeltje direct uit zijn handen, benoemde zijn gevoelens, maar stelde tegelijkertijd een grens: 'Ik zie dat je mijn spiegeltje wilt hebben, maar dat is van mama en mama wil niet dat het kapotgaat.' Leah werd weer *de ouder*. Ze nam de leiding, maar bood hem ook een alternatief: 'Dus laten we iets van jou pakken waarmee je kunt spelen.' Zoals je ziet, probeerde Leah niet met Alex in discussie te gaan of hem tot in de puntjes uit te leggen waarom hij het spiegeltje niet mocht hebben. We gaan niet met peuters in discussie. In plaats daarvan bieden we hun keuzes op basis van alternatieven waar jij je in kunt vinden. Met andere woorden, je zegt niet: 'Wil je een worteltje of een ijsje?' maar 'Wil je een worteltje of een doosje rozijntjes?' Vergeet ook niet dat peuters niet te jong zijn om te begrijpen dat hun daden consequenties hebben. 'Het spijt me' is niet goed genoeg als het alleen wordt nagezegd en het kind niet echt iets voor de ander dóét. Wanneer ik een peuter een ander kind een mep zie verkopen en daarna snel 'sorry' hoor zeggen, weet ik dat zijn ouders hem nooit de consequenties hebben laten voelen. Ze hebben hem eerder het idee gegeven dat 'sorry' een soort immuniteit verschaft, waardoor hij denkt: *ik kan alles doen wat ik wil, zolang ik maar zeg dat het me spijt.* In het geval van Phillip stelde ik voor dat Carissa hem elk pistooltje dat hij had gestolen zou laten teruggeven en zijn excuses zou aanbieden aan de kinderen. (Wanneer een kind een speeltje van een ander kind kapotmaakt, moet hij hem er een van zichzelf geven.)

Je kunt je kind ook een geschreven verontschuldiging laten dicteren als onderdeel van zijn pogingen om het goed te maken. Onlangs hoorde ik het verhaal van Wyatt, een jongetje van drieënhalf, die de hond van de buren liet apporteren. De buurvrouw zei tegen hem dat hij de tennisbal niet over de heuvel mocht gooien, omdat het gevaarlijk voor Rufus (de hond) was om in de braamstruiken te kruipen. Maar zodra de volwassenen druk in gesprek waren, gooide Wyatt de bal toch over de heuvel. De buurvrouw zei: 'Blijf!' tegen de hond en keek Wyatt toen streng aan. 'Heb je begrepen wat ik je vertelde over het gooien van de bal?' Wyatt antwoordde schaapachtig: 'Uhuh.' De buurvrouw zei: 'Nou, dan krijgt Rufus dus een tennisbal van je.' Een paar dagen later vond de buurvrouw een slordig ingepakt pakketje bij de voordeur. Er zaten twee tennisballen in en een briefje van Wyatt (die het had gedicteerd aan zijn moeder): 'Het spijt me dat ik Rufus' bal heb kwijtgemaakt. Ik zal het nooit meer doen.' Wyatts moeder had het goed aangepakt en haar zoon laten inzien dat zijn gedrag consequenties had (de buurvrouw wilde niet meer dat hij met haar hond speelde), waarna ze hem had begeleid bij het goedmaken van zijn daden.

Emotionele en sociale mijlpalen:
GRIP aanpassen aan jouw kind

In hoofdstuk 2 hebben we gekeken hoe de groeiende hersenen van je kind ervoor zorgen dat zijn emotionele repertoire steeds groter wordt (zie pagina 70-75). Hier kijk ik naar de emotionele en sociale mijlpalen van de leeftijd van één tot drie. Net zoals je wilt weten wat 'normaal' is op het gebied van intellectuele of fysieke groei, moet je ook begrijpen waar je kind op emotioneel vlak toe in staat is, zodat je een realistisch beeld hebt van wat hij wel en niet kan en begrijpt, en wat je wel en niet kunt doen om hem te helpen. Bijvoorbeeld: als je een kind van acht of negen maanden wilt straffen omdat hij de videorecorder gebruikt om een boterham 'in de brievenbus te doen', zullen je woorden nauwelijks betekenis hebben. Op zijn leeftijd duwt hij de boterham er niet in om jou te pesten. Hij is gewoon aan het experimenteren met zijn pas ontdekte vingervaardigheid en raakt gefascineerd door de lichtjes en geluidjes. Zo speelt hij ook met zijn speelgoed, en hoe moet hij nu weten dat de videorecorder daar niet bij hoort? Als je denkt dat hij het met opzet doet, is de kans groot dat je je geduld sneller verliest. Aan de andere kant, als je kind twee is en je nooit 'nee' tegen hem hebt gezegd of grenzen hebt gesteld, omdat je niet wist dat hij best in staat is tot enige zelfbeheersing, zal zijn gedrag alleen maar uit de hand lopen.

Een jaar tot achttien maanden. Een peuter van één is intens nieuwsgierig naar álles. Je moet hem de gelegenheid geven op verkenning uit te gaan, maar tegelijkertijd zorgen dat hij dat veilig kan doen. Hij zal verschillende gevoelens uitproberen, die soms agressief lijken, maar dit gedrag is in eerste instantie niet zozeer een kwestie van bewuste woede, maar meer van het uitproberen van zijn pas ontdekte fysieke capaciteiten. Hij begrijpt oorzaak en gevolg. Wanneer hij een ander kind slaat en dat kind gilt, is dat in zijn ogen net zoiets als op een knopje op zijn speelgoed drukken, waardoor er geluid uit komt. Jij moet hem uitleggen dat het heel iets anders is om een ander te slaan: 'Nee, je mag niet slaan. Dan doe je Sally pijn. Je moet zachtjes doen.' Met andere woorden, al begrijpt hij voordat hij veertien of vijftien maanden is de consequenties nog niet en heeft hij ook nog geen zelfbeheersing, jij kunt hem wel helpen. Jij bent zijn gids en zijn geweten.

Je kind gaat ook meer praten, en al is zijn woordenschat nog niet zo groot, hij begrijpt alles wat je zegt, ook al negeert hij je soms bewust! Dat is het begin van 'uitproberen' en ook het begin van driftbuien. Soms werkt hij mee als je 'nee' zegt, soms zoekt hij je grenzen op. Soms gaat het ook helemaal niet over het uitproberen van grenzen; veel kinderen kennen nog niet genoeg woorden om uitdrukking te geven aan hun behoeften, en veel 'stout' gedrag op deze leeftijd is eigenlijk frustratie. Probeer niet te onderhandelen en ga niet in discussie; blijf op een liefdevolle manier de baas. Probeer incidenten te voorkómen door het huis geschikt te maken voor je kind en hem mee te nemen naar plekken waar hij zich niet als een volwassene hoeft te gedragen; dat is beter dan steeds in situaties terecht te komen waar je constant moet ingrijpen. Vooral als je kind heel lichamelijk is ingesteld – een kind dat vroeg kan lopen, een hyperactief of een impulsief kind – moet je hem de kans geven te klimmen, te rennen en te springen. Onthoud wel dat als hij van jou de bank als trampoline mag gebruiken of op de eettafel mag gaan staan, hij natuurlijk denkt dat dat ook bij oma of in een restaurant mag. Begin dus zoals je van plan bent door te gaan. Afleiding is op deze leeftijd een geweldige strategie, dus als je weet dat je naar een huis gaat waar veel dingen zijn waar hij niet aan mag komen, neem dan speelgoed mee zodat zijn aandacht en energie ergens anders naartoe gaan.

Achttien maanden tot twee jaar. Met achttien maanden vindt er een ommekeer plaats in de ontwikkeling van de hersenen. Rond deze tijd zeggen ouders: 'Wauw! Wat lijkt hij ineens volwassen.' Hij leert de woorden 'ik' en 'mij' en 'mijn' of begint zinnen met zijn eigen naam ('Henry doet dat'). Hij verwijst vaak naar zichzelf, niet alleen omdat hij nu taal gebruikt, maar ook omdat hij een groter zelfbewustzijn heeft. Daardoor is hij ook assertiever – alles is 'van mij' in zijn ogen (zie 'De acht regels van peuterspeelgoed' op pagina 396). Verder kan hij door zijn meer ontwikkelde hersenen nu ook een klein beetje zelfbeheersing aan de dag leggen (met hulp van jou, uiteraard). Als je hem al elke keer hebt geleerd wat wel en niet mag ('Nee, je mag niet [slaan, bijten, duwen, het speeltje van een ander kind afpakken]') kan hij zich nu enigszins inhouden, maar het is nog niet perfect. Je kunt zeggen: 'Wacht even, dan haal ik dat speeltje voor je,' en dan kan hij ook echt wachten. Maar als je hem nog niet het verschil hebt laten zien tussen acceptabel en onacceptabel gedrag, is hij er waarschijnlijk heel goed in om jou te manipuleren. Begin nú met grenzen stellen.

Het blijft belangrijk om vooruit te plannen en om je kind te kennen en te weten hoe verdraagzaam en capabel hij is. Vergeet ook niet dat zelfbeheersing een vaardigheid is die in ontwikkeling is. Delen is voor sommige kinderen niet eenvoudig; dat is geen teken dat je kind van twee stout is of achterloopt in zijn ontwikkeling. Voor de meeste peuters die iets willen doen of aan de beurt zijn met iets, is het moeilijk om te wachten, geduldig te zijn of de beurt weer aan een ander te geven. Toch is het wel degelijk mogelijk om de gevoelens en verlangens van een kind te erkennen en tegelijkertijd grenzen te stellen. Als er in een speelgroepje bijvoorbeeld een bord met lekkers rondgaat en je kind meer dan één koekje pakt, zegt een objectieve moeder niet meteen bij zichzelf: *O jee, de andere moeders zullen wel denken dat mijn kind een veelvraat is. Ik schaam me dood. Misschien zien ze niet dat Zack twee koekjes heeft gepakt.* In plaats daarvan erkent ze Zacks gevoelens ('Ik weet dat je twee koekjes wilt…'). Tegelijkertijd maakt ze ook de regel duidelijk (… maar iedereen neemt er maar één…') en voert die uit ('… dus leg er alsjeblieft eentje terug'). Als Zack zegt: 'Nee! Míjn koekjes!' en zijn buit vasthoudt, legt ze allebei de koekjes weg en gaat met hem van tafel, terwijl ze zegt: 'We delen in deze groep.' Onthoud dat je je kind moet helpen omgaan met de emoties die voor hem te hevig zijn om zelf onder controle te houden. Als je weg moet gaan omdat hij maar niet kalmeert, doe dan niet alsof hij 'stout' is of 'gestraft' wordt. Wees meelevend: 'We moeten er gewoon harder aan werken om je te leren hoe je je moet beheersen.'

Twee tot drie jaar. Nu is de beruchte peuterpuberteit aangebroken, en die begint bij sommige kinderen van de ene dag op de andere. (Het is een voorproefje van de 'echte' puberteit!) Hopelijk heb je inmiddels grenzen gesteld en je kind zelfbeheersing aangeleerd. Hoewel je kind nog werkt aan delen, zich inhouden en zijn stemmingen reguleren, zal het vanaf zijn derde écht beter gaan als je consistent bent geweest. Heb je hem echter níét emotioneel begeleid, berg je dan maar, want negativiteit en agressie zijn rond de twee jaar het ergste. In beide gevallen kan het echter lijken alsof je kind minder zelfbeheersing heeft, omdat hij zo veel meer kan zeggen en zo veel meer wil doen, en ook zeer uitgesproken ideeën heeft over hoe hij alles gedaan wil hebben. Als je kind achterloopt op het gebied van taal, zal hij zelfs nog gefrustreerder zijn. Hij kan hevige emotionele schommelingen hebben: het ene moment zit hij vrolijk te spelen, het volgende moment stompt hij driftig met zijn vuistjes op de grond.

De acht regels van peuterspel

Ik heb dit juweeltje op internet gevonden en vermeld het hier omdat het een opsomming is van het emotionele en sociale leven van een peuter. Lof voor de anonieme auteur, die ongetwijfeld zelf een peuter heeft.

1. Als ik het leuk vind, is het van mij.
2. Als ik het in mijn hand heb, is het van mij.
3. Als ik het van je af kan pakken, is het van mij.
4. Als ik het een tijdje geleden had, is het van mij.
5. Als het van mij is, mag het nooit ofte nimmer lijken alsof het van jou is!
6. Als ik iets aan het doen ben of aan het bouwen ben, zijn alle onderdeeltjes van mij.
7. Als het eruitziet als iets van mij, is het van mij.
8. Als ik denk dat het van mij is, is het van mij.

Jouw eigen gedrag is belangrijker dan ooit, omdat jij een emotioneel rolmodel bent. Vanwege de emotionele wispelturigheid die typerend is voor de peuterpuberteit, zijn driftbuien bijna niet te vermijden, vooral als je kind moe of uit zijn doen is. Je kind zal ook moeilijker in toom te houden zijn wanneer hij overprikkeld is. Maar je kunt op zijn minst voor structuur in bepaalde situaties zorgen om woedeaanvallen tot een minimum te beperken. Plan geen uitjes als het tijd is voor een slaapje; doe niet te veel drukke activiteiten op een dag; vermijd situaties die in het verleden driftbuien hebben uitgelokt. Heb je een speelgroepje en heeft je kind daar al eens problemen mee gehad, praat dan over delen en agressief gedrag vóórdat de andere kinderen komen. Vraag of er bepaalde speeltjes zijn die hij liever even weg wil leggen. Zeg dat je er voor hem bent wanneer hij boos wordt. Je kunt zelfs een rollenspel spelen. 'Laten we net doen of ik Peter ben en ik met jouw autootje speel. Wat doe je dan als jij er mee wilt spelen?' Kinderen van deze leeftijd zijn heel goed in symbolisch spel. Je kunt alternatieven voorstellen. 'We zouden een kookwekker kunnen gebruiken, en als die afgaat, ben jij aan de beurt,' of 'Als Peter met je autootje speelt, kun jij de brandweerwagen nemen.' Benadruk dat hij woorden moet gebruiken en niet zijn handen.

Houd tv- en computergebruik in de gaten. De American Academy of Pediatrics adviseert *geen televisie onder de twee jaar*, maar ik ken maar weinig gezinnen waarin die richtlijn wordt opgevolgd. Op hun tweede zijn veel kinderen al fanatieke kijkers. Maar pas in elk geval op: een heleboel onderzoeken hebben aangetoond dat kinderen wel degelijk drukker worden van tv-kijken, vooral pittige kinderen en kinderen met een sterk reagerende emotionele/sociale stijl (en zoals ik in hoofdstuk 7 al heb uitgelegd, kan de inhoud van bepaalde programma's hen ook bang maken). Bouw ruimschoots tijd in om buiten te spelen en ook om actief binnen te spelen. Op deze leeftijd kunnen kinderen je al helpen met het huishouden en met koken. Zorg wel dat je ze klusjes te doen geeft die ze aankunnen en die ze veilig kunnen uitvoeren, en wees geduldig. Alles is een leerervaring.

Probeer tot slot je kind ook te vertellen wanneer hij zich goed gedraagt, meewerkt, lief deelt of een taak volhoudt die hij zwaar vindt. Zeg duidelijk wat hij doet: 'Dank je wel dat je me helpt.' 'Goed gedeeld.' ' Zo, jij hebt hard gewerkt, je hebt die toren helemaal alleen gemaakt!'

Typische peuterovertredingen

Ouders willen altijd specifieke antwoorden over het omgaan met losgeslagen emoties. Wat moet ik doen als hij slaat? Driftbuien heeft? Bijt? Zoals je inmiddels wel weet, nu je dit boek tot zo ver hebt gelezen, bestaan er geen eenvoudige antwoorden. Gedragsproblemen zijn altijd gecompliceerd en worden aangewakkerd door een of meer van de vier risicofactoren (zie pagina 368).

Driftbuien. Deze e-mail van Peggy is representatief voor de vele die ik over driftbuien heb ontvangen.

Kerry, mijn dochtertje van tweeënhalf, is het grootste deel van de dag bezig met de baas te spelen in plaats van normale peuterdingen te doen. Ik heb van alles uit jouw boek en ook uit andere boeken uitgeprobeerd en ben in één ding altijd consistent geweest tijdens haar driftbuien... ik zeg altijd tegen haar: 'Met huilen bereik je niets.' Vanaf dag één is ze al een moeilijk kind. Ze wordt overal nijdig om. Ik heb al waardevolle dingen van haar afgepakt, ik heb time-outs gebruikt, ben met haar het park uit gelopen, enzovoort. Ze is extreem koppig en eigenwijs. Ik ben aan het eind van mijn Latijn en weet niet hoe lang ik hier nog tegen kan. Ik denk erover om haar fulltime naar de peuterschool te brengen en weer aan het werk te gaan, maar dat geeft me alleen overdag wat rust en lost nog niets op. Als ik haar bij iemand anders laat, is er niets aan de hand. Ik denk echt dat het probleem bij mij ligt.

Allereerst heeft Peggy niet in de gaten dat 'de baas spelen' een normale peuteractiviteit is. Maar daarnaast ben ik ook bang dat ze gelijk heeft en Kerry's driftbuien althans voor een deel het resultaat zijn van haar moeders opvoeden tegen wil en dank. Uit het feit dat Peggy zo veel verschillende strategieën heeft uitgeprobeerd, maak ik op dat ze niet consistent geweest is, en ik durf te wedden dat de kleine Kerry dat verwarrend vindt. Ze weet nooit wat ze van haar moeder kan verwachten, wat kan verklaren dat er 'niets aan de hand' is wanneer ze bij anderen is.

Peggy zegt dat Kerry al vanaf dag één moeilijk is en daar twijfel ik niet aan. Door haar temperament is de kans op losgeslagen emoties groot. Maar Peggy is duidelijk een subjectieve ouder. Ze maakt haar dochter verwijten zonder echt naar het bewijsmateriaal te kijken en de verantwoordelijkheid te nemen voor haar eigen aandeel. Peggy moet naar haar dochters verleden kijken en, belangrijker nog, naar haar eigen reacties in het verleden op de driftbuien van Kerry. Wat deed ze toen? Ook moet ze haar eigen houding bekijken. Misschien was ze geschokt na de geboorte van Kerry, omdat ze zich plotseling realiseerde wat het eigenlijk betekent om een kind te hebben. Misschien voelde ze zich schuldig over die gevoelens. Wat de reden ook is, het lijkt er sterk op dat ze geen grenzen heeft gesteld voor Kerry. Daarom moeten we eerst het gedrag van de moeder veranderen. Als zij Kerry anders benadert, zal Kerry uiteindelijk veranderen, al zal het niet van de ene op de andere dag zijn, want deze machtsstrijd duurt al heel lang (wat helaas maar al te vaak voorkomt).

Peggy moet vooruit gaan plannen wanneer ze ergens naartoe gaat met Kerry. Ze kent haar kind en moet situaties structureren om een driftbui te vermijden. Stel dat Kerry regelmatig driftbuien heeft tijdens het boodschappen doen. Dan moet haar moeder iets lekkers en wat speelgoed meenemen om aan Kerry te geven wanneer die begint te zeuren. Als dat niet werkt, moet ze de gevoelens benoemen ('Ik zie dat je boos bent') maar het gedrag negeren. In plaats van te zeggen: 'Huilen leidt nergens toe,' wat een jong kind niets zegt, moet Peggy heel concreet zijn: 'Mama blijft hier met je totdat je ophoudt met huilen.' Daarna moet ze niet meer tegen haar praten en alleen bij haar blijven. Ze moet Kerry het gevoel geven dat ze weet wat ze doet en zorgt dat ze in veiligheid is ('Ik blijf bij je totdat je gekalmeerd bent'). Als Kerry niet rustig wordt, moet Peggy haar ergens anders mee naartoe nemen. En wanneer een driftbui over is, moet ze Kerry prijzen omdat ze haar emoties weer onder controle heeft ('Goed van je, dat je weer rustig bent geworden').

Als de moeder mét Kerry gaat werken in plaats van zich van haar af te wenden en haar gedrag af te wijzen, zullen de driftbuien minder worden. Als ik tussen de regels door lees, zie ik een moeder die vreselijk boos en zelfs ambivalent is. Haar dochter voelt die afstand en gebruikt driftbuien om mama dichterbij te krijgen. Zodra Kerry aandacht krijgt voor de goede dingen die ze doet, hoeft ze niet meer op zo'n negatieve manier aandacht te trekken.

Bijten. Bijten voordat de baby een jaar oud is, begint vaak per ongeluk tijdens de borstvoeding. De meeste moeders roepen dan: 'Au!' en duwen de baby instinctief weg, waardoor hij schrikt, wat er meestal wel voor zorgt dat hij het in de toekomst niet meer doet. Er zijn verschillende andere redenen waarom peuters bijten. Door bewijsmateriaal te verzamelen, kom je er meestal wel achter waarom je kind bijt. Bekijk deze waargebeurde situatie die op mijn website stond maar eens:

> Mijn zoontje van één, Raoul, is begonnen met bijten. Het is vooral erg als hij moe is. We proberen NEE te zeggen en hem weg te duwen, maar dan belaagt hij ons en denkt dat het een spelletje is; we hebben alles geprobeerd en hem zelfs een tikje op zijn mond gegeven wanneer we NEE zeggen. Heeft iemand hier ervaring mee?

Nou en of, er zijn heel veel ouders die hier ervaring mee hebben. Deze moeder moet de vermoeidheidssignalen van haar zoontje oppikken en Raoul niet in het bijtstadium laten komen. Uit het feit dat Raoul meer bijt wanneer hij moe is, maak ik op dat het waarschijnlijk een combinatie van frustratie en overprikkeling is. Omdat Raoul denkt dat het een spelletje is, vermoed ik ook dat iemand een keer heeft gelachen toen hij wilde bijten. Voor sommige kinderen is bijten een manier om aandacht te krijgen, wat hier ook het geval zou kunnen zijn. Bij anderen heeft het te maken met tandjes krijgen. Weer anderen kunnen nog niet praten, dus bijten ze uit frustratie omdat ze iets willen maar er niet om kunnen vragen.

Je ziet waarom het belangrijk is dat Raouls ouders bewijsmateriaal verzamelen. Zodra ze alle mogelijke redenen voor zijn gedrag in overweging hebben genomen, kunnen ze stappen ondernemen om de aanleiding zo veel mogelijk weg te nemen: zorgen dat hij genoeg rust krijgt, weten hoe Raoul eruitziet als hij op het punt staat om te bijten, en absoluut nooit om het gedrag lachen. Elke keer als hij bijt, om wat voor reden dan ook, moeten ze hem onmiddellijk neerzetten en hem vertellen wat de regel is en hoe ze zich voelen: 'Niet bijten. Dat doet pijn.' Daarna moeten ze niet naar hem kijken of op een andere manier contact met hem maken, maar gewoon weglopen. Bijten maakt ouders vaak boos, en als ze even bij het kind vandaan lopen, hebben ze een moment om hun eigen emoties onder controle te krijgen.

Ik ken ook gevallen waarin de bijter zichzelf verdedigt. Ik kreeg een e-mail van de moeder van een kind van twee, die zich zorgen maakte omdat haar dochter andere kinderen beet wanneer die haar tuttel hadden. 'Dat heeft ze twee keer gedaan en allebei de keren zeiden we NEE! en haalden we haar bij de andere kinderen weg. Moeten we haar de tuttel alleen nog geven als ze naar bed gaat, of is dat niet eerlijk?' Nou, ik zou ook bijten als ik dat meisje was. Haar moeder zou nooit mogen toestaan dat andere kinderen die tuttel pakken. Ze straft haar dochter zonder naar het bewijsmateriaal te kijken. Het is haar eigen tuttel. Waarom zou ze die moeten delen?

Natuurlijk gaat het er bij bijten vaak om dat een kind de situatie niet meer in de hand heeft. Je probeert zijn handjes schoon te vegen na het eten en hij zet zijn tanden in je hand om je tegen te houden. De truc is om te weten wanneer hij nijdig wordt. Als hij gefrustreerd raakt wanneer hij te lang in de kinderstoel zit, haal hem er dan eerder uit. Misschien kun je zijn handjes eens boven de gootsteen afvegen. Bijters zijn vaak kinderen die gepest worden, dus kijk ook naar zijn sociale leven. De meeste kinderen pikken het maar tot op zekere hoogte om door een ander te worden belaagd. Daarna bijten ze uit een soort wraak.

Sommige ouders doen luchtig over bijten. Ik hoor vaak opmerkingen als: 'Wat maakt dat nou uit? Dat doet toch ieder kind.' Wat het uitmaakt, is dat bijten kan uitgroeien tot andere vormen van agressie (zie 'Het verhaal van Harrison' op pagina 405). Vooral als het bijten al maanden duurt en papa en mama al een paar keer in hun schouder of been gebeten zijn, kan het kind een gevoel van macht krijgen en aanvoelen dat zijn ouders er nerveus van worden. Dus als het gebeurt, is het belangrijk dat ouders er objectief en zakelijk mee omgaan in plaats van emotioneel.

Vergeet ook niet dat bijten een peuter een goed gevoel geeft.

Het is een fijne sensatie. Hun tanden in warm vlees zetten is voor hen een vorm van fysiek spel! Ik stel vaak voor om een chronische bijter zo'n anti-stressballetje te geven dat ze in sportzaken verkopen. Noem het zijn 'bijtbal.' Zorg dat je er een op zak hebt wanneer hij weer eens op je afkomt met een blik die zegt: *Ik ga naar je happen!* Een moeder op mijn website, die een zoontje heeft dat graag in haar kuiten bijt terwijl ze staat te koken, heeft een stapeltje bijtringen op het aanrecht liggen. Wanneer ze haar zoontje ziet aankomen, geeft ze hem zo'n ring en zegt: 'Je mag mama niet bijten, maar kijk eens, bijt hier maar op.' Wanneer hij de bijtring in zijn mond doet, klapt en juicht ze voor hem.

Soms geven ouders hun kind een tik op zijn mond, zoals Raouls ouders deden, of bijten terug. Ze zeggen dat het werkt, maar ik geloof er niet in om de ene vorm van agressie met de andere te bestrijden. Wij moeten kinderen het goede voorbeeld geven en het is verwarrend als ze zien dat papa en mama datgene doen wat zij niet mogen.

Slaan. Slaan begint, net als bijten, vaak onschuldig, zoals blijkt uit deze e-mail van Judy over haar zoontje Jake van negen maanden. Ik gebruik dit voorbeeld omdat de moeder zich ook afvraagt hoe ze haar huis kindveilig moet maken.

Mijn zoontje Jake is sinds drie weken begonnen met kruipen en zich optrekken. Ik vraag me af hoe ik hem kan leren dat hij geen dingen op de koffietafel, planten en dergelijke mag aanraken, en wat 'nee' betekent. Verder heeft hij de gewoonte om anderen in het gezicht te slaan; dat is niet kwaadaardig bedoeld, maar ik moet toch oppassen als hij bij andere kinderen in de buurt komt. Hij is een heel vrolijk kereltje en wil niet gemeen doen. Hij begrijpt gewoon niet dat hij een gezicht zachtjes moet strelen of er een 'klopje' op moet geven, maar niet mag slaan. Dan pak ik zijn hand en aai ermee, zodat hij weet wat hij moet doen, maar toch slaat hij weer. Ik weet niet of hij er te jong voor is.

Judy zit op het juiste spoor. Jake is gewoon nieuwsgierig naar zijn wereld. En al heeft hij nog een halfjaar te gaan voordat hij enige mate van zelfbeheersing krijgt, het is niet te vroeg om hem te leren wat goed is en wat fout. Wanneer hij naar een ander kind gaat, en trouwens ook naar een huisdier, moet ze zeggen: 'Zachtjes, zachtjes,' en dan zijn hand pakken zoals ze dat nu ook al doet. Zoals ik al eerder heb gezegd, komen de eerste agressieve handelingen van een jonge peuter voort uit nieuwsgierigheid. Het kind probeert uit of hij een reactie kan uitlokken. Judy moet dus tegen hem zeggen: 'Nee, zo doe je Annie pijn. Zachtjes doen.' Als hij tóch slaat, moet ze hem neerzetten en zeggen: 'Nee, je mag niet slaan.'

Wat het kindveilig maken van het huis betreft, is het onrealistisch om van een baby van negen maanden enige vorm van zelfbeheersing te verwachten. Ik geloof er niet in om alles in het hele huis maar weg te zetten; kinderen moeten nu eenmaal leren dat ze niet overal aan mogen komen. Zet alleen de dingen weg die echt niet stuk mogen, en alles waaraan het kind zich kan bezeren. Loop met hem rond. Leg uit: 'Je mag dit alleen aanraken als mama erbij is.' Laat hem dingen vasthouden en onderzoeken. Dan is het mysterie van de vele 'verboden' spullen in je huis er al grotendeels af. Peuters raken gauw verveeld. Zorg dat je hem alternatieven biedt die hij kan aanraken en vasthouden. Laat hem ermee slaan, er geluid mee maken, delen laten bewegen, zolang het maar niet je stereo-installatie is! Vooral jongens zijn dol op prutsen. Judy zou een hamertje-tik kunnen aanschaffen.

Gooien. Gooien begint vaak wanneer een kind een speeltje uit zijn bedje gooit of eten laat vallen terwijl hij in de kinderstoel zit. Mama en papa laten het niet liggen en zeggen niet: 'O, je hebt je speeltje weggegooid. Je wilt zeker dat het op de vloer ligt,' maar blijven het oprapen. Dan denkt het kind: *Ha, dit is een leuk spelletje!* Het kan ook beginnen wanneer een kind (meestal een jongen) een speeltje naar iemand gooit (meestal naar zijn moeder, omdat die over het algemeen het vaakst bij hem is), zoals deze e-mail illustreert:

Dit is mijn probleem: mijn zoontje Bo is achttien maanden oud en gooit de afgelopen zes maanden steeds met spullen: tijdens het eten en het spelen, maar erger nog, hij gooit speelgoed naar mensen. Ik zie wel dat hij het niet doet om hen pijn te doen, maar hij is heel sterk en het doet wél pijn. Hoe dan ook, er moet een eind aan komen. Als hij met eten gooit, zeg ik dat dat niet mag. Dan kan ik ook iets dóén: ophouden met hem eten geven, hem neerzetten, enzovoort. Maar het probleem met het gooien van speelgoed is dat ik niets kan doen, behalve zeggen: 'Geen speelgoed naar mama gooien. Dat doet pijn,' en dan het speeltje weghalen. Maar ik kan moeilijk alles weghalen... en ik kan hem ook niet meenemen naar een andere plek, want we zijn thuis! En hij heeft een heleboel speelgoed, dus ik kan écht niet al zijn spullen afpakken...

Ook deze moeder zit op het juiste spoor. Bo gooit waarschijnlijk met dingen omdat hij een nieuwe vaardigheid heeft ontdekt, niet omdat hij zijn speelkameraadjes pijn wil doen. Hoe dan ook, zijn moeder begrijpt dat ze onmiddellijk een eind moet maken aan het gegooi. Het probleem is dat ze hem geen alternatief gedrag biedt. Met andere woorden, ze moet hem laten zíén in welke situaties je over het algemeen wél mag gooien en het anderen ook geen schade berokkent. Ze kan en wil per slot van rekening niet ál het gooien verbieden; hij is nu eenmaal een jongen. (Ik ben niet seksistisch; er zijn ook een heleboel meisjes die graag met dingen gooien, en velen van hen zullen goede sporters worden. Maar het is mijn ervaring dat dit toch meestal een jongensprobleem is.) Deze moeder moet Bo dus op de juiste plek laten gooien: geef hem vijf ballen van verschillende grootte waarmee hij mag gooien en schoppen. Neem hem mee naar buiten en leg uit: 'Hier mogen we met spullen gooien.' Als het hartje winter is, neem hem dan mee naar een sporthal. Het is belangrijk dat je naar een heel andere plek gaat, zodat hij begrijpt dat hij binnen in huis niet mag gooien (tenzij je een grote, geschikte speelruimte hebt). Prijs hem wanneer hij de bal gooit.

Omdat dit al zes maanden duurt – eenderde van Bo's leven – vermoed ik dat hij er inmiddels een spelletje van heeft gemaakt en dat hij aardig goed is in het manipuleren van zijn moeder. Ze kan, en moet, meer doen dan alleen zijn speeltje wegnemen. Ook al is ze thuis met hem, ze kan hem wel uit de kamer vol speelgoed halen en met hem in een saaie kamer (bijvoorbeeld de woonkamer) gaan zitten (ik geloof niet in time-outs in zijn eentje, zie kader pagina 100). Hij is achttien maanden, dus begrijpt hij alles en zal hij snel doorhebben dat zijn moeder zijn gegooi niet tolereert. (Meer over eten gooien op pagina 209-210).

Met zijn hoofd bonken, aan zijn haren trekken, neuspeuteren, zichzelf slaan, nagelbijten. Misschien verbaast het je dat ik 'met zijn hoofd bonken' onder hetzelfde kopje heb gezet als de vier andere gedragingen. Maar het zijn alle vijf, net als andere soorten rituele gedragingen die peuters ontwikkelen, methoden om zichzelf te kalmeren, en vaak ook reacties op frustraties. Hoewel sommige van deze gevallen heel soms de voorbode kunnen zijn van een neurologische afwijking, komen de goedaardige vormen heel vaak voor, zelfs met het hoofd bonken, wat volgens sommige schattingen bij 20 procent van alle kinderen voorkomt. De meeste van deze gedragingen zijn eerder irritant dan gevaarlijk en gaan even snel weg als ze gekomen zijn, althans, als ouders er geen aandacht aan besteden. Het probleem is, dat de ouders zich (begrijpelijkerwijs) extreem ergeren als een kind met zijn hoofd bonkt, zichzelf in het gezicht slaat, in zijn neus peutert of op zijn nagels bijt. Maar hoe bozer of bezorgder ze worden, hoe meer het kind in de gaten krijgt: *O, dit is een leuke manier om aandacht van papa en mama te krijgen*, waarna het gedrag, dat eerst bedoeld was om zichzelf te kalmeren, nu een manier wordt om zijn ouders te manipuleren. Daarom kun je je kind op zo'n moment het beste negeren, maar je moet er wel voor zorgen dat hij zichzelf geen pijn kan doen.

Dat was ook het geval met Max, het jongetje van achttien maanden dat met zijn hoofd bonkte en over wie ik het al eerder over had (zie pagina 383). Aanvankelijk bonkte hij uit frustratie met zijn hoofd; hij kon nog niet goed genoeg praten om te laten weten wat hij wilde. Het hoofdbonken liep echter algauw uit de hand, omdat Max doorkreeg dat dit dé manier was om te zorgen dat zijn ouders alles uit hun handen lieten vallen om hem te hulp te schieten. Toen ik hem ontmoette, was Max de Heerser van het Huis. Hij weigerde te eten, sliep heel slecht en zijn gedrag liep de spuigaten uit: hij schreeuwde en sloeg. Max wist dat hij overal mee wegkwam, omdat alle grenzen en regels werden opgeheven zodra hij met zijn hoofd begon te bonken.

Om het veiligheidsprobleem op te lossen, zetten we een zitzak neer, en elke keer als hij met zijn hoofd begon te bonken, zetten we hem op de zitzak. Door het risico-element weg te nemen, werd het voor Max' ouders makkelijker om niet in te grijpen of de strijd met hem aan te gaan tijdens zijn driftbuien. Eerst verzette hij zich ertegen en schopte hij nog feller wanneer we hem op de zitzak probeerden te krijgen, maar we waren heel consistent. 'Nee Max, je mag niet van de zitzak af totdat je gekalmeerd bent.'

Het was echter belangrijk om het daar niet bij te laten. Voor alle hierboven genoemde gedragingen geldt dat als ouders zich laten manipuleren, dat bijna altijd een teken is dat ze hun kind de dienst uit laten maken. Ik zag dat we ook iets moesten doen aan de dominantie die Max maandenlang over het huishouden had gehad. Het leek wel of zijn ouders en oudere broertje gegijzeld

---

Een praktijkvoorbeeld
Het verhaal van Harrison: uit de hand gelopen agressie

Sommige kinderen zijn veel moeilijker in de hand te houden dan andere. Hun ouders moeten waakzaam, geduldig, consistent en creatief zijn. Lori belde me omdat Harrison van twee haar op een dag beet, schijnbaar vanuit het niets. Lori reageerde op de juiste wijze met een luid: 'Au, dat doet pijn! Niet bijten.' Maar Harrison was vasthoudend en een tikkeltje schijnheilig. Hij deed net of hij haar wilde knuffelen en dan beet hij haar stiekem. Daar ging Lori de fout in. Ze deed er niets mee ('Ik had hem al gezegd dat hij niet mocht bijten') maar duwde hem weg en ontweek zijn gebijt. Een paar dagen later belde een van de moeders van het speelgroepje om te zeggen dat Harrison een ander kind in het gezicht had geslagen. Lori begon hem scherp in de gaten te houden en zei telkens wanneer hij de fout in dreigde te gaan: 'Nee, je mag niet...' Maar toen nam de agressie een andere vorm aan: hij begon te schoppen. Ze was buiten zichzelf van woede: 'Ik word er doodziek van om elke keer "nee" tegen hem te moeten zeggen. Het is nooit meer leuk met hem. Mensen willen niet meer bij ons thuis komen, want hij begint nu speeltjes te gebruiken als wapen om andere kinderen mee te slaan.'

Harrisons uit de hand gelopen gedrag was begrijpelijk in die zin dat er meerdere elementen waren die het risico op losgeslagen emoties vergrootten: hij was een pittig kind dat midden in de peuterpuberteit zat, en zijn moeder was tot nu toe niet bepaald consistent geweest. Nu moest ze hem helpen zijn gevoelens te identificeren, hem de regels duidelijk maken en hem zo nodig van het strijdtoneel verwijderen. Niets werkte meteen. Ik zei tegen Lori dat ze geduld moest hebben en vol moest houden. Ze moest hem echter ook prijzen voor goed gedrag. Ik stelde voor dat ze een 'goed gedrag'-tabel voor Harrison zou maken. Die bestond uit vier kolommen die de dag verdeelden in verschillende tijdseenheden: wakker worden tot ontbijt, ontbijt tot lunch, lunch tot middagtussendoortje, en middag tot bedtijd. Als hij vier sterren op een dag haalde, zou zijn vader hem meenemen naar het park. 's Zomers mocht hij dan gaan zwemmen. Het heeft een paar maanden geduurd, maar nu is Harrison nog maar heel af en toe agressief.

---

waren door zijn gedrag. Hij at voornamelijk junkfood, weigerde hetzelfde te eten als zijn broer en ouders en werd nog steeds midden in de nacht wakker en eiste dan aandacht van zijn ouders. We moesten hem duidelijk maken dat er nu een nieuw regime was en dat hij niet langer de baas was.

Ik legde zijn ouders uit dat ze hem, telkens wanneer hij de touwtjes in handen probeerde te krijgen, moesten laten merken dat ze niet zouden toegeven. Tijdens mijn bezoek demonstreerde ik dit toen Max, zoals gewoonlijk, zijn lunch aan de kant schoof en telkens weer bleef zeggen: 'Koekje... koekje... koekje.' Ik keek hem recht in de ogen en zei: 'Nee, Max, je mag pas een koekje als je eerst wat pasta hebt gegeten.' Dit was een vastberaden jongetje. Gewend als hij was om de dienst uit te maken, was hij geschokt... en in tranen. 'Eén hapje pasta maar,' hield ik vol. (Je moet klein beginnen; zelfs één hapje pasta betekende vooruitgang!) Eindelijk, *een uur later*, gaf hij toe. Hij at een hapje pasta en in ruil gaf ik hem een koekje. Deze machtsstrijd herhaalde zich toen het tijd werd voor zijn middagslaapje. Gelukkig was hij een beetje moe van de lunchwedstrijd, dus hoefde ik maar een paar keer O.P./N.L. te doen. Ik geef toe, ik was niet zijn vader of moeder en hij wist al van mijn optreden bij de lunch dat ik geen doetje was. Door naar mij te kijken, konden zijn vader en moeder echter wel zien dat het mogelijk was om te zorgen dat Max zich gedroeg.

Het klinkt ongelofelijk, maar vier dagen later was Max een ander kind. Zijn ouders bleven de zitzak gebruiken bij zijn driftbuien en hielden zich strak aan de regels voor het eten en slapen. Kinderen van twee hebben vrij snel in de gaten dat je de regels verandert; en in dit geval dat er voor het eerst regels worden ingesteld. Max ging al uit zichzelf naar de zitzak wanneer hij gefrustreerd was. Binnen een paar maanden bonkte hij nog maar zelden met zijn hoofd, en het hele gezin voelde zich veel rustiger, omdat nu de ouders de baas waren en niet de peuter.

Maar stel nu dat er iets mís is met mijn kind... en hij er niets aan kan doen?

De afgelopen tien jaar hebben ontwikkelingspsychologen heel wat geleerd over de ontwikkeling van kinderhersenen en hoe vroege ervaringen de structuur van de hersenen kunnen veranderen. Met deze kennis heeft een groeiend bataljon therapeuten die gespecialiseerd zijn in spraak- en taalpathologie (S.T.P.), gezinssociologie en ergotherapie, de aandacht gericht op heel jonge kinderen. Hun theorie is dat we, als we problemen al vroeg kunnen identificeren en diagnosticeren, met de juiste maatregelen kunnen voorkomen dat er later, als het kind naar school gaat, ernstiger problemen ontstaan. Daar zit wat in, en voor veel kinderen is vroeg ingrijpen van wezenlijk belang. Het probleem is dat sommige kinderen in therapie moeten omdat hun ouders zich ongerust maken of omdat ze hun kind met dat van iemand anders vergelijken.

In 2004 stond er een artikel in *New York Magazine* over een jongetje wiens moeder 'een jarenlange zoektocht begon in een subcultuur van psychologen, ergotherapeuten en logopedisten die diagnoses stelden vol termen als *dyspraxie* en *prioceptoren* en *sensorische integratiesystemen*, en intensieve therapie aanraadden.' Manhattan is duidelijk zo'n stad waar ouders met veel macht willen dat hun kinderen in hun voetsporen treden. Maar door de explosieve verkoop van educatief speelgoed als Baby Einstein en Leap Frog, is het duidelijk – en begrijpelijk – dat ouders over de hele wereld willen dat hun kinderen uitblinken. En therapeuten over de hele wereld zijn bereid hen daarbij te helpen. Natuurlijk, als een kind werkelijk een probleem van neurobiologische aard heeft, moet je hem al snel de juiste hulp bieden. Maar kinderen die net op het randje zitten dan? Die toevallig net ietsje later gaan praten, net even onhandiger zijn dan hun leeftijdgenootjes en liever in hun eentje spelen dan met een groepje andere kinderen? Hoe weet je als ouder wanneer die eerste tekenen van agressie te wijten zijn aan een echte taalstoornis of gewoon aan een gebrek aan zelfbeheersing? 'Groeit hij eroverheen' of heeft hij nu hulp nodig?

Er zijn geen pasklare antwoorden. Zeker, als je kind de diverse mijlpalen (vooral praten) pas laat bereikt en/of aandacht- en leerproblemen – een overkoepelende term voor taalstoornissen, dyslexie, aan autisme verwante aandoeningen, zintuiglijke gebreken, geestelijke achterstand en hersenaandoeningen – in de familie voorkomen, kun je maar beter vroeg hulp inschakelen. Het is voor een ouder heel frustrerend om zich een weg te banen door het vakjargon, vooral omdat niet alle deskundigen dezelfde terminologie gebruiken. Toch weten ouders vaak wel wanneer hun kind echt iets mankeert, vooral als hij een gedragsprobleem heeft. Het moeilijke is om erachter te komen waaróm. Geen twee kinderen zijn hetzelfde, dus kun je beter professionele hulp inschakelen om duidelijkheid te krijgen.

De meeste deskundigen zeggen dat het moeilijk is om vóór achttien maanden een definitieve diagnose te stellen, maar een goede diagnose is essentieel om op welke leeftijd dan ook de juiste hulp te krijgen, legt S.T.P.-therapeut Lyn Hacker uit: 'Kinderen met een taalprobleem die achterlopen in hun ontwikkeling, zullen op andere manieren gaan communiceren omdat ze hun toevlucht nemen tot het meest primitieve element: tekens en gebaren. Slaan kan een uiting van frustratie zijn als we zeker weten dat er niets mis is met het begrijpend vermogen van een kind. Maar slaan kan ook een teken van een leerprobleem zijn, als je gevraagd wordt iets te doen waar je niet goed in bent, of een aandachtsprobleem, waarbij het kind moeite heeft om reacties te onderdrukken en een lage frustratietolerantie heeft. Als een kind er niet tegen kan om "nee" te horen te krijgen, is dat voor mij een "licht teken" van ADD (*Attention Deficit Disorder*; aandachts- en concentratieproblemen), want een kind met ADD is een existentialist. Hij begrijpt niet dat "nee" niet voor eeuwig is, maar voor nú. Koppel dat aan een gebrek aan geduld en hij hoort nuances als "niet nu" en "maar" al niet eens meer.'

Hacker erkent ook dat veel gedragsproblemen bij de ouders beginnen. 'Als een kind een uitgebreid lichamelijk onderzoek krijgt en er niets te vinden is, en de ontwikkeling binnen de normale grenzen verloopt, is de volgende stap eens te kijken naar de ouder-kindrelatie. Misschien moet de moeder leren waar het kind kwaad om wordt en die situaties proberen te voorkomen.' Maar zelfs als een neurologische diagnose wordt gesteld, vormen ouders kritieke facoren.

Allereerst moet je niet vergeten dat jíj je kind het beste kent. Dr. Smith is misschien de expert op het gebied van taalproblemen, maar jíj bent de expert op het gebied van je kind. Jij ziet hem vierentwintig uur per dag en dr. Smith ziet hem meestal alleen in een ziekenhuisomgeving. Zelfs als een deskundige bij je thuis komt, wat tegenwoordig wel eens gebeurt, kan hij je kind nooit zo goed leren kennen als jij. Neem het geval van de kleine Isabella, wier ouders kort voor haar tweede verjaardag hulp zochten. Felicia, Isabella's moeder, legt uit waarom: 'Ze zei eigenlijk niet zo veel. Wat het allemaal zo moeilijk maakte, was dat er duidelijk zo veel in haar omging, maar ze niet zo veel kon zeggen. Dat leidde tot veel frustraties bij haar, wat zich manifesteerde in duwen en agressief gedrag.'

Felicia zegt dat ze proactief was vanwege haar eigen verleden. 'Ik ging zelf ook pas laat praten. Mijn moeder weet niet meer precies wanneer dat was, maar het was zeker later dan mijn tweede, waarschijnlijk zelfs richting mijn derde jaar. In het land waar ik woon zijn onderzoeken en medische diensten gratis. Ze komen bij je thuis en zijn geweldig, dus is het moeilijk om géén gebruik te maken van alles wat ze bieden.'

Toen Isabella werd getest, herinnert Felicia zich, 'liep ze nog niet genoeg achter om gediagnosticeerd te worden; daarvoor moet je 25 procent achterlopen. Maar ze lieten ook haar speelvaardigheden meewegen en daarin liep ze weer een paar maanden vóór. Ze werd gediagnosticeerd vanwege de discrepantie tussen taal en spel.' Vaak zijn het niet zozeer de lage scores die een kind in een test haalt die op een probleem duiden, maar eerder het feit dat hij buitengewoon hoog scoort op bepaalde gebieden en juist weer laag op andere. De onderzoeker stelde voor dat Isabella taaltherapie zou volgen. Nu, iets meer dan een jaar later, heeft ze de woordenschat van een kind van drieënhalf. Felicia geeft toe: 'Ik kan niet met zekerheid zeggen of de therapie heeft geholpen of dat ze zich gewoon ontwikkeld heeft, of allebei. Maar we zien een duidelijke verbetering.'

De peuterschool waar Isabella op zat had ook aanvullende therapie voorgesteld, vanwege 'lage spierspanning' en Isabella's agressie tegen andere kinderen, maar dat had Felicia geweigerd. Dat vinden sommige ouders moeilijk; de deskundigen zouden het toch moeten weten. Deze wijze moeder vertelt: 'Ik had zelf wat opgezocht en kon geen enkel bewijs van lage spierspanning vinden. De school had allerlei aanvullende therapieën aanbevolen die honderden of zelfs duizenden dollars gekost zouden hebben. Maar voor mijn gevoel was ze gefrustreerd omdat ze niet kon praten. Om de school niet af te vallen heb ik haar opnieuw laten testen, en er bleek niets mis te zijn. De school wilde dat ik een *third opinion* zou vragen, maar dat bleef ik maar afhouden. En kijk eens, nu ze kan praten is ook haar agressieve gedrag opgehouden. Stel je voor!'

Felicia's verhaal illustreert het ideaalbeeld: een partnerschap tussen ouders en deskundigen. Ouders moeten het lot van hun kind niet zomaar in ieders handen leggen, hoeveel diploma's er ook aan de muur hangen. Ze moeten bereid zijn de strategieën die een deskundige heeft over te nemen, en moeten waakzamer dan ooit zijn over wie er de baas is. Veel ouders hebben echter medelijden met hun kind, of ergeren zich, of allebei. Ze betalen zo veel geld voor therapie en hun kind misdraagt zich nog steeds. Dat probleem komt ook naar voren in deze e-mail van Geraldine:

Ik heb een baby volgens-het-boekje die is uitgegroeid tot een pittige peuter. William is bijna tweeënhalf en slaat zijn vriendjes en andere kinderen vaak. Bij de geboorte had hij grote problemen en er is vastgesteld dat hij een stoornis op het gebied van sensorische integratie heeft. Hij heeft ergotherapie gehad, krijgt logopedie en gaat vijf ochtenden per week naar de peuterschool. We zien al een sterke verbetering, op het slaan na. Ik weet dat veel peuters slaan en bijten, maar het lijkt wel of ik nergens naartoe kan zonder dat hij iemand slaat, en wel meer dan eens. Hij slaat zelfs kinderen van acht. Ik heb gemerkt dat hij zich gedraagt als een soort leider. Hij geeft ook de voorkeur aan oudere vriendjes. Op school doet hij het echter niet vaak, wat frappant is. Iedereen aan wie ik het vraag, denkt dat het komt omdat zijn verbale vaardigheden nog niet ontwikkeld zijn. Daar ben ik het tot op zekere hoogte mee eens, want het slaan wordt niet altijd uitgelokt door agressie of door niet willen delen. Soms lijkt het erop dat hij het gebruikt om met andere kinderen te praten. Ik heb erover gepraat met zijn therapeuten, op school, enzovoort. Ik heb ALLES geprobeerd. Ik heb als scheidsrechter opgetreden, ik heb geprobeerd de andere kinderen te vertellen dat ze tegen hem moeten zeggen dat ze het niet leuk vinden als hij slaat of dat ze moeten weglopen, ik heb geprobeerd hem verbale mogelijkheden te bieden, ik heb hem opgepakt en ben een paar minuten ergens anders met hem gaan zitten, ik heb hem time-outs gegeven, enzovoort. Iedereen zegt dat ik me geen zorgen moet maken. Ik ben zevenenhalve maand zwanger en word er doodmoe van om telkens nee te moeten zeggen. Ik heb het gevoel dat ik niet tot hem doordring. Hij kent geen angst en niets van wat ik zeg lijkt hem te raken. Wat kan ik doen om hem te helpen?

Ik voel met Geraldine mee. Sommige kinderen zijn echt moeilijk vanwege hun neurobiologische aard, en dat lijkt bij William in veel opzichten het geval te zijn. Hij is ongetwijfeld gefrustreerd omdat hij nog niet verbaal kan communiceren en niet kan zeggen wat hij wil. Er zitten echter ook geheime aanwijzingen in deze e-mail verborgen. Al heeft Geraldine 'alles geprobeerd,' ik betwijfel of ze wel goed zag hoe haar zoontje was. Ik kan niet geloven dat hij – ooit – echt een baby volgens-het-boekje geweest is, want hij liep met de meeste dingen achter. Waarschijnlijk was de moeder ook niet erg consistent geweest. Ze gaf zelfs toe dat hij het op school niet vaak deed. Ik belde haar op.

William bleek al tekenen van agressie te vertonen toen hij negen maanden oud was: hij sloeg zijn moeder regelmatig en pakte vaak dingen af, niet alleen van haar, maar ook van zijn speelkameraadjes. Geraldine schreef dit toe aan het feit dat hij zich als 'leider' gedroeg. Toen William achttien maanden was, werd duidelijk dat hij een achterstand had in zijn spraakontwikkeling en bovendien snel afgeleid en impulsief was. Hij toonde geen belangstelling om zichzelf aan te kleden of met een lepel te eten. Hij had geen greintje zelfbeheersing en overgangen kostten hem heel veel moeite. Naar bed gaan was altijd een strijd. Een groot deel van zijn gedrag was te verklaren door zijn spraakprobleem, maar ongeacht zijn ontwikkelingsstoornissen liep zijn agressie al een tijdje de spuigaten uit. William wist hoe hij zijn moeder om zijn vinger kon winden. Als hij iets niet met lief lachen voor elkaar kreeg, lukte het wel met geweld.

Pas toen hij andere kinderen begon te slaan, nam Geraldine zijn gedrag serieuzer. Maar toen er eenmaal een diagnose was gesteld, dacht ze dat de therapie alles wel zou oplossen. Dat is een veelvoorkomende misvatting van ouders met kinderen bij wie een ontwikkelingsstoornis is vastgesteld. 'Williams therapeut zal hem ongetwijfeld helpen met zijn spraak, zijn motorische vaardigheden en zelfs met zijn zelfbeheersing, maar als je thuis niet consequent grenzen stelt, zal hij agressief blijven,' zei ik tegen zijn moeder.

Ik waarschuwde haar dat zelfs ík sommige kinderen maar met moeite aankan, maar dat ik, doordat William in therapie zo goed vooruitging, wel het gevoel had dat ze verschil zou zien als ze consistent zou zijn en bereid zou zijn door te zetten.

Ze moest haar eigen emoties buiten beschouwing laten en geen medelijden met de 'arme' William hebben, maar áltijd doortastend optreden. Ook moest ze er rekening mee houden dat er soms een ander probleem ontstaat nadat het ene is opgelost. In de tussentijd moest ze haar best doen om de baas te blijven. Ze moest de tijd nemen om William voor te bereiden, de situatie waarin hij terecht zou komen van tevoren met hem te oefenen, en hem vertellen wat de consequenties van zijn gedrag waren als hij niet gehoorzaamde. Ook was het belangrijk om GRIP toe te passen op William, zodat hij leerde hoe hij zich kon uiten met woorden, of in elk geval de juiste handelingen. Ze moest hem alternatieven bieden. Op die manier zou ze meer tijd besteden aan het voorkómen van zijn agressie dan aan het ingrijpen. Ten slotte stelde ik

---

Omgaan met een kind bij wie een diagnose is gesteld

Als is vastgesteld dat je kind een leerprobleem, ADD of een ontwikkelings-achterstand heeft, of er een van de vele andere diagnoses is gesteld die onder kinderen voorkomen, is het belangrijker dan ooit om...

Zijn gevoelens te respecteren. Ook al praat hij zelf niet, je kunt hem de taal van de emoties leren.

Grenzen te stellen. Laat hem weten wat je van hem verwacht.

Structuur in de dag aan te brengen. Houd je aan je routine, zodat hij weet wat er komt.

Consistent te zijn. Laat hem niet de ene dag op de bank springen, terwijl je de volgende dag zegt: 'Niet op de bank springen!'

Te weten waardoor hij van slag raakt en die situaties te vermijden. Als je weet dat je kind door het dolle heen raakt als hij 's avonds mag rondrennen, plan dan liever een rustiger activiteit op dat tijdstip.

Hem te prijzen en te belonen. Dat werkt beter dan straffen. Geef hem aandacht als hij zich goed gedraagt en prijs hem. Gebruik het systeem van de gouden sterren om hem te laten zien hoe goed hij vooruitgaat.

Samen te werken met je partner. Maak de emotionele bekwaamheid van je kind tot prioriteit. Praat erover, plan vooruit en praat uit waar je het niet over eens bent; maar doe dat niet waar je kind bij is.

Anderen erbij te betrekken. Wees niet bang om over de problemen van je kind te praten (als hij buiten gehoorsafstand is) en leg uit hoe die zich in alledaagse situaties manifesteren. Voorkom driftbuien door familie, vrienden en verzorgers te laten begrijpen wat het beste werkt voor jouw kind.

---

voor dat ze zijn gedrag moest veranderen. Ze begon met het systeem van de gouden sterren dat ook Harrisons moeder gebruikte (zie pagina 405). Bovendien betrokken we de vader er actief bij. William had een uitlaatklep nodig voor zijn 'leiderskant', en zijn ouders moesten zijn gedrag niet alleen benoemen, maar ook zorgen dat hij dit op de juiste manier kon uiten. De vader werkte veel, maar was toch bereid om twee avonden per week eerder thuis te komen om tijd met William door te brengen. Daarnaast zouden ze elke zaterdagochtend samen iets actiefs gaan doen. Over een paar maanden, als er een broertje of zusje bij kwam, zou Williams relatie met zijn vader nóg belangrijker worden. Ik stelde ook voor dat Geraldine hulp zou vragen aan familieleden en vrienden. Niet alleen zou William zijn trucjes niet zo snel op anderen uitproberen, maar zijn moeder moest ook even op adem komen.

William zou waarschijnlijk nooit een 'gemakkelijk' kind worden, maar binnen een paar weken zag Geraldine duidelijk verschil. William ging thuis minder vaak de strijd met haar aan, de overgangen werden makkelijker (omdat ze hem erop voorbereidde en er extra tijd voor uittrok), en zelfs als hij boos begon te worden, kon Geraldine ingrijpen voordat haar zoon helemaal buiten zinnen was. Ze gaf toe: 'Nu zie ik wel dat ik constant gespannen was. Ik ben nu veel ontspannener, en dat heeft zijn weerslag op hem.'

Wanneer we zelf rustig zijn, kunnen we niet alleen beter omgaan met de emoties van onze kinderen, maar worden de kinderen er ook rustiger door. Het komt erop neer dat emotionele bekwaamheid, net als een betere wereld, bij jezelf begint!

9

FEIJN is leuk!

Pleidooi voor vroege zindelijkheidstraining

Potjespaniek

Hoewel ouders zich de meeste zorgen maken over slaapproblemen, op de voet gevolgd door eetproblemen, lijkt hun ongerustheid nieuwe hoogten te bereiken wanneer ze zelfs maar aan zindelijkheidstraining dénken. Wanneer moet je beginnen? Hoe begin je ermee? En als mijn kind zich nu eens verzet? Of af en toe een ongelukje heeft? Er komt geen eind aan de vragen. Ook al zijn ouders soms ongerust als bepaalde mijlpalen in de ontwikkeling later bereikt worden dan in de boekjes staat (of later plaatsvinden dan bij vriendjes), nemen ze die toch zoals ze komen en wachten ze tot de geest en de spieren er sterk genoeg voor zijn. Toch worden diezelfde ouders helemaal zenuwachtig bij het idee dat hun kind zijn behoefte op het toilet moet gaan doen, terwijl dat eigenlijk ook gewoon een mijlpaal in zijn ontwikkeling is.

De statistieken laten zien dat de leeftijd waarop kinderen zindelijk gemaakt worden in de afgelopen zestig jaar aanzienlijk verschoven is; deels vanwege de opvoedtrend waarin het kind het middelpunt is, deels omdat wegwerppluiers zo goed zijn dat kinderen zich niet meer onprettig voelen wanneer ze een natte of vieze luier hebben. Het gevolg van dit uitstel is verpletterend: onderzoek wijst uit dat in 1957 maar liefst 92 procent van de kinderen met achttien maanden zindelijk was. Tegenwoordig is dat cijfer, volgens een onderzoek dat in 2004 is gedaan door het kinderziekenhuis in Philadelphia, gedaald tot minder dan 25 procent. Slechts 60 procent van de kinderen is zindelijk als ze drie zijn, en 2 procent is op zijn vierde nog steeds niet zindelijk.

Misschien hebben ouders door deze late zindelijkheidstraining meer tijd om zich zorgen te maken over wat er mis kan gaan. Of misschien is hun angst toe te schrijven aan iets wat ook ouders die hun kinderen wél eerder zindelijk hebben gemaakt, hebben ervaren: toiletgewoonten hebben onderliggende 'morele' implicaties. Hoe dan ook, het is duidelijk dat moderne ouders, vooral Amerikaanse, er moeite mee hebben om de overgang van luiers naar wc-bril net zo onbevooroordeeld te benaderen als zitten, lopen of zelfs praten.

Ik zeg dan: 'Ontspan.' Je kind leren naar de wc te gaan is eigenlijk hetzelfde als elke andere mijlpaal in de ontwikkeling die je tot dusver hebt meegemaakt. En als je het ook puur als mijlpaal ziet, verandert je houding misschien. Denk er maar eens over na: je verwacht toch ook niet dat je kind op een dag gaat staan en meteen klaar is om de marathon van New York te lopen. Je weet dat ontwikkeling niet van de ene op de andere dag plaatsvindt; het is een proces, geen gebeurtenis. Voor elke mijlpaal vind je onderweg signalen en stappen. Zo zie je al lang voordat je kind echt een stapje gaat zetten hoe hij zich probeert op te trekken. Je weet dan dat hij aan het oefenen is en dat zijn benen straks sterk genoeg zijn om hem te kunnen dragen. Dan begint hij te kruipen en zich aan de meubels (of je been) vast te houden. Dat is zijn eerste ervaring in het voortbewegen van zijn beentjes. Op een dag merk je dat hij begint te experimenteren met het loslaten van steuntjes. Eerst laat hij één hand los en dan twee. Hij kijkt je aan alsof hij wil zeggen: 'Kijk, mama, zonder handen!' En je reageert met een brede glimlach en een complimentje, trots als je bent op de vooruitgang die hij boekt ('Goed gedaan, liefje!'). Hij blijft oefenen en uiteindelijk is hij sterk en zelfverzekerd genoeg om zijn eerste stapje te zetten. Als je dat ziet, strek je je armen uit om hem aan te moedigen, of misschien geef je hem je hand om hem in balans te houden terwijl hij nog wat stapjes zet. Een week of twee later wil hij je hand helemaal niet meer vasthouden en laat hij je non-verbaal weten: 'Ik kan het zelf.' Hij lijkt een beetje op Frankenstein, zoals hij rondhobbelt. Als hij zich wil omdraaien of een speeltje wil oppakken, komt hij op zijn achterwerk terecht. Maar naarmate de maanden verstrijken, wordt hij een rechtopstaand menselijk wezen dat niet alleen kan lopen, maar ook dingen kan dragen, kan springen en zelfs kan rennen. Terugkijkend besef je dat hij vier tot zes maanden eerder is 'begonnen met lopen.' Lopen is, net als elke mijlpaal in de ontwikkeling, een teken dat je kind weer een stapje verder op weg is naar onafhankelijkheid. Het plezier en het gevoel van vrijheid zijn van het gezicht van je kind af te lezen, nu hij eindelijk op eigen houtje de wereld kan ontdekken. Kinderen vinden het geweldig om nieuwe vaardigheden te leren en wij vinden het heerlijk om naar ze te kijken.

Vanuit ontwikkelingsoogpunt bezien gebeurt hetzelfde met naar de wc gaan. De signalen dat je kind er klaar voor is om zijn behoefte op het toilet te doen in plaats van in zijn luier, zijn er al lang voordat hij echt naar de wc gaat. We besteden echter vaak geen aandacht aan die signalen en we moedigen de onafhankelijkheid ook niet aan. Deel van het probleem is dat de baby zich niet onprettig voelt. De moderne wegwerpluiers doen hun werk

De twee uitersten van zindelijkheidstraining

Net als bij zo ongeveer elk opvoedkundig onderwerp zijn er ook bij zindelijkheidstraining voorstanders van elk van de twee uitersten. Zoals altijd hebben beide kanten een aantal goede argumenten. Mijn eigen theorie ligt zo'n beetje in het midden.

Training die uitgaat van het kind. Deze theorie kreeg begin jaren zestig van de vorige eeuw voet aan de grond en ging uit van het principe: 'Later is beter.' Aanhangers van deze theorie vinden dat zindelijkheidstraining van het kind zelf moet uitgaan. Ouders geven het goede voorbeeld, kijken naar de signalen en geven het kind de mogelijkheid om naar het toilet te gaan, maar dwingen het nooit. Het idee is dat een kind wel zal vragen of hij naar de wc mag als hij daar klaar voor is. Misschien gebeurt dat wel pas als hij vier is.

Baby's zonder luier. Aanhangers van deze manier van zindelijk maken, voeren als argument aan dat baby's in Amerika vóór 1950 veel eerder zindelijk waren en dat baby's in primitieve culturen vanaf de geboorte geen luier dragen (een idee dat wordt gesteund door sommige milieuactivisten). Het doel is kinderen te leren voelen wanneer ze hun behoefte moeten doen, al voordat ze oud genoeg zijn om te kunnen zitten. Zodra ouders aan de lichaamstaal en signalen van de baby zien dat hij zijn behoefte moet doen, houden ze hem boven een toilet (of emmer) en maken een geluid als 'ssss'. Zo wordt het kind geconditioneerd om zijn behoefte te doen met de hulp van een volwassene.

zo goed dat hij zich nauwelijks nat voelt. Voeg daarbij dat de meeste mensen zo'n hectisch leven leiden dat het te veel tijd en moeite kost om ook nog eens aan zindelijkheidstraining te beginnen. 'Dat kan wel wachten,' is de typische houding van tegenwoordig, en die wordt nog eens versterkt door de deskundigen die ons vertellen dat onze kinderen eerst moeten groeien voordat we zelfs maar een poging kunnen wagen om hen te trainen. Het probleem is dat we te lang wachten.

Met negen maanden beginnen kan heel FEIJN zijn

Hoewel een klein groepje deskundigen er een extreme opvatting over zindelijkheidstraining op na houdt (zie kader op pagina 419), is de conventionele mening – die in de meeste boeken is terug te vinden en ook door de meeste kinderartsen wordt verkondigd – dat kinderen níét kunnen leren hun behoefte op het toilet te doen voordat ze twee zijn, en dat het sommige pas ver in het derde jaar lukt. Hoewel algemeen erkend wordt dat sommige baby's al eerder zindelijk zijn, net zoals er ook 'vroege' of 'late' lopers en praters zijn, adviseren de meeste deskundigen ouders toch om te wachten tot hun kind de meeste of zelfs alle tekenen vertoont die erop duiden dat hij er klaar voor is. Men gaat ervan uit dat het kind moet begrijpen waar de training om draait en dat de sluitspieren helemaal volgroeid moeten zijn (wat vanaf ongeveer een jaar zo is).

Tot op zekere hoogte heb ik deze conventionele mening overgenomen toen ik voor het eerst met peuters ging werken, al beginnen we in Engeland maanden eerder met zindelijkheidstraining dan in Amerika. In mijn eerste boek raadde ik nog aan om met achttien maanden te beginnen. Maar nu ik met zo veel ouders heb gewerkt, de laatste onderzoeken over zindelijkheidstraining heb gelezen en gezien heb hoe het er in de rest van de wereld aan toegaat, ben ik het oneens met zowel de conventionele mening als de twee uitersten van de zindelijkheidsdiscussie.

Dat wil niet zeggen dat ik geen positieve kanten zie aan elk van beide uitersten. De benadering waarbij het kind centraal staat, houdt rekening met de gevoelens van het kind, wat een basisvoorwaarde van babyfluisteren is. Maar een kind zelf laten besluiten wanneer hij 'klaar' is om zindelijk te worden, is net zoiets als hem een schaal met eten geven en verwachten dat hij dan vanzelf tafelmanieren leert. Het zou kunnen, maar zijn ouders er niet om hun kinderen te begeleiden en sociaal te maken? Trouwens, als een kind pas met dit proces begínt als hij twee of tweeënhalf is, is dat in mijn ogen al laat, want op die leeftijd hebben kinderen de negatieve aspecten van de peuterpuberteit al ontwikkeld; ze zijn niet meer zo geïnteresseerd in het behagen van hun ouders en willen dingen per se op hun manier doen, waardoor de ouders gemakkelijk de controle over het proces kwijtraken.

Wat de methode zonder luiers – die ook wel 'eliminatiecommunicatie' wordt genoemd – betreft: ik kan een methode die sterk leunt op het observeren van kinderen niet afwijzen. Ik geloof ook dat het goed is om een kind de mogelijkheid te geven om nieuwe vaardigheden te oefenen voordat hij echt in staat is om ze te beheersen. En ik ben het er absoluut mee eens dat de zindelijkheidstraining eerder moet beginnen dan in de Verenigde Staten gebruikelijk is, waar kinderen gemiddeld pas op een leeftijd van tussen de zesendertig en achtenveertig maanden zindelijk zijn. In de rest van de wereld is meer dan 50 procent van de kinderen omstreeks het eerste jaar zindelijk, aldus een professor in de pediatrie aan de faculteit Geneeskunde van de Universiteit van Colorado, die in maart 2004 werd geciteerd in *Contemporary Pediatrics*, en 80 procent op een leeftijd van twaalf tot achttien maanden, volgens aanhangers van deze benadering. Ik heb echter moeite met methoden die gebaseerd zijn op primitieve culturen. Wij leven in een moderne samenleving. Ik vind het geen aanrader om een kind boven een emmer of zelfs een toilet te houden. Bovendien ben ik van mening dat het kind een zekere mate van controle op, inbreng in en begrip van het proces moet hebben. Hem op een wc zetten voordat hij zelf kan zitten, is naar mijn mening te vroeg.

Wat wetenschappers zeggen over vroege zindelijkheidstraining

Hoewel er niet veel wetenschappelijk onderzoek gedaan is naar de relatie tussen de leeftijd waarop met zindelijkheidstraining wordt begonnen en de leeftijd waarop deze voltooid wordt, werd in recent onderzoek van het kinderziekenhuis in Pennsylvania bevestigd dat vroeg beginnen soms weliswaar langer duurt, maar dat de kinderen dan wel op een jongere leeftijd zindelijk worden. Een ander onderzoek, dat in 2000 in België werd gedaan naar 'de toename van uitscheidingsproblemen onder kinderen' werd gepubliceerd in het *British Journal of Urology*. De analyse was gebaseerd op de respons van 321 ouders van verschillende leeftijden. Groep 1 bestond uit ouders van boven de zestig, groep 2 uit ouders tussen de veertig en zestig en groep 3 uit ouders tussen de twintig en veertig. In groep 1 waren de meeste met zindelijkheidstraining begonnen toen hun kinderen achttien maanden waren, en de helft voordat ze twaalf maanden waren. 'De meeste auteurs zijn ervan overtuigd dat de ontwikkeling van blaas- en darmbeheersing een rijpingsproces is dat niet kan worden versneld door zindelijkheidstraining,' merkten drs. J.J. Wyndaele en E. Bakker op. Hun bevindingen spreken die theorie duidelijk tegen. Van de kinderen uit groep 1 was 71 procent met 18 maanden droog en schoon, tegen 17 procent in groep 3, die pas na het tweede jaar met de zindelijkheidstraining begon.

Het zal dan ook geen verrassing zijn dat ik ergens in het midden van de twee uitersten uitkom, want ik raad aan om rond negen maanden te beginnen met zindelijkheidstraining, of zodra je kind zelfstandig en stevig kan zitten. Veel baby's van wie de ouders mijn plan hebben gevolgd, zijn op hun eerste verjaardag overdag helemaal zindelijk. Sommige niet, natuurlijk, maar uit onderzoek blijkt dat zelfs zij over het algemeen zindelijk zijn tegen de tijd dat hun leeftijdsgenootjes net beginnen met de training.

Omdat de huidige conventionele opvatting over zindelijkheidstraining zo wijdverbreid is – deels versterkt door de luierindustrie, die profiteert van late zindelijkheidstraining – negeren veel ouders hun eigen bevindingen en kennis van hun kind. Zo verscheen onderstaand berichtje van de moeder van een meisje van vijftien maanden op mijn website:

De afgelopen twee maanden hebben we Jessica voordat ze in bad ging steeds op het potje gezet, omdat ze steeds maar op de wc wilde zitten. Meestal gebeurt er niets, maar af en toe plast ze. Ja! Vast gewoon geluk en goede timing! Maar nu komt het gekke. Vorige week kwam ze me overdag steeds nieuwe luiers brengen, die ze op de grond uitvouwde, waarna ze erbovenop ging liggen. Eerst vond ik het gewoon grappig en deed ik er niets mee, maar Jessie bleef er maar op liggen, dus besloot ik haar maar een plezier te doen en haar te verschonen. En ja hoor, ze had een poepluier!

Dit gaat nu al zes dagen zo en als ik haar dan vraag: 'Heb je een poepluier?' zegt ze 'ja' of 'plasje', en ze heeft altijd gelijk. Bovendien heeft ze me nog nooit een luier gebracht wanneer ze droog en schoon is. Is dit een teken dat ze klaar is voor zindelijkheidstraining; zo vroeg al? Dat zou geweldig zijn, want ik ben nog tot september thuis bij haar. Aan de andere kant wil ik haar niet dwingen tot iets waar ze nog niet klaar voor is. Heeft iemand hier ideeën over?

Helaas heeft Jessica's moeder alle signalen vlak voor haar neus, maar vanwege alles wat de meeste boeken, artikelen en internetsites over zindelijkheidstraining adviseren, besteedt ze niet genoeg aandacht aan *haar kind*. Het vaste advies ('Niet beginnen voor achttien maanden') wordt door andere moeders overgenomen. Zo antwoordde één moeder: 'Ja, ik zou zeggen dat het een teken is, maar als dit het enige is, zou ik nog niet met zindelijkheidstraining beginnen. Ze vertelt het je pas als ze het al gedaan heeft, en niet ervoor. Bovendien is het alleen bij poep en niet bij plas, wat vaker voorkomt. Maar ik zou zeggen dat het begin er is, dus hopelijk krijgt ze het ook door vóórdat ze moet.' Het doorkrijgen? Jessica is pas 15 maanden. Zou haar moeder ook moeten wachten tot ze 'doorkrijgt' hoe ze met een lepel moet eten, zichzelf moet aankleden of zich moet gedragen bij andere kinderen? Ik mag hopen van niet. Bovendien wordt een kind niet van de ene op de andere dag zindelijk. Het is een proces dat begint met de bewustwording van een kind, wat bij Jessica duidelijk het geval is. Ze vertelt het haar moeder pas nádat ze het gedaan heeft, omdat niemand haar helpt de fysieke sensatie te herkennen. Ze heeft uitleg en voorbeelden nodig. Verder is het absolute onzin om te denken dat een kind er in álle opzichten klaar voor moet zijn voordat de training kan beginnen. Door wat ze doet, smeekt Jessica gewoon om haar moeders hulp. (Hoewel ik op pagina 422 wel een checklist geef, zeg ik er duidelijk bij dat je kind niet álle tekenen hoeft te vertonen.)

Hoewel ten minste de helft van alle kinderen op de wereld met zindelijkheidstraining begint voordat ze een jaar oud zijn, zijn velen van jullie sceptisch of zelfs geschokt wanneer ik voorstel er al met negen maanden mee te beginnen. Laat het me dus uitleggen. Met negen maanden zie ik het proces van uitscheiding als deel van de dagelijkse routine van je baby; het is de taak van de ouders om hem daar bewust van te maken. Net zoals er tijd is om te eten, te spelen en te slapen, maak je ook tijd om even naar het toilet te gaan. Twintig minuten nadat je kind heeft gegeten of gedronken, zet je hem op de wc. Zo volg je eigenlijk de FEIJN-routine: Fles-, borst- of andere voeding, Even naar het toilet, In actie komen, Jij gaat nu slapen en Nu ben ik aan de beurt (wat eerlijk gezegd steeds minder vaak het geval is nu je kind de peuterleeftijd nadert). De eerste twee letters van de routine worden omgewisseld wanneer je kind 's ochtends opstaat, want dan zet je hem meteen op het toilet, voordat hij gaat eten (zie 'Het plan' op pagina 425-427). Wanneer je tussen negen maanden en een jaar begint, heeft je baby uiteraard nog niet de controle of het bewustzijn van een ouder kind. Zindelijkheidstraining gaat dan ook niet zozeer om het trainen van je baby, maar is eerder een kwestie van hem conditioneren. Door hem op de wc-bril te zetten op de tijden waarop hij normaal plast of poept, of wanneer je ziet dat hij moet (wat meestal het geval is nadat hij heeft gegeten), is de kans groot dat je er op tijd bij bent, misschien niet elke keer, maar soms wel. Ik geef toe, succes begint als een gearrangeerd ongelukje. Hij voelt de wc-bril en leert zijn sluitspier ontspannen. Wanneer hij dat doet, juich je hem toe, net zoals je deed toen hij zich net leerde optrekken of begon te kruipen. Hij is op een leeftijd waarop hij je nog steeds een plezier wil doen (wat zeer zeker niet meer het geval is wanneer hij twee is), en door die positieve bekrachtiging merkt hij dat die toevallige uitscheiding iets is wat jij waardeert.

Door vroeg te beginnen, laat je hem ook oefenen in het ontspannen van zijn sluitspieren, en leert hij dat zijn poep en plas kunnen worden opgevangen in de wc in plaats van in zijn luier. En is dat niet waar het leren van een nieuwe vaardigheid om draait? Oefenen, oefenen, oefenen! Wacht je echter tot hij twee is,

---

Checklist voor zindelijkheidstraining

De American Academy of Pediatrics geeft onderstaande richtlijnen aan ouders. Je zult ongetwijfeld honderden soortgelijke checklists vinden in andere boeken en op internet. Wees terughoudend als je ze bekijkt. Sommige momenten worden eerder bereikt dan andere. Alerte ouders zien aan gezichtsuitdrukkingen en houdingen allang dat hun kind zit te poepen of te plassen, nog voordat hij leert lopen of zichzelf aan begint te kleden, en vér voordat hij om 'grote mensen'-ondergoed gaat vragen. Bovendien is het ene kind sneller 'rijp' dan het andere en vindt ook niet elk kind het even erg om een vieze broek te hebben. Gebruik je gezonde verstand en je kennis van je kind. Hij hoeft níet aan al onderstaande criteria te voldoen om met zindelijkheidstraining te kunnen beginnen.

- Je kind blijft overdag minstens twee uur per keer droog of is droog na zijn slaapje.
- De stoelgang wordt regelmatig en voorspelbaar.
- Gezichtsuitdrukkingen, houding of woorden maken duidelijk dat je kind op het punt staat te gaan plassen of poepen.
- Je kind kan eenvoudige instructies opvolgen.
- Je kind kan van en naar de wc lopen en kan zichzelf helpen uitkleden.
- Je kind lijkt zijn vieze luier onprettig te vinden en wil verschoond worden.
- Je kind vraagt of hij op de wc of het potje mag.
- Je kind wil 'grote mensen'-ondergoed dragen.

dan is hij er al aan gewend om alles in zijn luier te laten lopen, en moet hij niet alleen zijn eigen lichaamssignalen leren begrijpen, maar ook nog eens bereid zijn om zijn ontlasting ergens anders te lozen. Bovendien heeft hij niet kunnen oefenen. Dat is net zoiets als willen dat je kind leert lopen, maar hem in zijn ledikantje laten zitten totdat je denkt dat het 'tijd' is dat hij het leert. Zonder die maanden van vallen en opstaan, het versterken van zijn benen en het leren hoe hij zijn beenbewegingen moet coördineren, zou hij niet bepaald goed op zijn benen staan, of wel soms?

Hieronder leg ik mijn plan uit om tussen negen en vijftien maanden te beginnen met zindelijkheidstraining, en tevens op latere leeftijd. Aan het eind van het hoofdstuk behandel ik een aantal problemen die ik veel tegenkom.

Wanneer zal je kind helemaal uit de luiers zijn? Dat is niet te voorspellen. Het hangt ervan af wanneer je begint, hoe toegewijd en geduldig je bent, hoe de persoonlijkheid en het lichaam van je kind in elkaar zitten en wat er verder gebeurt binnen je gezin. Ik kan je echter wel vertellen dat het veel gemakkelijker voor je kind zal zijn als je niet in paniek raakt, maar hem goed observeert, je aan het plan houdt en zindelijkheidstraining op dezelfde manier benadert als elke andere mijlpaal in de ontwikkeling.

Van start gaan: negen tot vijftien maanden

Als je tussen negen en vijftien maanden begint met zindelijkheidstraining, zoals ik voorstel, kan het zijn dat je een aantal typische signalen herkent waaruit blijkt dat hij er klaar voor is (zie kader pagina 422), maar het hoeft niet. Dat is prima. Als je kind oud genoeg is om zelfstandig te zitten, is hij er klaar voor. Zie toilettraining als een van de vele nieuwe vaardigheden die je kind moet leren: uit een beker drinken, lopen, puzzels in elkaar zetten. Zie het proces als een interessante uitdaging in plaats van een vervelende klus. Jij moet hem begeleiden.

Dit heb je nodig. Ik geef de voorkeur aan een opzetbril voor op het gewone toilet in plaats van een los potje, omdat je dan weer een overgang minder hoeft te maken. Op deze leeftijd is er zelden weerstand tegen de wc, omdat kinderen je graag behagen en willen meewerken. Zorg dat de opzetbril een voetensteuntje heeft; daardoor voelt je kind zich veiliger en bovendien is het handig als hij moet drukken. De meeste kinderen van negen tot vijftien maanden beschikken nog niet over de coördinatie om erop en eraf te klimmen zonder hulp van een volwassene, maar het is belangrijk om ook een stevig opstapkrukje te kopen, want je wilt zijn onafhankelijkheid aanmoedigen. Hij kan het gebruiken om de wc open af te klimmen en om bij de wasbak te kunnen voor andere badkamerrituelen, zoals tandenpoetsen en handenwassen.

Schaf een schrift aan waarin je de toiletgewoonten van je kind kunt opschrijven (zie 'Checklist voor zindelijkheidstraining' op pagina 422). Zorg dat je genoeg geduld hebt. Begin er nog niet aan als je het net heel druk hebt, gaat verhuizen, bijna op vakantie gaat of als een van jullie ziek is. Neem je voor je er voor de lange termijn aan te verbinden.

Zo bereid je je voor. Zindelijkheidstraining als je kind heel jong is (of wat ouder) begint met het zorgvuldig observeren van je baby en zijn dagelijkse routine. Als je je tot dusver kunt vinden in mijn filosofie en je kind hebt leren begrijpen, zijn huiltjes en lichaamstaal kent en reageert op het persoontje dat hij is, zul je tegen de tijd dat hij negen maanden is geen moeite meer hebben om erachter te komen hoe hij zich gedraagt als hij op het punt staat om te plassen en te poepen. Toen hij pas een paar maanden oud was, hield hij bijvoorbeeld waarschijnlijk op met sabbelen wanneer zijn darmen begonnen te werken. Baby's kunnen hun aandacht op niet meer dan twee dingen tegelijk richten. Kijk nu of je soortgelijke signalen ziet. Als hij nog niet kan lopen, kan het zijn dat hij een gek gezicht trekt. Misschien trekt hij een grimas. Misschien houdt hij op met waar hij mee bezig was om zich te kunnen concentreren op het proces. Als hij wél al kan lopen, kan het zijn dat hij in een hoekje of achter de bank gaat zitten terwijl hij poept. Misschien grijpt hij naar zijn luier, probeert hij erin te kijken of wil hij erin voelen om te weten wat er uit hem is gekomen. Hoewel deze signalen vaak voorkomen, kan het ook zijn dat jouw baby iets heel anders doet. Ik garandeer je dat je er, als je je ogen goed openhoudt, wel achter komt hoe jouw kind op dat moment doet.

Maak aantekeningen. Ook context en routine kunnen een richtlijn zijn. Veel baby's hebben met negen maanden elke dag om ongeveer dezelfde tijd ontlasting. Ze plassen vaak twintig tot dertig minuten nadat ze hebben gedronken. Met deze wetenschap, in combinatie met je observatie, zou je een aardig goed beeld moeten hebben van wanneer en hoe vaak je kind overdag poept en plast.

Ook al denk je dat hij je niet begrijpt, praat toch over zijn lichaamsfuncties, op de manier waarop jullie dit soort dingen binnen je gezin bespreken: 'Zit je te poepen, schatje?' Net zo belangrijk is het om je eigen gewoonten te bespreken: 'Mama moet naar de wc.' Het is ideaal als je niet te verlegen bent om je kind echt te laten zien hoe je het doet. Het is altijd het beste als de ouder van dezelfde sekse het kan demonstreren, maar dat kan niet altijd. Omdat jongetjes in het begin altijd zittend plassen (en zo moet hun vader het ook eerst voordoen), is het goed als ze mama op de wc zien zitten. Kinderen leren door te imiteren en willen wanhopig graag doen wat hun ouders doen.

Op deze manier maak je je baby bewuster van wat er in zijn lichaam gebeurt als hij plast of poept. Het is moeilijk om onder woorden te brengen hoe het voelt, vooral omdat jij een volle blaas misschien heel anders ervaart dan je kind. Eén moeder zei tegen haar kind van vijftien maanden: 'Als je je buikje voelt tinkelen, zeg het dan tegen mama, want dat betekent dat je moet plassen.' Ik ben bang dat ze dan lang kan wachten. Een 'tinkelend buikje' zegt een kind helemaal niets. Ze moet het door ervaring leren.

Het plan. Zet je kind de eerste twee weken op het toilet zodra hij wakker wordt. Maak het onderdeel van het ochtendritueel. Je gaat zijn kamer binnen, begroet hem met een dikke kus, doet de gordijnen open en zegt: 'Goedemorgen, hoe gaat het met mijn schatje?' Til hem uit zijn bedje. 'Tijd om naar de wc te gaan.' *Vraag het niet.* Doe het gewoon. Net zoals tandenpoetsen bij zijn avondritueel hoort, moet naar de wc gaan – en daarna handenwassen – bij zijn ochtendritueel gaan horen. Natuurlijk heeft hij 's nachts geplast en is zijn luier nat. Misschien plast hij nog een keer, misschien ook niet. Laat hem slechts een paar minuten op de wc zitten, nooit meer dan vijf. Hurk bij hem neer of ga op een krukje zitten, zodat je op ooghoogte zit. Lees een boekje voor, zing een liedje of praat over de dag die komen gaat. Als hij plast, benoem het dan ('O kijk, je plast, net als mama,

---

Controle over blaas en darmen

Kinderen krijgen over het algemeen in deze volgorde controle over hun kringspieren:

1. 's Nachts controle over de darmen.
2. Overdag controle over de darmen.
3. Overdag controle over de blaas.
4. 's Nachts controle over de blaas.

---

en het gaat de wc in') en bejubel het. (Dit is de enige gelegenheid waarbij ik vind dat ouders buitensporig mogen prijzen.) Maar zorg wel dat je lovend bent over de daad zelf. Zeg dus niet: 'Grote jongen' of 'Grote meid' maar liever: 'Goed gedaan.' Laat hem ook zien hoe hij zijn billen moet afvegen. Als hij niet hoeft te plassen, haal hem dan van de wc af, doe hem een schone luier om en geef hem zijn ontbijt.

Als je een zoontje hebt, kan het zijn dat hij een erectie heeft. Ik hou niet van die penishouders op sommige opzetbrillen of potjes, omdat piemeltjes daartussen kunnen komen. Ook leert een kind op die manier niet dat hij zijn penis omlaag moet houden en in de pot moet mikken. In het begin moet jij dat voor hem doen. Een goede manier daarvoor is zijn penis tussen zijn benen stoppen en zijn beentjes zachtjes tegen elkaar houden. Op deze leeftijd kun je zelf beter zijn billen afvegen, vooral na het poepen, maar leg wel uit hoe het moet en laat je kind het zelf proberen. Vergeet niet dat je meisjes moet aanleren van voor naar achter te vegen.

Zet je kind twintig minuten nadat hij heeft gedronken weer op de wc en herhaal het proces. Dit doe je ook de rest van de dag, na de maaltijd en op de tijdstippen waarop je denkt dat hij meestal ontlasting heeft. Ook plassen of poepen veel kinderen voordat ze in bad gaan, of ze doen het in bad. Als dat ook voor jouw kind geldt, zet hem dan ook op de wc voordat hij in bad gaat. Gebruik altijd dezelfde woorden: 'Laten we naar de wc gaan. Kom, we doen je luier af. Hier, ik help je erop.' Dit zijn allemaal woorden die hem helpen zijn lichaamsfuncties met het toilet te associëren. Als je deze bezoekjes inbouwt in de normale dagelijkse routine – FEIJN – zoals je zelf ook meerdere keren per dag naar het toilet gaat, zal het proces heel natuurlijk voor hem verlopen. Ook handenwassen hoort bij het ritueel.

Doe het de eerste paar weken rustig aan, maar wees wel consistent. Sommige mensen stellen voor kinderen eerst maar één keer per dag op de wc te zetten, maar dat is volgens mij alleen maar verwarrend. Gaan wij soms ook alleen na het ontbijt of voor het bad naar de wc?

Het idee is om je kind zijn lichaam te laten kennen en hem het verband te laten leggen tussen poepen of plassen en op het toilet zitten. Je baby heeft dan misschien nog geen volledige controle over zijn sluitspieren (zie kader pagina 425) totdat hij één jaar of ouder is, maar zelfs een nog niet volgroeide sluitspier zendt een signaal dat hij zal herkennen. Door hem op de wc te zetten, geef je hem de gelegenheid het gevoel te herkennen en de controle te oefenen.

Weet je nog dat ik zei dat je geduld nodig zou hebben? Je kind is echt niet binnen twee weken zindelijk. Maar hij zal algauw de associatie hebben en voor je het weet, vindt hij het allemaal zo leuk dat hij zelfs naar de wc wil als jij het niet voorstelt. Shelley bijvoorbeeld, die onlangs met dit plan begonnen is met Tyrone van één, belde me na een paar weken uitgeput op. 'Hij wil constant op de wc zitten en de meeste keren doet hij dan niets. Eerlijk gezegd ben ik doodop, Tracy. Ik word natuurlijk niet boos, maar het is zo'n tijdsverspilling als Tyrone daar alleen maar zit.'

Ik zei tegen Shelley dat ze moest volhouden, hoe frustrerend – of saai – het ook was. 'Eerst is het vallen en opstaan, maar je helpt hem de fysieke sensaties van zijn lichaam herkennen. Je mag nu niet opgeven.' Wat Shelley vertelde komt heel vaak voor. Het toilet is nu eenmaal heel spannend voor een jonge peuter, en voor mama en papa helemaal niet. Er zit water in de wc en er is een knop waarmee je dat water kunt laten rondwervelen, wat leuk! Echt iets dóén terwijl je daar zit, is voor je kind veel minder belangrijk dan voor jou. Maar uiteindelijk zal hij het echt doen en zul jij net doen alsof hij de loterij heeft gewonnen als het gelukt is. Het plezier van het delen van zijn prestatie is echt alles wat een baby nodig heeft om te willen slagen. Hoe meer steun je hem geeft, hoe beter het resultaat is.

Zodra hij een week lang overdag droog is – zonder ongelukjes – kun je hem 'echt' ondergoed aantrekken, geen wegwerpbroekjes. Die vind ik niet prettig, omdat ze te veel lijken op wegwerpluiers, waar een kind zich niet nat in vóélt. Het duurt vaak een paar weken of maanden langer voordat een kind ook 's nachts droog is. Je kunt ervan uitgaan dat je de luier veilig af kunt laten wanneer hij twee weken achter elkaar droog wakker is geworden.

Maar als ik die vroege periode nu misloop?

Stel dat je mijn suggesties over toilettraining hebt gelezen maar nog steeds sceptisch bent. Naar jouw mening is negen maanden of zelfs een jaar nog te jong. Marla bijvoorbeeld, protesteerde toen ik voorstelde dat ze bij Harry van elf maanden meteen met zindelijkheidstraining zou beginnen, omdat hij heel vaak 'plasje' zei en er ook een hekel aan leek te hebben als zijn luier vies was. 'Maar hij is nog maar een baby, Tracy,' wierp ze tegen. 'Dat kan ik hem toch niet aandoen?' Ze was vastbesloten om te wachten tot Harry minstens achttien maanden was, of twee jaar, of nog ouder. Dat moet ze zelf weten, net als jij. Bedenk echter wel dat het plan een tikkeltje anders wordt en dat je, als je wacht tot je kind twee jaar of ouder is, naast de toilettraining ook nog te maken krijgt met al het andere peutergedrag.

Of misschien realiseer je je achteraf dat het een goed idee was geweest om er eerder mee te beginnen, maar is je kind inmiddels al twee (zie het verhaal van Sadie, dat begint op pagina 439). Voor verschillende leeftijden gelden uiteraard verschillende strategieën. Ga echter nooit zitten wachten tot je kind de leiding neemt. Hieronder volgen enkele suggesties voor training na vijftien maanden. En in de laatste paragraaf van dit hoofdstuk kijken we naar een aantal toiletproblemen.

Nog steeds meegaand: zestien tot drieëntwintig maanden

Dit is voor mij de op een na beste periode om met toilettraining te beginnen, omdat kinderen van deze leeftijd hun ouders nog steeds een plezier willen doen. Je gaat grotendeels op dezelfde manier te werk als met een jonger kind (zie pagina 423-428), maar de communicatie verloopt gemakkelijker omdat je kind nu alles begrijpt. Ook is zijn blaas groter, zodat hij minder vaak hoeft te plassen. Bovendien heeft hij nu meer controle over zijn sluitspieren. Het gaat erom dat je hem ervan bewust maakt hoe en wanneer hij die controle moet aanwenden.

Naakte training?

Veel boeken en deskundigen raden aan in de zomer met toilettraining te beginnen, zodat je je kind naakt of in elk geval zonder broek naar de wc kunt laten gaan. Daar ben ik het niet mee eens. Dat vind ik net zoiets als je kind voor elke maaltijd uitkleden zodat hij geen vlekken op zijn kleding maakt. Volgens mij moeten we kinderen leren hoe ze zich in de echte wereld beschaafd moeten gedragen. De enige keer dat ik naakt naar het toilet gaan prima vind, is vlak voordat je kind in bad gaat.

Dit heb je nodig. Een opzetbril voor op de wc, zoals ik die op pagina 423 heb beschreven. Al zal je kind niet meer dan vijf minuten per keer op de wc-bril zitten, toch is het een goed idee om een paar boekjes aan te schaffen die alleen voor op de wc bedoeld zijn; sommige kunnen over zindelijkheidstraining gaan, maar andere zijn gewoon boekjes die je kind leuk vindt. Ga met je kind winkelen en laat hem zijn eigen ondergoed 'voor grote kinderen' uitzoeken. Benadruk dat het lijkt op het ondergoed dat papa of mama draagt. Koop minstens acht stuks, want hij zal regelmatig een ongelukje hebben.

Zo bereid je je voor. Als je nog niet weet hoe je kind kijkt voordat hij gaat poepen of plassen, let daar nu dan op. Bij oudere kinderen zijn de signalen meestal duidelijker. Maak aantekeningen van het gedrag van je kind voordat hij naar de wc moet. Schrijf het op in een schriftje. Verwissel zijn luier ook vaker in de maand voordat je met de training gaat beginnen, zodat hij voelt wat 'droog' is en merkt dat dat prettiger is dan 'nat'. Kinderen van deze leeftijd plassen meestal veertig minuten nadat ze iets hebben gedronken. Verschoon je kind in de week voordat je met zindelijkheidstraining gaat beginnen om de veertig minuten, of kijk in elk geval of zijn luier nat is, zodat je een goed beeld krijgt van zijn patronen.

Gebruik deze tijd ook om over zindelijkheidstraining te praten en zorg dat je woorden gebruikt voor de ontlasting of urine, zodat je kind zich bewust wordt van het proces ('O, ik zie dat je aan het poepen bent'). Als hij aan zijn luier zit te plukken, zeg dan: 'Je bent nat. Ik zal je luier verschonen.' Het is heel belangrijk dat je voordoet wat er op de wc gebeurt ('Ga je mee naar de wc, dan kun je zien hoe papa plast'). Lees boekjes voor over naar het toilet gaan, of kijk naar video's die daarover gaan. Of je kind nu katoenen of wegwerpluiers draagt, ik raad je ook aan om je kind te laten zien waar poep thuishoort, door hem mee te nemen naar de wc en te laten zien hoe je de poep doortrekt.

Sommige deskundigen stellen voor om bij wijze van demonstratie een levenloos voorwerp op de wc te zetten. Maar volgens mij is het flauwekul om hiervoor een pop of een teddybeer te gebruiken. Als het voor jouw kind wel werkt, kan het natuurlijk geen kwaad, maar veel jonge kinderen zijn niet in staat om de stap van pop naar kind te maken. Jonge kinderen leren door menselijke voorbeelden, rolmodellen en demonstratie. Ze willen papa en mama nadoen. Is het dan niet logisch om het ze te leren door het voor te doen?

Het plan. Zoals hierboven beschreven, zet je hem op de wc zodra hij wakker wordt. Wanneer je hem aankleedt, trek hem dan een onderbroek of een dikke katoenen trainingsbroek aan, maar géén luier. Het is belangrijk dat hij merkt dat dit een ander gevoel geeft aan zijn billen, en dat hij voelt dat hij nat is als hij een ongelukje heeft. Zoals ik al zei, hou ik niet van wegwerpbroekjes; dan kun je hem net zo goed een wegwerpluier omdoen. Zet hem na de maaltijd of nadat hij iets lekkers met wat drinken heeft gehad, na een halfuur op de wc. Ik zeg het nogmaals nadrukkelijk: vraag nooit óf hij naar het toilet wil, want dan is het antwoord ongetwijfeld 'nee'. Houd er rekening mee dat kinderen van deze leeftijd hun spel heel serieus nemen. Wanneer je hem mee wilt nemen naar de wc, onderbreek je kind dan niet als hij net op het punt staat iets heel belangrijks te doen, zoals een blokje op een ander blokje stapelen, maar wacht totdat hij daarmee klaar is.

Laat hem nooit langer dan vijf minuten op de wc zitten. Leid hem af door een boekje voor te lezen of een liedje te zingen. Zet hem niet onder druk (maar je kunt wel de kraan aanzetten om te zorgen dat hij gaat plassen!). Je kind is nu vrij goed in staat om te laten weten wat hij wel en niet leuk vindt, en vooral als je hier pas mee begint als hij bijna twee is, kun je op weerstand stuiten. Als het lukt, zal dat de eerste paar keer per ongeluk zijn, maar zodra je kind het verband begint te ontdekken, zal het steeds vaker gebeuren, vooral als je hem helemaal overlaadt met complimentjes. Als je kind zich verzet, is hij er misschien nog niet klaar voor. Wacht dan twee weken en probeer het opnieuw.

Als hij een ongelukje heeft, maak er dan geen punt van. Zeg gewoon: 'Het geeft niet. De volgende keer lukt het wel.' Vergeet niet om zijn ontlasting in de wc te gooien, zodat hij ziet waar die naartoe gaat ('Dit keer doe ik het voor je in de wc'). Kinderen onder de twee vinden zichzelf nog niet 'stinken' of 'vies', dus schrap die woorden uit je vocabulaire. Alleen door de

---

Tuitbekers en zindelijkheidstraining

Veel ouders laten hun kind tegenwoordig rondlopen met een antilekbeker. Dat is makkelijker dan steeds te vragen: 'Heb je dorst?' Zolang je alleen water, of water met een scheutje sap erin geeft, kan dat geen kwaad, behalve tijdens de zindelijkheidstraining. Wat erin gaat, moet er ook weer uit! Je zou drinken kunnen beperken tot bepaalde tijdstippen – bij de maaltijd, en twee uur na de maaltijd als tussendoortje – zodat de vloeistof er op een voorspelbaar tijdstip weer uit komt.

negatieve reactie van een volwassene denkt een kind dat hij zich ergens voor moet schamen.

Machtsstrijd vermijden: twee tot drie jaar en ouder

Hoewel de voorbereiding en het plan in principe hetzelfde blijven, raken ouders die kinderen van twee jaar en ouder zindelijk willen maken vaak verwikkeld in een machtsstrijd, omdat hun kind nu veel onafhankelijker is, meer kan en zijn ouders niet meer zo nodig hoeft te behagen. Je kind heeft nu een uitgesproken persoonlijkheid en weet wat hij wel en niet leuk vindt. Sommige kinderen vinden een natte of vieze luier maar niets, en vragen zelf of ze verschoond mogen worden. Die zijn natuurlijk makkelijker zindelijk te maken. Als je kind over het algemeen meegaand is en goed op aanwijzingen reageert, is dat ook gunstig voor de zindelijkheidstraining. Maar als je doorlopend in een machtsstrijd verwikkeld bent, moet je de wc misschien leuker maken met behulp van een beloningssysteem.

Sommige ouders maken een toiletkaart en geven een gouden ster voor elk succesvol bezoekje aan de wc. Anderen paaien hun kind met snoepjes die hij anders niet krijgt. Beloningen werken niet als je ze al geeft als je kind alleen maar meewerkt of op de wc gaat zitten. Hij moet ook echt poepen of plassen om de beloning te krijgen. Ik ben absoluut vóór beloningen, maar jij kent je eigen kind en weet wat het beste werkt. Er zijn kinderen die helemaal niets om een beloning geven, terwijl andere een beloningssysteem geweldig vinden.

Als je consistent bent, leert je kind uiteindelijk dat hij naar de wc moet gaan. Houd FEIJN in gedachten en maak wc-bezoekjes tot onderdeel van je dagelijkse routine: 'We hebben net geluncht en je hebt iets gegeten, dus we gaan eerst naar de wc en wassen daarna je handen.' Op deze leeftijd kun je ook meer uitleggen. Zodra het kind zich ervan bewust wordt wanneer hij moet poepen of plassen, kun je zeggen: 'Je moet het even ophouden totdat je op de wc zit, en dan kun je het laten lopen.'

Veel ouders vragen me: 'Hoe weet ik nu of mijn kind zich verzet of er nog niet klaar voor is?' Deze e-mail is daar een voorbeeld van.

Mijn dochtertje van twee verzet zich elke keer hevig wanneer ik haar meeneem naar de wc. Sommige vriendinnen zeggen dat ze er nog niet klaar voor is, maar ik denk dat ze gewoon peutergedrag vertoont. Moet ik het opgeven? Zo ja, wanneer moet ik het dan opnieuw proberen?

De meeste kinderen van twee zijn er wel klaar voor, maar strijd hoort bij deze leeftijd, dus kan het een lastig moment zijn om te beginnen. Het is echter geen onoverkomelijk probleem. Een van de grootste fouten die ik ouders zie maken, is dat ze ophouden en weer beginnen, en ophouden en weer beginnen. Dat is op geen enkele leeftijd aan te raden, maar vooral niet als kinderen twee jaar of ouder zijn. Je kind begrijpt nu echt wat er gebeurt en toilettraining kan een geweldige manier zijn om je te manipuleren.

Laat je niet meeslepen in de strijd om zindelijkheidstraining. Als je kind zich echter blijft verzetten, *stop dan slechts één dag, hooguit twee*. Je zult verbaasd zijn over het verschil dat een dag kan maken. Trouwens, je kind is nu een stuk ouder en als je een week of twee wacht, is hij nóg ouder en verzet hij zich misschien nog heviger. Blijf proberen. Forceer niets, maar geef niet zomaar toe. Maak er een leuke ervaring van en gebruik veel afleiding en beloningen. Als je kind niet poept of plast, geef hem dan geen complimentje of beloning. Probeer het na een halfuur nog een keer. Plast hij in de tussentijd in zijn broek, maak er dan geen punt van. Zorg gewoon dat je altijd schoon ondergoed en droge kleren bij de hand hebt. Een kind van twee kan zich best alleen aankleden. Als hij nat is, hoeft hij alleen maar een droge broek aan. Heeft hij gepoept, laat hem dan met kleren en al in de badkuip gaan staan en zeg dat hij zelf zijn kleren uit moet trekken en zich moet wassen. Dat is geen straf, maar je laat hem wel voelen wat de consequenties zijn. Je bent niet gemeen. Je bent er om hem te helpen, maar laat hem de leiding nemen over het schoonmaken. Lees hem niet de les en verneder hem niet. Betrek hem er alleen bij en laat hem zien dat hij deels verantwoordelijk is.

Probeer erachter te komen of het echt een ongelukje was of dat je kind expres heeft gewacht tot hij van de wc af was om daarna zijn behoefte te doen. Als dat laatste het geval is, weet je dat hij een manier heeft gevonden om de wc als chantagemiddel te gebruiken en dat hij aandacht wil. Je kunt hem nu het beste op een andere manier positieve aandacht geven; meer tijd met hem samen doorbrengen en hem een speciale taak geven die hij met jou kan doen, bijvoorbeeld de sokken sorteren terwijl jij de was opvouwt. Geef hem een hoekje van je tuin waar hij plantjes in mag zetten, of een pot op de vensterbank. Als hij ziet hoe de planten groeien, trek dan een parallel: 'Ze worden groter, net als jij.'

Houd ook je eigen temperament in de gaten. Vooral als je al een tijdje bezig bent, kun je emotioneler worden over het hele proces, en je kind voelt aan dat je gespannen bent. Zo weet je zeker dat het op een strijd uitdraait.

Met een kind van deze leeftijd moet je voorbereid zijn op het hele scala van rebellie dat er nu eenmaal bij hoort: schoppen, bijten, schreeuwen, zijn rug krommen en ander driftig gedrag. Introduceer keuzemogelijkheden: 'Wil je dat ik eerst ga, of wil je vóór mij naar de wc?' of: 'Wil je dat ik je dit boekje voorlees, of wil je er zelf naar kijken terwijl je daar zit?' Je keuzemogelijkheden moeten samenhangen met het toiletbezoek, dus niet: 'Wil je eerst een halfuur tv kijken en daarna naar de wc?'

Gebruik deze vuistregel ook voor de nachttraining: wanneer je kind twee weken lang droog is wakker geworden, laat hem dan ondergoed dragen of alleen maar een pyjamabroek. Geef hem niet te veel te drinken voordat hij naar bed gaat. Op deze leeftijd hebben kinderen 's nachts weliswaar nog vaak een ongelukje, maar zodra je merkt dat hij overdag vaak droog is en zijn luier ook droog is als hij wakker wordt, is de kans groot dat het ook 's nachts lukt. (Het is wel interessant dat ik over peuters maar heel weinig vragen over nachtelijke problemen krijg, waaruit ik opmaak dat ze, als ze overdag eenmaal zindelijk zijn, daarna vrijwel vanzelf ook 's nachts droog blijven.)

Veel van de problemen die ik tegenkom zijn het gevolg van te late zindelijkheidstraining (zie 'Zindelijkheidsproblemen' hieronder). Als je kind op zijn vierde nog steeds niet zindelijk is – 98 procent van alle kinderen van die leeftijd is dat wél – moet je de hulp inroepen van een kinderarts of kineruroloog om er zeker van te zijn dat er geen fysieke problemen zijn die een rol spelen.

Zindelijkheidsproblemen

Hieronder laat ik je een aantal waargebeurde problemen zien die afkomstig zijn van mijn website, mailbox en cliëntendossiers. De eerste twee vragen die ik altijd stel, zijn: **Wanneer ben je met zindelijkheidstraining begonnen?** en: **Ben je consistent geweest?** Ik heb gemerkt dat toiletproblemen in elk geval deels veroorzaakt worden doordat de ouders het niet hebben volgehouden. Ze beginnen (naar mijn mening te laat) en bij het eerste sprankje weerstand houden ze weer op, om daarna weer te beginnen, en zo blijven ze ophouden en weer beginnen, en voor ze het weten zijn ze in een machtsstrijd verwikkeld. Je zult zien dat het in veel van de volgende gevallen steeds hetzelfde liedje is.

'Is er met tweeëntwintig maanden nog steeds niet klaar voor'

Mijn zoontje Carson is tweeëntwintig maanden oud en zegt sinds vorige week steeds 'plasje'. Ik vroeg hem of hij een plasje had gedaan of dat hij nog moest, maar kreeg geen duidelijk antwoord. Hij heeft nog niet laten merken dat hij klaar is voor zindelijkheidstraining. Hij kan rustig in een luier vol poep en plas rondlopen zonder dat het hem iets kan schelen. We hebben in de badkamer een potje voor hem, maar dat gebruikt hij nu alleen om op te staan zodat hij bij de wasbak kan. Ik weet niet of hij alleen maar 'plasje' zegt omdat het een nieuw woord is, of omdat hij begrijpt wat het betekent. Moet ik proberen hem op het potje te zetten wanneer hij 'plasje' zegt? Hij heeft al heel vaak gezien hoe mijn man of ik naar de wc gaan en dan zeg ik: 'We gaan op het potje.' Ik probeer een basis te leggen. En wanneer moet je eigenlijk wegwerpbroekjes gaan gebruiken? Hij draagt nog steeds gewone luiers. Ik denk dat ik pas met broekjes hoef te beginnen als hij klaar is om zindelijk te worden.

Op zijn leeftijd begrijpt Carson alles. Hij mag dan zo'n jongetje zijn die het helemaal niet erg vindt om in de poep en de plas te zitten, maar hij is wel degelijk in staat om te weten dat het in de wc thuishoort, vooral als hij zijn ouders al heeft geobserveerd. Ik ben het er ook niet mee eens dat hij nog niet heeft laten merken dat hij klaar is voor zindelijkheidstraining. Hij weet hoogstwaarschijnlijk wat een 'plasje' is en wat dat betekent. Ik zou willen vragen: **Hebben jullie hem al eens op het toilet gezet?** Ik vermoed van niet. Nou, waar wacht mama nog op? Ze moet ermee beginnen, zich aan het plan houden en haar zoon veertig minuten nadat hij gedronken heeft op de wc zetten. Ook moet ze hem een krukje of kratje geven zodat hij bij de wasbak kan. Hoe weet hij anders waar het potje voor bedoeld is? Nog beter zou het zijn om hem een opzetbril te geven voor op de wc. Hij weet al dat papa en mama daarop zitten, en zo hoef je later niet nóg een overgang te maken. Ook moet deze moeder niet vergeten dat toilettraining veel geduld vergt. Ze moet minder aan het toeval overlaten en een actievere rol spelen in het zindelijk maken van haar zoon.

'Tweeënhalf en nog niet zindelijk na een jaar proberen'

Betsy is tweeënhalf. We proberen haar al zindelijk te maken sinds ze ongeveer achttien maanden was. Ze draagt nu wegwerpbroekjes. Op sommige dagen weigert ze absoluut om naar de wc te gaan en schreeuwt ze tegen het ding. Gisteren heeft ze tijdens het avondeten de hele tijd met een drijfnat wegwerpbroekje aan gezeten zonder dat tegen ons te zeggen. Het hangt van haar bui af of ze naar het toilet wil. Als we ergens anders zijn, vraagt ze vaak wel of ze naar de wc mag, maar dat is meer om iets te doen te hebben. Hoe krijg ik haar zindelijk?

Wanneer ik hoor dat een kind met achttien maanden al met zindelijkheidstraining is begonnen en een jaar later alleen naar het toilet gaat als ze in een goede bui is, weet ik, zeker als het een meisje is (meisjes leren meestal sneller dan jongens), dat de ouders niet consistent te werk zijn gegaan en, het spijt me dat ik het moet zeggen, ook lui zijn geweest. Het probleem ligt voor een deel ook bij de wegwerpluiers: daardoor hoeven ouders zich niet meer schuldig te voelen als ze een kind met een 'natte' luier laten rondlopen. Bovendien leven we in een cultuur waarin veel ouders helemaal geen zin hebben om aan zindelijkheidstraining te beginnen en overstappen op die verdraaide wegwerpbroekjes, die geen haar beter zijn. Tegen Betsy's moeder zou ik willen zeggen dat ze haar onmiddellijk moet meenemen om 'grote meisjes'-ondergoed te gaan kopen. Betsy vindt het vast niet zo leuk om een hele maaltijd lang in drijfnat katoenen ondergoed te zitten. Als ze een natte of vieze broek heeft, moet ze die zelf verschonen.

Ik denk echter dat er hier meer aan de hand is. Omdat Betsy tegen de wc schreeuwt als ze er niet op wil, zou ik haar moeder willen vragen: **Vraag je of ze naar de wc wil of zeg je gewoon: 'Het is tijd om naar de wc te gaan'?** Bij een kind van deze leeftijd is het altijd effectiever om te zeggen: 'Het is tijd om naar de wc te gaan,' en haar daarna iets in het vooruitzicht te stellen: 'En als we terugkomen, kunnen we samen met je theeserviesje spelen.' Ik heb hier ook het gevoel dat de moeder enigszins gefrustreerd is door het hele proces (en wie zou dat niet zijn, na een jaar?) **Wordt je kind ook driftig als je andere dingen vraagt?** Misschien heeft Betsy van nature wel een eigen willetje. Als haar moeder op andere gebieden niet goed met haar driftbuien omgaat, zal ze zeker geen succes boeken in het wc-verhaal. Een kind van tweeënhalf heeft zelf controle over het proces van plassen en poepen, en niet de ouder. **Heb je ooit je geduld verloren of je kind een standje gegeven als ze een vieze broek had?** Zo ja, dan moet de moeder diep ademhalen en iets aan haar eigen gedrag doen. Dreigementen zijn geen goede leermiddelen. Ik stel voor dat de moeder haar eigen gevoelens in zo'n geval zo veel mogelijk buiten beschouwing laat. Ze moet niet de hele tijd over het toilet beginnen tegen Betsy, maar bijvoorbeeld de kookwekker zetten en Betsy uitleggen dat het, zodra het wekkertje gaat, tijd is om op de wc te gaan zitten.

Bij kinderen als Betsy werken beloningssystemen heel goed. Om een effectief systeem op te stellen, zou ik aan Betsy's moeder vragen: **Wat motiveert jouw kind?** Sommige kinderen vinden het geweldig om sterren te krijgen, die bij een bepaald aantal een speciaal uitje opleveren. Anderen presteren als ze een lekker snoepje krijgen.

'Alles geprobeerd, maar is nu drieënhalf en nog steeds niet zindelijk'

Mijn zoontje Louis is drieënhalf. Ik heb alles geprobeerd wat ik kan bedenken, maar hij weigert op het potje te gaan. Hij weet hoe het moet en wanneer, en lijkt er ook niet bang voor te zijn. Soms gaat hij uit zichzelf. Soms gaat hij als we hem aansporen. Maar meestal weigert hij. Ik heb het geprobeerd met straffen, maar daar ben ik algauw mee opgehouden, want daardoor werd het alleen maar erger. Ik heb geprobeerd hem als beloning snoep, stickers, autootjes en speelgoed te geven. Ik heb het geprobeerd met complimentjes, knuffels en kusjes. Tot nu toe heeft niets hem langer dan een paar dagen gemotiveerd. Het lijkt hem maar de helft van de tijd te kunnen schelen dat hij nat is. Als iemand een idee heeft, laat het me dan alsjeblieft weten.

De problemen van Louis' moeder lijken in grote lijnen op die van de moeder van Betsy (al heeft het probleem zich hier nog langer voortgesleept) en ik zou haar dan ook dezelfde vragen stellen (zie pagina 435-436). Toch laat ik ook haar e-mail zien, omdat het een goed voorbeeld van inconsistentie is. Wanneer iemand me vertelt dat hij 'alles geprobeerd heeft' (in dit geval ook straf geven), betekent dat meestal dat ze niet lang genoeg bij één methode zijn gebleven om die de kans te geven om te werken. Wat hier waarschijnlijk aan de hand is, is dat de moeder de regels verandert zodra Louis een keer een ongelukje heeft.

Allereerst moet Louis' moeder één methode kiezen en zich daaraan houden, wat er ook gebeurt. Ook moet zij de leiding nemen over het proces. Op dit moment heeft haar zoontje van drieënhalf de touwtjes in handen. Hij ziet haar frustratie. Hij weet hoe hij haar een reactie kan ontlokken – vleien, belonen, complimentjes geven – en heeft daardoor een gevoel van macht.

Ten tweede moet ze Louis een onderbroek aantrekken (ze zegt het niet, maar ik durf te wedden dat ze hem wegwerpbroekjes aantrekt). Daarna moet ze de kookwekkermethode gebruiken, net als de moeder van Betsy. Ze moet zorgen dat zijn bezoekjes aan de wc niet samenvallen met een andere activiteit; de kans dat hij meewerkt is kleiner als hij onderbroken wordt. Ze kan hem de baas laten zijn van het aan- en uitkleden.

Een opmerking over het 'straffen' van een kind: dit werkt nooit en veroorzaakt vaak echt ernstige problemen in de toekomst, zoals bedplassen en angst voor het toilet. Bovendien is de echte wereld al genoeg straf voor een kind van Louis' leeftijd. Op deze leeftijd zijn de meeste kinderen zindelijk. Het zal niet lang duren voordat Louis' vriendjes commentaar hebben op zijn natte of vieze broek. Zijn moeder hoeft de vernedering niet nog erger te maken of te zeggen dat 'andere kinderen' (dus brave kinderen) wél naar de wc gaan of geen wegwerpbroekjes meer nodig hebben.

'Twee jaar oud en plotseling bang voor het toilet'

Kayla, mijn dochtertje van twee, deed het geweldig goed op de wc. Ze was al enkele weken overdag droog, maar werd toen ineens bang voor het toilet. Ik weet niet wat er gebeurd is. Ik werk drie dagen per week en we hebben een geweldige oppas die komt terwijl ik op kantoor ben. Komt dit vaker voor?

Kayla's moeder moet haar dochters angst respecteren en ook nagaan waar die vandaan komt. Wanneer alles gladjes is verlopen en een kind ineens bang is voor de wc, komt dat vrijwel altijd omdat er iets gebeurd is. **Heeft ze kortgeleden last gehad van ver-**

stopping? Als dat zo is en ze een keer iets te hard heeft geperst, kan het zijn dat ze het ongemak nu met het toilet associeert. Voor de zekerheid zou ik haar meer vezels te eten geven: graan, erwten, volkorenproducten, pruimen, fruit. Geef haar ook meer te drinken. **Wat voor wc-bril gebruik je?** Als het een opzetbril is, kan het zijn dat Kayla een keer niet goed is vastgehouden en erdoorheen begon te zakken, of misschien heeft de bril niet goed vastgezeten en bewoog hij toen Kayla erop of eraf klom. Als het een vrijstaand potje was, is het misschien gekanteld. **Zet je een krukje onder haar voeten?** Zo niet, dan heeft Kayla zich misschien onveilig gevoeld.

Omdat Kayla's moeder niet de enige is die de zindelijkheidstraining verzorgt, zou ik ook vragen stellen over de oppas. **Heb je de tijd genomen om je plan uit te leggen – of beter nog, op te schrijven – en de oppas precies te laten zien wat ze moest doen?** Als je kind overdag door iemand anders wordt verzorgd, is het belangrijk dat het kinderdagverblijf of de oppas of oma precies weet wat je doet en jouw zindelijkheidsplan uitvoert als je er niet bent. **Heb je ook gezegd wat ze moet doen wanneer Kayla in haar broek plast of poept?** Het is ook belangrijk om te laten weten welke houding je verwacht, vooral als degene die voor je kind zorgt uit een ander land komt. Sommige mensen maken kinderen die het in hun broek hebben gedaan belachelijk of slaan hen zelfs. Het is soms moeilijk om er precies achter te komen wat er is gebeurd tijdens je afwezigheid, maar dit zijn allemaal mogelijkheden die je (tactisch) moet bespreken.

Wanneer een kind bang is, moeten we die angst respecteren. De moeder kan Kayla vragen: 'Kun je mama vertellen waar je bang voor bent?' Zodra ze erachter komt waar de angst van haar dochter vandaan komt (door Kayla zelf of door haar andere bronnen), moet de moeder teruggaan naar de basis: lees een of meer boekjes voor over naar de wc gaan. Ga met Kayla naar de wc en geef haar de keus: 'Wil je vóór mama gaan, of zal mama eerst gaan?' Wanneer je een kind meeneemt naar het toilet, ziet hij dat er niets bedreigends aan is. Als niets lukt, kan de moeder kijken of Kayla op haar schoot wil zitten terwijl ze op de wc zit, zodat Kayla het tussen haar benen door kan doen. De moeder kan fungeren als menselijke bril totdat Kayla's angst afneemt. Kayla zal niet snel afhankelijk van haar moeder worden. Kinderen van twee willen 'groot' zijn, en zodra de angst weg is, zal Kayla alleen naar de wc willen.

Soms zijn kinderen bang voor openbare toiletten. Zorg er in dat geval voor dat je kind zijn blaas leegt voordat je van huis gaat en probeer slechts korte tijd van huis te gaan zolang je nog in de trainingsfase zit. Als je in de buurt boodschappen doet, zorg dan dat je onderweg in het huis van een andere moeder terecht kunt.

'Goed begonnen, maar daarna teruggevallen'

Ik dacht dat mijn zoontje Eric hard op weg was om zindelijk te worden, maar toen we verhuisd waren, verzette hij zich elke keer hevig als ik wilde dat hij naar de wc ging. Wat heb ik verkeerd gedaan?

Hoe kort voor je verhuizing ben je met de zindelijkheidstraining begonnen? Misschien was de timing van Erics moeder niet zo handig. Het is nooit aan te raden om te kort voor een grote verandering als een verhuizing of een nieuwe baby te beginnen, of wanneer een kind zelf midden in een overgangsfase zit, bijvoorbeeld wanneer hij tandjes krijgt of net ziek is geweest. **Is er nog iets anders nieuws gaande?** Toilettraining kan ook stagneren doordat ouders ruzie hebben, er een nieuwe oppas is of er thuis of in een speelgroepje iets anders gaande is waardoor het kind van streek raakt.

Ook hier geldt weer: ga terug naar de basis en begin opnieuw met je zindelijkheidstraining.

'Te laat begonnen en nu is het een hele strijd'

Sadie liet tussen de zeventien en twintig maanden al een aantal keer merken dat ze er klaar voor was, maar ik hield het af omdat nummer twee eraan kwam. Sadie was echt klaar voor en ging zelfs vrijwillig een paar keer op het potje zitten toen mijn tweede pas geboren was. Maar nummer twee was zo lastig dat ik mentaal en fysiek de energie niet meer kon opbrengen. Dus nu moet ik wachten tot ze besluit dat ze naar de wc wil, of hard optreden en de strijd met haar aangaan.

Ik heb er respect voor dat Sadies moeder zo eerlijk is, en voor het feit dat ze wist dat het geen goed idee was om zo kort voor een ingrijpende verandering met de training te beginnen. Maar ze heeft ook last van potjespaniek en daardoor ziet ze andere opties over het hoofd. Sadie vertoonde de eerste tekenen toen ze zeventien maanden was. Als haar moeder toen had volgehouden – voordat de tweede baby er was – had Sadie nu al zindelijk kunnen zijn. Maar goed, dat is niet gebeurd. Sadie is nu ruim twee, en al is het nu moeilijker om met de training te beginnen, vooral met een nieuwe baby in huis, er zijn toch andere oplossingen dan 'hard optreden' en 'de strijd aangaan.'

Sadie is er duidelijk klaar voor om het te leren en ze kan met haar moeder communiceren. Ik stel voor dat de moeder mijn plan uitvoert: trek er een week voor uit om Sadies uitscheidings-patronen te observeren en met haar over toiletgewoonten te praten. Neem Sadie mee als je naar de wc gaat. Ga 'grote meisjes'-ondergoed met Sadie kopen. Als het tijd is om met de zindelijk-heidstraining te beginnen, moet de moeder een paar minuten voordat ze denkt dat haar oudste naar de wc moet, de baby ver-schonen. Dan kan ze Sadie bij het proces betrekken: 'Wil je mama helpen bij het verschonen van de baby?' Ze kan Sadie een krukje geven zodat ze er beter bij kan, en haar de luier en de crème laten vasthouden, alsof ze een assistente is. Ook kan ze tussen neus en lippen door tegen Sadie zeggen: 'Jij hebt geen luiers meer nodig, want jij kunt net als ik naar de wc. Zodra ik de luier van de baby heb verschoond, gaan jij en ik samen naar de wc.' Als ze Sadie laat meedoen, de wc-bezoekjes goed timet en haar keuzes geeft ('Wil jij eerst of moet mama eerst?'), is de kans op een machtsstrijd veel kleiner.

'Kind van drie doet net of ze op het potje gaat en doet het dan in haar luier'

Amy gaat op het potje zitten en doet net alsof ze het daarin doet, maar doet dat nooit. Ze draagt 'grote meisjes'-onder-broeken, maar als ze op het potje moet, zegt ze: 'Mag ik alsje-blieft een luier?' en doet het daarin. We hebben het met de kin-derarts besproken en die zegt dat Amy blijkbaar wél op het potje kan, omdat ze genoeg controle heeft om op haar luier te kunnen wachten. Hij zei dat we haar niet moeten dwingen om op het potje te gaan, want hoe meer we aandringen, hoe meer ze het op haar manier zal willen doen. Dit is erg moeilijk voor ons, want we hebben ook al een kind van zeven dat heel mak-kelijk zindelijk is geworden. Ik ben bang dat Amy's wil sterker is dan de mijne.

Een andere moeder op mijn website stelde voor om Amy een lui-er te geven maar er een gat in te maken, zodat ze de luier om kan doen en toch naar de wc kan gaan. Sommige kinderen hebben moeite om hun ontlasting te laten lopen. In dat geval kan een gat in de luier helpen. Maar Amy is drie jaar oud en erg slim en onafhankelijk. De moeder zegt dat ze bang is dat Amy's wil sterker is dan de hare, en daaruit leid ik af dat het toiletdrama niet de enige strijd is die in dit gezin wordt gevoerd. Ik zou willen vragen: **Voer je ook op andere gebieden een machtsstrijd?** Zo ja, dan heeft Amy een nieuwe manier gevonden om haar familie te manipuleren, wat geen ongebruikelijke truc is voor een jongste kind. Ik zou alle luiers in huis weggooien en dat ook aan Amy vertellen. Wanneer ze om een luier vraagt, kun je zeggen: 'Dat kan niet. Die hebben we niet meer. Laten we naar de wc gaan.' Ik begrijp dat een kinderarts zegt dat je een kind van twee niet moet dwingen, maar bij een kind van drie ben ik sceptisch. Sommige kinderen hebben een duwtje nodig en ik denk dat Amy er daar een van is.

'Hij gebruikt zijn penis als brandslang'

Natuurlijk doet hij dat! Dat hoort erbij! Inderdaad is toilettraining bij een jongetje vaak een geval van 'pas op met wat je wenst, want straks krijg je het ook nog'. Zelfs als je jongetjes eerst zittend leert plassen is het probleem niet meteen opgelost. Als jongetjes eenmaal doorhebben hoe ze hun piemeltje kunnen gebruiken, vinden ze het heel leuk om daarmee te richten. Eén vader sloofde zich extra uit om zijn zoontje het snel goed te laten doen, door steeds een cornflake in de wc-pot te leggen en hem te vertellen dat hij daarop moest richten. Als zijn zoon miste, moest hij het schoonmaken. Een moeder trainde haar zoons en dochters zonder potje of opzetbril, door ze achterstevoren op de wc-bril te laten zitten.

'Ze wil staand plassen'

Dat kun je haar niet kwalijk nemen, vooral niet als ze haar vader of een oudere broer heeft zien plassen. Je moet gewoon geduld hebben en uitleggen dat meisjes zo plassen en jongens zo. Laat het haar zien. Laat het haar in het ergste geval uitproberen, maar waarschuw haar dat ze het zelf moet opruimen als het niet lukt. Meestal is het gevoel van de plas die langs haar benen loopt voldoende om deze gewoonte in de kiem te smoren.

'Het kost moeite om haar van het potje áf te krijgen'
Toen mijn dochter achttien maanden was, toonde ze zeer veel belangstelling voor zindelijkheidstraining, dus begonnen we ermee. Helaas was het winter, werd ik ziek en werd mijn jongste geboren, waardoor we een paar keer zijn begonnen en weer gestopt, en uiteindelijk helemaal zijn opgehouden. Ze is nu bijna drieëntwintig maanden en we denken erover om weer te beginnen. Ik weet nu dat we aanvankelijk een aantal grove fouten hebben gemaakt: beginnen, ophouden, haar een uur op het potje laten lezen. Mijn vraag is: zijn er nog meer kinderen die na drie minuten nog niet van het potje af willen? Ik heb zo'n idee dat mijn dochter dat weer niet wil en wil dit keer beter voorbereid zijn. Eerst wilde ze er niet af en eindigde het in een strijd, maar ik wilde niet dat ze het potje daarmee zou associëren en liet haar dus zitten zolang ze wilde. Heeft iemand advies? Hoe krijg ik haar er zonder tegenstribbelen vanaf?

Het eerste dat ik zou voorstellen is een kookwekker. Bij een kind van drieëntwintig maanden moet je zeker kunnen zeggen: 'Wanneer de wekker gaat, moeten we kijken of je gepoept of geplast hebt.' Als er niets in de pot ligt, zeg je: 'Je hebt goed je best gedaan. We proberen het straks gewoon nog eens.' Maar er is hier meer aan de hand. De moeder heeft zich in allerlei bochten gewrongen om een machtsstrijd te vermijden; naar ze zegt over toilettraining. Ik durf echter te wedden dat ze ook op andere gebieden terugdeinst.

Waar het echt om gaat bij zindelijkheidstraining

De moeder van een jongetje dat op zijn derde nog niet zindelijk was, vertelde me dat haar kinderarts haar had gerustgesteld door te zeggen dat ze eens om zich heen moest kijken. 'Hij vroeg of ik volwassenen kende die nog steeds een luier om hadden!' Hij had gelijk. De meeste kinderen worden zindelijk… uiteindelijk. Sommige hebben het zelfs binnen een paar dagen onder de knie, omdat ze er klaar voor zijn en hun ouders bereid zijn alles opzij te zetten en zich op deze ene belangrijke taak te concentreren. Andere doen er een jaar of nog langer over. Als er duizend deskundigen zijn (en natuurlijk zijn er veel meer), zijn er ook duizend variaties op zindelijkheidstraining, die uiteenlopen van een paar maanden na de geboorte al zindelijk maken tot wachten totdat het kind beslist. Lees over alle methoden en pik er een uit die bij je kind en je levensstijl past. Praat met andere ouders en kijk wat voor hen heeft gewerkt. Welke methode je ook kiest, doe niet moeilijk. Lach erom. Hoe minder gespannen je bent, des te groter de kans is dat het lukt. Ik sluit dit hoofdstuk af met een aantal weetjes van de strijders aan het front: moeders die bezig zijn met zindelijkheidstraining of er net mee klaar zijn. Deze parels van wijsheid ben ik tegengekomen in de chatroom op mijn website:

- Blijf je kind niet doorzagen over naar het toilet gaan. Wij hebben onze dochter nooit gedwongen, maar haar wel volop complimentjes gegeven en aangemoedigd als het haar gelukt was.
- Ik raad het boek *Waar is mijn potje?* van Tony Ross aan, dat de boodschap duidelijk maakt en nog leuk is ook.
- Begin niet wanneer er een belangrijke gebeurtenis aan komt, zoals een nieuwe baby, naar de crèche gaan of een reisje maken, al is het maar een weekend. Dan loopt alles in het honderd en schiet je niets op.
- Je kunt hem naakt laten rondlopen als je wilt, maar ik heb het gevoel dat hij dan op je vloer plast en zich er daarna voor schaamt.
- Vergeet niet dat je kind een individu is, en als je zorgt dat hij zich prettig voelt en het idee heeft dat hij de baas is (ook al ben jij dat stiekem), is de kans op een positief resultaat groter.
- Vergeet niet dat jíj net zo hard aan het leren bent om hem zindelijk te maken als je kind aan het leren is om zindelijk te worden. Maak jezelf geen verwijten als je een paar fouten maakt.
- Het zal allemaal niet zo gladjes verlopen als het in de boeken wordt beschreven. Maar gold dat niet ook voor je zwangerschap? Je bevalling? De borstvoeding?
- Probeer het niet met alle geweld in een bepaalde tijd gedaan te krijgen. Leren lopen was ook een proces met vele valse starts, en dat geldt ook voor zindelijkheidstraining.
- Zeg tegen niemand dat je je kind zindelijk aan het maken bent, want dan word je dagelijks overspoeld met kritiek en

'handige adviezen.' Wacht totdat het hele proces achter de rug is en kondig dan groots aan wat je kind heeft bereikt. Uitzondering hierop is een geweldige steun en toeverlaat als babywhisperer.com waar je je succes en frustratie kunt delen en mensen bemoedigend reageren en je écht helpen.

10

Net als je denkt dat je het snapt... verandert alles weer!

Twaalf essentiële vragen en twaalf principes van probleemoplossen

De onontkoombare wet van opvoeden

Toen ik de opzet van dit boek besprak met mijn medeauteur, begonnen we natuurlijk met alle belangrijke onderwerpen – een routine instellen, slapen, eten, gedragsproblemen – en vroegen we ons af hoe we het boek zouden afsluiten. Ons boek zou over oplossingen gaan, maar hoe konden we elk probleem dat ouders zouden tegenkomen nu voorspellen en opsommen?

Jennifer, wier zoon Henry destijds ongeveer vier maanden oud was, kwam ons te hulp. Henry, een engelachtige baby met een opgeruimd karakter die zich snel aanpaste aan de FIJN-routine en toen al vijf of zes uur doorsliep, werd plotseling om 4.00 uur wakker. Toen we eenmaal hadden vastgesteld dat hij geen honger had, stelde ik mijn 'wakker maken om te slapen'-strategie voor (zie kader pagina 237). Jen was eerst sceptisch, maar een paar nachten later werd ze om 3.00 uur wakker doordat ze haar hond hoorde overgeven, wat toevallig een uur eerder was dan Henry normaal gesproken wakker werd. 'Ik was toch al wakker,' legde Jennifer later uit, 'dus dacht ik: ach, ik kan het toch proberen?' Tot Jens verbazing werd de cirkel doorbroken door Henry wakker te maken, en zat hij algauw weer in zijn oude slaappatroon. Maar daar gaat het nu niet om. Ze wist dat we zochten naar een onderwerp voor het laatste hoofdstuk en zei: 'Wat denken jullie van "Net als je denkt dat je het snapt… verandert alles weer"?'

Briljant! Dankzij haar eigen korte ervaring als moeder, had Jen een onontkoombare wet van opvoeden ontdekt: niets blijft lang hetzelfde. Dit is per slot van rekening de enige baan op aarde waarbij niet alleen de eisen steeds veranderen, maar ook 'het product.' Wijze en vaardige vaders en moeders begrijpen iets van de ontwikkeling van kinderen en zijn in staat om de meest effectieve geheimen van babyfluisteren uit hun trukendoos te halen. Maar zelfs dat is geen garantie voor een glad verloop. Elke ouder staat van tijd tot tijd versteld.

We stuurden ouders een e-mail en vroegen welke situaties zij graag in ons boek wilden hebben. Toen we deze reactie van Erica kregen, wisten we zeker dat we op het juiste spoor zaten. Niet alleen dit boek, maar élk boek over opvoeden zou op deze manier moeten eindigen!

☺ *Net als je denkt dat je kind makkelijk in slaap valt, komt hij erachter dat je bij hem blijft als hij maar genoeg stampij maakt.*

☺ *Net als je denkt dat je kind alles eet en dol is op groente, krijgt hij een voorkeur voor koekjes en ontdekt hij dat hij kan zeggen wat hij liever heeft.*

☺ *Net als je denkt dat je kind goed uit een beker kan drinken, ontdekt hij hoe leuk het is om te spugen.*

☺ *Net als je denkt dat je kind het leuk vindt om te kleuren, ontdekt hij dat dat niet alleen op papier kan, maar dat ook de muren, de vloeren en het tafelblad prima geschikt zijn voor zijn kunstwerken.*

☺ *Net als je denkt dat je kind dol is op lezen, ontdekt hij het plezier van dvd's en tekenfilms.*

☺ *Net als je denkt dat je peuter weet hoe hij dank je wel en alsjeblieft moet zeggen, ontdekt hij dat het heel leuk is om te weigeren...*

Elke ouder kan wel iets verzinnen om aan Erica's lijstje toe te voegen. Opvoeden is nu eenmaal een aaneenschakeling van 'net als'-momenten. Die zijn onvermijdelijk in het leven. De groei van een kind – en trouwens van iedereen – wordt gekenmerkt door perioden van balans (kalmte) en perioden van onbalans (chaos). Voor ouders is de dagelijkse reis net een bergtocht. Je bent een hele tijd bezig een steil stuk op te klauteren en komt dan eindelijk bij een plateau. Dan wordt het landschap vlakker en huppel je een hele tijd vrolijk verder, totdat je bij de volgende helling komt, die weer veel moeilijker begaanbaar is. Als je bij de top wilt komen, zul je toch echt moeten doorgaan.

Op deze laatste bladzijden kijken we naar de dagelijkse reis van het ouderschap en naar de rotsachtige ondergrond die uit het niets lijkt op te doemen. Daar kan zelfs de meest toegewijde ouder door van slag raken. Omdat ik echt met geen mogelijkheid kan voorspellen met welke 'net als'-momenten jij te maken zult krijgen, geef ik je een aantal strategieën om dingen mee op te lossen. Daarna laat ik je zien hoe je die richtlijnen kunt toepassen op een selectie van veelvoorkomende 'net als'-problemen. Sommige onderwerpen zijn nog niet behandeld. Andere hebben te maken met slapen, eten en gedrag; problemen die ik al uitgebreid heb besproken en waar technieken voor nodig zijn die je, als je tot dusver alles hebt gelezen, inmiddels al geleerd hebt. Waar het echter om gaat is dat je naar de complexiteit van deze problemen kijkt en het grote geheel ziet.

De twaalf essentiële vragen

Zoals ik in de inleiding al heb verteld, ben ik de afgelopen paar jaar veranderd van de babyfluisteraar in mevrouw de Probleemoplosser. Ik ben ervan overtuigd dat er in elke ouder een meneer of mevrouw de Probleemoplosser schuilgaat; je hebt alleen een beetje begeleiding nodig. Problemen oplossen is een kwestie van de juiste vragen stellen zodat je de oorzaak kunt achterhalen van het probleem van een kind en erachter komt wat de redenen van zijn nieuwe gedrag zijn, waarna je een plan kunt bedenken om de situatie te veranderen of kunt leren leven met de nieuwe omstandigheden.

'Maar het kwam uit het niets,' houden ouders vaak vol. Nee, hoor. Wanneer er iets onverwachts gebeurt, is daar vrijwel altijd een reden voor. 's Nachts wakker worden, een verandering in de eetgewoonten, norsheid, niet bereid zijn met andere kinderen te spelen of mee te werken; wat het nieuwe gedrag of de nieuwe houding ook is, dit soort dingen komt zelden 'uit het niets'.

Omdat ouders zich op dit soort 'net als'-momenten vaak beduusd en overweldigd voelen, heb ik een manier bedacht om je te helpen een stapje terug te doen en te analyseren wat er is gebeurd in je gezin en je leven en met je kind: de twaalf essentiële vragen. Door dit hele boek heen heb ik je talloze vragen gesteld om je te leren begrijpen hoe ik een bepaald probleem oplos en je te leren denken zoals ik doe. Maar nu heb ik deze teruggebracht tot wat volgens mij de vragen zijn waar het om gaat; de vragen die je als eerste stelt omdat ze de meest voorkomende redenen voor plotselinge gedragsveranderingen reflecteren. In veel 'net als'-situaties spelen verschillende factoren mee: de ontwikkeling van je kind, iets wat je zelf doet (of laat), veranderingen in je dagelijkse routine of binnen het gezin. Soms valt het niet mee om erachter te ko-

---

De twaalf essentiële vragen

1. Staat je kind op het punt om een nieuw fysiek plateau te bereiken – leren zitten, lopen, praten – of maakt hij een ontwikkelingssprongetje door dat kan bijdragen tot zijn nieuwe gedrag?
2. Past dit nieuwe gedrag bij de persoonlijkheid van je kind? Zo ja, kun je dan andere factoren noemen (in zijn ontwikkeling, in zijn omgeving of bij zijn ouders) die ermee te maken hebben?
3. Is je dagelijkse routine veranderd?
4. Is het dieet van je kind veranderd?
5. Heeft je kind nieuwe activiteiten? Zo ja, passen die dan bij zijn leeftijd en temperament?
6. Is het slaappatroon – overdag of 's nachts – van je kind veranderd?
7. Ben je vaker van huis weg geweest dan anders, heb je een uitstapje gemaakt of ben je met het gezin op vakantie geweest?
8. Zijn er tandjes doorgekomen, is je kind aan het herstellen van een ongeluk(je), is hij pas ziek geweest of heeft hij een operatie achter de rug?
9. Ben jij – of een andere volwassene die dicht bij je kind staat – ziek geweest, heb je het extreem druk gehad of maak je in emotioneel opzicht een moeilijke periode door?
10. Wat is er in je gezin nog meer gaande dat invloed kan hebben op je kind? Denk aan ruzie tussen de ouders, een nieuwe oppas, een andere baan, een verhuizing, ziekte of een sterfgeval in de familie.
11. Heb je het gedrag onbewust versterkt door er constant aan toe te geven?
12. Heb je kort geleden een nieuwe opvoedmethode uitgeprobeerd omdat een andere 'niet werkte'?

---

men wat er aan de hand is of wat je als eerste moet aanpakken. Als je al deze vragen beantwoordt, zelfs als je denkt dat sommige niet relevant zijn, word je een steeds betere probleemoplosser.

Ik stel voor dat je een kopie van deze vragen maakt en de antwoorden echt opschrijft, in elk geval in het begin, wanneer je net begint met het oplossen van problemen. Een kleine waarschuwing: het kan zijn dat je je tijdens het beantwoorden van de vragen schuldig voelt, omdat sommige antwoorden verwijzen naar je verantwoordelijkheid als ouder. Geloof me, ik geef je deze oefening niet om je te laten concluderen: 'O nee, dat Johnny als een wervelwind door het huis raast is míjn schuld.' Zoals ik al eerder heb gezegd, heeft niemand er iets aan als je je schuldig voelt. In plaats van te piekeren en jezelf verwijten te maken, kun je je energie beter gebruiken om te begrijpen waaróm het zo gelopen is en om stappen te ondernemen om de situatie te veranderen. Elk probleem kan worden opgelost door terug te gaan naar de basis, *zolang je maar weet waardoor het veroorzaakt is.* In de volgende paragraaf ga ik iets dieper op de vragen in en geef ik voorbeelden uit de dagelijkse praktijk, waarbij de antwoorden hebben geholpen bij het oplossen van diverse 'net als'-problemen.

Aandacht voor de ontwikkeling

De eerste vraag gaat over veranderingen in de ontwikkeling van je kind:

1. **Staat je kind op het punt om een nieuw fysiek plateau te bereiken – leren zitten, lopen, praten – of maakt hij een ontwikkelingssprongetje door dat kan bijdragen tot zijn nieuwe gedrag?**

Veranderingen in de ontwikkeling zijn uiteraard onvermijdelijk. Geen enkele ouder kan eraan ontkomen. Je zou de ontwikkeling van je kind ook niet willen tegenhouden. Maar over onevenwichtige periodes gesproken! Nog verbazingwekkender is het dat kinderen vaak letterlijk van de ene op de andere dag veranderen. Ik weet nog goed dat ik mijn jongste dochter op een avond als een engeltje in bed legde en – ik zweer het je – ze de volgende ochtend als een duiveltje wakker werd. We dachten dat iemand de echte Sophie ontvoerd had. Ze was ineens koppig, assertiever en onafhankelijker. Wat wij meemaakten was zeker geen uitzondering. Je moest eens weten hoeveel e-mails en telefoontjes ik krijg van ouders die zeker weten dat er buitenaardse wezens hun huis zijn binnengedrongen terwijl ze sliepen, en dat die hun kind hebben verwisseld voor een vreselijk monster!

De truc met ontwikkelingssprongetjes is dat je ze gewoon moet nemen zoals ze zijn. Als ouders van slag raken door een nieuw soort gedrag, vergeten ze zich soms aan hun routine te houden, wat in een onevenwichtige periode belangrijker dan ooit is! Om het nog erger te maken, gaan ze ook nog eens opvoeden tegen wil en dank. Zoals je in 'Dorians dilemma' (zie pagina 464-

469) zult zien – een waargebeurd verhaal over een 'net als'-probleem dat niet alleen werd veroorzaakt door de ontwikkeling, maar ook door verschillende andere factoren – proberen kinderen hun nieuwe vaardigheden uiteraard uit op de mensen die het dichtst bij hen staan: hun ouders. Wanneer we erop reageren en ze in de gaten krijgen dat ze invloed kunnen uitoefenen, krijgen ze een gevoel van macht, waardoor het gedrag wordt versterkt.

Soms moet je gewoon even op je tanden bijten en wachten tot het overwaait. Het helpt als je het nieuwe gedrag ziet als de behoefte van je kind om de wereld te verkennen en sterker te worden, en niet als een persoonlijke aanval (hoewel het wel zo kan voelen!). Je kunt de situatie maar het beste negeren, tenzij je kind in gevaar is of zijn gedrag anderen schaadt. Soms is een aanpassing van jouw kant echter noodzakelijk als er veranderingen in de ontwikkeling plaatsvinden. Als je baby bijvoorbeeld altijd lief in zijn eentje speelde en nu meer tijd opeist, kan dat komen doordat zijn hersenen nu zo gegroeid zijn dat hij beseft dat hij je nodig heeft. Het kan ook komen doordat hij zijn oude speelgoed ontgroeid is. Zodra een kind weet hoe een speeltje werkt en hij het beheerst, is hij klaar voor iets wat meer uitdaging biedt.

Ouders realiseren zich vaak niet dat wat eruitziet als een gedragsprobleem eigenlijk een ontwikkelingssprongetje is dat vraagt om een aanpassing van de routine of een manier om de nieuwe behoeften en vaardigheden van een kind ruimte te bieden. Herinner je je Jake nog, wiens moeder Judy haar zoon wilde leren dat hij haar waardevolle spullen niet mocht aanraken en niet mocht slaan (zie pagina 401)? Jakes zogenaamde problemen hadden allemaal te maken met zijn ontwikkeling. Altijd wanneer ik hoor dat een baby opeens 'overal aan zit,' weet ik dat zijn ouders dingen moeten veranderen om ruimte te bieden aan zijn beter ontwikkelde zelf. Ik adviseerde Judy om haar huis kindveilig te maken, zodat moeder en zoon niet in een constante strijd verwikkeld zouden zijn en Jake niet zo gefrustreerd zou zijn door zijn moeders eindeloze 'nee' en 'niet aankomen.' Toen ze eenmaal een veilige ruimte gecreëerd had waarin Jake niet te pas en te onpas zijn peuterspiertjes wilde trainen, moest ze gewoon volhouden, oppassen dat hij niemand sloeg en wachten tot deze fase in zijn ontwikkeling voorbij was. Als ze niet zo'n bewuste en bezorgde moeder was geweest, was Jakes agressie misschien wel geëscaleerd. En dat zou jammer zijn geweest, want de werkelijke oorzaak van het 'net als'-probleem was dat Jake groeide en onafhankelijker werd.

Je kind kennen

De tweede vraag betreft de o zo belangrijke stelling waar ik in dit
hele boek en tijdens al mijn gesprekken met ouders op blijf hameren: *Ken je eigen kind.*

**2. Past dit nieuwe gedrag bij de persoonlijkheid van je kind? Zo
ja, kun je dan andere factoren noemen (in zijn ontwikkeling,
in zijn omgeving of bij zijn ouders) die ermee te maken hebben?**

Dan zeggen ouders tegen me: 'Natuurlijk weet ik dat hij een eigen
persoonlijkheid is en dat ik moet accepteren dat hij uniek is.'
Maar zijn temperament werkelijk accepteren is heel iets anders
dan zéggen dat je dat doet (meer hierover vind je op pagina 89
'Waarom sommige ouders het niet inzien'). Naarmate kinderen
ouder worden, en vooral als ze de wereld in gaan en tijd doorbrengen met andere kinderen, in een andere sociale omgeving, is
het vaak gedaan met de goede bedoelingen.

Neem bijvoorbeeld Susan, een advocate met veel aanzien uit
Houston, die ik voor het eerst ontmoette tijdens een van mijn sig-
neersessies in Los Angeles. Susan ging na de geboorte van Emma
minder werken om 'meer te kunnen doen' met haar dochter.
Maar Emma was veel minder sociaal dan haar drukke en praat-
grage moeder. Toen Emma ongeveer tweeëntwintig maanden
was, moest Susan onder ogen zien hoe haar dochtertje eigenlijk
was. Hoewel ze dol was op muziek, verstopte Emma zich achter
de bank toen Susan zei: 'Vandaag gaan we voor het eerst naar muziekles.' Eerst dacht Susan dat het een spelletje was en dat het feit
dat Emma zich verstopte niets met de muziekles te maken had,
dus negeerde ze het gedrag gewoon. Toen Emma op de muziek-
school een driftbui kreeg, ging Susan ervan uit dat Emma de
nacht ervoor niet goed geslapen had, wat ze ook tegen de andere
moeders zei. Toen het hele circus een paar weken lang herhaald
werd, belde Susan me op.

Toen ze de twaalf essentiële vragen beantwoord had, drong het
tot Susan door dat Emma inderdaad al sinds haar geboorte gevoelig was geweest, maar dat ze altijd had gedacht – en gehoopt –
dat haar dochter er wel overheen zou groeien. Ze bleef haar dochter maar overal naar toe mee nemen, in de hoop dat ze door alle
activiteiten vanzelf minder verlegen zou worden. Hoe meer haar

dochter zich verzette, hoe meer Susan haar pushte. 'Bij de muziekles wilde ze steeds bij me op schoot kruipen, maar dat liet ik niet toe. Ik zei steeds: "Kom op, schatje, ga maar met de andere kinderen spelen." Tja, daarvoor waren we immers daar, en hoe zou ze het anders moeten leren?' Emma's zogenaamd plotselinge weerstand was er altijd al geweest, maar Susan had geen acht geslagen op de signalen. Maar nu kwam alles aan het licht door ontwikkelingsfactoren. Emma was bijna twee, begreep meer en kon beter voor zichzelf opkomen, dus liet ze Susan weten: *Hé mam, dit wordt me te veel!*

In dit geval betekende terug naar de basis gaan dat Susan elke dag rekening moest houden met Emma's gevoeligheid. Ze moest Emma tijd geven om zich aan nieuwe situaties en groepen kinderen aan te passen in plaats van haar de drukte in te dwingen. 'Moeten we dan maar helemaal stoppen met die lessen?' vroeg Susan. Ik zei dat dat absoluut niet nodig was. Daarmee zou ze Emma alleen maar leren dat je moet ophouden met proberen zodra iets eng, moeilijk of frustrerend is. Ik stelde voor dat ze weer naar muziekles zou gaan, maar dat ze Emma moest verzekeren dat ze op mama's schoot mocht blijven zitten totdat zíj er klaar voor was om met de instrumenten en de andere kinderen te gaan spelen. Al zou het weken duren, of zelfs totdat alle lessen voorbij waren, Susan moest zich daar toch aan houden.

In de tussentijd kon Susan echter wel aan de juf vragen of ze een lijst kon krijgen met de liedjes die in de les gezongen werden (in veel groepen krijg je ook een cd mee naar huis), en thuis met Emma gaan zingen. Met verlegen kinderen gaat het het beste wanneer ze weten wat ze kunnen verwachten en het gevoel hebben dat ze het kunnen. Susan zou ook een instrument kunnen kopen – een triangel, een tamboerijn of sambaballen, die ook bij de muziekles gebruikt worden – zodat Emma ermee kon oefenen en er bekend mee kon raken. Als Emma na een paar lessen ook maar een beetje belangstelling leek te hebben om met de groep mee te doen, zou Susan met haar bij de groep moeten gaan zitten. 'Misschien blijft ze constant bij je zitten, maar dat maakt niet uit,' zei ik. 'Als je haar de tijd geeft, weet ik zeker dat ze het uiteindelijk in haar eentje zal proberen.'

Kijken naar wat de routine in de war schopt

De volgende vragen hebben te maken met je dagelijkse routine en de gebeurtenissen en/of omstandigheden waardoor die verstoord zou kunnen raken:

3. **Is je dagelijkse routine veranderd?**

4. **Is het dieet van je kind veranderd?**

5. **Heeft je kind nieuwe activiteiten? Zo ja, passen die dan bij zijn leeftijd en temperament?**

6. **Is het slaappatroon – overdag of 's nachts – van je kind veranderd?**

7. **Ben je vaker van huis weg geweest dan anders, heb je een uitstapje gemaakt of ben je met het gezin op vakantie geweest?**

8. **Zijn er tandjes doorgekomen, is je kind aan het herstellen van een ongeluk(je), is hij pas ziek geweest of heeft hij een operatie achter de rug?**

Routine is de hoeksteen van stabiliteit binnen je gezin. Ik heb heel wat pagina's van dit boek gewijd aan de problemen die ontstaan wanneer er geen, of een grillige, routine is. Maar er zijn ook periodes waarin zelfs de meest georganiseerde en bewuste ouders er niets aan kunnen doen dat ze afwijken van hun routine. Tandjes, ziektes en reizen kunnen roet in het eten gooien, en dat geldt ook voor veranderingen in een of meer van de letters van FIJN: ander eten (F), andere activiteiten (I), veranderde slaapgewoonten (J) of iets in jouw eigen leven (N). Maar waardoor je routine ook wordt verstoord, als je je er eenmaal bewust van bent, kun je altijd weer terug naar de 'normale' gang van zaken.

Doe wat je moet doen om de routine weer terug te brengen. Als het slaappatroon van je kind verstoord is, doe dan O.P./N.L. om hem weer op het juiste spoor te krijgen (zie hoofdstuk 6). Of misschien ben je weer aan het werk gegaan en gaat je kind nu naar het kinderdagverblijf of komt er een oppas bij jullie thuis. Als hij zich anders gaat gedragen, kan dat komen doordat de oppas zich niet aan jouw routine houdt. Maak hem of haar het plan duidelijk en schrijf het op. En zorg ervoor dat je je er zelf ook aan houdt.

Een 'net als'-verandering kan ook een teken zijn dat de behoeften van je kind zijn veranderd; dat hij onafhankelijker is en daarom een níéuwe routine nodig heeft, zoals om de vier uur eten in plaats van om de drie uur (zie kader pagina 52) of het ochtendslaapje overslaan (zie pagina 349). Probeer niet de klok terug te draaien. Laat hem groter worden. Als hij overgaat van vloeibare op vaste voeding (zie hoofdstuk 4), kan hij buikpijn krijgen omdat hij niet meteen gewend is aan het nieuwe voedsel, maar dat betekent niet dat je terug moet naar vloeibare voeding. In plaats daarvan moet je nieuw eten langzamer introduceren. Ga altijd terug naar de basis.

De lastigste routineverstoorders zijn degene die te maken hebben met het ongemak van je kind. Wanneer een kind tandjes krijgt, pijn heeft of ziek is, slaat het 'arme baby'-syndroom maar al te vaak toe (zie pagina 469 voor een uitgebreid voorbeeld). Plotseling laten ouders hun kind langer opblijven of, erger nog, nemen hem bij zich in bed. Ze beseffen niet wat langetermijnconsequenties zijn en raken een paar weken later in paniek: 'Wat is er met ons dochtertje aan de hand? Ze slaapt niet goed, eet niet goed en huilt meer dan anders.' Tja, hoor eens, dat komt omdat haar routine is verstoord door de recente verandering en ze nu niet meer weet wat ze kan verwachten. Als je kind een beetje ziek is, geef hem dan absoluut extra liefde en aandacht, maar probeer je wel zo veel mogelijk aan de oude routine te houden.

Sommige routineveranderingen zijn voorspelbaar. Als je op reis gaat, weet je bijvoorbeeld dat je daar minstens een paar dagen na thuiskomst nog de nasleep van hebt. Vooral een jonge baby die twee of drie weken op vakantie is geweest en de herinnering aan 'thuis' niet zo lang kan vasthouden, zal zich afvragen: 'Waar ben ik nú?' Uiteraard wordt dat alleen maar erger als je intussen hebt opgevoed tegen wil en dank. 'Het was een ramp,' herinnert Marcia zich van haar thuiskomst na een reisje naar de Bahama's met Bethany van anderhalf. 'Ze hadden gezegd dat er in het hotel babybedjes zouden zijn, maar toen we daar aankwamen, gaven ze ons zo'n gammel campingbedje. Het leek meer op een box en Bethany wilde er niet in slapen, dus sliep ze uiteindelijk bij mijn man en mij in bed.'

Marcia moest thuis een paar nachten O.P./N.L. doen om Bethany weer te laten wennen aan haar bedroutine en haar weer zelfstandig te leren slapen. Maar je kunt het jezelf makkelijker maken door vooruit te plannen. Of je nu bij vrienden of familie slaapt of betaalt voor je onderkomen, bel van tevoren om te vragen wat voor bedje ze hebben. Als het een campingbedje is en je kind daar niet aan gewend is, leen er dan een van iemand en laat je kind erin slapen voordat je weggaat. Als je kind te groot is voor een campingbedje, vraag je gastheer of –vrouw dan of het mogelijk is een bedje van iemand te lenen, of bel een plaatselijk verhuurbedrijf. Wanneer je je koffers gaat inpakken, neem dan ook lievelingsspeelgoed en –kleding mee, en pak wat vertrouwde spulletjes in. Houd je op je reisbestemming aan je dagelijkse gewoonten, al ben je dan op een onbekend adres; houd je zo veel mogelijk aan de normale slaap- en eettijden. Dan hoef je minder te veranderen als je weer thuis bent.

De gezinsomstandigheden beschermen

De volgende twee vragen hebben te maken met grotere, en vaak langduriger, veranderingen binnen het gezin:

9. **Ben jij – of een andere volwassene die dicht bij je kind staat – ziek geweest, heb je het extreem druk gehad of maak je in emotioneel opzicht een moeilijke periode door?**

10. **Wat is er in je gezin nog meer gaande dat invloed kan hebben op je kind? Denk aan ruzie tussen de ouders, een nieuwe oppas, een andere baan, een verhuizing, ziekte of een sterfgeval in de familie.**

Kinderen zijn net sponzen: ze nemen alles om zich heen op. Uit onderzoek blijkt dat zelfs baby's de stemming van hun ouders en andere veranderingen in hun omgeving in zich opnemen. Als jij van streek bent, is je kind dat ook. Als de sfeer thuis chaotisch is, heeft hij het gevoel dat hij in een wervelstorm terecht is gekomen. Natuurlijk heeft elke volwassene wel eens een zware periode of krijgt hij te maken met grote veranderingen; wij hebben zo onze eigen 'net als'-momenten. Zulke overgangsperioden zijn niet te voorkomen, maar we kunnen op zijn minst inzien wat voor invloed ze hebben op onze jongere gezinsleden.

Bridget, die grafisch ontwerper is en thuis werkt, had haar moeder verloren, die na een vreselijke strijd was overleden aan botkanker toen Michael, Bridgets zoontje, drie was. Ze had een heel sterke band met haar moeder en het verlies kwam hard aan. Na haar overlijden lag Bridget in het donker op bed, verscheurd tussen woede en verdriet. 'Michael zat net op de peuterschool toen mijn moeder stierf,' legde ze uit, 'dus was hij elke ochtend drie uur lang niet thuis. Ik probeerde sterk te zijn als ik hem moest ophalen. Rond dezelfde tijd kwam ik erachter dat ik zwanger was.'

Toen kreeg Bridget een telefoontje van Michaels juf. Michael had andere kinderen geslagen en gezegd: 'Ik maak jullie dood.' Toen Bridget zichzelf de twaalf essentiële vragen stelde, kreeg ze het vermoeden dat Michael reageerde op háár verdriet. 'Maar,' vroeg ze, 'dat kon toch niet anders? Ik heb toch tijd nodig om te rouwen?'

Ik verzekerde Bridget dat dat natuurlijk zo was. Ze moest echter ook rekening houden met Michaels gevoelens. Hij had zijn oma verloren en ook al dácht Bridget dat ze zich sterk hield als ze hem van school haalde, een kind van drie ziet echt wel dat de ogen van zijn moeder rood en opgezet zijn en, belangrijker nog, voelt haar emoties aan. Michael nam niet alleen Bridgets verdriet in zich op, maar had ook het gevoel dat zijn moeder verdwenen was. Ik legde Bridget uit dat we, om met Michaels agressie op school om te gaan, een plan moesten bedenken dat de gezinssituatie aan zou pakken.

Bridget begon met Michael over haar moeder te praten, wat ze tot dan toe nog niet echt gedaan had. Ze vertelde hem dat ze de laatste tijd heel verdrietig was geweest omdat ze oma Rose zo miste. Ze moedigde Michael aan om zijn emoties ook te uiten. Hij zei dat hij oma ook miste. Bridget wist dat het goed voor hen was om over haar moeder te blijven praten en zich de leuke momenten te herinneren. 'Misschien kunnen we naar de draaimolen in het park gaan, of naar het meer waar oma je altijd mee naartoe nam om de eendjes te voeren,' stelde ze voor. 'Dan hebben we het gevoel dat we dicht bij haar zijn.'

Wat misschien wel het belangrijkst was, was dat Bridget haar eigen emotionele behoeften aan ging pakken. Ze sloot zich aan bij een rouwverwerkingsgroep, zodat ze met andere volwassenen over haar gevoelens kon praten. Toen Bridget beter in haar vel zat en eerlijk tegen haar zoon kon vertellen hoe ze zich voelde, op een manier die bij zijn leeftijd paste, werd Michael weer zichzelf: rustig en meegaand.

De schade van opvoeden tegen wil en dank beperken

De laatste twee vragen hebben te maken met opvoeden tegen wil en dank:

11. Heb je het gedrag onbewust versterkt door er constant aan toe te geven?

12. Heb je kort geleden een nieuwe opvoedmethode uitgeprobeerd omdat een andere 'niet werkte?'

Opvoeden tegen wil en dank gebeurt wanneer ouders inconsistent zijn en de regels steeds maar veranderen, bijvoorbeeld door een kind de ene nacht wel bij zich in bed te laten kruipen en hem zichzelf de volgende avond in slaap te laten huilen. Of wanneer ouders hun toevlucht nemen tot een snelle oplossing als hun kind zich anders gedraagt, bijvoorbeeld door een hulpmiddel te gebruiken of hem op te pakken zodra hij huilt, zonder even diep adem te halen en erachter proberen te komen wat de oorzaak van het probleem is.

Zoals ik door dit hele boek heen benadruk, kan opvoeden tegen wil en dank de hoofdoorzaak van een probleem zijn. In geval van een 'net als'-situatie kan het er de oorzaak van zijn dat een probleem maar blijft bestaan. Snelle oplossingen lossen helemaal niets op. Het is net zoiets als een pleister op een gapende wond plakken, zonder de patiënt antibiotica te geven of te kijken naar de oorzaak. De wond bloedt misschien niet meer en misschien geneest hij zelfs wel. Maar hij is niet helemaal weg, omdat de infectie nog in het lichaam zit. Na verloop van tijd zal het waarschijnlijk alleen maar erger worden. Datzelfde geldt voor 'net als'-problemen. Sommige verdwijnen even snel als ze gekomen zijn. Maar sommige worden door ouders verkeerd geïnterpreteerd en verkeerd aangepakt, en leiden op die manier tot ernstiger problemen.

Sommige ouders zijn zich niet bewust van dat proces. Ze blijven maar pleisters plakken – toegeven, vleien, het kind over hun grenzen heen laten gaan – en voor ze het weten, slaapt het kind niet meer in zijn eigen bed, loopt zijn gedrag de spuigaten uit en deelt hij thuis de lakens uit.

Andere ouders, vooral degenen die mijn eerste twee boeken hebben gelezen, zijn zich er pijnlijk van bewust hoe opvoeden tegen wil en dank begint. Dan zeggen ze tegen me: 'We weten dat we haar niet moeten wiegen, maar...' of: 'We bellen omdat we weten dat we een strategie moeten kiezen waar we later geen spijt van krijgen.' Maar of ze doen het tóch ('één nachtje maar'), of ze vergeten hun goede bedoelingen in het heetst van de strijd.

Hier volgt een interessant mailtje dat laat zien hoe opvoeden tegen wil en dank begint en hoe complex deze 'net als'-problemen kunnen worden:

Ons dochtertje Rebecca van dertien maanden heeft moeite om 's avonds te gaan slapen. Dat begon ongeveer een maand geleden. Ik reisde met haar het land door naar het huis van mijn broer in Californië. Toen we terugkwamen, waren mijn man en ik het erover eens dat het tijd werd om te stoppen met haar speen. Tot die tijd had ze hem alleen gebruikt om te slapen, nooit buiten het bed. Ze vond het maar niets, maar we lieten haar huilen en probeerden haar zover te krijgen dat ze zichzelf met haar tuttel troostte. Daarna had ze ongeveer twee weken last van een verkoudheid/griepje. Drie avonden viel ze uit zichzelf in slaap, net als voor die tijd. Maar nu komt haar eerste kies door en zijn we aan het eind van ons Latijn. Ze huilt elke avond minstens een uur voordat ze gaat slapen. Het lijkt wel of ze niet weet hoe ze zonder speen in slaap moet komen. Ze wordt 's nachts nooit wakker. Moeten we het Rebecca in haar eentje laten uitzoeken of haar kamer in gaan om haar te troosten (zonder haar te wiegen)? We hebben hulp nodig.

Het is je misschien al opgevallen dat deze vermoeide ouders te maken hebben met een reeks gebeurtenissen die de gebruikelijke routine hebben verstoord: een reis, daarna een ziekte, en net toen ze dachten dat hun dochter de draad weer oppakte, kwamen er tandjes door. Ook Rebecca's ouders speelden een rol. Ze hadden hun dochter (en zichzelf) een aantal problemen kunnen besparen als ze een paar weken hadden gewacht voordat ze Rebecca's speen hadden weggehaald en dat niet meteen hadden gedaan toen ze terug waren uit Californië. Kinderen hebben hun vertrouwde spulletjes nodig wanneer ze na een reis weer thuiskomen. Dat helpt hen bij het terugkeren naar de oude routine. Rebecca's speen was geen hulpmiddel, want ze was niet afhankelijk van haar ouders om hem te krijgen; ze was oud genoeg om hem zelf weer in haar mond te stoppen. Bovendien liep ze er niet overdag mee rond. Met andere woorden, het had geen haast om hem weg te halen. Ik denk echter niet dat het weghalen van Rebecca's speen er de óórzaak van was dat ze was 'vergeten' hoe ze uit zichzelf moest gaan slapen. Dat kwam waarschijnlijk doordat haar moeder zich tijdens hun vakantie niet kon of wilde houden aan haar gebruikelijke bedtijd en ook andere aspecten van haar routine waarschijnlijk verstoord waren.

Tot overmaat van ramp lieten Rebecca's ouders haar huilen, wat bij mij de indruk wekt dat ze haar in slaap probeerden te krijgen met de methode van 'gecontroleerd huilen.' Dit was een kind dat altijd goed had geslapen, waarna haar routine was verstoord en ze niet alleen haar speen hadden afgepakt, maar ook nog eens de regels hadden veranderd. Natuurlijk had Rebecca anders ook wel griep gekregen, maar nu kwam de klap dubbel zo hard aan.

In dit geval is het plan: teruggaan naar de basis. Rebecca's ouders moeten misschien O.P./N.L. toepassen om haar opnieuw te leren slapen, maar ze mogen haar niet in de steek laten om haar zogenaamd onafhankelijker te maken. Ook is het voor deze ouders belangrijk dat ze zich realiseren dat het soms nodig is om simpelweg te troosten. Wanneer een kind pijn heeft, bang is of door ongewone omstandigheden van slag is, heeft hij zijn ouders nodig.

Een plan bedenken: de twaalf principes van probleemoplossen

Wanneer je te maken krijgt met een 'net als'-situatie, haal dan diep adem. Stel jezelf de twaalf essentiële vragen en bekijk de situatie door de ogen van een objectieve ouder (zie pagina 380-383). Denk dan na over de twaalf principes van probleemoplossen, terwijl je een actieplan bedenkt. De meeste richtlijnen zullen je bekend voorkomen als je dit boek vanaf het begin gelezen hebt. Het is geen hogere wetenschap. Het is eerder een kwestie van je gezonde verstand gebruiken en goed over dingen nadenken.

De twaalf principes van probleemoplossen

1. Stel de oorzaak – of oorzaken – van het probleem vast.
2. Bedenk wat je als eerste moet aanpakken.
3. Ga terug naar de basis.
4. Accepteer wat je niet kunt veranderen.
5. Beslis of deze oplossing op lange termijn werkt.
6. Troost je kind als dat nodig is.
7. Blijf de baas.
8. Ga altijd naar je kind toe in plaats van hem naar jou te laten komen.
9. Houd je aan je plan.
10. Wees een G.B.-ouder
11. Zorg goed voor jezelf.
12. Leer van je ervaringen.

1. Stel de oorzaak – of oorzaken – van het probleem vast. Stel jezelf de twaalf essentiële vragen. Als je ze eerlijk beantwoordt, moet je een goed idee krijgen van wat je kind dwarszit.

2. Bedenk wat je als eerste moet aanpakken. Vaak is dat het meest prangende probleem. Als je kind bijvoorbeeld drie nachten achterelkaar wakker wordt omdat hij tandjes krijgt, verkouden is of krampjes heeft, kan hij een slechte slaapgewoonte aanwennen. Maar eerst moet je de pijn verlichten. Of als je de methode van 'gecontroleerd laten huilen' hebt uitgeprobeerd en je kind plotseling gaat schreeuwen zodra hij zijn bedje ziet, dan moet je eerst het vertrouwen herstellen (zie pagina 238-243).
Meestal is het handig om eerst het eenvoudigste probleem aan te pakken. Stel dat je in het vakantiehuis van je ouders bent geweest, waar de hele familie 's zomers altijd bij elkaar komt. Je peuter is daar elke avond tot 21.00 of 22.00 uur opgebleven en verwacht dat dat zo blijft nu jullie weer thuis zijn. Hij is door het spelen met zijn neefjes en nichtjes ook agressiever geworden en dat is te merken nu hij weer met zijn vriendjes speelt. Natuurlijk moet je dat gedrag aanpakken, maar het instellen van een vroegere bedtijd is het makkelijkst.

3. Ga terug naar de basis. Je kent de KANS-kaart bij Monopoly, waarop staat: 'Ga direct naar de gevangenis; ga niet langs AF.'

461

Soms is opvoeden net zo. Je moet terug naar af. Zodra je je
probleem geanalyseerd hebt, kun je kijken waarom en hoe je
van je oorspronkelijke plan bent afgeweken, en kun je je nieuwe strategie baseren op het corrigeren van je route. Als je het
temperament van je kind genegeerd hebt, pas je plan dan aan
zijn karakter aan. Als je routine niet meer is wat ze moet zijn,
denk dan aan FIJN. Als je wel eens O.P./N.L. hebt toegepast om
je kind zelfstandig in slaap te laten vallen en het slaapprobleem
doet zich een paar weken later weer voor, val dan terug op datgene waarvan je al weet dat het werkt.

4. **Accepteer wat je niet kunt veranderen.** Ik ben dol op het gebed
van de rust: 'God, geef me de rust om te accepteren wat ik niet
kan veranderen, de moed om te veranderen wat ik wel kan veranderen en de wijsheid om het verschil te weten.' Heel wat 'net
als'-situaties vragen om acceptatie. Je kind is van streek omdat
je net weer buitenshuis bent gaan werken en schopt steeds een
scène als je weggaat... maar je hebt het geld nodig. Je bent teleurgesteld omdat je kind niet zo sociaal is als jij... maar zo is
hij nu eenmaal. Je wordt er doodmoe van dat je steeds de enige bent die 'nee' zegt tegen je kind, en je hebt al een paar keer
geprobeerd te zorgen dat je partner meer betrokken is... maar
hij is een workaholic en jij bent thuis. Je kind is opeens begonnen met hoofdbonken... maar je kinderarts heeft gezegd dat
je er geen aandacht aan moet schenken. Geen van deze situaties is gemakkelijk te accepteren; je wilt er iets aan doen. Maar
soms moet je even gas terugnemen en de tijd zijn werk laten
doen.

5. **Beslis of deze oplossing op lange termijn werkt.** Als je niet begint zoals je van plan bent door te gaan, is de kans groot dat je
gaat opvoeden tegen wil en dank. Als een oplossing meer op
een pleister lijkt dan op een langetermijnoplossing, of als het
meer van jou vergt dan van je kind (bijvoorbeeld als je de hele
nacht heen en weer moet lopen om de speen terug te stoppen
in de mond van je baby), moet je de oplossing misschien her-
overwegen.

6. **Troost je kind als dat nodig is.** In elke 'net als'-situatie bestaat
de kans dat je kind wat extra liefde nodig heeft. Groeispurts,
grotere mobiliteit, de buitenwereld ontdekken, tandjes krij-

gen, een verkoudheid: dit alles kan de routine van een kind in de war schoppen. Het is belangrijk om niet te gaan opvoeden tegen wil en dank, maar je kind moet ook weten dat je er bent om hem op te vangen als hij valt (letterlijk!). Troosten is een daad van medeleven waardoor je je kind een gevoel van zekerheid geeft.

7. **Blijf de baas.** Zelfs als je nog niet precies weet wat je moet doen, mag je kind nooit de baas in huis worden. Als je kind een beetje ziekjes is, is het begrijpelijk dat je dat vervelend voor hem vindt en je zorgen maakt. Zoals ik hierboven al aangeef, moet je hem vooral lekker troosten. Maar overdrijf niet en geef hem niet altijd zijn zin. Daar krijg je zeker spijt van, omdat je gezinsleven dan een grote chaos wordt. Erger nog, misschien wordt hij dan wel zo'n kind dat andere ouders en kinderen proberen te vermijden.

8. **Ga altijd naar je kind toe in plaats van hem bij jou in bed te nemen.** Als hij heel ziek is en je bezorgd bent, leg dan een luchtbed bij hem op de kamer (zie pagina 344 en het verhaal van Elliott, dat begint op pagina 346). Ik ken ook ouders die op de grond naast het ledikantje zijn gaan slapen. Geloof me, je kunt beter een paar nachten ongemakkelijk liggen dan weken of maanden bezig zijn met het afleren van de slechte gewoonten van je kind.

9. **Houd je aan je plan.** Geef niet op als je plan niet meteen lijkt te werken of je kind plotseling terugvalt in zijn oude patroon of gedrag. Ik heb het keer op keer zien gebeuren: ouders komen altijd in de verleiding om iets nieuws te proberen. Daar raakt een kind alleen maar van in de war en het werkt zelden.

10. **Wees een G.B.-ouder.** Geduldig en bewust zijn zijn de sleutels om een plan vol te houden. Vooral als je een plan hebt dat uit verschillende delen bestaat – omdat je bijvoorbeeld een slaap- én een eetprobleem hebt – moet je elke stap langzaam uitvoeren. Je kunt het proces niet versnellen.

11. **Zorg goed voor jezelf.** Denk aan de veiligheidsinstructies die de stewardessen geven als je in een vliegtuig zit: 'Als u met een klein kind reist, zet dan eerst zelf het zuurstofmasker op en

zorg daarna voor uw kind.' Dat geldt ook voor het ouderschap: als je zelf geen lucht krijgt, hoe kun je dan voor je kind zorgen?

12. Leer van je ervaringen. 'Net als'-situaties herhalen zich vaak, al zijn ze soms nét weer even anders. Bedenk met welke problemen je te maken hebt gekregen en hoe je daarmee om bent gegaan. Nog beter: schrijf het allemaal op. Het kan best zijn dat je patronen gaat herkennen; bijvoorbeeld dat je vaak in moeilijkheden komt als je je kind niet goed voorbereidt op iets wat komen gaat, of dat je kind altijd uit zijn doen is na een speelafspraak. Dat wil niet zeggen dat je altijd maar thuis moet blijven. Zorg liever dat je hem de volgende keer wél voorbereidt en dat je drukte tot een minimum beperkt. Ga korter bij andere kinderen spelen en kies rustiger speelkameraadjes uit.

In de laatste paragrafen laat ik zien hoe de twaalf principes van probleemoplossen worden toegepast op alledaagse opvoeddilemma's. Je zult zien dat er in sommige 'net als'-situaties maar drie of vier van belang zijn. In het eerste voorbeeld, 'Dorians dilemma', moesten we echter bijna alle principes (die in kleine kaders in de kantlijn worden genoemd) gebruiken. Het verhaal is nogal lang en er komt heel wat bij kijken, maar dit geval illustreert heel goed hoe complex het allemaal kan zijn en waarom ouders vaak niet weten waar ze moeten beginnen.

Dorians dilemma: 'Plotseling de hele tijd opstandig'

Hoewel het bij veel 'net als'-problemen vóélt alsof ze van de ene dag op de andere ontstaan zijn, is het altijd zo dat er verschillende factoren meespelen. Deze e-mail van Dorian, laat zien hoe complex het is.

Onze zoon Andrew is twintig maanden oud en was altijd heel actief en ondernemend, maar lijkt de afgelopen dagen ineens sterk veranderd te zijn. Ineens is het enige woord dat hij zegt: NEE! Hij wil alles zelf doen, wordt heel boos als ik probeer hem te helpen en is de hele tijd ontzettend opstandig. Ook eten op de grond smijten en voorwerpen naar ons gooien is iets

nieuws. Niet dat hij dat eerst nooit deed, maar nu lijkt hij vast-
beradener en wilder als hij het doet. Hij gaat heel bewust gewoon door als we zeggen dat hij moet ophouden. Hij daagt
onze de hele tijd uit. Ik stuur deze e-mail omdat ik bang ben
voor mijn eigen reactie. Laatst werd ik voor het eerst heel
kwaad op hem en had ik het gevoel dat ik mijn zelfbeheersing
verloor. Dat komt deels doordat ik er net achter ben gekomen
dat ik weer zwanger ben en me afvroeg of dat niet de reden
voor dit alles is (ik heb het mijn zoontje nog niet verteld omdat ik nog niet zo lang zwanger ben). Ik heb het gevoel dat dit
typisch de voorbode is van de 'peuterpuberteit' die eraan
komt, maar snap niet waarom de verandering zo plotseling
komt; ik dacht dat het geleidelijker zou gaan. Ik vraag me af of
een van jullie dit ook heeft meegemaakt en hoe je het hoofd
koel hebt gehouden.

De moeder heeft gelijk: Andrew komt in de buurt van een heel
belangrijke periode in zijn ontwikkeling, want hij is bijna twee.
Negativiteit en opstandig-
heid horen erbij (zie pagina
372). En ja, dit soort veranderingen wel degelijk van
de ene op de andere dag
plaatsvinden, zoals ze be-

> **Stel de oorzaak – of oorzaken
> – van het probleem vast**

schrijft. Daarbij heb ik het vermoeden dat Andrews ouders waarschijnlijk nooit goed zijn omgegaan met het temperament van
hun zoon. Hoewel Dorian haar zoon omschrijft als heel actief en
ondernemend en toegeeft: 'Niet dat hij dat daarvoor niet deed,'
ziet ze misschien niet dat Andrew nu eenmaal zo is, en dat ze het
daar dus mee moet doen. Wanneer je een pittig kind hebt, zoals
Andrew, is het belangrijker dan ooit dat zijn ouders de baas blijven op een liefdevolle, zachtaardige manier. Maar als ouders gaan
vleien en uiteindelijk steeds toegeven aan een veeleisend kind, is
dat een vorm van opvoeden tegen wil en dank, of ze het nu doen
om de lieve vrede te bewaren of om hun kind gelukkig te maken.
Door hun reactie gaat het kind hen alleen nog maar meer uitproberen, en als hij eenmaal in de peuterpuberteit komt, verandert
hij in een wervelstorm. Als ze ook nog eens gelachen hebben om
zijn capriolen – misschien omdat ze die de eerste keer 'schattig'
vonden – hebben ze hem zonder dat te willen beloond. Al is dat
maar één keer gebeurd, kinderen herhalen het daarna meerdere

keren per dag in de hoop dat er nog eens gelachen wordt. Maar nu vindt niemand het meer leuk.

Als ik tussen de regels door lees, wordt me ook duidelijk dat er verschillende facoren een rol spelen bij Andrews 'nieuwe' gedrag: zijn ontwikkeling, de manier waarop zijn ouders omgaan met zijn temperament, en opvoeden tegen wil en dank. Ook Dorians zwangerschap, die straks voor een verandering binnen het gezin gaat zorgen, is een factor. Andrew weet dan misschien nog niets over de baby, maar hij voelt de onrust van zijn moeder heel goed aan. Haar reactie op zijn gedrag is absoluut heviger door alle veranderingen in haar lichaam en geest die de zwangerschap teweegbrengt. In een plan om met deze 'net als'-crisis om te gaan, moeten al deze factoren meewegen en moet het opvoeden tegen wil en dank ongedaan gemaakt worden.

Andrews gedrag is duidelijk de hoofdfactor, dus is het niet moeilijk te bedenken waar we moeten beginnen. Hij is losgeslagen en dat komt niet alleen omdat hij bijna twee is. Ik heb het idee dat noch Dorian, noch haar man duidelijke grenzen heeft gesteld. Als dat inderdaad zo is, wordt het nog moeilijker om Andrew te beteugelen, maar het is zeker niet onmogelijk (en makkelijker dan wanneer hij in de puberteit komt!). Hoewel het heel erg vermoeiend zal zijn, moeten beide ouders volhardend zijn.

> **Bedenk wat je als eerste moet aanpakken**

Andrews ouders moeten zichzelf beschouwen als zijn eerste leraren en 'discipline' niet als vorm van straf zien, maar als een manier om hem te helpen begrijpen wat goed en fout is, en wat ze wel en niet accepteren. Zolang hijzelf of de mensen om hem heen geen gevaar lopen door zijn acties, mogen ze hem niet met aandacht belonen. Als hij bijvoorbeeld tegen Dorian schreeuwt, moet ze met zachte stem zeggen: 'Ik praat niet met je als je zo schreeuwt.' Maar ze moet het ook echt ménen en hem laten merken dat dat zo is door hem te negeren totdat hij lief tegen haar praat. Als Andrew in de kinderstoel zit en met eten gooit, moeten zijn ouders hem *elke keer als hij dat doet* uit de stoel halen en zeggen: 'Niet met eten gooien.' Daarna moeten ze een paar minuten wachten en het

> **Ga terug naar de basis**

dan opnieuw proberen. Als hij het dan opnieuw doet, moeten ze hem er weer uit halen. Als Andrew met een

Blijf de baas

speeltje smijt, moeten ze zeggen dat dat niet mag. Heeft hij een driftbui, dan moet Dorian hem zachtjes bij de hand pakken, hem met zijn rug naar haar toe op schoot of voor zich zetten en zeggen: 'Ik ga hier met je zitten totdat je rustig bent.' Zelfs als Andrew er een schepje bovenop doet en gaat schoppen en slaan of nog harder gaat schreeuwen, mag Dorian niet toegeven.

Tot nu toe hebben Andrews ouders snelle oplossingen gezocht om de dag door te komen. Nu moeten ze naar de lange termijn kijken. Ik geef toe dat dat moeilijk is, want Andrew stelt hun gezag steeds danig op de proef. Toch moeten ze zichzelf ertoe dwingen, al zijn ze te moe om hem discipline bij te brengen. Ze moeten zichzelf tegenhouden

Beslis of deze oplossing op de lange termijn werkt

als ze zo uitgeput zijn dat het makkelijker lijkt om maar toe te geven, en aan de toekomst denken wanneer het lijkt alsof er nooit een einde komt aan deze situatie.

Omdat Andrew is wie hij is – zijn temperament zal niet noemenswaardig veranderen – moeten zijn ouders een omgeving creëren die bij het karakter van hun zoon past: ze moeten hem veel ruimte geven voor veilige, maar inspannende activiteiten. Laat

Accepteer wat je niet kunt veranderen

hem naar buiten gaan, rennen, spelen en zijn energie kwijtraken. Regel speelafspraken met andere actieve en assertieve kinderen. Vermijd uitstapjes waarbij hij stil moet zitten.

Andrews ouders moeten ook manieren bedenken om te anticiperen op toekomstige gebeurtenissen en deze zien te voorkomen. Ze moeten erachter komen waar hij hevig op reageert, en hoe hij eruitziet en zich gedraagt voordat hij zijn zelfbeheersing verliest. Ze moeten ervoor zorgen dat hij nooit te veel honger heeft en vooral nooit te moe wordt. Aan het eind

Leer van je ervaringen

van de middag moet hij het rustig aan doen, zodat hij niet oververmoeid is als hij naar bed gaat. Pittige kinderen zijn vaak op hun slechtst wanneer ze overprikkeld of oververmoeid zijn (net als ouders, trouwens).

Omdat Andrews gedrag er op zijn minst deels op is gericht om de aandacht van zijn ouders te trekken, vooral die van zijn moeder, moet Dorian haar zoon laten merken dat hij haar aandacht op een positieve manier kan krijgen. Ik stel voor dat ze eens kijkt hoeveel tijd ze nu écht aan hem besteedt, zonder dat de telefoon gaat, de televisie aanstaat of ze huishoudelijke klusjes doet. Kinderen voelen aan wanneer we er niet echt 'zijn.' Misschien moet ze wel bepaalde tijdstippen inroosteren waarop Andrew weet dat ze er speciaal voor hém is. Maak duidelijk dat dit zijn exclusieve 'mama en ik'-tijd is; dat is ook belangrijk als de baby er straks is. Dorian is een werkende moeder (ook weer een factor die ze niet kan veranderen) en heeft het al heel druk, maar als ze 's ochtends of na haar werk tijd vrijmaakt om zich écht met Andrew bezig te houden, kan het weleens zo zijn dat hij op andere tijdstippen minder veeleisend is. Ook moeten beide ouders hun best doen om Andrew te prijzen wanneer hij zich goed gedraagt. Bovendien verdient hij een complimentje wanneer hij zijn emoties weer onder controle heeft ('Goed gedaan Andrew, nu ben je weer rustig').

> **Er echt zijn voor je kind**

Als zijn vader en moeder echt consequent zijn, zal Andrew vroeg of laat wel doorkrijgen dat zijn ouders zeggen wat ze bedoelen en doen wat ze zeggen. Dorian en haar man moeten zich wapenen tegen een terugval. Op sommige dagen zal Andrew meegaander zijn en op andere dagen zal het net lijken alsof hij weer een stap achteruit heeft gedaan. Dat valt te verwachten.

> **Houd je aan je plan**

De ouders moeten ook hun eigen gedrag onder de loep nemen, vooral Dorian, die toegeeft dat ze door de hele situatie al bijna een keer haar zelfbeheersing heeft verloren. Het verbaast me niets dat het haar moeite kost haar geduld te bewaren. Ze heeft heel veel hooi op haar vork genomen: een fulltime baan,

> **Wees een G.B.-ouder**

een peuter en een baby onderweg. Toch moet ze deze ups en downs in de ontwikkeling wel in het juiste perspectief plaatsen. Als ze maar uitgaat van wie haar zoon is en haar strategieën erop afstemt om zijn sterke punten te benadrukken en zijn zwakke punten te onderdrukken, zullen zijn negativiteit en agressie grotendeels verdwenen zijn tegen de tijd dat hij drie is. Ze moet ook bewuster worden. Bij pittige kinderen gaan er aan een uitbarsting vaak duidelijke signalen vooraf: het kind begint harder te praten of te schreeuwen, wordt drukker of boos en begint dingen te grijpen. Ze moet hem te pakken krijgen voordat hij last krijgt van losgeslagen emoties en hij fysiek agressiever wordt (zie ook pagina 324-332). Door Andrew zorgvuldig te observeren, hem af te leiden en hem keuzes te geven die zíj goedkeurt, kan Dorian het probleemgedrag zelfs voorkomen.

Ten slotte moet Dorian ook naar zichzelf kijken. Met de hormonen die door haar lijf gieren en haar zorgen om Andrew is het niet zo gek dat ze haar zelfbeheersing verliest. Het probleem is dat Andrew alleen maar moeilijker zal worden als ze kwaad wordt; je bestrijdt woede niet met woede als je wilt dat iedereen rustig

> **Zorg goed voor jezelf**

wordt. Dorian moet net zo veel aandacht besteden aan de 'N' van FIJN als aan de andere letters. Ze moet zorgen dat haar man, haar (schoon)ouders en haar vriendinnen elke dag zorgen dat ze even tot rust kan komen. Zelfs met een paar minuutjes voor zichzelf kan ze er weer tegen en zal ze beter op Andrew reageren. Anders komt ze met hem in een heel negatief patroon terecht, in een constante machtsstrijd.

Problemen na een ziekte: 'We komen niet meer in ons gewone doen'

Wanneer een kind ziek is of er iets ergs met hem gebeurt, en hij moet worden verzorgd om beter te worden, vinden ouders het vaak moeilijk om weer in hun gewone doen te komen. Ziekte, een operatie of een ongeluk zijn vaak de lastigste 'net als'-situaties. Het is begrijpelijk dat je met je kind te doen hebt en hem wilt troosten. Je bent bang dat hij nooit zal herstellen, zelfs als hij alleen maar tandjes krijgt, waar elk kind nu eenmaal doorheen moet. Hoe dan ook, het is een uitdaging om te balanceren op de scheidslijn tussen voor hem zorgen en niet ten prooi vallen aan het 'arme baby'-syndroom, wat vrijwel altijd leidt tot opvoeden tegen wil en dank. En dan, als de crisis voorbij is, zit je niet alleen opgezadeld met het nieuwe gedrag en de slechte gewoonten, maar weet je ook niet meer hoe je je routine opnieuw moet instellen en 'terug moet naar hoe het was,' zoals Linda, de moeder van de tien maanden oude Stuart, het formuleerde toen ze mijn hulp inriep.

Ik ontmoette Linda en haar man George, een leuk stel uit Yorkshire, toen ik onlangs naar mijn geboorteland reisde. Linda legde uit dat George voor het eerst tandjes kreeg toen hij ongeveer acht maanden oud was. Net als veel kinderen bij wie tandjes doorkomen, had hij een loopneus en dunne ontlasting, voelde hij zich overdag niet lekker en werd hij 's nachts meermalen wakker. Linda liep elke nacht met hem heen en weer en wiegde hem in slaap. Toen een paar weken later zijn eerste tandje doorkwam, was Stuart er zo aan gewend dat hij in slaap werd gewiegd, dat hij zich uit alle macht aan zijn ouders vastklampte als die hem in bed probeerden te leggen. Ze begon smoesjes te verzinnen voor Stuarts aanhankelijkheid. 'Hij is zichzelf niet', of: 'Hij krijgt tandjes'. Intussen werd ze een gevangene in haar eigen huis.

Omdat Stuart plotseling bang leek te zijn voor zijn bedje, maar alleen 's nachts, ging Linda ervan uit dat hij nachtelijke angsten had. Ik vroeg: 'Wat deed je toen hij voor het eerst tandjes kreeg?' Linda antwoordde onmiddellijk: 'O, het arme kind. Eerst had ik niet eens in de gaten dat het door zijn tandjes kwam. Ik dacht dat hij verkouden was. Ik bedacht dat hij zo hangerig en uit zijn doen was omdat hij niet genoeg slaap kreeg. Maar toen raakte hij zo van streek dat het net leek alsof hij ergens doodsbang voor was.'

Ik wist meteen dat Linda het 'arme baby'-syndroom had (zie pagina 304). Ze vond het vreselijk dat ze niet eerder had gemerkt dat Stuart last had van zijn tandjes. In haar ogen was ze een 'slechte moeder'. Hoewel sommige kinderen van tien maanden eng dromen, wist ik vrijwel zeker dat dit een geval was van moeilijk doorkomende tandjes – sommige kinderen hebben er meer last van dan andere – en een moeder die zich schuldig voelde. George had er helemaal genoeg van dat zijn vrouw elke nacht voor de deur van het kamertje van hun zoon liep te ijsberen. 'We hebben nooit meer een avond samen,' klaagde hij, 'want zelfs als Stuart slaapt, houdt zij een oor op de deur gericht omdat ze bang is dat hij wakker wordt.' Het was niet moeilijk om te bedenken wat er in dit geval eerst moest gebeuren: Stuarts pijn verlichten. Ik zei tegen zijn ouders dat ze hem paracetamol voor baby's moesten geven en het pijnlijke tandvlees moesten inwrijven met Dentinox-druppels. Zodra hij zich lekkerder voelde, konden ze zijn slaappatroon herstellen. Ik stelde voor dat ze terug zouden gaan naar de basis door O.P./N.L. te doen, en dat het het beste zou zijn als George dat deed. Wanneer een moeder het 'arme baby'-syndroom heeft, geef ik er bijna altijd de voorkeur aan om haar even niet mee te laten doen en de vader op zijn minst de eerste paar dagen O.P./N.L. te laten uitvoeren. Zo krijgt de moeder haar rust, heeft de vader het gevoel dat hij een belangrijke rol speelt (wat ook zo is) en lopen we niet het risico dat de moeder het opgeeft omdat ze het zielig vindt voor de arme kleine.

George volgde mijn instructies voor O.P./N.L. letterlijk op en hoewel de eerste nacht dramatisch was – Stuart werd om de twee uur wakker – hield hij het toch vol. 'Ik kon niet geloven hoe geweldig hij het deed,' zei een stomverbaasde Linda de volgende dag, en ze gaf toe dat zij het al bij de eerste poging zou hebben opgegeven. 'George was doodop, maar straalde.' Door die nacht en de nacht daarna te kijken hoe haar man het deed (ik stel altijd voor dat de ouders elkaar om de twee nachten afwisselen, zie pagina 316-318), kreeg Linda de moed om O.P./N.L. door te zetten. Binnen een week sliep Stuart 's nachts door.

Zoals zo veel moeders me in zo'n geval vragen, wilde ook Linda weten: 'Moeten we hier nu wéér doorheen als hij zijn volgende tandje krijgt?' Ik zei dat dat zou kunnen, maar dat ze moest leren van deze ervaring, want als Stuart ooit ziek wordt of een ongelukje krijgt tijdens het spelen, krijgt ze waarschijnlijk te maken met hetzelfde probleem. 'Als je je toevlucht weer neemt tot het oude hulpmiddel,' waarschuwde ik, 'ben je weer terug bij af.'

Plotselinge angsten: 'Ze is bang voor het bad'

Maya belde me omdat Jade van elf maanden ineens moeilijk deed wanneer het tijd was voor haar bad. 'Ze vond het water juist altijd heerlijk,' zei Maya. 'Al toen ze nog heel klein was. Nu begint ze te schreeuwen wanneer ik haar erin zet, en wil ze absoluut niet gaan zitten.' Dit is een veelvoorkomend, maar niet heel ernstig probleem. Toch vinden veel ouders het heel vervelend en daarom bespreek ik het hier.

Wanneer een kind plotseling bang is om in bad te gaan, komt dat negen van de tien keer doordat hij ergens van geschrokken is. Hij is onder water gegleden, heeft zeep in zijn ogen gekregen of heeft zich tegen de hete kraan gestoten. Hij heeft tijd nodig om weer vertrouwen te krijgen. Was zijn haar een paar avonden niet, zodat hij in elk geval geen zeep in zijn ogen krijgt. (Baby's en jonge peuters worden toch niet zo heel vies!) Als hij onder water is gegleden, is dat heel beangstigend. Probeer eens samen met hem in bad te gaan, dan voelt hij zich misschien veiliger. Als hij zelfs niet samen met jou in bad wil, spons hem dan een paar weken alleen maar af.

Als het niet is gebeurd waar jij bij was, praat dan met degenen die hem ook in bad doen. Het kan zijn dat het bad te groot aanvoelt voor een klein kind, of dat hij zijn eigen stem hoort echoën, wat ook eng kan zijn voor een kleintje. Als dat het geval is, zie je hem babbelen en dan ineens met grote ogen ophouden, alsof hij wil zeggen: *Wat is dát nou?*

Ten slotte kan het ook zijn dat je kind oververmoeid is tegen de tijd dat hij in bad gaat, wat angst kan veroorzaken of versterken. Naarmate kinderen ouder worden en meer interactie hebben met hun speelgoed en met mensen, verandert het bad in wat een moeder op mijn website 'het badfestijn' noemde: een wild feest van rondspetteren in het bad, waarbij degene die het kind in bad doet drijfnat wordt. Sommige kinderen kunnen deze activiteiten goed aan, maar voor andere is het badfestijn te druk. Als dat zo is, kan het verstandig zijn om hem in bad te doen op een tijdstip waarop hij minder moe is (zie het verhaal van Carlos op pagina 338).

Als je er niet achter kan komen waarom je kind bang is, ga dan terug naar de basis. Laat hem langzaam en heel rustig weer aan het bad wennen. Geef hem nieuwe badspeeltjes (dat hoeven geen dure speeltjes te zijn, je kunt ook gewoon gekleurde kopjes en lepeltjes nemen). Als hij echt heel bang is, begin dan met een vrijstaand kinderbadje en laat hem ernaast staan terwijl je hem afsponst. Zeg: 'Hier waste ik je in toen je nog een baby'tje was.' Laat hem in het badje zitten als hij dat wil. Wanneer hij zich weer prettiger voelt in de badkamer, laat dan het grote bad vollopen, maar vul het maar met een paar centimeter water. Laat hem erin staan. Dwing een kind nooit in bad te gaan zitten als hij bang is. Het kan een paar maanden duren, maar hij groeit er wel overheen.

Eenkennigheid: 'De oppas kon hem niet troosten'

Toen Vera me laatst belde, was ze in alle staten. Ik heb haar leren kennen toen Sean van negen maanden nog heel klein was. 'Tracy, ik ben bang dat hij aan het veranderen is,' zei ze. 'Zo heb ik hem nog nooit meegemaakt.'

'Hoe?' vroeg ik, benieuwd naar de reden van Vera's telefoontje. Sean was een heel rustig kereltje. We hadden hem meteen op een goede routine gekregen, en al belde zijn moeder me van tijd tot tijd op om te vertellen hoe hij vooruitging, ze had zelden vragen of zorgen.

'Gisteren gingen we uit eten en lieten Sean bij een oppas, wat we al heel vaak hebben gedaan zonder enig probleem. Maar halverwege de maaltijd ging mijn telefoon. De oppas, een lieve en heel bekwame vrouw die ik bij een vriendin had ontmoet, belde me om te zeggen dat Sean wakker was geworden. Ze had geprobeerd hem weer in slaap te krijgen met de woorden die ik had voorgesteld: "Het is al goed Sean, ga maar weer slapen." Maar ze zei dat hij haar één keer aankeek en toen nog harder begon te schreeuwen. Niets kon hem tot rust brengen: wiegen niet, voorlezen niet en zelfs de televisie niet. Uiteindelijk zijn we na de garnalencocktail naar huis gegaan. Gelukkig waren we vlak in de buurt, maar hij was helemaal over zijn toeren toen we aankwamen. Hij sprong bijna in mijn armen en ik had hem in een mum van tijd stil.

Arme mevrouw Grey. Ze zei dat ze in al die jaren dat ze met baby's en peuters had gewerkt nog nooit had meegemaakt dat een kind zo'n hekel aan haar had. Hoe kan dat nou, Tracy? Ik weet dat ze een nieuwe oppas was, maar het is niet de eerste keer dat we een nieuw iemand hebben. Denk je dat Sean last krijgt van scheidingsangst?'

Haar theorie was aannemelijk. Veel baby's krijgen op deze leeftijd last van scheidingsangst (zie pagina 106-111). Maar toen we de twaalf essentiële vragen doornamen, werd duidelijk dat dit een op zichzelf staand incident was. Sean klampte zich niet aan zijn moeder vast. Hij kon drie kwartier of langer in zijn eentje spelen. En hij vond het prima wanneer Vera boodschappen ging doen en hij bij Alice bleef, de huishoudelijke hulp die al ver voordat hij werd geboren bij hen in huis werkte en nu soms ook oppaste.

Toen schoot me te binnen dat dit de eerste keer was dat mevrouw Grey bij Vera oppaste. 'Had Sean even tijd doorgebracht met mevrouw Grey voordat jullie uitgingen?' vroeg ik.

'Nee, hoe zou dat kunnen?' vroeg Vera, die niet begreep waar ik op doelde. 'We hebben Sean zoals altijd om zeven uur in bed gelegd. Toen mevrouw Grey kwam, hebben we haar laten zien waar alles stond. Ik heb haar verteld wat ze moest doen als Sean wakker zou worden. Ik dacht eigenlijk dat hij gewoon door zou slapen.'

Maar natuurlijk was Sean wél wakker geworden. Net als je denkt dat je kind zal doorslapen wanneer je een avondje uitgaat, doet hij dat niet! Tot overmaat van ramp – en daardoor werd zijn paniek veroorzaakt – keek hij in het gezicht van een vreemde toen hij wakker werd. Misschien werd hij wakker omdat hij eng gedroomd had (wat goed mogelijk is met negen maanden), of doordat hij zijn benen bewoog (hij was net begonnen met kruipen). Wat het ook was, hij had niet verwacht mevrouw Grey te zullen zien toen hij zijn ogen opendeed.

'Maar dat heeft hij nog nooit gedaan,' wierp Vera tegen. 'We hebben geen vaste oppas, dus heeft hij wel vaker aan een vreemd gezicht moeten wennen.' Ik legde Vera uit dat haar zoontje groter werd. Toen hij kleiner was, waren bijna alle volwassen gezichten (behalve het hare) onderling inwisselbaar. De eerste maanden raakte Sean niet in paniek bij het zien van een vreemd gezicht, omdat zijn babyhersentjes de nieuwe persoon niet als 'een vreemde' registreerden. Maar na acht of negen maanden begint het neurologische systeem te rijpen. Dezelfde ontwikkeling die verantwoordelijk is voor scheidingsangst, zorgt er ook voor dat kinderen bang worden voor onbekenden. Al glimlachte mevrouw Grey en knuffelde ze Sean, ze was en bleef een vreemde, dus was hij bang.

De moraal van dit verhaal is drieledig: ten eerste moet je het woord 'nooit' uit je woordenboek schrappen. Vaak hebben ouders net gezegd: 'Hij wordt nóóit 's nachts wakker' of: 'Ze heeft nóóit een driftbui in het openbaar', of het gebeurt.

Ten tweede moet je je in je kind verplaatsen en je de situatie vanuit zijn standpunt voorstellen. Vera had Sean eerder moeten laten kennismaken met mevrouw Grey, door haar bijvoorbeeld een middagje te laten oppassen of haar alleen maar even met hem te laten spelen, zodat Sean een band met haar kon opbouwen. Op die manier zou hij niet zo overdonderd zijn geweest.

Ten derde moet je leren welke ontwikkelingsfasen je kind

doormaakt. Ik geloof er niet in dat je de vooruitgang van je kind in een tabel kunt aflezen, maar het is een goed idee om een algemene indruk te hebben van zijn mentale en emotionele capaciteiten. Baby's en peuters begrijpen vrijwel altijd meer dan ouders zich realiseren. Ouders hebben vaak de houding dat hun kind 'nog maar een baby' is en iets niet kan onthouden, het niet begrijpt of het verschil niet weet. En meestal hebben ze het helemaal mis.

De stand van de planeten

Goed, je hebt alle vragen en strategieën uit dit boek doorgenomen en je snapt nog steeds niet waarom je baby plotseling heeft besloten dat het om vier uur 's nachts tijd is om te spelen, of waarom je peuter ineens geen havermout meer lust, terwijl dat altijd zijn lievelingskostje was. Tja, ik heb geprobeerd om alle problemen te behandelen waarover je me persoonlijk, telefonisch of per e-mail hebt verteld. Ik heb alle vragen genoemd die ik zou stellen om een actieplan te verzinnen. En ik heb je al mijn geheime strategieën verklapt die ik ergens in mijn hoofd heb opgeslagen. Als je nog steeds in het duister tast, kun je altijd de stand van de planeten nog de schuld geven. Misschien loopt Mercurius retrograde. We weten allemaal dat er soms gewoon geen reden voor is waarom de fantastische oplossing van gisteren niet werkt voor het probleem van vandaag. Trouwens, ik garandeer je dat er, als je even wacht, algauw een nieuw, nog prangender probleem om de hoek komt kijken!

REGISTER

TRACY HOGG
MET MELINDA BLAU

Wat je baby vertelt

Begrijp (de taal van) je kind

Een uniek, praktisch en helder handboek voor iedere ouder. Leer wat de blikken, geluidjes en bewegingen van je baby betekenen.

Of het nu je eerste kind is of het zoveelste, je hoopt dat dit het meest voorbeeldige kind zal worden en je neemt je voor de meest voorbeeldige ouder te zijn. Helaas komt het zelden voor dat je baby zich gedraagt zoals je verwacht of gehoopt had.

Iedere ouder krijgt, gevraagd en ongevraagd, veel adviezen. Pak de baby op als hij huilt. Pak de baby niet op als hij huilt. Kleed het kind warm aan. Kleed het kind niet te warm. Maar wat is het beste voor jóúw baby?

Tracy Hogg ontwikkelde twee methodes, die even simpel als doeltreffend zijn. Daarmee kun je niet alleen het gedrag van je baby beter begrijpen, maar ook tijd voor jezelf houden. Zij geeft ze ook nog heel veel tips over slapen, in bad stoppen, borst- of flesvoeding geven en nog veel meer.

De praktische adviezen uit *Wat je baby vertelt* helpen je niet alleen een gezonder en gelukkiger kind, maar ook een rustiger en gelukkiger gezinsleven te krijgen.

TRACY HOGG
MET MELINDA BLAU

Wat je peuter vertelt

Begrijp (de taal van) je peuter

Tracy Hogg leert ouders op simpele en doeltreffende wijze de opvoeding af te stemmen op het unieke karakter van hun kind. Door goed te kijken en te luisteren kunnen ouders het gedrag van hun peuter beter begrijpen en zo conflicten voorkomen.

Alle problemen van het leven met een peuter komen aan bod: het niet willen eten of slapen, het zindelijk worden, het wennen aan een nieuwe baby en vele andere zaken waardoor ouders van hun slaap, gemoedsrust en tijd voor elkaar beroofd worden.

Een absolute must voor ouders, kinderdagverblijf-leidsters en babysitters; kortom, voor iedereen die de zorg heeft voor kleine kinderen.

Vol praktische tips voor het omgaan met een peuter die in de hoogste versnelling op onderzoek uit gaat en het liefst NEE roept!